读 史 十 记

（上）

冯 政 著

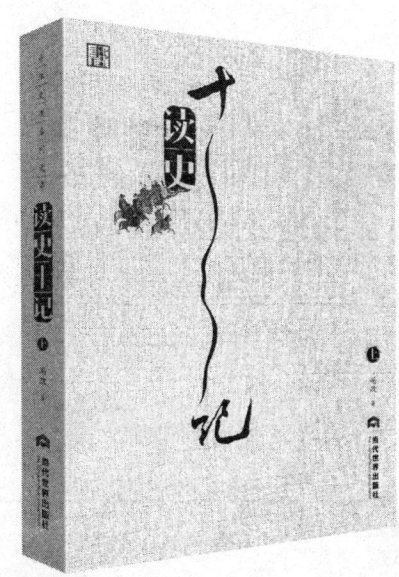

图书在版编目（CIP）数据

读史十记/冯政著．—北京：当代世界出版社，2016.11

ISBN 978-7-5090-1136-2

Ⅰ.①读… Ⅱ.①冯… Ⅲ.①中国历史—史评 Ⅳ.①K207

中国版本图书馆 CIP 数据核字（2016）第 221435 号

出版发行：	当代世界出版社
地　　址：	北京市复兴路 4 号（100860）
网　　址：	http：//www.worldpress.org.cn
编务电话：	（010）83907332
发行电话：	（010）83908409
	（010）83908455
	（010）83908377
	（010）83908423（邮购）
	（010）83908410（传真）
经　　销：	全国新华书店
印　　刷：	北京欣睿虹彩印刷有限公司
开　　本：	700 毫米×1000 毫米　1/16
印　　张：	44
字　　数：	670 千字
版　　次：	2017 年 3 月第 1 版
印　　次：	2017 年 3 月第 1 次
书　　号：	ISBN 978-7-5090-1136-2
定　　价：	69.80 元

如发现印装质量问题，请与承印厂联系调换。
版权所有，翻印必究，未经许可，不得转载！

目 录

上 卷

思想影响的历史——

行者跋涉山水，智者俯瞰历史

星光烛照下的探寻：什么是历史？ ……………………………（4）
东西文明的异同，古今历史的启迪 …………………………（10）
返景入深林：对中国历史思想的反思 …………………………（16）
摆脱历史困境的近现代化的求索 ………………………………（35）

文明，在神性、人性、理性之间的抉择——

追溯"中华礼仪之邦"

文明追求的误区：人类起源于中国？ …………………………（45）
以文明的演进，擘分历史的脉络 ………………………………（49）
中华文明前传：在淳朴、愚昧、野蛮、启蒙交织中前行 ………（53）
文明开篇：我有嘉禾，绥之靖之 ………………………………（63）
文韬武略论高下：谁是八百年周朝奠基人？ …………………（69）
周公：仁义智勇信集于一身的历史伟人 ………………………（76）
周公吐哺，天下归心："礼仪之邦"的诞生 ……………………（82）

从礼仪之邦到天朝大国：东方文明光环下的周人 …………………（87）

一个家族的光荣与梦想——

大秦帝国之殇

大秦帝国，一个威震世界的"中国"代名词 …………………（94）
秦嬴：西陲勇士，为了家族的荣耀而战 …………………（99）
西来秦人，曾经拥有一个淳雅文明的国度 …………………（105）
精彩春秋：雄才大略秦穆公，千古第一"隆中对" …………（108）
大国崛起：从"秦晋之好"到"遂霸西戎"的善恶交锋 ………（116）
大秦帝国命运纪实：雄起缘商鞅，成败赖李斯 …………（121）
法胜于儒，秦国后来居上的制胜之道 …………………（133）
绝仁弃义，武装到牙齿："虎狼之国"是这样炼成的 ………（142）
帝国哀歌：盛极而亡，叹英雄不再，社稷何安？ …………（148）

一个民族、国家的道路选择——

千古汉风说到今

威加海内，汉声远扬：四百年读懂中国历史 …………………（154）
大汉帝国气象的生成：英雄逐鹿天下，仁者长安社稷 ………（157）
抑百家而定一尊：汉家"大一统"思想的确立 …………（168）
武帝一生足风流，倜傥不乱汉宫闱 …………………（183）
千古一帝：汉武帝，中国封建帝王的缩影 …………………（192）
汉武帝的奸雄一面：驾驭酷吏，驱策鹰犬治天下 …………（200）
"汉家制度"设计的缺陷：专制有余，法制不足 …………（213）
帝国反击战：匈奴不灭，何以家为？ …………………（223）

人类文明天穹下的理性之光——

中国创造：科举制的诞生

古今多少事，"人才"话不休	（232）
士之所生，用之可以尊中华	（238）
铅刀贵一割，梦想奈何骋良图	（253）
学而优则仕：中华政治文明的最初尝试	（268）
科举制：冲破三百年历史阴霾，再现中华文明之光	（280）
再造科举：文明之光的普照与延续	（294）

古代历史，巅峰时代——

永远的大唐

上篇：读半部唐史，可知中国古代封建王朝之兴衰	（298）
唐太宗：英雄开创历史，文治千古标高	（301）
武则天：千古唯一女皇，破除大唐王朝历史瓶颈	（320）
唐玄宗：霓裳一曲千峰上，舞破中原始下来	（332）
下篇：大唐帝国的遗产：巅峰时代的东方文明	（345）
大唐王朝气象：龙衔宝盖承朝日，凤翥天香满皇州	（346）
大唐帝国的精神气度：襟怀舒旷达，报国取龙庭	（358）
曾经的文明辉煌：寻求真理，哪怕远在中国	（362）

下 卷

在那世人向往、惋惜的时代——

风雅两宋：古代社会，生态极致

两宋王朝，三百年历史咏叹调 ················· (376)
赵宋开局：英雄气短，王朝气长 ················· (378)
大宋王朝之转捩点：有心的战争，无奈的和平 ········· (394)
文治千载独步，造就大宋锦绣人文、绚美山河 ········· (403)
风雅无边：黄金时代的宋人 ··················· (418)
百代文宗之欧公　朋党雄辩之高论 ··············· (429)
文明的沦落：从朋党之争到吏治崩坏 ·············· (438)
王安石变法：中国发展之路的第三次探索 ··········· (456)
新儒学：从精神到思想对中国发展之路的再探索 ······· (465)
岳飞的精神遗产：正气炳人寰，精忠铸就"民族魂" ····· (478)

中华百年沉浮，宋元历史赓续——

穹庐笼罩下的文明熹光

征服随风云飘散，史诗与文明长存 ··············· (492)
蒙元帝国变奏曲：从济济多士到暴敛天下 ··········· (502)
草原穹庐笼罩下的文明生态 ··················· (521)

长城拱卫下的历史围城——

大明王朝：文明的危机

精神扭曲下的光明与黑暗之角逐 ················ （534）
大明王朝：从民族到国家、个人，一部被扭曲的历史 ········ （538）
历史的遗憾：缺少政治智慧的政治残酷 ·············· （546）
人性的缺失，唐宋文明之光的黯淡 ················ （561）
大明王朝的舞台：这片土地，这片土地上的人 ·········· （575）
郑和下西洋：告别海洋前的挽歌 ················· （602）

东方文明的凤凰涅槃——

紫禁晚照大清帝国

夕阳落照下的末世长歌 ···················· （614）
康熙：世间凡人，何以炼成伟大帝王 ············· （619）
康熙帝之缺憾："内圣外王"的完结，中华文明的停滞 ····· （644）
在圆明园废墟上的祈祷 ···················· （650）
曾国藩：传统文人的完美与悲哀 ··············· （658）
左宗棠：中流砥柱的卫国者 ·················· （669）
中华传统文明的魅力与复活 ·················· （679）

后　　记 ·························· （691）

上卷

土巻

思想影响的历史——

行者跋涉山水，智者俯瞰历史

　　大哉乾元！万物资始，乃统天。云行雨施，品物流形。大明终始，六位时成，时乘六龙以御天。乾道变化，各正性命，保合大和，乃利贞。首出庶物，万国咸宁。
　　　　　　　　　　　　　　——《周易·上经》

读史十记

星光烛照下的探寻：什么是历史？

又是一个日落前的黄昏。

在我位于上海浦东的斗室书斋窗前，是层层叠叠、如屏如障的"城市凝固森林"，虽然不乏东方明珠、金茂大厦、环球金融中心、杨浦大桥之类高耸云天的建筑映耀于目，看久了，则难称崇宏壮丽、风景如画，而是无边积木城池、唯见一叶障目的困顿感。

对于熟读诗书辞赋且又襟怀"名山事业"情结的人来说，久居红尘闹市，其实是一种悲哀。

古人云：幽者托情于山，智者寄情于水。君不见，此处虽与长江、大海毗邻，却既不见滚滚长江以叹东流逝水，亦不复见浩淼烟波以观沧海桑田，而西北南三面纵横绵延的重峦叠嶂、丹霞丘壑，则在百里千里之外。

所幸，林立楼宇遮不住远处的蔚蓝天穹，有镶嵌夕阳金晖、驾驭轻风勃勃游走的云朵在传递着自由的思想。这是思想的起伏、灵动的思考。

大隐朝市，本无车马之喧；不出户庭，坐得云霄之致——所以淡泊明志，静心于思。思想，因思考而成熟。

一花一世界。人因思考、思想而演绎不同人生。

中国先秦时代，是一个产生思想巨人的黄金年代。历数春秋战国诸子百家，在尽广大而致精微的同时，犹不忘反躬自省、自知，遂能屹立百代而未见其朽。

由此，后人得知圣人孔子如是说："吾十五而有志于学，三十而立，四十而不惑，五十知天命，六十而耳顺，七十而从心所欲，不逾矩。"此为圣人自我总结的人生。从此，圣人以自己的思想俯视着身后。

圣人，人类的缩影。自有人类，便有历史——在物质和精神组成的世界里，每一个人的成长都离不开学习；在学习中，都离不开人类最古老的一门学科——历史。

文学家说：我们从历史中走来。

哲学家说：忘记历史就意味着背叛。

社会学家说：历史是一门包罗万象的学科。

……

历史学家自豪地概括为：我们只知道一门学问，就是历史。

大千世界，芸芸众生，行者跋涉山水，而智者俯瞰历史。历史，不但是人类进化历程的记录，还是人类智慧创造的结晶，遂成为人类生生不息的学习之源，进而成为一代又一代人走向未来的精神之源、动力之源。

既然历史是如此重要，可以想见，在我们从幼儿启蒙的成长过程中，被人为地灌输了多少堂而皇之名曰"科学"的历史常识、思想与史学体系。只是，诚如圣人孔子所言，人生不逾四十，难称不惑。当人生因岁月而成长，思想因思考而成熟，蓦然回首，却察觉现实中的芸芸众生、业界精英对所谓的"历史"往往如雾里看花，难以辨识其兰台信史、稗官野史，难以参透其偶然现象、必然规律，自然或不自然地溺于浊流而逐其波，迷于俗念而扬其尘。

犹记20世纪30年代，一代史学大家钱穆借其《国史大纲》引出振聋发聩之论：

若一民族文化之评价，与其历史之悠久博大成正比，则我华夏文化，与并世固当首屈一指。然中国最近，乃为其国民最缺乏国史知识之国家。

对本民族历史认知的浅薄、缺失，带给国人的何啻是前进路途上的阵痛、迷惘！

亦由此，中国第一位真正意义上的史学大师司马迁"究天人之际，通古今之变，成一家之言"的千古思辨，更触发了我对本以为谙熟的历史的反思。

因为工作缘故，多年来，我频繁往返于北京、上海这两座中国特大城市。某次，在京沪线和谐号列车上，轮轨锵锵，长坐无眠。窗外，夜幕沉沉，星斗阑干，风驰电掣的北上之行仿佛天地杳渺的时间之旅。时空回旋，从宇宙深处悠然飘来一枚枚闪射着历史影像的流星，引燃了我内心灵感与思想并炽的焰火——

行者跋涉山水，智者俯瞰历史

> 沪京灯火暗长津，惟有诗章对黎明。
> 鹰扬西域恋瑶池，雁渡楚天忆洞庭。
> 报国于今著历史，涉世智愚存锦心。
> 卅年逆旅一孤客，日升日落数寒星。

红尘世界，沧海横流，万象丛生，在已逾不惑之年的今天，我开始重新发问：什么是历史？

什么是历史？

这似乎是一个很容易回答的问题，尤其是对那些历史专业的人士来说，真可谓得心应手。岂料，当我阅尽历时二十年完成的哲学社会科学"六五"期间国家重点项目——白寿彝总主编的十二卷二十二册《中国通史》，竟对"历史"一词无明确解答——在我看来，虽然这是一部当代中国编纂的最好的中国通史之一。随后，我又求助于1996年版的《辞海》，亦无"历史"之词条；再求助于《现代汉语词典》，方瞧见这样的释义："自然界和人类社会的发展过程，也指某种事物的发展过程和个人的经历。"如此解释，实属泛论，殊非专业。

于求索茫然之际，我想起京城出版界朋友赠予的近现代史学大家吕思勉先生所著《中国通史》。在其《绪论》一章，吕思勉先生开篇设问：

历史，究竟是怎样一种学问？研究了它，究竟有什么用处呢？

这个问题，在略知学问的人，都会毫不迟疑地作答道：历史是前车之鉴。什么是前车之鉴呢？他们又会毫不迟疑地回答道：昔人所为而得，我可以奉为模范，如其失策，便当设法避免，这就是所谓"发戒"。这话骤听似是，细想就知道不然。世界上哪有真正相同的事情？所谓相同，都是察之不精，误以为不同之事为同罢了。远者且勿论，欧人东来以后，我们应付他的方法，何尝不本于历史上的经验？其结果却是如何呢？然则历史是无用了么？而不知往事，一意孤行的人，又未尝不败。然则究竟如何是好呢？

随后，吕思勉先生开宗明义：

史学之所求，不外乎（一）搜求既往的事实；（二）加以解释；（三）用以说明现社会；（四）因以推测未来，而指示我们以进行的途径。

说到中国近现代史学家，吕思勉先生颇得声望。同时代另一史学大家顾颉刚先生曾经评骘：

> 编著中国通史的人，最易犯的毛病，是条例史实，缺乏见解……极为枯燥。及吕思勉先生出，有鉴于此，乃以丰富的史实和流畅的笔调来写通史，方为通史的写作开一个新的纪元。……按时代略述政治大事，叙述中兼有议论，纯从社会科学的立场上，批评中国的文化和制度，极多石破天惊之新理论。

只是，吕思勉先生对历史学的诠释，钱穆先生对历史的解释——"我民族国家已往全部之活动，是为历史"，均似春秋笔法，惜墨如金，言简意赅，费人寻绎，这倒是又犯了中国传统史家论述简约的通病。

那么，西方学者对"历史"作何解释呢？

美国学者菲利普·李·拉尔夫等所著《世界文明史》这样解释：

> 历史，是人类昔日在各个领域的活动——不只是政治发展，而且包括社会、经济和思想的发展。不论男人还是女人，不论统治者还是被统治者，不论穷人还是富人，都是历史的组成部分。男男女女们所创造并反过来塑造了他们的生活的社会制度和经济制度——家庭和社会阶层；庄园制和城市生活；资本主义和工业主义等——也是如此。另外，思想态度，不仅有知识者的思想态度，而且包括那些其生平实际上从未被"经典著作"触及的普通人的思想态度，都是历史学家所关心的内容。而至关重要的是，历史包括对事件发生的原因及人类组织和思想模式的探究——探究推动人类从事其伟大使命的力量以及人类成败的原因。

比较东西方学者对"历史"各自解释，中西合璧，始称臻于完善。

西方史学的发达，起源于古希腊罗马文明辉煌的折射。从古希腊盲诗人荷马的《伊利亚特》和《奥德赛》，到历史学之父希罗多德的《历史》、修昔底德的《伯罗奔尼撒战争》，再到古罗马帝国恺撒的《高卢战记》、奥维德的《罗马史》、塔西陀的《日耳曼尼亚志》、普鲁塔克的《希腊罗马英雄传》，千载以后读之，依然受益无穷。这其中，体现了古代欧洲人对历史的认识和总结——"至关重要的是，历史包括对事件发生的原因及人类组织和思想模式的探究——探究推动人类从事其伟大使命的力量以及人类成败的原因"——以及由此从中汲取的书写历史、创造历史的力量。

其实，西方学者这种对历史的求索、著述精神，一代代中国人又何尝没有？

先说有历史情结的中国文化人。在先秦，有修订《春秋》、"使乱臣贼子惧"的孔子；在宋代，有"为天地立心，为生民立命，为往圣继绝学，为万世开太平"的张载；在清末，则有"扬榷大端，令知古今进化之轨；振厉士气，令人观感"的章太炎。

再看史才卓荦的历史学家。以《资治通鉴》垂传史册的司马光，在该书序言部分直抒其心迹抱负，"鉴前世之兴衰，考当今之得失，嘉善矜恶，取是舍非。专取关国家兴衰，系生民休戚，善可为法，恶可为戒者"。对于历史年代跨越一千三百多年（公元前403至公元959年）、历时十九年完成二百九十四卷煌煌巨制的《资治通鉴》而言，司马光可谓费尽心血，书成皓首。惜乎！这段四十一字的概论，简约有余，未能尽述其发愤为书的心志。

也有例外。在抒发心志方面，因"史家之绝唱"纪传体史书《史记》成为中国史学奠基人的司马迁，以其椎心泣血之作《太史公自序》和《报任安书》感动一代代鉴史励志的国人。

迁生龙门，耕牧河山之阳。年十岁则诵古文。二十而游江、淮，上会稽，探禹穴，窥九疑，浮于沅、湘；北涉汶、泗，讲业齐、鲁之都，观孔子之遗风，乡射邹、峄，厄困鄱、薛、彭城，过梁、楚以归。于是迁仕为郎中，奉使西征巴、蜀以南，南略邛、笮、昆明，还报命。

是岁，天子始建汉家之封，而太史公留滞周南，不得与从事，故发愤且卒。而子迁适使返，见父于河洛之间。太史公执迁手而泣曰："余先周室之太史也。自上世尝显功名于虞夏，典天官事。后世中衰，绝于余乎？汝复为太史，则续吾祖矣。今天子接千岁之统，封泰山，而余不得从行，是命也夫，命也夫！余死，汝必为太史；为太史，无忘吾所欲论著矣。且夫孝始于事亲，中于事君，终于立身。扬名于后世，以显父母，此孝之大者。夫天下称诵周公，言其能论歌文武之德，宣周邵之风，达太王王季之思虑，爰及公刘，以尊后稷也。幽厉之后，王道缺，礼乐衰，孔子修书起废，论诗书，作春秋，则学者至今则之。自获麟以来，四百有余岁，而诸侯相兼，史记放绝。今汉兴，海内一统，明主贤君忠臣死义之士，余为太史而弗论载，废天下之史文，余甚惧焉，汝其念哉！"迁俯首流涕曰："小子不敏，请悉论先人所次旧闻,弗敢缺。"

......

仆少负不羁之才,长无乡曲之誉。主上幸以先人之故,使得奏薄技,出入周卫之中。仆以为戴盆何以望天,故绝宾客之知,亡家室之业,日夜思竭其不肖之才力,务一心营职,以求亲媚于主上。而事有大谬不然者!夫仆与李陵,俱居门下,素非能相善……然仆观其为人……以为有国士之风……身虽陷败,彼观其意,且欲得其当而报于汉……适会召问,即以此指,推言陵之功,欲以广主上之意,塞睚眦之辞。未能尽明,明主不晓,以为仆沮贰师,而为李陵游说,遂下于理。拳拳之忠,终不能自列,因为污上,卒从吏议。家贫,货赂不足以自赎;交游莫救视,左右亲近不为一言。身非木石,独与法吏为伍,深幽囹圄之中……

人固有一死,死或重于泰山,或轻于鸿毛……所以隐忍苟活,幽于粪土之中而不辞者,恨私心有所不尽,鄙陋没世,而文采不表于后世也。

古者富贵而名摩灭,不可胜记,惟倜傥非常之人称焉。盖文王拘而演《周易》;仲尼厄而作《春秋》;屈原放逐,乃赋《离骚》;左丘失明,厥有《国语》;孙子膑脚,《兵法》修列;不韦迁蜀,世传《吕览》;韩非囚秦,《说难》《孤愤》;《诗三百篇》,大底贤圣发愤之所为作也。此人皆有郁结,不得通其道,故述往事,思来者。……仆窃不逊,近自托于无能之辞,网络天下放失旧闻,略考其事,综其始终,稽其成败兴坏之纪,上计轩辕,下至于兹,为十表,本纪十二,书八章,世家三十,列传七十,凡百三十篇。亦欲以究天地之际,通古今之变,成一家之言。草创未就,会遭此祸。惜其不成,是以就极刑而无愠色。仆诚已著此书,藏之名山,传之其人,通邑大都,则仆偿前辱之责,虽万死被戮,岂有悔哉!

我之所以大段引用《太史公自序》和《报任安书》,是因为只有通读了上述文字,我们才能对苏辙初出茅庐时写就《上枢密韩太尉书》中的传世名言"太史公行天下,周览四海名山大川,与燕、赵间豪俊交游,故其文疏荡,颇有奇气"以及由此衍生的司马迁"才胜于史"的谬论有一个客观评判,对一部伟大历史著作的诞生之不易有一个直观、深刻的认识。

读史十记

东西文明的异同，古今历史的启迪

读史使人明智。

遨游于中华民族五千年文明的浩瀚海洋，时时有叹为观止之感，我以为学海泛舟横无际涯，一生难穷其极。偶尔步出翰林文苑、金匮石室，散心于西方正典，倒也收益多多。而且，自前年夏天拜读了英国学者亚诺尔德·汤因比的巨著《历史研究》，笔者遂对历史的思考又进了一个层次。

在《历史研究》第三部《文明的生长》章节，汤因比着重写到了一个人物——近代意大利学者马基雅维利。

马基雅维利，1469年生于佛罗伦萨，在他二十五岁的时候，法兰西国王查理八世率军征服了意大利。此后，几个阿尔卑斯山以北的或海外的强国把亚平宁半岛看成是较量实力的国际舞台。马基雅维利这一代所必然遭遇的挑战，就是法国、西班牙等强权国家对于意大利的侵略。这种经历的滋味对于这一代的意大利人来说是特别不好受的，因为自亚平宁半岛诸多城邦率先走出欧洲黑暗中世纪的漫漫长夜，他们和他们的祖先已经差不多有二百五十年没有尝到这种滋味了。

马基雅维利天生具有非凡的政治才能。1498年，他在二十九岁时担任了佛罗伦萨城邦政府秘书这一重要官职。这时，正是法国第一次入侵意大利四年以后。由于职务关系，在此后的十四年里，他获得了关于新的"蛮族"强国的第一手材料，也就成了在当时所有意大利人当中也许是最有条件帮助意大利解除政治困境的人。岂料，1512年，由于佛罗伦萨内政上一次突然的变动，美第奇家族卷土重来，与其作对的马基雅维利被解除了政府秘书的职务，第二年又被投入监狱，遭受酷刑，后来虽然侥幸活着出了监狱，却为获得释放付出了政治代价——他必须答应，从此以后永远在他佛罗伦萨郊外的农庄上务农。

在外人看来，马基雅维利的事业已就此结束。但是，他个人虽然遭遇如此严重的挑战，命运却没有使他失去有效应战的力量。

马基雅维利每天日出而起，在整个白天，过着不得不过的单调而无聊的生活。而到了晚上，他就全然是另外一种形象和状态了。

马基雅维利写道：

当黄昏到来的时候，我就回到屋里走进我的书斋。我在门外脱下我的乡下衣服，上面全是泥浆，然后穿上我的官服。在我这样整整齐齐地重新打扮好了以后，我就走进了古代的宅第。我的主人在那里以所有的慈爱之心欢迎着我，我也就在那里饱餐美味，只有这个才是我的真正营养，而我天生也就应该享受这种饮食。（引自汤因比《历史研究》）

一段自然流露的墨迹，却是一位西方贤哲以悲情如水的欣悦与圣洁浇灌出的人间稀世之花。

马基雅维利的名著《君主论》，就是在这种学者式的研究和沉思下酝酿并写成的。这部著作最后一章《从蛮族手中使意大利获得自由的意见》，透露了他写作此书的动机所在——力图再一次解决那个时代意大利政治家们所面对的一个最根本的问题。

汤因比对此评价：

当然，在事实上，促成写作《君主论》的政治希望是完全失败了。这本书并没有实现其作者的直接目的，但这并不是说《君主论》这本书本身失败了，因为采用文学的方法来追求实际政治上的目的并不是马基雅维利心中的核心问题，因为在遥远的农村里，当通过写作能够重回现实世界的时候，他便达到了一个更高超的境界。在这种情况下，他对这个世界的作用，远远地超过了他作为佛罗伦萨的一个政府秘书每天陷于实际政治事务里面时所能起的作用。在那些魔法般的净化的时刻里，他超越了他精神上的烦恼，把他的精力成功地化成了一系列了不起的著作——《君主论》《李维论》《战争艺术》和《佛罗伦萨史》——这些著作乃是我们西方现代政治哲学的种子。（汤因比《历史研究》）

马基雅维利被西方学者誉为文艺复兴时期意大利最伟大的政治哲学家。他不属于任何派别，自成一家。在推翻从前的有关政治学的道德伦理基础的观点方面，或在倡导冷静地直观观察政治生活方面，无人可以与之相媲美，尽管有学者将中国先秦法家代表人物韩非的《五蠹》《说难》与马基雅维利的《君主论》相提并论。

在东方文明的代表国度——中国，考查古往今来的历史，司马迁的人生经历和声誉成就似可与马基雅维利分庭而论衡。

也正是司马迁的《太史公自序》《报任安书》和马基雅维利的上述那段自白，促成了我心灵的回归，在自己可以掌握的时间里，封闭于清寂的斗室，侣史册而友典籍，放舟于历史长河，纵一苇之所如，临万顷之茫然；孤帆远影，思接千载而无所阻滞，一些对中国历史独特的看法和观点从自己的内心深处逐渐清晰地呈现出来……

就对政治、社会的理性认知深度，也许可以说，司马迁写作《史记》的宗旨——"网络天下放失旧闻，略考其事，综其始终，稽其成败兴坏之纪……亦欲以究天地之际，通古今之变，成一家之言"——还停留在中国古代社会一般历史学家的水平，即主要以陈述历史和还原历史为己任，补之以少许人物及事件点评。而在一千多年后的欧洲近代史上，马基雅维利的《罗马史论》《君主论》等著作之历史观点、政治见解，则是对古希腊、罗马所塑造的欧洲古典文明的传承与超越。

马克斯·韦伯，德国学者，现代社会学奠基者之一，其名著《新教伦理与资本主义精神》对东西方史学的差异痛下针砭：

中国的史学，虽有高度发达，却缺少修昔底德式就事论事的研究方法。马基雅维利确有其印度的先行者，但是从亚洲的国家理论中，我们找不到任何类似亚里士多德的系统分类与理性的概念。

如果韦伯的论点可以被视为西方学者一家之言，那么，历史的现实则是，东西方这一崭然分明的差异并没有阻挡人类两大历史文明的遥相辉映。

我们知道，在司马迁撰写《史记》及其之前的时代，东西方各以一个"百家争鸣"和"古希腊、泛希腊化文明"塑造了古代人类社会两个文明辉煌并峙的高峰。

"百家争鸣"诞生、灿烂于中国春秋战国时代。或许是出于历史的巧合，或许是人类至今尚未破解的宇宙奥秘，在与中国相距遥远的欧洲地中海北缘、爱琴海之滨的古希腊，西方文明也在这一相近时期达到了它的第一个高峰。

对于西方文明第一个高峰，西方历史学家给予了至高无上的评价：

在古代世界的所有民族中，其文化最鲜明地反映西方社会精神的范例是希腊人。这些民族中没有一个如此强烈地专注于自由，如此坚定地信仰人类成就的崇高。希腊人将人类赞颂为宇宙中最了不起的创造物，他们拒不屈从于祭司或暴君的指令。他们的态度基本是世俗的和理性主义的。他们高扬自由探索的精神，使知识高于信仰。主要是由于这些原因，他们的文化发展到古代世界所注定要达到的最高阶段。（菲利普·李·拉尔夫等著《世界文明史》）

而同时代的中华文明也毫不逊色，由《道德经》《论语》《墨子》《庄子》《孟子》《荀子》《韩非子》《孙子兵法》等一系列先秦典籍及其代表人物，组成了中华思想文化史上一个最耀眼的名词——"百家争鸣"。

春秋、战国时期，周王室衰微，列国林立，诸侯纷争。春秋五霸，勃兴忽亡；战国七雄，合纵连横。"得一士焉，宜可以南面而制秦"（王安石《读孟尝君传》）之说，虽然有些言过其实，但是，一邦之兴衰，一役之胜负，往往因人而异，则是显而易见的事实。

中国历史上，人的作用在春秋、战国时期被发挥到了极致。荀子所谓"人定胜天"的哲学论断，并非如后世一些人理解的那样，单纯指"人的力量一定能战胜自然"，而是对人的主观能动性这一精神力量的最大肯定。

综观中西方历史，在人类社会演进过程中，荀子的这一哲学论断并非独此一家。公元前4世纪的古希腊哲学家伊壁鸠鲁亦认为，"虽然我们要服从自然的威力，然而我们仍然有自由的意志，并且在某种程度之内我们乃是我们自己命运的主人。"

正因为如此，在春秋战国数百年时间里，虽然经济谈不上发达，物质谈不上丰厚，从事精神活动的条件堪称简陋，而且还始终伴随着战乱频繁、攻城略地、杀伐不绝的世事飘摇、社会动荡，但是，那时各国各阶层人士的人身是自由的。思想是自由的，朝秦暮楚，原非贬义；恃才奔走，但求施用。布衣一朝为卿相，举世不以为奇；漆园小吏竟圣贤，朝野不以为疑。有德才者不乏景仰之众，身怀韬略者何愁用武之地。

鹰扬凤翔，有赖长天大地之无羁。

公元前6世纪至公元前3世纪，华夏文明历经夏商周王朝两千多年孕育、培植，思想、文化的种子和花蕾已到了破土而出、迎风绽放的时期。

而且，值得庆幸的是，那时各个流派的思想和文化的代言人所处的环境，又恰恰是在周王朝衰微之后，新的统一的社会政治秩序尚未确立的天下大乱之际，华夏大地整体宽松的政治环境（列国并峙）为各阶层人士提供了纵横驰骋的社会大舞台。

所以，作为孔子之后儒学最大的传承者与发扬者孟子，在倡导"达则兼济天下，穷则独善其身"人生理想与修为的同时，还敢于发出雄视万古的英伟豪言："五百年必有王者兴，其间必有鸣世者。如欲平治天下，天下英雄，舍我其谁！"

"百家争鸣"遂应运而生，彪炳千秋。东方的稷下学宫与西方的雅典学院、吕克昂学园，成为东西方文明并峙的人类文化奇观。

同样的辉煌，诞生于如杲杲日升的人类社会少年时代；不同的舞台，造就了东西方各行其是的别样之路。

后来的历史，正如美国桂冠诗人弗罗斯特所描述的那样，"黄色的树林分出两条路，可惜我不能同时去涉足"，于是，便有了东西方文明的核心文化与思想——走上了两条截然不同的道路。

在西方，随着西罗马帝国灭亡，欧洲古典文明随之黯然陨落。经过近千年"黑暗的中世纪"的漫漫沉寂，进入公元13世纪，当中世纪最后一位诗人但丁的旷世《神曲》降临欧罗巴，古希腊、古罗马曾经创造的欧洲古典文明，犹如太阳神阿波罗在人间众多智者、宗师、巨匠的簇拥下，从遥远的历史云端庄严归来。

于是，在世界历史的篇章里我们看到：从意大利思想和文学领域的复兴人物人文主义者彼特拉克、市民人文主义者布鲁尼和阿尔贝蒂、新柏拉图主义者菲奇诺和比科、政治哲学家马基雅维利、贵族礼仪传播者卡斯蒂廖内伯爵，到意大利文艺复兴的艺术巨匠乔托、马萨乔、波提切利、达·芬奇、乔瓦尼·贝利尼、乔尔乔涅、提香、拉斐尔、米开朗琪罗、多那太罗；从北方文艺复兴的基督教人文主义者伊拉斯谟、托马斯·莫尔、散文作家拉伯雷、绘画领域的天才丢勒和霍尔拜因，到音乐领域的法国－弗兰德音乐风格领袖拉索、英国作曲家威廉·伯德，天文学领域代表人物哥白尼、开普勒、伽利略，医学领域的开创人物赛维图斯，现代解剖学和生理学之父维萨里……在这样一个"需要巨人而产生了巨人的时代"（卡尔·马克思评语），文艺复兴延续数百年的人文与科学光焰普照着欧罗巴的天空、大地、海洋。

犹如清风吹散遮天的阴霾，海风搅动大洋的沉寂，这场从亚平宁半岛泗晕开来的文艺复兴潮流，历经数百年风云激荡，形成了新一轮声势浩大、规模恢廓的席卷欧洲的知识浪潮，这就是17世纪后半叶欧洲历史上波澜壮阔的近代科学革命取得胜利的时代和18世纪的启蒙运动。

当英国清教徒诗人弥尔顿在《失乐园》中提出"我心中蒙昧，愿得你烛照光明"的思想探寻，随后英国的培根、法国的笛卡尔予以科学的答疑："知识就是力量""一个思想有无价值，悉由其是否具有实用价值而定"……

当17～18世纪西欧专制主义仍在盛行之际，法国启蒙思想家伏尔泰以抨击专制统治而成为公民自由的代言人；在英国政治哲学家洛克"约制与均衡说"基础上，法国思想家孟德斯鸠以《论法的精神》"三权分立"理论影响着1787年美国宪法的制订；狄德罗组织和撰写《百科全书》，总结和传播当时先进的哲学、科学和技术知识，以"改变人类思维的普遍方式"……

当德意志哲学家康德坚称"人应该用自己的求知能力来了解自然，进而改造自然"，卢梭则以《论人类不平等的起源》和《社会契约论》倡导公民用社会契约作为人间一切合法政权的基础而实现人民主权的政治思想……

这场形式上类似于中国先秦"百家争鸣"但内涵和风格更具有开创性、科学性、民主性、时代性的思想启蒙运动，最终将欧洲和北美的城邦、国家带进了限制或取缔君主专制的宪政门径，民主和法制逐渐成为近现代欧美社会的主流，由此释放出的巨大的物质和精神能量，迅速改变着往昔缓慢前趋的人类世界。

在阿基米德之后两千年，西方人找到了撬动地球的支点，更形象地说，是拉开了"科学创世纪"的帷幕——

自然和自然律隐没在黑暗中。神说"要有牛顿"，万物俱成光明。（英国诗人波普为牛顿撰写的墓志铭）

从此，人类进入由欧洲人引领世界发展的时代。

这时候，再回眸"百家争鸣"以来漫长的中国封建社会历史时期，我们的知识界、思想界又在做什么呢？

读史十记

返景入深林：对中国历史思想的反思

正如人不能没有思想——思想，是一个人的灵魂；而学术思想，则是一个民族的灵魂。按照吕思勉先生的史学观点，夫学术思想，"看似虚悬无薄，实则前进的方向，全是受其指导"。

纵观自古徂今的各个国家与民族，就史籍的数量而论，毫无疑问，中国为世界各国之最。以盛行编纂图书的清代为例，《古今图书集成》一万卷，《四库全书》收集图书七万九千三百零九卷，存目书籍九万三千五百五十一卷，卷帙琳琅，于斯为盛。

浩繁史籍，其中皮藏多少学术思想的智慧之光，引导、庇佑着中华民族这艘东方文明巨轮前行的历史航程。

中华人文思想与五千年文明相偕行。滥觞于炎、黄、尧、舜、禹诸帝的人文神话，历经夏商两代传承，再经奠定中国古典文明、伦理规范的西周王朝哺育、涵养，而灿烂于春秋、战国时代的"百家争鸣"。

国内史学界普遍认为，春秋战国时期，是由封建领主制向封建地主制过渡的时期，新旧阶级之间，各阶级、阶层之间的斗争复杂而又激烈。代表各阶级、各阶层、各派政治力量的学者或思想家，都企图按照本阶级（层）或本集团的利益和要求，对宇宙、对社会、对万事万物作出解释或提出主张。他们著书立说，广收门徒，高谈阔论，互相辩难，于是出现了一个思想领域里"百家争鸣"的局面——"凡诸子百家，……蜂出并作，各引一端，崇其所善，以此驰说，联合诸侯。"（班固《汉书·艺文志》）

在"百家争鸣"进入高峰期的战国时代，主要思想学派可分为十家：儒、墨、道、法、阴阳、名、纵横、杂、兵、小说。西汉人刘歆在《七略·诸子略》中将小说家去掉，称为"九流"。这一时期的文化思想，奠定了中国封建时期文化的基础，对中华文明的塑成有着深刻而持久的影响。

而在我看来，"百家争鸣"俨然是中国古代史上一部最著名的思想、文化大戏，高蹈于这一舞台上的各类人物及其思想至今仍星裹脚光熠熠，成为中华历史航线上一个个恒久的坐标，成为中华民族汲取不尽的文明宝库。

但是，这部大戏的闭幕式却出乎世人意料的惨烈、悲情——

先有秦始皇和李斯"坑儒""焚书"：四百六十多位有身份的儒家学者被坑杀；大批收藏于民间的诗、书、百家之类史册典籍被焚烧，"非秦记皆烧之。非博士官所职，天下敢有藏诗书、百家语者，悉诣守、尉杂烧之。有敢偶语诗书者弃市。以古非今者族。吏见知不举者与同罪。令下三十日不烧，黥为城旦。所不去者，医药、卜筮、种树之书"，遂使"百家争鸣"从顶峰跌入凄风愁惨的谷底。

今天，还有多少人记得德国诗人海涅的警世格言："烧书之人，必有害人之心！"

后有董仲舒倡导"罢黜百家"而"独尊儒术"。"《春秋》大一统者，天地之常经，古今之通谊也。……臣愚以为：诸不在六艺之科，孔子之术者，皆绝其道，勿使并进。邪僻之说灭息，然后统纪可一，而法度可明，民之所从矣。"

在西汉王朝现实政治中，尽管法家思想更受重视，法家人物更具实权，但非儒家则大势已去，"外儒内法"，法家人物也要顶戴儒家衣冠方能登场亮相，得以施展才干。而基于"天人感应""君权神授"理论创造出的"三纲五常"，此后成为维护中国历代封建王朝统治最得心应手的法器。

主要是基于上述两项思想的创造，西汉儒家一代宗师董仲舒几近完美地为"百家争鸣"画上了句号。

就这样，因为秦代"焚书坑儒"、汉代"罢黜百家，独尊儒术"，中华历史篇章里那个思想上百家争鸣、政治上纵横无羁、精神上朝气蓬勃的民族离我们渐行渐远。禁锢人的精神和意识的封建专制政体，成为中国及其影响下的东方古代社会的主流。

公元3世纪初，国祚延续四百余年的两汉帝国分崩离析，乱世烟尘中竟然飘出一个超迈尘氛、千古风雅的名词：魏晋风度。

大抵南朝皆旷达，可怜东晋最风流。魏晋风度，玄谈风行，高标士林，"痛饮酒，熟读离骚，乃可称名士"。"竹林七贤"之嵇康，"每非汤、武而薄周、孔，又读《庄》《老》，重增其放"。此等人物，是对魏晋当权者伪饰圣人儒学的一种反动，虽能承老庄之道，辟华夏哲学之蹊径，令后世文人向风慕义。然而，正所谓玄谈误世、空谈误国，于治乱无助，于生民无益。

　　文人名士风度之间，亦不乏风骨傲世者。曹子建以"不自雕励，任性而行"弃政，以"翰墨为勋绩，辞赋为君子"而为文坛领袖，赓续者自相砥砺，高标浊世，蓬莱文章建安骨，晋代衣冠足风流，遂使魏晋社会于丛生乱象中映现一派异彩神光，至今影响中华士林，标榜文人傲骨。

　　谈到中国古代思想文化，当然还绕不开南北朝时期一朵文学与思想交融的奇葩——《桃花源记》。

　　晋室东渡，偏安江左，六朝如梦鸟空啼；中原板荡，五胡十六国，你方唱罢我登场，国家百姓几无宁日。当此天下纷乱之际，一介文人陶渊明心中"猛志逸四海，骞翮思远翥"，作记以寓志，"设想甚奇，直于污浊世界中另辟一天地"。"桃花源记"遂成为道家始祖老子倡导的"小国寡民"的升级版，成为一千多年来中国封建时代众多国民心目中的理想国，成为中国历代知识分子"厌尘网而慕淳风"逃避现实的精神港湾，成为"乌托邦"在中国的代名词。其思想消极而精神通达，为儒家传统人生追求的万世标准——"达则兼济天下，穷则独善其身"，再辟一方超脱人间束缚、情思得以逍遥的新境界。

　　公元618年，唐朝建立。这是一个经历了东汉覆亡、三国鼎立、西晋短暂统一、东晋十六国南北朝分裂、强大的隋王朝昙花一现之后，驱散笼罩在中华大地上四百年战争频繁、政局纷乱的迷雾，融汇并举东亚乃至东西方各民族血性、精神和文明，再造乾坤海晏河清的大一统王朝。

　　海内存知己，天涯若比邻。大唐帝国胸襟之博大，千载独步。古往今来，直接和间接反映唐代社会各个层面的书籍虽然很多，但最能彰显大唐帝国精神风貌的则是流传至今的四万八千多首唐诗。当然，对于一般读者来说，似无必要通读煌煌巨部《全唐诗》。一册流传天下最广的诗集《唐诗三百首》和几本常见的唐诗选编，足以淋漓尽致地映现大唐帝国包举宇内的精神特征。

　　一个国力强盛的王朝，其学术思想领域绝非是万马齐喑的状态。

　　大唐王朝以"李"姓取天下，为彰显李氏祖宗天授其尊、渊远泽长，唐代诸帝奉老子（姓李名耳）为圣祖玄元皇帝，道家鱼跃龙门，遂晋升为大唐帝国显教，其无为而治之说化为轻徭薄赋、与民休息的贞观盛世。

至于真正的显学，依然非儒家莫属。贞观十六年（公元642年），孔颖达等明经学者历时五年修撰完结一百八十卷《五经义训》（后易名《五经正义》），唐太宗特下诏褒奖："卿等博综古今，义理该洽，考前儒之异说，符圣人之幽旨，实为不朽。"

《五经正义》和随后颜师古修订的五经《定本》，对维护大唐帝国以后中国历代封建王朝统治作用极大。清代文人皮锡瑞评价说："自唐至宋，明经取士，皆尊此本。……以经学论，未有统一若此之大且久者。"现当代史学家范文澜在其主编的《中国通史》中评述："唐初孔颖达撰《五经正义》，结束了东汉魏晋南北朝历代相沿的经学，这是适应政治上全国统一的巨大事业，很有助于统治阶级的思想统一……对儒学的影响，与汉武帝罢黜百家、独尊儒术有同样重大的意义。"

还有佛教。自西汉哀帝时博士弟子景卢受大月氏王使伊存授《浮屠经》，东汉明帝"遣使天竺问佛道法"，西来佛教在中国塞北、中原、江南大地如风畅行。进入唐代，玄奘西天取经，鉴真东渡日本，佛法东西贯通，成佛界壮举、盛事，大乘佛教遂光大于东亚。

是以大唐帝国时代，儒、释、道三者兼容并蓄，五经正义，经学一统；三藏译经，贯通中西；轻徭薄赋，黄老为用，皆灿然于世，成就斐然。但就学术思想的历史演进而言，则纯以气度和精神胜，广于融汇，丰赡逾昔，而少创造之功。一旦唐王朝衰微、瓦解，则恢弘气度、博大精神亦随之渐行渐远，后代王朝不得不另觅治国之道、治民之术。

在隋、唐王朝之前，由较为纯粹的汉族人建立的王朝除了秦、汉两朝堪称声威远扬以外，其余朝代或是列国纷立，兴亡倏忽；或是退避长城以内一河（黄河）一江（长江）传统领域以自守；或是偏安江南，耽于靡丽，而怯于外战。

时移于隋、唐帝国鼎盛之时，强大的中原王朝曾令四海宾服、八方朝觐。而当内忧外患致其国力衰退、雄风消匿，逐水草于阴山漠北、燕山冀北、白山黑水的边疆部族乘势突起，胡骑凭陵杂风雨，单于猎火照狼山。

在古代中国，唐玄宗李隆基治下的盛唐天宝年代，是中原王朝与北方少数民族关系的历史转折点。

这是一幕惨痛的民族和国家的悲剧。

历经百年太平治世，大唐帝国迎来中国封建社会的巅峰时代——开元盛世。忆昔开元盛世日，"九天阊阖开宫殿，万国衣冠拜冕旒"；"稻米流脂粟米白，公私仓廪俱丰实"，朝野上下，洋溢着一派声威煊赫、天下富庶的满足感。很少有人察觉，此时，帝国势力的天平，已悄然北向倾斜。

大量的土地兼并，导致唐初寓兵于民的府兵制解体，代之而来的募兵制职业军队，并不能肩负起捍卫国防的重任，塞北万里边关的安危，日渐仰仗大唐帝国旗下的五胡部族武装。而后者亦日渐尾大不掉，虎视中原，伺机而动。"安史之乱"，其实只是这一形势逆转的必然结果。自此，大唐帝国盛极而衰。

在中国历史上，我们曾经拥有一个文化雍容的贵族时代，那就是继大唐帝国时代之后国力虽弱而经济、文化再攀高峰的北、南两宋王朝。

在两宋王朝的和平年代，据流传至今的文献资料、器物论断，举凡簪缨之族、耕读之家、市井之民，其幸福指数在农业和手工业文明占主流的封建时代是最高的，以至于今天熟悉中国历史的日本人对这一时代亦赞赏有加，心向往之。

两宋王朝文化领域最突出的现象之一是词曲繁荣，名家辈出，佳作荟萃，继唐代之后文学艺术再立奇峰，唐诗、宋词并峙于文苑翰林。

然而，唐诗宋词之表里差异是显而易见的：唐诗有泱泱大国之风，浩浩边塞雄风，茹涵万物世风，虽千秋过往而诵读，犹凛然有大唐帝国生气万世不竭之感。宋词却不然，舞筵歌席纵情声色者，得其风流逸韵；青楼楚馆落魄文人者，得其艳词幽韵；逆旅人生韬光养晦者，得其婉约清韵。如此奢丽柔靡世风，虽有苏轼、陆游、辛弃疾等词学名家、刚毅劲节之士不能挽转。词学虽盛，国力不强，赵宋王朝国耻不断，一败于辽，再败于夏，三败于金，最终覆灭于元兵铁骑蹄下。世人常说"文学不可以救国，但可以强国"，宋词无此荣耀。面对北宋之靖康奇耻，南宋之崖山投海，工丽协律、婉约胜豪放的宋代词曲，强国不能，末世难济，其衰落也为历史必然。

从表面上看，宋词的靡丽带来了世风的颓靡、精神的柔靡，遇战辄求和，绥宁则苟安，然后厥尽人性、尽情地享受着物质和文化繁荣带来的快活、娱乐——"山外青山楼外楼，西湖歌舞几时休。暖风吹得游人醉，直把杭州作汴州"。

宋、明两朝开国肇基之初，虽有宋太祖、宋太宗与明太祖、明成祖的雄心北伐，却终止于澶渊之盟，无奈金帛相送；难驱漠北，无奈再砌长城。后代王朝统治者、决策者一句"不可轻启外衅"，表露了其主导思想的怯懦、对外国策的收敛。

在这样的国策、思想主导下，赵宋、朱明两朝虽然承袭了汉、唐王朝的衣钵，但较之前两者则国土萎缩，国力孱弱，在大多数时期，皆惊慑于北方"名王宵猎，骑火一川明"的骁勇豪强，一副"霜禽欲下先偷眼"的怯懦心理，夫何敢轻言外战？纵然有李纲、韩世忠、岳飞和于谦、袁崇焕挽狂澜于既倒、匡扶社稷于一旦的英雄人物，犹不能幸免于被北方少数民族连番征服而覆亡的厄运。

以此设想，自立朝以来始终深陷于外患危机的大宋王朝，其实最需要的便是强壮一个民族的不可战胜的精神。

精神，由思想而来。且看两宋王朝的思想状态。

公元960年，赵匡胤借陈桥驿兵变，取北周政权而代之。这位由禁卫大将军（殿前都指挥使）登上皇位的宋太祖，经"半部论语治天下"的宰相赵普点拨，豁然开悟：强盛一时的大唐帝国之所以灭亡，实因掌握兵权的边关、藩镇军阀尾大不掉，割据、谋乱、篡政而致。开国第二年，赵匡胤即以"杯酒释兵权"计谋，解除簇拥他"黄袍加身"的一班职业军人的兵权武部，再以人间荣华富贵消磨其勇气，泯灭其斗志。

基于这一统治思想，终其两宋王朝三百一十九年历史，将帅指挥权与军队一直分离，临阵调配，顾此失彼，从未有过一支长期稳固的强大国防军，或曰钢铁长城（这也是抗金名将岳飞因为拥有一支自己的铁军"岳家军"而招致被杀的重要原因）。故此，在抗御契丹族、党项族、女真族的战争中，两宋王朝多是战则败，败则和，和则苟安。

比"杯酒释兵权"危害更大的，则是王朝智库——两宋理学家顺应朝廷收敛的军事和外交国策而倡导的内敛的学术思想。

与此前中国历代王朝相比，两宋王朝给予文人的待遇是最优渥的，各级官僚几乎皆由科举取士产生，后人为之营造了一个形象的名词：士大夫的乐园。台湾学者柏杨在其《中国人史纲》中载述了一段通俗史实：

考试制度到了宋王朝，才开始真正地严格起来。考试及格人士所受到的重视比唐朝更甚，当进士考试及格的那些高级知识分子，结队朝见皇帝、通过街市时，首都汴京（开封）就好像疯狂了一样，万人空巷。当时便有人感慨："纵使一位大将，于万里外立功灭国，凯旋归来，所受到的欢迎也不过如此。"

更直接的感受和赞誉之声，则来自于那一时代的受益文人。北宋著名哲学家邵雍《插花吟》一诗，足令后人有"适彼乐土，夫复何求"之慨：

头上花枝照酒卮，酒卮中有好花枝。身经两世太平日，眼见四朝全盛时。

况复筋骸粗康健，那堪时节正芳菲。酒涵花影红光溜，争忍花前不醉归。

在这座"士大夫的乐园"里，活跃着不断涌现的文人高官，北宋的欧阳修、范仲淹、王安石、苏轼等震古烁今的人物皆是赵宋王朝偃武修文政策缔结的硕果。而更多的则是文章圣手、学问名士、思想大家。唐宋八大家，北宋占据其六。先秦以后历代思想巨子，于两宋为盛，周敦颐、程颢、程颐、张载、邵雍、朱熹、陆九渊……每一个名字，都意味着开山立派，仰若思想界的泰山北斗！

今天看来，这些在中国历史上赫赫有名的思想大家，给当时的两宋王朝和后世带来了怎样的影响呢？

也许，很多人是因为读了"出淤泥而不染"的小品文《爱莲说》，才知道历史上的周敦颐其人；很多人是因为听说过一则成语"程门立雪"，才知道历史上有两位大学问家程氏兄弟（程颢、程颐）。

也许，大多数国人只知"问渠那得清如许，为有源头活水来"的名句，而不知道这首诗的作者——历史上一位名叫朱熹的人，以一部《四书集注》影响明清主流社会六百多年，成为科举取士的金科玉律。

再看这些思想大家竭其全副智慧、毕其一生精力所创立的理论学说，无论是周敦颐的濂学、张载的关学、程颢和程颐的洛学、邵雍的象数学、朱熹的闽学，还是陆九渊及其后继者王阳明的心学，所谓"太极为本、圣人与天地和其德""万物皆只是一个天理""格物致知""此心同此理""知行合一"……看似上穷天理、下通伦常，影响达于明、清乃至民国数百年，但说到对一个国家和民族的贡献和影响力，只要与先秦两相比较，即可分出高下。

所以，儒学自孔子显名于世间，孟子扬榷大端，迄于近代未见其衰，但其内里已渐变渐衰，儒士贤达未见其领袖群伦兼济天下，党同伐异示弱于外自是看家本领。不若法家，先有李悝变法于魏，遂使魏文侯在战国之初雄强一时；中有商鞅变法于秦，遂使秦孝公以一秦之力而强于山东六国；后有韩非子为李斯所困，著《说难》《孤愤》，秦王嬴政得其精核，而能横扫六合，一统天下。以此考绩，作为儒学的演绎者，这些朱明理学大家所标榜的"为往圣继绝学，为万世开太平"一旦付诸现实，便成了疏于事功、对危难之世无补无救的"一派空言"，更谈不上秦汉法家那些通过变法图强使中华历史上拥有声威远扬的秦汉帝国的旷世功勋。

"自胡马窥江去后，废池乔木，犹厌言兵。"（姜夔《扬州慢》）随后的历史结局便顺理成章：整体上思想虚华、精神孱弱的宋、明王朝，连番被思想简朴而膂力强悍的北方少数民族掀翻在地。旧江山浑是新愁，惟余神州陆沉、山河失色之空叹。

从诸多史籍文字鉴识，理学对两宋王朝虽谈不上贡献，但亦有称道之处。

在净化社会风气、伦理道德方面，有《宋史·忠义传》精炼载述"中外缙绅，知以名节相高，廉耻相尚，尽去五季之陋矣"；

在奉使外交、维护宋王朝尊严方面，苏洵《送石昌言使北引》有精彩描述"乃为天子出使万里外强悍不屈之虏，建大旆，从骑数百，送车千乘，出都门，意气慨然。……丈夫生不为将，得为使，折冲口吞之间足矣"；

在大势已去、王朝覆亡之际，有明代叶伯巨的精辟概述"宋有天下，盖三百年，其始以礼仪教民。洎夫末年，忠臣义士，视死如归"。

往事越千年。公元3世纪，曹植《白马篇》中凛然激荡千古的诗句"捐躯赴国难，视死忽如归"，在一千年后的南宋王朝国难当头时，由一位从状元郎到右丞相的文天祥演绎成浩然正气的天地悲歌——"人生自古谁无死，留取丹青照汗青"，让后来的中国人记住了一个爱恨情仇交织但最终为之钦敬的两宋王朝。

今天和今后的国人还应该记住南宋王朝另一则往事：就在文天祥视死如归之前的半个多世纪，公元13世纪初，长江以北女真族建立的金朝依然给南宋带来巨大压力；西北贺兰山下党项族建立的西夏王朝依然迫使南宋朝廷每年输送巨额银两绢帛。更大隐患则来自漠北的斡难河畔——成吉思汗已剪除异己，整肃诸部，创建蒙古帝国，正蓄势待发，即将如狂飙突起，横扫欧亚大陆！

而这时，南宋王朝一代思想宗师陆九渊又在干什么呢？

《陆九渊集》三十六卷，有一段颇为形象的文字，记述了陆九渊的思虑行迹、显名隆誉：

先生常居方丈。每旦精舍鸣鼓，则乘山荞至。会揖，升讲座，容色粹然，精神炯然。学者又以一小牌书姓名年甲，以序揭之，观此以坐，少亦不下数十百，齐肃无哗。首诲以收敛精神……间举经语为证。音吐清响，听者无不感动起兴……平居或观书，或抚琴。佳天气，则徐步观瀑，至高诵经训，歌楚辞，及古诗文，雍容自适。虽盛暑衣冠必整肃，望之如神。诸生登方丈请晦，和气可掬，随其人有所开发，或教以涵养，或晓以读书之方，未尝及闲话，亦未尝令看先儒语录。

"观书，抚琴，徐步观瀑，高诵经训，歌楚辞及古诗文，雍容自适……望之如神"，彼时的学界领袖陆九渊，不闻江北金兵骑火，不识塞上蒙古风云，宛若不食人间烟火的世外仙人，吐辞为经，举足为法，看天下士子归心，优哉游哉地演绎着南宋版的孔稚圭《北山移文》，可曾预料，仅仅过了半个多世纪，对知识分子优渥有加的南宋皇族携二十万宁死不屈的朝臣与军民上演了一幕崖山投海、流血漂橹的惨绝人寰的历史悲剧！

理学，中国哲学发展史的一条支脉；哲学的本质，在于研究辩证的关系、发展的规律，举凡宇宙、自然、社会、人生，无不在其求索搜罗、宏论精研的视界之内，其于社会与历史发展的先知、前瞻，也在诸类学科中颖然为翘楚。从陆九渊结茅象山讲学盛况，仅过半个多世纪，南宋王朝即沉沦于南国崖海的结局来看，所谓"听者无不感动起兴"的心学，既谈不上预知未来，更谈不上挽狂澜于既倒。

时逾两百年，下迄明朝中叶，陆九渊的心学流派涌现出一位文韬武略均堪大用的后继者——王守仁。此公又以"王阳明"三字扬名世间。遍览大明王朝二百七十六年历史，兼有文能治国、武能安邦的栋梁之才，惟王阳明一人而已。观其剿灭宁王朱宸濠叛乱一役，几近完美；睹其承继陆九渊、吴与弼、陈献章诸家而创阳明心学，渊然深湛。

王阳明一生经历成化、弘治、正德、嘉靖四朝，命途多舛，数度被置于死地，只因"文臣用兵制胜，未有如守仁者也"，方能转危为安，而以南赣巡抚、南京兵部尚书、左都御史、新建伯等高官厚爵显名于大明朝野。

无论居庙堂之高，还是处江湖之远，王阳明均秉承中国古代知识分子的优秀传统，深怀忧患意识，认为"天下事势如沉疴积瘘……何异于病革临绝之时"，数十年上下而求索，终于为封建王朝的社稷安危炮制了一剂良方：主观唯心论的阳明心学。

在王阳明看来，宇宙一切事物皆产生于人心，是人心发生的意念活动的结果，没有人心便没有客观事物，所以，心是宇宙的本体，"心之本体，即天理也"。由此，王阳明得出这样的结论：

> 此心无私欲之蔽，即是天理，不须外面添一分。以此纯乎天理之心，发之事父便是孝，发之事君便是忠，发之交友治民便是信与仁，只在此心去人欲、存天理上用功便是。（王阳明《传习录》）

殚精竭虑地以"心之本体""知行合一""致良知"三大内容缔构自我心学体系，王阳明把先师孟子倡导的儒家最高理想"修身、齐家、治国、平天下"演绎成为类似佛教禅宗的修行——只须对应以"格物、致知、诚意、正心"的人生修为、修养，即可修得万世太平的正果。

现实却并非如王阳明所愿。

一方面将中国思想界导入"孝、忠、信、仁"直至"存天理，灭人欲"的极端，使国民丧失对封建制度和纲常伦理的改造、挑战之信念、勇气；一方面在"体认良知"的"静"和"实现良知"的"动"之关系上难以厘清矛盾，自圆其说。所以，作为明代最有影响的思想家、教育家之一，王阳明最终未能为大明及后代封建王朝寻找到一条安定天下、匡扶社稷的出路。

也是基于上述原因，虽然有明一代思想大家纷纭辈出，从明初的宋濂、方孝孺、薛瑄、吴与弼、陈献章、湛若水、王守仁、何心隐、李贽、罗钦顺、王廷相、黄绾、吴廷翰、吕绅，到晚明的顾宪成、高攀龙、刘宗周、黄道周，可谓盛况空前。甚至像王艮这种灶籍出身，做过小商贩，以布衣终老的草民，也能成为泰州学派的开山鼻祖。此情此景，差可与先秦"百家争鸣"媲美了。与"百家争鸣"不同的是，前者缔造出一个了精神强大、国势昂扬的华夏民族，而后者——王阳明的"致良知"也好，刘宗周的"慎独"也好，东林学派领袖顾宪成的"风声雨声读书声声声入耳，国事家事天下事事事关心"也好，这样一帮学究天地、清风操节、道行天下的彬彬君子——给中国社会树立了良好的道德规范，以至于16世纪末、17世纪初在中国生活了近三十年的耶稣会传教士利玛窦在讲到明朝时也予以高度评价："中国这个古老的帝国以普遍讲究温文有礼而知名于世，这是他们最为重视的五大美德（仁、义、理、智、信）之一。"然而，在现实社会中，主导当时华夏思想的宋明理学，始终未能起振、扭转大明王朝二百多年政治黑暗腐败、国民精神羸弱之积弊。一旦后金政权崛起于白山黑水，便验证了中国民间一句妇孺皆知的俗语"秀才遇到兵，有理说不清"，其结果是关外清朝部族仅凭八万骑兵驱使十二万蒙古联军、汉八旗，踏遍亿兆华夏万里锦绣山河。

宋明理学的"存天理，灭人欲"，科举制中的八股取士，带着自我束缚的精神枷锁和镣铐，宋、明两大中原王朝步履蹒跚、气度萎靡，面对崛起于北方漠野、山泽的强悍劲敌，始终不能像汉、唐帝国那样上下齐心，聚全国之力抗而逐之、抚之、灭之，最终，结局相似地走向无法逆转的死胡同。

继蒙元帝国称雄世界九十七年之后，拥戴亿兆国民的大明王朝再次全境陆沉于数十百万部族的遐荒边民，神州荡覆，宗社丘墟。

智者临流而思，往往有传世之警语。古往今来，国人但知孔子睹川流而长叹"逝者如斯，不舍昼夜"，却少人知孔子另一段更精深的劝诫之论："小子听之！清斯濯缨，浊斯濯足，自取之也。夫人必自侮，然后人侮之；家必自毁，而后人毁之；国必自伐，而后人伐之。"

显然，历史上这些饱读诗书的宋元思想家、道学家们也曾为救世济民萦损柔肠愁思百结，但面对如此连番上演的惨痛历史结局，独忘却本门先师的警世箴言！

当我把关注的目光转向西方，看到的是近代以来西方社会在反思往昔历史中的进步。比如，西方学者英季《进步的文明》一书中有着与孔子类似的警世箴言"古代文明是被输入的蛮族毁灭的，而我们则自己毁灭自己"。

在日常阅读中，我还看到麦考莱在其《历史论文集》中对千年以来的古代中国社会予以深刻而准确的评析：

在这个天朝（指宋、明、清朝代的中国）里，好几百年过去了，什么也不增加，什么也不减少；在那里，什么政府、教育、整个的生活制度全变成一种繁文缛节；在那里，知识本身都不知道什么叫作进步，什么叫作发展，而只是像把才能埋在土里或把钱财藏着不用一样，经验既不起促进的作用，又不起挡道的作用。

从这一角度评判，当时的中国社会早已深陷于自己布置的无边迷障，中华文明似乎已经走到了历史的尽头。

知之难，不在见人，在自见。（《韩非子·喻老》）

历史上，中华民族从来不乏自省的精神，由此凝结、迸发在一代代杰出人物身上的自强和创新的力量，铸成了我们这个民族不屈的脊梁。

明万历四十一年，公元1613年，江东望族昆山顾氏之家，一个男婴呱呱坠地。生于官宦世家，人间功名利禄指日可待。不料三十年后形势大变，神州易帜，江南豪门荆棘，生民涂炭。而这位沦落为前明遗民的顾氏后人，竟然在这风云突变、王朝递嬗的历史转捩期，与浙江余姚人黄宗羲、湖南衡阳人王夫之如三峰耸峙，并称清初三大反清志士。

这个人就是顾炎武。

翻阅顾炎武著作，在其《日知录》卷七有这样一段记述：

昔王衍妙善玄言，自比子贡，及为石勒所杀，将死，顾而言曰："呜呼！吾曹虽不如古人，向若不祖浮虚，戮力以匡天下，犹可不至今日！"今之君子得不有愧乎其言。

这也是作为思想家的顾炎武对宋、明两朝历史教训的反思与喻示。

所谓"当局者迷，旁观者清"，前朝遗老，在野子民，反观历朝施政得失，多有真知灼见。顾炎武认为，自秦始皇统一中国、实施郡县制以来，历代君主专制的弊病在于"郡县之失，其专在上"。

方今郡县之敝已极，而无圣人出焉，尚一一仍其故事，此民生之所以日贫，中国之所以日弱，而益趋于乱也。何则？封建之失，其专在下；郡县之失，其专在上。古之圣人以公心待天下之人，胙之土而分之国。今之君人者，尽四海之内为我郡县犹不足也，人人而疑之，事事而制之，科条文簿日多一日，而又设之监司，设之督抚，以为如此，守令不得以残害其民矣。不知有司之官，凛凛焉救过之不给，以得代为幸，而无肯为其民兴一日之利者，民焉得而不穷？国焉得而不弱？率此不变，虽千百年，而吾知其与乱同事，日甚一日者矣。（《亭林文集·郡县论一》）

"君子之为学也，以明道也，以救世也。"于是，顾炎武提出沿袭两千多年的中国封建政治鼎革之法："寓封建之意于郡县之中"，即地方自治，向君主分权，把"辟官、莅政、理财、治军"四权归于郡县。

无独有偶，在挞伐君主专制的弊端上，另一位反清志士黄宗羲与顾炎武殊途同归。

清顺治十年（公元1653年），黄宗羲作《留书》，极言夷狄之乱，辨析明亡之教训、废封建之罪，以期廓清历史，再造乾坤，光复华夏。十年之后，康熙继位，"反清复明"大势已去，作为反清斗士的黄宗羲开始转变理想，传道授业，著书立说。一部"条具为治大法"的《明夷待访录》，使黄宗羲成为思想界的斗士、宗师。

黄宗羲博学多识，为古今通才之大师。他的著述精深宏富，涉及政治、经济、历史、哲学、天文、地理、数学、宗教等众多学科，一生著作总数达一百一十多种，一千三百多卷，两千万字以上。其中，石破天惊之论的著作当属《明夷待访录》。

"为天下之大害者君而已矣"；"天下之治乱，不在一姓之兴亡，而在万民之忧乐"；"必使治天下之具皆出于学校……天子之所是未必是，天子之所非未必非，天子亦遂不敢自为是非，而公其是非于学校。"

黄宗羲的这些言论，被现当代学者誉为既是对封建君主专制统治的宣战书，又是倡导民主理想的宣言书，较顾炎武的变革之法更进一步，使他的思想认识跨越了漫长的中国封建时代，进入近代民主政治的境界。

梁启超在《中国近三百年学术史》中对黄宗羲的评价，至今读来犹意蕴深长：

梨洲（黄宗羲）有一部怪书，名曰《明夷待访录》。这部书是他的政治理想。……其开卷第一篇《原君》，从社会起原说起，先论君主之职务，次说道："……后之为人君者不然。……岂天下之大，于兆民万姓之中，独私其一人姓乎！"……像这类话，的确含有民主主义的精神，——虽然很幼稚——对于三千年专制政治思想极为大胆的反抗。在三十年前——我们当学生时代，实为刺激青年最有力之兴奋剂。我自己的政治运动，可以说是受到这部书的影响最早而最深。

今天，阅读顾炎武、黄宗羲这些距今三百多年的清初思想大家的近代民主言论，我们应该感到一丝悲悯。我们不能忘记，在两千多年前的先秦时代，儒家贤哲"亚圣"孟子就鲜明地亮出了"民为贵，社稷次之，君为轻"的民主观点，但随后中国历史的发展轨迹却是，民主未见其行，而封建君主专制却从理论上、制度上一步步走向成熟、至尊、严酷，迄于明、清两代，竟然发展到了无以复加的地步。与西方倡导的让民众享有民主、让统治者接受法律制约的近现代社会背道而驰的是，所谓完备周详的《大明律》《大清律例》，其实质则是帝王的法律：天下臣民之死生，皆决于帝王喜怒哀乐、一言九鼎！

在专制政体国家里，政体的性质要求绝对服从，君主的旨意一旦下达，就应立竿见影地发生效应……根本没有调和、修正、妥协、交情、对等、商榷、谏议，根本就没有任何东西可以作为相等或更佳的谏议提出，人只是服从那个发号施令的生物脚下的另一个生物罢了。人们既不能对未来的命运表示担心，也不能将晦气归咎于命运无常。人在那里如同牲畜一样，他们所拥有的仅仅是本能、服从和惩罚。（孟德斯鸠《论法的精神》）

这是17—18世纪的法国启蒙思想家孟德斯鸠以"旁观者清"的视角对东方专制政体弊端的精准描述和揭示。

与东方专制政体相对立的，是西方各国陆续建立起了以民主政治制度为基准的资本主义社会。

当然，在黄宗羲、顾炎武所处的时代——公元17世纪，只有英国通过资产阶级发动的"光荣革命"，确立了君主立宪的近代民主政治体制。欧洲大陆最强大的国家法国，正处在封建君主专制的鼎盛期——路易十四时代。在大西洋彼岸——北美新大陆，还处在移民涌入、开拓垦荒的早期殖民时代。这时，公元16世纪至17世纪上半叶，中国江南地区经济高度发达，在那些社会繁荣、市井繁华的都市，资本主义的萌芽已呈现壮大之势，倘若不是因为清朝入关打乱了这一历史进程，再以黄宗羲、顾炎武这些思想大家、学问宗师的民主政治言论为主导，中国会不会与西方社会同步进入资本主义时代？毛泽东关于"如果没有外国资本主义的影响，中国也将缓慢地发展到资本主义社会"的预言，是不是也将或者更早地成为现实？

自 1840 年鸦片战争以来，伴随西方列强的坚船利炮打开中华四百余年闭关锁国的大门，近代中国人终于睁开眼睛看世界了。

于是，我们也曾欣然看到，前有魏源撰著《海国图志》以开国人眼界，龚自珍呼吁"我劝天公重抖擞，不拘一格降人才"以启国人心智；后有曾国藩、左宗棠、李鸿章、张之洞等朝廷重臣推行的洋务运动和盛宣怀、张謇等民族资本家倡导的实业救国，笼罩在中华大地上空的阴霾一时散去，燕赵沃野，江淮大地，西塞兰州，闽海粤洋，多有"沉舟侧畔千帆过，病树前头万木春"的更新气象。可后来，为什么中华民族在列强面前还是一败再败，从而陷入苦难更为深重的半殖民地半封建社会的悲惨境地？

我们近代的智士仁人也曾反思本国的制度，想效仿西欧、东洋，尝试以"戊戌变法""预备立宪"和平方式开辟中国走向近代民主政治之途。可后来为什么却是以武力革命的形式续写中国历史的篇章？

因为政治的民主是建立在人的自由的基础之上的。

18 世纪欧洲启蒙运动最卓越的代表人物之一卢梭，在其名著《社会契约论》中开宗明义："人是生而自由的，但却无所不在枷锁之中。"那么，如何在社会中达到新的平等？如何摆脱不平等的桎梏？

卢梭认为方法有三：一是回到自然状态；二是通过暴力革命废除一切不平等的根源；三是用社会契约来保障社会平等。第一条道路不可行，第二条道路走不通，剩下的就只能用契约作为人间一切合法权利的基础，即寻找出一种结合的形式，使它能以共同的力量来护卫和保障每个结合者的身份和财富。由于这一结合而使每一个与全体相结合的个人感觉是在服从自己本人，并且像以往一样地自由，由此建立基于人民自由意志并赖以维持的社会契约基础上的国家，它的根据既然在于人民的同意，因而国家最高权力即应当属于全体人民。

具有诗人气质的卢梭还曾在《社会契约论》第一册留下非常抒情的

笔墨：

　　生而为一个自由国家的公民并作为主权者的一员，不论我的小小一票对公众事务的影响是多么卑微，这种发言权给我以足够的责任感来研究这些事务，从我对政府政制的思考和研究中，每每我都挖掘出新的理由，让我更爱我自己祖国的政府。

　　自由，一个美好、可贵而崇高的字眼，尽管卢梭一生难享其福，"以不幸著称于世"（《忏悔录》），但他的"人民主权说"和他提出的建立真正自由、平等、民主国家的构想，为18世纪欧美资产阶级革命和实现资产阶级民主法治社会奠定了深刻的理论基础。

　　古代中国的历史也在证明，老子倡导的"小国寡民"和陶渊明向往的"桃花源"社会自然形态，经不起实践检验、现实冲击，的确不可行；多达数十万起的暴力革命——农民起义，带给中国社会更多的是循环往复的摧毁—重建、再摧毁—再重建……这又岂是一句"大乱之后必有大治"所能释怀！

　　回顾西方文明探索前行的历程，反观自己的祖国，从文明之源到百川归海，我们从中国悠久历史的浩繁卷帙里一路走来，是否在吕思勉先生对"历史"的解释——"因以推测未来，而指示我们以进行的途径"之中，为中华民族的未来找到某种启迪？

　　苏联作家普里什文在他的散文名篇《林中水滴》中写道："古来有无数坚强勇敢的人，伟大的演员，伟大的艺术家，但俄罗斯人的本质不在于美丽，不在于力量，而在于真理。"

　　什么是俄罗斯人的"真理"？高尔基的长篇纪实随笔《列宁》中一段评述可资借鉴：

　　他（列宁）的英雄主义是一种在俄国常见的、坚信世上能够实现社会正义的正直的俄国革命知识分子的谦逊刻苦的献身精神，是一种摈弃世界上的一切享乐而为人类幸福从事艰苦工作的英雄主义。

　　在我看来，除了西方列强向世界各地殖民拓疆所采取的武力、欺诈等共性之外，一代代渴望强大、主宰自己和世界命运的俄罗斯人，特别是自民粹派诞生以来俄国革命知识分子追求"真理"的本质，就是为实现社会正义谦逊刻苦的献身精神，崇尚为人类幸福艰苦工作的英雄主义，使俄罗斯从伏尔加河畔蒙古金帐汗国治下一个弱小的罗斯公国不断开疆拓土，数百年间竟然成长为横跨欧亚大陆、领土面积世界第一的强族大国。

那么，当时中国的"真理"又是什么呢？

17世纪—18世纪，在与领土东扩的沙皇俄国对抗中，当时的大清帝国也曾以两次雅克萨之战显示泱泱中华是强大而不可战胜的，而后来的形势——只过了一个世纪，进入19世纪，强大一时的清王朝就已腐朽不堪，沦落到任人欺凌、宰割的地步。比较1480年伊凡大帝宣布废除对蒙古可汗的臣服后，俄罗斯迅速崛起、强大的四百多年历史，同时代的中国明清两大帝国又缺少了什么？

从视野更为广阔的范围来看，中国明清时代世界发展的格局还为此前最为强大的中华民族上了一堂悲喜各异、教训惨痛的历史课。

按说，15世纪上半叶的大明王朝也是强大的。你看，1405年至1433年，郑和率领当时世界上最强大的舰队，以和平使者的身份七下西洋，真正做到了后来的日本帝国在"二战"时梦想以武力达到而最终未能企及的"踏平万里波涛，布皇威于海外"。

15世纪，是人类社会重新洗牌、世界格局大变的发端时代，西方人称之为"航海大时代"，或者说"地理大发现"时代。

在世界历史上，中国曾是最早扬帆于"航海大时代"的超级大国。

郑和船队穿越东海、南海、太平洋、印度洋，最远抵达非洲东海岸的肯尼亚。如此大洋远征，诚为人类航海史上的空前壮举。

称郑和下西洋为壮举，还在于他率领的大明王朝航海编队的规模。

史载，公元1405年，郑和从江苏太仓刘家港初次远赴西洋各国时，率领的官兵、翻译、采办、水手、工匠、医生等多达二万七千八百人，分乘六十二艘大海船，其中，郑和的旗舰——宝船，长四十四丈，宽十八丈，可容纳千人，九面巨帆，并配有罗盘针、航海图，"云帆高张，昼夜星驰，涉波狂澜，若履平地"，是当时人类所能建造的最大、最先进的远洋船只。

与郑和率领的大明王朝航海编队浩浩荡荡的阵势相比，晚了八十多年，由达·迦马、哥伦布等冒险家率领的葡萄牙、西班牙船队规模则要小得多，四五舟楫，三两帆樯，势单力薄。

而在公元1519年，人类航海史上最伟大的航行拉开序幕时，由麦哲伦统帅,得到西班牙国王查理支持的环球航行船队,也仅有五艘帆船、两百八十名水手。将如此藐小的船队与一百多年前郑和的庞大船队并置海上,国人或许会为之哑然失笑。

七下西洋,郑和除了随身携带明成祖朱棣写给西洋各国统治者的一封封诏书,他那庞大的舰船编队还满载了大量的金银、丝绸、瓷器、铁器和布匹等珍贵物品。每次返航,郑和带回来的又是些什么呢?除了航行沿途换取一些供给明朝皇室消费的奢侈品——宝石、香料、珍珠、象牙、紫檀等特产外,就是所到之处给予的热烈欢迎。

随后的事实证明,仅有热烈欢迎,并不能襄助大明王朝航海事业和各国友好交往的长期发展;一次次大量珍贵物品的散播,带来的是糜费不赀和国库匮乏,直至劳民伤财的"下西洋"壮举被迫取消,其结局却是物极必反——从此,中华民族再没有一次像模像样的航海远征活动。

再来看西班牙、葡萄牙的航海者,他们携带的是些什么?是刀剑枪炮,是明火执仗的武力征服、大肆掠夺。尽管所到之处引发无数浴血冲突,这些西方殖民者却最终拥有了一个个星罗棋布的岛屿、一片片地域广袤的大陆。在大明王朝退出了人类航海历史的舞台之后,西方的航海事业却蓬勃兴盛起来,其帆影足迹映现于西方人此前未知的每一片海疆、领域,由此诞生的地理大发现,成为人类发展史上具有划时代意义的时代篇章。

在相当长的历史阶段里,葡萄牙人、西班牙人的航海冒险以及接踵铺开的殖民活动,给西方社会带来巨大利益。而作为后来者,英国却从中获得了最大的好处。

你看,西、葡两国从海外劫掠的黄金、白银源源不绝注入英伦三岛,为其工业革命奠定了雄厚的资金基础。在打败西班牙无敌舰队、制服"海上马车夫"荷兰之后,辽阔的海疆、无尽的领地向大英帝国敞开,曾经只能靠英伦岛内"羊吃人"的原始积累的社会矛盾,开始有了向外疏导的通道。躲避迫害的清教徒开赴北美,监禁的囚犯被流放澳洲。大英帝国的军人、商贾、使徒、游民奔走于北美、非洲、南亚次大陆、大洋洲,由此催生了一个"巨人般的儿子"——美利坚合众国,一个"富庶的孙子"——澳大利亚联邦,以及更多的英联邦属地,在遍布全球的四千多万平方公里陆地、岛屿和辽阔海洋,到处可见"日不落帝国"的"米"字旗迎风招展。

今天，当我们望洋兴叹于蓝色大海彼岸的旷阔富庶、异彩诱人时，可曾反思，虽然在地理大发现时代中华明、清帝国远胜于西方诸强的综合国力，但为什么拥有广大海外领地、创建海外属国的不是当时领先的中国，而是相对滞后的西方？

历史上，从东晋高僧法显取道太平洋、印度洋返归祖国，到郑和七下西洋，中华民族不乏探索海洋的勇敢精神，不乏征服海洋的伟大意志，不乏纵横海洋的成功范例，却主动放弃海洋的意识，朝廷闭关锁国，国民望洋兴叹，难道仅仅是因为明中期以后倭寇在中国沿海的侵扰？仅仅是因为散布在南洋一带华人反清复明势力的存在导致"片帆不得出海"？还是因为我们在"灭人欲，存天理"的思想理论影响下丧失了汉唐帝国迎风远扬的开拓、进取精神？

事实上，自大唐帝国以后，我们的中原王朝整体上就已经在思想上失去了征伐四方的信念，在精神上失去了战而胜之的勇气。

摆脱历史困境的近现代化的求索

历史进入19世纪中叶。

从闭关自守的孤芳美梦中睁开惺忪睡眼，清王朝治下的中国面对的是一幅近代史的沉沉帷幕。

也可以说，彼时的中国在西方列强的炮舰威逼下，第一次被动地走上对外交流之路。

1819年，大英帝国勋爵阿美士德出使清廷，折返回国途中，经停大西洋圣赫勒拿岛，拜会囚禁于此的拿破仑。据说，这位"法兰西雄狮"说出了一段当今许多中国人知晓的传世名言："中国是一只睡狮，一旦他醒来，整个世界都会为之颤抖。它在沉睡着，谢谢上帝，让他睡下去吧。"

而另一段类似的言论，则对绝大多数中国人来说颇有些陌生。

19世纪下半叶，由清政府雇佣，执掌中国海关总税务司权柄的英国人赫德以略带调侃的口吻评述：

恐怕中国今日离真正的改革还很远。这个硕大无比的巨人有时忽然跳起，哈欠伸腰，我们以为他醒了，准备看他做一番伟大事业，但是过了一阵，却看见他又坐了下来，喝一口茶，燃起烟袋，打个哈欠，又朦胧地睡着了。（《赫德日记》——赫德与中国早期现代化）

可是，以勤劳、勇敢、智慧为其本质的中华民族，尽管走过无数崎岖弯路，经历无数痛苦磨难，但不可能永远甘心于屈辱，沉溺于深渊。

进入20世纪，寰宇风云突变，不同发展阶段的国家、民族或部族，多面临深刻而巨大的时代变革。

在东方，值此世纪递嬗之际，历经效仿日英等近现代国家维新政体的"戊戌变法"与"预备立宪"失败，公元1912年，大清王朝覆亡，中华大地上延续两千多年的封建帝制就此终结。振兴中国的意识开始觉醒。

1912年，中华民国成立。伴随划时代的剧变，共和制政体的诞生，本应气象一新的神州大地，却呈现一派"秦失其鹿，天下共逐之"的混乱局势。

帝制崩溃，民国初创，社会混乱其实在所难免。譬如，旅欧归来、学贯中西的怪杰辜鸿铭先生借《在德不在辫》一文自鸣得意地喻世："洋人绝不会因为我们割去发辫，穿上西装，就会对我们稍加尊敬的。事实上，只有当欧美人了解到真正的中国人——一种有着与他们截然不同却毫不逊色于他们文明的人民时，他们才会对我们有所尊重。"

辜鸿铭所谓的"文明"，亦即中国沿袭千年的古代传统文明，在历史巨变的20世纪，其实已难负中华民族救国图强的时代诉求。值得庆幸的是，1917年，一场自春秋时代"百家争鸣"以来中国最大的社会和思想变革有着"小文艺复兴"之称的新文化运动，如春雷震天，春潮激荡，驱散、廓清着笼罩中华的漫漫阴霾。

划时代的思想变革，是新文化运动的核心，也是新文化运动注入中国这一沉睡已久的东方睡狮最初的"清醒剂"。

今天，以辩证的思维、客观的立场回顾近百年前那场激荡神州的新文化运动，我们又能得出何种结论？

对于新文化运动，海外学者、美国加州大学华裔教授徐中约如是评说：

明显地，采取共和体制而带来的政治面貌，并不足以革新国家，还需要有一些更基本的运动来唤醒国家及人民。

受过西方教育或影响的新知识分子，鼓吹在国民生活的哲学基础方面，进行一场激烈变革。他们号召用现代西方的标准，重新评价中国的文化遗产，乐意地与引致中国衰弱的那些因素决裂，并且决定接受西方的科学、民主和文化作为新秩序的基础。同时，他们发动一场以白话文代替古文的新文学运动。这场知识风暴给儒家，包括传统伦理、风俗、人际关系和社会习俗以粉碎性的一击；同时，还对中国过去引入了一种全面否定的新态度。（徐中舒《中国近代史》）

徐中约教授的观点，与新文化运动中一位标志性人物胡适的观点有部分相似之处。

胡适先生认为：

新思潮的精神是一种批判的态度。新思潮的手段是研究问题和输入学理。……新思潮对于旧文化的态度，在消极一面是反对盲从，是反对调和；在积极的一面是用科学的方法来做整理的功夫。新思潮的唯一目的是什么？是再造文明。（徐中约《中国近代史》）

结合徐中约和胡适两位跨度近百年的学者的观点，可以得出这样的结论：新文化运动这场激荡现代中国的知识风暴，是对中国过去引入了一种全面否定的新态度，试图以西方"德先生""赛先生"的标准再造中华文明。

历史的册页翻到 21 世纪，今天，重新站起来了并且重新强大起来了的中国，是否成功地再造了中华文明？

思想的载体是文化，以此擘分民族间的不同；文化的精核是思想，以此昭彰各民族的精神。以此审视中国历史发展的脉络，才能看清开辟了中国现代历史的新文化运动和五四运动的可贵与不足。

今天看来，否定、割裂历史，所谓"再造文明"，犹如无源之水、无根之木，且不论这颗"文明"的种子能否发芽、成长、壮大，失去其本色的民族和国家还将会是一个独立的民族吗？还会拥有属于自己的国家吗？源于此，在放眼世界的同时，只有俯察自身走过的历史之路，才能辨识前途迷雾，洞彻前程方向。

兴起于 1917 年的新文化运动，因两年后爆发的五四运动，攀升至中国近现代思想变革的巅峰。每每重温这场由学潮抗议到各界抗争的救亡运动，从历史深处便传来一个曾经震撼神州的响亮口号：打倒孔家店！

往昔的曲阜孔府、天下孔庙，皆庭院深深，却没有"庭院深深深几许，杨柳堆烟"的风雅幽静，完全一派"帘幕无重数"的卫道森严的模样。对此，天下劳动大众又能有几人识其庐山真面目？

也难怪，面对这样一副难以亲近、难究其深的森冷模样，五四运动时期国人才会攘臂振呼，必欲打倒、砸碎而快之。

然而，作为延续两千年的文化象征，岂能被一夕打倒？你看，今日的孔子依然是举世公认的世界伟人。如此看来，弄懂了孔子及其代表的文化，也就在一定程度上看清了中国历史的发展轨迹。

有这样一幕历史，值得每一位思想的探索者铭记——康熙年间，一位学者心存郁结：同为儒学，先秦孔孟之学与北宋程朱理学有何差异？遂向当时"颜李学派"领袖颜元虚心求教。

颜元,当代国人已鲜知其名。这位清朝顺治、康熙年代的学问大师,面对来者咨询,以极为形象的语言,刻画出两幅截然不同的图景。

请画二堂,子观之:一堂上坐孔子,剑佩觿,决杂玉,革带深衣,七十子侍。或习礼,或鼓琴瑟,或羽龠舞文,干戚舞武,或问仁孝,或商兵农政事,服佩皆如之。壁间置弓矢、钺戚、箫磬、算器、马策,各礼衣冠之属。一堂上坐程子,峨冠博带,垂目坐如泥塑。如游、杨、朱、陆者侍,或反观打坐,或执书吾伊,或对谈静、敬,或搁笔著述。壁上置书籍、字卷、翰砚、梨枣。此二堂同否?

这段见诸于《颜习斋先生年谱》的文字,有些佶屈聱牙,但义理畅达,读之如置身于古代学术庙堂,诸般景物历历在目,形象地说明了中华礼仪之邦在孔孟时代与一千多年后的程朱时代内涵的大不同!

往事越千年。很久以来,国人在追溯历史、借鉴历史的过程中,注重的往往是历代政治发展史,即所谓"殷鉴不远,在夏后之世",抑或是编年体《资治通鉴》之类"斫相书"。在这个历史舞台上,举凡历代帝王、文官武将、才子佳人,皆为国人说不完、道不尽的永恒话题,甚至是那些佞臣、太监的粉墨春秋,也成了挥之不去的缤纷趣谈。

有多少国人曾像法兰西艺术家、哲学家罗丹那样,将探究的目光投向那些以意识的深刻塑造我们民族灵魂的思想者?

国人所侧重的对政治人物的关注,也并不能从中获取多少裨益。列举中国历史上那些功垂青史的不朽人物,如果说中华上下五千年,伏羲女娲炎黄之事太悠远,唐尧虞舜夏禹禅让之说太玄虚,那么,诚如孟子所言,"五百年必有王者兴",与之相提并论者,数人而已。

在中国历代帝王(摄政王)中,我们所倾慕的应该是——周公旦的礼仪天下之心,秦始皇的雄并天下之心,汉武帝的经略天下之心,唐太宗的襟怀天下之心,康熙帝的智勇天下之心。

对历史的断想,对未来的骋想,促使每一个人、每一个民族、每一个国家寻找、确立现实环境和现实世界中的立足点。而这个立足点的寻找、确立,首先取决于怎样看待属于自己的文明。

钱穆《国史大纲》精辟议论道:"治国史之第一任务,在能于国家民族之内部自身，求得其独特精神之所在。"

这时，从文明的辉映和思想的境界重新解读中国的历史，我们的目光或许将聚焦于"先秦三圣"——老子、孔子、孟子。此三位距今两千多年的圣贤人物，标注了已有的中华文明的思想高度。

一个民族之所以成为一个民族，是因为它所拥有的独特历史。

五千年中华文明史，说到底是一部以东亚大陆为依托的东方主体民族探索一条东方特色的政治、经济、文化发展之路的人类历史。

从黄帝"垂裳而治天下""有服章之美"的华夏文明发端，到尧舜禹三代美谈的"禅让制"原始民主政治；从西周初年大行分封制、周公制礼乐"礼仪之邦"的诞生，到春秋列国纷争、百家争鸣，齐桓公九合诸侯、尊王攘夷，树立华夏文明主体意识；从大秦帝国连横以制合纵，变法以图强，秦始皇奋六世之余烈，横扫六合，并吞八荒，实行封建大一统的郡县制，到汉武帝对外北抗匈奴，南定百越，通西南夷，对内罢黜百家，表章六经，兴立太学，确立统一民族的封建国家——中国之主体格局；从汉失权柄、魏晋南北朝三百余年草原游牧民族与中原、江南农耕民族杀伐融合，到隋唐帝国再次一统中华江山，三省六部制、府兵制、租庸调制、科举制……一系列成熟的制度建设，将中央集权封建王朝推向文治武功的鼎盛期。"将军三箭定天山，战士长歌入汉关""九天阊阖开宫殿，万国衣冠拜冕旒""海内存知己，天涯若比邻"，大唐帝国在声威远播的同时，由中国人探索、开创的中华文明之光映照世界。

到此为止，中华文明的本质内涵是博大精深、融会贯通的，精神风貌是朝气蓬勃、昂扬进取的。也就是说，从上古启蒙到西周礼仪之邦开启中古时代，迄至于大唐盛世，中华文明的探索、发展之路总体上是光彩耀世、领先成功的，由此亦主导、影响了整个东亚地区的文明进程。

渔阳鼙鼓动地来，惊破霓裳羽衣舞。由于对文明进步探索的停滞，导致内部力量失衡，腐败严重，社会矛盾加剧；外部边关倚重，太阿倒置，蛮族军力竟压中原，历经八年的"安史之乱"，终使锦绣大唐内外交困，不复有雄视天下之帝国气象。

更为致命的是，自中唐下迄明代，强大的中原王朝已成如烟往事。中原之师一遇塞上胡骑，辄多生胆怯，屡遭败绩，再无大秦帝国"乃使蒙恬北筑长城而守藩篱,却匈奴七百余里,胡人不敢南下而牧马,士不敢弯弓而抱怨"、两汉雄兵以"明犯强汉者,虽远必诛"之勇毅横扫漠北、喋血房廷、燕然勒石的千秋战功。

以此观之,"安史之乱"是继西周初年奠定华夏"礼仪之邦"之后中国历史的又一重大分水岭——从公元前1027年到公元755年,走过近1800年昂扬进取、开拓融汇的中古历史,中华主体文明进入内敛、停滞的后古代时期。

唐末、五代十国硝烟烽燧四起的局面渐趋和缓,黄淮流域、长江以南之万里锦绣山河归于大宋帝国之下。

人心所向,天下思宁久矣。既然不能以武力征服北方铁蹄驰骋纵横的马背民族,是否可以坐拥中原、江南农耕文明以自保?循此思想,继之而起的北宋王朝做了认真尝试——以"澶渊之盟"为分界,停止统一汉唐故土的努力,对外输送银两绢帛以求媾和靖边,对内潜心打造大宋王朝这座政治稳定、经济繁荣、文化昌盛的"美好家园"。

正是从这时发端,宋明理学开始占据中国人思想的主导地位,一代代政治人物、社会精英、知识阶层在"格物、致知、诚意、正心、修身、齐家、治国、平天下"的理学思想影响下,希望中国真正成为一个道德修养高尚的礼仪之邦,并且也在一定程度上赢得了世界的赞誉。

著名的意大利传教士利玛窦曾对16世纪大明王朝治下中国人作出如此评价:"中国这个古老的帝国以普遍讲究温文有礼而知名于世,这是他们最为重视的五大美德(仁义礼智信)之一。"

18世纪,当儒家学说跟随西方传教士远抵欧洲大陆时,法国启蒙思想家和文学大师伏尔泰也为之感言:"在孔教的影响下,中国人具有最完备的道德,是超过任何教派的最纯粹的道德。"

然而,高尚的道德修养并不能实现"平天下"——中国知识阶层追求的"大同社会、天下太平"的最高人生和政治理想。缺少昂扬进取精神和强健体魄军力的宋、明王朝,连番被强悍的北方游牧民族征服。迄于近代,闭关锁国的大清帝国也陷入精神、体魄两相萎靡的窘境,面对西方列强的坚船利炮不堪一战,遂使中国沦入半殖民地半封建社会的深渊。也是从那时开始,中华民族的复兴成为一代代中国人最大的梦想。

也可以说，近现代以来，我们倡导并为之奋斗的中华民族伟大复兴，即是中华民族在走过自北宋以来一段漫长的内敛、停滞、衰落的千年弯路之后，对先秦、汉、唐时期昂扬向上、引领世界的中华文明的再认识、再弘扬、再创造。

中华五千年历史，犹如一条悠长、宽广、深邃的河流。研究历史，犹如溯流而上；论证历史，俨如横渡彼岸。《诗经·卫风》有曰"谁谓河广，一苇杭之"，此诗句，可谓神来之笔，灵思翩然，似真亦幻，无人企及其境。

据说，齐梁北魏之际，来自天竺的高僧达摩施展特异神功，竟然一苇渡江，脱迹南国，登彼中原，隐修嵩山崖窟，面壁九年，憬悟了普度众生之真谛，遂创立禅宗，佛法在东方得以昌明光大。

且不论菩提达摩一苇渡江是否真实，这一传说的本身，可以引来佐证《吕氏春秋·用众》中的说辞——"不丑不能，不恶不知，尚矣"。而诲人不倦的先圣孔子也曾如此教导弟子——"不怨天，不尤人，下学而上达"（《论语·宪问》）。

审视以往的中华文明，环顾当今的世界格局，从精神和文化所营造的文明层面看，今天，正处在民族复兴阶段的中国还有一定的进步空间。

在《历史研究》第四部《文明的衰落》中，汤因比先生写下这样的文字：

我们现在可以进一步指出，在这（人类社会已经产生过的）二十八个文明中，至少有十八个已经死亡和消灭了，其余尚存的十个文明乃是我们自己的西方社会、在近东的东正教社会主体部分、它的在俄罗斯的分支部分、伊斯兰教社会、印度社会、在中国的远东社会的主体部分、它的在日本的分支部分，还有那三个停止了发展的波利尼西亚文明、爱斯基摩文明和游牧民族文明。如果我们再进一步仔细考察这十个现存的文明的情况，我们就会发现其中波利尼西亚社会和游牧民族社会已经是处于最后垂死挣扎的阶段，而在其余的八个文明里的七个都在不同程度上处于被第八个，也就是我们自己的西方文明，消灭或同化的威胁当中。此外，在那七个文明当中，至少有六个（除去爱斯基摩文明，因为这个文明在幼年时期就停止了生长）已经表现出许多衰老和死亡的现象。

在今天仍然存在的六个不属于西方的文明都已经在西方文明从外部入侵以前，就从内部损坏了……就是除了我们自己的文明之外，所有其余的现存文明都已经处于走向解体的过程中了。

这两段文字，可以令绝大多数读懂它的国人感到悲哀、愤懑。然而，一个真正的、能对人类历史研究做出有价值贡献的历史学家，必定不是意识褊狭的悲观主义者。因此，汤因比先生随后还写道：

文明的现状并不是正在走上什么死亡的道路，而只是在走上一条痛苦的伟大改变的道路，从一个过分成熟的感性阶段转移到一个更为"升华的"或更属于精神境界的理性的或思想的阶段。

而另一位西方人，美国学者塞缪尔·亨廷顿在《文明的冲突与社会秩序的重建》第一章《世界政治的新时代》里对汤因比先生的观点赋予了当代思维的解释：

在后冷战的世界中，人民之间最重要的区别不是意识形态的、政治的或经济的，而是文化的区别。……人们用祖先、宗教、语言、历史、价值、习俗和体制来界定自己。他们认同于部落、种族集团、宗教社团、民族，以及在最广泛的层面上认同文明。

非西方社会，特别是东亚社会，正在发展自己的经济财富，创造提高军事力量和政治影响力的基础。随着权利和自信心的增长，非西方社会越来越伸张自己的文化价值，并拒绝那些由西方"强加"给它们的文化价值。

现在，该轮到国人自己发问了：倘若说当代中华文明正在走一条伟大复兴的再造之路，那么中华文明核心的文化价值又是什么？

让我们在重读历史中再做一次思想体悟。

文明，在神性、人性、理性之间的抉择——

追溯"中华礼仪之邦"

夫礼者，所以定亲疏，决嫌疑，别同异，明是非也……道德仁义，非礼不成；教训正俗，非礼不备；分争辨讼，非礼不决；君臣上下，父子兄弟，非礼不定；宦学事师，非礼不亲；班朝、治军、莅官、行法，非礼威严不行；祷祠祭祀，供给鬼神，非礼不诚不庄。是以君子恭敬、撙节、退让以明礼。鹦鹉能言，不离飞鸟；猩猩能言，不离禽兽……是故圣人作，为礼以教人，使人以有礼，知自别于禽兽。

——《礼记·曲礼上第一》

中国这个古老的帝国以普遍讲究温文有礼而知名于世，这是他们最为重视的五大美德之一。

——《利玛窦中国札记》

谈及历史，中国人是自豪的，因为，按照我们曾经熟悉的说法，中国是人类的起源地之一；人类历史上诞生过的"四大文明"，中国居其一，而且是文明源远流长、唯一未曾断流的泱泱大国。这样，就牵扯到对两大历史问题的认识：第一，人类究竟起源于何处？第二，人类社会不同的文明如何界定、评判？

很久以来，世间流行着一个古希腊或文艺复兴式的"哥德巴赫猜想"——"你是谁？你从哪里来？又到哪里去？"

正如文学界所说"诗无达诂"，对人类自身的认知恰恰是人类最难以取得共识的薄弱环节。或者说，人类的起源，是人类自身至今无法破解的宇宙之谜。

"遂古之初，谁传道之？上下未形，何由考之？冥昭瞢暗，谁能极之？冯翼惟象，何以识之？"（屈原《天问》）宇宙浩渺无际，其中蕴藏的无限奥秘非人类所能穷尽其识。"人类一思考，上帝就发笑"，即道出人类的智慧与无奈。

即便如此，从对自身、对天地的思考，演进为对所属民族起源的探究，是人类思维的一种必然。而且，在现实世界中，这种必然还往往演化为一些国家、民族对自己悠久历史的优越感、自豪感。

文明追求的误区：人类起源于中国？

神话，传说，图腾……一系列原始社会现象的纷繁涌现，由此衍生的不同地域文化、宗教崇拜，是人类文明诞生的渊薮。

正如我们所看到、听到的，缘于东、西方两大文明自古迄今的巨大差异，两个世界的人们在对各自文明的溯源上亦各具主张，各显其能，各擅其强。

在西方文化经典《圣经》里，人类是这样起源的：

起初，神创造天地。地是空虚混沌，渊面黑暗。神的灵行走在水上。神说："要有光"，就有了光。神看光好，就把黑暗分开了。神称光为昼，称暗为夜。有晚上，有早晨，这是第一天。……第六天，神说："我们要照着我们的形象，按着我们的样式造人，使他们管理海里的鱼、空中的鸟、地上的牲畜和全地，并地上所爬的一切昆虫。"神用地上的尘土造人，将生气吹在他的鼻孔里，他就成了有灵的活人，名叫亚当。

这一西方"创世纪"故事，与中国古代的"盘古开天地""女娲造人"神话有几分相似。当然，东方人还有东方人独特的智慧。作为黄色人种的典型代表，中国人对自己的肤色、人种的来源有一则颇为自豪的寓言：

话说上帝在天上烤面饼，第一块面饼烤得太生，尚为白色，便随手往下一扔，面饼坠在欧洲，变成了白种人。第二块面饼却烤过了头，糊成炭黑色，上帝一声叹息，面饼被抛弃到非洲，遂化作黑种人。第三块面饼则烤得恰到好处，灿灿金黄，甚是可爱，上帝不忍食之，轻轻一掷，面饼飘落亚洲，于是，成熟而完美的黄种人诞生了。

寓言毕竟是寓言，"阿Q"式的精神胜利法的实质乃是自欺欺人。现实之中，黄种人并没有因为这个寓言显得比白种人、黑种人更加完美、优秀。因此，从人类的起源来比较东、西方文明二者孰优孰劣，其出发点就是一个谬误，进而可能陷入"种族优越论"怪圈走向歧途。

读史十记

自从达尔文创立生物进化论后，多数人相信人类是生物进化的产物，现代人和现代猿有着共同的祖先。但这一共同的祖先来自何处？人类这一支系是何时何地从共同祖先这一总干上分离开来的？或者站在我们现知的层面试问，原始人类又是何时何地从猿进化为人的？

让我们先参阅一些相关资料。

当今人类学、考古学资料中曾有一个科学推论：人类拥有一个共同的祖先，人类起源于非洲。最早提出这一观点的是达尔文。

1871年，达尔文出版了《人类起源与性的选择》。在书中，这位进化论的先驱者作出大胆推测：非洲是人类的摇篮。

不过，早在数年前的1863年，另一位进化论者海格尔的《自然创造史》主张人类起源于南亚，还绘图表示现今各人种由南亚中心向外迁移的途径。

此外，人类起源于中亚、北亚以及欧洲的说法也不绝于世。

1994年春天，中国、美国和加拿大三国科学家组成的联合小组发布消息：在中国江苏溧阳上黄水母山上发现了距今四千五百万年的"中华曙猿"。研究表明它是至此为止最早的高等灵长类动物化石，从而认为通向智慧生命之路是从中国起步的。这就是说，中国是人类祖先的发祥地。中华曙猿的出现对此前世界公认的"人类起源非洲"说提出了挑战。

继而，1995年5月，中美科学家在山西省垣曲县黄河北岸寨里考察时，又发现了众多的更早期的具有高等灵长类动物特征的猿类化石，并且命名为"世纪曙猿"。

中国科学院院士、著名考古学家贾兰坡先生曾高度评价说："高等灵长类动物祖先的发现，是中国20世纪考古生物学上又一极为重要的发现，其意义可与周口店北京猿人的发现相媲美。"

曙猿的发现，不仅表明它是一个十分原始的灵长类家系的成员，而且有助于解决一个长期争论的问题：在灵长类动物家族中，类人猿动物的世系源自何处。

2000年4月11日，国内一家主流媒体以《人类远祖起源于中国》为题，对"世纪曙猿"及其研究成果作了报道："专家认为，山西垣曲'世纪曙猿'的发现，推翻了'人类起源于非洲'的论断，同时也把类人猿出现的时间向前推进了一千万年。"

回望漫无尽头的时光隧道，从始新纪至今的4000多万年里，许多兴盛一时的哺乳动物灭绝了，像剑齿虎、猛犸象等。曙猿，它是那么弱小，却在这期间生生不息，发展成一个大家庭，其中包括人类，这是多么奇妙和伟大。（《亘古人类史说》第二章）

于是乎，由中华曙猿、世纪曙猿的挖掘而引发的对高等灵长类动物非洲起源论的挑战似乎已经有了明确的结论。但是，由于最终缺乏化石来证明非洲猿是从中国迁徙而去，所以，"人类起源于中国"之提议只能与"人类起源于非洲"学说遥相对峙。

众说纷纭，难掩质疑之声。

科学界再作权威解析："日新月异的科技发展为人们了解自身起源的奥秘打开了一条新的途径。分子生物学，特别是分子人类学的发展，不仅从微观分子角度展示了人与其他灵长动物，特别是与大猿类密切的血缘关系，而且依据遗传物质的变异度，可以推算出它们分化的大致时间跨度。原先认为人和猿分离的时间大约为距今2000—2500万年间，而通过分子生物学方法的推算，只在距今400—500万年间。"

有鉴于此，新的人类演化概念产生了，由此也决定了探索人类的发祥地不能再遵循旧说。

自1924年在南非汤恩发现了首个幼年南方古猿头骨化石，数十年来，非洲大陆有不下二十个地点发现了早期的人类化石，埃塞俄比亚的阿法地区发现了一具保存40%遗骸的被称为"露西少女"南猿骨架，其生存年代超过三百万年。1974年，由美国古人类学家约翰逊领导的多国考察队在阿法地区还发现一处埋有十三个阿法南猿个体的骨骸，它提供了早期人类群居的证据，有人将之称为"人类的第一家庭"。

这些早期人属化石不仅揭开了东非地区一系列重要发现的序幕，而且将作为"缺环"代表的南猿，由"最接近人的猿"，一下跃升为"最接近猿的人"或"人类的先驱者"，它们的形态远比亚洲的猿人更原始，年代远比后者更悠远，是人类发展的第一个阶段，从而又印证了"人类起源于非洲"的论点。

自此，人类早期阶段的复杂图景，终于开始清晰地展现在世人面前。

> 由此及彼，西方学者亨廷顿在其《文明和气候》书中，绘声绘色地讲述了人类学史一段著名的故事：
>
> 在许多年以前，有一群赤身裸体的、没有家屋的、不知道用火的野蛮人从他们的热带家乡，自春初到夏末逐步地向北方迁徙。他们没有想到他们迁徙的时间是一年里较温暖的季节，一直到了九月的某一天，他们开始感觉到在夜里冷得有点难受。一天比一天更冷下去，他们不知道是什么缘故，就到处乱走，打算避寒。有些人往南走，但是只有少数人回到了故乡。他们在那里重新过着旧日的生活，一直到今天他们的子孙还是些未进化的野蛮人。至于那些往别处避难的人，除了一小群以外，全都死掉了。
>
> 这一小群人发现他们不能逃脱冷冽的寒风，其中有些人就运用了人类的最高才能，自觉进行发明的力量。有些人挖掘土地打算找个住处，有些人采集枝叶来搭个棚子或者铺个暖铺，而有些人则用他们杀了的野兽皮毛把自己裹起来。不久以后，这些野蛮人便向文明跨进了几个最伟大的步骤。赤身的穿上了衣裳，没有家屋的有了房屋，也学会了干制肉脯并且把它同一些干果收藏起来过冬，最后发明了取火，利用火作为御寒的一种办法。他们本来已经死定了，现在却活了下来。就在他们适应艰难环境的过程当中，他们向前大步前进，把生活在热带地方的人类远远地抛在了后面。

如前所述，对本民族起源、对本民族文明的追溯，确能在一定程度上凝聚民族的认同感，以及在主观意识引导下衍生（甚至是盲目的、排他性的）民族优越感、自豪感。

但在我看来，对本民族历史、文明的溯源的意义主要在于——

一个有别于其他民族的本民族、本地区文明是如何产生的？

这一文明是如何随历史进程而发扬光大的？

倘若这一文明落后于世界发展潮流，甚至衰退了，那么，造成这一落后、衰退的原因是什么？起振、复兴这一文明的动力和出路又在哪里？

基于上述认识，让我们从这里入手，翻开中华文明的篇章。

以文明的演进，擘分历史的脉络

"上下五千年"，这是我们对中国历史最常用的一种泛称。

五千年，相对于人类起源以来动辄数十百万年的进化史，可谓沧海一粟，但就人类进入文明社会的历史而言，亦属漫长、悠久。漫长而悠久的中华五千年文明史，谁人能究远古而察今昔，一言以蔽之，揭示其发展规律。

罗贯中曾在他的那部极尽演绎历史之能事的著名小说《三国演义》开篇部分气韵悠长款款言道：

"话说天下合久必分，分久必合……"

这句传世箴言，看似一语道破中国历史的发展脉络与规律，其实只是触及了中国历史一层表象而已，至于中国历史的规律何以"合久必分，分久必合"，则非一部正史之外的章回小说所能透析、昭示。

子在川上曰："逝者如斯夫，不舍昼夜。"

岁月如流。历史，亦如一条万古长流的江河。翻开尘封已久的历史册页，俨如一夕溯流而上，始发于滥觞之涓溪，而放舟乎中流，终扬帆以入海，则世间风云变幻、人事代谢历历入目，俯仰观感，得于心智。

当然，历史研究并不像散文写作那样来得神思灵动、驱使自如，讲求的是严谨的思维、缜密的考据、科学的论证，但世间万事皆因循一定之规律而始终，历史研究亦然。

历史研究的规律之一，是在研究起始阶段对一部历史进行合理的分期。

新中国成立以来，历史教材通常采用的分期法，是将人类历史划分为从低级到高级再到终极的六大社会形态，即原始社会、奴隶社会、封建社会、资本主义社会、社会主义社会和共产主义社会。

而对于缺少了资本主义社会阶段的中国来说，最重要的历史分期是奴隶社会和封建社会的划分。

读史十记

20世纪50年代，一场关于中国古代史分期问题的大讨论，引发了国内经济学界、社会学界和哲学界许多专家学者的积极参与，所谓"西周封建说""战国封建说""魏晋封建说"，众说纷纭，各持己见，迄无定论。

争鸣是有益的。

今天看来，徐中舒先生在《对古代史分期问题的几点意见》中的观点很贴近历史的本相：西周的封建领主制是在商朝殷人原来的"四服"基础上形成的。殷人在他们征服的地区，划分为"四服"，即侯、甸、男、卫。周人灭商后，周朝把殷商的"四服"变为分封制——将"侯、甸、男、卫"变为授民授疆土的分封制，形成封建君臣等级制的从属关系，封建社会由此形成。

田昌五先生秉持"战国封建说"，认为中国由奴隶制向封建制的转变，是以宗族的瓦解为前提。此说显得主观牵强。看看今日江西省乐安县"千古第一村"流坑，即可知中国封建社会基层组织的基础——宗族，不是瓦解，而是封建社会的土壤根深蒂固，一步步趋于完善了。

主张"封建社会始于秦统一"的金景芳先生认为，中国奴隶社会的政治制度是分封制，中国封建社会的社会制度是郡县制。一经推论，便觉立论唐突。

在斯塔夫里阿诺斯《全球通史》第七版推荐序中，吉林大学刘德斌教授向国内读者打开了世界历史研究的一扇窗口：

在西方，当代学者对世界历史的分期一直做着不同的努力，从不同的角度探索世界历史进程中时间与空间的契合点。比如沃尔夫从"家族秩序的生产方式——纳贡（封建）的生产方式——资本主义生产方式"的角度对世界历史进行的分期……沃勒斯坦从"微型体系——世界帝国——世界经济"角度进行的分期……麦克尼尔从"前文明——文明——相互关联的文明——全球文明"角度进行的分期，格尔纳从"狩猎——农业——技术"角度进行的分期……布赞与利特尔从"前国际体系——相互联系的国际体系——全球国际体系"角度进行的分期，等等。

而在我看来，若是以全人类共同创造的"文明"的概念来统御人类社会发展的历史脉络，以全人类生成、递进、融汇、跨越、无限的发展形态——从"原始初级文明""农业文明与草原文明""海洋文明""工业文明""信息时代文明"到"太空时代文明",代替传统的六大社会分期,也许是一种更科学、更合理的历史分期方法——因为文明的灵魂在于人类创造的思想,以思想为灵魂的文明映射着一个民族的政治、经济、文化的全部内涵与风貌,以此推己及人,则别开生面。

于是,便有了我对中国上下五千年古代历史的分期:

第一分期:上古、夏、商——文明曙色

第二分期:西周、春秋、战国——古典时代

第三分期:秦、西汉、东汉、三国、西晋——英雄时代

第四分期:东晋、南北朝——融合时代

第五分期:隋、唐——帝国时代

第六分期:五代十国——动乱时代

第七分期:北宋、南宋——贵族时代

第八分期:辽、西夏、金、元——草原时代

第九分期:大明王朝——危机时代

第十分期:清王朝——紫禁晚照

上述以文明为视角的十大时代分期,再结合四大历史转折期(西周、秦汉、隋唐、明清)便可将中国古代历史和近代历史的发展脉络、特征和规律大致说清楚。

在我看来,划定历史阶段和分期的标准主要基于三点:一、对历史文明的贡献;二、改变历史进程的轨迹;三、重大的王朝更替。

关于第一点,以"对历史文明的贡献"作为划定历史阶段和分期的标准,多处在人类或某些部族的思想尚未完全成熟的文明初期带有地域性、区域性的独特的文化创造,成为一个民族、一个时代的象征。这一点,不唯中国,亚洲、非洲及中、南美洲的其他几大文明古国兴盛衰亡的过程,都昭示着这一历史规律。在这一阶段,诠释文字的证据、实物遗存和考古发掘到的器物显得尤为重要,决定着后人对其文明的认知程度和价值判断。

关于第二点"改变历史进程的轨迹"和第三点"重大的王朝更替",与社会政治和政局的变革有关,相对简单,多处在人类进入有文字记载的信史时代。一方面,有系统的文献资料,记录着人类历史的进程;另一方面,有物质文明与非物质文明的传承与升华,诠释着社会历史的演进。

在我看来，一部中国古代史，其实有三大最值得关注的方面：

其一，西周王朝建立之初，周公缔造礼仪制度，由此奠定了中华古典文明的基础。就像是一道崭然鲜明的分水岭，因为周王朝的建立，周公制礼乐，中华民族告别了蒙昧与文明交织的发轫期，从此以"礼仪之邦"的成熟形象屹立于东方，影响着世界。

其二，中国作为一个相对独立的地缘政治单位，在其统摄的东亚板块疆域内，上下五千年间诞生了无数王朝和国家，这片广袤疆域的历史演进始终呈现一种"天下合久必分，分久必合"的政治格局与矛盾态势。此中成因，无外乎内乱与外患所致。内乱，历朝历代多具相似而不尽相同之处；外患，则演变多端，及至两宋以后颠覆华夏之世态分明。

其三，从隋文帝开始实行的科举制，堪称古代中国独有的一场延续一千三百多年的社会公平的实践，它对中国社会的总体稳定和中华文明的传承，可以用"居功至伟"来概括。而且，科举制表现出的平等精神和公平、公正的原则，对当今社会仍有积极的现实意义。

从宏观上讲，认清了上述三大方面，也就把握住了中国历史发展的脉络。

中华文明前传：
在淳朴、愚昧、野蛮、启蒙交织中前行

历史已经证明，而且还将继续证明：由中华民族创造的中华文明，是人类创造中的高级文明。这一文明，也经历了从神话到现实、从蒙昧到启蒙、从野蛮到文明、从初级到高级的演进。

如果说，《圣经》关于上帝"创世纪"的记载在相当长的历史时期满足了西方人的"寻根"情结，那么，"盘古开天地""女娲造人"之类的神话与传说则从文化的源头贯通了中华民族诞生的历史。

据考古学界定，中华民族的历史起源可以暂定于两百万年前的"巫山人"远古时代。随后，是中华远古人与世界各地远古人类走过的大体一致的推论：从星光遥远的史前文明一路穿越旧石器时代、新石器时代，期间数百万年，人类犹如在漫漫长夜下摸索前行，东西方、北南半球林林总总的人类演进史大抵相似。此后，走向晨曦微露的氏族社会的人类才有了地域、族群间的差异化（或曰人文化）发展特征。

在华夏大地，由于"三皇五帝"传说的问世，历史进入中国特色的社会发展阶段。

今天，我们不必拘泥于神话传说的概念，不必记住"三皇"为伏羲、神农、黄帝，"五帝"为少昊、颛顼、高辛、唐尧、虞舜，而只需铭记：在公元前3000年到公元前2000年这段中华历史由原始部落向国家形态转捩的传说时代，有五位代表性的人物：炎帝、黄帝、尧、舜、禹。

按照千古流传的说法，从那时为发端，中华民族有了自己的民族始祖炎帝、黄帝，也就有了"炎黄子孙"一说；有了自己的人文始祖——唐尧、虞舜、夏禹，也就有了"尧天舜土"一说。

然而，即使在今天看来，这样的文字也是过于理想化了。历经千年万载演化，从有巢氏、燧人氏的原始部落时代，进入三皇五帝的原始氏族时代，也就是国人常说的中华五千年文明史开始时期，我们的祖先如何自立于世界的东方？

先说炎帝。

传说中，炎帝与神农氏同属一人，是炎帝神农氏发明了农耕技术，创造出斧、锄、耒、耜等农业生产工具；从数千种植物中筛选出黍、菽、麦、稷、稻，并称"五谷"，成为华夏先民的基本食粮。由此，炎帝成为中华文明史上的"农业之神"。

既为农业之神，炎帝对自然界生长的草木万物亦辨识无误、施用如意，逐一躬亲品鉴、辨识，发明中草药，进而又成为"医药之神"。

神奇的传说还有"神农尝百草，日遇七十二毒，遇茶而解之"。于是乎，已然美誉为"中华国饮"的茶，就这样从五千年前的炎帝神农氏手中悠然问世——"茶芳冠六情，溢味播九区"。

再来看黄帝。

传说中，黄帝的祖居地在中国西北方，其宫殿雄峙于巍峨昆仑。黄帝号轩辕氏，又号有熊氏，其智能创造车辆，勇能驱使猛兽。以此推论，这是一个发祥于中华西部的以游牧为主的原始部落，在向东方迁徙中以武力征服而日渐强大。

按照《史记·五帝本纪第一》的表述，在这段历史的前期，天下并不太平，"诸侯相侵伐，暴虐百姓"，而身先济民、仁近乎愚的炎帝神农氏"弗能征"。于是，黄帝轩辕氏乃"习用干戈，天下有不顺者，从而征之，未尝宁居"，威慑海内，抚有四方。

在黄帝部落的征战中，最著名的战役有两次，先是"阪泉大战"——打败炎帝部落，后是"涿鹿大战"——打败蚩尤部落。

阪泉大战之前，炎帝可以被视作华夏民族最早的农业文明的代表人物，一位圣贤长老式的村落族长；黄帝则是华夏边缘地区最早的游牧文明的代表人物，一位威猛驱众的军事酋长。这一游牧部落对农业部落的征战结果，可以被视作是相对落后的文明战胜了相对先进的文明。

因为传说时代历史的模糊性，今天，我们已无法得知炎黄之战的残酷一面。值得庆幸的则是随后的结果：炎、黄两大部落捐弃前嫌，友好和解，共同繁衍、发展，诞生了中华主体的华夏民族，才有了延续今日的"炎黄子孙"。

我们看到，在此后漫长的五千年岁月里，不同生产力水平之间的征服与被征服一再上演，亦由此构成中华大地一部悲恨、妥协、融合、推进的断代史。

今天，无论神州内外，天涯海角，萍漂何处，中华民族大家庭中的每一位成员均须懂得、铭记这样一个历史的源流：炎黄两大部落之间的战争与和平，为中华五千年文明史开了一个好头，因为彼此的认可、尊重、学习，中华先民得以组合，社会有了进步，历史显现文明。中华大地最早的社会文明就是这样缔造的！

也可以这样说，如果没有炎、黄二帝之间的战争与和平，中华文明中"民族"的概念就失去了源头。

很快，炎黄这两大上古部族联盟显示出了更为强大的力量。在接下来面对另一相对落后的东夷蚩尤及南方民族战斗群体的野蛮挑战中，炎黄联盟大获全胜，华夏一统，"诸侯咸尊黄帝为天子"。后来，黄帝的曾孙颛顼继承其位，成为中国历史上第一位天下共主。

于是，第一个和平时代降临赤县神州。

在人类历史上，举凡和平年代，人们的心底总会升起对清明政治的美好愿景。在中国，随着第一个和平年代（公元前2500年至公元前2000年）的莅临，迎来了传说中在政治上最讲民主的尧、舜、禹三代圣君。

今天，当我们面对一部或许是人类社会最漫长的封建专制历史——中国政治史，又将怎样看待人类社会组织形态萌芽时期中国人创造的最早的民主制度——禅让制呢？合乎情理的解释是，尧、舜、禹三位"古圣贤之帝"民主治国，以"禅让制"使"贤者居其位"，是一段人类社会关于民主推举制度的最早传说。

"禅让制"之故事梗概如下：

尧帝老了，需推选新的首领，便征询"四岳"（相当于后来西方城邦、国家中的长老议会）意见，大家都推举出身寒微但孝廉德才兼备的舜做继承人。尧帝对舜长期考察后，最终把部落联盟首领的位置禅让给了舜。待舜帝年老时，召集部落联盟会议，大家因为大禹治水有功，共同推举禹做舜帝的继承人。

联想到后世帝系承嗣、改朝换代中的谋于宫室、搅动天下、刀光剑影，岂能不对尧、舜、禹三代圣君缔造的"天下为公"的民主政治向风慕义、心生感佩！

是以圣人孔子谈及尧、舜、禹，予以至高评价，其词赞曰：

大哉尧之为君也！巍巍乎！唯天为大，唯尧则之。荡荡乎，民无能名焉。巍巍乎其有成功也，焕乎其有文章。

（尧真是了不起的君王！真是高大！只有天最高最大，只有尧能够学习天。他的恩惠真是广博，老百姓简直不知道怎样称赞他。他的功绩实在太崇高了，他的礼仪制度也真够美好了。）

无为而治者其舜也与？夫何为哉？恭己正南面而已矣。

（能够无所作为而治理天下的人，大概只有舜吧？他做了些什么呢？只是庄严端正地坐在朝廷的王位上罢了。）

禹，吾无间然矣。菲饮食而致孝乎鬼神，恶衣服而致美乎黻冕，卑宫室而尽力乎沟洫。

（禹，我对他没有批评了。他自己饮食菲薄，却把祭品办得极丰盛；自己衣衫蓝褛，却把祭服做得华美；自己任师低矮，却把力量完全用于沟渠水利。）

众多涉及尧、舜、禹传说中最精彩的笔触，莫过于艺术表现形式高雅、隽永的"二歌"——

其一，《击壤歌》。尧帝升平之世，一农夫优哉游哉口吟："日出而作，日入而息。凿井而饮，耕田而食。帝力于我何有哉？"

风熙云淡，沃野青田，自耕自给，而无苛捐之重负，无繁杂之役使；俯仰随己，吟啸无羁，农夫可得鱼鸟之乐，堪为上古"桃源"真实写照。

其二，《卿云歌》。舜将帝位禅让给禹时，群臣百姓相和而咏《卿云歌》："卿云烂兮，纠缦缦兮。日月光华，旦复旦兮。"

晨霭夕晖，祥云瑞气。虽无飞檐雕甍、宫阙丹墀；虎贲貔貅、斧钺映日，而代有圣出，君臣其融，百姓相庆，如此朝野上下天地人和的民主清明之世，后代可曾重现？

最自然、最朴素的，亦是最美好的。此"二歌"宛若年代久远的童谣不绝传唱于民间，零星见诸于书册，天真烂漫，而不乏悠悠底蕴。从文学的角度看,这两段洗练文字向后世展现的尧、舜、禹三代社会生活,何逊于历代沿革卷帙浩繁的"二十四史"。

在缅怀历史的追梦中,我们才能意识到:原来我们的祖先曾经是一个淳朴、可爱的人类群体,在那原始蒙昧、物质贫乏的时代,面对日出日落、岁月星辰,这些在今天的人们看来再普通不过的自然现象,依然由衷地吟唱生活的美好,讴歌民主的美惠。

在儒家经典中,尧舜禹三代被美誉为"大同之世",堪比托马斯·莫尔为欧洲文明设计的"乌托邦"(理想国)。《礼记·礼运》对这一"大同社会"的描述,为众多涉猎国史、国文的人而熟知:

大道之行也,天下为公。选贤与能,讲信修睦。故人不独亲其亲,不独子其子,使老有所终,壮有所用,幼有所长,鳏寡孤独废疾者皆有所养。男有分,女有归。货恶其弃于地也,不必藏于己;力恶其不出于身也,不必为己。是故谋闭而不兴,盗窃乱贼而不作,故外户而不闭,是谓大同。

显而易见,这样的天下大同之世(也可以称之为原始共产主义),在一些特定的历史阶段、特定的族群部落、特定的区域范畴,会具有与之相似的一些形态特征,美好已矣,可以缅想,但付诸于一个民族、国家,则在相当长的历史时期内只能是人类的空想。

更重要的是,追溯本民族的根源,回眸人类上古文明,不仅仅是满足于精神寄托的诉求,正本清源、鉴知是非才是我们捧读历史的价值所在。

西方学者恩斯特·卡尔西《人论》一段精辟论述,有助于我们走出人类神话时代的迷雾,还原历史的真相:

修昔底德是观察并描述他自己时代的历史并以清晰的批判精神回顾过去的第一位思想家。而且他意识到了这是一个新的决定性的步骤。他深信,明确地区分神话思想和历史思想、区分传说与真实,乃是使他的著作成为"不朽财富"的典型特点。

顺着这条思辨之路,我们自然而然地走出中国"三皇五帝"美丽神话的迷雾,从"大同之世"走进"小康社会"。

今大道既隐,天下为家,各亲其亲,各子其子,货力为己,大人世及以为礼,域郭沟池以为固,礼义以为纪;以正君臣,以笃父子,以睦兄弟,以和夫妇,以设制度,以立田里,以贤勇知,以功为己。故谋用是作,而兵由此起。禹、汤、文、武、成王、周公，由此其选也。此六君子者，未有不谨于礼者也。以著其义，以考其信，著有过，刑仁讲让，示民有常。如有不由此者，在执者去，众以为殃。是为小康。(《礼记·礼运》)

当然，这也是儒家先贤描述的一幅较为理想但可资借鉴的"小康社会"蓝图。可以想象，如此井然有序的小康社会，即使是在封建社会鼎盛时期，在人类文明高度发达的今天，最好的社会状态也不过如此。时至今日，仍为我辈奋斗之目标，足见其建成之难。

依照《礼记·礼运》载述，"小康社会"的形态起源于传说中的夏王朝。

夏王朝，这是一个迄今还是以偃师二里头遗址命名的"二里头文化"和豫西"龙山文化"为研究对象，尚无确凿的文字等直接考古发现证实其存在的王朝。

公元前20世纪，中国历史进入一个分水岭。因大禹治水的丰功伟绩，以及由此确立的个人绝对权威的影响力，大禹之子启借此取代皋陶之子伯益而僭位，夏朝得立，是为中国古代王朝历史的肇始。在走过原始社会物质贫乏但民风淳朴的人类童年之后，财富积累渐趋充实，支配与占有成为可能，人间的阴谋、倾轧、压迫、统治接踵而至，尧、舜、禹三代沿袭的上古民主政治制度"禅让制"遂昙花一现，不复再现。

也就是从这时开始，以黄河流域为中心的中原王朝进入一个蒙昧与开化交融、野蛮与文明并炽的时代。

作为中国历史上第一个王朝——夏朝的实际开创者，大禹一旦摆脱治理洪水时的苦役劳形，承继帝位，便独断专行，大开杀戒，驱三苗，伐九夷，大会诸侯于会稽山，部落首领防风氏迟到，当即杀一儆百。彼时的大禹，全无"禅让"之君的民主风度，已然与封建时代专制帝王并无二致，所不同的只是衣食可以简陋，而必美化冠冕、虔敬鬼神，根本没有什么制度建设可言，唯一值得礼赞的创举，可能是后人附会其身的擘划天下为冀、青、豫、扬、徐、梁、雍、兖、荆九个行政区域，此即"九州"为中国代称的由来。

没有制度的设计与建设，自然谈不上王朝的政治文明，随之而来的必然是杀伐由人、恣意妄为，从太康耽于游猎荒政而失国，到孔甲耽于迷信养龙而惊死，无一不是朝廷缺乏规章、荒唐用事的恶果。

"国之大事，在祀与戎"，说的是夏、商、周三代时期，祭祀与征战乃国家头等大事。当时，缘于改造自然的生产力水平低下，朝野上下对自然科学的认知尚处于蒙昧时期，故而部落、邦国之间的战争可以残酷无情、毫无忌惮，但对天地万物的存在、变化，则莫辨其究，举凡风雨雷电、日月星辰、山石树木、飞禽走兽，都被认为有神灵主宰，敬畏有加。"万物有灵"的观念由此产生。

神妙莫测谓之"天"，无可奈何谓之"命"。在华夏先民看来，天是世间万物的创造者，掌控着万物生死祸福的命运，甚至是人间的改朝换代，从对天的望而生畏，自然产生了对天的崇拜和祭祀，以祈求天神的佑护。祭天的仪式从西周王朝开始，周王被称为"天子"，天子才有资格祭天。昊天罔极，君权神授。通过封禅和郊祭等祭天正规仪式，君王的权威也会得到加强；祭天，遂成为国家的第一大礼。反之，逆天悖礼者，非暴君即独夫，其个人归宿、王朝运祚难有善终。

桀，夏朝末代君王，中国有历史记载的第一个暴君，在位数十年，佞臣聚朝，忠良斥野，宠信妹喜，穷奢极欲，滥施征伐，百姓弗堪。

有一忠臣关龙逄上朝进谏，极言天子须恭谦而讲信义，节俭而重用贤才，若奢侈无度，嗜杀成性，民怨载道，则天下危矣。桀闻之大怒，立斩关龙逄，还肆无忌惮地放言："天上有太阳，我即是国家的太阳，太阳灭亡，我才会灭亡。"

自以为"太阳"的夏桀，罔顾各方的决绝抗争之心，"时日曷丧，予及汝偕亡"（《书·汤誓》）。结果，面对商汤仁义之师"十一征而无敌于天下"的攻势，鸣条决战，众叛亲离，国亡而命休。

比夏桀狂妄行为更离谱的是商王武乙。

与参照《竹书纪年》《史记》传说而确立的夏朝相比，世人对商朝的印象更为深刻。殷墟出土的十五万片甲骨卜辞，使中华历史从远古传说进入信史时代；后母戊方鼎、四羊方尊等众多造型瑰伟神奇、纹饰精美的青铜器，使中华历史特有的青铜文明大放异彩。

商代诸王遇事皆卜。"武乙射天"的传说典故，就是一例最具典型的代表。

读史十记

公元前1147年，武乙即位商王，西讨南伐，平定域内各方国部落叛乱，骄纵之心日趋膨胀，俯仰天地之大，有何堪比自己强大？唯一让他烦恼的是本朝臣民对上帝和鬼神十足的迷信，史官可以借占卜、祭祀来限制商王的行为。武乙决心打破这个规矩。

某天，武乙下令工匠造一个木偶，称之为"天神"，要与它赌投掷。木偶是不会动的，他便命一个史官来替"天神"投掷。史官自然是不敢赢他的，故意连输了几局。武乙大为得意，飞扬跋扈地昭告史官群臣："你们所敬畏的天神，也不过是我的手下败将，今后也要听从我的号令，何况你们！谁还敢不服从我的命令！"群臣唯唯称诺。

武乙心知肚明，假的毕竟是假的，怎样才能让群臣真正相信天神也敬畏自己呢？他又想出了妙计，让内侍偷偷地缝制一个皮囊，盛满猪羊之类的血，又命工匠造两只白罗鹞风筝，将皮囊悬挂其间。当埋伏在高台之上的内侍将风筝放飞到云端，隐约只见皮囊时，武乙戎装登台，对聚集台下的群臣宣称："看到天上的天神了吗？今天我要射天神，让天神流血。让你们看看是我厉害还是天神厉害。"说罢弯弓搭箭，连发三矢，均中皮囊，血滴从空中洒落一地。武乙哈哈大笑，然后指着地上的血迹叫嚣："这就是被我射中的天神流下来的血。怎么样？天也害怕我了吧！"

上演"射天"精彩一幕后，武乙愈加放纵无羁。一日，他带领大批随从在黄河渭水之间围猎，朗朗天宇突然乌云密集，狂风骤雨倾盆而下，一声惊雷劈裂长空，直贯天地。待雨霁云散，天晴日朗，随从们看到武乙瘫倒在黄河岸边，衣发凌乱，面目狰狞，早已被惊雷劈死。

在中国历代君王中，只有武乙一人遭雷击而死。如此张狂之人，又如此背运，古今所无，何来如此命运，恐怕只有上天知道。西方谚语云"上帝叫你死，让你先疯狂"。这可以视作对武乙狂妄"射天"下场的形象注解。

至于明朝文人冯梦龙作诗谴责武乙，"性僻刚愎侮上天，获罪于天命不延"，虽为人间寻绎求解之说，但也道出了殷商朝野意识的蒙昧与文明胶葛不清，说到底，商王朝还处在尚未完全开化的半野蛮半蒙昧阶段，由此前推的漫长史述，只能归结为中华文明前传。

商代末年，一个承接了夏桀、武乙的愚昧与狂妄的人——商朝末代帝王纣,将人性残暴、野蛮的一面宣泄到了极致,进而成为中华文明前传的终结者。

商纣王,本名帝辛,"纣"是后人加给他的谥号。根据《谥法》,"残义损害"称之为"纣",可见其人为帝王之毒害人间的深重难逃。

从天赋而言,帝辛本可以是一个伟大的君王,成就一番雄图霸业。他天资聪颖,见识敏捷,力气超人,能空手与猛兽格斗。他的才智足以抗拒任何劝谏,能言善辩足以文过饰非,认为天底下没有一个人能与他相比。他喜欢饮酒作乐,贪恋女色,不敬神灵,横征暴敛,搜求奇珍异兽,广建亭台园圃,以酒为池,悬肉为林。

这些也就罢了,这个被后人贬称为"纣"的帝王,其性情的随意残暴竟然令人发指。

据《史记·殷本纪》记载:"百姓怨望而诸侯有畔者,于是纣乃重刑辟,有炮格之法。"(用青铜制成空心铜柱,中间点燃木炭,将铜柱烧红,对胆敢议论纣王是非的人,让他赤脚在铜柱上行走,受刑者岂能忍受这般烫烙,一下就跌落,又被下面堆放的熊熊烈火烧死。)

"九侯有好女,入之纣。九侯女不憙淫,纣怒,杀之,而醢九侯。"(醢刑:把人杀死剁成肉酱。)

"鄂侯争之强,辨之疾,并脯鄂侯。"(脯刑:把人杀死后切成条块,然后晒成肉干。)

纣王对诸侯贵戚百姓黎民杀无赦、斩立决,对至亲叔公兄辈也毫不手软,其心之狠毒,无以复加。

孔子说"殷有三仁",指的是纣王的同父异母长兄微子、次兄箕子、叔父比干。《史记·殷本纪》对此三人的命运予以简明而生动的记述:

纣愈淫乱不止。微子数谏不听,乃与大师、少师谋,遂去。比干曰:"为人臣者,不得不以死争。"乃强谏纣。纣怒曰:"吾闻圣人心有七窍。"剖比干,观其心。箕子惧,乃佯狂为奴,纣又囚之。

众叛亲离,到了这个份儿上,等待纣王的还能是什么?——与纣王结下深仇大恨的周人擎起反商大旗,率天下八百诸侯,伐无道之君。

中国民间谚云"人不能坏事做绝""得饶人处且饶人"。这是中国老百姓千年磨砺、锤炼的处世智慧。对政坛风云难测之局势,同样有拨云见日之功效。

只是，以普通百姓的智慧也能知晓的浅显道理，却对野蛮之人无效。

周族，一个活动于商王朝西部边陲黄土高原上的古老农业部族，肇始于唐尧、虞夏之际，至商朝末年，其首领姬昌被纣王封为西伯，史称西伯昌，又称周文王。

西伯昌建邦国于岐山之下周原，积善行仁，礼贤下士，与商纣王的残暴野蛮判若两重天地，天下有志之士纷奔西来，"小邦周"一时呈现人才济济的盛况，亦即《诗经·大雅·西伯》的赞词"济济多士，西伯以宁"。

周族的兴盛，引起邻邦诸侯崇侯虎的猜忌。当纣王杀了九侯和鄂侯，西伯昌闻之暗中叹息几声，竟被崇侯虎打听到了。此奸臣急忙赶到商都朝歌，向纣王进谗言："西伯昌平时假装好人，暗地里却笼络人心，好些诸侯都归顺他了。这回听说你杀了九侯、鄂侯，他又不满地唉声叹气，将来会对你不利啊！"

仅凭这一番捕风捉影的谗言，纣王便命令西伯昌来朝歌觐见，不由分说，把他囚禁在羑里（今河南汤阴），一关就是七年。虽然司马迁以"文王拘羑里而演周易"轻描淡写地将西伯昌这段人生波折一笔带过，但其中漫漫的岁月煎熬、对纣王的愤懑郁积，又岂能轻松消磨！

后经远在西岐的臣属闳夭、散宜生献上有莘氏的美女、骊戎地区出产的红鬃白驹、有熊国的骏马等奇珍宝物，纣王龙心大悦，赦免西伯昌，准其归去。（《史记》载述"纣大悦，曰：'此一物足以释西伯，况其多乎！'"）又赐予弓箭斧钺，让他负责征讨叛国事宜，以示恩宠。但晚了，遭罹如此深仇大恨的周人已失去对殷商王朝的最后一丝忠诚。在他们心中，复仇的怒火已演化为强烈的复仇意识和行动。

至此，商朝末代之帝纣王以其愚昧、野蛮的专制形象，踏上了历史的断头台。中国历史亦将告别那段漫长的人神鬼魅无识无序的文明前传，开辟一个由农耕文明奠定其基础的封建礼仪之邦的时代。

文明开篇：我有嘉禾，绥之靖之

在人类历史文明篇章中，把农业文明演绎到极致的是中华民族。

可以这样说，从远古走来，迄于今日，中华民族根植于土地而生成的以农业文明为主导的物质风貌、精神内涵始终一脉相承。农业，奠定了中华文明的基础。

中国有文字记载的历史，起始于商朝，见诸于甲骨文、青铜铭文，但从中我们看不出多少农业文明的印迹，对商这样一个以游牧为生，借饲养、交易牛羊兴起的民族来说（以"王亥作服牛"和"上甲微为父报仇"传说为证），是毫不奇怪的。亦由此，除了灿烂的青铜器文化和汉字溯源的甲骨文，存在了460多年的商王朝对中华文明的贡献并不显著。

代商而立的周王朝却大放异彩，对中华文明有开创、缔造之功，以至于西方历史学家菲力普·L·拉尔夫等在《世界文明史》中赞曰：

周朝是中国的古典时期，并自此奠定了华夏文明的基本模式。

在中国内陆，一片叫作黄土高原的地域，蜿蜒流淌着两条泾渭分明的河流。这里，关中、陇东的山峁沟谷之间，草木葳蕤，土地肥沃。中华古老的一支部族——周族，在此刀耕火种、繁衍生息。

我不知道最初的周人是如何来到这里的。根据《史记·周本纪》记载，周族的祖先后稷，生于陶唐、虞舜之际，其母有邰氏女，名姜嫄。此后的描述，便带有浓郁的神话传奇色彩了。

相传，姜嫄与商人祖先契的母亲简狄一样，同为帝喾的妃子。简狄"见玄鸟（燕子）堕其卵，取吞之，因孕生契"，姜嫄则是"出野，见巨人迹，心忻然说，欲践之，践之而身动如孕者"。

对这样一个"只知其母而不知其父"的母系氏族社会的神话故事，《诗经·大雅·生民》篇则彰显一派天授其尊的贵胄气象：

厥初生民，时维姜嫄。生民如何，克禋克祀，以弗无子。履帝武敏歆，攸介攸止，载震载夙，载生载育，时维后稷。

后稷，本名弃，即后来中国民间奉为神明的"谷神"。淡化其中神话传说的色彩，周族祖先"弃"诞生以后的故事，无疑是一个农业民族成长、壮大、兴盛的真实写照。

传说，姜嫄郊游，踏巨人足迹有感而孕，十二个月后，生下一男孩。甫一降生，男孩并没有享受到《诗经·大雅·生民》中描述的尊贵无比的待遇。因其来历不明，怀孕逾期，其母姜嫄认为此事不吉利，便将男孩丢弃在狭窄的巷道上，想让牲畜踩死他。岂料，来来往往的牛马都避开男孩不去踩踏。姜嫄又把他扔进山林，觉得山林里野兽那么多，孩子肯定会被吃掉。谁知，不但没有野兽来伤害，过往的伐木者还拿食物喂他，给他盖上衣服遮风避雨。姜嫄只好抱回孩子，把他丢在结冰的河上，希望孩子被冻死。更奇怪的是，天上飞来成群的鸟，纷纷降落在孩子周围，用羽翼覆盖、温暖着他。

毕竟骨肉连心，连番的神奇境遇让姜嫄相信是上天保佑这个孩子，她如释重负地把孩子抱入怀中，决心把他抚养成人。因为孩子曾被丢弃三次，姜嫄便为他取名"弃"。

其生也有神异，其志也有所为。"弃为儿时，屹如巨人之志。其游戏，好种树麻、菽，麻、菽美。及为成人，遂好耕农，相地之宜，宜谷者稼穑焉，民皆法则之。"当时，正值尧帝在位。尧听闻了弃的事迹之后，任命他为掌管农业的"农师"。弃不负尧帝的期望，与民休戚，广泛推广农作物种植技术，还成功地培育出黍（黄米）、麦子和大豆等前所未有的农作物。

舜继承帝位后，弃与禹、皋陶、契四人被并称为宫廷"四岳"，禹负责水利，皋陶负责刑法，契负责德育与教化，弃则掌管农业。对弃的功绩，舜帝赞扬道："从前百姓为饥饿所困，你作为农师，种植了这些五谷百物，使百姓免于饥荒。"（"弃，黎民始饥，尔后稷播时百谷。"）于是，分封弃于其母所在的邰，称号为"后稷"，并赐姓为"姬"，这在黎民百姓多有名无姓的时代是莫大的荣幸！

邰，位于社水流域，为周先民与戎狄杂处之地。周人农耕，自给有余，守望相助；戎狄游牧，饱暖无常，抢掠成性，周人不胜其扰，反击乏力，遂在首领公刘率领下转移泾水中游的豳地。

豳，在今陕西彬县、旬邑之间，土地平旷，水草丰美，更适宜于耕作、定居，周人迁徙于此，有适彼乐土之幸遇。周人对公刘感恩戴德，全族齐心，刀耕火种，以辟沃野；筚路蓝缕，以启山林，"度其原隰，彻田为粮"（《诗经·大雅·公刘》），豳地很快呈现一派五谷丰登、人丁兴旺的繁荣景象。

仓廪实而知礼节。当此安居乐业之际，公刘在豳地营建周族宗庙，举行祭祀活动，以溯祖脉，以聚族心，周人之民族性、社会性由此凝成，渐有邦国之形态。司马迁为之评述："周道之兴自此始。"

公刘之后，传之八世，周族再降生一位领袖人物——古公亶父。这位后世赫赫有名的周文王的祖父，因其继承后稷、公刘的事业，积德行义，深受族人爱戴，有"太王"之称誉。

勤勉有加，且具仁爱之心，在这位"太王"的平治之下，豳地一派生活祥和的农耕文明景象：

为此春酒，以介眉寿。七月食瓜，八月断壶，九月叔苴，采荼薪樗，食我农夫。九月筑场圃，十月纳禾稼。黍稷重穋，禾麻菽麦。

嗟我农夫，我稼既同，上入执宫功。昼尔于茅，宵尔索绹。亟其乘屋，其始播百谷。二之日凿冰冲冲，三之日纳于凌阴。四之日其蚤，献羔祭韭。

九月肃霜，十月涤场。朋酒斯飨，曰杀羔羊。跻彼公堂，称彼兕觥：万寿无疆！（《诗经·豳风·七月》）

薰育，中国北方少数民族戎狄部落的分支，不甘逐水草而居的风霜苦寒，嗅着麦菽酒曲的飘香，窥伺萱麻布帛的轻暖，马蹄逐尘，一路杀来。出于农业民族之本能，损有余以补不足，满足侵略者对物的占有欲，古公亶父将周人多余的财物拱手相送，薰育人满载而去。

历史的事实一再证明，侵略者的欲望永远无法满足。不久，薰育又来索取。这次他们胃口更大了，蛮横地提出要霸占豳和土地上的人民。周人极为愤慨，聚集古公亶父门庭，发誓与贪得无厌的薰育人开战。

在今天看来，古公亶父这位周族领袖当时的表现显得太过仁慈，甚至有些懦弱之嫌。面对汹汹舆情，他表态："人民拥立君主，是要让他造福人民。今天戎狄之所以来攻击我们，是想得到我的土地和人民。人民归属于我，与归属他们有什么区别呢？如果人民因为我的缘故与他们开战，为了做他人的君主而让父子去拼命，我于心不忍。"说罢，带领自己的私家部属离开了豳地，跋涉漆水、沮水，翻越梁山，来到岐山脚下的周原。

后来事态的发展超出了薰育人的想象——豳地的民众闻风而动，扶老携幼，全部来到岐山，重新归附古公亶父的治下。其他地区的人民听闻古公亶父的仁慈德行，很多人也前来归附。岐山脚下，一时人气兴旺，周族光彩逾昔。

上述故事，见诸于《诗·大雅·绵》，被传颂为"古公亶父，来朝走马。率西水浒，至于岐下"。这一周族成长时期的迁徙史，与《圣经·出埃及记》里记载的摩西带领犹太人逃离暴政下的尼罗河流域，来到"流着奶和蜜一样"迦南的故事相仿，皆有因祸得福之幸。

与信奉"进攻是最好的防御"的西方霸权主义思维不同，华夏民族在内心深处潜意识中，虽然不乏"兵者，诡道也"的战略、战术智慧，但更多的时候则恪守"正义之师，退避三舍"的仁人气度，以礼义道德的感化力量令天下宾服，从而缔造了有别于西方文明的古代东方文明的基础。

因为如此，这场中国历史上第一次文明与野蛮的交锋，以周族的避让而暂告结束，但胜利的天平从此倾向于周族一方，岐下周原，成为西来"小邦周"建基开泰、东向推翻"大国商"的龙兴之地。

周原，在今陕西省岐山、扶风两县境内，土地肥沃，形势开阔，宜农宜居。古公亶父开始着手废除周人沾染的戎狄习俗，营建乡邑城郭，划分不同部邑以区别居住；设置司徒、司马、司空、司士、司寇五大官署机构治理臣民。自此，周人从宗族部落到邦国形态初步形成。

古公亶父有三个儿子，长子太伯，次子虞仲，少子季历。其中，季历贤明过人，而且他的儿子姬昌（即后来的周文王）有祥瑞的圣人征象，古公亶父在众多宗族亲属的面前为之赞叹："我们家族应当出现一位使他兴盛的人，这个人大概就是姬昌吧？"

太伯、虞仲二人虽然不如季历贤明，但颇有仁孝之心。既然已知父亲传位之意，为断绝族人拥立自己的念头，太伯毅然带着弟弟虞仲离开周原，远赴长江以南荆楚蛮荒之地，断发纹身，与"夷面鸟语"的土著为伍，开化吴地风气，被拥立为王，成吴国始祖。

季历即位后，却也不负众望，修古公亶父之遗道，笃行仁义，诸侯纷来归顺。

时在商王文丁统御之期，季历率兵征伐盘踞在余无（今山西长治西北）的戎狄部落，使其臣服，文丁大为高兴，任命季历为"牧师"，即诸侯的方伯首领，执掌商朝西部征伐大权。

手握征伐权柄，天时、地利、人和，三者具备，季历发起对戎狄的反击战，降服始乎、翳徒之戎等部落，将四处侵扰的戎狄拒之殷商王朝的边关塞外，周伯之邦声威大振，附近部落纷纷来投，实力大增。

季历建"尊王攘夷"不世之功，文丁却心生恐惧，背信弃义，借季历入殷都献俘之机，将季历囚禁而死。殷、周由此结怨交恶。后碍于东南的方国鼓动孟方、林方等部落联合叛乱，继文丁登基的帝乙（纣）为避免东南、西北两面腹背受敌，决定缓和商、周矛盾，将胞妹下嫁给季历之子姬昌。

彼时，周人领地方圆不过百里，其实力尚不足以揭竿反商。而且，当时的商王朝也是强大的，按照孟子的说法，"天下归殷久矣，久则难变也。武丁朝诸侯有天下，犹运之掌也。纣之去武丁未久也，其故家遗俗，流风善政，犹有存者；又有微子、微仲、王子比干、箕子、胶鬲皆贤人也，相与辅相之，故久而后失之也"（《孟子·公孙丑》）。知彼知己，审时度势，姬昌答应联姻，赴渭水之岸迎亲。纣王以为忧患解除，钦赐姬昌为西伯，是商末四大诸侯之一。

"文王在上，於昭于天。周虽旧邦，其命维新"——自此，随着周人的领袖西伯昌登场亮相，中国历史进入周族主导的时代。

自古以来，关于西伯昌的民间传闻和史料记载可谓多矣，从简辑要，实有三大亮点可以辉映中华文明史册：建灵台、演周易、迎太公。

先说建灵台。

姬昌继位后，"遵后稷、公刘之业，则古公、公季之法，笃仁，敬老，慈少。"如此敬执农事，积善行仁，为民造福，从岐下周原到新都丰邑，处处事业欣荣，风物淳化。"民亦劳止，汔可小康。惠此中国，以绥四方。"（《诗经·大雅·民劳》）——中国历史上第一个小康社会就此诞生。

西伯昌营造灵台，就是这一小康社会的典范。

平定崇侯虎之后，为了更有利于攻取殷商，西伯昌听从姜子牙的建议，迁都于沣水西岸的丰邑。同时，为了纪念在朝歌蒙难的伯邑考、商容、梅伯等尽忠烈士，也为了"观祲象，察氛祥"，以观测天问现象预示祸福吉凶，西伯昌决定建造一座灵台。消息传开，周民踊跃前来。"经始灵台，经之营之，庶民攻之，不日成之。经始勿亟，庶民子来。王在灵囿，麀鹿攸伏，麀鹿濯濯，白鸟鹤鹤。王在灵沼，于牣鱼跃。"（《诗经·大雅·灵台》）

对这一君臣和衷共治的小康社会，孟子大为赞誉："文王以民力为台为沼。而民欢乐之，谓其台曰灵台，谓其沼曰灵沼，乐其有麋鹿鱼鳖。古之人与民偕乐，故能乐也。"

再说《周易》。

"文王拘羑里而演《周易》"，这句话说的是西伯昌遭崇侯虎谗言，被纣王命令来朝歌觐见，随后囚于羑里（今河南汤阴县北）七年。此间，西伯昌苦寂励志，将伏羲所创八卦演化为六十四卦，以推演天地万事万物，内里蕴藏无穷无尽阴阳消息之机变。

学界普遍以为，《周易》是一部探求宇宙奥秘和人世变化的深邃之作，宏博精妙，至今难穷其究。

虽然《周易》的作者、成书时期历来存诸多争议，但西伯昌（周文王）无疑是缔构其枢机的关键人物。

"天行健，君子以自强不息；地势坤，君子以厚德载物。"三千年前的圣人姬昌，以他的超凡意志和智慧，为中华文明在人类思想和哲学领域塑造了一个高峰。

发轫于农耕，而遵循于仁义。至此，周族一路走来的历程已在昭示天下：他们开创的王朝将书写一部"周鉴于二代（夏、商），郁郁乎文哉"的古典文明历史。

按照现代人的表述：野蛮、愚昧，是一种破坏的、倒退的、黑暗的负能量；启蒙、文明，是一种创造的、进步的、光明的正能量。

且看周人在一个新王朝发展过程中是如何释放他们创造性正能量的。

文韬武略论高下：谁是八百年周朝奠基人？

进入周族开创的王朝时代之前，让我们先讨论下中华文明史上第一起对著名人物功过是非评价的公案。

《封神演义》是一部在中国民间有着较大影响力的神话小说，其第三十四回"渭水文王聘子牙"有诗赞曰："西岐城中鼓乐喧，文王聘请太公贤。周家从此皇基固，四九为尊八百年。"如此说来，创建周王朝的第一功勋人物，非姜太公莫属！

历史的真相果真如此吗？

我们常说，人民群众是创造历史的真正动力。这是唯物史观一般性定论。事实上，要将这种推动历史前进的动力转化为历史的阶段性成果，杰出人物、人民领袖在其中起着关键性、决定性的作用。

人类的历史一再证明，由于一个领袖人物在能力、品德等方面因素的不同而改变事件结果、历史走向的现象并不鲜见。

回到商、周之鼎革的历史时期，"小邦周"之所以能打败大国商，享"普天之下莫非王土，率土之滨莫非王臣"之尊，名存八百年（公元前1046年－公元前256年，共七百九十年。另一说是自公元前1027年－公元前256年，其七百七十一年），功不可没者，当属西伯昌、姜太公、周武王、周公旦四人。

先说第一人西伯昌。

周族建邦开泰的奠基人古公亶父曾预言："我世当有兴者，其在昌乎？"——有着"圣人"之誉的西伯昌确也深孚众望，引领周族走向兴盛。

西伯昌成功的秘诀，除了兴农守法、笃仁敬慈，还在于"礼下贤者，日中不暇食以待士，士以此多归之"。太颠、闳夭、散宜生、鬻子、辛甲这些官拜商朝大夫的高官显士纷来归顺，为文王图强、武王克商起了重要的助推作用。是以《诗经·大雅》赞曰：

世之不显，厥犹翼翼。思皇多士，生此王国。王国克生，维周之桢；济济多士，文王以宁。

（累世都光荣尊显，深谋远虑恭谨辛勤。贤良优秀的众多人才，在这个王国降生。王国得以成长发展，他们是周朝栋梁之臣。众多人才济济一堂，文王可以放心安宁。）

然而，真实的情形是，虽有济济多士，西伯昌却常怀叹息，忧思不宁。他是在等一个人，等一个超凡于群伦的足以辅佐他擎举义旗讨伐无道暴君商纣王的旷世之才。

这个人终于出现了，他便是大名鼎鼎的姜太公。

在有关西伯昌（周文王）的众多传说中，最为民间百姓津津乐道的，正是渭水访贤——请姜太公出山的故事。

至于西伯昌何以要到渭水访贤，则被赋予了浓郁的神话色彩。

相传，一天晚上，西伯昌梦见天帝穿着黑袍子降临令狐津的渡头，一位须眉皓齿的老人站在天帝身后，天帝呼唤着自己的名字说道："昌，赐给你一个好老师、好帮手，他的名字叫望。"西伯昌连忙俯身下拜，那个老人也一同伏地叩拜，梦就醒了。

醒来的西伯昌从此有些恍惚，夙兴夜寐，思之念之：怎样才能在现实中遇见这位天帝推荐给他的老师呢？

一日，西伯昌率众畋猎，临出门前让太史卜了一卦，卦辞曰："田于渭阳，将大得焉，非龙非䝠，非虎非罴，兆得公侯，天遣汝师。"（《六韬·文韬》）得此上签，西伯昌直奔渭水而去，在林木葱郁的蟠溪，但见一须眉银白的老者，青布短襟，戴竹编斗笠，盘坐一束茅草上临溪垂钓，其状貌风度，俨然是梦中所见站在天帝身后的那位老人。西伯昌恭敬上前，"与语，大悦，曰：'自吾先君太公曰：当有圣人适周，周以兴。子真是邪，吾太公望子久矣。'故号之曰'太公望'，载以俱归，立为师。"（《史记·齐太公世家》）

上述传说已是神奇，更神奇的还是这位姜太公演示的世间绝无仅有的"钓鱼法"：只用直针，不用曲钩，"不为锦鳞设，只钓王与侯"——钓鱼，只是为了摆个样子，真正的目的是以其有别于世人常规的怪异行为，使自己成为社会关注、议论的焦点——更接近于历史真相的事实是，当西伯昌一行人来到渭水之滨打猎，听到当地民众议论姜子牙用直针钓鱼的怪异行为，遂起惊奇之心，而姜子牙亦得以有"缘"结识商末四大诸侯之一的西伯昌，如此人生机谋策划（《史记·齐太公世家》称之为"以渔钓奸周西伯"），非一般人所能为之，彼一七十衰翁，遂得以否极泰来。

这就是民间谚语"姜太公钓鱼，愿者上钩"的由来。

在中国民间传说中，姜子牙是一位实现人生大逆转的著名人物，虽大半生困顿坎坷，进入古稀之年，犹能官拜太师，辅弼文、武两代周王灭商；封侯齐地，开泱泱大国之基业。仅凭这一点，就足以让姜子牙在中国一代代渴望翻身做主人的黎民百姓心目中成为神一般仰慕的对象，其人其事，坊间酒肆，山寮野渡，永世流传。

当然，从江湖潦倒之人姜子牙到侯王太师尚父的姜太公，拥有相当多的智谋、手段。在与西伯昌阴谋修德以倾覆商朝方面，姜太公多出兵谋奇计，讨伐黎、邘、犬戎、密须、崇国，一路告捷，提议迁都丰邑，为灭商做好了最后准备。

此外，姜太公的勇气也超越常人。周武王将要率师伐纣，以龟占卜，卦象不吉利，狂风暴雨骤临。群臣为之恐惧退缩，只有姜太公力劝武王不可退却，武王于是坚定信心，发兵东进，誓师牧野，大败纣王，占领朝歌。《诗经·大雅·文王之什》作歌颂曰：

维师尚父，时维鹰扬。凉彼武王，肆伐大商，会朝清明。

（太师尚父姜太公，就好像展翅飞翔的雄鹰辅佐着伟大的武王，勇猛地征伐大国殷商，一到黎明天下就清平安定了。）

既已平商，武王大封诸侯于天下，姜太公受封于齐。一俟到达齐国，姜太公便依照当地旧俗，简化礼仪，开放工商百业，从渔盐生产中获利，因此人民多来归顺。成王年少即位，管、蔡二叔作乱，淮夷背叛，就派康公出使齐国，对姜太公颁布诏令："东到大海，西到河源，南到穆陵，北到无棣，对天下诸侯，你都可以讨伐他们。"齐国从此得以四处征伐，成为泱泱大国，建都营丘。第一任齐王姜太公年逾百岁，寿终正寝，可谓人瑞。

而就是这位以足智多谋著称的姜太公，差点儿因为一句充满血腥杀戮的话成为历史的千古罪人！

话还要从周武王灭商后说起。

周武王姬发，是一个只为灭商而诞生的人物。纣王兵败牧野，逃回朝歌，蒙珠玉之衣，自燔于鹿台，武王不解心头之恨，从战车上向纣王尸体连射三箭，又下车拔佩剑而刺之，再挥黄钺（铜斧）砍下纣王的头颅，悬挂在白色大旗之上，以此昭告天下周族深仇大恨已报。

如此看来，周武王又是一个很简单的人：为了实现父亲灭商的意愿，为了替兄复仇，浑身上下铸就了钢铁般的意志——可以这样说，非武王无以灭商。

但是，就是这样一个铁骨铮铮的男儿，在摧毁强大的殷商王朝一两年后，竟变得侠骨柔肠起来，第一次为中华文明史上的民族大和解提供了成功的范本。

公元前1027年，牧野决战的刀光剑影早已消匿，商都朝歌城失去了昔日的人声喧阗，执戟持剑的周朝军队在城中各处把守、巡逻。处于胜利者的高压态势下，数量庞大的殷商遗民惊恐、焦躁不安，等待他们的命运是被流放，还是被杀戮？

正如鲁迅所说的那样——"不在沉默中死亡，就在沉默中爆发"。三千年前，身为征服者领袖的周武王也意识到了这些被征服者的危险处境。但是，如何处置百万之众的殷商遗民和贵族，他却一时拿不定主意。

周武王首先垂询灭商第一功臣姜太公。

武人姜太公的回答有些文人式的婉转，但其用意却是颇为狠毒的"三光"政策。"我听说过，爱屋及乌。如果相反，这些人不值得怜爱，那么村落里的篱笆、围墙也不必保留。"即不光是杀掉纣王，连敌对的殷人也不能保留，杀无赦！

这回，老辣妙算的姜太公却算错了，一向对他恭敬有加、言听计从，能以威武勇毅统帅天下八百诸侯的周武王，并不是一个杀人不眨眼的乱世大魔头——自后稷以来周王室血脉绵绵孕育了农业文明的仁厚宅心，在周族最勇武之人周武王身上演化为宽怀天下的仁义情怀。他拒绝了姜太公以斩草除根靖天下的谬计。

接下来，周武王听取兄弟召公奭的意见。召公很理性地推心而论："这样吧，有罪的杀，没罪的留下。"周武王依然认为不妥，又找来二弟周公旦。

从史册上看，第一次以政治家身份论衡国是，周公就深谙"大道至简"的精髓，语不惊人，以简驭繁。让殷人"各安其宅，各田其田，毋故毋私，惟仁是亲"，即给殷人以生路，就地安置，分化瓦解。

周公的提议深得周武王的赞许。

周王朝创建之初这一重大政治抉择，《史记》未载，盖为尊者（姜太公）讳也。

一系列部族、民族和解的敕令，从新朝周天子的宫廷络绎颁布天下：命令召公释放被囚禁的王公箕子；命令毕公释放被关押的殷商贵族；命令闳夭培高王叔比干的坟墓，以表对他忠义直谏的尊敬；在大臣商容住过的里巷设立标志，以旌表他的舍生取义；命令南宫括散发鹿台的钱财，发放钜桥粮仓的粮食，赈济贫弱百姓；让纣王之子武庚留在商都，封为殷侯，以此安定殷商遗民，减少他们的敌对情绪。

罢兵西归，返旆镐京，周武王出行巡视，作《武成》，以纪念灭商勋业；作《分殷之器物》，把商朝宗庙的祭祀用器分发给各地受封的诸侯。

追思先代圣王的功德，周武王褒奖并分封神农氏的后代于焦，封黄帝的后代于祝，封尧帝的后代于蓟，封帝舜的后代于陈，封大禹的后代于杞。继而分封王室功臣，封师尚父姜太公于营丘，国号为齐；封周公旦于曲阜，国号为鲁；封召公奭于燕，封弟弟叔鲜于管，封弟弟叔度于蔡，其余人也各有分封。

在镐京，周武王召九州之君，登豳地之岗，以望商邑，劳顿一日，夜不能寐。周公旦前来探视，问道："您为什么睡不着觉？"武王答曰："我还没有确定上天是否会保佑我们，哪里有闲暇睡觉呢！"

星斗阑干的夤夜，寂静深宫，忧国忧民的武王向最值得信赖的弟弟袒露心扉：

定天保，依天室，悉求夫恶，贬从殷王受。日夜劳来定我西土，我维显服，及德方明。自洛汭延于伊汭，居易毋固，其有夏之居。我南望三塗，北望岳鄙，顾詹有河，粤詹雒、伊，毋远天室。（《史记·周本纪》）

（我一旦确定上天保佑我们，让天下万民顺从我周王室，就将不顺从天命的恶人全部抓捕，让他们收到纣王一样的惩罚——这也是此前召公奭的建议。我要日夜慰劳人民，安定我们西方的领土。我只有办事明智得体，才能德化天下。从洛水延展到伊水的河湾，是一片开阔平坦之地，没有山壑险固的屏障，那里是昔日夏朝人居住的地方。我向南远望三涂，向北远眺太行山的边鄙城邑，环视黄河，回眸伊洛，决定在这一带建立周朝的新都城。）

心愿谋定，周武王在雒邑规划了周朝新都的建设，方才御驾驰驰，西去镐京。

接下来，周武王以绥靖宇内的太平天子之雄韬胆略，上演其戎马倥偬的人生最精彩一幕：马放南山，刀枪入库——"纵马于华山之阳，放牛于桃林之虚；偃干戈，振兵释旅；示天下不复用也。"

倘若当初周武王头脑简单，一味听从姜太公"斩草除根"之计，引起数量占优且军队尚存的殷人反叛，天下大乱，还能有"周家从此皇基固，四九为尊八百年"吗？

事实上，周武王采纳周公建言，以"民族和解"的大旗统御天下，很快就在他离世不久的戡乱战争中得到了回报。

灭商第二年，周武王突然病重，太子成王年少，嘱周公为托孤大臣。武王病逝，周公摄政，管叔、蔡叔联合武庚叛乱。周公东征，一年救乱，二年克殷，三年践奄，虽备尝征战艰辛战斗惨烈，而终成摧枯拉朽、高歌凯旋之势。倘若纣王之子武庚赢得本族大多数遗民支持，以据守殷商旧都之利，联手管、蔡盟军，天时、地利、人和，天下复归于殷商的历史未必不能重演。

然而，历史没有假设。以周公旦为新统领的周人赢得了对殷人的最终胜利，正应验了那条颠扑不破的人间真理：得道多助，失道寡助。

回顾前朝商代历史，在对待征服者的政策和手段方面与周朝截然相反，其杀戮俘虏作为人祭的现象，尤以殷商后期为盛。据统计，甲骨卜辞中武丁以后商王所用的人祭数字多达一万三千以上，而实际的杀祭人数远远超过这个数字；卜辞中见诸于杀祭用人的方法，亦多达十五种。可以想见，青铜器发达的殷商时代，依然是一个人性与兽性纠缠一体的恐怖、野蛮的时代。

而远在美洲大陆的古代墨西哥阿兹特克部落和北部印第安人也经历过这样一个野蛮的时代。卡尔·马克思在《摩尔根〈古代社会〉一书摘要》

文中记述：

关于俘虏的处理经过了和野蛮期的三个阶段相适应的三个连贯阶段：野蛮期的第一个时期，俘虏被处以火刑；第二个时期，作为供献神灵的牺牲；第三个时期，转变为奴隶。

不同区域的部落、民族从野蛮向文明演进的过程大抵如此。不跨越此野蛮阶段，则人类难称进入真正的文明时代，野蛮的统治也不会长久，所谓"野蛮的征服总是被文明的征服所征服"即印证于此。

回到周族征服商族的初创年代，周武王和周公旦的文韬，姜太公的武略，孰高孰低，自然明了。历史文明进步的正能量亦彰显于此。

时逾两千多年，在遥远的美利坚大陆，美国内战硝烟散去，我们又看见了历史相似的一幕：继林肯总统被刺身亡之后，当选总统格兰特将军颁布了全国大赦令，南北双方很快实现了全民族的和解，戮力同心，开疆拓土，壮大国力，仅过了半个世纪，美利坚合众国就成长为足以取代大英帝国的世界最强大国家之一。

回到公元前12世纪，随着历史进入周公旦摄政的时代，中华文明拉开了"礼仪之邦"的大幕。

读史十记

周公：仁义智勇信集于一身的历史伟人

周公，姓姬，名旦，西伯昌第四子，因采邑在周，爵位上公，故称周公。

与孔子并称为圣人者仅二人，唐宋之前有周公，唐宋之后有孟子。即使在周公与孔子并称时代，亦是周公为"先圣"，孔子为"先师"。显然，唐宋之前，周公的历史地位要高于孔子。此后，孔子形象、思想被历代统治阶层改造得越来越师道尊严，对维护封建统治秩序愈加得心应手，周、孔二人地位渐成平起平坐之势，周公被尊为"元圣"，奉封为文宪王；孔子被尊为"至圣"，奉封为文宣王。

在中国民间野史、口传小说等领域，姜太公的名气远远大过周公。

然而，历史的真相却是，走下"封神榜"的姜太公，只能算是中国历史长河中一名帅才而已。继之而起，接其战旗，擎举义旗的周公，则是集仁、义、礼、智、信于一身的圣人。

史称"旦为子孝，笃仁，异于群子"，成年后的周公，有乃父风度，而襟怀旷达尤过之。周公曾这样自我评价：

我文王之子，武王之弟，成王之叔父，我于天下亦不贱矣。然我一沐三捉发，一饭三吐哺，起以待士，犹恐失天下之贤人。

这就是曹操《短歌行》中千古名句"周公吐哺，天下归心"的由来。

同为中国历史圣人，公元前479年，自感不久于人世的孔子以哀恋之语长叹："甚矣吾衰也！久矣吾不复梦见周公。"

周公，这是怎样一个圣人，竟然让对中国历史文化与社会影响最大的孔子为之魂牵梦萦？

周公第一次公开亮相，是在公元前1046年，牧野誓师，辅佐武王作《牧誓》。武王克商入朝歌城，周公执大斧，召公执小斧，以英武之姿护佑武王祭祀殷朝的社坛，向上天和殷朝子民昭告纣王的罪恶。

周公第二次出场，是应武王之召，参议如何处理殷商遗民和贵族的重大国策。如前所述，此番廷议，周公藉武王之手，将自己的仁爱之心大施于天下。

此为周公之仁。

牧野之战，小邦周击溃大国商，纣王自焚殒命，其子武庚犹存，且掌控着数量可观的殷商军队。当此之际，若"宜将剩勇追穷寇"，继续用兵以剿灭武庚及商军余部，势必引发其强烈反弹，战火重燃，生民涂炭，对天下黎民是又一场重大灾难，对新生周王朝的存亡也是一个重大考验。计将安出？并非足智多谋之人的周武王大伤脑筋。

周公入帷献计：其一，对纣王之子武庚施以怀柔手段，将其封于商朝旧都——殷，令其承续殷祀，以此安抚殷商的遗老遗少；其二，派遣、分封周室亲信于殷地，对武庚及其部族、东方各诸侯国进行有效地监视、管控。

所谓"听君一席话，胜读十年书"，周武王心领神会，当即封武庚为殷侯，继续治理殷民。同时，在殷商京畿河内之地，封自己三位胞弟叔鲜于管、叔度于蔡、叔处于霍，负责监视武庚和各自所在地区治安，号称"三监"。云谲波诡的周王朝初创形势一时风平浪静，武王遂能放心西归镐京，马放南山，刀枪入库。

此为周公之智。

灭商第二年，时局未稳，周武王忽患重病不愈。彼时，周武王为天下推崇之共主，正义之师的核心，失之则新生周朝陷于群龙无首的境地，王室百官恐惧不安，姜太公、召公奭虔诚占卜，为武王祷告祈福。

周公认为，仅靠一项占卜，尚不足以为武王祛病消灾。因此，他搭起三座祭台，将自己作为供品（"以旦代王发身"），代替武王舍身以事鬼神，并面对祭台，奉璧持圭，向太王、季历、文王三位先祖祈祷。

在祷文中，周公向三位先祖开宗明义：

乃命于帝庭，敷佑四方，用能定汝子孙于下地，四方之民罔不敬畏，无坠天之降葆命。（《史记·鲁周公世家》）

（姬发是禀受了天命，降临人间来安定四方的，他能让你们的子孙在人间安居乐业，而四方的黎民百姓也对他敬畏有加。我们不能让这一天降大命中途断送。)

祷毕,周公将简册上的祷文密封在金丝封缄的盒子里,告诫主管此事的祝史不得告诉任何人。第二天,周武王的病竟然好转了。这就是历史上周公舍生取义的著名典故——金滕藏策。

此为周公之义。

作为人类漫长历史的特定产物,以血亲嫡嗣为纽带的君王托孤,每每成为一个王朝兴衰存亡的重大事件,亦由此成为引发后世极大兴趣的历史看点。

与周武王托孤周公、汉武帝托孤霍光等相比,刘备白帝城托孤诸葛亮本无重大历史意义,但经罗贯中《三国演义》一番戏剧化演绎,在中国上达庙堂、下至江湖享有很高知名度,身为军师、丞相的诸葛亮亦由此在独步天下的"智多星"美名之外,还赢得了鞠躬尽瘁的"忠臣"英名。

只是,这位诸葛大人"出师未捷身先死,长使英雄泪满襟","死而后已",换来的竟然是三国争雄蜀汉先亡。

与刘备托孤诸葛亮的蜀汉王朝其亡也忽相比,周武王托孤周公则成就了周王朝八百年煌煌基业。

灭殷商后第二年,周武王病故。临终前,武王托孤于周公,但又表示亦可将王位传给他,并说此事不须占卜,可当面决定。周公难掩悲泣,坚辞不就。随后,武王年幼长子姬诵即位,是为成王。

威震天下的周武王一朝遽逝,风云突变,朝野上下再次暗流涌动,"有大艰于西土,西土人亦不静"(《尚书·大诰》),继任的周成王还是一个十余岁孩童,何堪重负!周公以冢宰的身份摄行王事,以解变化难测之时局。

岂料,作为三兄的管叔意在染指王位,乘机散布流言"周公将不利于孺子(成王)",并于灭殷第三年(公元前1024年)联络蔡叔、鼓动武庚一起叛周,东方的徐、奄、熊、盈等与殷商关系密切的大小方国应声响应背叛周室。黑云压境,风雨飘摇,新生的周王朝危在旦夕。《诗经·豳风·东山》"风雨所飘摇,予唯音嗛嗛"的吟诉,即是周王朝处于生死存亡之际诗歌化的历史剪影。

内忧外患,犹如泰山压顶,而周公成竹在胸、镇定自若:对内,坦诚心迹,说服太公望、召公奭一班元勋公卿,确保后方稳固;对外,发布

《大诰》檄文，誓师出征。

公元前1022年，周公拥成王东征，讨平"三监"叛乱，擒杀首恶管叔鲜、商纣王子武庚，流放蔡叔度。继之乘胜进军东方，灭奄（今山东曲阜）等五十余国，驱秦人先祖飞廉于海边而戮之，将周王朝的势力拓展到黄海之滨，姜太公受封之国齐始有"表东海之滨"的大国基础。

《尚书·大传》总结周公东征时，文字简约而精准，"周公摄政，一年救乱，二年克殷，三年践奄"，数十国大规模叛乱的汹汹之势，似乎被周公统帅的正义之师如风卷残云，轻易荡平。

但这场中华历史上有文字记述的第一次东征战争是异常残酷而激烈的，《诗经·豳风·破斧》慷慨悲歌："既破我斧，又缺我斨。周公东征，四国是皇。哀我人斯，亦孔之将。"可以想见，如虎贲貔貅一样勇武的西周将士跟随披坚执锐的周公冲锋陷阵，战斧都砍出了缺口，能够活着回来，已属幸运。

人谓周公文能治国，至于以勇敢之心，负天下之重托，挽狂澜于既倒，靖乱安邦，则非一般政治家所能为之。

此为周公之勇。

"伐奄三年讨其君，驱飞廉于海隅而戮之，灭国者五十，驱虎、豹、犀、象而远之，天下大悦。"——铸就匡扶天下不世之功，周公在新占领的东方大封同姓、异姓和古帝王之后，立七十一国，姬姓独居五十三人，封建亲戚，以藩屏周，由此奠定"普天之下，莫非王土，率土之滨，莫非王臣"（《诗经·小雅·北山》）的周王朝八百年江山大业。此举在周公摄政第四年，遂有《尚书·大传》"四年建侯卫"之说。

史载，周公摄政凡七年，后来的三年可谓锦上添花、一帆风顺，"五年营成周，六年制礼作乐，七年致政成王"，面北就臣位，完全是一付恭敬、敬畏的臣工形象。

按说，此时的周公，百战声威，功盖先王；杀伐由己，权重天下，如欲借此久踞摄政之位，亦未尝不可，且不论文臣追随、武将拥戴，即便再生僭越之心，也是百官噤声，断无反叛之徒众，为何不顺势而为独享至尊，反而退居臣位受制于人？

这和周公七年前的承诺有关。

周公摄政之初，对太公望和召公奭有一番表白："我之所以不避嫌疑地代替成王行使职权，是担心天下叛乱，无法向我们的祖先太王、王季、文王交代。三位先王为我们这份基业的开创操劳已久，到今天才得以成就大业。武王过世早，成王又年幼，我完全是为了周朝的稳定才这样做的。"

大忠似奸，大伪似真。在一般人看来，如此这番表白，似有掩饰虚伪、包藏篡心之嫌，而且，类似表白在以后的中国历史上无数次上演。谋篡之机、夺嫡之遇一旦降临，几多人按捺不住窃喜，或跃上龙门，或功败垂成。然成败与否，皆与圣人圣心相去远矣！

如若不是叛乱弭平，东都告成，礼乐臻备，周王朝鼎立天下，大业稳定，然后践行诺言，功成身退，周公亦难脱后人谴责、骂名。而这，正是矫情伪饰的王莽、袁世凯之流窃国大盗之所以身败名裂的前因后果，却是周公终为中国历史第一圣人的成名所在。

此为周公之信。

譬如"木秀于林，风必摧之"，历史的一大现象是，上至衮衮诸公，下到县衙皂隶，大抵忠信之臣、耿介之士多遭受奸臣小人的谗言、陷害，人生坎坷，命运沉浮，难以尽说。周公亦不能幸免，当其遵守诺言，还政成王，降为人臣，即遭几位朝臣挟私报复，向成王屡进谗言，致使成王对周公渐起疑心。任雷霆压顶，战阵如云，威武不能屈的周公惟有一声长叹，悄然远走楚地。

"信而见疑，忠而被谤，能无怨乎。"——七百多年后的屈原在遭受不白之冤后，犹离忧思，而作《离骚》。周公流落楚地所作何为，无人得知，但老天爷似乎看不下去了。是年秋天，霹雳突然响彻长空，狂风暴雨随之袭来，风雨如晦，旬日不息，树折屋倒，成熟待收的庄稼淹伏在地，黎民百姓流离失所。

天怒人怨，周成王和宫廷大臣为之惊恐，一面朝服祭拜先祖神明，一面翻阅内府所藏典籍以寻应对之策，竟意外发现了周公留下的金匣子，里面存放着武王病重时周公祷告先祖神明，愿以身代武王死的文策。还有一份是成王年少病重时周公祈福所为的祷文，文中记述周公眼见成王病魔缠身，就剪去自己的指甲，将其沉入河底，并对河神祈祷，希望神明不要降罪年少的成王，如果有什么罪责就由自己承担，如果神明非要取命，就让自己代替成王去死。

初，成王少时，病，周公乃自揃其蚤沈之河，以祝于神曰："王少未有识，奸神命者乃旦也。"亦藏其策于府。（《史记·鲁周公世家》）

唯此忠心，天日可昭。捧读祷书，成王涕泪而下，后悔不已，当即派出多路使臣四下寻觅，在楚地找到周公后，以最隆重的礼仪将他迎回宫廷，继续辅佐朝政。

据说，周公甫一还朝，风雨瞬息消失，乾坤朗朗，海晏河清，所有农作物和树木又恢复了生机。来年，各地五谷丰登，普天同庆。

中国人自古信仰天人合一，以为"国之将兴，必有祥瑞"。赖此上天警示人间之不可抗拒的神秘威力，西周王室内廷"畏天之威，于时保之"（《诗经·颂·清庙之什》），周公得以转危为安，复归于尊贵……

笔墨春秋，看取精义。周公能将上述仁、智、义、勇、信五大美德集于一身，已堪称历史伟人，即使置之于此后三千年中华文明史，而能与其比肩者，亦不多见。

如果只有这几项人间称颂的德行伟业，加之《大诰》《嘉禾》《酒诰》《多士》《无佚》几篇祷告戒文遗存史籍，彼一周公者，其实还难负中华"先圣"之誉。在人类文明的天平上，真正让周公成为不朽人物的砝码，是他在中华历史上创造性地制定并实施了制度的建设——制礼乐。基于此，古代社会的东方文明引领者——华夏民族，在三千多年前开创了人类诞生以来的第一个"礼仪之邦"。这个"礼仪之邦"被西方学者赞誉为中国的古典时代。

读史十记

周公吐哺，天下归心："礼仪之邦"的诞生

中国作为举世公认的世界四大文明古国之一，谈起中国历史，令国人最为自豪，堪以夸耀于世的，莫过于造纸、印刷术、指南针、火药四大发明。此外，就是每每被国人引以为荣的一句评价："中国自古就是一个礼仪之邦"。

什么是礼仪之邦？中国这个礼仪之邦是怎么诞生的？

有一部著作已被我们遗忘很久了，以至于我在卷帙繁多的历史丛书中看到它书名的瞬间，竟然衍生一种莫名其妙的亲切感。这，其实是对久违了的记忆深处的经典的陌生感和渴求感。这部著作就是《十三经》。

正如我阅读的这部由北京燕山出版社刊印的《十三经》前言所述：

《十三经》的内容博大精深，对于我国传统文化的影响几乎无所不至。完全可以这样认为，十三经是我国传统文化构成的基础，从这个意义上来说，人们要想探索我国古代政治、哲学、宗教、经济、军事、伦理、民俗等各个领域的发展规律和所展示的特性，是离不开《十三经》的。

西周的礼仪制度具体见诸于《周礼》《仪礼》《礼记》三册经典，其内容之繁复、翔实，仅从六礼（冠、婚、丧、祭、乡、相见）、七教（父子、兄弟、夫妇、君臣、长幼、朋友、宾客）、八政（饮食、衣服、事为、异别、度、量、数、制），便足以称事无巨细、洋洋大观。

所以，同列《十三经》的《中庸》第七十二章《修身》为之赞叹：

大哉圣人之道！洋洋乎！发育万物，峻极于天。优优大哉！礼仪三百，威仪三千，待其人而后行。"

（伟大啊，圣人之道！浩瀚无边，生养万物，与天一样崇高；充足有余，礼仪三百，威仪三千，这些都有待后世来施行。）

孔子曰："不学礼，无以立。"即一个人如果不学习礼仪，就无法在社会上立身。按照当今社会的说法，一个人立足于社会，必须具备起码的文

明素质。

如果说文明是一种人类社会的进步现象，这种现象便值得解构、引申。

作为高级灵长类动物的人类，为什么要有别于猿猴禽兽，奉行礼仪规范？《十三经》之一《春秋左传》"隐公十一年"，以人类社会有别于动物界的理念阐发道："礼，经国家，定社稷，序民人，利后嗣者也。"

在《十三经》的《礼记·曲礼上第一》里，儒家学者则给予了更为细致、条畅、明确的释义：

夫礼者，所以定亲疏，决嫌疑，别同异，明是非也……道德仁义，非礼不成；教训正俗，非礼不备；分争辨讼，非礼不决；君臣上下，父子兄弟，非礼不定；宦学事师，非礼不亲；班朝、治军、莅官、行法，非礼威严不行；祷祠祭祀，供给鬼神，非礼不诚不庄。是以君子恭敬、撙节、退让以明礼。鹦鹉能言，不离飞鸟；猩猩能言，不离禽兽……是故圣人作，为礼以教人，使人以有礼，知自别于禽兽。

然而，细细分析，上述解释亦并非无懈可击。比如"道德仁义，非礼不成"，见诸于老子《道德经》，则置"礼"于"道、德、仁、义"之后的末流，认为是不得已而为之。

《道德经》第三十八篇有这样的阐述：

上德不德，是以有德……上仁为之而无以为；上义为之而有以为。上礼为之而莫之应，则攘臂而扔之。故失道而后德，失德而后仁，失仁而后义，失义而后礼。夫礼者，忠信之薄，而乱之首。

老子学说，博大精深，尊列经典，众生视作天下奇书。然世间大道非正不能奇，是以五千言《道德经》看似深奥玄妙，而义理辩证，堂堂正正，开卷有益。

国人常说：要以德治国。按照老子的说法，人若具备"上德"，以德治国便是最理想的社会政治形态。愿望虽美好，放眼现实社会，具备上德的人不是没有，却少之又少，而具备上仁、上义之人的道德层次逐次减损，最终只能以"礼"治人，即老子所说的"攘臂而扔之"——伸出手臂强迫别人按礼仪行事。至于老子随后的评价——"夫礼者，忠信之薄，而乱之首"，则是战国百家观点之争，老庄之辈贬损孔孟之说的偏颇立论。

在主导中国社会思想主流的儒家看来，人类之所以要奉行礼仪规范，是由人类天生具有的向善或趋恶的本性所决定的。

孟子，人性本善的代表人物。其辞有曰：

人皆有不忍人之心。所以谓人皆有不忍人之心者，今人乍见孺子将入于井，皆有怵惕恻隐之心——非所以内交于孺子之父母也，非所以要誉于乡党朋友也，非恶其声而然也。恻隐之心，仁之端也；羞恶之心，义之端也；辞让之心，礼之端也；是非之心，智之端也。人之有是四端也，犹其有四体也。凡有端于我者，知皆扩而充之矣，若火之始然，泉之始达。苟能充之，足以保四海；苟不充之，不足以事父母。（《孟子·公孙丑》）

（每个人都有怜悯体恤别人的心理。之所以这样说，是因为如果有人突然看见一个小孩要掉到井里了，必然会产生惊惧同情的心理——这不是因为想要去和这孩子的父母拉关系，不是因为想要在乡邻朋友中博取声誉，也不是因为厌恶这孩子的哭叫声。同情心是仁的发端；羞耻心是义的发端；谦让心是礼的发端；是非心是智的发端。凡是有这四种发端的人，知道都要扩大充实它们，就像火刚刚开始燃烧，泉水刚刚开始流淌。如果能够扩充它们，便足以安定天下；如果不能够扩充它们，就连赡养父母都成问题。）

孟子之道，旨在以善为本，以礼发端，扬善抑恶，对人类社会的美好期许之心溢于言表——但是，如此善良的愿景并不足以启迪众生从善如流，反倒是面对人欲横流的残酷现实屡遭挑战、反驳。

《孟子·告子上》记载了一段孟子与同时代思想名家告子的辩论之词。针对孟子的性善论，告子直言不敢苟同："性犹湍水也，决诸东方则东流，决诸西方则西流，人性之无分于善不善也"。（人性就像那湍急流水，缺口朝东便向东方流，缺口朝西便向西方流，人性无所谓善与不善。）

荀子，作为先秦时代最后一位儒学大师，认为人类天生并不具备道德仁义这些美好品质，并非本性善良，而且人性本恶，难免堕落。所以，要用礼法加以约束，使之懂得礼义廉耻。荀子在《性恶》篇中分析认为：

人之性，恶；其善者，伪（人为）也。今人之性，生而有好利焉顺是，故争夺生而辞让亡焉；生而有疾恶焉顺是，故残贼生而忠信亡焉；生而有耳目之欲，有好声色焉顺是，故淫乱生而礼义文理亡焉。然则从人之性，顺人之情，必出于争夺，合于犯分乱理而归于暴。故必将有师法之化，礼义之道，然后出于辞让，合于文理，而归于廉耻。

（人性本恶；所谓善良，人为而已。今天的人性，有的生来好利，所以你争我夺从不相让；有的生来暴虐，所以残忍从不讲忠信；有的生来偷偷摸摸，所以荒淫无度从不顾及礼义廉耻。如果就这么任性纵情，必然会产生争夺，打破格局扰乱秩序走向暴力。所以必须树立榜样去让人效法礼法道义，这样才能产生谦让，合乎文理法度，懂得廉耻。）

在《礼论》篇中，荀子更进一步阐发道：

礼起于何也？曰：人生有欲，欲而不得，则不能无求，求而无度量分界，则不能不争；争则乱，乱则穷。先王恶其乱也，故制礼义以分之，以养人之欲，给人之求，使欲必不穷乎物，物必不屈于欲，两者相持而长，是礼之所起也。

（礼的兴起因为什么？答：人生来就有欲望，有欲望而得不到，就不可能不去寻求；寻求而没有限度和界限，就不能不争夺；争夺就产生混乱，混乱则导致无法收拾的局面。过去的圣王憎恨这种混乱的局面，所以制定礼义以区分等级界限，以调节人们的欲望，满足人们的需求，让人们的欲望一定不会因为物质的不足而得不到满足，物质也一定不会因为欲望之无穷而耗尽，欲望与物质相互制约而长久地保持协调，这就是礼的源起。）

按照冯友兰《中国哲学简史》对此的解释，一言以蔽之："先王制定礼（个人行为准则）义（道德），就是为了杜绝社会和思想的混乱。"

这个先王，指的就是周公姬旦。

问题在于，比孟子、荀子早生八百年的周公，并没有所谓人性本善、人性本恶的理论存世，也没有通过尊奉礼仪来扬善抑恶的思想阐述，那么，周公制礼乐是出于何种考虑？至于"礼不下庶人，刑不上大夫"这一周王朝基本国策，又是如何确定的呢？

"周虽旧邦，其命惟新。"

与商纣王残酷肆虐的暴政不同，周文王秉承周族历代贤王施恩布利于民的仁政，虽然只有方圆百里土地，却使天下归服。待武王麾仁义之师克商灭纣，周公深谙"殷鉴不远，在夏后之世"，营建成周告毕，即毕其全副精力制定礼乐，以期用宗法典章、礼仪规范、干戚乐舞的制度建设，安邦定民，成化天下。

史载：为制定一套完备的典章礼乐大法，周公广征博取，呕心沥血，"朝读书百篇，夕见七十士""一饭三吐哺，一沐三握发，唯恐失天下之士"。

世人看到，在周公精心开创的礼仪制度庇护下，周成王、康王时代"天下安宁，刑错四十余年不用"，被后世誉为中国历史上第一个王朝盛世——"成康之治"；"礼乐征伐自天子出"的西周王朝在其后近四百年间大致称得上治国有方、上下井然。

也可以说，正是由于周公在华夏大地破天荒的创举——创建一个领先于世界的东方文明礼仪之邦，才确保了周王朝任国人暴动、犬戎入寇、尊王攘夷，犹能历经烽燧乱世而延祚八百年的历史奇迹。

世人还看到，自西周以降，周公奉行礼教治国，知书达礼遂为王公、贵族、士大夫及其子弟立身立世的前提和标准。那时，私塾未开，简牍珍重，"知书"对天下黎民尚为奢望。但宫中好礼节，天下必效之。芸芸众生在仰慕上层社会贵族风度中企望"达礼"。知书达礼成为华夏列国上下推崇的时尚，东方礼仪之邦的基础由此奠定。

于是，在"礼仪之邦"这个大的文明背景下熏陶出的一代代中华公民，其举止，曾经彬彬有礼、温文尔雅；其社交，曾经弦歌相伴、礼尚往来；其言辞，倡导的是"不学诗，无以言"。

用当今通俗的话语来概述，就是：中国古代的礼仪极为丰富，大至国家典制，小至人际交往，无不浸润于礼仪之中。礼仪，既是儒家的政治理想，也是民众日常生活规范。经过长期探索，中国已经形成了翔实完备的礼仪体系，以及相互交往时表示尊敬、诚信的谦敬语言和行为仪态，并作为中国文化的重要特色影响到朝鲜、日本等近邻，以及更为辽远、广阔的地域。

中国自古号称"九州"，万千山河，锦绣大地，雄州雾列，俊才星驰。在这礼仪之邦的中华，知书识礼的杰出人物又具备怎样的涵养、形象？

从礼仪之邦到天朝大国：东方文明光环下的周人

西方"乐圣"贝多芬传递给世界一句箴言——"音乐是对人类智慧的最高启迪"。

圣人孔子，古代中国社会主流思想和文化的奠定者，对东方"礼仪之邦"这一概念有过独到的界定，"兴于诗，立于礼，成于乐"。"成于乐"，即表明音乐是礼仪之邦最高境界的体现。

对此，一代硕儒、南宋理学家朱熹在慕仪古风、追溯往圣的情怀中，写过一段有别于理学乏味风格的笔述：

武王崩，子成王诵立。周公相之，制作礼乐，乃采文王之世风化所及民俗之诗，被之管弦，以为房中之乐，而又推之以及乡党邦国，所以著名先王风俗之盛，而使天下后世修身齐家治国平天下者，皆得以取法焉。（《朱熹论〈周南〉》）

一系列史籍和考古发现证明：历史上的东方礼仪之邦，其鲜明特征之一是发达的、无所不在的音乐表现形式，在宫廷有鼓瑟吹笙，在民间有弦歌处处。

呦呦鹿鸣，食野之萍。我有嘉宾，鼓瑟吹笙。吹笙鼓簧，承筐是将。人之好我，示我周行……（《诗经·小雅·鹿鸣》）

吟诵着这些两千多年前的祝愿、感慰、欣悦之词，相信每一位心仪崇高的中华儿女都会沉浸在彬彬优雅的华夏古风之中。这样一个知书达理、风度优雅的民族，是应该博得世界其他民族的尊重、钦佩，甚至是仰慕的。

成语"叹为观止"的传世，让我们铭记了中国古代外交和文化史上的著名典故——季札观周礼。

公元前544年，在以黄河流域为文明发祥地的各诸侯国眼里，偏立江南一隅的吴国只是刚刚脱离"断发文身"的蛮夷生态，吴公子季札出使中原各国，更准确地说，应该是对黄河流域业已发达的文明的朝觐。

然而，就是这样一位来自颠顶地区的王室青年，却表现出了令当代音乐大师亦为之惊叹的艺术造诣。

在鲁国宫廷，乐师按历史、国别、颂词、舞蹈为序，鼓瑟吹笙，轻歌曼舞。季札端坐簟席，逐一品评：

为之歌《周南》《召南》，曰："美哉！始基之矣，犹未也。然勤而不怨矣！"

为之歌《郑》，曰："美哉！其细已甚，民弗堪也。是其先亡乎？"

为之歌《齐》，曰："美哉！泱泱乎，大风也哉！表东海者，其大公乎？国未可量也。"

为之歌《小雅》，曰："美哉！思而不贰，怨而不言，其周德之衰乎？犹有先王之遗民焉！

为之歌《大雅》，曰："广哉！熙熙乎，曲而有直体，其文王之德乎？"

……

见舞《韶箾》者，曰："德至矣哉！大矣，如天之无不帱也，如地之无不载也。虽甚盛德，其蔑以加于此矣。观止矣！若有他乐，吾不敢请已！"

……（《左传·襄公二十九年》）

季札在鲁国所观周乐，确切所指"雅乐"，即包括郊社、宗庙、宫廷礼仪、乡射和军事大典等方面音乐，在中国历史上曾盛极一时，周王朝还为之建立了音乐机构大司乐，属员逾千，乐器七十余种，音乐活动涉及社会生活各个方面。

我不知道那时的"音乐会"是否为听众准备了曲目、歌单，即使有，那些坚硬沉重的竹简、木牍也篆刻不了几行文字，绝不可能像现代音乐会的节目单一样，将演奏曲目诠释得详明而易懂。于是乎，吴公子季札对周乐的即兴随评，成就了中国文学艺术史上叹为观止的一段佳话。

一位偏居江左的吴国公子对音乐尚且精通如此，更何况那些技艺高超的宫廷乐师了。而"小隐隐于野"的所谓乡野之人，同样表现出极高的音乐素养。士大夫俞伯牙与山野樵夫钟子期演绎的"高山流水一知音"典故，至今为人称颂。

在遥远的春秋时代，身为周文王后裔的吴国公子季札对黄河故土的造访，通过一场宫廷乐舞"汇报表演"，尽显中原乃礼仪之邦、文化昌隆之地的繁丽神采；通过一场王公贵族端坐簟席的艺术品评，尽显东方礼仪之邦国人所具备的高超的音乐素养。

王室贵胄如此，再来对一位东方思想伟人、文化圣人作历史回眸。

中国民间流传一句大道至简的格言：做事先做人。且看孔夫子如何做人。

孔子曰："周鉴于二代，郁郁乎文哉，吾从周。"捧读《论语》，令我感到心灵震撼的是《乡党》篇里孔子向世人展示一位礼仪之邦的长者可资垂鉴的懿范：

孔子于乡党，恂恂如也，似不能言者。其在宗庙朝廷，便便言，唯谨尔。朝，与下大夫言，侃侃如也；与上大夫言，訚訚如也……入公门，鞠躬如也，如不容。立不中门，行不履阈。

（在邻里乡亲面前，孔子显得温和而恭顺，似乎很不善言谈；在宗庙、朝廷，却显得很健谈，但出言谨慎；上朝时与下大夫说话，显得温和而快乐，同上大夫说话，显得正直而恭敬；步入朝廷大门，不踩门槛，不站在门中间，显得小心谨慎，好像没有自己的容身之地。）

君在，踧踖如也，与与如也。君召使摈，色勃如也，足躩如也。揖所与立，左右手，衣前后，襜如也。趋进，翼如也。宾退，必复命曰："宾不顾矣。"

（国君在场，孔子显得恭敬而心里有所不安，但行走却从容安详。国君召孔子去接待外宾，他的神情立即变得庄重，脚步也快起来。他向一道站立的人作揖，或向左右拱手，衣服前后摆动很整齐。快步前行时，姿态犹如鸟儿展翅。宾客离去，一定要向国君回报：客人已经走远了。）

一个礼仪之邦的臣民应该具备怎样的素质？孔子认为："质胜文则野，文胜质则史。文质彬彬，然后君子。"

与行高于人相匹配的，是孔子严于律己、从善如流的自身精神："德之不修，学之不讲，闻义不能徙，不善不能改，是吾忧也。"

提及孔子，人们常常想到的是师道尊严，如《论语·述而篇》所记："子温而厉，威而不猛，恭而安。"（孔子温和而严厉，有威仪而不凶猛，庄严而安详。）

然而，现实中的孔子还保有与众同乐的愉悦心灵。在一次侍坐讲习时，孔子请众弟子畅谈人生抱负，曾皙坦然对答："暮春三月，春天衣服都穿定了，我陪着五六位成年人、六七个小孩子，在沂水旁边洗洗澡，在舞雩台上吹吹风，一路唱歌，一路走回来。"孔子听罢含笑嘉许："我同意曾皙的主张呀！"这里的中华圣人和他的弟子，与拉尔夫描述的古埃及文明是否有几分相似之处？

这样的圣人，堪为礼仪之邦之表率。

职此之故。司马迁在《史记·孔子世家》中的结束语为之赞叹：

高山仰止，景行行止。虽不能至，然心向往之……天下君王至于贤人众矣，当时则荣，没则已焉。孔子布衣，传十余世，学者宗之。自天子王侯，中国言六艺者折中于夫子，可谓至圣矣！

王室贵胄、文化圣人如此，其他阶层的国人又如何呢？

一个国家、民族之所以有活力，一个社会之所以文明，首先在于其体制和阶层不是僵化、固化的，而是因循人类文明进化的脚步不断变革、变化的。这种变革、变化，在中国古代隋、唐王朝之际，因为科举取士的制度创立，将中华礼仪之邦的文明进程推上了新的高度。

追溯以往的历史，审视当今的现实，倍感一个曾经深深影响中华文明的礼仪之邦对于中华民族复兴的重要性。

当然，周公创制、后人修订的周代礼仪制度也并非完美，其弊端之一，体现在"礼不下庶人，刑不上大夫"（《礼记·曲礼上》）这条国家大法。

在我看来，当初周公制定这条国家大法很可能兼顾到了人性善、恶两方面因素，以为士大夫以上的社会精英具备了道德的水准，其性已然向善，只需用礼仪加以约束；黎庶小民未沾教化，不识礼数，其性趋恶争利，当然要用刑法加以惩戒，亦即《荀子·富国篇》观点："由士以上，则必以礼乐节之；众庶百姓，则必以法数制之。"

事实上，"礼不下庶人，刑不上大夫"作为治国之法，无论在哪一朝代、哪一时代均无法保证其长久运行、实施。无论人性善恶与否，人人平等的民主与法制社会建设，才是人类文明历久弥坚的基石。

常言道："大乱之后，必有大治。"历史的经验却一再告诫我们：大乱之后，未必就会有大治年代的太平盛世降临人间。周公的伟大之处就在于——他以自己的鞠躬尽瘁赢得天下归心的同时，又以影响中华乃至世界的礼仪之邦的制度创新、确立，为人类的文明探索奠定了一种社会治理的有序模式——虽然这种模式具有历史的局限性，并非完美无缺。

作为一种影响巨大而深远的文明创造，中华礼仪之邦已成为人类永久的话题；创造这一文明的中国，也因为其泱泱国度亘古长存的魅力，牵引着世人探究的目光。

威尔·杜兰特在《世界文明史·东方的遗产》开篇写道：

中国人不否认这一点，直到本世纪他们还一直把欧洲人和美洲人视为野蛮人民。1860年以前，在一些官方文书里，依中文的习惯把"外国人"称为"夷人"，而且在条约中也必须如此规定。此一译文实在应改正了。像世界上大多数其他民族一样，"中国人常认为他们是最光荣的和最文明的民族"。可能他们是对的，虽然他们政治腐败、混乱，科学落后，工业不振，城市臭气冲鼻，田野废物满地，洪水和饥荒不断，他们冷漠残酷，贫穷迷信，盲目生育，自相残杀的内战不止，一再地遭受屠杀和羞辱。因为在一个外国人眼里，在这黑暗面的后面却是一个最古老和最丰富的有生气的文明，她的传统的古诗可回溯到公元前1700年；她有悠长的哲学传统，它们是理想的也是实践的，是玄奥的也是易于理解的；她有一些优美的陶器和无与伦比的字画，她有一些温厚完美的艺术珍品，只有日本可与之媲美；她更注重伦理道德——随时可以在人群中见到；她有一种社会组织，其结合的人民、经历的世界，比任何已知的历史为长久；她有种政体，几乎被哲学家们认为是最理想的形态，一直维持到鼎革后才被摧毁。当希腊尚为野蛮的民族占据之时，这一社会已经开化了，她目睹巴比伦和亚述、波斯和犹太、雅典和罗马、威尼斯和西班牙的兴衰，甚至在那巴尔干人称欧罗巴回复到黑暗和野蛮的时代，中国依然存在着。维持这悠久的政府、手工业的艺术、安定而有深度的精神的奥秘是什么呢？

那么，历经千年风云变幻、世事兴衰，中国依然存在，维系这一悠久传承的奥秘到底是什么呢？当代学者许纪霖藉其著作《中国，何以文明》，举新文化运动旗帜人物胡适之悟，以喻世明言：

1914年到1918年欧洲打了第一次世界大战，这一打把胡适打醒了。他当时在日记里这样写：拿破仑大帝当初曾经以睡狮比喻中国，睡狮醒了之后世界要为之震惊。我们今天都以睡狮来比喻中国，这是不妥当的，中国应该被称为睡美人。中国之强，文明古国，贡献给世界的不应该是武力，而应该是文物风教，就是中国文明。

中华文明，正是中国永久屹立于世界而不倒的奥秘所在。

也许，对中华文明历史的理性解读，可以揭示蕴涵于中华礼仪之邦的那些有深度精神的奥秘。

一个家族的光荣与梦想——

大秦帝国之殇

　　以道佐人主者，不以兵强天下。其事好还。师之所处，荆棘生焉。大军之后，必有凶年。善有果而已，不敢以取强。果而勿矜，果而勿伐，果而勿骄，果而不得已，果而勿强。物壮则老，是谓不道。不道早已。

——《道德经》

　　故秦之盛也，繁法严刑而天下振；及其衰也，百姓怨望而海内畔矣。……秦本末并失，故不长久。由此观之，安危之统相去远矣。……是以君子为国，观之上古，验之当世，参以人事，察盛衰之理，审权势之宜，去就有序，变化有时，故旷日长久而社稷安矣。

——《史记·秦始皇本纪》

读史十记

大秦帝国，一个威震世界的"中国"代名词

　　公元前1027年，朝歌，这座以制作大气精美的青铜器而闻名世界的商朝后期之都，经历了一场改朝换代的兵燹洗礼。

　　当牧野战火远去，城头烽烟散尽，朝歌城内依然是戈矛映日、斧钺森然。这里，"王赫斯怒，爰整其旅"——周武王及其麾下将士、天下八百诸侯一战功成，灭纣克商，以胜利之师的威武，震慑着殷商朝野的败军遗民。

　　其时，商朝一位名叫蜚廉的大臣出使北方，躲过一劫，待返归商都朝歌，纣王已自焚殒命，自己的儿子恶来也因顽抗被杀。主死子戮，蜚廉忍住悲恸，躲进山西霍县东南的霍太山，打算修筑一座祭坛向纣王禀报复命。岂料，在建造祭坛的下方挖掘出一具石棺，上面刻有一段谶语式的铭文：

　　天帝不让蜚廉死于殷乱，现在赐给你一个石棺来光耀你的家族。

　　蜚廉，传说中的秦国人祖先之一。虽然他自此以后不知所终，诸多史籍亦不见其传，但由他繁衍而来的家族和这个家族建立的国家，当真在数百年后大放异彩，光耀世间，这个国家就是大秦帝国！

　　人类历史上，诞生过无数大国、强国。而大秦帝国，从任何意义上讲都是一个超级军事强国，其追亡逐北、迅如霹雳的征伐之威，其横扫千军、摧枯拉朽的击溃之势，比起古罗马帝国，有过之而无不及。

　　贾谊，西汉政治家、文学家，所作《过秦论》堪称千古第一政论雄文，酣畅淋漓的文风，震烁古今的词锋，千载以后读之，彼一大秦帝国，犹似磅礴昆仑，横空出世。

　　秦孝公据崤函之固，拥雍州之地，君臣固守而窥周室，有席卷天下，包举宇内，囊括四海之意，并吞八荒之心。

　　……

　　及至始皇，奋六世之余烈，振长策以御宇内，吞二周而亡诸侯，履至尊而制六合，执棰拊以鞭笞天下，威震四海……然后践华为城，因河为池，

据亿丈之城，临不测之渊以为固。良将劲弩守要害之处，信臣精卒陈利兵而谁何，始皇之心，自以为关中之固，金城千里，子孙帝王万世之业也。

大秦帝国的盖世神威，不仅仅映现于史册文章。

2007年10月11日，中央电视台播出电视专题片《复活的军团》，掀开了大秦帝国尘封已久的历史一角。

1974年，干旱袭击了陕西省临潼县西扬村，田野地表枯裂。焦虑的村民希望地下水能够拯救他们枯萎的庄稼。几个村民将打井的地点选在一片石榴树林里。一个寒风料峭的黄昏，井水没有涌现，却从地下五六米深的井坑里挖出了一个真人一样的陶土人头。发现陶俑的消息很快就传开了，考古工作者赶赴现场展开勘探，于是在这个打井的方圆区域，专业发掘开始了。

这是一片规模宏大的陪葬坑道，几十辆战车、几百匹战马、几千名战士，排列在考古专家面前，俨如一个完整的地下军团。

就这样，几位打井村民的随意开挖，20世纪最壮观的考古发现自此揭开了帷幕。

世人可以想象：公元前230年，一支来自西北方向的军队开始横扫天下。从崛起于西北高原到一统中国，这支强大军队经历了近六百年的奋战。十年统一战争，燕、赵、韩、魏、齐六国军队的伤亡总数超过了两百万人。公元前221年，最后的齐国不战而降，秦军挺进当时世界上最大的城市临淄，最终结束了春秋战国五百多年的纷乱，在中国第一次创建了一个大一统的国家——大秦帝国。

1975年，秦始皇兵马俑发掘次年，陕西临潼，整个世界都把目光聚焦在这里。中外众多媒体将发现兵马俑的消息刊登在头版显著位置。此后几十年里，世界各国元首和政要纷纷莅临陕西，为的是能够亲眼一睹古代中国强大军队的真面目。无一例外，他们每个人的内心都受到了强烈的震撼。

越过太平洋，秦俑登上了美国《国家地理》杂志封面。该杂志使用了这样的标题——"中国第一个皇帝的军队：不可思议的大发现"。

秦人的功业影响了中国历史的发展，其名声也远播世界其他地区。现在世界各国称中国为China，是由古代印度梵文Cina、Chinas，阿拉伯文Cya、Sin，拉丁文Thin、Thinae演变而来的，而这些词都是"秦"的译音,这说明其他国家早在公元前几百年就知道秦这个国家了。

斯塔夫里阿诺斯,美国加州大学历史学教授,在他那享誉世界的《全球通史》中如此评述早已逝去的大秦帝国:

秦的统治虽然如此短命,却给中国留下了深刻且持久的印记。中国已由分封制的国家改变为中央集权制的帝国,并一直存在到20世纪。如果说中国的西方名字(China)由秦(Ch'in)而来,那是恰当的。

可见,在斯塔夫里阿诺斯的全球视野里,大秦帝国对于中国乃至世界的影响是如此地重大,用"改变人类历史"一词来形容纪元前的大秦帝国,当不为过。

在我看来,一部大秦帝国的历史,其实就是古代中国一个家族实现其强族、强国之梦的历史。而强国之梦,则是每一个渴望赢得世界尊重的民族的共同梦想。

纵观中国历史,也曾诞生过一些影响深远的帝国,比如大汉帝国、大唐帝国、蒙元帝国、大清帝国。如果说,大汉帝国以开疆拓土的昂扬精神取胜,大唐帝国以襟怀天下的恢宏气度取胜,蒙元帝国以纵横欧亚的杀伐征战取胜,大清帝国以重整山河的雄心胆略取胜,那么,中华历史上第一个封建帝国——大秦帝国,是凭借什么成为一个超级军事强国的呢?

翻阅《史记》,我们还须叩问历史:一个今日已不复存在的"嬴"姓氏家族用了漫长的六百年时间,西击戎狄,北御匈奴,南取巴蜀,东征群雄,浴血三晋,北讨幽燕,荡平江淮强楚,降服泱泱大齐,建立起一个空前强大统一的大秦帝国,却仅仅维持了短暂的十五年(公元前221年—公元前206年),便以土崩瓦解之势迅速覆灭,原因何在?

贾谊《过秦论》给予这样的结论:"仁义不施,攻守之势异也。"此话有一定道理,只是论据较为单薄、片面。

如果说,一个民族、一个国家的发展之路可以选择,那么,在一些历史关键时期关键人物的选择,便显得尤其重要。

见诸《孟子·公孙丑》的著名论点——"天时不如地利,地利不如人和……域民不以封疆之界,固国不以山谿之险,威天下不以兵革之利。得道者多助,失道者寡助。"虽然能赢得人世间众多正义之士的广泛赞同,却不能用来解释大秦帝国何以凭借"山谿之险,兵革之利"加上严刑峻法实现了强国之梦，进而征服天下的历史。

事实上，矢志不渝以图强大的秦人正是舍弃了儒家倡导的"王道、仁政"，选择了法家的变法图强，才走上了强国之路。

秦孝公三年（公元前 359 年），公孙鞅劝说孝公实行变法，主张对内大力发展农耕，对外设立鼓励将士勇猛杀敌的赏格。孝公对他的建言极为欣赏，在秦国推而广之。"三年，卫鞅说孝公变法修刑，内务耕稼，外劝战死之赏罚，孝公善之。"（《史记·秦本纪》）

变法图强，确实让秦国迅速强大起来，"夫商君为秦孝公明法令……平权衡，正度量，……以静生民之业而一其俗，……故秦无敌于天下，立威诸侯，成秦国之业"（《史记·蔡泽列传》）。随后，才有了秦王政奋六世之余烈，一统天下的煌煌伟业。

至于统一中国后的秦始皇仍然一意孤行，一以贯之地沿袭法家严酷治国思想，用今天的话来讲，则是"逆历史潮流而动"了。诚如司马迁所指出：

夫并兼者高诈力，安定者贵顺权，此言取与守不同术也。秦离战国而王天下，其道不易，其政不改，是其所以取之守之者无异也。孤独而有之，故其亡可立而待。（贾谊《过秦论》）

（作为一个统治者，在用武力征服天下的时候，往往是靠阴谋诡诈、兵强马壮，但到和平时代治理国家的时候，就得讲究顺应民心了。这就是说，夺取天下和治理国家的方法是不同的。秦国已结束了战国时代的纷乱，统一了天下，而治国之道、大政方针若不加以改变，就是将创业与守业完全混同了。只靠一个皇帝孤立无援地统治国家，他的灭亡也就指日可待了。）

大秦帝国的崛起、强盛历经六百年漫长岁月，一路坎坷，一路艰辛，一路拼搏，死战得脱，浴血逢生，可谓其兴也久，却在帝国大业如日中天之际，传二世而亡，又可谓其亡也忽。

因为偏爱先秦文化的缘故，我的书桌上长年摆放着春秋、战国时代思想大家的经典著作和《诗经》《东周列国志》之类文学佳作。

在我看来，先秦中华最美的诗歌当属《诗经·蒹葭》，最美的神话当属"弄玉吹箫双跨凤"，而这一最美的诗歌、这一最美的神话，竟然都出自远离中原礼仪之邦的华夷杂处之地的秦国！

朗月清风，抚卷轻吟，把酒问天，优游于如此野旷淳雅的诗歌、美丽绝伦的神话里的曼妙境界，缅想春秋时代的西土秦人，那是怎样一方君臣子民？

在深入阅读中我还看到，曾经是一个抗御戎狄、守土有责、民风淳朴的嬴氏族群，曾经是一个心怀"晋秦之好"善良愿望的秦国，屡次见欺于自己施惠颇多的晋国；虽已跻身华夏一等强国之列，仍旧被山东六国视为野蛮、落后的夷狄之邦、虎狼之国。问世间公平、正义何在？

人的良心被压制、戏弄，血性被激怒、喷发，就会不计后果、不择手段地用武装到牙齿的强力、蛮力，击垮、压碎一切横在它面前的人与物，这才是秦国以残酷之心灭绝六国的道路选择和力量所在。然而大秦帝国就像一个饥饿已极的巨人，统一天下的胜利者在恣肆妄为地吞噬人间财物、享受奴役天下的滋味之后，疯狂迷乱，轰然倒地。兴亦如此，败亦如此，这难道就是大秦帝国——中华历史上唯一以军事实力锻造了无坚不摧的强大帝国之路？

且看大秦帝国之殇。

秦嬴：西陲勇士，为了家族的荣耀而战

中国有句古话"自从盘古开天地，三皇五帝到如今"，也就是说，在中国人眼里，人类历史的开端可以追溯到"盘古开天地"时代；而要说到自己的老祖宗，就得从传说中的"三皇五帝"时代算起。

秦人以"嬴"为姓氏，以今天甘肃天水附近"秦"地为国名，其姓氏中的"女"字组合，说明秦人拥有中国最古老的姓氏。这样，秦人的祖先也就可以上溯到公元前3000年至公元前2500年的"三皇五帝"时代了。

阅读《史记》最大受益之一，是因循司马迁的笔迹而能上"究天人之际"，下"通古今之变"，辨识中华历史的生成脉络。

《史记·秦本纪》开篇言道：

秦之先，帝颛顼之苗裔孙曰女修。女修织，玄鸟陨卵，女修吞之，生子大业。大业取少典之子，曰女华。女华生大费，与禹平水土。已成，帝赐玄圭。禹受曰："非予能成，亦大费为辅。"帝舜曰："咨尔费，赞禹功，其赐尔皂游。尔后嗣将大出。"乃妻之姚姓之玉女。大费拜受，佐舜调训鸟兽，鸟兽多驯服，是为柏翳。舜赐姓嬴氏。

（秦国的祖先是颛顼帝的后代孙女，叫作女修。女修在织布的时候，正巧一只燕子产下一枚蛋，女修就把鸟蛋吞吃了，随后受孕，生下一个儿子，取名大业。大业娶了少典部落名叫女华的女子为妻。女华生下大费，大费佐辅佐大禹治水，烈山焚泽，驱逐猛兽，大功告成，帝舜将玄圭赏赐大禹。大禹解释道："治水成功也有大费辅佐的功劳。"帝舜奖赏分明："大费，你辅佐大禹治水有功，我赏赐给你黑色的旌旗飘带。你的后代子孙一定会繁荣昌盛。"舜帝还把一个姚姓美女许配给他做妻子。从此，大费辅佐舜帝驯养鸟兽，许多鸟兽都被他驯服，这就是人们常说的柏翳。舜帝再降隆恩，赐柏翳姓"嬴"氏。）

尽管传说中的世系传承清晰，秦人的源流却依然穿行于上古神话传说的云山雾海，虽史家亦难辨清晰。

"嬴"氏初祖大费育有一子，其名大廉，又名鸟俗氏。大廉的玄孙名叫中衍，长着鸟的身形，却说人的语言。太戊帝闻之，判定此人必行动敏捷、迅如飞鸟，可以给自己当驭手，遂占卜吉凶，卦象显示吉利，便将中衍招来，专职驾车，并且给他娶了妻子。秦人祖先竟然是鸟身人语的怪物，想来已觉荒唐！

与秦人历史族谱相衔接的是，到了商纣王时期，大廉的后代有一名叫蜚廉的人，善奔走，能日行五百里；其子恶来有蛮力，能手裂虎豹之皮。父子二人皆以才能和勇力侍奉商纣王。周武王伐纣，把恶来一并杀死，而作为父亲的蜚廉因为出使北方而幸免于难。正是这时，秦国诞生了"天帝不让蜚廉死于殷乱，现在赐给你一个石棺来光耀你的家族"的神奇预言。

然而，挖出石棺的蜚廉非但没能光宗耀祖，紧接着发生的一件重大历史事件几乎断送了秦人部落的命运。

西周王朝鼎革代商不久，周武王病逝，年幼的成王继位，朝政由周公执掌。以武庚为首的商朝残余势力参与了管叔掀起的夺权之战，包括"嬴"姓氏族在内一大批氏族部落均参加了这次叛乱。周公东征，平定叛乱之后，惩罚参与反叛的乱邦部族，惩罚之一是将他们驱离故土，放逐到偏远荒凉之地。据传，秦人祖先就是那时从黄河中下游华北平原被驱赶到黄河上游陇东高原，在周王朝西部边陲为其"守御"疆土。

原隰阡陌，消匿于丛岭沟壑苍莽之野，西迁的秦人自此在诸侯中的地位一落千丈，沦为西鄙野人，默默无闻，仿佛已被世人遗忘。

百年之后，秦人命运欣逢一次重大转机，回归宫廷上流社会之列。这得益于秦人族群里脱颖而出的一位能人——造父。

缘于史料的缺失，今天，我们对造父这位于秦人家族有再造之功的祖先已知之甚少，其造福秦人家族的功勋是由他那高超的驾车本领而衍生出来的几段故事。

传说，周穆王曾经到西方巡游，同西王母相会于瑶池，为他驾车的就是秦的造父。造父因为擅长驾驭马车而深得周穆王的宠幸。

造父的驾车本领，是从他的老师泰豆那里学来的。泰豆先在场地上竖立一些木桩，木桩与木桩之间的距离仅能容下一足，泰豆让造父在这些木桩之间穿花似的或走或跑，或来或往，要做到完全不摔跤甚至不能触碰它们一下。造父仅学了三天，就练得闪展腾挪、出神入化，泰豆不由得赞叹："你这个人可真是灵敏啊，什么东西一学就会了！"于是，再传授给他一套驾车技巧。造父得到泰豆的真传，潜心琢磨，勤奋练习，终于成为一个本领极高的御者。

泰豆乃立木为塗，仅可容足，计步而置，履之而行，趣走往还，无跌失也。造父学之三日，尽其巧，泰豆叹曰："子何其敏也，得之捷乎！凡所御者，亦如此也……"（《列子·汤问》）

造父不仅娴于驾马，还擅长养马。周穆王的八匹骏马，就是造父从夸父山上捉来的野马经过驯养以后呈献的。这些野马，来源于周武王伐纣定天下后散放在华山即夸父山的战马的后代，所以它们野性中还保留着祖先的英武气概，它们的名字是骅骝、绿耳、赤骥、白牺、渠黄、踰辉、盗骊、山子。

说起这八匹骏马，非常了得，据《拾遗传》记载：

王驭八龙之骏，一名绝地，足不践土；二名翻羽，行越飞禽；三名奔霄，夜行万里；四名超影，逐日而行。五名踰辉，毛色炳耀；六名超光，一行十影；七名腾雾，乘云而奔；八名挟翼，身生肉翅。

可见，这八匹骏马均有风驰电掣、追云逐日之风采。

而《述异志》说得更为神乎：

东海岛龙川，穆天子养八骏处也。岛中有草名龙刍，马食之，一日千里。古语云："一株龙刍，化为龙驹。"

周穆王得到八匹骏马，便让造父驾车悠然西巡，抵临西王母居住的昆仑瑶池，与她把盏长饮。《穆天子传·卷三》演绎了他们之间的浪漫故事：

西王母于瑶池之上，为天子谣曰："白云在天，山陵自出。道里悠远，山川间之。将子无死，尚能复来。"

天子答之曰："予归东土，和治诸夏。万民平均，吾顾见汝。比及三年，将复而野。"

周穆王乐而忘归，他所标榜的"和治诸夏"当然是说给西王母听的自我溢美、自我陶醉之词。周穆王乐而忘归的结果，是忧从天降——浪荡天子不归，华夏群龙无主，东方的徐偃王乘机作乱。周穆王这才慌了手脚，急催造父驾车飞速赶回镐京，随后又马不停蹄一日千里疾驰东方，镇压了徐偃王叛乱。兵贵神速，因为驾车长途迅奔戡乱有功，周穆王将赵城（今山西洪洞县北）封给造父。造父一族从此更姓氏为"赵"。

徐偃王作乱，造父为穆王御，长驱归周，一日千里以救乱，穆王以赵城封造父，造父族由此为赵氏。（《史记·秦本纪》）

下迄战国七雄并列时代，秦、赵交战尤为惨烈，强大、强悍的秦人可曾忆起嬴、赵两姓氏曾经一脉同宗而有所眷顾？"春秋无义战"，战国更谈何道义？作为政治的延续，战争往往无关乎正义与否，而之于人类的戕害，每每见诸史册，令人胆寒。

经此祸乱，周穆王当然再也无心放胆优游西天仙境了。

往事逾千年，唐代诗人李商隐借题言情，写成一首抒发人生难再的凄美哀婉之诗：

瑶池阿母绮窗开，黄竹歌声动地哀。八骏日行三万里，穆王何事不重来。

美丽的神话虽然能给人带来无限遐想，但终究取代不了真实的历史。撇开神话传说的美妙光环，我们看到，秦人之所以能一再绝处逢生，重焕家族荣耀，一个重要原因是他们的族群绵延不绝地掌握了一项独特的技能：善于驾车且擅长养马。这也是身处游牧、渔猎环境中的民族或部落的共性，只不过与华夏文明不离不弃的秦人做得更出色罢了。

接下来的史料更充分地证明了这一点。

周孝王时代，频繁的对外战争急需大批战马。周孝王听闻秦人首领非子擅长养马，即召之而来，令他在汧水和渭水汇合处（今陕西宝鸡一带）平原上主管马政。由于非子调教有方，马群繁殖很快，周孝王对非子十分赏识，便将他的异母弟嬴成封于秦（今甘肃天水附近）地，作为周王朝一个附庸，承嗣嬴氏血脉，号称"秦嬴"。周天子还允许秦人在"秦"这个地方修筑城池。从此，"嬴"姓部众正式被称为"秦人"，拥有了属于自己的领地，建基开业，并以此为根据地，肩负起了戍边御寇的重任。

周宣王时代，西周王室为了抵御西部边陲的戎、狄入侵，封秦人首领秦仲为"大夫"。受此隆恩宠遇，秦仲感激不尽，率族人全力进攻西戎，无奈势单力薄，屡遭败绩，最终以一颗"勇敢的心"成为悲剧人物——在一次激战中，视死如归的秦仲大夫慷慨捐躯（《竹书纪年》记载"使秦仲伐西戎，为戎所杀"）。秦仲死后，他的大儿子庄公率兄弟五人继续与西戎作战，打了一些小规模胜仗，被周天子敕封为"西垂大夫"。

荣升仅次于"诸侯"的"大夫"阶层，在中华历史自公元前841年进入信史时代，秦人立足华夏西陲谋求发展、壮大的脉络也随之明晰。很快，他们以主角的形象登上了中国历史的舞台。

公元前771年，统御天下二百多年的西周王朝突遭一场浩劫，王室命运近乎夭折，而嬴氏家族却迎来了更高一阶的政权层级的历史机遇。

是年，犬戎攻破西周都城镐京。一再上演"烽火戏诸侯"的昏君周幽王带着褒姒仓皇出逃，在骊山脚下被戎人杀死。骊山烽火照狼烟，天下为之惊悚，幸有晋文侯、郑武公等宗亲诸侯纷率大军赶来勤王靖难，周王室才转危为安，太子宜臼继位为平王，随后迁都成周雒邑，拉开东周（春秋战国）时代大幕。在这场烽燧狼烟扰乱华夏政治格局的动乱中，嬴氏家族的开国人物——秦襄公，披坚执锐，威武登场。《史记》写道：

西戎犬戎与申侯伐周，杀幽王郦山下。而秦襄公将兵救周，战甚力，有功。……平王封襄公为诸侯，赐之岐以西之地"。平王曰："戎无道，侵夺我岐、丰之地，秦能攻逐戎，即有其地。与誓，封爵之。襄公于是始国。"

用今天的话来说，因为对周王室有靖难护驾之功，公元前770年，御驾安全抵达雒邑之后的周平王将秦襄公从"大夫"拔擢为"诸侯"（秦伯），并把岐山以西丰镐之间大片土地赏赐给秦人。从此，嬴氏家族正式奠基开国，成为周王朝封贡体系中的诸侯国。

封爵不久，秦襄公即成为继秦仲之后又一位抗击西戎为国捐躯的圣斗士。

汧，位于今陕西千阳县，是秦国的开国都邑。在汧邑形成前，戎人势力强大，对秦人安全已构成严重威胁。秦仲被西戎所杀，其长孙世父立誓杀死西戎之王，但秦人宗邑重镇西犬丘那时已面临陷落危险。秦襄公为了缓和局面，减轻戎人压力，第一次与戎人联姻，把胞妹嫁给戎狄首领丰王，但此举并未奏效。公元前776年，在襄公继位后第二年，秦人大本营西犬丘不但被戎人包围，世父还被戎人俘虏。（《史记·秦本纪》载"襄公二年，戎围犬丘世父，世父击之，为戎人所虏，岁余复归"。)秦襄公为了保存实力，被迫转移战略，率兵突围，翻越陇山，进入关中，建立秦国第一个城邑——汧。

秦立国第五年（公元前766年），秦襄公从汧邑出发，沿汧河而下，展开大规模伐戎战役，直逼戎人腹地三田寺原。《毛诗·小戎序》为之赞曰："美襄公也，备其兵甲以讨西戎。西戎方强，而征伐不休。"由于戎人势力过强，所占地势优越，加之又有周人长期经营的物质基础，与秦人后方遥远、新邑汧基础薄弱形成了悬殊对比，结果秦军在周人发祥地岐山一带征战失利，秦国第一代君王襄公血溅沙场，壮烈殉国。

让秦人颇感欣慰的是，继任的秦文公不负众望，以其彪炳史册的文治武功，成为光耀秦人家族又一位功勋君王。

秦文公在位长达五十年，从徙都汧渭之会，营筑陈仓城，立田寺，置陈宝祠，伐西戎，刻石鼓，置史立法，到构筑攻守兼备的战略防御，为秦国后来向戎狄发起全面反攻、占领关中做出了非凡贡献。

继秦文公之后，秦宪公和秦武公等数代秦王矢志不渝地勇于征伐，秦军在对西戎之战中节节取胜，先后荡灭社戎，击败邽、冀两戎部，征彭戏戎，兵临华山，收复杜、郑之地，建立县制。公元前687年灭小虢（在今陕西宝鸡市），版图一直推进至关中东端，西周王朝京畿内八百里秦川复归于秦国大旗之下。

秦德公元年（公元前677年），秦迁都城至雍。经过与西戎一个世纪的殊死决战，秦人转败为胜，占据关中平原大部分领土，奠定了一个雄起于华夏西陲的新兴强国。

至此，除了助纣为虐的恶来，秦人及其国家在中国历史上的形象一直是正面的。在齐桓公擎举"尊王攘夷"大旗之前，嬴氏家族及其后封建的秦国就以抵御西戎入寇、收复周王朝兴邦旧地封疆为己任，戮力同心，百折不挠，成为周王朝西部边疆"尊王攘夷"的一道稳固屏障——因为秦国的存在，畏惧犬戎长驱无阻入侵而被迫东迁的周王朝，从此再无西戎之患。

西来秦人，曾经拥有一个淳雅文明的国度

对于西迁陇东荒野的秦人来说，东进是其深藏心底无法割舍的夙愿和梦想。

秦文公三年（公元前763年），西垂宫外，战马嘶鸣，旌旆猎猎。在七百铁骑雄兵护卫下，全副甲胄戎装的秦文公向国人昭告："寡人率领众将士东去狩猎。"然后策马扬鞭一路绝尘而去。

秦文公此番戎旅远行，不似大清帝王一展八旗神威的木兰秋狝，也不是为了一展大唐诗人王维笔下"风劲角弓鸣，将军猎渭城。草枯鹰眼疾，雪尽马蹄轻。忽过新丰市，还归细柳营。回看射雕处，千里暮云平"的游猎神姿，而是为偏居西陲僻野的秦人奏响一阕迁都战略的东进序曲。

三年，文公以兵七百人东猎，四年至汧、渭之会，曰：昔周邑，我先秦嬴于此，后卒获为诸侯，乃卜居之。占曰：吉。即营邑之。（《史记·秦本纪》）

五百年后，司马迁一笔带出这段史实，而秦国的先驱者却用马蹄丈量了漫漫一年征途。

在秦人内心，一直谨记着当年周平王亲授给先王襄公的御旨"戎无道，侵夺我岐、丰之地，秦能攻逐戎，即有其地"。对于与戎人杂处（"子孙或在中国，或在夷狄"）的秦人来说，收复祖先非子领地和天子敕封属地，自是其分内之事。

秦文公此行的汧水、渭水汇流之地，位于陕西关中平原西部，今凤翔县境内。该地自古以来是适于农耕之地，《史记·货殖列传》特作描述：

关中自汧、雍以东至河、华，膏壤沃野千里，自虞夏之贡以为上田，而公刘适，大王、王季在岐，文王作丰，武王治镐，故其民犹有先王之遗风，好稼穑，殖五谷。

秦人在这一时期的东扩过程中，得到的不仅仅是沃野千里的关中之地，

而且还"收周余民"，得到了大批有"先王遗风，好稼穑，殖五谷"的农耕者。这对秦人农业的发展可谓是一笔不小的财富。

事实上，精心擘画东进战略的秦文公不久即取得阶段性成果，击溃沿途西戎，徙都汧渭二水汇聚之地，营筑陈仓城，俯视旷阔富庶的关中大地。东迁第十二年（公元前751年），秦文公"以兵伐戎，戎败走。于是文公遂由周余民有之，地至岐，岐以东献之周"，为秦人实现强族、强国之梦开启了现实之门。

秦文公在位五十年，为历代秦王之最。此公遗留后世一项开山之作的文化工程——十面镌刻大篆的石鼓，使"秦文公"一名与石鼓文俱为不朽。

公元前716年，执掌秦国王权长达五十年的秦文公行将辞世，太子及文武百官出于对文公的爱戴和敬仰，把文公游猎于汧、渭之间的美好秀景，在陈仓北坂获得陈宝，继而修建陈宝祠、陈仓城以及文公四十八年新立太子，邀请诸侯宴乐周天子等史实，刻制在十面石鼓上。此为中国最早的石刻文字，又以唯一指向性名词"石鼓文"载入文化史册。

据北宋欧阳修所撰《集古录》记载："石鼓文久在岐阳，初不见称于前世，至唐始盛称之。"言下之意，"石鼓文"诞生在岐山，但长期湮没于历史长河无人知晓，中唐时期方才重见天日，再经文坛泰斗韩愈《石鼓歌》典重瑰奇的颂扬，成为中华文化盛事——"于今石鼓永留太学，昌黎（韩愈，字昌黎）诗为之先声也。"（沈德潜《唐诗别裁集》）

石鼓文的问世，与千年以来国人对秦国的恶评存在极大的反差。

不可否认，在与西戎长期接触过程中，秦受到西戎文化、风俗的影响是明显的，一些与中原礼仪之邦不同的文化传统已根植入秦，加之"秦始小国僻远，诸夏宾之，比于戎翟"，在述及秦国时，世人常常将秦视为习性残暴、野蛮入侵的戎狄，称其为"虎狼之国"或"虎狼之秦"。

因为石鼓文的再现透映着人类文明初期的艺术之光，让我们在重读历史的同时，认识了春秋时代一个致力于建设文明礼仪之邦的秦国的真实风貌。

蒹葭苍苍，白露为霜。所谓伊人，在水一方。溯洄从之，道阻且长。溯游从之，宛在水中央。（《诗经·秦风·蒹葭》）

浏览历代史论文说，学者普遍认为：春秋之时的秦地，大致相当于今天陕西大部及甘肃东部，因其地"迫近戎狄"，这样的环境迫使秦人"修习战备，高尚气力"（《汉书·地理志》），而他们的情感亦激昂粗豪。《诗经·秦风》里的十首诗也多写征战猎伐、痛悼讽劝一类的事，但像《蒹葭》这种凄婉缠绵的情致，却更像郑、卫之音的风格，足见秦人学习中原礼仪之邦"兴于诗"而"思无邪"的教化之精深，与尚未开化的戎狄蛮夷之邦的大不同。

《诗经·秦风·蒹葭》堪称优美风雅已极，但更生动、形象的例子，当属神话传说——秦穆公时代"萧史和弄玉"的故事。

《列仙传》讲述了"萧史和弄玉"故事大纲：

萧史者，秦穆公时人也，喜吹箫，能致白鹤孔雀于庭。穆公有女名弄玉，好之，公遂以女妻焉。日教弄玉作凤鸣。居数年，吹似凤声，凤凰来止其屋。公为作凤台，夫妻止其上不下。数年，一旦皆随凤凰飞去。故秦人为作凤女祠于雍宫中，时有箫声而已。

诞生如此美丽故事的国度，必定有一个民风纯朴、人心向善的社会基础，士子剑胆琴心、礼乐风雅，将臣恪尽职守、忠心可鉴，国君襟怀坦荡、开明睿智的充满希望的新兴国家。这个国度，就是春秋时代秦穆公治下的秦国。其淳美流风，不以始皇暴政而退废，汉唐兴业，延誉千载。概览中华史册文丛，金代文人元好问的传世之作《送秦中诸人引》即为旁证。这位金宣宗年间进士、官拜尚书省左司员外郎的鲜卑族后人，对秦地蕴涵、洋溢着的华夏风物人情之美甚为嘉许：

关中风土完厚，人质直尚义，风声习气，歌谣慷慨，且有秦汉之旧。至于山川之胜，游观之富，天下莫与为比。故有四方之志者，多乐居焉。

由此，让我们翻开中国先秦时代最值得品读的历史篇章之一：秦穆公雄才大略开创霸业——从"秦晋之好"到"秦晋交锋"再到"遂霸西戎"的春秋历史。

读史十记

精彩春秋：雄才大略秦穆公，千古第一"隆中对"

说到秦国历史，绕不开春秋五霸之一的秦穆公。

秦人从嬴氏家族崛起，到春秋五霸、战国七雄的秦国，再到一统中国的大秦帝国，其中三位秦王——秦穆公、秦孝公和秦王嬴政堪称中流砥柱、居功至伟，而秦穆公则堪称大秦帝国的奠基人。

秦人自西向东迁徙过程中，历经八次跋涉征战，共建九处都城，即西垂、秦邑、汧邑、汧渭之汇、平阳、雍城、泾阳、栎阳、咸阳。其中，雍作为秦国都城长达二百九十多年，经历了春秋和战国两个时期，在秦人从邦国发展到帝国的历史上起了重大作用——非雍都，无以知大秦帝国之发展走势。

在雍都继位的大秦国王有十九位，以秦穆公最为显赫，是雍都辉煌的代表人物。正是在这里，秦穆公完成了"益国十二，开地千里，遂霸西戎"的帝国基业——"自穆公以来，蚕食诸侯，竟成始皇"。

是故，商鞅变法前夕，一心重振大秦雄风的秦孝公在追溯雍都那段峥嵘岁月时，心潮为之澎湃，对秦穆公的钦慕之心、赞美之词，借史家之笔而流芳百世："昔我穆公自岐雍之间，修德行武，东平晋乱，以河为界，西霸戎翟，广地千里，天子致伯，诸侯毕贺，为后世开业，甚光美。"这足以说明秦穆公雄踞雍都时成就的彪炳业绩和重大影响。

也可以这样认为，当年，从秦孝公心底涌起"席卷天下，包举宇内，囊括四海之意，并吞八荒之心"的凌云壮志，何尝不是源自秦穆公丰功伟业的砥砺！

秦穆公，名任好，秦德公第三子，秦宣公、秦成公之弟。春秋时代的秦国尚未效仿周礼宗法，实行嫡长子继承制，以"兄终弟及"代之。秦成公短命，在位四年而逝，七个儿子无一人被立，而是由他的幼弟继位，是为秦穆公。

继位前的任好，有何卓荦才能而脱颖群伦，被拥立为秦公？先秦史述未详，后人不得而知。从"弄玉与萧史"的美丽神话中看，这个嬴氏家族领袖首先是一位慈父；从他继位以后在一系列重大选择和事件中看，秦穆公不是一个很聪明的人，临场反应比较慢，人启其思，谋定而后动，动则恒心不疑，不达目的誓不罢休。

以出师告捷的好运，秦穆公开启了他的秦国领航之旅。

秦穆公元年（公元前 659 年），他亲帅军队攻伐茅津一带戎人，首战即赢。继位四年，秦穆公派大夫公子絷求婚于晋，希望娶得晋侯长女伯姬为夫人，晋献公许之。以此观之，任好之为秦公伊始，可谓好运连连。

不但如此，缔结"秦晋之好"开端之年，上天就"赐予"秦穆公一位姜太公式的神奇老者——百里奚。

话说穆公得到晋献公允许联姻的准信，再次派遣公子絷到晋国迎娶伯姬夫人。晋献公问群臣选那些人可作陪嫁，大臣舟之侨进言："虞国君主的随臣百里奚不愿仕晋，其人有不测之心，不如将他贬到远处。"一国大臣的百里奚就这样降为晋国王室的陪嫁人。

百里奚年届七十，垂垂老矣，而命途多舛，惟有长叹："我身怀济世之才，不遇明主而无法施展鸿图大志，苦等到老，竟然成了他国陪嫁的媵人，与仆人贱妾同侪，人生耻辱莫大于此！"行进至晋秦两国中途，百里奚借机逃匿，本想潜入宋国，道路不通，只好绕道楚国而去。

到了宛城，宛城郊野之人外出打猎，见到失魂落魄的百里奚，怀疑是别国奸细，一拥而上抓住他并且捆绑起来。百里奚见状，赶忙辩解说："我是虞国人，因虞国被晋国所灭而逃难至此。"

郊野之人对百里奚的斯文辩解漠不关心，只问他们感兴趣的："你有什么能耐？"

百里奚内心揣测，试着作答："我擅长饲养牛。"野人一听开怀，马上放了百里奚，让他去喂牛。经过一段时间，但见百里奚饲养的牛个个膘肥体壮、皮毛光亮，郊野之人大为高兴，便将百里奚的能耐上报给楚王。楚王亦颇感兴趣，召见了百里奚，问道："难道饲养牛也有好办法吗？"

百里奚一语双关地回答："按时给牛喂食，体恤牛的精力，饲养者的心与牛合为一体，悉心而周道。"

楚王觉得有理，夸奖道："好啊，你说得真对！这个道理不单适用于养牛，还可运用于养马。"于是，楚王一时兴起，任命百里奚为圉人，即掌管养马的人，牧马于楚国的东海之滨。

"不念英雄江左老，用之可以尊中国"。此时的百里奚，命运虽有转机，但这位楚王新封的"弼马温"内心可能已经绝望了：彼一流放之徒，七十衰翁，草泽牧马，满腹经纶而弃之海隅以终老，临风惆怅，此生何其悲也！

再将视角转回秦国。

话说秦穆公迎娶了伯姬夫人，在审阅晋国陪嫁清单时，看到有百里奚的名字而无其人，感到奇怪，询问公孙枝："你曾长期在晋国，必然知道百里奚的大概情况，这是个什么样的人？"

公孙枝直言："是一位有贤德的人。身为虞国大臣，百里奚知道虞公不可能拒绝秦军'假道伐虢'的劝谏而不进谏，这是他的智慧。虢国被灭，百里奚作为虏臣跟随虞公到了晋国，却不愿在晋国为官，这是他的忠心。而且，百里奚这个人有经纶济世之才，只是生不逢时罢了。"

秦穆公一听，还有这等贤良智者，当即派使者赶赴楚国打探百里奚的下落。很快，使者还报消息："百里奚现在东海之滨为楚王牧马。"

秦穆公再问公孙枝："我想以重金求得百里奚，楚王肯答应我吗？"（此处即可见秦穆公当真是一个很真诚却不太聪明的人）

公孙枝予以否定："这样做，百里奚肯定来不了！"

秦穆公颇为不解："什么原因？"

公孙枝解释其详："楚王让百里奚去牧马，是因为不知道百里奚的贤能。若以重金去求赎百里奚，无异于告诉楚王百里奚是个大贤人啊。楚王知道百里奚之贤能，必定会自己留下重用，怎么肯送给秦国？秦国不如以逃匿的媵人为罪，用低贱的代价将百里奚赎回，这也是管仲之所以能从鲁国顺利返回齐国的脱身之术。"

秦穆公颔首称善，遂派宫人拿着五张羖羊（公羊）皮进献给楚王，谎称："我敝远秦国有贱臣媵人百里奚逃匿在贵国。寡人欲得到此人而加罪惩罚，以警示想要逃亡的人，请允许以五张公羊皮将他赎回秦国。"

楚王唯恐失去秦国的欢心，派专使前往东海之滨囚禁了百里奚，然后交付给秦人。一身囚服，押解上路，海滨的黎民以为百里奚将被带回秦国处死，纷纷拽住他的衣襟哭泣不止。百里奚笑着安慰这些纯朴善良的人："我听说秦君有图谋霸业之大志，何必急于得到一个陪嫁的普通人？既然专程到楚国来找我，将是要重用我呀！此去秦国必定享有富贵，你们又为何哭泣呢？"

楚地渐远，秦境已至，秦穆公派公孙枝前往郊外迎接，先解除了百里奚囚徒身份，然后召百里奚入宫觐见。

初见百里奚，一个白发皤然的老人，秦穆公不禁问："您年纪多大？"

百里奚机智对答："才七十岁。"

秦穆公叹息道："可惜太老了！"

但见七十老者百里奚一派精神矍铄，意气风发，侃侃而谈："假使让我追逐飞鸟，搏击猛兽，为臣确实已老了。若使臣坐而策论国事，那么，为臣尚且年少啊！昔日姜太公年届八十，垂钓于渭水之滨，周文王荣载而归，拜他为尚父，遂能为周王朝定鼎天下。今天，我遇到秦君，比起姜太公不是还早了十年吗？"

正如后世王勃《滕王阁序》所言："老当益壮，宁移白首之心。"秦穆公有感于百里奚胸襟与言辞之壮伟，肃然起敬而发问："我秦国为敝邑之邦，夹在戎狄之间，向来不与中原各诸侯国会盟，老人家有何见教于寡人，使秦国不落后于中原礼仪之邦？"

百里奚对答如流："雍州、岐山这片土地，是周文王、周武王的兴邦之地，山野如犬牙交错，平原如长蛇逶迤，地势形胜，后来周王室不能坚守，而赐封给了秦人，这是上天要让秦人开国立业啊。况且，国土疆域夹在西戎、北狄之间，则时刻应战兵力强壮；不与各诸侯国会盟，则利于力量的聚集。如今西戎之间，小邦林立，不下数十国，兼并其地足以农耕，收取其民可以征战，这是中原诸侯国不能与秦国抗衡的优势所在。秦君你以德行抚众而以实力征伐，既已全取西陲之地，然后扼守山川之险，兵临中原各国，见机而动，挥师进军，恩威并举，尽在你秦君掌握之中，则霸业可成，秦国可兴也。"

秦穆公激动不已，不觉起身，倾吐心声："我有了你，就像齐桓公得到了管仲。"

与百里奚长谈三日，百里奚骋才畅论，如溪出山涧、百川归海，无一不契合秦穆公心意。无须再虑，秦穆公当即为百里奚加官晋爵，拜为上卿（上大夫），委以国政。这就是世人称百里奚为"五羖大夫"的由来。

骤得显贵，百里奚不忘旧恩，辞上卿之位，举荐一人以自代："臣的才能，不如臣友蹇叔十倍。君如欲治理好国家，请重用蹇叔，而以我为辅佐。"

秦穆公坦言："你的才能，为寡人亲眼所见，却未曾听闻蹇叔有什么贤能。"

百里奚对答："蹇叔之贤能，岂止是秦君未曾之听闻，就是齐、宋两国的人，亦没有人听说过。然而，只有我一人独知。我曾经游历于齐国，想投奔公子无知的门下，蹇叔制止我说不能去，我因此逃脱了公子无知的祸端。随后，我前往东周，想投靠王子颓的门下，蹇叔又制止我说不可以，我就离开东周，因此避开了王子颓反叛的灾祸。再后来，我漂泊到了虞国，想要归附于虞公，蹇叔又制止我说不行。但当时我贫困交加无以谋生，看中官爵俸禄，便不听劝阻，暂且留在虞国做事，结果被晋人俘虏。我两次听从蹇叔劝阻，得以逃脱灾祸，一次没有听他的话，几乎遭杀身之祸。这个人的智慧远远胜过一般人。"

这时的秦穆公，对百里奚已是确信无疑，闻贤思得，当庭派遣公子縶假扮商人前往宋国，以重金聘请蹇叔入秦。蹇叔既至，秦穆公降阶加礼，赐坐发问。蹇叔从容应对，一番国是论衡，果然不同凡响，大秦宫廷再次精彩上演"隆中对"。

且听秦穆公与蹇叔的一席问答。

秦穆公："百里奚多次称赞你的贤德才能，先生何以见教于寡人？"

蹇叔："秦地处僻远西陲，与戎狄为邻，地势险要而且兵强马壮，进足以战，退足以守，之所以不能与中原各诸侯国并列称尊，是威仪仁德没有达到的缘故。没有威仪，何以让人畏惧？没有仁德，何以让人感恩？对人没有畏惧、感恩，何以成就霸业？"

秦穆公："威仪与仁德，哪一个在先？"

蹇叔："仁德为根本，威仪为辅助。只有仁德而无威仪，对外邦交就会削弱；只有威仪而无仁德，国内民众就会溃乱。

秦穆公："寡人诚心想要布德立威，何以施行？"

蹇叔："秦国社会长期掺杂戎狄风俗，人民缺少礼仪教化，等级权威不辨，尊贵低贱不明，我请求秦公对国民先行礼仪教化，然后施之刑律处罚。教化风行了，人民知道尊敬处于上位的人，然后施以恩德而使人民有感激之心，实施刑罚而使人民有畏惧之心，上下之间，犹如手足头目而相互作为。这就是管仲之所以能节制齐国民众、军队，号令天下而无敌手的原因。"

秦穆公："诚如先生所言，就可以称霸天下了吗？"

蹇叔："还不行。称霸天下必须遵循三条戒律：不贪婪，不忿怒，不急躁。贪婪则会失去更多，忿怒则会招致更多困难，急躁则会带来更多挫折。如果能看清事物的大小利害而后图谋，何必要贪婪呢？如果能权衡彼此成败而后行动，何必要忿怒呢？如果能斟酌轻重缓急而后布局，何必要急躁呢？秦王如果能遵循这三条戒律，霸业就接近成功了。"

秦穆公："你说得太好了！请先生为我筹划当前秦国的轻重缓急。"

蹇叔："秦人在西戎之地建立国家，祸福皆源于此。当今天下，齐王已老，霸业即将衰落。秦君诚能妥善安抚雍、渭两地民众，召令西戎各部归顺从命，而对不驯服者大加征伐。西戎各部既然降服，整肃三军以待中原形势对秦国变化有利，挥师东进，收拾齐国霸业余威，然后把秦国的仁德正义大施于天下。到那时，秦王你即使不想成为天下霸主，也推辞不掉啊！"

吉甫作颂，如沐清风。蹇叔宏论，拨云见日。秦穆公思路大开，君颜大悦："寡人得到你和百里奚二位老人，真是秦国万千庶民的福分！"于是，封蹇叔为右庶长，百里奚为左庶长，位皆上卿，谓之"二相"。

秦穆公如此求才若渴、礼贤下士，带来的是秦国上下皆思为国效力，同心相应，众志成城。

眼见秦国日益强盛，比邻的西戎盟主赤斑心中忐忑不安，遂派大臣由余出使秦国，以观察秦穆公是怎样的人。秦穆公与由余优游于王家御苑，登上三休亭台，以此夸耀秦国宫室苑囿之壮美。

游观之胜，志得意满，秦穆公让由余说出观感。由余不以为然地说道："这些宫室要是让鬼神去建造，鬼神也会感到很难受；要是让人去建造，那人民也太辛苦了。"

一个未开化的戎夷之邦使臣，竟然能说出非常有哲理的话，秦穆公觉得有些好奇，问由余："中原各国都采用诗书礼乐、法度来治理国家，即便如此，还时常发生变乱。你们戎夷之邦没有礼乐法度，靠什么治理国家呢？"

由余哈哈一笑，反驳道："礼乐法度，这正是造成中原地区变乱的根源呀！自从上古圣人制定礼乐法度，以约束百姓黎民，不过达到小治而已。到了后世，在上位的人日渐骄奢淫逸起来，借着礼乐之名义以粉饰自己，凭着法度的威严以监督责罚下边的百姓。下边的人怨气失望，上下相互怨恨，因而就有了谋逆篡位以及诛灭宗族，许多事情就是这样造成的。像戎夷之邦就不是这样，居上位的人用淳朴敦厚的美德对待下属，下属也心怀忠诚信义侍奉居于上位的人。治理一个国家就如同对待自己的身体一样，虽然见不到人为治理的痕迹却能治理得好，这才是圣人治理的国家啊！"

如此一番大道至简、无为而治的见解，令秦穆公神色黯然，无言以对，怏怏回宫。

有道是"邻国有圣人，敌国之忧也"，秦穆公见贤思齐，深为忧虑，将由余的观点论述说给百里奚，并请教谋取此人之计策。百里奚没有自作解答，而是为秦穆公推荐了一个人："内史廖多有奇计智谋，您可以向他寻求对策。"

内史廖果然有精准之高见。他分析说："戎王身处偏僻闭塞之地，从没有听过中原礼仪之邦优美动人的音乐歌舞。您可以送给他一些歌姬舞女，以消磨他的心志。我们留住由余不让他回去，以延误他归国的期限，戎王必定怪罪、怀疑他，这样一来，戎王君臣之间就会产生离异间隙。况且戎王沉溺于音乐歌舞，必然懈怠政事，长此以往，就是西戎国亦可拿下，何况它的大臣呢？"

秦穆公听罢，大为放心，随即邀请由余入宫，同席而坐，共器而食，还时常让蹇叔、百里奚、公孙枝等枢机大臣轮流与由余做伴，套问西戎地形的险要平坦、兵力的强弱虚实部署。同时，又精心装饰十六个歌姬舞女，派遣内史廖为特使前往西戎，献上这些特殊的"礼物"。戎王赤斑欢喜异常，白天听音乐，夜晚御美女，从此疏于国政，戎狄事务日渐荒废。

由余在秦国滞留一年方才脱身，赤斑责怪他归来太迟，由余辩解道：

"我日日夜夜要求归国，秦国君臣却固执地挽留我不放行。"赤斑不信，怀疑由余对西戎已有二心，"意颇疏之"。由余不知赤斑心中变故，见其竟然沉溺于声色不能自拔，不免苦口劝谏，赤斑对由余根本不予理会。

探得由余陷入窘状，秦穆公秘密派使者潜入西戎对其进行招抚。忠信见疑，疏而远之，无奈之下，由余随秦国使者归顺而来，当即被秦穆公拔擢为亚卿，与蹇叔、百里奚二人同朝为官。有感于秦穆公的知遇之恩，由余遂献上伐戎之策。

日后秦军征伐西戎，直入其境，宛如轻车熟路。得一由余，为秦穆公讨平西戎、开地千里的春秋霸业，增添精彩一笔。

蹇叔、百里奚出任右、左庶长，加之从晋国投奔而来的公孙枝、丕豹以及从西戎归顺的由余，组成了青史留名的秦国"五贤"。赖此中原文明礼仪之邦的贤德智者开化朝野，立法教民，兴利除害，在礼贤下士的秦穆公时代，秦国第一次实现大治。

读史十记

大国崛起：
从"秦晋之好"到"遂霸西戎"的善恶交锋

  从小试锋芒伐戎人胜之而出场，以缔结"秦晋之好"这一美誉姻缘而开篇，以美丽神话、"黄鸟"哀歌而落幕，秦穆公其为国君、为统帅也，礼贤下士，大智大勇；两靖晋难，拥立其君；"泛舟之役"，秦之美意，而见欺于晋，遂有韩原之役，虏晋国之君，纳河西之地；继而三败于晋，为天下耻笑；烈士暮年，再挥义师，东慑晋地，封殽魂以还；西定诸戎，开地千里，终成春秋霸业。其人一生，可谓丰富多彩，跌宕起伏。

  让我们重回秦穆公时代。

  "秦晋之好"，此成语即源自秦穆公的故事，说的是春秋时代秦晋两国不止一代互相婚嫁，后泛指两家联姻。

  秦晋联姻，本出于两国相邻地缘之利。秦穆公继位四年时，为寻求与中原诸侯国建立友好关系，以谋东进，向挡在面前的第一个大国——晋国提出联姻，自有其政治诉求，这也无可厚非，毕竟秦晋皆为春秋时代诸侯大国，实力相匹，秦献公亦不费周折地答应秦人联姻请求，嫁长女伯姬为秦穆公夫人。"秦晋之好"开局顺利。

  秦国东边的晋国，也像秦国一样，曾经辉煌一时，举足轻重，可以好好做一番历史的总结。

  从传统史述角度看，如果说秦国王族公室大抵为千秋一脉，少有分化，晋国朝野上下则是乱象丛生，分崩离析，邦交战和，是非正义，变幻多端。

  晋是周武王之子、成王弟唐叔虞的封国，"桐叶封弟"的历史典故即出于此。西周初期的晋国，在黄河、汾河东边，方圆不过百里，长期寂然无声。西周末年，犬戎袭杀周幽王，周王室被迫东迁，晋文侯与郑、虢两国君主护翼周平王迁都雒邑，始显名于诸侯。此后六七十年，晋国王室公族内讧纷争不止。公元前677年，曲沃武公伐灭晋侯缗，一统晋地，再经献公"去富子""逐强宗",晋国始成为黄河中游一等强国。

然而,好景不长,一代雄主晋献公翦灭骊戎后,宠幸骊姬,添一公子,留下祸根。再后来,骊姬惑使晋献公改立自己的儿子为太子,废除太子申,逼其自刎,追杀另外两个儿子重耳和夷吾。期间,晋献公赴齐桓公葵邱之会,中途得疾,返国数日薨,大臣里克乘隙干政,两弑孤主,晋国陷入内乱。当此之际,邻晋之国,惟秦最强,逃亡在梁国的晋公子夷吾向秦求援,并承诺事成而为晋君,当以河西八城为酬报,及为晋君惠公,却赖去承诺之言,首开秦晋之争的祸端。

夷吾使人请秦,求入晋。于是穆公许之,使百里奚将兵送夷吾。夷吾谓曰:"诚得立,请割晋之河西八城与秦。及至,已立,而使丕郑谢秦,背约不与河西城,杀里克。(《史记·秦本纪》)

自晋惠公继位起,晋国连年麦禾不熟,到第五年,更遭受大旱,各地仓廪空虚,民间绝食。秦毗邻地近,且为联姻之国,惠公便想着向秦国求援,顾忌到先前负约未偿,实在难以开口。大臣郤芮进言道:"不是我要对秦国负约,只是告知它暂缓执行罢了。如果我们向秦国求粮而它不给,就是秦先对晋绝情,到那时,我们辜负秦国就有理由了。"晋惠公听了这一诡辩谬论,竟然大为赞赏,派大夫庆郑前往秦国求粮。

据《史记·秦本纪》载述:"晋旱,来请粟。丕豹说穆公勿与,因其饥而伐之。"穆公问公孙枝,枝曰:"饥穰更事耳,不可不与。"问百里奚和蹇叔,奚曰:"夷吾得罪于君,其百姓何罪?"于是,秦穆公"卒与之粟。以船漕车转,自雍相望至绛"。当时,秦国从渭水运粟多达数万斛,舳舻、车驾相接,直通渭河、汾水、雍都、绛都之间(今陕西凤翔到山西翼城之间),秦穆公称其为"泛舟之役",以救晋国面临的严重饥馑。晋国百姓庶民无不感激、欣悦。

然而,天有不测风云。第二年,秦国也遭逢饥荒,晋国反是大丰收之年。秦穆公对蹇叔、百里奚感慨言道:"丰凶互有,寡人今日才认识到两位爱卿的话有道理。"于是,也依晋国求援之道,派大臣泠至前往晋国求粮。

岂料,晋国大臣郤芮、吕饴甥、虢射以怨报德,激烈反对施救秦国粮荒。虢射甚至幸灾乐祸地嘲笑秦国,并向晋惠公出馊主意:"去年天降饥荒,把晋国送给秦国,秦国却不懂得乘人之危攻取晋国,反而送粮给我们,真是愚不可及！今年老天反其道而行之，降饥荒于秦国，这是要把秦国送给晋国，'天授不取，反受其咎'，晋国怎能违背天意，不攻取秦国呢？依臣愚见，不如约会梁国，乘机伐秦，共分其地，这才是上策。"

晋惠公竟然听从虢射的蛊惑之言，拒绝秦国请求。冷至据理争辩，又遭到吕饴甥、郤芮大声呵斥："休再饶舌！要吃到晋国的粮食，除非用兵来取！"

冷至含愤归国，以实情告之，秦穆公大怒，又闻晋惠公兴兵誓师，行将伐秦，当即决定先发制人，率中、左、右三军及四百乘兵车，浩浩荡荡，直奔晋国而来。秦军渡过河东，三战三胜，长驱直入晋国。

秦穆公十五年（公元前645年），秦晋大战于韩原（今陕西韩城县西南）。秦穆公、晋惠公各自御驾中军，亲征战阵，以壮国威。秦军以四百乘战车对晋军六百乘战车，实力稍弱，但士气高涨，志在必胜。

韩原之战，秦晋两军厮杀十分激烈。晋惠公的坐骑陷入泥淖，拔足不出，被秦军右军主将公孙枝擒获。秦穆公所帅中军被敌兵冲溃，护驾将军西乞术被晋军大将韩简一戟刺于马下。韩简顾不上西乞术的死活，策马径奔秦中军戎辂，长戟直逼秦穆公而来。

危机时刻，孔子所谓的"春秋无义战"，竟然冒出一场正义之战，即司马迁《史记》记述的"岐下善马者三百人驰冒晋军，晋军解围，遂脱穆公而反生得晋君"。

秦晋韩原之战，秦军完胜，秦穆公俘获晋惠公凯旋。在周天子和晋惠公夷吾的姐姐伯姬夫人的恳请下，秦穆公释放了这位被俘晋君，与之订立盟约。晋惠公遂将上次承诺的晋国河西之地割让给秦国，并派太子圉到秦国为质子。秦穆公又施之恩情，将秦宗室女子怀嬴嫁给太子圉为妻，再续"秦晋之好"。

秦穆公二十二年（公元前638年），太子圉听说晋惠公病重，偷偷逃回晋国。晋惠公去世，太子圉如愿继位，是为晋怀公。秦穆公怨恨太子圉偷逃回国，就从楚国迎接晋惠公之兄公子重耳到秦国，而将太子圉留在秦国的妻子怀嬴改嫁给重耳。

秦穆公二十四年（公元前636年），穆公统帅谋臣百里奚、由余，大将公子絷、公孙枝，先锋丕豹和兵车四百乘，送重耳离了雍州城，向东进发。

行至黄河岸口，秦穆公分军一半，命令公子絷、丕豹护送重耳渡过黄河，挺进晋国。晋军初有据守，而后一路望风迎降，重耳直入绛都即位，是为日后威震天下的"春秋五霸"之一晋文公。

晋文公，姓姬，名重耳，晋献公次子，四十三岁时逃亡母国戎翟，其后辗转流亡春秋列国长达十九年，即位晋君，年逾六十二岁，古之人，其实老矣，而雄心犹存。此君在位仅九年，对内拔擢智能之士，将帅臣吏各司其职，百姓黎民各执其业，晋国为之大治；对外勤王于洛邑，败楚于城濮，会盟诸侯于践土，开创晋国百年霸业。

此等旷世雄主，亦是懂得报恩之人，"退避三舍"，然后击楚；勤王周室，晋秦并举。终晋文公一代，"秦晋之好"大抵称善。只是在晋文公辞世前二年，秦军助晋围郑，秦穆公听信郑国老臣烛武一番灭郑对秦国"无益而有损"的哭劝，留下二千将卒助郑守戍，背晋退兵，班师而去，晋秦由此结下怨根。

秦穆公三十二年（公元前628年）冬，晋文公去世，太子姬欢继位，是为晋襄公。不久，郑国局势亦随之变动，亲近晋国的公子兰继位郑君，对留守郑国北门的秦将杞子等冷漠无礼。杞子忿然派人回国，向秦穆公献计：乘晋文公大丧晋国不能救郑之机，遣兵来袭郑国，留守秦兵作为内应，一举灭掉郑国。

秦穆公接此密报，认为机不可失，不听百里奚、蹇叔二人苦劝规谏，以百里奚之子孟明视为大将，蹇叔之子白乙丙及西乞术为副将，选精兵三千，车三百乘，千里疾奔郑国而去。岂料，奔袭的秦军途中遇郑国贩牛商人弦高，形迹泄密，郑国遣散北门留守秦兵，枕戈以待来袭。孟明视得知机密败露，驻军于延津，夜半三更偷袭毫无防备的滑国，一举灭之，掳掠浮财辎重，满载而归，经行渑池，进入崤山险峻山谷，突遭埋伏在此已久的晋军围攻，乱石纷坠，矢如雨下，杀声四至，秦兵全军覆没。孟明视等三帅束手被擒，幸赖晋襄公之母嬴氏营救，侥幸逃回秦国。

崤之战，春秋五大著名战役（其余为晋楚城濮之战、晋楚邲之战、晋楚鄢陵之战、齐晋鞍之战）之一，晋军虽然完胜秦军，但偷袭在先，道义已失，其后果是激发了秦人对晋国强烈的复仇心理，"秦晋之好"从此不再。被戏弄、被偷袭的秦国从此惟以战斗对待晋国，虽经晋军嘲笑的两次彭衙之战败北，最终仍以视死如归奋勇之师渡河焚船，大败晋军，直取王官及鄀城，晋军皆缩守城中，无一人一骑胆敢出战。

捷报传回，秦穆公引兵渡过黄河，屯兵东崤，素服恸哭，躬亲沥酒，大陈祭享，"封崤中尸，为发丧，哭之三日"（埋葬在崤之战牺牲的秦军将士，立碑祭奠，并为他们举办丧事，全国哀悼三日）。风萧萧兮异响，云漠漠而生色。秦穆公如释重负，整顿戎旅，凯旋班师，改蒲津关为大庆关，以纪念对晋之战大捷。

身为一代枭雄，秦穆公并没有被一战败晋的胜利冲昏头脑。他知道，横亘在秦人东方的晋国，此时正处于君明臣贤、国富民强的巅峰时期，一两次战役的胜利，不足以击溃晋国整体实力，向东挺进，秦国面对的将是漫漫征途，开疆拓土、争霸中原的战略目标短期内很难实现。

公元前623年，秦穆公果断调整战略，采用由余献上的计策，连下诸戎各部，"益国十二，开地千里，遂霸西戎！"——在生命将尽的最后两年，秦穆公实现了成为"春秋霸主"的夙愿。

大秦帝国命运纪实：雄起缘商鞅，成败赖李斯

世间没有不老的英雄，没有永远的霸业。

三十九年风流云散，秦穆公在雍都辞世。君不见，礼贤下士，励精图治，成一代雄主往事；秣马厉兵，百战功成，春秋霸业随斯人而逝。

接下来的秦国历史是让人寒心的。

自秦穆公以后，雍都十四位国君一代不如一代，且多贪图安逸之徒，毫无建树之功，国势日渐衰退。向来没有什么宫廷丑闻的秦王室，竟然也发生宫廷血案。秦惠公去世，他的儿子出子即位。出子在位第二年，一名叫改的庶长废掉出子，从河西迎来秦灵公的儿子当作国君，是为秦献公。出子和他的母亲被杀，沉尸深渊。

再来看横阻在秦国东边的晋国。

公元前453年，韩、赵、魏三家联手攻灭智伯，赵襄子执政，三家架空晋君，号称"三晋"。公元前413年，魏文侯率领三晋联军向诸侯发难，三晋势力急剧膨胀。期间，魏文侯以李悝为相，拜吴起为将，变法图强，魏国迅速强盛，侵吞秦国西河之地，窥视关中平原。秦简公、秦惠公多次攻魏，意欲夺回西河之地，皆被吴起所败。吴起乘胜攻入关中，势如破竹，秦不能敌。

公元前389年，秦惠公破釜沉舟，起兵五十万与魏军决一死战。吴起在阴晋之战中以五万之兵大败秦军。秦国此战输得倾家荡产，再也无力抵抗三晋的攻势。

幸运的是三晋中赵国不满魏国的压制，赵、魏两国反目，三晋联盟瓦解，秦国压力大减。公元前385年，秦公子师隰回国即位，是为秦献公。献公立，仿魏国制度而施用于秦，秦国局势才得以稳定。

人必自伐，而后人伐之。"秦以往者数易君，君臣乖乱，故晋复强，夺秦河西地。"司马迁笔下的这句话是对战国中期陷入困境的秦国的真实

记述。

秦孝公元年（公元前361年），这位二十一岁的年轻君主一朝登基，缅怀先君，痛定思痛，遽以振兴大秦为使命，向秦境内外传递深刻反思、深切召唤：

会往者厉、躁、简公、出子之不宁，国家内忧，未遑外事，三晋攻夺我先君河西地，诸侯卑秦，丑莫大焉。献公即位，镇抚边境，徙治栎阳，且欲东伐，复缪公之故地，修缪公之政令。寡人思念先君之意，常痛于心。宾客群臣能有出奇计强秦者，吾且尊官，与之分土。（《史记·秦本纪》）

上述文字进入另一位史学大师司马光的眼帘，则成了对商鞅变法前夕秦国历史现状的综述：

秦献公薨，子孝公立，孝公生二十一年矣。是时，河、山以东强国六……皆以夷翟遇秦，摈斥之，不得与中国之会盟。于是孝公发愤，布德修政，欲以强秦。（《资治通鉴》）

与思贤若渴的先王秦穆公相同，秦孝公对助秦强大的人才的思慕、重奖，当真招来一位旷世奇才——卫国的公孙鞅，即后来大名鼎鼎之商鞅。

这位复姓公孙的卫鞅先生经历确非一般，年轻时喜欢刑名之学，也就是今天所说的刑事法学，据说曾是在魏国变法的李悝的学生，后来投靠魏国丞相公叔座门下做侍从官中庶子。公叔座病危，向魏惠王推荐卫鞅，说他"年虽少，有奇才，愿王举国而听之"。见魏惠王没有当场表态，公叔座又进言："王即不听用鞅，必杀之，无令出境。"魏惠王一离开公叔府邸，就对左右的侍臣埋怨："公叔座真是病得糊涂了，可悲呀！他竟然让我把一国大政交付给卫鞅，这不是太荒谬了吗！"

从知遇之人公叔座的评价看，卫鞅乃是一个奇人，用之则生，弃之则死。

听闻秦孝公招贤纳士的诏令，卫鞅来到秦国，由宠臣景监引荐，觐见秦孝公。经历两次揣度秦孝公心思不准、第三次稍微见效的策论之后，第四次觐见终于大获成功。"公与语，不自知膝之前于席。语数日不厌。"（这一次秦孝公与卫鞅谈话，不知不觉地向卫鞅靠拢，膝盖都已碰到了对面卫鞅的坐席，一连听他长谈几天也没有厌倦。）

事后，景监好奇地问卫鞅："你这次用什么打动了我们的国君？"

卫鞅很是得意，不加掩饰地谈出自己的心得："我先是举五帝三王治国之道开导你的国君，希望他能把秦国治理得可以与夏、商、周三代相比，可是你的国君说：'用这种办法实在太慢了，我等不了那么久。一个有为的国君，应该在当代就扬名天下，我怎么能碌碌等待数百年才成为有贤名的帝王呢？'因此，我就转变了策略，用富国强兵之道引导、说服你的君主，结果他对此大感兴趣，对我大为欣赏。然而，如果施以此道，秦国也就难以达到圣王治理下商朝、周朝的水平了。"

春秋战国时代的各诸侯国，每每重现一种独特的历史现象：得一士焉，可以兴邦。这一现象见诸于秦国，尤为显著。

从秦穆公开始，一部秦人的历史，其实也是一部招贤纳士兴邦强国的历史。以功绩成效论，秦穆公时代的百里奚、蹇叔，秦孝公时代的商鞅，秦始皇前后时代的李斯，此四位均来自敌国、对手的客卿，皆为秦国历史上不可替代的再造功臣。

先看秦穆公，心存图霸，礼贤下士，君臣和衷共济，实现秦国大治；修德行武，上下同欲者胜，最终"益国十二，开地千里，遂霸西戎"，成春秋霸主。这其中，百里奚、蹇叔二人智德并重，功莫大焉。

再看秦孝公，知耻后勇，招贤纳士，希冀以奇人奇计，重振秦穆公霸业，建设一个强大的秦国。聆听卫鞅一席富国强兵策论，彼时的秦孝公平添气吞山河之慨，遂拜卫鞅为左庶长，赐第一区，黄金五百镒，并降喻群臣："今后国政，悉听左庶长施行。有违抗者，与逆旨同！"身为外来说客的卫鞅一朝恩宠显贵如此，秦国宫廷上下为之愕然、肃然。

与秦穆公不拘一格拔擢百里奚、蹇叔而使秦国大治、铸成春秋霸业的结果相似，卫鞅在秦变法，"行之十年，秦民大悦，道不拾遗，山无盗贼，家给人足。民勇于公战，怯于私斗，乡邑大治"。继而卫鞅为大良造，将兵围魏国安邑城，降之；再将兵伐魏，大破魏公子卬所帅魏军主力，迫使魏惠王割河西之地献给秦国以求和。卫鞅勒兵还国，遂又以赫赫军功受封商於之地十五城邑，号为商君，这即是"商鞅"一名的由来。

继商鞅之后，为秦王政统一中国、为秦始皇巩固封建皇权立下不世之功的李斯，同样遭罹人生惨剧，身死族灭。公元前208年，即大秦帝国覆灭之前两年，"具斯五刑，论腰斩咸阳市。斯出狱，与其中子俱执，顾谓其中子曰：'吾欲与若复牵黄犬俱出上蔡东门逐狡兔，岂可得乎？'遂父子相哭，而夷三族"（《史记·李斯列传》）。

同样是在秦国，同样是促成秦国强大的关键人物，所处的时代不同，为什么人生结局如此不同？特别是商鞅、李斯这两位为秦人圆"强国梦"的开创者，人生归途竟如此惨烈！

司马迁在《史记·商君列传》里回答了这个问题，译成白话文如下：

商君在秦国为相十年。秦国的宗室贵戚们有很多人恨他。这时，赵良往见商君。

商君说："秦国过去的风俗和戎狄一样，父子无别，都在一间屋子里住。如今我移风易俗，让他们讲究男女有别，又建造了高大的宫殿，把秦国治理得和中原地区的鲁国、卫国差不多了。你看我治理秦国的成就与五羖大夫百里奚谁好？"

赵良回答："在百里奚任秦国宰相的六七年内，秦国曾经东出伐郑，三次帮着晋国树立国君，又曾一度挽救了楚国的灾难。他只是在秦国国内实行教化，但这就使得西南的巴国向他纳贡了；又由于他能对各国的诸侯们施行仁德，因而使得西部地区的许多少数民族都归服了他。由余这位大贤人听说了百里奚贤能，也来到秦国求见他。百里奚身为秦国的宰相，走路不坐车子，夏天不打伞，他在京城出出进进，从来没有车马跟着，也没有全副武装的警卫人员。可是有关他赫赫功业的记载永远保存在府库中，他的高尚道德永远流传于后世。等到百里奚死时，秦国的男男女女全都为之痛哭流涕，以至于连孩子们也不唱儿歌，舂米的人也不喊号子。这就是百里奚的德行。可是您呢，您见秦孝公，是通过了秦孝公的宠臣景监的推荐，珍惜名誉的人是不会这样做的。您做了宰相不是为百姓谋利益，而是去大造宫殿，真正想建功立业的人是不这样做的。您把太子的师傅用了刑，刺了字。您对百姓们残酷杀戮，严刑峻法，因而给自己积蓄了仇恨，埋下了祸根。以身作则的引导比单纯的下命令更有效果。您现在的一切建设和作为都是违背常理的，是不能用这一套去教化百姓的。而且您又据有於、商之地，还南面为君，自称寡人，经常用您所定的法令来管制秦国贵族的子弟。《诗经》里说：'老鼠都还有个完整的肢体，做人怎么能不讲究礼仪呢？做人既然不讲礼仪，为什么还不快点死呢？'从《诗经》讲的这些话看来，您这些所作所为是不能让您长寿的。公子虔从被割鼻之后,已经闭门八年不出来了,您还杀了祝懽,给公孙贾的脸上刺字。《诗经》上说:'得人心才能兴盛。失人心就要灭亡。'您所做的那几件事,都是不得人心的。您每逢一出门,后面总是跟着大车十几辆,车上拉着兵器铠甲,选了勇猛的大力士在车上给您当保镖,让许多手持武器的士兵夹护着您的车子奔跑。这些保护措施少了一点,您就不出门。《尚书》上说:'依靠仁德的就能昌盛,单凭武力的只能灭亡。'您现在的危险处境就像早晨的露珠,还能够幻想延年益寿吗?您应该赶紧把您受封的十五城还给国家,自己去找个僻静的地方耕种田地,劝说国君广泛地招纳隐居山林的贤士,尊养老者,抚恤孤儿。和本族的父兄们搞好关系。对有功的加以褒奖,对有德的予以尊崇。这么做了您或许还可以略好一点。如果您不这样,您还想继续贪恋商、於一带的富饶,想继续独揽秦国的政权以为荣耀,从而让百姓们进一步地增加对您的仇恨,那么,等到有一天宠爱您的秦王突然死了,到那时,秦国出来收拾您的人还会少吗?您的灭亡简直是一跷脚就可以看得见了!"

但是,商鞅听不进去。五个月以后,秦孝公死了,太子即位。公子虔等人立刻诬告商鞅要造反,派兵捉拿他……商鞅回到他的封地商邑,与部属一起征集了他领地上的士兵,向北攻打郑邑。秦国出动大军,在郑邑附近的黾池把他杀死了。秦惠王进一步把商鞅车裂示众,说:"谁也不要像商鞅这样反叛国家!"接着又满门抄斩了商鞅的族人。

太史公说,商鞅是一个天性残忍狠毒的人,他当初之所以要用五帝三王治理国家的办法来劝说秦孝公,也不过就是说空话而已,根本不是出于他的本心。而且他又是通过秦孝公的一个宠幸作引荐,路子不正;等到受重用以后,又处罚了公子虔,欺骗了魏将公子卬,后来又不听从赵良的劝告,这些事实全都可以表明商君的残忍少恩。我曾经读过商鞅的《开塞》《耕战》等文章,文章的思想风格和他的行事为人大致相同。最后在秦国蒙受恶名而被杀,这是有原因的啊!

不可否认,商鞅是一个治国奇才,否则,战国中期陷入困顿的秦国也不可能凭他一席滔滔宏论便逆转颓势,富国强兵,天子致胙,诸侯毕贺。

商鞅虽然是一个奇才,但绝非一位受人夸赞的正人君子。

卫鞅推行新法的第一年,秦国百姓上千人聚集到都城上访,反映新法不好，甚至连太子驷也触犯了新法。卫鞅说："法之不行，自上犯之。"于是准备法办太子，但顾忌到太子是国君的继承人，不能对他施刑，就处罚了太子的太傅公子虔，对太子的太师公孙贾施以黥刑（脸上刺字）。在第二次颁行新法时，又杀掉为首反对的贵族祝懽，对公子虔施以劓刑（割掉鼻子）。待到新法实施第十年，过去那些曾经说过新法不好的人，又反过来说新法好了，卫鞅却认为这些都是扰乱国家秩序的刁民，把他们一律强迁到了边境。从此百姓们谁也不敢随便议论新法了。

又见史述：秦孝公封卫鞅为大良造（丞相兼将军）。卫鞅经常亲赴渭水岸边检阅秦兵泅渡训练，因对训练不满意，曾一天诛杀七百人，血染渭水，河流为赤，军中哀痛哭泣之声传遍四野。威慑之下，秦国百姓夜卧床榻，做梦都在打仗。

当然，商鞅也有为秦人称道之事。先秦史册留下一则美谈：卫鞅订立新法，尚未颁布，为了取信于民，这位新封左庶长派人在国都市场南门立了一根三丈长的木杆，向城中百姓宣告：谁能把它扛到市场北门，就赏十锭金子。过往围观的百姓们都觉得不可思议，无一人敢上前尝试。卫鞅见状，又接着宣布：有敢为者，赏金提高到五十锭。话音刚落，一人走上前来，轻松地把木杆扛到了北门。卫鞅当场奖赏给他五十锭金子，以表明自己说话是算数的。

与这一巧施妙计取信于秦人相反的是，在后来秦魏两国攻防战役中，又是这位卫鞅大人，却乘人之危大施阴谋欺诈之术。

公元前341年，由田忌、孙膑率领的齐军与庞涓率领的魏军大战于马陵，魏军大败，太子申被俘，庞涓自刎，魏国实力大亏，各国诸侯对魏避之不及。卫鞅向秦孝公建议：乘此魏国危机之际发起攻击，魏国将无力抵抗，必然放弃西部疆域东迁，秦国就可独自掌控黄河、崤山一带险要形势，到那时秦军再出兵函谷关，东向控制各诸侯国，则霸业可成。秦孝公觉得分析有理，遂任命卫鞅为统帅，将兵伐魏。

魏惠王闻秦军入寇，拜公子卬为大将，率精兵五万，进驻位于秦魏两国边境的吴城。那吴城，本是魏国大将吴起驻守河西时修筑的一处战略堡垒，用来抵御秦国入侵，城池坚固，易守难攻。魏人已然弓矢斯张，干戈戚扬，壁垒森严，且待秦人来犯。

再看秦军。以武立国的秦人从来不缺能征善战之将帅，彼一文人出生的卫鞅，本不懂攻城拔寨之战术武略，如何能赢得这场攻坚战役呢？

卫鞅大人却胸有成竹。两军对阵，卫鞅派人送递公子卬一封言辞诚恳的邀请函："我在魏国的时候和你是好朋友，今日我们为敌对两国各自领兵作战，我不忍心好朋友之间相互攻打。我想邀请你赴宴，当面订立盟约，然后各自撤兵，使秦魏两国都得到安宁。"公子卬信以为真，欣然赴会。宾主宴饮正欢，预先埋伏的秦国武士突然闯入，擒住公子卬，随即对期待和谈而放松警惕的魏军发起突袭，一举击溃其主力，攻克吴城。

面对惨败局面，魏惠王哀叹："我真后悔当时没有听公叔痤的话。"悔之已晚，魏惠王心生恐惧，将河西之地尽割秦国以求和，而后撤离了安邑，将国都东迁到远离秦国的大梁（今开封一带）。

作为此役最大的赢家，卫鞅威名大震，其本人更是春风得意，手持魏王割地和约，率领完胜之师，一路旌旗猎猎，军旅骎骎，凯旋。无须赘言，等待卫鞅的是更大的荣耀加身。秦孝公以卫鞅此战役立下赫赫军功，且将秦穆公时代归属秦国的河西之地重新收归秦人囊中，大加褒奖，赐予商於一带十五座城邑做他的封地，并以秦王之尊带头称卫鞅为"商君"。

如前所述，招贤纳士，人才强国，是秦国自穆公缘起而继之不绝的国策之一。这一点，比商鞅更逞扭转乾坤之力的李斯看得十分透彻。在力挽大秦王朝人才国策将废于一旦的《谏逐客令》里，李斯如是阐述：

昔穆公求士，西取由余于戎，东得百里奚于宛，迎蹇叔于宋，来丕豹、公孙枝于晋。此五子者，不产于秦，而穆公用之，并国二十，遂霸西戎。孝公用商鞅之法，移风易俗，民以殷盛，国以富强。惠王用张仪之计，拔三川之地，西并巴、蜀，北收上郡，南取汉中，包九夷，制鄢、郢，东据成皋之险，割膏腴之地，遂散六国之从，使之西面事秦，功施到今。昭王得范雎，废穰侯，逐华阳，强公室，杜私门，蚕食诸侯，使秦成帝业。……向使四君却客而不内，疏士而不用，是使国无富利之实而秦无强大之名也。

李斯的这段国策论衡，看似有理有据，铿锵有力，无可辩驳，但隐含其中的谬误，却不为善良的人们所觉察，这就是：善恶不分，断章取义，混淆视听，惟以功绩成效论英雄。诸位请看：

读史十记

秦穆公时代的秦国"五贤"——由余、百里奚、蹇叔、丕豹、公孙枝，尤其是百里奚、蹇叔二贤，老成持重，智可谋国，仁者无敌，智士仁人之懿范，丹青有誉而无瑕。

商鞅以变法强秦之功大昭于天下，但为人残忍少恩，贪图名利，终究受恶名而被杀，连坐族灭。

张仪，朝秦暮楚，若只为获取功名机遇，本无可厚非，但将偌大的一个楚国玩弄于股掌，只能算是一反复小人而已。战国纵横之士，以智谋、能量、成就而论，此君为最，却从无忠心可言。故见诸于正史，张仪从来无赞誉，倒是被他的阴谋间接害死的悲剧人物屈原，赢得了中华民族的尊敬和纪念。端午遗风，流芳至今。

范雎，始以忠心而见疑，罹难于魏国，继之以智谋大得转机，显贵于秦国。远交近攻之策，廓清大秦翦灭六国之战略；挟秦昭王之恩重，陷大秦"战神"白起于死地，心胸狭促，前恭后倨，公报私仇，可知此人非君子。

由是观之，战国中后期的秦国，已非春秋时代那个民风纯朴风雅、崇尚华夏文明礼仪而且自谦为西陲"敝邑"的秦国了，不但顶戴着"虎狼之国"的恐怖头衔，其实质已演变成一个毫无信义可言的无赖之国。

与商鞅相似，曾经以客卿身份投奔异国他乡而登上功名富贵巅峰的李斯，也有一场人生浩叹的历史记载：

斯长男由为三川守，诸男皆尚秦公主，女悉嫁秦诸公子。三川守李由告归咸阳，李斯置酒于家，百官长皆前为寿，门廷车骑以千数。李斯喟然而叹曰："嗟乎！吾闻之荀卿曰'物禁大盛'。夫斯乃上蔡布衣，闾巷之黔首，上不知其驽下，遂擢至此。当今人臣之位无居臣上者，可谓富贵极矣。物极则衰，吾未知所税驾也！（《史记·李斯列传》）

（李斯的长子李由是三川郡的郡守，李斯的儿子们娶的都是秦始皇的公主，李斯的女儿们都嫁给了秦始皇的儿子。一次，李由回咸阳探亲，李斯在府邸备酒请客，朝廷里的大员都来祝贺，门前车马扰攘，数以千乘。李斯为之感慨人生："可叹呀！我曾听老师荀卿说过：'任何事情都不能达到极盛。'我本是楚国上蔡一介平民，生于市井街巷普通之家，始皇帝不嫌弃我的贫贱无能，把我提拔到这样一个高官显位。当今的我，一人之下万人之上,文武百官没有一个比我更高的,我的富贵也可以说到了极盛。物极必反,我不知道我的下场会是如何呢?")

先将李斯的最后下场搁置一旁,且看其人最初是如何登上历史舞台的。

与人生富贵极盛之时形成鲜明反差的是,李斯这位战国大儒荀况的学生,最初的露脸是相当贫寒而市侩的:

李斯者,楚上蔡人也。年少时,为郡小吏,见吏舍厕中鼠食不洁,近人犬,数惊恐之。斯入仓,观仓中鼠,食积粟,居大庑之下,不见人犬之扰。于是李斯乃叹曰:"人之贤不肖譬如鼠矣,在所自处耳!"

(李斯是楚国上蔡人。年轻时,在上蔡郡当小吏,看见厕所中的老鼠,吃的是肮脏的粪便,又接近人和狗,经常遭受惊吓;进入粮仓,看见粮仓里的老鼠,吃的却是好粮食,住的是宽敞大屋,又不受人和狗的惊扰,悠然自得。于是,李斯心生感慨:"一个人有没有出息,就像这些老鼠一样,关键在于能不能给自己找到一个好环境、好地方。")

司马迁《史记·李斯列传》开篇起笔,堪称心思微妙——李斯之为人处世,虽然才能卓荦,脱颖于群伦;功名成就,高蹈于世间,但其人的本质却是一只饥馁时狡黠的"鼠辈",四下寻机,渴望富贵;饱暖时愚钝的公仓"硕鼠",不思退舍,祸至身死。

身为一介社会底层"鼠辈",李斯天赋所在心有明鉴:知识改变命运。他决然辞去吏职,追随从齐国稷下学宫迁居楚国做了兰陵令的荀况学习帝王之术。学业既成,李斯认为楚王不足以成事,东方六国势力皆弱,没有一个可以让自己施展抱负、建功立业,遂拿定主意,西去秦国一试。

在秦国,李斯拜谒了丞相吕不韦。惜才如金的吕不韦看出李斯才识不凡,便推荐给秦王嬴政,当了侍前郎官。李斯抓住机遇,向秦王一展自己的知识见解:"以今日秦国的强大和大王的贤明,若想消灭六国,统一天下,完成帝王大业,简直就像打扫灶台上的灰尘那么容易,这是天赐秦国万世难得的良机。如果现在懈怠斗志不去争战,让六国诸侯再强大起来,相聚力量,联盟合纵,就再也不可能吞并它们了。"由此可见,李斯一入秦国,即跃上前台,扮演起统一天下的主推角色。

除了见解迎合了秦王的心意,李斯还有阴狠的计策作为见面礼献上:暗中派遣秦国谋士携带黄金珠宝去游说东方六国。对于各国有声望的人物,能用财宝收买的，就不惜重金珠宝；对于那些不肯就范的，则利剑暗杀以绝后患。而且要利用一切手段挑拨离间六国诸侯君臣之间的关系，良将精兵紧随其后加以征讨。如此歹谋阴招，不知"仁者无敌"的秦王嬴政大为赞赏，提拔李斯为客卿。接下来，李斯再以一篇人才政论雄文——《谏逐客令》打动人心。嬴政采用了李斯的计谋，后来又提升他做了廷尉。

二十年统一战争，秦国将士浴血沙场，荡平六国。作为刀笔吏的李斯，全无尺寸征战军功，而能升任位极人臣的丞相，可见其人运筹帷幄之本领！

在秦始皇统御天下的十一年间（公元前221年—公元前210年），作为大秦帝国最重要的廷臣，丞相李斯沐皇恩之浩荡，驱天下如随影。彼时的李斯，如鱼得水，成事由己。"明法度，定律令，同文书外攘四夷，斯皆有力焉。"

在文字改革方面，李斯的贡献最为鲁迅先生所称道："于文字，则有殊勋。六国之时，文字异形。斯乃立意，罢其不与秦文同者，画一书体，作《仓颉》七章，与故颇不同，后称秦篆。"（《汉文学史纲要》）

当然，李斯最为重要的历史贡献，还在于他坚持主张废分封、置郡县。公元前221年，秦始皇一统天下，丞相王绾等以六国新灭，燕、齐、楚三地距帝都咸阳太远，不分封无以镇抚，请立始皇子为王。群臣纷纷附和。这时，身为廷尉的李斯独持异议，以春秋战国诸侯争战不休为例，反对分封，力主全国各地皆划为郡县。秦始皇赞成李斯的提议（"廷尉议是"），于是分天下为三十六郡。

公元前213年，博士淳于越以"事不师古而能长久者，非所闻也"为由，再议分封。李斯当庭反驳说："五帝不相复，三代不相袭，各以治，非其相反，时变异也。今陛下创大业，建万世之功，固非愚儒所知，且越言乃三代之事，何足法也！"李斯这番话马屁拍得很到位，又言之有理，何患始皇帝不从？自此，郡县制作为中国政治体制的主要形式之一被确立下来，影响及于今日。

他一边智存远见，干着利国利民的大好事；一边本性使然，干起祸国殃民的大坏事。嫉贤妒能，害死思想、著述水平超越自己的韩非，已然被读书人诟病，以书生士子本色立世的李斯，在嫉恨、打压天下读书人方面更是不遗余力。也是在公元前213年，李斯借博士淳于越再议分封之事，故意歪曲淳于越为大秦帝国前途分忧的用心，上书始皇，建议焚毁秦纪以外的天下书籍（医药卜筮种树之书除外）。焚书之烟氛尚未消散，继之以460多位儒生被坑杀，"焚书坑儒"让中华文明灿烂的天穹一时为之黯淡。

竹简何负，儒生何辜，神州悲风。由李斯一手导演的"焚书坑儒"，与古埃及亚历山大图书馆被烧并称人类文化史上的浩劫。

斯塔夫里阿诺斯在其《全球通史》中写道：

秦王朝的这些改革侵害了许多既得利益集团，引起了激烈反对。就文人学士而言，情况尤其如此，因为法家的学说和政策是他们最憎恶的。因此，始皇帝下令"焚书"。使文人学士丧失知识方面的靠山。……后来，秦王朝覆灭之后，传统文献中的大部分作品又由于先前藏下的书和老人们的回忆而恢复了原状。不过，秦的迫害有效地阻抑了周时期所特有的百家争鸣的局面，中国思想的黄金时代结束了。

但是，斯塔夫里阿诺斯的论述有明显误差，"焚书"的始作俑者和主导者只能是文化内行的李斯，而非"武夫""屠夫"本色的秦始皇。至于他说的"中国思想的黄金时代结束了"，则确如其所言，百家争鸣亦从此盛况不再。

随之而结束的还有，一代枭雄秦始皇在沙丘病逝，李斯有负重托，不堪大用，贪恋权位，与赵高、胡亥沆瀣一气，篡改遗诏，又在接下来的宫廷争斗中惨败于阉竖赵高之手，身死族灭。随着缔造者秦始皇及其灵魂人物李斯相继陨灭，公元前3世纪，大秦帝国气数亦尽，逾数年而亡。

在《史记·李斯列传》结束部分，司马迁对李斯的荣辱人生做了与商鞅同样深刻的总结，译成现代汉语如下：

李斯从一个市井士子游说诸侯，后来到秦国效力，由于能抓住时机，遂帮助秦始皇统一了天下，自己也位列三公，可谓是很受尊崇重用了。李斯懂得《六经》的宗旨，但他不想修明政治，纠正君王的缺点，为了保住自己的高官厚禄，一方面只顾阿谀奉承、苟且偷生，另一方面实行严刑酷法，又听从赵高的邪说，废掉太子扶苏而立胡亥。天下诸侯已纷纷反叛，李斯才想劝谏秦二世，岂不是太晚了吗？人们都以为李斯忠心耿耿，死得悲惨冤枉，假如认真考察一下真相，就不会有这种世俗的看法了。如果不是这样，李斯真是可以与周朝的贤臣周公、召公并列媲美了。

可惜，大秦帝国与西周时代不同，李斯不是一心为公的辅弼贤臣。

在对百里奚、蹇叔、商鞅、李斯这四位改变秦国历史格局的人物比较中，我们已经不难发现处在不同时期的秦国的明显变化。秦穆公时代，民风淳雅、修德行武、上下同心的秦人已随历史风云远去，代之以秦孝公、秦始皇时代品德卑下却能主导国家走向的投机之人。这些对己贪婪获取、对民严刑酷法之人，虽然能以富国强兵之策助推秦国迅速强大，无坚不摧，一统山河，却把一方追慕华夏文明的西陲秦国改造成一个残忍另类、大肆掠杀、背信弃义的"虎狼之国"，最终以"身死国灭，为天下笑"的大结局，将诞生不久、如日中天的大秦帝国送入万劫不复的历史深渊。嬴氏，一个华夏古老姓氏，随着秦人家族"子孙帝王万世之业"的光荣与梦想的破灭，一夕消亡。

法胜于儒，秦国后来居上的制胜之道

我们经常这样介绍自己的祖国：中国是一个统一的多民族的国家。

从历史上看，以中原地区为基业的中国历代王朝，分裂往往是短暂的历史现象，统一则是大势所趋的长久形态。

中国"统一"的概念，历时悠远。从"黄帝垂裳而治天下"提法的出现，到"尧天舜土"说法的出世，再到"昔有成汤，自彼氐羌，莫敢不来享，莫敢不来王"，以"内服""外服"统摄从王畿到众多方国及其以外边远地区的商朝，再到分茅擘土、封藩建国，号称千八百国，"普天之下莫非王土，率土之滨莫非王臣"的西周王朝，中华民族之主体的华夏民族（汉族的前身）及其国家的概念初步形成。

统一民族，统一国家，必有统一制式。在西周，这种制度表现为周天子统御下的"封贡制"，亦即"礼乐征伐自天子出"，一旦周王室衰微，必会出现新的取代统一的形式。这就是进入东周时代的"春秋五霸"之争。

"春秋五霸"，特指春秋时代相继出现的五位霸主——齐桓公、宋襄公、晋文公、秦穆公、楚庄公。这其中又以齐桓公、晋文公所代表的霸业最为典型。在《论语·宪问篇》中，孔子对二者作如是评价："晋文公谲而不正，齐桓公正而不谲。"（晋文公诡诈好耍手段，作风不正派；齐桓公作风正派，不用诡诈，不耍手段。）

且看齐桓公的霸业。作为春秋时代第一位霸主，齐桓公霸业的精神，主要在于维护周天子敕封的邦国制度，防止诸侯国内部矛盾和危机的发生。在管仲的辅佐之下，齐桓公"九合诸侯，一匡天下"，同时擎起"尊王攘夷"大旗，把黄河中游的诸侯国联合起来，北御戎狄，南制强楚，扭转了"南夷""北狄"交伐中原的危机形势，保护了比较文明的中原文化。孔子为之感叹："微管仲，吾其被发左衽矣。"

再看晋国。晋国的霸业是在不断摧毁邻国的基础上壮大自己疆土与实力的。"虞、虢、焦、滑、霍、扬、韩、魏，皆姬姓也，晋是以大。若非侵小，将何所取？武、献以下，兼国多矣，谁得治之？"（《左传·襄公二十九年》）即是明证。

公元前635年，晋文公出师东周，靖王子带之乱，周襄王赐给晋国阳樊、温、原等地，阳樊人不肯归附，晋文公帅兵围攻。阳樊人仓葛呼喊抗议："……今将大泯其宗祊，而蔑杀其民人，宜吾不服也！"（《国语·周语》）"蔑杀其民人"，是不承认其人民的"国人"身份；"泯其宗祊"，是摧毁其国的统治阶层，将其全部民众降为"野人"，征服地沦为晋国一个乡邑。这种作风，即是晋国的一贯做法，晋献公灭虢平虞取魏以来皆如此。阳樊人与晋王室同为周天子宗亲，按周朝礼法，晋国本该维护他们的存在。由此可见，晋文公虽然能成为春秋一代霸主，然而齐桓公以来的"尊王攘夷"的霸主精神已荡然无存，随着诸侯会盟共存精神的结束，代之以另一种政治形态：弱肉强食，残杀征伐。

晋国的这一"泯其宗祊，蔑杀其民人"的政治形态，经秦人观摩、锤炼，成为日后征伐、剪灭山东六国的动力。

与晋国为邻的秦人，其先虽然性格刚猛，攻战凶悍，但民风尚且淳朴，特别是秦穆公，礼贤下士，推仁布义，秦国大治，修德行武，遣师千里南下击吴救楚于存亡之际，何逊齐桓公存卫国于戎狄虎口之义举。然而，时间可以改变一切。随着晋国百余年霸业不衰，秦国东进受阻，河西之地得而复失，在对晋国作战中屡败的秦人不但学会了晋人赤裸裸的刀剑杀戮、武力征服，甚至比晋人更加无情、残暴，进入战国时代更为自己赢得了一个"虎狼之秦"的恶名。到了"奋六世之余烈"的秦王嬴政时代，吞并六国之势已不可逆转。

秦王嬴政，不但以统一中国的始皇帝著称历史，还以"焚书坑儒"恶名昭著于世。岂不知，青年时代的嬴政并非一个视书籍为粪土的"愤青"。

文字，是人类文明的象征；书籍，是人类进步的阶梯。李斯一篇阐发宏论、鞭辟入里的《谏逐客令》，让"野孩子"出身的秦王嬴政对阅读产生了兴趣。

某日，秦国咸阳宫。年轻的秦王嬴政闲坐无事，有朝臣进宫，抬上两箱竹简，是《孤愤》《五蠹》两篇文章。"夫古今异俗，新故异备，如欲以宽缓之政，治急世之民，犹无辔策而御駻马。此不知之患也"（《五蠹》）。嬴政一气读罢，大声赞叹："嗨，我要是能见到写这两篇文章的人，跟他交个朋友，那就死而无憾了！"当即召李斯入宫垂询。李斯一瞧，原来是与自己同出一门的韩非所著，便说上作者姓名、现处何地。以秦之强，势压六国，何患得不到一书生？嬴政立即发兵攻韩，声言："交出韩非，寡人即刻罢兵。"

韩王安本来就不重视韩非，现在因他而招惹战火，遂将韩非拱手奉送，且美其名曰"出使"秦国。嬴政一见韩非，欢喜非常，正考虑如何任用，李斯、姚贾心生嫉妒，惟恐韩非凌驾其上，赶紧凑近秦王，口出诬陷之词："大王意欲吞并东方各诸侯国，但韩非是韩王的公子，即使重用他，也必定忠于韩国而不会替秦国效力，这是人之常情啊。如果再放他回去，恐怕是给秦国留下祸根，不如找个罪名把他杀了，以除后患。"嬴政以为有理，将韩非暂且下狱。李斯紧随其后，派人给韩非送去毒药，逼他自杀。韩非想见秦王当面澄清，怎奈身陷囹圄无人施以援手。后来，嬴政独处王宫，静心一想，为之悔悟，赶忙派人前往赦免韩非，但为时已晚，韩非已冤死狱中……

佛家说：凡事皆有因果。韩非口吃，不善于言辞，但文章写得很好。这韩非也真是一大怪人，虽有口吃的毛病，说话不利落，却偏偏逞笔墨之快意，洋洋洒洒地写了一篇如何进行游说的文章——《说难》：

凡说之难，非吾知之有以说之难也；又非吾辩之难能明吾意之难也；又非吾敢横失能尽之难也。凡说之难，在知所说之心，可以吾说当之。

（游说的艰难不在于以我所知去说服对方，也不在于能否以善辩的口才正确表达自己的意思，更不在于能否以纵横捭阖的气势把道理说个透彻，所难的是要清楚地了解被游说者的心思，使自己的游说适合他的心意。）

贵人有过端，而说者明言善意以推其恶者，则身危。周泽未渥也而语极知，说行而有功则德亡，说不行而有败则见疑，如是者身危。夫贵人得计而欲自以为功，说者与知焉，则身危。彼显有所出事，乃自以为他故，说者与知焉，则身危。强之以其所必不为，止之以其所不能已者，身危。故曰：与之论大人，则以为间已；与之论细人，则以为粥权。论其所爱，则以为借资；论其所憎，则以为尝己。径省其辞，则不知而屈之；泛滥博文，则多而久之。顺事陈意，则曰怯懦而不尽；虑事广肆，则曰草野而踞侮。此说之难，不可不知也。

（如果达官贵人刚犯了个错误，游说者直言不讳，善意地给他分析这错误的危害，那么可能会招来恶果。交情还不深，关系不够密切，而你对被游说者说尽了心里话，要是被采纳且成功了，你的好处也就很快被遗忘了；要是被采纳而失败了，你就会被怀疑，你的安全就会受威胁。达官贵人用了你的计谋，成功了某件事，他想独自邀功，而你又参与其中，知晓内情，那你就会有生命危险。勉强对方做他所不想做到的事，劝止对方做他所不肯罢手的事，都会招来祸端，殃及其身。对于君主而言，你与他议论他的大臣，会被认为是挑拨其君臣关系；议论他的下僚，会被怀疑是否收了什么人的好处；议论他宠爱的人，会被认为是想利用此人做靠山；议论他所憎恶的人，会被认为是想试探君主对自己的看法。说话直截了当，会被认为是才智不足而不被重用；滔滔不绝，旁征博引，会被认为是过于啰嗦而浪费时间；就事论事，会被认为是顾虑重重，不敢发挥；畅所欲言则又被说成粗野傲慢，目中无人。凡此种种都是游说的难处，不能不知啊。）

对于韩非的人生遭遇，司马迁一言叹惋，古今长思："余独悲韩子为《说难》而不能自脱耳。"（《史记·老子韩非列传》）（我特别感叹的是韩非能写出那么清醒、看问题那么透彻的《说难》，到头来自己竟然脱不了游说带来的灾难。）

作为读者，应该质疑：以秦国历代君主注重招贤纳士之传统，本不该发生韩非之辈高才名士的血案。

而历史的真相是，像秦王嬴政这样一个希望通过读书获取真知、选择国家前途的后进君王，因为嫉贤妒能、见利忘义的李斯之类人的误导，因为商鞅变法以来百年塑造的严酷社会环境，只能成为视生命为犬豕草芥的魔王，成为威行天下的雷电震霆急风暴雨，不复有文明礼仪之邦心智健康成长的土壤，成为一棵护佑百姓苍生的参天大树，成为化育万物的和煦春风阳光雨露。世人很快就会看到，作为秦国君王、作为大秦帝国皇帝的嬴政，上演的是一幕日出磅礴与血色黄昏交织的"战争与和平"。

再接上文。

一日，秦王嬴政与李斯议论国事时，随口夸赞韩非的才能之高，可惜其人已死。李斯颇知秦王心理，当即进言："臣举荐一人，姓尉名缭，魏国大梁人，精通兵法，才能胜过韩非十倍。"

关于秦王如何向尉缭请教、尉缭如何赢得秦王信任的细节，我们暂且搁置一边。总之，尉缭很快被秦王封为太尉。秦王向尉缭请教灭六国之策，尉缭环视东方，侃侃而谈："韩弱易攻，宜先；其次莫如赵魏。三晋尽灭，即可举兵征伐楚国。楚国灭亡，燕国、齐国又怎能逃脱灭亡呢？"

随后，尉缭又为秦王指点开局步骤："赵国地大兵强，且有韩、魏两国相助，未可一举消灭。如今韩国已对秦国归附称臣，则赵国失去一半辅助。大王如果顾虑到攻击赵国师出无名，请先进兵魏国。赵国有位宠臣郭开，为人贪得无厌，我派弟子王敖前往游说魏王，让魏王派他去贿赂郭开，由郭开请赵王救魏，赵王必定出兵援魏，我们以此为理由加罪于赵，然后挥师进攻赵国。"

秦王击节赞叹："好！"于是命令大将桓齮率兵十万，出函谷关，扬言讨伐魏国。同时，又派尉缭弟子王敖秘密前往魏国，拨黄金五万斤，任由他随意支配。

至此，秦王嬴政正式揭开了统一天下的序幕。

因为李斯的推荐，身份与驰骋六国的纵横家苏秦、张仪类似的尉缭，成为秦国统一中国的主角人物。然而，此前半个多世纪，韩非和李斯的老师荀子就曾在秦昭王面前扮演过类似的角色。

荀卿，赵人。年五十始来游学于齐。……齐襄王时，而荀卿最为老师。齐尚修列大夫之缺，而荀卿三为祭酒焉。齐人或谗荀卿，荀卿乃适楚，而春申君以为兰陵令。春申君死而荀卿废，因家兰陵。李斯尝为弟子，已而相秦。荀卿嫉浊世之政，亡国乱君相属，不遂大道而营于巫祝，信吉祥，鄙儒小拘，如庄周等又滑稽乱俗，于是推儒、墨、道德之行事兴坏，序列著数万言而卒。（《史记·孟子荀卿列传》）

公元前255年，荀子应楚国令尹春申君之邀，任兰陵令（今山东苍山县兰陵镇）。上任前，荀子曾赴秦国。入眼一派山河壮美、边塞险固的景象，再经一路游观，感受到了秦国民众率真朴素，朝臣百吏奉公守法，廉洁高效，政治清明，让荀子很是振奋，看来，统一中国的希望可以寄托于秦国。

于是，在会见秦昭王和丞相范雎时，荀子这位战国时代的大儒，对秦国不吝赞誉之词："威强乎汤、武，广大乎舜、禹。"

然而，秦昭王对荀子的吹捧并无积极响应，却提出一个尖锐的疑问："儒无益于人之国？"

可以想象，荀子当时的表情一定是有些尴尬的，但他毕竟为一饱学之士，击辩之才能非常了得：儒生在朝廷上当官，就会使朝政完美，在下当百姓就形成美好风俗，儒家的政治能使"近者歌讴而乐之，远者竭蹶而趋之。四海之内若一家，通达之属（人迹所到），莫不从服，夫是之谓人师"，"何谓其无益于人之国也！"（《荀子·效儒》）

据说，荀子的答复得到了秦昭王的称赞，却没有被采纳。汉代学者刘向在《叙录》一书中还专对此事作了追述，让后人看清原委，"见秦昭王，昭王方喜战伐，而孙卿（荀子）以三王之法说之，及秦相应侯（范雎），皆不能用也"。

荀子的思想和学问之深湛，可以为天下师、帝王师，但他的秦国之行却是失败的，即所谓"剑胆琴心，壮志未酬"！虽然他的学生李斯后来游说秦王大获成功，大展宏图，但那"重法术，讲权谋"的李斯已不是荀子心目中应该"法先王，隆礼仪"的学生了。

事实上，自商鞅入秦伊始，秦国历代君王就坚信不疑地遵循一条路线：变法图强，谋略机变，穷兵黩武，消灭六国，一统天下。看得出，这条路线的主导思想是重用法家策士，通过变法富国强兵，实现兼并天下的最终目标。

春秋战国，是中国政治思想史上变化最为猛烈的时代，"百家争鸣"就是以"尽广大而致精微"的内涵、"兴纷说而灿百家"的形式，对这一变化的顺应与反射。

"百家争鸣"之"百家"，非确指百家，而是以言其多。《汉书·艺文志》将战国时期主要思想流派分为十家，即儒、墨、道、法、阴阳、名、纵横、杂、兵、小说。后来，西汉学者刘歆的《七略·诸子略》将小说家删除，称之"九流"，此为"三教（儒、释、道）九流"的由来。

百家之所以争鸣，以其思想、见识、目的不同。百家之间，既相互砥砺，又相互抗争；这种争论带有明显的功利性，即哪一家能为战国七雄指明一条强于他国的成功之路。

于是，一系列的革故鼎新、变法图强的擘划、实施，如风起云涌，激荡着中华大地：魏文侯年间李悝的变法，赵烈侯年间公仲连的改革，楚悼王年间吴起的变法，韩昭侯年间申不害的改革，齐威王年间邹忌的改革，秦孝公年间商鞅的变法。这其中，又以商鞅在秦国的变法最为彻底、最为成功。

战国时代，凡二百五十余年（公元前480年－公元前222年），实践证明，法家在富国强兵方面确实比儒家更高一筹。除了齐国设稷下学宫，包容百家争鸣而兴盛一时，齐王与秦王并称东帝、西帝，再未有哪国重用"祖述三王、汤武"的儒家而复兴，倒是法家人物络绎变法成功，实现富国强兵。

首先是李悝的变法。

李悝，魏国人，相传是孔子七十二高徒之一子夏的弟子。身为儒家门生，不曾有涓滴儒学贡献，倒成为法家开派人物的李悝"撰次诸国法"，编成一部《法经》，内容包括《盗法》《贼法》《囚法》《捕法》《杂法》《具法》六篇，是为中国第一部比较有系统的法典，《秦律》《汉律》皆在此基础上扩充而成。后来，李悝的弟子商鞅从魏国投奔秦，随身携带的就是这部《法经》。

法家的一大特点，是变法措施明晰、实用。

李悝变法，政治上实行"食有劳而禄有功""夺淫民之禄，以来四方之士"，亦即废除旧的世卿世禄制，改为按功劳大小和对国家贡献多寡，分别授予职位和爵禄；那些对国家没有贡献，而因为前代的爵禄享受特权，过着奢侈生活的"淫民"，则予以取缔，用他们的爵禄招来四方所需要的士人。加之经济上"尽地利之教"，尽力开辟土地，财政上实施平籴之法，魏文侯时代的魏国很快实现国富兵强，战国初年威震诸侯。

法家在秦国大行其道，变法成功，也并非偶然。

在思想学术领域，现代史学家钱穆把先秦学术分为"古官书之学"（主要是以"六艺之学"为代表的儒学）和"百家之学"（诸子百家之学），前者盛行于东方齐、鲁诸国，后者遍及中原三晋大地。战国以后的秦国，其统治以法家思想为指导，师申商之法，行韩非之说，禁绝人们议论国政，在意识形态上以法家思想为一统，而法家提倡"明主之国，无书简之文，以法为教；无先王之语，以吏为师"，儒家被视为五蠹之一，在其统治中逐渐形成了反儒的倾向。

公元前255年，荀子入秦游说，曾指出秦国"无儒"的现象，儒家所重视的仁义、礼乐是秦统治者所看轻的。与东方六国相比，秦国几乎无思想学术可言，学术讨论缺少自由的空间，更谈不上齐国稷下学宫那般的百家争鸣学术繁荣。而秦国任用六国智能之士，也是以魏、赵、韩等国功利之徒为多，东方齐、鲁学人，少有入秦谋仕者。

作为"青出于蓝而胜于蓝"的法家人物，商鞅摄取了《法经》精华，从而在秦国变法获得比李悝更大的成就。

公元前356年和公元前350年，商鞅前后两次在秦国推行变法："内立法度，务耕织，修守战之具，外连横而斗诸侯。于是秦人拱手而取西河之外。"（贾谊《过秦论》）"夫商君为秦孝公明法令……平权衡，正度量，以静生民之业而一其俗，……故秦无敌于天下，立威诸侯，成秦国之业"。（《史记·蔡泽列传》）

移风易俗，壮大国体，非一日之功。商鞅在秦国变法，厉行十年，使得乡邑大治。虽说废尽十年之功，始修成正果，时间上讲已算漫长，但却是法家将儒家口中念道的富国强兵之理想化为现实。

说来也蹊跷，商鞅变法得以遽见成效，一个重大的机缘，竟然拜"秦晋之好"不再而累世为敌手的三晋所赐。唐代杜佑《通典·田制》以明白晓畅的词句记录了这段历史：

商鞅以三晋地狭人贫，秦地广人寡，故草不尽垦，地利不尽出，于是诱三晋之人，利其田宅，复三代无知兵事，而务本于内，而使秦人应敌于外。故废井田，制阡陌，任其所耕，不限多少。数年之间，国富兵强，天下无敌。

以此观之，是穷则思变的秦国抓住了历史赐予的重大发展机遇，"决裂阡陌，教民耕战"（《战国策·秦策》），在"国富"的基础上实现了"兵强"，以强大军事力量统一天下之势，遂不可阻挡。

天下大势已定，作为儒家代表人物的荀子依然固执"仁者无敌"之论，认为秦军并非不可战胜。在赵国，并不擅长兵家理论的荀子竟有一段"军事格言"流传后世。

公元前253年，荀子在楚国为兰陵令，遭受谗言，转投赵国，赵孝成王待为上宾。荀子与赵国的临武君在赵王面前议论兵法。荀子开诚布公，抒发己见：

"齐之技击不可以遇魏氏之武卒，魏氏之武卒不可以遇秦之锐士，秦之锐士不可以当桓、文之节制，桓、文之节制不可以敌汤、武之仁义。"（《荀子·议兵》）

在这里，荀子以逐级递进的推理强调军事手段与道德政治相结合的威力，虽有其合理之处，"战争是政治的继续"，但是，夸大政治影响的作用，对军事特点与作用估计不足，则为书生之愚见。冷兵器时代的战斗、战场，要的是刺刀见红、摧坚拔阵，空谈仁义的宋襄公早已成诸侯笑柄。赵国君臣可以礼遇荀子而弃之不用，盖缘于此。

事实上，经过商鞅变法，秦国已在举国作战意识和军事装备方面锻造出一支无坚不摧的虎狼之师。

读史十记

绝仁弃义，武装到牙齿："虎狼之国"是这样炼成的

在世界历史上，有一个以逆人类文明和平进程而行，凭借其强大武力征服著称的军事帝国——亚述帝国。

公元前1100年，小亚细亚，距巴比伦以北三百英里的地方，出现一个另类国家：亚述帝国。这个国家由于受到四境外族的威胁，从兴至灭，其最大特色为武力至上。他们所羡慕的人是赳赳勇士。武力的建立，最初在于自卫，但进一步发展之后就是征服。强大的亚述帝国凭借其铁制武器、训练有素的军队、有效的官僚机构和架置在车轮上的铁制的破城槌，开始对外扩张。公元前7世纪，第二亚述帝国以尼尼微为首都，囊括了美索不达米亚、小亚细亚、叙利亚、巴勒斯坦和埃及，将整个近东置于其铁蹄统治之下。

进入战国年代的秦国，在诸多方面，类似于东方的亚述帝国，只是军事力量比它更为强大，影响更为深远。

商鞅变法前的秦国，"国民中混入和吸收了一些野蛮部族的成员，但是他们与其对手一样保持住了华夏文化"（菲利普·李·拉尔夫《世界文明史》），却仍旧被山东六国蔑视为落后于中原文明的夷狄之邦，以对待"戎狄"的轻侮态度对待秦人，秦人深以为耻，由此对六国充满仇恨，常思以骁勇剽悍的秦风武力打败六国，以雪其耻。商鞅在秦变法成功，秦人开始变得强大而自信，视山东（崤山以东）之地，了如几席，可横扫而兼并之。就是从这时开始，秦国亦被山东六国诸侯视为"虎狼之国"。西汉刘安编著《淮南子·要略》特作释义：

秦国之俗，贪狼强力，寡义而趋利，可威可刑，而不可化以善，可劝以赏，而不可厉以名，被险而带河，四塞以为固，地利形便，畜积殷富，孝公欲以虎狼之势而吞诸侯，故商鞅之法生焉。

据文献通考，秦国第一次被称为"虎狼之国"，是在《战国策·楚策

一》中。当时，苏秦游说楚威王合纵以抗秦，告之秦国的凶险：

夫秦，虎狼之国也，有吞天下之心。秦，天下之仇雠也，横人皆欲割诸侯之地以事秦，此所谓养仇而奉雠者也。夫为人臣而割其主之地，以外交强虎狼之秦以侵天下，卒有秦患，不顾其祸。

应该看到，秦国被山东六国称为"虎狼之国""虎狼之秦"，还有其历史成因。

公元前262年，魏国想与秦国联合攻韩，朱己对魏王劝谏说：

秦与戎翟同俗，有虎狼之心，贪戾好利而无信，不识礼义德行。苟有利焉，不顾亲戚兄弟，若禽兽耳。此天下之所同知也，非所施厚积德也。（《战国策·魏策三》）

秦人与"戎狄同俗"由来已久。据《史记》记载，秦之先祖有"子孙或在中国，或在夷狄"。直到秦襄公被周平王敕封为诸侯，赐以岐西之地，"襄公于是始国，与诸侯通使聘享之礼"，秦人始与中原诸国礼尚往来。

在秦国与西戎各部族长期相处中，秦人受到西戎文化、风俗上的影响是明显的，一些与中原国家不同的文化传统已浸入秦人社会，虽经秦穆公招贤纳士，秦人开化，秦地号为大治，但毕竟与中原礼仪之邦交流无多，是以《史记》记述"秦始小国僻远，诸夏宾之，比于戎翟""秦僻在雍州，不与中国诸侯之会盟，夷翟遇之"。秦被中原诸国视为戎狄，这种观念一直保留到了战国。

秦国真正发生重大变化是在战国中晚期，即秦孝公至始皇帝的时期，法家思想在秦国一以贯之，秦国政治、风俗为之大变，形成与传统周朝礼仪文化截然不同的一种法家文化体系。《淮南子·要略》所说的秦"刻薄寡恩""尚首功""虎狼之国""贪狼强力，寡义而趋利"等特征，正产生于这一阶段。至此，秦文化已发展成一种极端的文化，形成了以法治为基础的严厉特征。

现在，让我们借助《史记》来审读商鞅变法的核心内容：

令民为什伍，而相牧司连坐。不告奸者腰斩，告奸者与斩敌首同赏，匿奸者与降敌同罚。有军功者，各以帅受上爵；为私斗者，各以轻重被刑大小。僇力本业，耕织致粟帛多者复其身。事末利及怠而贫者，举以为收孥。宗室非有军功论，不得为属籍。明尊卑爵秩等级，各以差次名田宅，臣妾衣服以家次。有功者显荣，无功者虽富无所芬华。

（新法把居民五家编为一"伍"，十家编为一"什"，让他们互相监督，否则一家犯法，其他各家都要跟着受牵连。知道谁是坏人而不告发要被腰斩，而告发者可与斩获一个敌人首级的奖赏相同。一家有两个以上的成年男子而不分家的，要加倍交纳赋税。立有军功的人，可以根据规定加官晋爵；为私仇而打架斗殴的，要根据情节轻重惩罚。鼓励农民全力发展农业，对于那些在耕田织布方面有所成就的人，可以免除他们的劳役。对于经商者或懒惰而穷者，一律把他们降为奴隶。国君的宗族凡是没有军功可以论述的，一律从贵族谱牒上清除出去。严格按照爵位的尊卑划分等级，让人们按照等级的高低占有不同的田宅，私家的奴婢传穿什么样的衣服都要随着主人的地位而定。有军功的人才能显贵荣华，没有军功的人即使有钱，也没有社会地位。）

可见，为了变法遽见成效，商鞅是何等的处心积虑。但智者千虑，必有一失。令商鞅意想不到的是，到头来自己竟成了新法的受害者。

公元前338年，秦孝公薨，太子驷即位，是为秦惠文王。这位秦王对商鞅可谓痛恨至深，遂以谋反罪派兵捉拿商鞅。商鞅逃亡，傍晚时分至秦国边境，进入一家客店，想不泄露身份住宿一晚，店主人告知："商君的法令规定，留宿没有证件的客人，等于店主人犯罪。"商鞅为之伤感叹息："唉！没想到变法的严酷竟然害到自己头上来了！"

然而，商鞅变法的严酷更在于——将秦国变成一个视天下人为草芥，以杀戮邀赏为动力的首功之国。在《商君书》中，商鞅不无得意地夸耀："民闻战而相贺也，起居饮食所歌谣者战也。"

首功之国，即斩首立功之国，亦是"虎狼之国"的代名词。《史记集解》引用谯周的解释："秦用卫鞅计，制爵二十等，以斩获首级者计而受爵。是以秦人每战胜，老弱妇人皆死，计功赏至万数。天下谓之'上首功之国'，皆以恶之也。"《史记索隐》的解释是："秦法：斩首多为上功。谓斩一人首赐爵一级，故谓秦为'首功之国'也。"

先秦一部重要历史文献《战国策》，记载了一个秦军进攻场面：他们胳膊下夹着俘虏，身上挂着人头，追杀逃跑的对手。

长平之战，赵军战败投降。投降后的赵国士兵除了二百四十名年龄较小的被释放之外，四十万俘虏全部被活埋，总共有四十五万人死在长平。

在山西高平一座山谷里，当代考古人员的发掘证实了这个惨烈结局。方圆十公里山谷地带，到处都是掩埋尸骨的大坑。仅仅在一个坑里边，就发现了一百多具尸骨。

是什么造就了如此残暴和野蛮的秦兵？当然是商鞅变法弃仁绝义的荼毒所致。

事实上，自商鞅在秦国变法奖励军功之后，对内刑法之酷烈，对外征战之凶残，天下有目共睹。据马非百《秦集史》中"首功表"所列，从秦献公二十一年至秦王政十三年，一百零七年间，有明确数目记载的，秦军共斩首敌军约一百六十七万八千人。

以天下为纵横驰骋杀戮之疆场，必具超级强大之军力武备。

秦国实行征兵制。据睡虎地秦墓竹简载述：秦国男子十七岁"傅籍"，以后根据战争需要，随时可征集入伍，到六十岁才能免除军役。秦国还时常谪发已科罪犯或徒隶等为兵卒，称为"谪戍"。

秦国军训制度严格。秦律规定：射手发弩不中，驭手不会驾车，骑士和马匹课试最劣者均要受罚，有关督训官吏及负责选募者也要受罚。

工欲善其事，必先利其器。军事亦然。在战国时代，秦军武器装备堪称世界一流。

秦军拥有先进的远射武器。从秦始皇陵兵马俑解读，秦军不论步兵、骑兵或车兵，均装备大量的弓、弩、箭。规模宏大的一号俑坑，每个步兵都"背负矢箙，手持弓弩"；二号俑坑还专设一个弩兵队列。骑兵的武器不是刀、剑、矛，而是"一手牵马缰，一手作提弓状"，配备的都是弓箭。战车上的甲士，既持矛、戈，同时"亦备有弓箭"。这些情况说明弓、弩、箭是秦军最主要的武器。

秦军弓弩分大小两种，小者射程为一百五十米，大者可达九百米，比著名的六百步韩弩更具威力。有一种特大的簇，长四十一厘米，重约一百克，专门用于强弩。经过化验分析，秦簇含铅量高达7.71%，可以说是人类历史上最早的有毒"弹头"。由此可知，秦军所装备的弓、弩、箭都是当时最先进的远射武器，是构成秦军强大战斗力的重要因素。

秦军装备了大量铜制的近战武器。从秦始皇陵兵马俑坑的出土军械看，秦军的近战武器有长柄的戈、矛、戟、铍，短柄的弯刀和剑，在形制上有很大创新，表现了青铜武器的高度发展。

春秋时代的剑，一般长三十厘米左右，战国时发展到六七十厘米，而秦始皇陵兵马俑坑出土的三把秦剑，分别长八十一、八十九、九十一点三厘米，可见秦剑已由防卫和礼仪之剑发展成为近战格斗的重要武器之一。经当代专业化验，秦剑由铜锡合金铸成，并有其他十三种微量元素，相当于中碳钢调质后的硬度。剑身表面经过铬盐氧化处理，深埋地下两千多年，出土后依然锋芒毕露，锋利如初。

秦军铠甲已经制式化，均用金属制成。在春秋以前，各国将士护体装备主要是皮甲，战国时代虽然出现了铁甲，但皮甲仍是重要装备。《荀子·议兵》中即有"楚人鲛革，犀以为甲"之说，表明战国末期楚军仍以皮甲为主。

秦始皇陵兵马俑坑出土的铠甲和兜鍪，均以质地均匀致密、颜色青灰的石灰岩石片和扁铜条连缀而成，被称为"铜缕石甲、石胄"，其原形则是金属札叶制成的合甲，品类完备，制作精密。甲衣由前甲（护胸腹）、后甲（护背腰）、披膊（肩甲）、盆领（护颈项）、臂甲（护臂）和手甲（护手）等部分组成，并因兵种、身份、战斗需要而各有不同。还有一具特大型铠甲，从形体和结构判断，可能是战马铠甲，即后世所谓的"马铠"或甲骑具装中的"具装铠"。这副"马铠"由颈甲、身甲、当胸和搭后组成，已经是非常完备的形制了。

长枪远矢，重甲铁骑，"虎狼之国"加上这部"武装到了牙齿"的战争机器，秦军兵锋所指，除却赵、楚之强国劲旅还能抵抗一时，余则望风披靡。于是乎，进入秦王嬴政时代，秦国的统一战争势如破竹——

灭韩。公元前230年，秦王政派内史腾率军突然南下渡过黄河，攻破韩国首都郑（今河南新郑），韩王安投降，韩国灭亡。秦国遂在韩地设置颍川郡，建郡治于阳翟（今河南禹州）。

灭赵。公元前229年，秦灭韩后第二年，秦军乘赵国遭受旱灾之际，兵分两路，南北合击赵都邯郸。翌年，破赵军，攻占邯郸，俘赵王，赵国灭亡。赵国公子嘉逃到代（今河北蔚县东北），收拾好残部，自立为代王。公元前222年，王翦之子王贲率军攻灭燕赵残余势力，俘代王嘉。

灭燕。公元前228年，秦军破赵以后，王翦屯军中山故地，准备下一步攻打燕国。燕太子丹派荆轲赴秦，准备以献督亢的地图和秦国逃将樊於期的首级之名刺杀秦王，企图造成秦国混乱，以解被灭亡的危险，结果阴谋败露，荆轲被杀。公元前226年，秦王以此为借口，派王翦率兵攻打燕国。秦军在易水大败燕军和前来支援的代军，攻陷蓟，燕王喜与太子丹率残部逃往辽东。后燕王喜杀太子丹，将其头献秦。公元前222年，秦将王贲进军辽东，歼灭燕军，俘虏燕王，燕国灭亡。

灭魏。公元前225年，秦国将领王贲率兵出关中，攻占了楚国北部十几座城，保障了攻魏秦军侧翼安全后，旋即回军北上突袭并围困住魏都大梁（今河南开封），魏军依托大梁的城防工事死守，秦军强攻难以奏效，于是引黄河水灌入城内。三个月后，大梁城被水浸坏，魏王假投降，魏国灭亡。秦在魏国地区设立砀郡。

灭楚。公元前226年，秦王派李信率二十万秦军攻楚，楚将项燕率军抵抗，秦军攻下平兴等三城，项燕反击，大败秦军，李信败逃。秦王命老将王翦率六十万大军再次伐楚，两军在陈相遇，王翦以逸待劳，按兵不动。楚军多次挑战，秦军亦不与交战，项燕只好带兵东归，秦军趁楚军撤退之时迅速出击，在蕲大败楚军，又强渡淮水，直抵楚都寿春（今安徽寿县）城下。公元前223年，秦军乘胜追击，攻占楚都寿春，俘虏楚王，楚国灭亡。秦在楚地设九江郡。项燕败退至长江以南，立昌平君为楚王。王翦大军继续南下，造战船渡过长江，消灭项燕余部和昌平君，并于公元前222年攻陷楚国南部的会稽，俘虏分散于江南的原越国王族后裔。秦在越地设会稽郡。

灭齐。秦国重金收买齐丞相后胜，使齐国既不合纵抗秦，也不加强战备。秦国灭五国后，齐王建才感到秦国的威胁，匆忙将军队集结到西部边境，准备抵御秦军的进攻。公元前221年，秦王以齐拒绝秦使者访齐为由，命王贲率军伐齐。秦军避开齐军西部主力，由原来的燕国南部直奔齐都临淄（今山东淄博北）。面对秦军突然从北面攻来，齐军措手不及，旋即土崩瓦解。齐王建不战而降，齐国灭亡。秦在齐地设置齐郡和琅琊郡。

读史十记

帝国哀歌：盛极而亡，叹英雄不再，社稷何安？

话说韩非蒙冤而死，李斯遂推荐大梁人尉缭给秦王嬴政。尉缭见秦王，长揖不拜，嬴政不以非礼，请之上座，呼为先生。尉缭乃献策秦王：不要吝惜财物，应该舍得花钱去贿赂各诸侯国有权势的大臣，以此打乱他们的结盟计划，花费不过三十万金，就可以将所有诸侯国消灭。秦王大喜过望，尊尉缭为上客，以平等之礼相待，"衣服饮食，尽与己同，时时造其馆，长跪请教"。

秦王礼遇已极，尉缭却对嬴政看得很透彻，私下评价说："我细察秦王为人，高鼻梁，细长眼，胸脯长得像猛禽，声音像豺狼。这种人刻薄少恩，心如虎狼，穷困时可以身居人下，得志时便会反口吃人。我是个布衣之士，他接见我时却甘居我下，十分客气。假如日后他一统天下，普天下的人都会成为他的奴隶了。这种人是不能与之长期共处的。"

一天晚上，尉缭不辞而别，馆吏急报秦王。秦王如痛失手臂，派遣轻便的轺车四出追还，与之立誓，永不相叛，然后拜尉缭为太尉，主持秦国军事，对他的计谋一并采纳，其弟子也皆封为大夫。身为一国至尊，谦卑重诺如此，秦王嬴政遂能探得"骊珠"，获取攻伐六国的方略、步骤。

另一史话，则事关秦王嬴政麾下无敌大将军王翦近乎可笑的"邀赏"。

王翦，大秦帝国名将，频阳（今陕西富平县）东乡人。公元前 228 年，王翦率领上党郡兵大破赵军，俘虏赵王迁。公元前 226 年，王翦攻取燕国都蓟，燕王喜被迫迁都辽东。

秦国攻灭韩、魏两国，俘虏赵王，败走燕王，下一步的打击对象是楚国。秦王嬴政问新锐将军李信，多少人伐楚可胜。李信自信满满："二十万人足矣！"秦王再问王翦，王翦对答："非六十万人不可"。秦王笑称："王将军老矣，李将军壮勇。"于是决定派李信、蒙武领兵二十万伐楚。王翦见自己不被重用，便称病回频阳养老。

李信伐楚，开始顺利，逢战必捷，不久却被楚将项燕打得大败，逃回秦国。秦王无奈，亲赴频阳请王翦出山，王翦称病且老请辞，但秦王一再恳求，王翦只好重申必得六十万大军不可，秦王一口答应。王翦挂帅出征，秦王在灞上为他举杯饯行。

　　王翦将行，却勒马回缰，向秦王提一要求，请在咸阳城赏赐他许多田宅园池。秦王感到奇怪，询问："将军若能凯旋，寡人与将军共富贵，还发愁贫穷吗？"王翦说："身为大王将帅，有功得不到封侯，所以趁大王用我的时候，请赏赐田宅园池作为家业，世世受大王之恩。"秦王大笑应允。

　　王翦行军至函谷关，又五次派人回来向秦王请求赏赐上好田地。随行将军蒙武实在看不下去了，劝告王翦："将军这样乞求也太过分了吧？"王翦解释道："秦王骄横而不信任人。今日倾全国之军交付予我，我多求田宅为子孙在秦国置业，正是要让秦王误以为我只图小利，没有大的野心，从而不对我起疑心。"

　　智取秦王信任的王翦，麾使六十万大军浩浩荡荡南下江淮，大破楚师，杀项燕，攻占楚都寿春，俘楚王负刍，秦设置楚郡。公元前 222 年，王翦攻楚国南境，降服越君，设置会稽郡。楚亡。

　　定鼎天下，大业告成。然而，嬴政不是周武王，不可能将仁义之心布施天下。由嬴政这种"刻薄少恩，心如虎狼"的人来统一中国，其实是中国的悲哀。且看其人在扫灭六国、一统天下后的表现。

　　公元前 221 年，秦王嬴政着手对大秦帝国的经营，首先是确立皇帝名号。《史记·秦始皇本纪》记载：

　　秦初并天下，令丞相御史曰："寡人以渺渺之身，兴兵诛暴乱，赖宗庙之灵，六王咸伏其辜，天下大定。今名号不更，无以称成功，传后世。"其议帝号。……朕为始皇帝。后世以计数，二世三世至于万世，传之无穷。

　　接下来的大事是分天下为三十六郡。收天下之兵器，会聚咸阳，铸成大钟、大镰和十二尊巨大铜人。统一法律、度量衡、车轨、文字。把天下十二万户富豪人家迁到咸阳，在渭水南岸广建祭庙、章台宫、上林苑。每灭掉一个诸侯国，就按照被灭国的宫殿样式在咸阳城北仿制一座殿宇。这些殿宇之间有天桥与各殿长廊相连通，把从各诸侯国俘获的美人、钟鼓都安置在这些宫殿里。

这只是开端。随后更大的动作是征调当劳役的隐官刑徒七十万人，分建阿房宫和始皇陵，三十万军队戍边，五十万人修筑万里长城，"死人如乱麻，暴骨长城之下，头颅相属于道"。有秦一代，全国人口约两千万，而每年被迫服役的不下两百万人，男丁不足，再征女丁，徭役之繁重，古今所无。"废先王之道，燔百家之言，以愚黔首"，制造"焚书坑儒"历史惨剧，……

在位第二十七年肇始，秦始皇沉迷于北游南巡，勒石纪功，痴心求仙，扰乱天下百姓。此中一件小事，揭示了这位始皇帝心胸狭促、目无神人的暴虐本性。

始皇二十八年，秦始皇登上泰山封禅，立石刻铭，然后经彭城一路向西南行至衡山郡、南郡，再渡过长江，来到洞庭湖中的湘山祠，正赶上刮大风，几乎不得渡水上山。秦始皇问："湘君是什么神？"随行博士回答："据说是尧的女儿，舜的妻子，死后葬在这里。"秦始皇一听，为之大怒，下令三千名服役的罪犯将湘山的树木通通砍光，使这座风景秀美的小山只剩下光秃秃的一片红褐土色。

凡暴君者，其暴行不择人事而稍减。秦始皇在位第三十六年，一颗流星化作陨石坠落在东郡，有人在陨石上刻了一行字"始皇帝死而地分"，秦始皇听说后，派御史前往陨石四周逐个盘问，却没有人肯招认。秦始皇大怒，下令把陨石周围的居民全部杀光。

这时的嬴政，已非指挥秦国统一战争时的天下英雄，而是唯我独尊、残酷无比的天下暴君了。正如菲利普·李·拉尔夫所著《世界文明史》所言：

秦朝的所作所为无不体现着秦始皇本人那雷霆万钧之力和冷酷无情的决心……征服控制着人民的行动，就连人民的思想也尽可能地控制起来。法家所主张的高压统治、严刑峻法、制造恐怖，秦朝统治者都身体力行，简直与20世纪欧洲的极权主义（法西斯）制度有着惊人的类似之处。

唯此暴君，鲜有廉耻，巡游驻跸，每每刻石颂己厚德。在琅琊山，秦始皇逗留了三个月，修筑一座琅琊台，立碑刻石，自我歌功颂德：

皇帝之功，勤劳本事。……日月所照，舟舆所载。皆终其命，莫不得意……功盖五帝，泽及牛马。莫不受德，各安其宇。（《史记·秦始皇本纪》）

（皇帝功业所在，操劳强国大事。天下之地，四海之民，天年尽享，人皆满意。功业超过五帝，恩泽施及牛马。无不受恩德，个个安居乐业。）

正如一些当代史学研究者所说：秦国君臣，集中全部精力于统一战争，所有的战略思考均由此而生，以至于当一切准备就绪的时候，失去了对下一步战略的思考。当他们赏心悦目地欣赏这一出历史大戏的时候，秦国自开国以来的总体战略逐渐走到了尽头，商君之法的弱点即将暴露。当所有的战略走到尽头，所有的战略思考都已经停止的时候，没有人知道下一步怎么办。

公元前210年，秦始皇在位第三十七年，亦即灭六国、改称皇帝第十三年，正值五十壮岁的秦始皇求仙人不死之药未得，在东巡途中病逝于沙丘平台（今河北平乡东北）。

其时，大秦帝国的声威正如日中天。然而，仅仅过了四年，公元前206年，这个秦始皇在琅琊石刻上雄视自若"西涉流沙，南尽北户，东有东海，北过大夏。人迹所至，无不臣者"的强大帝国，就在陈胜、吴广揭竿而起的反秦怒涛下轰然崩溃，巍巍帝都咸阳被刘邦一举攻破，再经楚人一炬，化作一片焦土。

英雄往事已矣，穷途末路堪悲。作为秦始皇继任者的秦二世胡亥，比起他那伟大统一者的父亲，真是残暴有余，而愚钝何及！受制于奸人宦者赵高而不悟，等到被逼将死之际，却向赵高之婿咸阳令阎乐恳求："我愿得一郡为王。"阎乐没有答应。胡亥又乞求："我愿做一万户侯。"阎乐还是不答应。胡亥再哀求："我愿带着妻子儿女做平民百姓，总可以吧？"阎乐冷笑着说道："我是奉丞相（赵高）之命，替天下人来杀你，你说再多的话也没用。"说罢，便示意众军士动手。胡亥无奈自杀。

再看大秦帝国末代君王子婴，虽有诛杀逆贼赵高之智谋胆略，无奈帝国气数已尽，面对刘邦发出"约降"的最后通牒，只好"系颈以组，素车白马，奉天子玺符，降枳道亭旁"（子婴用绳索套着脖子，乘着白马素车，捧着天子的印玺符节，到枳道亭迎降）。

大秦帝国灰飞烟灭。一个家族用六百年不懈奋斗赢得的荣耀，就这样冰消瓦解了。

回溯历史长河，当初赳赳威武的秦国第一代君主秦襄公可曾想过：以六百年来无数英雄人物造就的雄视宇内、宰割天下无敌手的大秦帝国，其末代子孙帝王竟然沦落到如此孱弱悲哀任人宰割的境地！

今天，在阅读大秦帝国创建之路漫长、崩溃之势倏忽的非凡历史中，我们又能得到怎样的启示呢？

启示应该很多。比如，战国时代最杰出的知识精英孟子，在《孟子·公孙丑下》篇章中，御天地浩然之正气，道万世治国制胜之箴言：

域民不以封疆之界，固国不以山豀之险，威天下不以兵革之利。得道多助，失道寡助。寡助之至，亲戚畔之；多助之至，天下顺之。以天下之所顺，攻天下之所畔；故君子有不战，战必胜矣。

（不能凭借疆界来制约民众，不能依仗山河险要来巩固国防，不能依靠雄厚的军事实力来制服天下。施行仁政者得到的帮助多，不施仁政者得到的帮助少。得到的帮助少到了极点，连亲戚都会背叛他；得到的帮助多到了极点，天下都会归顺他。以天下都归顺的力量，去攻打连亲戚都反对的人，所以仁德的君子不战则已，战则必胜。）

而在我看来，重要的启示还应该有：一个家族、一个民族、一个国家，在历史的机遇期，在历史的关键期，应选择一条长远稳定、文明进步的发展之路。

司马迁在《史记·秦始皇本纪》中的一句评述，可以作为大秦帝国的历史警训：

是以君子为国，观之上古，验之当世，参以人事，察盛衰之理，审权势之宜，去就有序，变化有时，故旷日长久而社稷安矣。

一个民族、国家的道路选择——

千古汉风说到今

　　《汉书·武帝纪赞》谓帝罢黜百家，表章《六经》，兴太学，修郊祀，改正朔，定历数，协音律，作诗乐，举封禅，绍周后，号令文章，焕焉可述。后嗣得遵洪业，有三代之风。（以）〔如〕帝之雄才大略，不改文、景之恭俭，虽《诗》《书》所称，何以加焉。……武帝所辟疆土，视高、惠、文、景时几至一倍。西域之通，尚无与中国重轻，其余所增地永为中国四至，千万年皆食其利。故宣帝时韦玄成等议，以武帝丰功伟烈，奉为世宗，永为不毁之庙。

——赵翼《廿二史劄记》

读史十记

威加海内，汉声远扬：四百年读懂中国历史

以我对中国历史的认识，所谓先秦时代的中国正形成一个有别于其他地区的独特社会和文明中心，其实指的就是自西周以来形成的华夏文明和礼仪之邦，继而在西汉王朝时代形成了中国的主体民族——汉族和以汉族为主体的大汉帝国。

譬如，蔡东藩《前汉通俗演义》写道：

追溯汉家事迹，多半沿袭秦制，并没有一番大改革的事业。萧何原是刀笔吏，叔孙通又是绵蕝生，所见所闻，无非是前秦故事，晓得什么体国经野的宏规，因此佐汉立法，仍旧是换汤不换药的手段，厉行专制政体，尊君抑民，汉高祖尝沾沾自喜，谓吾今日乃知皇帝之贵。照此看来，秦汉二代，规模大略相同，不过严刑峻法，算比暴秦差了一层。史官或铺张扬厉，极端称许，其实多是浮词谀颂，未足尽信呢……

传至孝武，与考祖全不相同，简直是好大喜功，仿佛秦始皇一流人物。后世尝以秦皇、汉武并称，还道他力征经营，开拓疆宇，东西南北的外族，闻风远遁，好算是一代武功，两朝雄主。谁知秦亡不由胡亥，实自始皇；汉亡不在孝平，实始武帝。文景二主四十余年积蓄，被武帝一生荡尽，从此海内虚耗，民生困敝。

不知历史常识、不懂历史研究的人，读了上述文字，或许以为蔡东藩先生有司马迁之遗风，文辞精雅，议论风发，而击节赞叹，以为不枉读历史。

那么，作为大汉王朝开创者的刘邦，当真如蔡东藩先生所言，是一个"厉行专制政体，尊君抑民……不过严刑峻法，算比暴秦差了一层"的历史人物吗？作为大汉帝国的缔造者，将文治武功推向极盛的汉武帝，当真如蔡东藩先生所言，是一个"好大喜功，仿佛秦始皇一流人物""汉亡不在孝平，实始武帝"吗？

且看被后世公认的史学大家赵翼在《廿二史劄记》中的相关论述：

《汉书·武帝纪赞》谓帝罢黜百家，表章《六经》，兴太学，修郊祀，改正朔，定历数，协音律，作诗乐，举封禅，绍周后，号令文章，焕焉可述。后嗣得遵洪业，有三代之风。（以）〔如〕帝之雄才大略，不改文、景之恭俭，虽《诗》、《书》所称，何以加焉。是专赞武帝之文事，而武功则不置一词。抑思帝之雄才大略，正在武功。因匈奴屡入寇，则使卫青七出塞，击收河南地，置朔方郡。公孙敖筑受降城，徐自为筑五原塞，千余里列亭障，至卢朐，徙贫民实之。又使霍去病六出塞，击匈奴右地，降浑邪王，筑令居以西，置酒泉、武威、张掖、敦煌四郡。又使李广利伐大宛，斩其王毋寡，自敦煌西至盐泽起亭障，屯田于轮台、渠犁。此开境于西与北者也。使伏波将军路博德、楼船将军杨仆等取南粤，以其地为儋耳、珠崖、南海、苍梧、郁林、合浦、交趾、九真、日南九郡。此开境于极南者也。又使杨仆及横海将军韩说等击东越，东越人杀其王馀善降，遂徙东越之民于江、淮而空其地。此开境于东境者也。又使唐蒙、司马相如讽谕西南诸夷，继遣中郎郭昌、卫（平）〔广〕等平南夷为牂柯郡，邛都为越嶲郡，（莋）〔筰〕都为沈黎郡，冉駹为文山郡，白马为武都郡。夜郎、滇王先后入朝，以滇地为益州郡。此开境于西南者也。又使杨仆及左将军荀彘击朝鲜，以其地为真番、临屯、乐浪、玄菟四郡。此开境于东北者也。又使张骞等通西域，而三十六国君长皆慕化入贡。此开境于极西者也。

其中有秦所本有，已沦入外国而武帝恢复之者，如朔方、朝鲜、南越、闽越，秦时虽已内属，然不过羁縻附隶，至武帝始郡县其地也。并有秦所本无而新辟之者，西北则酒泉、敦煌等郡，南则九真、日南等郡，西南则益州等郡，而西域三十六国，又秦时所未尝闻也。统计武帝所辟疆土，视高、惠、文、景时几至一倍。西域之通，尚无与中国重轻，其余所增地永为中国四至，千万年皆食其利。故宣帝时韦玄成等议，以武帝丰功伟烈，奉为世宗，永为不毁之庙。乃班固一概抹煞，并谓其不能法文、景之恭俭，转以开疆辟土为非计者。盖其穷兵黩武，敝中国以事四夷，当时实为天下大害。故宣帝时议立庙乐，夏侯胜已有武帝多杀士卒，竭民财力，天下虚耗之语。至东汉之初，论者犹以为戒，故班固之赞如此。其《西域传赞》亦谓光武闭玉门关，谢外国朝贡，虽大禹之叙西戎，文帝之却走马，殆无以过。其持论犹此意也。

说到汉朝，不能不提及中华民族的主体民族——汉族的形成与名称的出现。白寿彝总主编的《中国通史》第四卷中有一番阐述：

汉族，是原来居住在中原而以农业生产为主要经济生活的一些民族、部落融合而成的共同体。秦汉以前，对这些民族、部落并没有总的正式名称，现代史一般称之为华夏族。

西周、春秋时期，华夏族主要居住的地区是在黄河流域中下游。进入战国时代，东北方的燕国使辽河、海河流域各族融合进了华夏族。自称"蛮夷"的楚族，纵横于汉水、长江流域，成为华夏族在南方的主要分支。西方的秦国自商鞅变法以后，进一步吸收、继承和发扬了华夏文化，后来居上，一跃而成华夏民族重要的分支。于是，原来分散的华夏民族相对集中，分别形成了东以齐国，西以秦国，南以楚国，北以赵国、燕国为代表的四个分支，朝着民族统一的方向迈进。

秦汉统一王朝的建立，以及这一时代所宣扬的大一统思想，又为华夏族向汉族的转化提供了物质和政治的条件，"今天下，车同轨，书同文，行同伦"（《礼记·中庸》），即是这一转化完成的具体呈现。

华夏族转化为汉民族的标志，是汉族名称的确定。在华夏族统一的大秦帝国时代，其民族曾被称为"秦人"。但秦王朝国祚短暂，"秦人"的称呼很快被"汉"的称呼所取代。两汉王朝前后长达四百多年，国势强盛，影响深远。在对外交往中，汉朝的使者被称为"汉使"，汉朝的人被称为"汉人"，汉朝的军队被称为"汉兵"。于是，在汉朝通西域，伐匈奴，平西羌，征朝鲜，服西南夷，收闽粤、南粤，以及与南海诸国、中亚、西亚、东亚各国交往中，大汉帝国声名远播，"汉"之名称遂被他族、他国称呼为族名。

类似的观点论述，还见诸于吕振羽先生所著《中国民族简史》，"华族自前汉的武帝、宣帝以后，便开始叫作汉族"。

所以，如欲对我们的民族和国家形成、发展的历史有一个正确认识，就必须对两汉王朝四百多年历史有一个全面而深入的了解。

大汉帝国气象的生成：
英雄逐鹿天下，仁者长安社稷

历史的某些片段，虽不为世人所留意，却内含玄义，值得回味。在汉朝开国皇帝刘邦身上，即有如此一幕：

公元前202年，刘邦与项羽决战于垓下。陷入四面楚歌的项羽兵败自刎，所辖楚地遂被一举平定。其时，儒家圣人孔子的故乡曲阜城还在为项羽坚守。刘邦统帅各路大军北归，兵临曲阜城下。

如果仅仅如此，也只是古代攻城拔寨战役中的寻常场面，不值得特书一笔。然而，其中一幕情景，却大出刘邦的意料：

及高皇帝诛项籍，举兵围鲁，鲁中诸儒尚讲诵习礼乐，弦歌之音不绝，岂非圣人之遗化，好礼乐之国哉？(《史记·儒林列传》)

(当汉高祖杀掉项羽后，发兵包围了曲阜，而曲阜的儒生们还在那里诵读儒书、学习礼仪，弦歌之声不停，这不就是圣人教化出来的礼乐之邦吗？)

书声朗朗，伴丝竹弦歌，固然美妙动听，但刘邦不是书香门第出身，产生不了闲情逸致的共鸣之心，这位适才平定天下的马上英雄，有的只是剑指四方驰骋霸气。但见刘邦稍一惊诧，旋即命令部下拿着项羽的人头给坚守城池的人们看，城中这才举起降旗归顺了刘邦。

由此，可以引出这样一个话题：作为中华民族的主体民族——汉族，其最终的形成为什么不是在以文化、礼教立国"郁郁文乎"的西周、东周，不是在改《禹贡》擘划的九州为天下三十六郡的强大秦朝，而是在国势并非持久强大的两汉？

有人说，这是两汉王朝存世漫长的结果。从公元前202年至公元220年，西汉、东汉王朝前后延祚逾四百年。但是，这一说法经不起推敲。我们知道，两汉之后，还有两宋，在其赵宋王朝存在的三百多年里，经济繁荣，文化灿烂，彪炳于世，远非两汉所能比拟。

读史十记

下过中国象棋的人,都知道"楚河汉界"一词。这个词代表了一段历史,短短的,仅四年光景,在中华五千年漫漫历史进程中,充其量只是白驹过涧、沧桑一瞬。然而,正是这四年(公元前206年—公元前202年)的楚汉之争,是中国历史上最壮烈的英雄之争。

众所周知,这场英雄之争的主角是项羽和刘邦。对于项羽,没有人否定他是一位"力拔山兮气盖世"的旷世英雄人物,我不知道刘邦这一乡亭小吏面对大秦帝国悍将章邯率领的虎狼之师,能否以"破釜沉舟"的勇气、"山呼地动"的声威战而胜之。令人叹惋的是,这位西楚霸王的"妇人之仁,匹夫之勇"轻易毁掉了他的兴楚霸业,否则,中华的主体民族——汉族,或许将是另一种称谓——"楚族"了吧。

缘于此,魏晋谈士为之慨然:"时无英雄,遂使竖子成名!"言下之意,作为一名盖世英雄,项羽颇有缺憾,而其竞争对手刘邦则根本算不上英雄人物。

是的,就个人而言,刘邦还真不太像一位英雄人物。

比如,刘邦在历史上的第一次精彩亮相——力斩拦路白蛇,是他在自己都不知道自己做了什么事情的醉酒状态下完成的。醉汉鲁莽之举而已,实在谈不上英雄所为。

比如,接到项羽的鸿门宴邀请,刘邦害怕得两股打战,经张良等谋士劝慰,方才胆战心惊地赴约。宴席尚未结束,刘邦借如厕之机撇下车骑随从,偷偷沿骊山小道溜回灞上军营。懦夫鼠行而已,更谈不上大丈夫气概。

就是这样一位出身低微、行经卑劣的凡人,竟然在"秦失其鹿,天下共逐之"的英雄纷争中最终胜出,在强大的大秦帝国废墟上建立起一个国势更为强大、国祚更为持久的大汉帝国,此事竟何以成?

后来,当我阅览《史记》《汉书》,细读两则史料,彻底改变了对刘邦的看法。

一是刘邦登上皇帝宝座后,设宴雒阳南宫,询问群臣诸将:我为什么能取得天下,而项羽却失去天下?高起、王陵等几位重臣各持浅说,侃侃而谈:什么陛下与天下同利,而项羽妒忌贤能……刘邦打断他们的作答,出以雄辞瑰调之论:

公等知其一,未知其二。夫运筹策帷帐之中,决胜于千里之外,吾不如子房。镇国家，抚百姓，给馈饷，不绝粮道，吾不如萧何。连百万之军，战必胜，攻必取，吾不如韩信。此三者，皆人杰也，吾能用之，此吾所以取天下也。项羽有一范增而不能用，此所以为我擒也。（《史记·高祖本纪》）

应该说，这番高见不但彰显了刘邦不世出的卓荦才智，而且使人想见其领袖群伦的天子风范。作为一代开国皇帝，刘邦用事实雄辩地证明自己才是强者中的强者。

二是刘邦平定天下衣锦还乡，与沛县父老弟子畅饮甚酣之际，击筑放歌：

大风起兮云飞扬，威加海内兮归故乡，安得猛士兮守四方。（《大风歌》）

无论从任何角度衡量，刘邦"大风起兮云飞扬，威加海内兮归故乡"的酣畅放歌，都不逊色于西楚霸王项羽"力拔山兮气盖世……虞兮虞兮奈若何"的盖世哀歌。非世间真英雄，胸中绝无此等壮志凌云的盖世豪气！

事实上，同为一世英雄，刘邦与力能扛鼎、有万夫不当之勇的项羽最大不同在于：知己知彼，以智取胜。

在两军对垒的战场上，面对项羽单挑独斗的提议，刘邦并不顾忌众多勇士嗤笑，胸襟坦然地发话："吾宁斗智，不斗勇也！"这句话的潜台词是，你项羽不过是一介匹夫之勇，与我以智识韬略胜算在握的刘邦根本就不在一个层次上。

求大而不必拘其小。比照刘邦的行为选择，可以理解为"做大不必拘其小"，谨记天降大任，其身犹在，终将赢得天下。此为得世间大智慧。作为荡平群雄而后坐天下的开国皇帝，刘邦并不缺乏纵横疆场的勇气。

公元前200年，匈奴兵犯晋阳（今山西太原），刘邦率三十万大军御驾出征，途中遭到匈奴冒顿单于指挥的四十万重兵伏击，被围困在平城白登山一带，粮草断绝，七日不得食，面临全军覆灭。刘邦临危不惧，用谋士陈平"美人图"奇计使全军顺利解围，可谓勇能统帅、智可存国。

正因为有了刘邦对匈奴战争大智大勇的先例，遗风所及，刘氏延祚四百余年的两汉王朝历代皇帝对北方劲敌匈奴始终无所畏惧，和亲其可，而备战不懈，最终在汉武帝时代演进为波澜壮阔的反击匈奴之战。

再回到曲阜城下一幕。

刘邦虽然称得上是一位大智大勇的英雄人物，但也确为一个草莽英雄，否则也不会拎着项羽的头颅拿下儒学圣城曲阜。

而作为刘邦对手的项羽也好不到哪儿去。《史记·项羽本纪》记述：

项籍少时，学书不成，去；学剑，又不成，项梁怒之。籍曰："书足以记名姓而已。剑一人敌，不足学，学万人敌。"于是项梁乃教籍兵法，籍大喜，略知其意，又不肯竟学。

以此之故，晚唐诗人章碣借《焚书坑》一诗，不无讽刺地揶揄道：

竹帛烟消帝业虚，关河空锁祖龙居。坑灰未冷山东乱，刘项原来不读书。

想当年，李斯、秦始皇"焚书坑儒"，怕的就是读书人颂古非今、谣言惑众，推翻秦朝统治。未料想，百无一用是书生，造化弄人，项羽，刘邦，这两个不读书且不学无术的家伙，竟然成了扫灭大秦帝国的英雄！这算不算是对强权政治的极大讽刺？

又与项羽不同，刘邦还是一位"识时务者为俊杰"者，对智识强于自己的有用之人，包括一向反感的儒生，虽表现睥睨以排斥，而内心虚心接受之。

郦食其，陈留县高阳乡人，自幼喜读书，然而家境贫寒，人生落魄，衣食无着，无奈当了个看管里门的小吏。即便如此，县里的权贵和头面人物也不敢随意指使郦食其，人称他为"狂生"。

陈胜、项梁等反秦起义后，前后曾有几十位将军率军从高阳乡经过，郦食其打听到他们尽是些小里小气，喜好繁琐礼节，而且自以为是，听不进深谋大略的家伙，便躲起来不见这些人。后来，郦食其听说刘邦将要率军进攻陈留县城，并常常打听陈留有哪些贤能豪俊之士，遂为之心动。

当时，刘邦手下一个骑兵恰好是他管辖的这条里巷的人，等那个骑兵回家之时，郦食其登门入见，坦诚言道："我听说沛公这个人高傲，可是却很有些雄才大略，这正是我所乐意跟随的人，可惜没人为我介绍。你见沛公的时候，就跟他说'我乡里有个郦食其，六十多岁了，身高八尺，大家都管他叫狂生，可是他说自己并不狂'。"

这位骑兵看着郦食其一身装扮，解释说："沛公不喜欢儒生，他一见到那些戴着儒生帽子的人，就揪下他们的帽子往里面撒尿，和人们谈话时还常常破口大骂。你千万不要以儒生的身份去见他。"

郦食其不由分说，直言道："你只管照实说就是了。"于是，那位骑兵回军营后找机会和刘邦谈了郦食其的相关情况，刘邦遂派人去召郦食其进见。

当郦食其来到刘邦住处，刘邦正叉着双腿坐在床边让两个女子给他洗脚，没有搭理郦食其。郦食其对刘邦拱了拱手，不行跪拜礼，张口便问："您是想帮着秦朝来攻打诸侯呢？还是想率领诸侯军去攻打秦朝呢？"

刘邦见状骂道："贱儒！天下人都被秦朝害苦了，所以诸侯们才相继起兵攻秦，你怎么能说我帮助秦朝攻打诸侯呢？"

郦食其反诘："您要是真打算聚合义军灭掉强暴无道的秦朝，就不应该这么傲慢地对待年长的人。"

刘邦一听这话，赶紧擦脚，起身整理衣服，把郦食其请入上坐，并向他道歉。郦食其便大谈了一通战国时期六国合纵连横的局势，刘邦听了很中意，招待郦食其一起吃饭，借机问道："你对当前的局势有什么妙计呢？"

郦食其无所保留，直言快语："你从一帮没经过训练的民众中起事，收罗了一些散兵游勇，统共不到一万人，想凭这点儿兵马去和强大秦军硬打硬碰，简直是自投虎口。陈留县地处天下要冲，是个四通八达的地区，如今县城内正囤积着不少粮食。我和陈留县令关系不错，可以替你去劝他投降。如果他不听劝告，你就率军攻打县城，我来给你做内应。"

刘邦一听，大喜过望，派郦食其先行，自己则率军跟随其后，就这样顺利地拿下了陈留县城。郦食其遂被刘邦封为广野君。

定都，对一个新生的王朝来说，可谓头等大事，宫廷所在，枢机所系，诏令所出，天下是瞻。是以"卜都定鼎，计及万世，必相天下之势而厚集之。"（徐元文《〈历代宅京记〉序》）多有传世之龟鉴，人主不可不察。

公元前206年，项羽引兵西进，踏入大秦帝国心脏之地——咸阳，自雍门以东沿泾水、渭水之畔迤逦绵亘的巍峨宫殿、凤楼琼阁，在"楚人一炬"怒火中熊熊燃烧了三个月，化作一片"可怜焦土"！

大肆烧杀之后，项羽带着掳掠大秦帝都的所有财宝和妇女，准备移师东归。有人前来劝驾，进言："关中乃四塞险要之地，周围有高山大河为屏障,土地肥沃物产富饶,在此地建都真可以称霸天下。"项羽不屑听闻,心驰神往于自我满足的天地:"富贵不归乡,如衣锦夜行,谁能看得见呀!"

规劝项羽的人不禁感叹道:"人言楚人沐猴而冠,果然。"(人们都说楚国人目光短浅,就像一只猕猴,即使带上帽子,也成不了人,看来果真如此。)项羽耳闻这句话,当即把他抓起来,扔进汤锅烹死。其人虽然因言获罪,亦可见项羽为人的愚莽任性、心胸狭隘。

荣归故里,项羽自封为西楚霸王,定都彭城。

彭城,今日之徐州。三国时期,曹操迁徐州刺史部于彭城,始称徐州,此乃四战之地,自古兵家必争,一马平川,无雄关要隘之山河险峻可以据守。楚汉相争之际,田荣自立齐王,项羽亲率大军攻齐,刘邦乘机偷袭彭城,一夕占领。仅此一事,即可知项羽因定都方略的失误,而难守西楚霸王之帝业。这正是清代史学家顾祖禹《读史方舆纪要》一语中的之论:"山川险易,古今用兵战守攻取之宜,兴亡得失成败之迹"。

巧合的是,刘邦定都之选也遇到了他人的规劝,而结果与项羽相去迥然。

公元前202年,刘邦平定天下,定都洛阳。一日,齐国人娄敬求见,刘邦召见赐食,然后问有何见教。

初次谋面,娄敬试探着问刘邦:"你现在建都洛阳,是打算建立一个像周王朝那样兴盛长久的国家吗?"

刘邦坦诚答复:"是的。"

娄敬认为不可。他为刘邦细作分析:"你夺取天下的方式与周朝是不同的。周朝的祖先被尧从后稷封在邰地,十几辈人行善积德,人心思服。待到周武王伐纣时,事先并没有约定,竟然有八百诸侯前往孟津会师。于是,周武王得以灭掉殷朝。待到周成王即位,有周公等人辅弼,在洛邑建造了东都——成周王城。周朝的统治者认为,洛邑是天下的中心,各地诸侯从四方前来朝贡,路途的远近都差不多。而且,行德政的人在这里容易称王,不行德政的统治者在这里也容易灭亡。结果在周朝兴盛的时候,天下诸侯百姓无不倾慕周王朝的道德仁义,四方宾服,纷来朝贡。如今你从沛县丰邑起事,收罗了三千士卒,带着他们长驱直入,席卷蜀汉,平定三秦,与项羽争战荥阳、成皋,大仗、小仗一百多场,使得天下百姓肝脑涂地,死者无数,而你却想和周朝的成康盛世相媲美,我看你是无论如何也比不上的。关中自古帝王州,东有黄河之险,四周群山环绕,一旦起兵,百万之众轻易可得。你应该占据秦国旧有的这一地盘,利用其地丰美富饶的物产,那可是人们所说的天府之地啊。如果你能在关中建都,那么,即使日后东方有乱,关中也为你所有,这就等于是掐住了天下的脖子,并在天下各国的背后实施打击。"

其后,刘邦征询第一谋士张良的意见。张良明确表态,赞同娄敬的提议。刘邦当即迁都关中,驻跸栎阳,令萧何在咸阳附近营建长乐宫、未央宫。

人之好我,以其嘉禾。坐定长安,刘邦心感怀之:"最早提议建都关中的是娄敬,'娄'者,'刘'也。"随即赐娄敬皇族之姓刘,同时任命他为郎中,称其为奉春君。

天下既定,长乐宫尚未建成。彼时的刘邦,虽贵为一国皇帝,御览天下,却找不到做皇帝何以尊贵的感觉,甚至不胜其烦。这还得从事情的源头说起。

赵翼《廿二史札记》特辟《汉初布衣将相之局》一章,其中析述:

使秦皇当日发政施仁,与民休息,则祸乱不兴;下虽无世禄之臣,而上犹是继体之主也。惟其威虐毒痛,人人思乱,四海鼎沸,草泽竞奋。于是汉祖以匹夫起事,角群雄而定一尊;其君既起自布衣,其臣亦自多亡命无赖之徒,立功以取将相。

正是这帮为刘邦打下天下的"亡命无赖之徒",令刘邦头痛不已。汉高祖五年(公元前202年),刘邦统一天下,各路诸侯将帅拥立刘邦当了皇帝。起初,一有什么宴饮聚会,大臣武将便酗酒争功,狂呼乱叫,甚至拔剑击柱,丑态百出,不成体统。刘邦对此非常讨厌,却又无可奈何。

这时,侥幸躲过前秦"焚书坑儒"遗祸的儒生叔孙通走上了历史前台。

叔孙通,齐国薛县人,性情油滑,机变多谋,不似传统儒生一般的质雅严谨。秦始皇时代,曾以儒术被招进朝廷,做待诏博士。汉高祖二年(公元前205年),刘邦率领各路诸侯攻入彭城,叔孙通前往投靠。初见刘邦时,叔孙通穿着一套儒生的服装,刘邦瞧着很反感。而当刘邦再次见到叔孙通时,他已变了一种模样,改穿短衣服,一副楚人的打扮,刘邦一看就乐了。于是，刘邦也让叔孙通当了博士，赐号稷嗣君。

出入宫廷，目睹群臣宴饮闹剧，叔孙通看透了刘邦的心理，便来说服刘邦："儒生嘛，虽然没有勇力攻城占地，但他们却可以帮着你安守天下。请准许我去鲁地找一些儒生，让他们和我的弟子给你制定一套朝廷上使用的礼仪。"刘邦将信将疑，答应一试。

这位叔孙通老夫子也当真有些能耐，带着他从鲁地所找的三十多名儒生，加上刘邦身边旧有的书生以及自己的弟子，共一百多人，在野外拉起绳子，立起草人，前后训练了一个多月。待到汉高祖七年（公元前200年），长乐宫建成时，诸侯群臣皆来参加十月朝会，正式的宫廷朝觐、宴会的仪式次第演进。

天色微明，谒者引领诸侯群臣按次序进入殿门。廷殿里排列着保卫宫廷的骑兵和步兵，陈列着各种兵器，插着各种旗帜。这时有人喊了一声"趋"，于是殿下的郎中们都站到了台阶的两旁，台阶上站着数百人。功臣、列侯、将军以及其他军官都依次站在西边，面朝东；丞相以下的各类文官都依次站在东边，面朝西。大行人设立了九个傧相，专门负责上下传呼。最后皇帝的车子从后宫出来了，侍从百官持旗传达警示，然后引导诸侯王以下直到六百石的官吏依次向皇帝朝贺。所有的王公官吏无不诚惶诚恐，肃然起敬。群臣行礼完毕，再遵循礼法摆上酒宴。那些大殿上的人皆叩首伏地，一个个按着爵位的高低依次起身给刘邦敬酒祝贺。待酒过九巡，谒者传出命令说"停止"。如有哪一个人举止不合礼法，负责监察的御史便会立刻把他拉出去。整场朝会自始至终没有一个人胆敢喧哗失礼。

人生至尊若此，刘邦大喜过望，心满意足地感叹："吾乃今日知为皇帝之贵也！"

汉高祖八年（公元前199年），未央宫初具规模，东北两个方位，阙门宽广，殿宇高敞壮观，前殿尤其崇闳壮丽；武库、太仓，分造殿旁，也是规模宏大。萧何请来刘邦御驾巡视。刘邦巡游未毕，便勃然发怒，训斥萧何："天下汹汹苦战这么多年，成败还未见分晓，你为什么建这般豪华奢侈的宫殿？"

萧何坦然作答："正是因为天下尚未安定，才可以因势利导把宫殿建成。再说，天子以四海为家，没有壮丽的宫殿就没有庄重的威严，而且我这样大兴土木，也是为了以后子孙们就不用再造了。"

刘邦一听，顿作和颜悦色，敕令在未央宫四周添筑城垣，围成京都，号为长安。

皇宫竣成，皇位坐稳，当思治国之良策。而这，又非马上英雄刘邦之所长。于是，汉初再次上演了一幕有些滑稽但又有更多真诚的政治喜剧。

陆贾，楚国人，曾以宾客的身份跟随刘邦平定天下，以擅长论辩而闻名。陆贾向刘邦进言时，常常引用《诗》《书》中的词句。有一次刘邦听得不耐烦了，张口骂道："老子我是在马上夺得天下的，要《诗》《书》干什么？"

陆贾一脸正色，反问刘邦："你在马上得天下，难道还能在马上治理天下吗？商汤、周武王虽然是凭借武力夺得天下的，但是治理天下却依靠顺应民心的仁义政策。所以说，只有文武兼施，才是国家长治久安的良策。当初，吴王夫差、智伯是因为穷兵黩武而导致了灭亡；秦朝由于只重严刑苛法而不知变革，因而很快就亡国了。假如当初秦朝统一天下之后实行仁义礼制，效法先王之道，陛下你今天还能取得天下吗？"

听了陆贾这番话，刘邦面露惭愧之色，便虚心向陆贾建议："你给我写一部书吧，谈一谈秦朝为什么会丧失天下，而我为什么能赢得天下，还有历代各国成败的经验教训。"

陆贾退而著书，概述历代王朝国家存亡的原因，撰写书简十二篇，写成一篇，便进献给刘邦看。刘邦每读一篇，无不为之叫好，左右群臣也跟着山呼"万岁"。刘邦称陆贾这部书为《新语》。

汉初刘邦把除秦苛法、与民休息作为施政的指导方针，实行免租税、免徭役、十五税一等轻徭薄赋政策。这么做的一个深刻原因，是君臣重视总结秦朝及历代兴亡的教训。书生本色的陆贾，于此功莫大焉。

与民同乐，仁者无敌，是儒家提倡的最理想的政治状态之一。公元前318年，作为圣人孔子之后影响最大的儒家代表人物，孟子对齐宣王阐述"王道"与"霸道"之不同，成为中国古代社会衡量一位帝王是仁君抑或暴君的基本准则。在《孟子·公孙丑上》篇，孟子阐述道：

打着仁义的招牌拥有雄厚军事实力的人可以称霸，称霸必须依靠强大的国力。以品德高尚、施行仁政成为天下王者，统一天下不必仗恃国力的强大。商汤只用方圆七十里土地，周文王只用方圆百里土地，就使天下归服。以武力征服别人，被征服的人并不真心服气，只是力量不足；以德行征服别人，被征服的人才会心悦诚服，就像七十二位学生顺服孔子那样。《诗经》说："从西到东，从南到北，无不心悦诚服。"说的就是这个意思。

自登基称帝之后，受儒学仁风的感化，草民习气深重的刘邦逐渐从一个草野英雄转变为天下臣民拥戴的一代英主——汉高祖。由此，汉高祖十二年（公元前 195 年），刘邦击败英布，归途中路过沛县时，出现了感人的一幕：

置酒沛宫，悉召故人父老子弟纵酒，发沛中儿得百二十人，教之歌。酒酣，高祖击筑，自为歌词曰："大风起兮云飞扬，威加海内兮归故乡，安得猛士兮守四方！"令儿皆和习之。高祖乃起舞，慷慨伤怀，泣数行下。（《史记·高祖本纪》）

当其时，感慨泣泪的刘邦对沛县父老们说："游子思故乡。今天，我虽然建都在关中长安，但我百年之后魂魄还是会思念沛县的。再说我是以沛县县令身份起家讨伐暴逆，遂能夺得天下的，我要以沛县作为我的汤沐邑，免除县里人们的劳役，并且以后沛县人世世代代都不纳税。"

沛县父老、亲朋听罢，欢呼雀跃，欣喜若狂。他们与已是天下至尊的汉高祖刘邦围坐一起，无拘无束、欢天喜地谈笑了十来天。

欢聚的时光总是过得很快，刘邦要告辞回长安了，沛县父老执意挽留他再住几天。刘邦诚恳答谢："我部下人多，你们供应不起。"随后起驾上路。沛县的民众倾城而出，纷纷聚集到城西，箪食壶浆，进献给刘邦和他的部下。刘邦见此情景亦感动不已，御驾回转，又与沛县百姓一起畅饮了三天。

沐浴着皇恩浩荡，纯朴的沛县父老们心里还惦念着他们受苦的乡邻，向刘邦提了一个请求："沛县得到免税了，但丰邑还没有豁免，请您可怜那里的乡亲，把他们的税也免掉吧！"刘邦却愤愤不平地说道："丰邑本是我的出生之地，我绝不会忘记它。我所恨的是当年丰邑的人们居然跟着雍齿投靠魏人而反叛我。"沛县父老兄弟不愿放弃，再三恳求，刘邦一显仁厚宅心，当即下旨豁免丰邑的劳役，让它享受和沛县一样的待遇。

想想此前那位动辄杀戮、横征暴敛、奴役天下的秦始皇；想想后来那位只因苏州是张士诚的大本营，夺得天下后对苏州严惩不贷，其赋税是天下各州两倍的朱元璋；再想想刘邦与民同乐、施仁布义的故乡之行，始知汉家社稷长久非偶然。所以，赵翼《廿二史劄记》总结西汉王朝统治经验，评语颇为中肯：

汉自高（汉高祖）、惠（汉孝惠帝）以后，贤圣之君六七作，深仁厚泽被于人者深。即元、成、哀三帝稍劣，亦绝无虐民之政。只以运祚中衰，国统频绝，故王莽得乘便窃位。班彪所谓危自上起，伤不及下，故虽时代改易而民心未去，加以莽政愈虐，则思汉之心益坚。……郑兴说更始（帝）曰："天下同苦王氏虐政，而思高祖之旧德。"……历观诸说，可见当日之民心也。故群雄之起兵者，无不以刘氏举号。

是以光武（刘秀）得天下之易，起兵不三年遂登帝位，古未有如此之速者，因民心之所愿，故易为力也。

在陈寿所著《三国志》中，诸葛亮隆中对夸赞刘备"将军既帝室之胄，信义属于四海"的话，也并非空穴来风、虚美之词。

读史十记

抑百家而定一尊：汉家"大一统"思想的确立

哲人说：思路决定出路，思想影响历史。从中华古代文明史看，中国社会学界的思想探索在春秋战国时代就已攀上了高峰。百家争鸣，就是这一思想高峰的辉煌映现。

所谓百家，言其流派之多，而以儒、墨、道、法四家为主。其中，法、儒两家先后登上政治舞台，对中国历史走向影响巨大；道、墨两家各具擅长，旁敲侧击，影响亦不可小觑。惟墨家于战国时代号为显学，徒众广布天下，其后却随着秦汉统一王朝的确立而声势渐衰。如此一来，影响中国历史的思想流派，实则只有法、儒、道三家，中国封建王朝历代统治者的治国方略，亦多选择其中一家或杂糅三家思想而实践之。

先看法家。

一部春秋战国史，真正的政治舞台属于法家，其所谓得势者法家也。而在治国、强国成效方面，也以法家最为显著。

法家的开创人物，据称是齐桓公时代的管仲。春秋时代，这位管仲是一位非常了得的人物。"任政于齐，齐桓公以霸，九合诸侯，一匡天下，管仲之谋也。"《史记·管晏列传》的介绍，有助于我们了解这位法家先驱：

管仲在齐国当了丞相后，凭借齐国这片地处东海之滨的偏僻国土，发展商业，积累钱财，实现了富国强兵。他在制定治国之策时特别注重适应当时的社会时俗，曾明确地提出："仓库里的财物充实了，人们才有条件去讲求礼节；衣食饱暖了，人们才知道什么是荣誉和耻辱。国君的日常生活符合法度，王室亲族才能紧密依靠在他身边。礼、义、廉、耻这四项准绳如果不能很好地倡导，国家就会灭亡。国家的各种法令都应该像有源之水，符合民众的心愿。"因为管仲的论述贴近实际，不显高深，所以方便易行。当时的国人喜欢什么，管仲就提倡什么；人们讨厌什么，他就废除什么。他施政的诀窍，是善于因势利导，把坏事变成好事，把失败转为成功。他很注意掂量关系的轻重，慎重地权衡国家的利益。

周谷城所著《中国政治史》，对司马迁笔下的这段文字阐发精微，可资垂鉴：

这里所谓"通货，积财，富国"，当是经济方面的新政；所谓"强兵"，当是军事方面的新政；所谓"与俗同好恶"，当是政治方面的新政；所谓"贵轻重，慎权衡"，当是法律方面的新政。合而言之，实为一种法治主义。管仲相齐，厉行法治主义，是很合时代需要的。当时齐国因地处东海之滨，天然环境与其他各国不同，经济情形亦较他国为进步。在进步的经济情形之下，都市生活已很发达，生产方式已有变化，故因势利导，厉行法治主义，便能收富强之效。管仲的法治，有两要点须注意的：1. 立法，权操君主一人之手；2. 守法，为上下共有之事。立法之权操于君主一人，自然与今日民主立宪国家的法治不一样；守法为上下共有之事，则颇平等，较那毫无固定性质及明确范围的礼治实强多了。

到了战国时代，法家人物李悝在魏国变法，商鞅在秦国变法，均对管仲的法治思想进行了发扬光大，成效显著。战国初期的魏国强大一时，而秦国之所以能后来居上，消灭六国，统一天下，根本原因在于商鞅变法成功，国富兵强，压倒六国。虽然变法成功后秦国的严刑峻法、不施仁义为世人所病诟，大秦帝国亦因此兴亡倏忽，但法家倡导的变法图强之道，自是其他各家非比的优势所在。

再看儒家。

儒家思想的开创和治国理念的实践，最早可以追溯到西周初年。周公旦秉持"仁义道德"思维定式，修宗法，制礼乐，首创华夏礼仪之邦。进入春秋时代，孔子学究"六经"，淹贯古今，开私塾之先河，游春秋之列国，儒学日隆，再经战国时代孟子阐发宏旨、滔滔宏辩，儒家虽不得志于执政治国，但影响所及，势压诸子流派之气焰风头。

在我看来，孟子对儒学最大的贡献，是他为中国封建社会设计了一幅并非"桃花源"式的政治理想蓝图。

历史上，孟子以"亚圣"著称，地位仅次于孔子，与孔子并称"孔孟"。其弟子整理《孟子》七章，荣登儒家经典"十三经"之列，影响力远播海外。威尔·杜兰特所著《世界文明史》评价道：

直到清朝被推翻时，孟子一直是中国的一位英雄，在中国正统的哲学史中，其影响力和地位仅次于孔子。而孔子也正因为有孟子和朱熹这两大门徒，才使得儒学在中国居于领导地位达 2000 年之久。

就个人来说，孟子当真是中国的英雄，甚至有"古今第一奇男子"之赞誉。这不是因为孟子是"亚圣"（当然，也没有因为孔子是"至圣"而将他如此赞誉）的缘故，而是因为孟子的言行堪负其实。

"将大有为之君，必有不召之臣。"君临天下，主宰万物，除了"天子呼来不上船，自称臣是酒中仙"的李白，复何人安敢出以孟子这般旷世豪言？

"五百年必有王者兴，其间必有名世者……如欲平治天下，当今之世，舍我其谁也？"雄词瑰论，卓绝于世，古今孟子一人而已。

"居天下之广居，立天下之正位，行天下之大道；得志，与民由之；不得志，独行其道。富贵不能淫，贫贱不能移，威武不能屈，此之谓大丈夫。"身体力行，矢志不渝，孟子之为人，岂不为顶天立地一伟丈夫！

做人当如此，从政当如何？尤其是做想要一统天下的君主又该如何呢？

孟子所处的时代，公元前四世纪下半叶，天下大势已定，战国号称七雄，但随着各国实力此消彼长，真正能主宰大局，有望称霸天下，继而统一天下的，惟有秦、齐两国，这也是秦称西帝、齐称东帝的原因所在。而对于一位想要实现其政治理想和生平抱负的人来说，重大机会亦惟在秦、齐两国。

孟子曾两赴齐国。第一次在齐威王年间，很不得志，连齐威王赠送的"兼金一百"镒都没有接受，就离开了齐国。齐宣王二年（公元前 318 年），孟子再游齐国，受到齐宣王礼遇，待如国师，多方请教。当然，齐宣王最感兴趣的还是在齐国如何重现齐桓公那样煊赫的春秋霸业。所以，一见到孟子，齐宣王便急不可待地发问："你能给我讲述齐桓公、晋文公在春秋时代是怎样称霸的吗？"

孟子对"称王"还是"称霸"作出辩证阐述："以力假仁者霸，以德行仁者王"，然后阐发如何达到无敌于天下的路径：

尊重有德行的人，让有识之士都有施展他们才能、抱负的机会，那么天下的士人无不欢欣鼓舞，愿意出朝为官。市场上提供免费的仓库，依法收购滞销货物而不让其积压,那么天下的商人都会高兴,愿意把货物存放在市场上了。关卡上只稽查而不征税,那么天下的旅客都会高兴,愿意从那里经过。对种庄稼的人,只按井田制让他们助耕公田而不再收税,那么天下的农民都会高兴,愿意在那片原野上耕作了。对居民聚集区,没有额外的雇役钱和杂税,那么天下的民众都会高兴,愿意在那儿落户了。真正能做到这五项,那么邻国的民众就会像对待父母一样地仰慕他。率领自己的子弟,攻打自己的父母,自有人类以来,没有能够成功的。这样,就会无敌于天下。天下无敌的人,是代表上天管理人民的官员。这样的人没有不称王称天道的。

对于孟子这番仁者无敌之术,齐宣王似乎听不大明白。他态度诚恳地请教:"我脑子不好使,对你讲的道理不能有进一步的体会,希望你辅助我达到目的,明明白白地教导我。我虽然无能,但可以按你说的试一试。"

见齐宣王如此不耻下问、虚心求教,孟子又将自己心中封建农耕时代理想社会的蓝图和盘托出:

没有固定收入却有固定的道德观念和行为准则,只有士人才能够做到。至于一般人,如果没有固定的产业收入,也就没有固定的道德观念和行为准则。所以,英明的君主规定人们的产业,一定要使他们上足以赡养父母,下足以扶养妻子儿女;好年成,丰衣足食;坏年成,也不致于饿死。然后再去教导百姓走正路,百姓就甘心听从他的命令了。如果你要施仁政,为什么不从根本入手呢?每家给他五亩土地的住宅,让他们在四周种植桑树,那么五十岁以上的人就可以有丝绸袄穿了。对于鸡、狗和猪这类家畜,都有力量和时间去饲养和繁殖,那么七十岁以上的人就有肉可吃了。一家给他一百亩田地,并且不去妨碍他的生产,就能解决八口之家的温饱问题。办好各级学校,反复地用孝顺父母、敬爱兄长的大道理来开导他们,那么须发花白的人就不致头顶背负着物件在路上行走了。老年人个个衣锦食肉,百姓不用忍冻受饿,这样天下没人不来归服你。

不过,齐宣王对孟子的这幅美好蓝图并不感兴趣。终数年在齐国的人生逆旅,孟子无非滔滔宏论逞口舌之辩而已,余则毫无建树。

今天,我们客观地审视孟子的政治观点、社会主张,不难看出这些言论无疑是在政治思想领域对孔子学说的补充和超越。

历史风云聚散，人间几度春秋。西汉王朝的建立，给儒家实现自己的治国理想创造了历史性的机遇。叔孙通为汉高祖刘邦制定了一套礼仪制度，被封为太常，跟随他的弟子也都被优先封官，时人为之感慨：齐威王、宣王时代著称于世的儒学又要兴旺起来了。

然而，世事反复。随后的汉孝惠帝、吕后时代，政乱迭起，朝廷多是些行伍出身的有功之臣和外戚权贵，奢谈礼数，岂非自讨无趣？到了汉文帝时代，才偶尔招用几个贾谊之类的儒学之士，不过装点门楣而已，"可怜夜半虚前席，不问苍生问鬼神"。汉景帝时代，其母窦太后则喜好老子学说、黄老之术，因而朝廷上尽管配备几位儒学出身的博士官，也只是等待征询而已，没有几位是因为儒士的缘故而蒙受奖掖、拔擢。

也正是在后世赞颂不绝的文景之治时代，最讲究"师道尊严"脸面的儒家却遭受了一次极大的羞辱。

辕固，齐国人，以研究《诗经》获得声誉，被汉景帝任命为博士。一次，窦太后召见辕固，询问《老子》书中问题。辕固颇为不屑，答复："那只是一些平民百姓的谈资，何足挂齿！"窦太后闻之色变，反唇相讥："你从哪里可以见到秦始皇焚烧掉的儒家书呢？"

盛怒之下，窦太后干了一件令汉景帝和满朝廷臣大吃一惊的事，她命令辕固下到猪圈里去刺杀野猪。心地仁慈的汉景帝眼看着阻挡不了母后雌威，急中生智给了辕固一把锋利的尖刀，结果跳进污秽猪圈里的辕固一出手就刺中了猪的心脏，野猪当场毙命。一介文弱儒生也能无所畏惧，勇于击杀，窦太后大感意外，无话可说，只得放走辕固了事。

说到黄老之学，给人的感觉是有些玄虚，不似儒、法二家，脉络明晰，可得其详。其流派始于战国，成于秦汉之际，而盛于汉文帝、景帝之时，最初由稷下学宫的士子从老子学说发展出来，再由阴阳家邹衍之流的五行始终与道家的清静无为、天道观念、自然主义糅合而成，始有《道德经》传世。与儒墨言必称尧舜一样，道家抬出黄帝与老子并称，称为黄老之学。

司马迁之父司马谈撰著《论六家要旨》，对百家争鸣中主要流派——阴阳、儒、墨、名、法、道六家逐一评骘，而以道家评价为最高。其词曰：

道家使人精神专一，动合无形，足赡万物。其为术也，因阴阳之大顺，采儒墨之善，撮名法之要，与时迁移，应物变化，立俗施事，无所不宜，指约而易操，事少而功多。

但是，如果遵循黄老"无为而治"之术，放任自流，真的能成就社会、经济繁荣的文景之治吗？

且看文、景二帝所作所为。

公元前179年，汉文帝诏令群臣对百姓鳏寡孤独穷乏之人举行赈贷，又下诏规定各地抚慰老年人，发给布帛酒肉之物，地方官吏必须亲自阅视、送到。

公元前168年，汉文帝下诏派遣使者到各地慰问孝悌、力田、三老等乡官和廉吏；在春耕时节到京畿的"籍田"上举行亲耕仪式，向天下表示皇帝奖励力农；取消出入关卡用传制度，废弛山泽之禁，促进盐铁业发展。翌年，汉文帝下诏免收天下田租，前后共免收全国田租十三年。

汉景帝即位，继续实行薄赋劝农政策。

公元前156年，正月，汉景帝下诏准许民户由耕地缺少的地方迁到耕地有余、水利条件好的地方。五月，下令民半出田租，实行三十而税一，从此成为汉朝定制，比前朝十而税一的税负明显减轻。

公元前142年，汉景帝下诏不受郡国贡献锦绣等奢侈物品。翌年，诏令郡国务劝农桑，多种树，禁止官吏采办黄金珠玉，否则以盗窃论罪。

长期减免田租徭赋，使得天下户口繁息迅速。西汉初年，"大侯不过万家，小者五六百户"，到文景之世，"流民既归，户口亦息，列侯大者至三四万户，小者自倍，富厚如之"（《汉书·高惠高后孝文功臣表》序）；"吏安其官，民乐其业，蓄积岁增，户口增殖"，为汉武帝鼎盛局面的到来奠定了坚实的基础。

上举史料，多与《孟子·梁惠王上》中孟子阐述农耕时代理想社会的蓝图相契合。可见，在文景时代，道家黄老之术虽然已跻身为皇朝主流意识，但只是外焕其表，而内里实以儒家"王道""仁政"填充之。

世人还将看到，孟子的政治理想、社会蓝图，经汉、唐、宋等统一国家的实践，每每将其王朝命运延祚数百年之久，且在一定阶段将其推向太平盛世。

进入汉武帝时代，儒学再次兴盛，这虽然拜一代雄主——缔造西汉盛世的汉武大帝所赐,但是,一个从暴政的废墟上诞生的新王朝,在经历了初期百废待兴的恢复性发展之后,对制度和思想建设的双重需要便显得尤为重要。其时,公孙弘、董仲舒两位硕儒各擅其强的登场,改写了儒家乃至中国的历史。

在汉武帝时代,说到对《春秋》的研究,对儒学的造诣,公孙弘与一代宗师董仲舒相比逊色太多,然而在把握政治机遇方面却远超书生本色的董仲舒。并且,公孙弘以一次向汉武帝阐发"百年树人"的廷议中,将孔子提倡的"学而优则仕"理论转化为中国封建时代一项核心政治制度,发科举制之先声,而影响关乎两千年中华文明史。

公元前130年,汉武帝下诏令各郡国举荐文学之士,菑川国推举公孙弘。公孙弘在主管征辟的太常衙署的策文,深契汉武帝谋意。武帝降旨,"擢弘对为第一",拜为博士,待诏金马门。

身为学官,公孙弘深感国家制度不健全,而儒家之道又长期被遗弃,于是上书汉武帝,阐发宏旨,详明举措。

"皇上曾下诏令说,古代圣人认为引导民众应该用礼仪,移风易俗应该用音乐。婚姻,是一个家庭中最重要的伦理关系。现在,整个国家礼崩乐坏,这使我非常痛心,必须广泛地招纳那些品行端方学识渊博的人,把他们提拔到朝廷上来。要让主管礼仪的官吏们劝导人们读书上进,他们自己也要研讨学问,以掌握更多的知识,在振兴礼仪方面给天下带个好头。太常也要好好商量一下给博士设置弟子的问题,要开展乡里基层的教育工作,以培养更多的人才。

"遵照以上圣旨,我已经与太常孔臧、博士平等人商议。我等以为,根据夏、商、周三代的章程,每个乡里都要有一个教育场所,夏朝叫校,殷朝叫序,周朝叫庠。那时,为了表彰做好事的人,就把他们推荐到朝廷;为了惩治做坏事的人,就对他们处以刑罚。而教化得以推行,是从京都带头做起的,由里及外,逐步推广到普天之下。

"今天,皇上为了弘扬崇高的道德,开发人们的智慧,上配天地,下本人伦,奖励求学,兴修礼乐,开展教育,培养贤才,以此来号召天下,这的确是天下太平之根本。但是,由于古代的教育机构不甚完备,许多礼制也不甚具体,现在必须对旧有的学官进行一定增补。要为博士官设置五十个弟子，凡是入选者免除他们的赋税和劳役。这些人由太常从民间选择十八岁以上相貌端庄的人来充当。各郡国的县、道、邑中如有喜好儒学，尊敬长辈，遵纪守礼，友好睦邻，一言一行都能按照所学去做的，县令、国相、县长、县丞要把他们的名字上报给郡守，郡守认真考察认为合格的，让他们跟着计吏进京，到太常寺报到，而后就在那里上学，每到年终进行一次考试，能够通晓一门儒家功课的，就可以让他们去充当文学掌故了。如果发现其中有高才俊彦可以选做郎官，由太常提出名单。平时发现在才学方面出类拔萃者，太常应随时将名单上报朝廷。对于那些学不专注、天资愚钝或是未通晓儒家一门学术者，应及时裁汰，其推荐之地也要一道受罚。

"我感觉皇上所颁布的各种诏书律令，内容都很深奥，阐明了天人之间的关系，贯穿着古今变化的规律，文辞淳正，含义深远，施行起来，本该嘉善，但是下层的小吏们见识浅薄，不能深刻理解其中含义，没法透彻地上传下达。而且，治礼与掌故两种人员，都是负责管理儒学礼仪这类业务的，但他们的迁升却屡屡受到阻碍。现在，我请求选择一些官阶在二百石以上或是官阶在一百石以上而又能通晓一门儒家功课的人，让他们来给左右内史和大行人充当卒史。还要选择一些官阶在一百石以下的去给那些太守充当卒史：内地郡每郡两个人，边郡每郡一个人。先选用那些对儒学功课念得多的，如果人员不够，就选派一些掌故担任二千石的属下，选一些文学掌故担任郡守的属下，以凑齐建置。我请求把这几条写在选拔官吏的法令上，其他都依照旧的条文办。"

与此同时，董仲舒亦上书倡言礼仪教化，主张办太学，求贤养士，州郡举荐茂才孝廉，实行量材授官。

汉武帝赞曰："可！"御笔一挥，遂成天下法。从此，上到公卿大夫，下至县乡小吏，整个西汉官场文质彬彬的礼法之士就愈来愈多了。

再来看董仲舒。

如果说，制度是一个国家得以正常运行的保障，那么，思想则是一个民族得以凝聚的灵魂。进而言之，思想者，摄天地风云之变化，凝生灵万物之精神，倏忽而逝为感想，恒久而存为思想。既已成思想，则可以为一人、千万人行动之指导，一民族、一国家精神之粹集。

读史十记

在华夏统一国家、统一民族生成的秦汉之际，大一统思想的诞生，成为时代召唤。被东汉史学家班固评鹭为"西汉儒者的一代宗师"的董仲舒应运而生，成为封建统一王朝的思想缔造者。

那么，封建时代的中华大一统思想又是怎样生成的呢？

我们知道，思想的诞生不是无源之水，必依于人与物之环境而生成。对一个民族和国家而言，其思想亦必因循具体的环境——以其所处的天地自然环境而生之特征。

在古代中国，思想被哲人引申为"道"——所谓治国之道、学问之道、为人之道……不一而足。老子《道德经》关于"人法地，地法天，天法道，道法自然"的说法，即是从中国哲学层面概括了思想的源流、环境与本质。

东方哲学的"道法自然"，在西方学者黑格尔《历史哲学》里，又成了"历史的地理基础"。黑格尔认为：

助成民族精神（思想是精神的升华）的产生的那种自然的联系，就是地理的基础。每一个世界历史民族所寄托的特殊原则，同时在本身也形成它自然的特性。"精神"赋形于这种自然方式之内，容许它的各种特殊形态采取特殊的生存……这些自然的区别第一应该被看作是特殊的可能性，所说的民族精神便从这些可能性里滋生出来，"地理的基础"便是其中的一种可能性。我们所注重的，并不是要把各民族所占据的土地当作是一种外界的土地，而是要知道这地方的自然类型和生长在这土地上的人民的类型和性格有着密切的联系。这个性格正就是各民族在世界历史上出现和发生的方式和形式以及采取的地位。

什么是中国历史的地理基础？在此基础之上，由华夏民族演进而来的汉民族又可能形成怎样的民族精神，抑或说怎样的民族思想？

白寿彝总主编《中国通史》第一卷，就"历史发展的地理条件"详作析述：

中国地理条件，由于天然特点而自成一个自然地区。这个自然地区的环境是：北有大漠，西和西南是高山，东与南滨海；黄河、长江、珠江三大水系所流经的地区是地理条件最好的地区。在这个自然地区里，任何局部地区的特点、局部地区与局部地区之间的差异及其产生的种种社会结果，一般地说，都不能不受到这个整体所具有的统一性的约束。

中国地理条件的这个特点，在更大的程度上影响着历史上政治形势的发展：在绝大多数情况下，历史上的重大政治活动具有明显的内向性，这是因为一则四出受阻，一则为大河流域的先进的经济、文化所吸引。汉唐而下，有所谓"丝绸之路"；唐宋以降，航海事业也有所发展，但这对历史上政治局面一般不会产生多大的影响。

中国封建社会，从秦朝开始，"制天下为四十郡，其地则西临洮而北沙漠，东萦南带，皆临大海"（《通典·州郡典一》），直到后来的明、清两代，其政治统一的局面，都是对这一地域范围的继承和发展。

由此可见，中国地理条件之整体的统一性影响着历史上政治形势的发展，它有维系国家统一的一面。在中国历史上，虽然不只一次地出现过分裂割据状态，但统一毕竟是主要的趋势，这与中国地理条件的特点有极大的关系。

这样的地理条件，维系着中华民族中各个民族间的联系，如同维系着历史上长时期的政治统一局面一样，经久而不衰。这是因为：汉族聚居的黄河、长江中下游地区，由于其地理条件的优越，生产力的发展始终处于领先的地位，并在物质上、生产技术上和文化方面影响着周边的少数民族地区，因而形成了一种自然的凝聚力。这种建立在物质基础上的凝聚力，是不以人的主观意志为转移的；其次，在东、南濒海，北有沙漠，西和西南有高山的地理条件下，周边少数民族向内地发展比向外发展要容易得多，因而产生了一种自然的内向性。这种自然的内向性与上述自然的凝聚力的结合，成为维系中华民族各族之间联系的纽带。

先秦时代的华夏民族，对自己生存的地理环境——北有大漠，西和西南是高山，东与南滨海，已有宏观的认识，从而形成"四海之内"的概念，即"秦孝公据崤函之固，有……囊括四海之志，并吞八荒之心"。

四海之内，向心凝聚之趋势，必备大一统之思想，而后成中华文明之体系。现在，让我们走进汉武帝时代，走近董仲舒，看这位被当代史学家评价为承前启后、继往开来的思想家，是如何在俨如一个巨大的马蹄形的东亚大陆地理环境中俯仰天下，谋定中国封建王朝大一统思想基础的。

据《史记·儒林列传》记述，董仲舒是广川郡（今河北枣强县）人，以研究《春秋》著名，汉景帝时做了博士。董仲舒研究学问非常专心，"入不窥园",大约有三年时间没有进自家的小园里看看。董仲舒要求自己的行为举止一切都要符合礼仪,故而当时的读书人都以尊重和效法他为荣。东汉班固修《汉书·五行志》,也对这位前汉大儒颇为推崇:"景武之世,董仲舒治《公羊春秋》,始推阴阳,为儒者宗。"

在当代,冯友兰《中国哲学简史》更将董仲舒视作秦汉时代思想界的不二人选,称其为"汉帝国的理论家"。

作为影响历史的重要人物,在《汉书·武帝纪》中,董仲舒的出场本无神奇之处——汉武帝即位之后,举贤良文学之士,于是董仲舒"以贤良对策"(即"天人三策")上书汉武帝。

今天看来,汉武帝"深相契合,大加赞赏"的所谓"天人三策",实为董仲舒的应时之作,虽具综述古今、纵横捭阖之势,其观点一经推敲,多具主观臆断之嫌,而无立论严谨之实。惟其结语之论,卒彰显其志,"请武帝崇正黜邪,规定一尊",影响深远,可堪一读:

且臣闻《春秋》大一统者,天地之常经,古今之通谊也。今师异道,人异论,百家殊方,指意不同,是以上亡以持一统;法制数变,下不知所守。臣愚以为:诸不在六艺之科,孔子之术者,皆绝其道,勿使并进。邪僻之说灭息,然后统纪可一,而法度可明,民知所从失。(《汉书·董仲舒传》)

这就是中国古代政治思想史上重大嬗变——"罢黜百家,独尊儒术"的由来。

"罢黜百家,独尊儒术",统一了封建王朝的思想,而主导思想的确立还须哲学理论体系的支撑。

董仲舒虽为儒学一代宗师,学问冠于朝野,仕途却屡遭困顿,从未跻身朝廷中枢施展才学,还曾以"灾异"之说遭受主父偃谗言下狱论罪。公元前124年,公孙弘任丞相,董仲舒遭受其嫉妒陷害,出任胶西王相,不久推病辞职。他学问渊深博洽,而仕途坎坷,未如公孙弘显达,死后却倍极哀荣,董仲舒陵墓成为后进儒生的圣地。上至达官显贵,下至黎民百姓,无论骑马者、乘轿者,但凡经过董仲舒的墓前,无不"降尊纡贵"步行以示对这位儒学宗师的敬意,董仲舒的陵墓亦因此被称为"下马陵",洵是人间一段佳话。

退出官场，董仲舒益自发愤著述，"皆明经术之意，及上疏条数教，凡百二十三篇。而说《春秋》事得失，《闻举》《玉杯》《蕃露》《清明》《竹林》之属，复数十篇，十余万言，皆传于后世"，这些著作结集而成《春秋繁露》。

《春秋繁露》阐述重点之一为"天人感应"学说，是董仲舒的哲学基础。董仲舒认为，天是至高无上的人格神，不仅创造了万物，也创造了人。因此，天是有意志的，和人一样"有喜怒之气，哀乐之心"。人与天是相合的，是为"天人合一"，亦即"天人感应"。

细读《春秋繁露》，可知他推崇的是要天下人顺应大一统的天意，而汉朝的皇帝就是受命于天来统治天下的。因此，皇帝受命于天，各封国的王侯受命于皇帝，大臣受命于国君。在家庭关系上，子受命于父，妻受命于夫，如此一层层关系，都是按照天的意志来安排的。

以"天人感应"诠释"君权神授"之说，其实并没有多少新意，而董仲舒的创新之处在于，利用阴阳五行学说阐发所谓"天的意志"，进而形成了自己的思想体系。

中国道家认为，天为阳，地为阴，五行流转，相生相克。董仲舒认为五行是天道的表现，推论出东南西北中的方位和"木火土金水"五行及五德的关系——木主东方，尚青；火主南方，尚赤；金主西方，尚白；水主北方，尚黑；土居中央，尚黄，为五行之主。汉朝即为土德，尚黄色。进而，董仲舒将五行伦理化，"五行者，乃孝子忠臣之行也"。

在董仲舒看来，天的意志是"贵阳而贱阴"，而阳为天之德，阴为天之刑，因此，天"任德不任刑"。将这种阳尊阴卑的理论应用于社会，就是"君臣、父子、夫妇之义，皆取诸阴阳之道：君为阳，臣为阴，父为阳，子为阴，夫为阳，妻为阴"，从而推论出"三纲五常"的道德哲学。"三纲"即《礼纬·含文嘉》"君为臣纲，父为子纲，夫为妻纲"；"五常"：即"仁、义、礼、智、信"——由此，一个适应于相对稳定的农耕文明的上下有序、左右平衡的社会结构，有了形式和思想的规制。

应该说，董仲舒这套"三纲五常"理论对现实社会的治理有很强的针对性，因而得到自汉武帝以下封建统治阶层的高度认可，两千多年沿袭不衰，成为中国古代维护历代封建王朝统治秩序的不二法门。

封建统治者的另一诉求，是维护其统治的长久。对此，董仲舒依然有一套适应其需求的"权威"说辞。

董仲舒认为，"道"是源出于天的，"天不变，道亦不变"。就是说，"三纲五常""大一统"等维护统治秩序的"道"是永远不变的，即矛盾的对立双方是不转化的。

那么，如何解释现实中的皇位更替和历史上的改朝换代呢？董仲舒又提出了"谴告"与"改制"之说。

董仲舒认为，统治者为政有过失，天就会呈现灾害，以表示谴责和警告；如果还不知悔改，就产生怪异之象以惊骇世间；若是还不知畏惧，大祸就会临头了。这就是上天对人间的"谴告"，亦是对君权神授的一种变相解释。"改制"之说，即新即位的统治者表示接受天命之后，必须"徙居处、更称号、改正朔、易服色"，但其"大纲、人伦、道德、政治、教化、习俗、文义尽如故"，即"三纲五常"等没有改变，亦即他所说"王者有改制之名，无易道之实"——皇帝虽然更换了，而封建统治延续依旧。

是故，汉武帝对董仲舒的"思想贡献"一见倾心，当即在太学设立五经博士，"罢黜百家，独尊儒术"，确立儒学在大汉帝国思想文化领域的统治地位。自此，董仲舒的"天人感应"学说被确立为皇权天授的理论依据，"三纲五常"学说被确立为封建时代的道德规范。尽管在汉武帝时代的现实政治中法家的思想更受重视，但奉行的则是"外儒内法"之道——法家思想也要穿戴上儒家衣冠方能登台亮相。

到此为止，董仲舒完成了他作为"汉帝国的理论家"的历史使命。

甚至可以这样认为，自从董仲舒"三纲五常"理论诞生以后，中国两千多年封建时代才有了稳定的统治秩序和社会秩序。

董仲舒的天人宇宙图式，是把天时、物候、人体、政制、赏罚统统分门别类地列入一个异事而同形、异质而同构的五行图表中，组成一个相生相克的"宇宙—人事"的结构系统，并以之作为一统帝国行政的依据。

董仲舒的目的，主要是用这套宇宙论系统确定君主的专制权力和社会的统治秩序，并建立一套"政治—教育"的文官制度作为专制皇权的行政支柱。这个"儒士—官僚"的文官政教体系是中国历史上最为重要的体系，它与原始儒学建立在宗族血缘基础上的政教体制的不同是：把政治伦理统治建立在宇宙自然秩序的比附上，并扩大了社会的人情关系结构（除宗族、地域外，"门生""故旧"也盛极一时），将春秋战国时"横议""乱法"之游士重新纳入社会组织，从政治制度上落实了儒家"学而优则仕"的理想，而其根本目的是维护一统帝国的稳定。

大一统思想的提出与成熟，使封建王朝中央集权统治的合法性得以确立，但这并不意味着天下大事皆可以"按图索骥"，从此踏上一马平川的康庄大道。在汉武帝、汉宣帝时代，恰恰是一项独具特色的"汉家制度"，将西汉王朝推向太平盛世。

《汉书·元帝纪》记述了一段西汉王室掌故：

（太子刘奭）柔仁好儒。见宣帝所用多文法吏，以刑名绳下，大臣杨恽、盖宽饶等坐刺讥辞语为罪而诛，尝侍燕从容言："陛下持刑太深，宜用儒生。"宣帝作色道："汉家自有制度，本以王霸道杂之，奈何纯任德教，用周政乎！且俗儒不达时宜，好是古非今，使人眩于名实，不知所守，何足委任！"乃叹曰："乱我家者，太子也！"

这其实是汉宣帝对自汉武帝以来汉王朝统治政策"尊儒尚法"的总结。"霸"，指的是法家治国之道，用法术和权术进行统治；"王"，指的是儒家治国之道，用仁政思想进行统治。

在汉武帝之后，汉宣帝保持了西汉王朝的盛世，一个重要的原因是继续实行"尊儒尚法"治国政策，视"霸王道杂之"为必须遵循的"汉家制度"。

历史上，《汉书·元帝纪》记述的这段掌故，其结果亦如汉宣帝所预料——公元前49年，刘奭继立为汉元帝，当真未遵循"汉家制度"，治国惟用儒家之道，即位之初，下诏征举名儒王吉、贡禹，拜贡禹为谏议大夫，重用以经术闻名的萧望之、刘向等人，大批名儒受到提拔，进入朝堂。面对西汉王朝统治已近两百年，官僚腐败日甚一日的政治危局，儒士们津津乐道的诸如减刑宽政、不与民争利等宽弛政策，显得无力回天，汉家政权遂趋向衰落，直至王莽篡政，天下大乱。光武帝刘秀中兴汉室，却难以再现汉武帝、汉宣帝时代之盛世。

"汉家制度"的兴废，关乎一个强大王朝的盛衰，而西汉王朝在中国两千多年封建王朝史上又颇具代表性,这便不能不引起国人的重视。作为"汉家制度"的肇基者——汉武帝刘彻亦因统御天下长达五十四年之久(仅次于清朝康熙帝在位六十一年、乾隆帝在位六十年,列第三位),且以龙盘虎踞之势,文治武功震烁古今,成为中国封建帝王的典型代表。

武帝一生足风流，倜傥不乱汉宫闱

公元前130年，因《子虚赋》《上林赋》博得天子赏识，被封为郎官的蜀地才子司马相如再获汉武帝青睐，委任为中郎将，出使西南夷。

相如临戎别帝都，持旄拥节远横行。山花万朵迎征盖，川柳千条拂去旌。人生得意，莫过于衣锦还乡。岂料，一路迎来送往风光无限的司马相如抵临蜀郡，竟有"耆老大夫荐绅先生之徒二十有七人，俨然造焉"，规劝通西南夷对汉朝没有什么益处。这一回，以文赋见长的司马相如，舍去铺排夸张、繁词丽句，说出一段言简意赅的济世名言：

盖世必有非常之人，然后有非常之事；有非常之事，然后有非常之功。非常者，固常人之所异也。故曰非常之原，黎民惧焉；及臻厥成，天下晏如也。（《史记·司马相如列传》）

一曲《凤求凰》，美人夜私奔。家贫徒四壁，文君当酒垆。北阙岂无径，二赋誉帝京。建节返锦城，人生何荣哉！千金"长门赋"，万古遗芳声。翩翩秀士司马相如，亦堪称中华文明史上的非常之人。

然而，正如班固所言："公孙弘、卜式、兒宽皆以鸿渐之翼困于燕雀，远迹羊豕之间，非遇其时，焉能致此位乎？是时汉兴六十余载，海内乂安，府库充实，而四夷未宾，制度多阙，上方欲用文武，求之如弗及。"以司马相如之文才，当汉景帝之时，缘于家财做了武骑常侍，后因汉景帝不好辞赋，相如托病辞职，投奔梁孝王，客居数岁，待返归蜀地，家贫如洗，无以自立。若非遇大有为之君，《子虚赋》上达帝听，患有消渴症（糖尿病）的司马相如，虽得卓家百万浮财，但贫病潦倒，当为其人生归途，何来扬名世间之转运？是以非常之人，遇非常之时，然后立非常之功。

如所周知，唐太宗以善于纳谏名垂青史，汉武帝也有容人纳谏的典范故事。

汲黯，汉武帝时代第一诤臣贤吏，其祖先受卫国君主恩宠，世代在朝中荣任卿大夫之职。汉景帝时，汲黯为太子洗马，严正而被人敬畏。汉武帝继位，任命汲黯做谒者之官。河内郡发生火灾，绵延烧及一千余户人家，汉武帝派他去视察。汲黯返京报告说："那只是普通人家不慎失火，由于住房密集，火势便蔓延开去，不必多忧。我路过河南郡时，眼见当地贫民饱受水旱灾害之苦，灾民多达万余家，有的竟父子相食，我趁便凭所持的符节下令发放了河南郡官仓的储粮，赈济当地灾民。现在我缴还符节，承受假传圣旨的罪责。"汉武帝认为汲黯贤良，免其无罪，调任荥阳县令，汲黯却觉得自己堪负大任，县令太小，当之耻辱，便称病辞官还乡。汉武帝闻讯，征辟汲黯为中大夫。

由于屡次向皇上直言诤谏，汲黯不得久留朝中，被外放任东海郡太守。汲黯一直崇仰道家学说，治理郡务力求无为而治，弘其大要而不拘守法令条文，不苛求小节，把治理官府和处理民事都交付给自己挑选出的郡丞和书史去办理。汲黯体弱多病，经常躺在卧室内休息，为官逾一年，东海郡政通人和，大得郡民称赞。政声传誉朝廷，汉武帝召汲黯回京，任主爵都尉，比照九卿的待遇。

作为汉武帝时代第一诤臣，汲黯的事迹当然不止于寻常琐屑的贤德政声。

在《史记·汲郑列传》中，司马迁记述了汲黯四次犯颜汉武帝，三次斥骂丞相公孙弘和御史大夫张汤，言辞都尖锐无情，群臣为之震恐、责怨。公孙弘、张汤对汲黯恨之入骨。汉武帝在私下里也曾责骂汲黯，甚至起过杀心，但又不得不承认他是"社稷臣"，虽宦海沉浮而无生死之虞。

如此一身浩然正气、无所畏惧的人物，自然赢得"千古第一史家"司马迁的敬佩、倾心。牛运震《史记评注》对此的分析精准到位："汲黯乃太史公最得意人，故特出色写之。当其时，势焰横赫如田蚡，阿谀固宠怀诈饰智如公孙弘、张汤等，皆太史公所深嫉痛恶而不忍见者，故于灌夫骂坐，汲黯面诋弘、汤之事，皆津津道之，如不容口，此太史公胸中垒块借此一发者也。"

于是，自《史记·汲郑列传》为发端，汲黯以铁骨铮铮、刚正不阿的形象垂传中华丹青史册。

这时，汉武帝正在招揽文学之士和崇奉儒学的儒生，说我想要如何如何，汲黯便答道："陛下心里欲望很多，只在表面上施行仁义，怎么能真正仿效唐尧虞舜的政绩呢！"汉武帝沉默不语，心中恼怒，脸一变就罢朝了，公卿大臣都为汲黯惊恐担心。汉武帝退朝后，对身边的近臣说："太过分了，汲黯太愚直！"群臣中有人责怪汲黯，汲黯却说："天子设置公卿百官这些辅佐之臣，难道是让他们一味屈从取容，阿谀奉迎，将君主陷于违背正道的窘境吗？何况我已身居九卿之位，纵然爱惜自己的生命，但要是损害了朝廷大事，那可怎么办！"

汲黯多病，抱病将满三月之久，汉武帝多次恩准他休假养病，他的病体却始终不愈。最后一次汲黯病得很厉害，庄助替他请假，汉武帝问道："汲黯这个人怎么样？"庄助回答："让汲黯当官执事，没有过人之处。然而他能辅佐年少的君主，坚守已成的事业，以利诱之他不会来，以威驱之他不会去，即使有人自称像孟贲、夏育一样勇武非常，也不能撼夺他的志节。"汉武帝颇为赞同，肯定道："是的。古代有所谓安邦保国的社稷忠臣，汲黯就很近似他们了。"

大将军卫青入侍宫中，汉武帝曾蹲在厕所内接见他。丞相公孙弘平时有事求见，汉武帝有时连帽子也不戴。而汲黯进见时，汉武帝不戴好冠冕是不会接见他的。汉武帝曾经坐在威严的武帐中，适逢汲黯前来启奏公事，因为没戴上冕旒，望见他就连忙躲避到帐内，派近侍代为批准他的奏议。可见汲黯被汉武帝尊敬礼遇到了什么程度。

关于立储问题，武帝执政后期的"巫蛊之祸"则尤为惨烈。皇后卫子夫投缳毕命，太子刘据兵败闭户自缢，卫氏家族悉数坐罪，太子妃妾一并自尽，东宫属吏，随同太子起兵，并皆族诛。此案绵延数月，牵连人众甚广，前后被杀之人达数万之多。彼汉武大帝，殊非桀纣之类暴君，而触发如此惨烈的宫室血案，亦堪称旷古奇闻。

如果仅从"纳谏""立储"两方面察看，这位汉武大帝似乎并非人杰，亦无甚过人之处，与中国历史上为数不多的伟大帝王相比，似乎犹不及也。

不过，阅读了更多的西汉故事，我对以"秦皇汉武"并称而褒贬不一的汉武大帝开始钦佩有加——这是一位性格鲜明的人，爱恨情仇，率性而为；侠骨柔情，理性未泯，故其人风流，不乱宫闱，历数古代帝王，一人而已。

应该看到，在皇权专制的古代社会，耽于女色，荒淫无道，导致亡国丧身，是夏桀、商纣王之类昏君的共性。后来历代众多帝王虽然不若桀、纣二人恶名昭著，但荒淫误国如陈叔宝、李煜之流，亦不乏其人。

《孟子·梁惠王下》中有一段生动对话，译作白话如下：

孟子适齐，规劝齐宣王实行王政。齐宣王推辞说："我有一个毛病，喜欢女人，实行起王政来，怕有困难吧！"

孟子对答："从前周太王也喜欢女人，非常疼爱他的妃子。《诗经》云：'古公亶父清晨骑着马，沿西边的漆水河岸，跑到岐山下，还带着他的妻子姜氏一起视察这里的住处。'在那个时代，没有找不到丈夫的女人，也没有找不到妻子的单身汉。你若是喜爱女人，也让百姓能享受夫妻之乐，又怎么会影响你实行一统天下的王政呢？"

下迄北宋年代，司马光著《资治通鉴》，引申春秋、秦汉王族皇室之故事，发为借古喻今之政论：

昔日鲁哀公有言："寡人生于深宫之中，长于妇人之手，未尝知忧，未尝知惧。"信哉斯言也，虽欲不危亡，不可得已！是故古人以宴安为鸩毒，无德而富贵谓之不幸。汉兴，至于孝平（帝），诸侯王以百数，率多骄淫失道。何则？沈溺放恣之中，居势使然也。自凡人犹系于习俗，而况哀公之伦乎！

在东方专制政体下，绵延不绝的骄淫失道之社会现象，用西方政治学家阿克顿勋爵的话讲，即"绝对权力导致绝对腐败"。

自刘邦创立汉家王朝，历经四代帝王承平之世，"生于深宫之中，长于妇人之手"且掌控绝对权力的汉武帝，亦不能免俗。始以"金屋藏娇"发蒙，少年登基，古稀驾鹤，一生倜傥风流，好色非常，虽冷酷，亦有情，终理智，千古宫闱艳史，彰显于汉武大帝，可观、可感、可叹！

《汉武故事》讲述了一个流传甚广的"金屋藏娇"的故事：

帝以乙酉年七月七日生于猗兰殿。年四岁，立为胶东王。数岁，长公主嫖抱置膝上，问曰："儿欲得妇不？"胶东王曰："欲得妇。"长公主指左右长御百余人，皆云不用。末指其女问曰："阿娇好不？"于是乃笑对曰："好！若得阿娇作妇，当作金屋贮之也。"

以此观之，尚为稚童的皇子刘彻，即已食色知性，如后世"天生情种"

贾宝玉一般，天生就是一个风流胚子。由此，从"金屋藏娇"的人间故事，演进到"千金难买相如赋"的文学佳话，也就不足为奇了。

建元元年（公元前140年），十六岁的太子刘彻嗣皇帝位。此前，汉武帝已娶长公主女儿陈阿娇为妃，今即位，自然立阿娇为皇后，所谓"金屋藏娇"的诺言，算是修成正果。岂知，皇家也有难念的经，在尊奉"母以子贵"的封建帝制时代，陈阿娇这位金枝玉叶，从东宫太子妃到六宫之首皇后，虽专宠于一身，却不能为至尊夫君诞下一血脉骨肉，少年天子很快就从正宫娘娘的"金屋"脱身，移情别恋于其他的花枝凤鸟了。

建元二年（公元前139年）三月，上巳节，关中平原已是桃红柳绿的踏青时节。但见翠葆霓旌、羽林骏骑簇拥着一位少年天子，驾临长安城郊游观胜地之霸上。按照《后汉书·礼仪志》记述的汉代风俗，三月"上巳，官民皆洁于东流水上，曰洗涤祓除，去宿垢疢，为大洁"。新皇帝登基一年，与民同祓祭，以示洁身天下，算是践履帝位，开了王朝新气象。

祓祭即毕，龙驭回转，途经平阳公主府邸，十七岁的少年天子汉武帝乐得清闲，遂銮驾驻跸，入胞姐家中一叙。虽为御姐，皇弟驾到，岂敢怠慢，平阳公主开筵相待，酒过数巡，招来一班歌女陪酒，歌舞助兴。

此时的汉武帝毕竟还只是一位十七岁的少年天子，掩不住"陌上谁家少年，足风流"的本真形象。亦正因为谈不上成熟、练达，汉武帝继位之初期，便酿成一段宫闱悲剧。

司马迁曾说过一句不太著名的格言："女无美恶，入宫见嫉"，用在卫子夫身上，是再恰当不过了。卫子夫随汉武帝入宫，遭陈皇后阿娇嫉妒，被打入冷宫，近一年不得见天子容颜，后再蒙武帝恩宠，怀孕在身，被陈皇后察觉，忿恨难平，纠缠武帝，大闹宫闱，武帝不肯再让，反诘皇后不得生男，无奈另幸卫子夫。陈皇后无语，怏怏离去，召女巫楚服入宫设坛，祠祭诵咒，不见灵验，却入武帝天聪，定谳为"女巫之祸"，楚服枭首于市，牵连诛杀三百余人，陈皇后"惑于巫祝"，玺绶被褫夺，废徙长门宫，而贫贱歌姬出身的卫子夫不但骤得福贵，还被扶正为皇后，一喜一悲，道不尽天地浮云、人间冷暖。

"纱窗日落渐黄昏，金屋无人见泪痕。寂寞空庭春欲晚，梨花满地不开门。"中唐诗人刘方平的《春怨》，艺术化地再现了被废皇后陈阿娇的境遇。

遥想当年，沦入窘境的陈阿娇还幻想着一朝复位，特出千金，请汉武帝最为赏识的文章圣手司马相如撰写《长门赋》，以期汉武帝犹念旧情，回心转意。失落的女人总是抱有天真幻想，结果却是更加失望。一篇美文抵不过世态炎凉，春花枯落，秋叶飘零，寂寞空庭，倩何人怜阿娇独憔悴，郁郁而终？"金屋藏娇"的悲情结局，见证了汉武帝青年时代的冷酷无情。

中年以后的汉武帝，依然不改风流本色，作为"倾城倾国"这一成语的男主角，继续上演着凄美爱情故事。

李延年，中山伶人，因犯法而受腐刑，入宫为狗监，复因"性知音，善歌舞，武帝爱之"。这位伶人李延年不但妙解音律，"每为新声变曲，闻者莫不感动"，亦善藏心机，一日侍奉武帝，起舞放歌："北方有佳人，绝世而独立。一顾倾人城，再顾倾人国。宁不知倾城与倾国，佳人难再得。"

词晓畅，意悠长，惹得汉武帝兴趣陡生，不禁赞叹："太好了！"接着追问："世上岂有这样的美人？"陪伴一旁的平阳公主，揣摩着歌中寓意，献上一言："陛下有所不知，延年的小妹，即是一位倾城倾国的绝世佳人。"汉武帝心中一个激灵，欣然下诏，速令这位佳人觐见，果然是闭月羞花，姝丽非常，且曼妙善舞，轻盈如燕，确乎佳人不可再得，当即纳李氏为妃，号为李夫人。不久，李夫人怀孕，生下一男婴，汉武帝封为昌邑王，李夫人遂得专宠于后宫。不幸的是，这位绝世佳人福浅命薄，入宫数年，"少而蚤卒，上怜闵焉，图画其形于甘泉宫"。

《汉书·外戚传》的载述，让世人记住了一位美丽而聪明的绝代佳人：

初，李夫人病笃，上自临候之，夫人蒙被谢曰："妾久寝病，形貌毁坏，不可以见帝。愿以王及兄弟为托。"上曰："夫人病甚，殆将不起，一见我属托王及兄弟，岂不快哉？"夫人曰："妇人貌不修饰，不见君父。妾不敢以燕婿见帝。"上曰："夫人弟一见我，将加赐千金，而予兄弟尊官。"夫人曰："尊官在帝，不在一见。"上复言欲必见之，夫人遂转面向内，歔而不复言。于是上不说而起。夫人姊妹让之曰："贵人独不可一见上属托兄弟邪？何为恨上如此？"夫人曰："所以不欲见帝者，乃欲以深托兄弟也。我以容貌之好，得从微贱爱幸于上。夫以色事人者，色衰而爱弛，爱弛则恩绝。上所以挛挛顾念我者，乃以平生容貌也。今见我毁坏，颜色非故，必畏恶吐弃我，意尚肯复追思闵录其兄弟哉！"及夫人卒，上以后礼葬焉。

其后，上以夫人兄李广利为贰师将军，封海西侯，延年为协律都尉。

以李延年卓然于世的音律才学，而止于近侍伶人，因妹进阶，官拜协律都尉，倒也符合阶级社会的一般规律。更能说明汉武帝为人的事例，则体现在李夫人的大哥，即以"贰师将军"之名写入汉史的李广利身上。

汉武帝太初元年（公元前104年），汉使从西域归来，禀报："大宛有汗血骥，在贰师城，藏匿不肯献给汉使。"汉武帝爱马心切，派壮士军令持千金及金马前往大宛换取骏马，却被大宛国王一口拒绝。汉使怒，詈骂大宛大臣，锤碎金马而去。宛国贵人令东边的郁成王截杀汉使，尽夺财物，汉使部下几人侥幸脱逃。

这时，曾经出使大宛的姚定汉等进言："宛兵弱，诚以汉兵不过三千人，强弩射之，可尽虏矣。"汉武帝一听，如此轻易立功异域、以取封侯的良机，正好奉送给李夫人那位无尺寸之功的哥哥李广利。于是，汉武帝拜李广利为贰师将军，发属国六千骑兵及郡国恶少年数万人，远征大宛。不料，贰师将军千里驱师至郁成，部下已因饥渴倒毙仅剩数千，与郁成王战，大败，只得引兵退守敦煌，遣人回长安，上书请求罢兵。汉武帝大怒，派使者遮挡在玉门关下，下令："军中有敢于退入关者，立斩之！"益发六万骑兵、七万步卒，牛马粮草无数，增援贰师将军，经万里征伐，兵临大宛城下。大宛兵败，国王被诛，被迫订城下之和约，汉军得汗血宝马数十匹，中等良马数千匹，"军还，入玉门关者万余人，马千余匹"。汉武帝不责其过，封李广利为海西侯，食邑八千户。历时四年，搅动天下的贰师将军远征大宛之役，就这样在"胜利的谎言"下虚荣收场。

在《资治通鉴》中，司马光感慨系之，痛下千古定评：

武帝欲侯宠姬李氏，而使广利将兵伐宛，其意以为非有功不侯，不欲负高帝之约也。夫军旅大事，国之安危、民之死生系焉。苟为不择贤愚而授之，欲徼幸咫尺之功，藉以为名而私其所爱，不若无功而侯之为愈也。然则武帝有见于封国（推恩令），无见于置将（高祖曰：置将不善，一败涂地），谓之能守先帝之约，臣曰过矣。

君不见大漠风尘日色浑，一将功成万骨枯，只为自己心爱的女人一句遗言！作为一国之君的汉武帝，实在是有负天下重托。

然而，凡事皆有辩证。古语云：君子一诺千金。既然承诺，焉能负人？

负一人与负天下，又有何区别？在《论语·泰伯》中，孔子高徒曾子说过一句名言："可以托六尺之孤，可以寄百里之命，临大节而不可夺也，君子人欤？君子也。"（可以把幼小的孤儿和国家的命脉都交付给他，面临安危存亡的紧要关头，却不动摇屈服——这种人，是君子吗？是君子啊。）从这个意义上讲，汉武帝刘彻其人，算是一位信守诺言、有情有义的真男人、大丈夫！

况且，又如司马光《资治通鉴》所述：

天子业出兵诛宛，宛小国而不能下，则大夏之属渐轻汉，而宛善马绝不来，乌孙、轮台易苦汉使，为外国笑。

当此之际，若汉武帝听从"公卿议者皆愿罢宛军，专力攻胡"，放弃联络西域，"断匈奴右臂"的战略，便不可能取得随后"汉既诛大宛，威震外国"（《史记·匈奴列传》）的影响力，更不会有后来汉与匈奴对决的主战场转移到西域，最终导致匈奴分裂成南、北两部，西域副校尉陈汤麾属国之兵及屯田汉军，斩杀匈奴郅支单于，成就"明犯强汉者，虽远必诛"的一世英名，成就了古代历史上中西交流最重要的商路——"丝绸之路"的畅通。

始出于私其所爱，继之谋定大局，乘势而为，赢得对决匈奴的战略优势，一代雄主汉武帝虽承"置将不善"之失，但其大智大勇已超越"能守先帝之约"的狭促之规，司马光所谓"臣曰过矣"的通鉴，亦可谓但知其一，不知其二耳！

汉武帝刘彻，即是一个从率性走向成熟的典型人物，作为一个既长寿又在位长久，更兼具大智大勇的帝王，他的思想的成熟，在诸多方面为他的王朝、为他所属的民族，缔造了千秋不朽的业绩。

于是，这位风流倜傥的汉武大帝晚年，又有了第三段爱情故事。比起"陌上谁家少年，足风流"的青年时代，汉武帝这段爱情故事缺少了鲜衣纵马的浪漫情怀，添加了几许神秘莫测的传奇色彩。

据《资治通鉴》卷二十二述：汉武帝太始三年（公元前94年），六十四岁高龄的老皇帝又得一子。"皇子弗陵生。弗陵母曰河间赵婕伃（婕妤），居钩弋宫，任身十四月而生。上曰：'闻昔尧十四月而生，今钩弋亦然，'乃命其所生门曰尧母门。"

常人"十月怀胎，一朝分娩"，而钩弋夫人这位汉武帝最后的爱妃却怀孕十四个月，始生皇子弗陵，且命中注定要取代先前立储已久的太子，得继汉武大统，不可谓不神奇。

对此，司马光先生却目光犀利，辨识睿智，得出历史至评：

为人君者，动静举措不可不慎，发于中必形于外，天下无不知之。当是时也，皇后、太子皆无恙，而命钩弋之门曰尧母，非名也。是以奸人逆探上意，知其奇爱少子，欲以为嗣，遂有危皇后、太子之心，卒成巫蛊之祸，悲夫！（《资治通鉴》卷二十二）

太子刘据、卫皇后冤死于巫蛊之祸，实为汉武帝一生最大之不幸，悲哉难抑，悲夫难补。所幸，筑思子宫而怅望的汉武帝，没有让晚境的爱情故事悲剧延续下去，成为汉家王朝的悲剧。

公元前88年，驾崩前一年，行将垂朽的汉武帝认真思考了身后事。在这位"聪明能断，善用人，行法无所假贷"的皇帝看来，少子刘弗陵体伟姿聪，与己相类，不过年尚幼稚，其母钩弋夫人正值青年，将来少子得为帝，必思干政，恐不免为吕后第二，只能先择一大臣，交付托孤重任，乃特使黄门，绘成一图，赐予霍光，即前骠骑大将军霍去病之弟，累官至奉车都尉、光禄大夫。霍光拜受回家，展开一览，是周公负扆辅成王朝诸侯图，即揣知武帝微意。其后，武帝故意找茬怪罪钩弋夫人。钩弋夫人不明就里，脱簪谢罪，武帝竟然翻转脸色，叱令左右侍女，把她牵扯出去。钩弋夫人入宫以后，从未经过这般委屈，禁不住珠泪盈眶，频频回顾，武帝也觉可怜，不得已扬声催促道："去去！汝休想再活了！"是夕下诏赐死。当武帝忍悲赐死钩弋夫人时，曾问周围廷臣近侍："外人有无异议？"左右答道："人言陛下将立太子，如何先杀彼母？"武帝喟然长叹，言道："庸愚无识，何知朕意？从来国家生故，多由主少母壮所致，汝等独不闻吕后故事么？"

这样的立储托孤决断，远非残暴寡恩的秦始皇和私德不淑的唐太宗所能攀比。这样的帝王，令天下人感到可怕，但也让他的臣民放心。

惟其年老而无所昏聩，雄才大略，历久弥增，"顾托得人，有亡秦之失而免亡秦之祸"，是以武帝虽逝，汉家王朝盛极未衰，昭、宣二帝得以再续承平之世。

读史十记

千古一帝：汉武帝，中国封建帝王的缩影

历史，多由后人评价。

最早对汉武帝作出评价的，是《史记·孝武本纪》，又名《今上本纪》。从这篇洋洋数千言的帝王本纪看，司马迁对这位皇上没有什么好印象，开篇写道"孝武皇帝初即位，尤敬鬼神之祀"，随后也基本因循这一主题记述下去，枯燥无味，不能卒读，与《史记》中那些文笔优美畅达、叙事引人入胜的人物篇章，不可同日而语。或因此缘故，司马迁触怒了汉武帝，被寻事下狱处死。君臣冤冤相报，持正之论何在？这不能不说是"史家之绝唱"的《史记》一大遗憾。

继之，班固《汉书·武帝纪赞》给予汉武帝其人持平之论：

汉承百王之弊，高祖拨乱反正，文、景务在养民，至于稽古礼文之事，犹多阙焉。孝武初立，卓然罢黜百家，表章《六经》，遂畴咨海内，举其俊茂，与之立功；兴太学，修郊祀，改正朔，定历数，协音律，作诗乐，建封禅，礼百神，绍周后，号令文章，焕然可述，后嗣得遵洪业而有三代之风。如武帝之雄才大略，不改文、景之恭俭以济斯民，虽《诗》《书》所称何有加焉！

西风残照，汉家陵阙。千载以后，遥想汉武往事，亦能"成一家之言"的北宋史学大家司马光借《资治通鉴》千秋史笔，感发独到见解：

孝武穷奢极欲，繁刑重敛，内侈宫室，外事四夷，信惑神怪，巡游无度，使百姓疲敝，起为盗贼，其所以异于秦始皇者无几矣。然秦以之亡，汉以之兴者，孝武能尊先王之道，知所统守，受忠直之言，恶人欺蔽，好贤不倦，诛赏严明，晚而改过，顾托得人，此所以有亡秦之失而免亡秦之祸乎！

重读史册，对深刻影响中国历史的汉武帝，我们能否再有新的认识、新的启示？

让我们回到汉武帝登基之前文景之治落幕之际。

汉景帝后元三年（公元前141年），春，正月，未央宫。汉景帝下诏曰：

农，天下之本也。黄金、珠、玉，饥不可食，寒不可衣，以为币用，不识其始终。……其令郡国务劝农桑，益种树，可得衣食物。吏发民若取庸，采黄金、珠、玉者，坐赃为盗。二千石听者，与同罪。"（《史记·孝文本纪》）

诏出西宫，颁行天下，汉帝惠声，闻于海内。其时，海晏河清，国库充实，蒸民富足，文景之治，达于极盛。东汉史学大家班固为之赞曰：

周、秦之敝，罔密文峻，而奸轨不胜。汉兴，扫除烦苛，与民休息。至于孝文帝，加之以恭俭，汉景帝遵业。五六十年间，至于移风易俗，黎民醇厚。周云成、康，汉言文、景，美矣！

汉兴，接秦之弊，作业剧而财匮，自天子不能具均驷马，而将相或乘牛车齐民无盖藏。天下已平，高祖乃令商人不得衣丝、乘车，重租税以困辱之。汉惠帝、吕后时期，天下初定，复弛商贾之律，然市井之子孙，亦不得仕宦为吏。继汉文帝、汉景帝，清净恭俭，安养天下。（《史记·孝景本纪》）

"夜如何其，夜未央。"此时，盛世休宁，靖乱削藩已获成功的汉景帝稳坐未央宫，当可高枕无忧了。然而，接下来的异常天象却让朝野上下为之惊恐不安。"冬，十月，日月皆食，赤五日。十二月，晦，雷，日如紫；五星逆行守太微，月贯天廷中。"（《资治通鉴》卷十六）

公元前141年，为农历庚子之年。十月，关中大地已是天气肃杀、草木零落的初冬时节，日食、月食，同构残阳、缺月，连续五日，渲染出漫天似血光透映的恐怖景象。进入隆冬时节，白昼，天色无边晦暗，一轮紫日，悬挂天宇，冬雷阵阵，震彻长空；夜晚，五星逆行，似监守着象征天子宫廷的太微星座，黯淡月光，直贯天穹中央。如此凶险诡异不详的天象，预示着什么？

天界血光透映的不详征兆，令汉景帝忧心难安。有道士劝说汉景帝罢理朝政，禳灾祈福。对一位有德之君来说，汉景帝知晓"国君强大，有德者昌。弱小，饰诈者亡。太上修德，其次修政，其次修救，其次修禳"的道理，于是不听异说，依然勤政不辍。可惜，这位汉家天子的克己勤勉并没有感动上天，不久即驾崩于未央宫，终寿四十八岁。

汉景帝英年而逝，遽见上天其不公。依照董仲舒"谴告"之说，统治者为政如果有过失，上天就降下灾害，以表示谴责和警告。如果还不知悔改，就出现怪异来惊骇人间。若是还不知畏惧，大祸就临头了。汉景帝在位十六年，为政虽微有过失，亦堪称一代贤帝，即使下笔轻薄如蔡东藩者，亦评述为"略带刻薄，用兵七国，未免劳民，但尚是万不得已的举动，未可讥他黩武，此外还有乃父遗风，不忘恭俭"，何来如此天谴灾异，不得假以长寿？可见，天命使然，人类认知有限——"神秘莫测谓之天，无可奈何谓之命"，是以"天谴"之说，欺世况味，未足诚信。

翌年，正月二十七日，汉景帝次子刘彻即位，年十六岁，是为中国历史上大名鼎鼎的汉武帝。

汉武帝是极其幸运的，自汉高祖开创汉家基业，再经四十余年文景之治，其父汉景帝馈赠他一个富足四海的大汉王朝：

汉兴七十余年之间，国家无事，非遇水旱之灾，民则人给家足，都鄙廪庾皆满，而府库馀货财。京师之钱累巨万，贯朽而不可校。太仓之粟陈陈相因，充溢露积于外，至腐败不可食。众庶街巷有马，阡陌之间成群，而乘字牝者傧而不得聚会。守闾阎者食粱肉，为吏者长子孙，居官者以为姓号。故人人自爱而重犯法，先行义而后绌耻辱焉。当此之时，网疏而民富，役财骄溢，或至兼并豪党之徒，以武断于乡曲。宗室有土公卿大夫以下，争于奢侈，室庐舆服僭于上，无限度。物盛而衰，固其变也。（《史记·平准书》）

盛况初照，危机潜跃，且看这位汉家天子如何造盛世而化危机，上演"千古一帝"历史大戏。

按照白寿彝总主编《中国通史》的评述，"汉武帝是两汉时期雄才大略的皇帝，他建立了封建专制主义多方面的制度，旧史往往以他与秦始皇并举，称为'秦皇汉武'"。

十六岁的少年天子刘彻初登帝位，即彰显对书籍涵养出的文人文化的热切关注。

建元元年（公元前140年），十月，汉武帝一登帝位，旋即下诏，"举贤良方正直言极谏之士，上亲策问以古今治道，对者百余人。"董仲舒应对"天人三策"之典故，即源于此。

虽说天资英迈，眼界高瞻，已堪大用，但彼时的汉武帝毕竟尚为一弱冠少年，鸿猷未具，其可谋断？故而，待到公元前134年，登基第七年，智识、谋略皆已成熟的汉武帝才听从了董仲舒的建议，"罢黜百家，独尊儒术"，确立汉家王朝大一统思想。

在此基础上，汉武帝大张旗鼓地实施人才兴国、文化兴邦之道，文治达于极盛。《汉书·武帝纪赞》"罢黜百家，表章《六经》，兴太学，修郊祀，改正朔，定历数，协音律，作诗乐，举封禅，绍周后，号令文章，焕焉可述"和《汉书》"群士慕向，异人并出。……是以兴造功业，制度遗文，后世莫及"的史述结论，绝非过誉之词。后世以"秦皇汉武"并称，仅从汉武帝时代文治彪炳百世、人才焕然千秋的历史现象和历史影响看，虽有翦灭纷乱统一天下之功，实为独夫民贼戕害天下的秦始皇，已不足道也。

汉武帝无疑是一位襟怀治国、强国理想的伟大君王，但亦如汲黯所言："陛下内多欲而外施仁义，奈何欲效唐虞之治乎"，即以儒家倡导的"修身、齐家、治国、平天下"的标准来衡量，还不能称为完美帝王的代表——尧、舜、禹一样令华夏民族膜拜的对象。不过，作为真实的历史人物，汉武帝的所作所为，却具备一位伟大君王的最典型特征。

怎样才能成为一个历史认可的伟大君王？人类文明虽有东、西方之分，但人类对同类事物的认识、判断却具有大致趋同的普遍性。

古希腊哲学家柏拉图在其《国家篇》第五卷，对理想的"伟大君王"作出过界定。

他以为，天生的君主可以是一个哲学家，而且有一个就够了，就可以为这个世界实现难以置信的理想政体——如此"君主论"，可以说是人类古代社会的理想治理模式。

在中华哲学史上，柏拉图关于"统治者必须是哲学家"的主张，见诸于儒家学者的政治观点，则被阐发为"外圣内王"，抑或"内圣外王"。前者——"外圣内王"，有唯一人物孔子，被后世统治者逐级抬升为"文宣王"，亦即有名无实的"素王"；后者——"内圣外王"，则首推以"习用干戈"与"垂裳而治天下"文武兼备而成为华夏民族的始祖——黄帝。

当然，黄帝只是传说中的人物，权且当民族图腾崇拜尚可。所谓"内圣外王"，应是阶级社会的产物，中国历史上第一位"内圣外王"，当属以治理洪水有功，受禅让而登帝位的大禹。

在我看来，儒家经典《礼记·礼运》，对"内圣外王"的属性和人物，有着十分清晰而准确的论述：

今大道既隐，天下为家，各亲其亲，各子其子，货力为己，大人世及以为礼，城郭沟池以为固，礼义以为纪；以正君臣，以笃父子，以睦兄弟，以和夫妇，以设制度，以立田里，以贤勇知，以功为己。故谋用是作，而兵由此起。禹、汤、文、武、成王、周公，由此其选也。此六君子者，未有不谨于礼者也。以著其义，以考其信，著有过，刑仁讲让，示民有常。如有不由此者，在执者去，众以为殃。是为小康。

以此观之，如其治下国家、王朝，达到礼、法兼善的社会标准，则其统治者即可称为"内圣外王"之类非凡伟大的君主帝王。

"明教化，举贤良""表章《六经》，兴太学，修郊祀，改正朔，定历数，协音律，作诗乐，举封禅，绍周后，号令文章，焕焉可述"——与世间公认的禹、汤、文、武、成王、周公相比，"兴造功业，制度遗文，后世莫及"的汉武帝，"内圣"修为绝不逊色，而其昭彰于世的治国御侮、开疆拓土的"外王"表现，堪负"大有为之君"历史赞誉。

让我们再回到文景之治落幕之际。

"宗室有土公卿大夫以下，争于奢侈，室庐舆服僭于上，无限度。物盛而衰，固其变也。"——《史记·平准书》记述汉景帝治下的社会，就是人欲横流、奢靡之风盛行的时代。在经济发展的同时，豪强开始大肆兼并土地。

对此，汉景帝开始尝试以严刑峻法对付京城及各地豪强，被司马迁称为"酷吏"的官员应运而生。有"国之苍鹰"之誉的郅都，便是其中的代表人物。

郅都，河东大阳（今山西平陆）人，初以郎官入侍禁宫，后升迁为中郎将。当时，济南豪强瞷氏称霸一方，目无国法，肆行无忌。汉景帝任命郅都为济南太守，前去抑制瞷氏。郅都上任伊始，采取以暴制暴的酷烈手段，下令捕杀瞷氏首领，开西汉以严刑峻法打击豪强的先河。结果，"至则族灭瞷氏首恶，余皆股栗。居岁余，郡中不拾遗"（《史记·酷吏列传》）。郅都上任不到一年，号称难治的济南郡就有了路不拾遗、夜不闭户的良好治安。

据说，郅都用严法打击豪强收到良好效果的消息一传开，朝野为之震惊。汉景帝看到整顿豪强势力的希望，公元前150年任命郅都为中尉，率北军维护京城治安。京城权贵子弟云集，历代皆为最难治理之地，郅都上任，提领军部将卒，对违法犯禁者，不论何官何人，一律依法惩之。京城列侯宗室对郅都怕恨交加，背后叫他"苍鹰"，比喻其执法行刑之凶猛。

应该看到，仅靠几个能臣酷吏扭转不了人欲横流、败坏天下的大势。到了旷代雄主的汉武帝手中，"尊儒"之外，"尚法"成为西汉王朝一项厉行制度。

谈及汉武帝"尚法"，则又要从公孙弘说起。

公孙弘（公元前202年—公元前121年），字季，西汉菑川国薛县（今山东滕县南）人。公孙弘年轻时当过薛县狱吏，因事免职，家贫，无以为计，只好在海边放猪谋生，年逾四十，始发蒙开窍，发愤求学，研习《春秋》及各家学说，并十分谨慎地奉养、孝敬继母。

汉武帝即位之初，下诏举贤良文学之士。其时，公孙弘已年届六十，菑川国推举他以贤良应征，被任命为博士，这位公孙大人初次为官，即奉命出使匈奴，归朝向皇帝禀告出使实情，奏事不合旨意，被汉武帝以为无能，遂告病返乡。

公元前130年，汉武帝再次下诏令各郡国举荐文学之士，菑川国又推举公孙弘。此时的公孙弘已年逾七十，白发皤然，西去长安，必已步履蹒跚，能步入主管征辟的太常衙署参加对策，已属不易，更能被何人看好？果然，参加对策的儒士共有一百余人，主持征辟的太常在评议对策时，给予"弘第居下"结论。随后，这批儒士的策文被悉数上报皇帝御览，待御批一出，太常衙署大跌眼镜——汉武帝把评议结论来了个乾坤颠倒，公孙弘的策文"擢对为第一"，并且将他"拜为博士，待诏金马门"。

一介平头百姓，靠读过儒家经典《春秋》，居然在七十垂暮之年命途大变——公孙弘做了一年多博士，就超拔为左内史，很快又升迁御史大夫，最终荣登丞相之尊位，封为平津侯，岂能不令朝野上下羡慕不已？上有所好，下必甚焉。如前所述，从此，天下读书人靡然风从，全都钻营儒学。汉代儒学振兴，公孙弘之表率，可谓功莫大焉。

应当看到，在"学而优则仕"的道路上，并不是所有读书人皆走得通。诚如后来汉宣帝总结前代历史，所下"俗儒不达时宜，好是古非今，使人眩于名实，不知所守，何足委任"论断，给天下读书人敲响了警钟。

当然，公孙弘绝非一介庸儒。

"世事洞明皆学问，人情练达即文章"这一传世箴言，出自《红楼梦》第五回"游幻境指迷十二钗，饮仙醪曲演红楼梦"。曹雪芹撰此对联，装裱在王熙凤的临时"公署"，彰明凤姐以精明的头脑、圆滑的手段、泼辣的个性、开阔的眼界、广泛的知识、把握事物尺度分寸的能力，将贾府上下管理得井井有条，里外应酬八面玲珑。

女流之辈的王熙凤，乃曹雪芹虚构一人物，而作为历史名人，公孙弘却称得上"世事洞明皆学问，人情练达即文章"的人物。说得更具体一些，用通俗的话来讲，公孙弘可以被叫作"老而成精"。

史称，公孙弘从狱吏出身，通晓法令，后来又攻读儒书，精通儒术，故其"习文法吏事，而又缘饰以儒术"，所以能够以儒术饰法术，即外儒术而内法术，以对策称旨，由此得到了武帝的赏识，拔为举首。此人"恢奇多闻"，有权术，善辩论，深谙人情世故，善于揣摩武帝的旨意，精通做官诀窍，"每朝会议，开陈其端，使人主自择，不肯面折庭争"，武帝却以为"其行敦厚"，故能"日益亲贵"，始终得到武帝宠遇。由于他深得武帝欢心，因而在仕途上一帆风顺，扶摇直上，十年之间，位至卿相。

如果以为公孙弘只是登龙有术——深谙人情世故，善于揣摩帝意，精通做官诀窍，谄媚功夫了得，那就大错特错了。仅从公元前130年他在太常衙署的对策，即可见此人学术融通与实际应用功夫的精深。

在这次对策中，公孙弘强调以儒家标榜的仁、义、礼、智为"治之本，道之用"，同时把法家标榜的法、术、功利杂糅到仁、义、礼、智之中，认为"致利除害"是仁的重要属性，"礼义者民之，所服也，而赏罚顺之，则民不犯禁矣"，朝廷之上必须是"有功者上，无功者下"。又特别强调法家的权术，"擅杀生之柄，通壅塞之途，权轻重之数，论得失之道，使远近情伪必见于上，谓之术"；"不得其术，则主蔽于上，官乱于下。此事之情，属统垂业之本也"。这就把法术同礼义融为一体，强调礼义与刑赏的交替使用。此外，公孙弘还把儒家的"智"解释为法家所谓君主用以控御臣下的"术"，又把二者熔于一炉。这种糅和儒法、以仁义为表、法术为里的治术，就是"杂王霸之道"。

这篇重点阐释"以仁义为表、法术为里"君王驭下之术的对策，正投合内心"尚法"的汉武帝之所好，故有武帝钦点公孙弘为第一名的超拔之选。

仅仅"尚法"，无异于秦始皇之暴政。汉武帝的聪明之处在于，把提倡仁义德治与依靠严施刑罚二者结合起来，儒以教化，管理社会；法以惩戒，刑罚朝野，继而形成以"尊儒尚法""杂王霸之道"统治国家、驾驭臣下的根本国策，即汉宣帝所说的"汉家制度"。

读史十记

汉武帝的奸雄一面：驾驭酷吏，驱策鹰犬治天下

以"儒术"来缘饰律令法术，是汉武帝和公孙弘共同营造的官场特点。汲黯当面批评汉武帝"内多欲而外施仁义"，讲的也是这个特点。汉武帝时代那种"刻深吏多为爪牙用者，依于文学之士"的习气，正是"尚法尊儒"政策造成的。

"刻深吏"，即世人更为熟知的酷吏。

"酷吏"，作为一个专用名词，最早见诸于司马迁的《史记·酷吏列传》。中国历史上最著名的酷吏，当属汉武帝时代的张汤。这位起身于刀笔小吏的执法者，在中国封建法治史上亦最具典型性、示范性——娴于法律刑诉，案牍条文；当断则断，机敏善变；权倾天下，一生清廉，虽深得最高统治者汉武帝信赖，却最终难逃冤死之厄运。

从侧面看，谁读懂了酷吏张汤的故事，也就读懂了中国封建社会的吏治。

张汤，杜县人，他的父亲是长安县丞。张汤小的时候，有一天父亲出门，留下张汤看家。父亲回来发现家里的肉被老鼠偷吃了，很生气，打了张汤一顿。事后，张汤挖开老鼠洞，捉住了偷肉的老鼠和吃剩的肉，对老鼠进行"起诉拷问"。他摹写了老鼠的"口供"和审讯记录，而后在几方面材料具备的情况下进行宣判，把老鼠在院子里剁成了碎块。他的父亲看到了这一情景，再看那些各项"公文"简直就像个老练的狱吏写的一样，不由得大吃一惊，于是就让他学习办案。

洞微而知著。司马迁对张汤登上历史舞台的这段描述，与先秦名噪古今的法家人物李斯有同工异曲之妙。所不同的是，李斯想成为一只官仓鼠，并深刻影响着秦始皇成为历史上最有名的暴君之一；张汤却想成为一个捕鼠者，在恩威并施的汉武帝大纛之下实现自身的治世才具。

虽然有异于常人的法治天赋，但入世之初，家庭背景并不显赫的张汤

仕途蹉跎,在长安县当小吏,一直做了很长时间。

生不能为龙腾虎跃之华胄,则思为屈身侯门之犬马。当周阳侯田胜官居九卿的时候,曾因犯罪被关押在长安狱中,张汤全力为他奔走。等到田胜出狱被封侯之后,便与张汤成了莫逆之交,把张汤引见给朝中的所有贵人。后来张汤在内史府任职,又跟着宁成当属吏,宁成觉得张汤精通文法,又向上级推荐,张汤遂被调任茂陵尉,主持为汉武帝预建陵墓的工程。

其后,田胜的哥哥武安侯田蚡做了丞相,征调张汤为长史,还时常向汉武帝推荐,让他补了御史的缺,派他办理案件。张汤办理陈皇后"巫蛊案"时,彻底追查其党羽,被汉武帝认为有才能,升为太中大夫。张汤和赵禹一起制定各种法令,苛深严格以拘制那些胆小守职的官吏。后来,赵禹做了中尉,又调任九卿之一的少府,而张汤也做了廷尉,两人交情很深,张汤把赵禹当兄长对待。赵禹廉直倨傲,从做官以来,家里没有留客人吃过饭。公卿大夫多有来府上拜访的,而赵禹始终没有回访过谁,他决心断绝朋友宾客们的任何请托,一切按着个人的意思办,只要狱词符合法律条文就定案,也不进行复查,专门打探手下属吏们那些未被人知的罪行。

张汤为人狡诈,常凭着一些小聪明整治人。他起初做小吏还不为人重视的时候,与长安的富商田甲、渔翁叔等人私下有交往,待至后来位到九卿时,便开始搜罗交结一些天下著名的士大夫,他与有些人虽然内心不合,但表面上还装得对他们很敬慕。

其时,汉武帝正大兴尊儒之风,张汤每判大案,也总想使它符合古代圣人的义理,就请了一些研究《尚书》《春秋》的博士弟子们做廷尉史,让他们讨论疑难案件。每当要向皇帝请示疑难案件的处理时,张汤总是预先说明事情的本末,皇上倾向于怎么处理,他就写成案卷交由廷尉府宣判,并作为案例记载下来,以显示皇帝的英明。如果汇报的事情受到皇帝责备,张汤便赶紧认错,顺着皇帝的意思,引用自己下属的廷尉正、廷尉监或是某个有贤名的吏目说:"他们本来为我出过这个主意,就像皇上批评我一样,我当时愚蠢没有采纳,以致于导致这种错误。"事情也就因此过去了。当他向皇帝汇报某事,受到皇帝称赞时,则像一个谦谦君子,推辞道:"我当初本不想这么办,是我手下某个廷尉正、廷尉监或某个吏目坚持要我这么办的。"这么推荐人,这么喜欢扬人之善、隐人之过,正是张汤为人的高明之处。

如果审理的是皇上想要加罪的人，张汤就有意地把他交给那些严酷的属吏去办；如果审理的是皇上想要放过的人，他就把他交给那些宽和公平的属吏去办；如果审理的是豪强，那他肯定就要罗织罪名将他治罪；如果审理的是一些平民弱者，就随时在皇帝面前为之说情，即使有明确的条文不能不判，他也要交上去让皇帝裁决。而皇上也就往往按着张汤所说的那样使其获释了。

张汤虽然已身居廷尉这样的高官要职，但他自我要求很严。他自己的饮食和门下食客一样，对手下一些老朋友的子弟以及他本家的那些贫穷的弟兄们，照顾得尤其周到。不管寒冬还是酷暑，他都经常去拜访朝中的各位公卿大臣。因此，张汤虽然执法酷刻、阴狠，但在上层却有很好的名声。他手下那些阴狠酷刻的爪牙们由于有身边的儒生给他们做粉饰，也总是能得到丞相公孙弘的称赞。

后来，在审理淮南王刘安、衡山王刘赐以及江都王刘过谋反的案件时，张汤穷追深挖，对于刘安的党羽严助、伍被两个人，汉武帝本来是想宽释的，但张汤坚持说："伍被是策划谋反的主要人物，而严助身为出入宫廷禁地的陛下的亲幸，居然敢与外面的诸侯相勾结，这种人如果不处死，其他的事情就没法办了。"汉武帝核准了张汤的意见。在审理案件时，张汤经常有意地排挤大臣以突出自己的功劳。

每次上朝奏事，张汤就滔滔不绝地讲起国家该干些什么，一直讲到很晚，连皇帝都听得忘记了吃饭，丞相不过是充有其位，天下大事都由张汤来决定。

由于匈奴浑邪王等率兵来降，朝廷需加赏赐，再加上连年兴兵讨伐匈奴，又赶上崤山以东各郡县不是水灾便是旱灾，贫苦百姓流离失所，而这些都要靠国家供给，弄得国库匮乏。张汤根据汉武帝的旨意，制造白金和五铢钱，同时还垄断了全国的盐铁生产和销售。为了排斥、打击各地的豪强大户，为国库敛财，张汤颁布了"算缗令"，并且舞文弄法，千方百计陷人于罪。百姓们受不了这种残酷的统治，经常发生骚动。国家实行了那些新的经济政策，也得不到什么真正的效益，而中间许多贪官恶吏则大肆侵吞公财，鱼肉百姓，张汤只好又用严刑酷法来惩办他们，结果闹得上至公卿，下至平民百姓，都指斥张汤。张汤所办的事大多如此，而他却因此越发受到尊崇和信用，很快升任了御史大夫。有一次张汤生病了，竟连皇帝都亲自前往探看，可见他受宠到了什么程度。

俗话说：盛极而亡。让张汤意想不到的是，自己身为八面威风的朝廷司法长官，最终竟然栽倒在一介文弱书生的朱买臣手里。

在汉武帝时代，有三位可爱的文人，第一是司马相如，第二是东方朔，第三是朱买臣。这三位非常之人的非常故事流传至今，为国人津津乐道，其中又以朱买臣的人生逆转最具戏剧性。

朱买臣，会稽（今浙江绍兴）人，年逾四十，犹是一困顿潦倒的穷书生，食贫居贱，落得个携妻入山砍柴担卖为生。但凡人之贫贱如此，多隐忍自处，偏偏这朱买臣不甘寂寞，筚路蓝缕，柴薪压肩，口中却咿呀诵读，如唱歌一般。他那遭人睥睨的贫贱之妻以为耻，屡次劝说不见理睬，提出离异，朱买臣嘿嘿笑答："算命的说我年届五十当富贵，不久便要发迹，你随我吃苦二十多年，难道不能再忍受数年光景吗？待我富贵了，一定报答你！"

不说这话还好，说了更伤其妻的凄楚之心，妻高声斥责："我随你多年，苦头已尝遍。你原本是一个书生，沦落到担柴为生，应该懂得读书无用，为什么到现在还不清醒？还要不知羞耻地到处吟诗唱经！我看你这辈子终究是要饿死在穷山沟里，哪里来的富贵？"人生落魄到这个地步，朱买臣只能眼睁睁地看着结发妻子孤苦离去。

说来也真灵验，年届五十，朱买臣果然迎来人生重大转机。这一年，适逢会稽郡吏入京上呈簿账，朱买臣自愿当运卒随行。到了长安城，朱买臣巧遇同乡人庄助（后易名严助），便请求他引荐入宫，得以觐见汉武帝，一番《春秋》《楚辞》滔滔述论，赢得皇帝赞许，遂一朝登上龙门，官拜中大夫，与庄助同侍禁中。后数岁，东越王余善屡征不朝，触怒了汉武帝，朱买臣熟知故乡东越形势，趁机献上讨伐谋略，汉武帝甚喜，任命他为会稽太守，并笑语送祝："富贵不归乡，如衣锦夜行，今天你算是衣锦荣归了。"

朱买臣心里清楚，他的人生转机、富贵加身，庄助起了关键作用。所以，庄助被张汤恶语诛杀，朱买臣怎能不记恨心头，寻思报复！

当然，还有其他因素让朱买臣必欲除掉张汤而后快。

朱买臣骤得显贵，荣列廷臣之显位的时候，张汤还是一个底层小吏，见到朱买臣等人总要跪拜行礼，听候他们差遣。张汤后来居上，做到了御史大夫，位列三公，朱买臣才从会稽太守调为主爵都尉，享受九卿待遇。过了几年，朱买臣因触犯法律免官，在丞相府权充长史，这时他每次去见张汤时，张汤总是坐在位子上不动，把他当作一个丞相府派来的小办事员而不以礼相待。朱买臣自诩当朝名士，对张汤的无礼更为怨恨。另外，长史王朝是齐国人，由于精通术数而做到了右内史；长史边通，研习战国纵横之学，是一个刚强暴戾的人，曾两次做过济南相。此三人旧有职位都曾比张汤高，后来都因为丢了官，所以才当了丞相长史，屈居于张汤之下。张汤曾几次代理过丞相的职权，深知这三位长史一向架子大，就故意地欺凌折侮他们。因此，三位长史同仇敌忾，一起议论道："当初张汤说好了要和丞相一起向皇上谢罪，结果却背叛耍弄了丞相，现在他又想借孝文陵园被盗这件事来对丞相进行弹劾，这分明是想取而代之。我们可是知道张汤干的那些见不得人的事。"于是派人逮捕了与张汤有牵连的田信，四处散布："张汤每次向朝廷奏请事情，田信都预先知道，并因此买进卖出发了财，而后与张汤平分，此外还有许多其他事情。"这些说法传到了皇帝耳朵里。汉武帝问张汤说："我准备办的事情，有的商人总是早早知道了，他们便大批地买入，很像是有人把我的打算预先告诉了他们。"张汤不认错，却又假装吃惊地说："看来真有人泄密。"

这时，御史中丞减宣又向汉武帝报告了张汤和鲁谒居合谋陷害李文等事情，汉武帝遂认为张汤心怀诈伪，当面欺君，一连派了八批使者手持文书来责问张汤的罪行。张汤说没有这些事，对于所判罪名不服。汉武帝又派赵禹去责问张汤。赵禹一来，就责备张汤说："你也太不顾及自己的身份了。被你宣判杀头灭族的人有多少？现在别人对你的告发都是有根据的，皇上不忍将你下狱，给你留点面子想让你自杀了事，你搞什么自我陈述呢？"

事已至此，无可挽回，张汤想起了战国时代苏秦临死前的复仇之计，向汉武帝上了一册谢恩书："汤无尺寸功，起刀笔吏，陛下幸致为三公，无以塞责。然谋陷汤罪者，三长史也。"（我没有任何功劳，只是一个刀笔小吏。幸蒙陛下丞用而位列三公，我没有完成好皇上交给我的任务。但合谋陷害我的，是丞相府的三位长史。）遂自杀。

张汤死后，家产价值不过五百金，都是他所得到的俸禄和赏赐，没有其他产业。张汤的兄弟和孩子们打算为他办个隆重葬礼，他的母亲坚决反对："张汤作为天子的大臣，遭受了别人诬陷而冤死，还搞什么隆重葬礼！"家人就用牛车拉着张汤的棺材下葬，棺材外面连个套棺都没有。汉武帝得悉，深受感悟："不是这样了不起的母亲，就不能生养这样的儿子。"于是把三位长史一齐下狱处死，丞相庄青翟被迫自杀。汉武帝惋惜张汤被诬陷冤枉而死，还提拔了他的儿子张安世。

从酷吏张汤攀附钻营、盛极哀荣的经历不难看出，汉武帝所谓的"尚法"说到底还是皇帝一人治下的独裁。上有所好，下必甚焉，长此以往，荼毒天下。

继张汤之后，司马迁重点记述的另一位酷吏是杜周。

杜周，南阳郡杜衍县（今河南省南阳市卧龙区潦河镇）人。酷吏义纵做南阳太守时，把他当作心腹爪牙，后来推荐给了张汤，张汤再向汉武帝称赞他能干，于是被提拔为御史。汉武帝派杜周去处置边境郡县在敌人进攻下损失的兵力和物资财产，很多人被他判罪杀害，而他的汇报很符合汉武帝的心意，因而受到重用，做了十几年的御史中丞。

杜周为人，表面上持重、宽厚，内心却苛刻已极，阴险入骨三分。在他做廷尉时，办事手段模仿张汤，而且善于猜测汉武帝的心意。汉武帝想要排挤谁，他就编造罪名去陷害谁。汉武帝想要宽释谁，他就故意关着谁，等候汉武帝问及，并寻机略微透露一些此人被冤枉的情况。

有大臣责问杜周："你为天子执法，不以法律为依据，却专门窥伺着皇帝的脸色行事，能这样断案吗？"

杜周大言不惭地对答："法律是怎么制订出来的？前代皇帝订出来的就是法律，当今皇帝点头的就是命令，当时怎么说就怎么对，何必非得遵行古法呢？"

杜周开始被调任廷尉的时候，只有一匹马，连鞍辔也配不齐全，后来长期为官，位至三公，子孙也做了高官，这时他已累积了巨万家产。

汉武帝以尚法的规制手段抑制豪强，张汤、赵禹投其所好，凭着执法严酷而官居三公九卿之列。他们办案还算宽缓，总要找点法律依据，而后来的义纵、王温舒等酷吏，简直就像苍鹰猛虎一样穷凶极恶了。

虽然只是《史记·酷吏列传》中一个人的插曲，但司马迁对义纵这位人生大起大落的酷吏的记述也堪称精彩。而由此中故事情节折射出的爱恨情仇，亦颇能说明封建时代官场的现实与残酷，还有汉武帝娴于驭臣之术的奸雄一面。

义纵是河东郡（今山西晋南一带）人，年轻时曾与张次公等一起劫道杀人。义纵的姐姐义姁因擅长医术而受到王太后宠信。宫闱之中，非清闲寡欲之地。一次，王太后问义姁："你有适合做官的儿子或兄弟吗？"义姁坦诚回答："我有个弟弟行为不端，不能做官。""那算什么，说你行你就行。"王太后不由分说，告知汉武帝，让义纵当了郎中，后来又派往上党郡做了县令。

皇亲国戚金口一言，义纵的身份顿时有了霄壤之别。这位从劫匪变身为父母官的义纵大人也毫不含糊，放下屠刀，立地成佛，"治敢行，少蕴藉，县无逋事，举为第一"（义纵敢说敢干，从不宽容，县里一切该办的事情没有一件拖拉，因此被推举为全郡第一）。义纵又先后调任长陵和长安县令，严格依法办事，对权贵外戚从不通融。由于毫不留情地逮捕审判王太后的外孙修成君的儿子仲，被汉武帝认为能干，升任河内郡的都尉。义纵集军政大权于一身，凶悍本色显露无遗。不过，这时的义纵已非往昔打家劫舍的宵小蟊贼，而是为了国家，更具体地说是为了对有"知遇之恩"的汉武大帝铲除祸害的朝廷干将了。但见义纵一到任，便以霹雳手段把当地的豪强穰氏等全部灭族，河内郡很快被他治理得路不拾遗。当年与义纵结伙的劫匪张次公也做了郎官。接着，义纵又随军出战，视死如归深入敌后，勇立战功而被封为岸头侯。

冠带侯爵，义纵意气风发，上演人生最精彩一幕，对自己的前辈——与郅都同朝为官，一位暴徒式的酷吏宁成，痛下毒手。

宁成，是一个从无赖恶徒到酷吏贪官的典型人物。起初，宁成以郎官、谒者的身份服侍汉景帝。他当小吏，必定要欺负他的长官；如果他当别人的长官，就把部下整得顺顺溜溜。"国之苍鹰"郅都死后，长安一带的宗室贵戚们横行不法的又多了起来，汉景帝便调宁成到京城任中尉。宁成治理京城与郢都一样严酷，操守不如郢都廉洁，用司马迁的话来讲，"其治效郢都，其廉弗如，然宗室豪桀皆人人惴恐"。

汉武帝即位，宁成调任内史，位列九卿，掌治京师，可谓位高权重。不料一些外戚攻击其短处（大概是失廉犯贪），宁成被判髡钳，剃去了头发，脖子扣了铁箍。当时位至九卿的大官一旦被判刑，不愿受屈辱，就立即自杀，很少有活着接受刑罚的。但宁成却认为好死不如赖活着，于是伪造了一份出关证明，逃回了老家。

宁成确属中国传统官场的另类，他逃匿乡里，竟然公开扬言："做官要是做不到二千石，做买卖要是赚不到一千万，那还能在人前说长道短吗！"他向人借钱，买了一千多顷土地，租给穷人种，受他奴役的佃户多达几千家。几年后，朝廷大赦天下，宁成算是没事了，这时他的家产已数千金。

匪有匪道。宁成其人，仗义行侠，横行乡里，手中抓着地方官吏们的许多把柄，出门总跟着几十个随从，完全是一副恶霸横行乡里的模样。他对百姓发号施令的那股威风劲儿比郡太守还厉害。

在使用人才方面，汉武帝"尊儒"崇尚德行节操。比如，对董仲舒以国师待之，但在"尚法"方面，则与"治世之能臣，乱世之奸雄"的曹操相似，皆讲求"唯才是举"。或许是宁成严酷整治贵戚豪强的做法给人留下了深刻印象，数年后，汉武帝打算启用宁成当郡太守，时任御史大夫的公孙弘劝谏说："我在山东做小吏的时候，宁成是济南郡的都尉，他治理百姓就像饿狼放羊一样，这样的人是不能当地方官的。"汉武帝遂派宁成做了把守函谷关的都尉。过了一年多，在关东各郡各国任职而经常出入函谷关的官吏中流行一种说法："宁愿碰见母老虎，也不愿碰见宁成发怒。"

这时，义纵由河内郡调任南阳郡太守，路经函谷关时，宁成毕恭毕敬地侧着身子迎来送往，而义纵却趾高气扬，根本不还礼。义纵早就听说宁成家住南阳，于是到南阳后，立即把宁氏一族捉拿归案，使其家破人亡。宁成也因牵连获罪，和孔氏、暴氏一起逃亡了。

定襄，位于山西省北中部，三面群山，境内四水贯流，土地肥沃，物产丰饶，汉武帝对匈奴的反击战多次从定襄郡出发，以此之故，这里的官吏百姓屡受搅扰，形势一片混乱。义纵受命，赴任定襄太守。甫一上任，义纵突然把定襄狱中关押的两百多个犯重罪而被轻判的犯人，连同私自到狱中探视他们的兄弟、门客两百多人一齐抓了起来，按上"为死罪解脱"的罪名，在一天之内"皆报杀四百余人"。定襄郡上下吏民不寒而栗，一贯豪强为霸、狡猾作恶的人也都反过来帮着义纵维持地方治安，定襄郡从此一举安定。

大规模地对匈奴发动战争，导致大汉帝国财政匮乏。困厄之际，朝廷推行五铢钱和使用白金，有些人乘机制造假钱，都城长安尤为严重。汉武帝遂调义纵入京，升任右内史（又名京兆尹，京城市长，九卿之一）。

义纵虽然执法严酷，"以鹰击毛挚为治"（像苍鹰猛虎一样凶残），但为人廉洁，整治社会的办法也效仿郅都，心存一份公正人性。也正是这份尚存的良心，让义纵太阿倒置，死于非命。

汉武帝巡幸鼎湖，在那里病了很久，病愈后临时下令往赴甘泉宫，却发现道路没有修好，大为恼怒，斥责说："义纵以为我病好不了，不会再走这条道了吗？"并记恨在心。这一年冬天，大臣杨可倡导实行告发申报财产不实的"告缗法"，义纵认为这些告缗的人都是乱民，派出狱吏抓捕为杨可效力的人。汉武帝听说此事，借机给义纵加上一个"违抗皇帝诏命"的罪名，欲将其杀头泄恨。勇猛如鹰隼的酷吏义纵，被专制皇权的杖柄轻轻一击，便铩羽而亡，岂不令人临风怅然，扼腕叹息？

酷吏的横行跋扈、凶残妄为，在王温舒身上达到了极点。

王温舒，陕西阳陵县（今陕西咸阳市东）人，少年时"椎埋为奸"（盗墓贼），后来在本县当过亭长，期间几次被罢免，再后来做了执法小吏，因善于断案而升任廷史，在张汤手下任职，逐步升迁到了广平郡都尉。

这位王温舒都尉大人，堪称是"借黑打黑"的先驱人物——挑选郡中十几个胆大妄为的衙役做自己的心腹爪牙，掌握着这伙人未被揭发的大罪，派他们出去缉捕别的盗贼。于是他想抓人时，总能不费周折、称心如意地抓到。王温舒所用的这些爪牙，即使有一百条罪状，他也不法办他们；若是谁行事避忌，不尽心卖力，就立即找个理由将他和他的家族一起剿灭。

王温舒的这套"借黑打黑"办法令人闻风丧胆，附近一带的盗贼都不敢靠近广平郡，广平郡竟借此平安无事，以路不拾遗而天下闻名。汉武帝不问其劣，乐得其治，提升王温舒为河内太守。

河内郡，汉代京畿郡，生产发达，人烟繁庶，为国家经济重心所在，汉武帝调任王温舒到此经济中枢之地,可见对其人的重视。王温舒也不负帝之所望,大展自己的"王氏治理风格",让郡里为他个人准备五十匹马,在河内到长安的大道上建立若干驿站,部署衙役捕捉那些豪强奸猾之徒,由此牵连获罪的多达上千家,"上书请,大者至族,小者乃死,家尽没入偿臧"。王温舒每次呈报公文,总是两三天即得到批示,一处决罪犯就是血流十几里,全郡的人都奇怪他的上报下批为什么如此神速。在岁末十二月,整整一个月里,河内郡城里鸦雀无声,无人敢夜行,四野乡村无犬吠之盗。个别逃亡到临近郡县和郡国的疑犯被抓捕回来,已到了停止行刑的春天,王温舒顿足叹息说:"嗨,要是能让冬季再多一个月,我的任务就全办完了!"

如此嗜杀成性,汉武帝却认为王温舒最能干,提拔他为京城中尉(相当于后来的九门提督、卫戍区司令)。义纵做右内史,王温舒还有所忌惮,不敢放手大干,等到义纵、张汤被杀,屠夫本色的王温舒又被提升为廷尉(司法部长)。当头脑僵硬的另一位酷吏尹齐在中尉任上"豪恶吏伏匿而善吏不能为治,以故事多废,抵罪",汉武帝再次将王温舒调任京城中尉。

我不知道当初司马迁撰写《酷吏列传》时,怀着怎样的心情揭露王温舒的丑恶,只是,下述一段文字则提示那些善良的人们对人性之恶的一面须有清醒的认识:

为人少文,居它惽惽不辨,至于中尉则开心。督盗贼,素习关中俗,知豪恶吏,豪恶吏尽复为用,为方略。吏苛察,盗贼恶少年投缿购告言奸,置伯格长以牧司奸盗贼。温舒为人谄,善事有势者;既无势者,视之如奴。有势家,虽有奸如山,弗犯;无势者,贵戚必侵辱。舞文巧抵下户之猾,以焄大豪。其治中尉如此。奸猾穷治,大抵尽靡烂狱中,行论无出者。其爪牙吏虎而冠。于是中尉部中中猾以下皆伏,有势者为游声誉,称治。治数岁,其吏多以权贵富。

(王温舒这个人缺少文才,他一任别的官职就头脑发昏不辨是非,而一当中尉,立刻就心花怒放。王温舒负责缉捕盗贼,由于他向来熟悉关中风俗,知道哪些衙役属于凶恶狡诈之徒,这些家伙就都为他所控,尽心为他效力,出谋划策。这些人苛刻狠毒,设置许多检举箱,鼓动人们揭发检举,又在各路设置"伯格长",让他们来监督那些作奸犯科的人。王温舒爱好谄媚吹拍，对有权势的人极力巴结；对没有权势的人则视如奴仆。权势大的人家，即使作恶多端，铁证如山，他也不去触犯；没有权势的人家，即使是贵戚他也敢于欺辱。王温舒通过舞文弄法，整治小户人家向那些豪强大奸提出警告，对那些奸猾之徒一追到底。只要是被他抓起来的人，差不多就得死在监狱，没有一个判过刑的能活着出来。他手下的那些爪牙都像是戴着帽子的老虎，毫无人性，凶残无比。于是，在他的中尉府管辖的地盘上，中等以下程度的不轨分子皆规规矩矩、老实服帖了。再加上一些有权有势的达官贵人替他说好话，他的中尉府治下很快就落了个太平无事的美誉。几年后，许多王温舒手下的衙役们都靠着手中的权力而富了起来。）

王温舒征讨东越归来，得意忘形，发表了一些不合汉武帝心意的议论，被罢了官，此后因触犯法律，仕途几起几落，曾充任少府、右内史、右辅都尉。最终，有人告发王温舒接受在册兵员的贿赂以及其他作奸犯科的事，罪当灭族。王温舒自知作孽深重，遂畏罪自杀。与此同时，王温舒的两个弟弟和弟媳的娘家也因犯罪被灭族。

堪称中国历史上最凶残的酷吏王温舒，就这样以悲惨下场谢幕。光禄勋徐自为的一番感慨，抒发了大汉盛世时代善良臣民心中的郁结："悲夫，夫古有三族，而王温舒罪至同时而五族乎！"

今天的人们，也可以套用一句流行的格言为王温舒之类的人下一定论：多行不义必自毙。

而我所关注的问题是，以"聪明能断，善用人，行法无所假贷"（司马光评语）见长的汉武帝，为什么能纵容王温舒这样极其凶残的恶魔长期存在，恣肆妄为，祸害朝野？意大利近代政治哲学家马基雅维利一些独特的观点或许能解答这一历史现象。

马基雅维利在《君主论》第十五章《论世人特别是君主受到赞扬或者受到责难的原因》中写道：

一个人如果在一切事情上都想发誓以善良自持，那么，他厕身于许多不善良的人当中定会遭到毁灭。所以，一个君主如果要保持自己的地位，就必须知道怎样做不好的事情，必须知道视情况的需要与否使用这一手或者不使用这一手。

我认为，被人们评论的一切人——特别是君主，因为他的地位更高

——都具有某些引起赞扬或者招致责难的品质。

　　君主如果表现出……那些被认为优良的品质，就是值得褒扬的。但是由于人类的条件不允许这样，君主既不能全部拥有这些优良的品质，也不能完全地保持它们，因此必须有足够的明智远见，知道怎样避免那些使自己亡国的恶行，如果可能的话，还要保留那些不会使自己亡国的恶行，但是如果不能够的话，他可以毫不踌躇地听之任之……如果没有那些恶行，就难以挽救国家的话，那么，他也不必要因为对这些恶行的责备而感到不安，因为如果好好地考虑一下每一件事情，就会察觉某些事情看来像是好事，可是如果君主照着办就会自取灭亡，而另一些事情看来是恶行，可是如果照办了却会给他带来安全与福祉。

　　汉武帝具有马基雅维利所说的政治智慧——虽然他的理性判断中羼杂着个人随性的好恶情感，比如因为一条御道未修好，就怀恨在心，寻机处死酷吏义纵。

　　相似的事情发生在见风使舵的上官桀身上，则是另一种结局。那时，上官桀在未央宫负责养马，因为流行疫病，马死了很多，汉武帝恰好看到，发怒质问道："你以为我再也看不到马了吗？"上官桀灵机一动，下跪对答："臣听说陛下病重，愁肠百结，满心期盼陛下早日康复，心思确实没有放在养马上面。"如此露骨的溜须拍马之言，明眼人一听便知是假话，但汉武帝却转怒为喜，从此对上官桀心生好感，临终前还任命上官桀为辅政大臣。一忠一奸，一悲一喜，彼一汉武之为君也，岂可一述而概之？

　　置将不善，外战不利；用吏所非，内政不安。结果是"自温舒等以恶为治，而郡守、都尉、诸侯二千石欲为治者，其治大抵尽放温舒，而吏民益轻犯法，盗贼滋起"（《史记·酷吏列传》）。

　　下迄千年，司马光撰著《资治通鉴》，也对大汉帝国这一盛世期间混乱的社会治安做了较为详实的记述：

　　上以法制御下，好尊用酷吏，而郡、国二千石为治者大抵多酷暴，吏民益轻犯法，东方盗贼滋起，大群至数千人，攻城邑，取库兵，释死罪，缚辱郡太守、都尉，杀二千石，小群以百数掠掳乡里者，不可胜数道路不通。上始使御史中丞、丞相长史督之，弗能禁；乃使光禄大夫范昆及故九卿张德等衣绣衣，持节、虎符，发兵以兴击。斩首大郡或至万余级，及以法诛通行、饮食当连坐者,诸郡甚者数千人。数岁,乃颇得其渠率(大帅),散卒失亡复聚党阻山川者往往而群居,无可奈何。于是作沈命法,曰:"群盗起,不发觉,发觉而捕弗满品者,二千石以下至小吏,主者皆死。"其后小吏畏诛,虽有盗不敢发,恐不能得,坐课累府,府亦使其不言。故盗贼寖多,上下相匿,以文辞避法焉。

  物极必反。待到汉武帝统治后期,大汉帝国朝野上下互动,反思以严刑酷吏抑乱治国的弊端与恶果,严酷的形势得以改观。

  是时,暴胜之为直指使者,所诛杀二千石以下尤多,威震州郡。至渤海,闻郡人隽不疑贤,请与相见。不疑容貌尊严,衣冠甚伟,胜之躧履起迎,登堂坐定,不疑据地曰:"窃伏海滨,闻暴公子旧(久)矣,今乃承颜接辞。凡为吏,太刚则折,太柔则废,威行,施之以恩,然后树功扬名,永终天禄。"胜之深纳其戒;及还,表荐不疑,上召拜不疑为青州刺史。济南王贺亦为绣衣御史,逐捕魏郡群盗,多所纵舍,以奉使不称免,叹曰:"吾闻活千人,子孙有封,吾所活者万余人,后世其兴乎!"(《资治通鉴》卷二十一)

  当然,作为一项"汉家制度",汉武帝推行的"尚法"潮流不可能遽然废退,其后的汉昭帝、汉宣帝两朝,依然以"尊儒尚法"为治国方略。待到公元前49年,刘奭继立为汉元帝,治国惟用儒家之道,减刑宽政,宽严相济的社会平衡点被打破,大汉帝国的广厦失去了硬实力的支撑,曾经风光无限的西汉王朝在西风残照中走向了日暮途穷。

  从春秋战国列强的"变法"到汉武帝时代的"尚法",中国封建社会的法制建设风起云涌,有高潮,有低谷,可谓一波三折,功过是非,迄无确论。以"尊儒尚法"创立"汉家制度",将大汉王朝推向极盛的汉武帝尚且如此,更遑论不似者之所为!由此可见中国法制建设之不易。

  那么,汉武帝"尚法"的法制建设缘何失败了呢?这还要从人治社会与法治社会的区别说起。

"汉家制度"设计的缺陷：专制有余，法制不足

人们常说：有什么样的主子，就有什么样的臣子。岂不知，不一样的臣子也会影响甚至塑造出善恶不同的主子——比如秦始皇与李斯之间，举凡治国方略、执政意识，高高在上的主子实则被利欲熏心的臣子所引导，严刑峻法，虐行天下，非但六百年嬴氏王朝倏忽而亡，暴秦之恶名更是万世难消。再看汉武帝与张汤等一班酷吏之间，主子乾纲在握，奴才唯唯衔命，主子对臣子驱如鹰犬，弃如敝屣，生杀予夺，一念而已。

由此观之，崇尚法术、权术的汉武帝，既是封建王朝法制建设的推行者，又是法制建设的破坏者，"尚法"的短命与失败，正缘于此。而"酷吏"，往往成为封建帝王维系其专制统治秩序的牺牲品。

必须看到，汉武帝实行"尚法"并非虚与委蛇，而是真心为之。

比如"尚法"，是以法律为依据，对违法者依法惩治。故而汉武帝时代的律令越来越繁多。史载，因武帝大事征伐，"征发烦数，百姓贫耗，穷民犯法。酷吏击断，奸轨不胜。于是招进张汤、赵禹之属，条定法令。作见知故纵、监临部主之法。缓深故之罪，急纵出之诛。其后奸猾巧法，转相比况，禁网寖密。律令凡三百五十九章，大辟四百九条，千八百八十二事"。

酷吏如此苛残，法律如此繁密，社会就能维持稳定，国家就能太平无事了吗？

事实证明，纯粹的"尚法"之路并非最佳选择，成效也令人不敢恭维。正如上引《资治通鉴》记述："上以法制御下，好尊用酷吏，而郡、国二千石为治者大抵多酷暴，吏民益轻犯法，东方盗贼滋起，……盗贼寖多，上下相匿，以文辞避法焉。"这也印证了代表中国哲学和智慧学最高境界的老子的说法"法令滋章，盗贼多有"（《道德经》）。

作为一个历史悠久、体量庞大的文明古国，中国有中国特色的发展之

路。在社会管理或社会治理领域，圣人孔子对治世之道也颇有心得。

"道之以政，齐之以刑，民免而无耻。道之以德，齐之以礼，有耻且格。"（《论语·为政》）

（用政令来引导，用刑罚来约束，百姓民众只求免于犯罪而不懂得耻辱。用道德来引导，用礼仪来约束，百姓不仅能懂得耻辱，而且能够自觉地来归顺。）

可以推想，以"尊儒尚法"奠定"汉家制度"，并且能确保大汉帝国盛世承平局面正常运行的汉武帝对孔子的思想精核是熟知的，否则，我们这些中华后人看到的必将是一个与秦始皇"焚书坑儒"相似的一意孤行"尚法"的汉武帝。

现在，让我们抛开"酷吏"的话题，对汉武帝时代其他几位有影响力的人物进行延伸阅读、思辨。

桑弘羊，西汉王朝著名理财家，在解决汉武帝时代国库亏空、财政匮乏的危机方面居功甚伟，是汉武帝最信赖的大臣之一，倚为栋梁，且被钦点为辅政大臣。他对汉武帝的"尚法"实践和任用酷吏予以大胆肯定："杜大夫（杜周）、王中尉（王温舒）之等，绳之以法，断之以刑，然后寇止奸禁。"

桑弘羊以为，"令者，所以教民也；法者，所以督奸也。令严而民慎（惧），法设而奸禁。网疏则兽失，法疏则罪漏，罪漏则民放佚而轻犯禁"，所以，必须实行严刑峻法，"执法者，国之辔衔；刑罚者，国之维楫也"。

桑弘羊还对先秦法家代表人物商鞅推崇备至，曾如是评说："夫商君起布衣，自魏入秦，期年而相之，革法明教，而秦人大治。"

然而，秦朝二世而亡的历史教训是深刻的，而且"尊儒尚法"既已定为汉武帝治下的基本国策，桑弘羊清醒地认识到，在推崇法家、法治的同时，还须称引儒书，饰以儒术，"仁"与"刑"并非对立，而是交互为用，"春夏生长，利以行仁，秋冬杀藏，利以施刑"，用四时的代谢可以说明"仁"与"刑"二者之间相互为用的关系。桑弘羊的观点，代表了相当一部分廷臣对汉武帝"杂霸王之道"的肯定。

事实确也如此，汉武帝虽然厉行"尚法"，却从未放弃对"仁义"的坚守。

《史记·平津侯主父列传》记载了汉武帝以"德义"为准则,对克己俭约、重义轻财的丞相公孙弘褒奖、关爱的故事,说明这位纵容酷吏以暴制暴、专擅威权的大汉天子并未丧失弘扬人间正义的仁爱之心。

维汉兴以来,股肱宰臣身行俭约,轻财重义,敦然著明,未有若故丞相平津侯公孙弘者也。位在丞相而为布被,脱粟之饭,不过一肉。故人所善宾客皆分俸禄以给之,无有所余。诚内自克约而外从制。汲黯诘之,乃闻于朝,此可谓减于制度而可施行者也。德优则行,否则止,与内奢泰而外为诡服以钓虚誉者殊科。以病乞骸骨,孝武皇帝即制曰:"赏有功,褒有德,善善恶恶,君宜知之。其省思虑,存精神,辅以医药"赐告治病,牛酒杂帛。居数月,有瘳,视事。至元狩二年,竟以善终于相位。夫知臣莫若君,此其效也。

翻译成白话文:

自从汉朝建立以来,国家的股肱大臣能自身节俭,轻财重义,堪称楷模,没有比宰相公孙弘做得更好的了。他身为一国丞相,居然只盖一条粗布被子,每天吃的是粗米饭,一盘有肉的菜,还把领得的那份俸禄都分给了他的亲戚朋友,自己一点剩余都没有。他就是这样严格要求自己,严格遵守国家制度。这些事情是由于汲黯在朝堂之上向他提出质问才被人们所知道,这可真是低于规定标准而值得表彰推广的榜样。好的道德表现要发扬,坏的表现就要制止,公孙弘与那种实际奢侈而外装俭朴以沽名钓誉的人不是一回事。后来他因病向汉武帝请求退休,武帝当即下诏说:"有功者当赏,有德者当奖,表彰好的,批评差的,这些原则你是知道的。请你多保养、少劳神,辅之以医药。"于是赐给假期让他好好养病,并不断送来牛肉、御酒以及其他的吃穿之类用物。数月后,公孙弘病情好转,又上朝处理政事,直到元狩二年(公元前121年),老死在丞相的职位上。知臣者莫如其君,汉武帝这样对待公孙弘就是一个很好的例证。

卜式,西汉河南郡人,孔子著名弟子卜子夏的七世孙,家境贫寒,父母双亡,无以为学,靠耕田、畜牧为生,抚养唯一幼弟。待其弟成年,卜式把田地房屋财产尽数留给了弟弟,自己只带一百多只畜羊进山放牧。过了十多年,卜式的羊群繁衍到一千多只,他才走出山野,购买田地房屋定居下来。而其弟这些年只知吃喝玩乐,家产耗尽,卜式又多次把家产分给弟弟，受到邻里的称赞。

那时，汉朝与匈奴作战正酣，国库匮乏。卜式上书，表示愿意拿出一半财产援助边境战事。汉武帝闻讯，派遣使者前去探个究竟。

使者问道："你这样做，是不是想做官呢？"

卜式回答："我从小放羊，没学过做官的学问，不习惯过官吏的生活，不愿意做官。"

使者再问："那你是不是家有冤屈，打算上告？"

卜式对答："我生下来就从不与人争执。对家乡生活困难的人，就借钱粮给他；对行为不端正的人，就开导教诲他。我住到哪里，哪里的人们就依赖我，对我都很友好。我能有什么冤屈呢？"

使者颇感纳闷："既然是这样，那你拿一半财产出来是想做什么？"

卜式坦言："天子讨伐匈奴，有能力的人应该到前线拼死作战，有资产的人应该把钱财捐献出来资助军队。这样，我们大汉王朝就能把匈奴消灭了。"

使者将卜式的话汇报给汉武帝，汉武帝又把这些话转述给丞相公孙弘。公孙弘不以为然，发表异议："这可不符合人的本性。请陛下不要相信他的谎言。"汉武帝遂对卜式的捐助之举不予理睬。卜式没有怨言，返回家乡继续耕田放牧。

此后，汉军屡次征战漠北，匈奴浑邪王等率部归降，汉室耗费巨资安抚，仓储府库为之空虚。此外，大量贫困民众流离迁徙，皆仰仗国家安置，朝廷供养不足。卜式再次走出乡野，供献二十万钱，请河南郡守分给迁徙来的百姓。河南郡守向朝廷禀报当地富人资助贫民的名册，武帝看见卜式的名字，犹记在心："这不就是从前想捐出一半家财资助边防的那个人吗？"随即，武帝召见卜式，当庭赏赐，把四百戍边人的十二万给养钱归他，卜式却把这些钱全部还给了朝廷。当时，富豪之家却纷纷逃避责任，藏匿钱财，只有卜式慷慨解囊以助边关。汉武帝确信卜式是值得尊敬的长者，可以他为榜样，教化天下百姓（"上由是贤之，欲尊显以风百姓"），遂任命卜式为中郎，赐爵左庶长，又赐予良田十顷，并诏告天下，想以此榜样的力量和朝廷的尊崇来带动天下人报效国家。

一介耕夫竖牧，命运发生戏剧性转变。

按照《史记·平准书》载述，起初，卜式不愿当中郎，汉武帝换了一个说法，劝道："皇家上林苑也有羊群，我想让你为天子牧羊。"卜式这才答应当了郎中。

卜式有了官家身份，却不改乡野之民朴素本色，布衣草履，放牧于皇家禁苑。过了一年，上林苑的羊长得硕大肥美，繁殖又多，汉武帝大为称赞。卜式把握机会，一语双关，向皇帝讲起扬善抑恶的管理学："世上的事物都是相通的。不仅放羊如此，治理百姓也应该这样。要让百姓按时劳作、休息，如果他们中间出现一个坏人，就要赶快把他除掉，不要让他带坏了一大群人。"一个耕田放牧的乡下人，能说出这样一番大道至简的话，让汉武帝大感意外，就试探性地任命他为缑氏县令，结果缑氏人很喜欢他。汉武帝又调卜式任成皋县令，那里的漕运成了全国第一。这时，汉武帝认为卜式确实朴实忠厚，便提升他做了齐王的太傅，后来又升任齐相。

南越吕嘉反叛汉朝，卜式上书，声明自己愿意和儿子跟着齐国的楼船水兵一道为国效死。汉武帝嘉其志，下诏曰："卜式早在他以耕田放牧为业的时候，就不是想着个人，一旦有了富余之财就捐给国家。如今不幸遭遇危急，他们父子又奋勇争先，想着为国捐躯，虽然还没有去参战，但他们的大义凛然已昭彰于世。我要赐卜式为关内侯，赏黄金六十斤，田十顷。"汉武诏书布告天下，意在以卜式为表率，带动朝野臣民踊跃报国效力，结果却无人响应，益显卜式的难能可贵。其后，卜式被提升为御史大夫。

一个放羊娃出身的平民，大字不识几个，只因秉持一颗恒久忠贞的报国之心，而能荣任大汉帝国监察部长，荣享九卿待遇，跻身最高统治阶层，从一定意义上讲，这也算是中华文明史上非常之人成就的非常之事，也算得上是汉武帝的一项历史贡献。

不过，在对待卜式的态度上，历史的局限性又让汉武帝这位"性情中人"最终走到了历史的反面——只因卜式不失纯朴的本色，坦率地反映了船只上税的弊端，汉武帝便从此不再喜欢这位自己颇费心思树立起来的榜样人物。元封元年，公元前110年，卜式被降秩为太子太傅，最终得享天年。

天下楷模的卜式最终被冷落一旁，很重要的原因是他触犯了汉王朝的核心利益——增加税收、化解财政危机的政策。

政治、社会的危机，往往是由经济问题而引发的。毕竟，经济活动是人类一切活动的基础；经济形势的向好，亦往往有利于其他问题的解决。

众多史料载述，汉武帝在位中期，由于大事兴作，巨款开支，弄得"财赂衰耗而不赡"，不仅使汉初七十年的积蓄为之一空，"府库并虚"，而且广大农民由于繁重的赋税徭役和豪强、豪商的盘剥，日趋穷困，加上连年天灾，纷纷破产、流亡。这种民穷财尽的困难局面如果继续发展下去，不仅使垂成的功业毁于一旦，还有可能使日趋尖锐的阶级矛盾更加激化，危及西汉王朝统治。

此时，豪商大贾们却"乘上之急，所卖必倍"，"财或累万金，而不佐公家之急"，甚至有"因其富厚，交通王侯"，利用汉初以来"开山泽之禁"的政策，操纵冶铁、煮盐、铸钱等对国计民生有重大关系的生产部门，在政治上和经济上对皇朝构成严重的威胁。

如此严峻形势，令汉武帝决心改革财政经济。元狩三年，公元前120年，汉武帝开始重用"兴利之臣"——"东郭咸阳、孔仅为大农丞，领盐铁事，桑弘羊以计算用事"。此三位"红顶商人"，尤以桑弘羊为杰出者。

桑弘羊（公元前152年—公元前80年），洛阳商人之子，自幼接触工商业务，据说能"以心计"，而不用筹码（当时一般商人用竹制成的筹码进行运算）进行运算。汉武帝即位之初，桑弘羊被召入宫廷，年方十三岁，任侍中，"得入禁中"，经常接近天子，参与议论朝政。担任此职者，多系显官、贵戚及当时的文学名士，桑弘羊以商人子弟得膺此职，而历仕达二十余年之久，说明汉武帝对他异常重视。

在御史大夫张汤的建议和桑弘羊等人具体筹划下，公元前119年，西汉朝廷颁布了"算缗"和"告缗"令。

所谓算缗，指的是向工商业者和高利贷者征收财产税；告缗，指的是向朝廷揭发工商业者和高利贷者隐瞒财产和偷税漏税的违法行为。这既是为解决财政困难的燃眉之急，也有打击豪商的用意。"县官大空，而富商大贾，或蹛财役贫，转毂百数，废居居邑，封君皆低首仰给；冶铸煮盐，财或累万金，而不佐国家之急。"于是，张汤"承上指，请造白金及五铢钱，笼天下盐铁，排富商大贾，出告缗令，锄豪强并兼之家"。

"算缗"令颁布之后，豪商大贾们强烈反对，"富豪皆争匿财"，对这项政令采取了抵制态度，只有以经营牧羊业起家的洛阳人卜式"愿输家之半"供献给朝廷充实边防之用。汉武帝以卜式为榜样，加以表扬和奖励，"以风百姓（商贾）"。然而，"天子既下缗钱令而尊卜式，百姓终莫能分财助县官"。

公元前117年，武帝派遣杨可主持"告缗"事务，由当时以严酷著称的御史中丞杜周负责审理全国告缗案件，"中家（中等以上商人）大抵皆遇告"，凡是遇告之人很少有得到平反的。实行"算缗""告缗"的结果，没收得到的百姓财物数以亿计，奴婢以千万数，没收的田产大县可达数百顷，小县上百顷，没收的房屋也与此相当，全国中产以上的商人大都破产了。由于"算缗""告缗"和盐铁专卖，国库的钱财日渐多了起来。

虽说敛财效果明显，但"算缗""告缗"毕竟为非常手段，民间营生家业破产，导致举国经济凋萎，未可长期厉行。公元前110年，桑弘羊被任命为治粟都尉，行使大司农的职权，代替孔仅掌管全国的盐铁专卖。从此，以"理财"见长的桑弘羊遂走上历史的前台，推出"均输""平准""酒榷"诸法，挽西汉王朝经济危局于既倒。

汉武帝不愧为千古一帝，眼光敏锐，知人善任。"理财专家"桑弘羊一转身成为"财政大臣"，当即抓住了国家经济的脉搏。

桑弘羊一到任，当即派人到各郡国清除积弊，扩大盐铁官营的建置，在全国各地盐铁产区设立盐官三十五处、铁官四十八处。很快，全国盐铁产量和销售都有了大幅度增加。

公元前98年，汉武帝采纳桑弘羊的建议，实行"酒榷"法，即酒类专卖，由私家作坊酿造，由官府统一销售，由此开辟财源，增加财政收入。

其时，各官府都在各自做买卖，争权逐利，导致物价飞涨，各地运抵京城充当赋税的许多货物还顶不上中途运输的费用。桑弘羊奏请汉武帝，由大司农派出几十个属吏分赴各郡国去主管均输，在各郡国下属的每个县都设置均输官、盐铁官。各地出产的货物，若是在他处卖得价格最高，最容易被商人转手贩卖，就充当赋税运往京城。在京城设置平准令，总管全国各地运来的东西。大司农所属各官把全国的物资都垄断起来，根据市场行情，大量购销，贵买贱卖。这样，豪强富商就不可能再操纵市场、牟取暴利，由此稳定了全国的物价。这些举措被称为"均输""平准"。

作为对上述诸法的补充，桑弘羊还施出一记敛财"阴招"：让官吏可以根据所交谷物的多少而升官，也可以让犯罪的人交纳粮食而免罪。黎民百姓凡是能运送一定数额的粮食到达甘泉宫，就可以免除终身劳役，并且不在"告缗"之列。各郡国要输送粮食到其他急需之处，大司农所属各官府也要向京城运粮，这样，东方的漕运数量一年就增加了六百万石。如此，仅一年时间，京城的太仓和甘泉宫的府库都装满了粮食，均输官积存的绢帛多达五百万匹，边境前线也储有余粮及其他物资。百姓没有增加赋税而朝廷储蓄却很宽裕。汉武帝大喜过望，赐桑弘羊爵位左庶长，赏黄金二百斤。

由桑弘羊主导的这场财经改革，不但使西汉王朝顺利地走出了财政危机的泥淖，而且确保了大汉帝国对匈奴战争和边疆经营的继续。"汉连出兵三岁，诛羌、灭两粤，……费皆仰给大农。大农以均输调盐铁助赋，故能赡之。"（《汉书·食货志》）

更为显著的成效是，因为盐铁专卖、均输、平准等各项财经改革举措的到位，基本上解决了汉初以来豪商大贾和地方割据势力（诸侯王、豪强地主）搜山海之利、垄断国家经济命脉、积蓄反叛资财和造成币制紊乱的大患，皇权得以加强，文景之治时代那个相对公平、有序的稳定社会，重归大汉帝国皇帝治下。

按照当代史学家评价，桑弘羊不但是汉武帝兴功立业的得力助手，同时也是我国封建社会一位具有远大眼光的杰出的理财家。

而这一切成就的缔造，当然离不开大汉帝国的"总设计师"——汉武帝。在位长达五十四年的汉武帝，始终牢牢把握着西汉王朝的全局、走势。这一点，在司马光《资治通鉴》卷二十二有着精确的描述：

武帝好四夷之功，而勇锐轻死之士充满朝廷，辟土广地，无不如意，及后息民重农，而赵过之俦教民耕耘，民亦被其利。此一君之身趣好殊别，而士辄应之，诚使武帝兼三王之量以兴商、周之治，其无三代之臣乎！

是的，汉武帝凭借自身条件，完全有可能成为尧、舜、禹之类被后代讴歌的三代圣王。但彼一汉武大帝，文治武功非常了得，奠定国体，锻造民族，英风远扬，淹贯古今，却落得个是非争议难定，"秦皇汉武"并称，何以至此？

我们可以做这样一个比喻：国家犹如一座大厦，人才犹如支撑这座大厦的栋梁。汉武帝一生文治武功，建树颇丰，离不开大量贤才、济济多士的辅佐，而"不拘一格选人才"正是汉武帝成就大汉帝国伟业的关键所在。

然而，封建王朝的局限性在汉武帝身上也多有体现。

众所周知，封建王朝的显著特征之一，是皇权（王权）高度集中的专制统治，所谓"君权神授"，最直接的表述是"普天之下莫非王土，率土之滨莫非王臣"。帝王是人而不是神，自有人性的弱点，不可能完美。在人欲难抑的封建世俗社会里，帝王享有无限权力，其个人意志凌驾于全体国民之上（"朕即国家"），帝王即代表着法律，没有人能挑战帝王对天下人生杀予夺的特权，否则就是大逆不道，乱臣贼子，身死族灭。这样的顶层人治设计，因不同帝王的品行善恶、才智优劣而充满了变数，又何谈法治？

作为汉武帝时代第一循吏、社稷之臣，汲黯以敢于直谏犯颜而著称。针对汉武帝"招延士大夫，常如不足，然性严峻，群臣虽素所爱信者，或小有犯法，或欺罔，辄按诛之，无所宽假"随性苛酷行为，汲黯劝言："陛下求贤若渴，甚为辛劳，但人才尚未尽其用，就已杀之。以有限之士，供无限之诛杀，臣恐天下之贤才将被杀尽。陛下还能与谁一起治理天下呢？"

汲黯言辞甚怒，汉武帝却笑而喻之曰："何世无才，只怕无人能认识罢了。假如能辨识人才，何患无人才！所谓人才，犹如有用的器物，有人才而不肯尽其用，与没有人才等同，不杀有何用！"说得汲黯目瞪口呆，口辩无词。

这也是中华古代文明一个结构性的缺失。

直到近代，外国思想家才提出弥补这种结构性缺失的办法。

法兰西近代启蒙思想大家孟德斯鸠《论法的精神》阐释道：

在民主政体中，人民在某些方面是君主，在另一些方面是臣民。

全体人民只有通过表达其意志的选票才能成为君主。最高权力掌握者的意志就是最高权力掌握者本身。在这种政体中，确立选举权的法当然就是基本法。规定如何投票、谁投票、投给谁、就什么事情投票，这些事情都很重要，其重要性不亚于君主政体下需要知道谁是君主、他将如何治理国家。

掌握着最高权力的人民应该亲自做他们能做好的一切事情，自己做不好的事情则应交由执行人去做。

执行人如果不由人民任命。那就不是人民意志的执行人,因此,这种政体的一个基本准则就是由人民任命执行人即官吏。

人民在遴选受托替他们行使部分权力的那些人员时,其表现令人赞叹,他们只要依据一些人人皆知的事例和有目共睹的事实,便可作出决定。他们很清楚,某人经常参与征战并屡建战功,因此,人民非常善于遴选一位将军。人民也知道,某位法官工作勤奋,不为贿赂所动,许多人在步出法庭时对他表示满意,人民依据这些情况完全有理由遴选他任职。人民知道某位公民气度非凡、腰缠万贯,据此便可以遴选他为市政官了。人民在公共场所了解这些事情,远胜于宫中的君王。但是,人民知道如何处理事务,如何选择地点、机遇、时间而加以利用吗?不,他们不懂。

如果有人怀疑人民辨识才能的天赋,那就看看雅典人和罗马人一系列惊人的选择就明白了,我们无论如何不会说他们的选择都是凑巧。

大部分公民有足够的参选能力,却不具备足够的被选能力。同样,人民有足够的能力听取有关管理事务的报告,却不适宜于自己进行管理。

在民主政体下,人民分为若干等级,伟大的立法者就是以其划分等级的方法显示其出众的才华,民主持续的时间及其发达程度始终与等级的划分息息相关。

中央集权是古代东方文明社会一个恒久的历史现象,也是一个从古至今东方特色的历史延续。

公元前89年,针对桑弘羊在轮台以东"遣卒屯田,募健民垦荒,分筑亭障,借资战守"的上言,汉武帝下《轮台罪己诏》,深陈既往之悔:

轮台在车师千余里,前击车师,虽降其王,以辽远乏食,道死者尚数千人,况益西乎!乃者贰师败没,军士死亡,离散悲痛,常在朕心。今又请远田轮台,欲起亭障,是扰劳天下,非所以优民也,朕不忍闻!当令务在禁苛暴,止擅赋,力本农,修马复。养马者,得免徭役。令以补缺,毋乏武备而已。

作为封建帝王,汉武帝的难能可贵之处在于终不失辨别是非之心,反躬自省、改过自新。从这个意义上讲,汉武帝算得上是一个好皇帝。

帝国反击战：匈奴不灭，何以家为？

"国虽大，好战必亡；天下虽平，忘战必危。"（《司马兵法》）

公元9世纪，大唐宪宗元和年间，一日，"元和中兴"之主唐宪宗召集廷臣商议边塞政策，大臣们多持和亲之议。唐宪宗未下定论，却背诵了一首中唐诗人戎昱的《咏史》诗：

汉家青史上，计拙是和亲。社稷依明主，安危托妇人。岂能将玉貌，便拟静胡尘。地下千年骨，谁为辅佐臣。

吟罢，唐宪宗环顾左右群臣，神色庄重地说道："此人若在，朕便任命他为朗州刺史。"

见群臣面带迟疑，沉默不言，唐宪宗一笑又言："魏绛（春秋时晋国大夫，力主和戎）之功，何甚懦也！"至此，众大臣领会其意，不再提"和亲"二字。

这则不见诸于正史，而由晚唐文人范摅的笔记小说《云溪友议》叙述的唐诗故事，对关注、研究中国民族史和政治史的人来说，却十分重要。因为，这首唐诗所涉及的主题——延续二百多年两汉王朝与匈奴"战争与和平"的历史，不但擘划了汉族与匈奴两个强大民族兴盛衰亡的不同命运，而且从此确立了东亚大陆以汉族为主体的政治格局。

在中华民族五千年文明史上，所谓"战争与和平"的历史，以代表农业文明的两汉王朝与代表草原游牧文明的匈奴部落之间的博弈最为典型、精彩。

汉高祖十二年（公元前195年），刘邦击败英布，归途中驻旅沛县（今江苏徐州），置酒沛宫，击筑放歌："大风起兮云飞扬，威加海内兮归故乡，安得猛士兮守四方！"于此可见大汉王朝一代开国雄主的盖世威风。

"安得猛士守四方"——豪气凌云，其实难隐切肤之痛。荣归故乡的当朝至尊皇帝刘邦，一定还记得五年前的那场屈辱之战。公元前200年，雄心勃勃的刘邦亲帅三十万大军征伐匈奴,却在平城白登山(今山西大同东北)被匈奴四十万精锐骑兵包围,七日不得脱身,若非谋士陈平出一奇计,以重金贿赂匈奴冒顿单于的阏氏(皇后),且以一幅美人图挑起她的嫉妒之心,劝说单于放了刘邦一条生路,被围汉军势必全军覆没。倘若是这样的结局,匈奴数十万铁骑乘胜南下,席卷关中、河洛,西汉王朝几无可御敌之兵,在中国历史上,将不会有铸成一个强大国家和民族的两汉王朝。

可以说,是一个异族女子(阏氏)的贪婪、嫉妒之心,拯救了大汉的江山!

公元前195年,汉高祖刘邦离世,大汉王朝又一次蒙受了匈奴的羞辱。这一次,匈奴人针对的是刘邦的夫人,当朝汉惠帝的母亲、皇太后吕后。

从三皇五帝传说缘起,历经夏、商、周、秦、汉而凝成一个统一民族——华夏民族,第一次必须直面一个重大抉择——站在国家整体意志的高度,对崛起于北方草原的劲敌,选择战争还是和平?

按照白寿彝总主编《中国通史》的阐述,由于我国许多少数民族基本分布在全国的周边地区,因而与主要聚居在长江、黄河中下游地区的汉族相比,在气候、土壤条件和地理环境的许多方面均有很大的不同。

一般来说,北方民族居住的地区,气温低,多草原、沙漠,宜于牧业;南方民族居住的地区,多高山、丘陵,气温较高,宜于农业。这对于各个民族在经济、政治、文化、生活方式等方面都会产生一定的影响,其民族特点也不尽相同。例如,北方民族因交通便利容易走向联合,社会发展进程也比较快,这与他们从事集体的游牧活动、具有勇敢的精神有关。南方民族,往往局促于山地,交通不便,不利于联系和融合,这是南方民族虽然在民族数量上超过北方民族,但在社会发展上却落后于北方民族的一个很重要的原因。由此也呈现这样一个历史现象:北方民族一次又一次地进入中原地区,而南方民族却很少有过类似的活动。

《史记·匈奴列传》中的一段文字记述,可以加深国人对古代中原王朝与北方游牧民族攻防战争历史的理解。

中行说,是汉文帝时期一位投靠匈奴的汉室和亲公主陪臣,后背叛祖国。面对来自汉朝的外交使者,他代表匈奴人露骨地表达了一种野蛮的侵略逻辑:"汉使无多言,顾汉所输匈奴缯絮米蘖,令其量中,必善美而已,何以为言乎？且所备善则已；不备，苦恶，则候秋孰，以骑驰蹂而稼穑耳！"（汉朝的使者你们听着，我们只要求你们送给匈奴的绢帛粮米要保质保量，要又齐全又好，还要说什么呢？否则，那就请你们等到秋天庄稼成熟的时候，看我们匈奴铁骑如何践踏你们的庄稼。）

中行说这一仗势欺人的强盗逻辑，让以农业为基本生态的民族为之悲哀。事实也的确如此。在中国古代，由这样的悲哀延伸的悲剧一再上演，又岂能以一句"民族大融合"轻描淡写地敷衍过去？

今天，我们重读历史的初衷之一，即是对"战争与和平"这一人类永恒的主题进行反思，以求规避历史上的人间悲剧再次上演。

基于上述认识，有必要重新审视两千多年前发生在东亚内陆的那场波澜壮阔、影响深远的汉匈之战。

一个以农业文明为基本生态的民族，必然过着日月经行下春种、夏耘、秋收、冬藏的定居生活。而这在人类近代社会以前形成了一种类似于自然界生物链的历史现象：每到一年一度夏秋麦黍金黄的农业民族收获季节，也正是其周边山野荒原草木丰美游牧民族马壮兵强之时，于是，狼烟四起处，一路路逐水草而居的"蛮族"聚合兵骑，向川泽平原间的乡村城邑发起一轮轮来去如风的掠袭战争。

从表面上看，西汉之初文帝、景帝两朝，均以对内休养生息、对外奉行避守弭兵为基本国策，以至于一代名帅周亚夫平定吴王刘濞叛乱，威名著于海内，但此后徒以屯军细柳营的兵阵森严，令世人空有一番赞叹，再无军功可建。一代名将李广虽有斩将搴旗勇不可当、箭锋所指望风披靡之神威，也只得到汉文帝一句"惜乎，子不遇时！如令子当高帝（刘邦）时，万户侯岂足道哉！"的虚言安慰。

青史留名的文景之治无外战之赫赫显功，非不为也，有所待也——锋锷内敛，实为厚积薄发。所以，到了汉武帝时代，发生了各路英雄风发踔厉、三军北向波澜壮阔的反击匈奴战争。

这是一场在黄河流域、蒙古高原、河西走廊、辽阔西域之间持续了数百年的战争，对阵双方——以定居农业为形态的大汉民族和以迁徙游牧为形态的草原民族，通过政治、经济、军事、文化多方面的殊死博弈，最终导致以匈奴为主体的强大而统一的草原民族的分裂——在中国北方，再次形成一个以蒙古族为主体的一个强大而统一的草原民族，已是一千多年后的蒙元帝国时期了。

与此同时，随着反击匈奴战争的节节胜利，由此凝聚起来一个有着共同的精神状态、经济、社会和文化形态的农业民族——汉族，最终成为在东亚大陆占主导地位的民族。

公元前2世纪前后，西汉王朝面对的北方劲敌——匈奴，是历代由汉族建立的中央王朝在其成立之初面对的最强大的敌人。当时，冒顿单于缔造的匈奴帝国有控弦之士数十万人，其实力远远超过后来西晋和东晋王朝面对的北方"五胡"；唐王朝面对的东、西突厥；北宋王朝面对的辽、金、西夏；明王朝面对的元朝残部。平城白登山一役，汉高祖刘邦率领的三十万大军被冒顿单于团团包围，足见匈奴实力的异常强大。

然而，两汉王朝延续四百余年，匈奴非但无法对汉王朝构成致命威胁，反而是大汉帝国屡屡战胜匈奴帝国，直捣其漠北王庭，凯歌高奏处，封狼居胥，燕然勒铭。

元狩四年（公元前119年），大将军卫青率兵出定襄，骠骑将军霍去病率兵出代郡，两路夹击匈奴。卫青与匈奴单于大战一日，匈奴大溃，单于逃遁，汉军追击斩捕匈奴一万九千人。霍去病出代郡两千多里，与匈奴左贤王激战，歼敌七万多人，登上狼居胥山（今蒙古境内），举行祭天仪式（封狼居胥）。自此，"匈奴远遁，而漠南无王庭"。

嗣后，汉武帝以天子之尊巡边，至朔方，摆开十八万骑兵向匈奴示威，并遣使见乌维单于，声言："南越王的人头已悬挂在未央宫的北门。单于，你如果敢与汉朝决战，我们的天子正亲率大军在边境上等着；如果你不敢开战，就赶快向汉朝南面称臣，何必远逃遁走，躲藏在漠北那种荒寒凄苦之地！"乌维单于虽然心有不服，但终究没敢再靠近汉朝边境。

逾数年，且鞮侯立为匈奴单于，恐汉军来袭，言辞谦卑地向汉朝求和："我儿子，安敢望汉天子！汉天子，我丈人行也。"

西汉宣帝五凤元年（公元前57年），呼韩邪单于率其部落向南迁徙至长城一带，恳求归附大汉王朝。

而就在半个多世纪前，匈奴在对待汉朝的态度上却是那么的嚣张：汉高祖被围，吕太后受辱，文景二帝忍气吞声、好言劝和，即便如此，犹不能满足匈奴的贪婪、蛮横。汉文帝十四年（公元前166年），匈奴单于率十四万骑兵侵犯朝那、萧关，杀死了北都尉孙卬，掳掠汉民畜产甚多，并向南一直打到彭阳县，火烧汉朝皇帝行宫——回中宫，侦察骑兵深入到雍县和甘泉宫。匈奴单于在塞内逗留一个多月，才骄矜离去。此后，匈奴日益骄横，年年入侵，杀掠汉朝边民，云中、辽东二郡侵扰尤甚，受害边民达一万多人。汉文帝对此深感忧虑，派使臣奉书前往匈奴，重议汉高祖时期刘敬主张的和亲事宜。这便是"社稷依明主，安危托妇人"典故的由来。

如果把西汉王朝对匈奴的反击战争视作一部英雄史诗，这其中，"兴师遣将，以征厥罪"的统帅汉武帝固然可嘉，"卫青不败由天命"的说法固然荒谬，"匈奴不灭，无以家为"的霍去病固然可歌，而飞将军李广百战之身竟死于自刎固然悲壮——帝王挥玉戈，将士战沙场，其赫赫军功已然奠定了一个强大王朝——大汉王朝的基石。

还有百折不挠的张骞、苏武等壮志不渝、忠诚节烈人物所激发和历练的民族信念、爱国之心……

西汉王朝的武将文臣勇毅坚贞如此，一脉相传的东汉王朝在对匈奴战争中，依旧雄风不减汉武帝的英烈时代。

东汉光武帝建武二十四年（公元48年），慑于汉王朝威势且不堪内乱的匈奴南边八部大人商议，拥立日逐王比为呼韩邪单于，遣使至五原塞（今内蒙古河套北），向汉誓言"愿永为藩蔽，御北虏"。光武帝刘秀以仁者为怀，欣然纳之。从此，匈奴分为南、北两部。南匈奴入塞，与汉人杂处、定居。

东汉和帝永元元年（公元89年），大将军窦宪统率南匈奴部众，与北匈奴鏖战于稽落山，大败之，俘获牲畜百万余头，北匈奴归降者达二十万人。窦宪出塞三千里，登燕然山（今蒙古国杭爱山），令班固赋铭，刻石颂功，史称"燕山勒铭"。

公元91年，"匈奴草黄马正肥，金山西见烟尘飞"——这一次，则是东汉王朝派出的窦宪大军西出居延塞，挺进金山（今阿尔泰山），围击北匈奴单于，彻底击溃之。北匈奴一部或降服汉朝，或归附鲜卑，其余大部则逃离中国北部草原故地，踏上漫漫西迁征途。自此，延续数百年的汉匈战争，以匈奴的失败而基本告终。

读史十记

站在人类学的角度，回顾世界历史，公元1世纪，在亚欧大陆东部，大汉王朝对匈奴的"战争与和平"虽然降下了烽火连天的大幕，但在亚欧大陆西部的欧洲，西迁匈奴人继而又挥写了一部跌宕起伏的"民族大迁徙"历史大片。

据罗马史学家阿密阿那斯《历史》记载：公元4世纪中后期，匈人从顿河以东向阿兰人发起攻击，阿兰人试图以战车列队抵御，结果惨败于匈人如潮水汹涌的骑兵冲锋，国王被杀，民众降服。经此一战，匈人在匈牙利平原建立了一个强大帝国。在阿提拉时代，匈人大肆向外扩张，席卷欧洲大部，由此引发欧洲持久的"民族大迁徙"，加速了罗马帝国的衰落和灭亡。

虽然酿成如此重大历史影响，但长期以来欧洲人对突然涌现的匈人颇为陌生，甚至不知它来自何方。直到18世纪后期，法国学者根据中国史书载述，才确认所谓匈人就是中国历史上的匈奴。还有一种传说，在匈牙利人是匈奴人的后裔。

必要的战争，才能换来必需的和平。

两汉王朝赢得对匈奴战争的胜利，印证了"夫战，勇气也"的兵家论断。正是基于不惧力战的勇气，作为泱泱大国的汉王朝，在中国历代王朝对外战争中彰显一派风景独好的局面：战则胜之，和则亲之，是为大国、强国的应有风范！

两汉漫漫四百多年历史，英雄本色绵绵不绝彰显于世间，遂凝成大汉王朝之猎猎雄风，威名飘扬。"汉"字，遂成为一个强大民族的称谓。

当此之际，一首盛唐著名诗人李白的《胡无人》悠然浮现于我的眼前：

　　严风吹霜海草凋，
　　筋干精坚胡马骄。
　　汉家战士三十万，
　　将军兼领霍嫖姚。
　　流行白羽腰间插，
　　剑光秋莲光出匣。
　　天兵照雪下玉关，
　　虏箭如沙射金甲。

云龙风虎尽交回，
太白入月敌可摧。
敌可摧，旄头灭，
履胡之肠涉胡血。
悬胡青天上，
埋胡紫塞傍。
胡无人，汉道昌。

西风残照，汉家陵阙。从公元 220 年的曹操之子曹丕废除汉献帝，取而代之，魏、蜀、吴三国时代开篇，千载悠悠，时空暌隔，曾经的汉家雄风已是往事如烟的久远历史了。

今天，和平崛起的中国是否也在重温历史的同时，重塑我们这个民族曾经拥有的继往开来的创造伟力、威武不屈的强大精神？

人类文明天穹下的理性之光——

中国创造：科举制的诞生

是时中正所品高下，全以意为轻重，故段灼疏言：九品访人，惟问中正，据上品者非公侯之子孙，即当途之昆弟。刘毅亦疏言：高下任意，荣辱在手，用心百态，求着万端。此九品之流弊见诸于章疏者，真可谓"上品无寒门，下品无世族"，高门华阀有世及之荣，庶姓寒人无寸进之路，选举之弊，至此而极。

——赵翼《廿二史剳记》

父教其子，兄教其弟，无所易业，大者登台阁，小者仕郡县，资身奉家，各得其足，五尺童子，耻不言文墨焉。是以进士为士林华选，四方观听，希其风采，每岁得第之人，不浃辰而周闻天下。

——杜佑《通典·选举典》

读史十记

古今多少事，"人才"话不休

中国是一个历史悠久的文明古国，此一荣誉桂冠，国人尽可欣然纳之。至于中国何以称文明古国，常识之外，则未必深知其源流造就、宏旨奥义，进而悟得真谛，说得清楚。

"人类文明"是一个总称，由散布于环球各地的不同民族、部族在不同历史时期的文明创造汇聚而总成。因为民族、部族的不同，各个文明的支脉、分蘖亦不尽相同，且具各自内涵与特征。如此，在浩瀚宇宙一隅的蓝色天穹下，一个专属人类的蓝色星球，便显得生机勃勃、绚烂多彩。

那么，历史上，由中华民族创造的中华文明又具有怎样的内涵、特征？

唯物史观认为，人类的文明创造不外乎物质和精神两个方面。其中，精神文明属于"形而上"的范畴，多辉映于文化领域，可归为人类文明的高级层次。以此观照中外，就古代中国而言，作为东方文明的主体创造者，无论是其显性特征，还是其隐性内涵，皆可以定性为一个文化大国。

既为一文化大国，必有显著之文化特征——中国的文化特征，由一核心延展开来，尽广大而致精微，进而成为凝聚民族的向心力。

身为一个中国人是值得庆幸的，因为世界上最美丽的文字——汉字，使我们有了身心愉悦的人生之旅——阅读。阅读由汉字创造、影响、交流的世界，我们这个历史悠久且人口繁多的民族遂能与文明的"失落""迷失"告别，拥有一个永远属于自己的根深叶茂的精神家园。

阅读，由文章起兴。夫中华历史文章，无非归类为经史子集、诗词歌赋之属，书山有路，学海无涯，卷帙浩繁，而一册在手，有志者尽可攀登、遨游。于是乎，沐浴《古诗源》纯朴之风一路寻芳踏青走来，在中国封建历史巨变的转捩期——三国魏晋时代，一篇在中国文学史上影响深远的文章——曹丕《典论·论文》，将我引入一个深刻的命题：人类创造文明最重要的要素——人才。

曹丕《典论·论文》以"文气说"著称，而其谈论的要点，则是阐发文章著述之于人类历史的不朽价值：

盖文章经国之大业，不朽之盛事。年寿有时而尽，荣乐止乎其身，二者必至之常期，未若文章之无穷。是以古之作者，寄身于翰墨，见意于篇籍，不假良史之辞，不托飞驰之势，而名声自传于后。

曹丕所谓"不朽之盛事"，上溯其源流，出自《左传·襄公二十四年》一段记载：春秋时期，鲁国大夫叔孙豹论古人三不朽，为之评说："太上有立德，其次有立功，其次有立言。"能上升到"经国之大业"高度的文章，即为三不朽中的"立言"。

三国，是一个时势造英雄的时代，虽然缺少老子、孔子、孟子这样的"立德""立言"大思想家、经学家，但"立功"之人自是了得。曹操"挟天子以令诸侯"统一北方；诸葛亮运筹帷幄，"功盖三分国，名成八阵图"（刘禹锡《八阵图》），"孙策以天下为三分，众才一旅"（庾信《哀江南赋》）……而且，"立功"之人，亦不乏"立言"盛事。谋臣主元戎之事的诸葛亮，还以两篇前后《出师表》名垂青史。曹操武略非常，文韬尤胜之，"东临碣石，以观沧海"（《步出厦门行》），魏武文风，独步天下。

在民间流传甚广的《三国演义》中，曹操以一代枭雄著称。而在真实的历史中，曹操则是一代杰出的政治家、军事家，置之"秦皇汉武""唐宗宋祖"之列而无愧色。更难能可贵的是，曹操还是一位杰出的文学家，一首《短歌行》："对酒当歌，人生几何？……青青子衿，悠悠我心。但为君故，沉吟至今。……周公吐哺，天下归心"，足令曹操傲立中国文学之林。

思想，是文化的灵魂。曹操《短歌行》之所以不朽，盖因其思想对诗歌表现内容的统摄——"青青子衿，悠悠我心……周公吐哺，天下归心"——对人才、对治国、平天下的渴望，使一首四言雅颂体的诗行有了文化的灵魂、思想的高度，遂能千秋传诵。

由此，从曹操《短歌行》的情感抒发到"天下归心"的政治诉求，我们亦自然而然地从文学领域进入了社会学领域。

历史上，与曹操《短歌行》一样著名的，是他的一句政治格言"唯才是举"。

据《三国志·魏志·武帝纪》载述，建安十五年（公元210年），曹操以汉丞相的名义下令：

今天下尚未定，此特求贤之急时也……唯才是举，吾得而用之。

建安二十二年（公元217年），曹操第三次下达求贤举才令：

昔伊挚、傅说出于贱人，管仲，桓公贼也，皆用之以兴。萧何、曹参，县吏也，韩信、陈平负汙辱之名，有见笑之耻，卒能成就王业，声著千载。吴起贪将，杀妻自信，散金求官，母思不归，然在魏，秦人不敢东向，在楚则三晋不敢南谋。今天下得无有至德之人放在民间，及果敢不顺，临敌力战；若文俗之吏，高才异质，或堪为将守；负汙之名，见笑之行，或不仁不孝而有治国用兵之术；其各举所知，勿有所遗。

写到这里，我联想起一则为世人熟知且津津乐道的"唯才是举"古训，其出于《孟子·告子下》：

舜发于畎亩之中，傅说举于版筑之间，胶鬲举于鱼盐之中，管夷吾举于士，孙叔敖举于海，百里奚举于市。故天将降大任于斯人也，必先苦其心志，劳其筋骨，饿其体肤，空乏其身行，行拂乱其所为，所以动心忍性，曾益其所不能。

一篇是先秦"人才励志"宏论，一篇是魏晋"唯才是举"政令，虽旨意不同，时空暌隔五百年，却都提到了一个人——傅说。对今天的国人来说，"傅说"似乎是一个很陌生的名字。这是怎样一个人，竟然令博学鸿儒的亚圣孟子和旷世枭雄的魏武帝曹操相继提及，经典、政论皆举其人以为榜样，虽不见诸于黎庶俗称，而垂传于史册？

傅说，商朝武丁时代人，人生极富传奇色彩，以"奴隶宰相"名闻天下。而如欲对傅说从"奴隶到宰相"的人生逆转有一个正确了解，还得从商朝的历史说起。

在世人心目中，商朝（公元前1600年—公元前1046年）是一个迷信笼罩、统治残暴的奴隶制王朝，特别是其末代之君商纣王，给第一个中原王朝（作为夏朝存在证物的偃师二里头遗址尚难形成定论）造成永难抹去的极其恶劣的影响。其实，历史的事实却并非如此，一部四百多年的商朝历史不乏有为之君和众多贤臣能吏。

孟子在阐发其"王道""仁政"思想时，曾以商朝开创者——成汤来举例说明："以德行仁者王，王不待大——汤以七十里，文王以百里……以德

服人者，中心悦而诚服也。"（《孟子·公孙丑上》）

"以德服人"，是商部落首领成汤取传说中的夏王朝而代之，建立一个三千诸侯来贺的商王朝的关键。《史记·夏本纪》的载述"汤修德，诸侯皆归商"，说的即是这个事实。

商的始祖，传说是虞舜时代与禹、皋陶、弃四人并称为宫廷"四岳"的大臣契，负责天下德育与教化。自弃至成汤，商族居住地已历经八次迁徙，成汤又将居住地迁回了祖先弃居住的亳（今河南商丘）。正是在这里，成汤开创了中国政治史上（上古传说时代之后）"唯才是举"的先河——启用有莘氏陪嫁到商部落一名奴隶厨子为宰相，即后来大名鼎鼎的伊尹，曹操求才举贤令中提到的"伊挚"。

伊尹，本名挚，因为生于伊水之畔，陪嫁到商部落以后，显示出难得的治国安邦之才，被成汤解除奴隶身份，并破格任命为"尹"，即右宰相，从此得名伊尹。伊尹身为辅弼大臣，设计救出被夏桀软禁于夏台（今河南禹县）的成汤，襄助成汤奠定"以德服人"的兴商大局，然后"十一征而无敌于天下"，最终在鸣条之战彻底击溃夏军，生俘夏桀，将大禹所铸九鼎迁移到亳都，继传说中的中国第一个朝代夏朝之后，具备奴隶制特征的第二个朝代商朝宣告诞生。

伊尹其人，机敏、睿智而长寿，先后辅佐了四代商王，制订各种规章制度，商朝的前期一时海晏河清、国泰民安。亦因此，商族的后人在祭祀时，总是将伊尹排列在历代名臣的首位，有时还放置在与成汤同等的地位上尊享祭祀。今日国人常说的"人才兴国"战略，成汤、伊尹一君一臣可谓是最初的擘画者。

就商代"人才战略"运筹、实施而言，"奴隶宰相"傅说的故事更为生动、典范。

"武丁中兴"是商朝最为强盛的时代。其时，商王朝疆域辽阔，南达长江流域，北抵燕山，西至陕西，东临海滨，成为那一时期最大的奴隶制国家。而这，离不开一个人——傅说的杰出贡献。

傅说，奴隶出身，名字叫"说"，原本无姓（春秋战国之前的时代，平民以下阶层只有名字而无姓氏；姓氏，是士以上贵族阶层的专属特权，号称"百姓"，非今日平民百姓之称谓）。其祖上原本是身份自由的平民，做过低级官吏，因为秉性耿直得罪了贵族，被恶意陷害，全家受罚沦为奴隶。

傅说不仅身份为最低贱的奴隶，形象也异于常人。据《荀子·非相》转述："傅说之状，形如植鳍。"这可以解释为"鳍在鱼之背，立而上见，驼背人似之"（梁启雄《荀子柬释》）。在等级森严的阶级社会，这样的人譬如野草秋露，不被人践踏已属万幸，又何敢奢望杠上开花、鱼跃龙门？

然而，因为一个襟怀复兴梦想的伟大君王的存在，身份低贱、形象丑陋的傅说，竟然以"奴隶宰相"的旷古声誉与"武丁中兴"这个辉煌时代一并荣载史册。司马迁《史记·殷本纪》记述了这段历史：

帝小辛立，殷复衰……帝武丁即位，思复兴殷，而未得其佐。三年不言，政事决定于冢宰，以观国风。武丁夜梦得圣人，名曰说。以梦所见视群臣百吏，皆非也。于是乃使百工营求之野，得说于傅险中。是时说为胥靡，筑于傅险。见于武丁，武丁曰是也。得而与之语，果圣人，举以为相，殷国大治。故遂以傅险姓之，号曰傅说。

（帝小辛在位期间，殷朝又逐渐衰败……武丁即位后，想复兴殷朝，但物色不到理想的辅弼大臣。于是，武丁三年之内不发一言，把政务交给太宰而自己深入乡野考察民情。武丁夜里梦见一位名叫"说"的圣人，就依照梦中所见的圣人观察群臣百官，却没有发现模样相似的，于是派人到民间寻找，结果在傅险之地找到了。当时，那个名叫"说"的人是个苦役犯，正在傅险修筑道路。领头带他去见武丁，武丁说就是这个人，留下与之谈话，发现他果然是个有能力、有学问的圣人，便破格任用他为宰相，其后殷朝被他治理得一派兴盛。于是，武丁就将傅险作为他的姓氏，称他为傅说。）

"傅说举于版筑之间"的故事，在商朝四百多年历史上意义重大，"武丁中兴""殷国大治"赖此实现，但从司马迁《史记·殷本纪》缺少严谨的记述中，我们看不出武丁有何理由要如此超拔一位奴隶到宰相的高位。傅说身为一名身份低贱的奴隶，有何超迈群伦的才智，让一国至尊的武丁对他一见倾心，以至于魂牵梦萦，不能忘怀，搜遍朝野而得之，继而委以国政？

殷商时代，从海边通往中原的运盐古道经常因洪涝灾害被毁，商王便从四方征集奴隶筑路防洪，傅说即是被征筑路的奴隶之一。傅说天资聪颖，胆识过人，因为发明一种用土筑墙的方法——版筑技术，极大地提高了效率，从而改变了奴隶们的劳动状态，一时间名声大噪，轰动朝野。

其时，正在乡野寻访贤人的太子武丁听闻了傅说的发明，心怀好奇，遂前来拜访。可以想见，当时筑路于茫茫旷野的奴隶，一个个草履鹑衣，蓬头垢面，身在其中的傅说也不例外。但是，当武丁走近傅说，与之交谈，却发现这是一个与其他奴隶截然不同的人：身姿伛偻，却无粗鄙之态，温文尔雅，彬彬有礼，彰显心灵之高贵；身份下贱，一旦议政论治，条分缕析，精辟入微，胸襟天下之韬略。

在东汉末年，曹操以超凡胆识、文韬武略卓绝一世。"唯才是举"的曹氏宣言，亦成就了他统一中国北方的历史功勋。然而，高瞻远瞩如曹操这样的枭雄人物也绝不会想到，其继承者——洋洋清绮之才，领袖"建安文坛"的魏文帝曹丕，以一项"九品中正制"政治制度变革，将他创立曹氏天下的成功宝典——"唯才是举"，来了个乾坤颠倒。从此，门阀世袭制取代人才举荐制，"上品无寒门，下品无世族"。

纵观魏晋南北朝三百余年，乱世纷扰，人才呜咽，云翳雾遮之下，文明星光，寥寥可数。待到中华大地山河一统，中华民族重振雄风，中华文明绽放新的光芒，已是隋文帝开皇七年（公元587年）。

是年，隋文帝下令每州每年选派三人进京，参加朝廷举办的分科考试，一项深刻影响中国历史一千四百余年的政治制度——科举制，就此诞生。

中国创造：科举制的诞生

读史十记

士之所生，用之可以尊中华

中国是一个历史悠久的文明古国，而文明古国必有一系列文明创造。

以文化为基石的人类文明历程，可以称之为人文历史。人文历史的源流，具有不同的地域、区域特征。溯其渊薮，亦多付诸于上古时代某一传说中的英雄、先王，奉为先宗初祖，以此掀开各自部落、民族的人文历史篇章。

在中华五千年文明史上，最著名的人物即是这样一位上古传说时代的虚拟者，我们称其为"黄帝"，千秋万代，生生所系，认祖归根，将其奉为中华民族的人文初祖。

黄帝，一个传说中的虚拟人物，何以能成为中华民族的人文初祖？

通常的解释是：黄帝与炎帝部落结成联盟，形成中华民族的主体——华夏族；其次，黄帝建造了宫室，制作衣裳，"垂裳而治天下"；还教人凿井取水，发明舟楫车辆，为后世的衣食住行奠定了基础。炎黄联盟，历史进程，大势所趋，非一人之功；衣食住行，寻常琐事，本无须盛赞，置之上古蒙昧时期，却有首创文明之功。

在我看来，同样是开创式的人物，第一个对中华文明作出重大贡献的人却非黄帝，而是仓颉——传说创造汉字的人。

传说，总是与传奇交织在一起，因而显得神秘莫测，难辨其虚实真伪，汉字的创造者仓颉，亦不例外。《汉学堂丛书》辑录《春秋元命苞》一段文字，就是这类传说与传奇胶葛不清的例证：

仓帝史皇氏名颉，姓侯冈，龙颜侈哆，四目灵光，实有睿智，生而能书。于是穷天地之变，仰观奎星圆曲之势，俯察龟文鸟羽山川，执掌而创文字。

按照这段文字的解释，仓颉是黄帝之前的另一位古代帝王——仓帝，史皇氏，姓侯冈，名颉。仓颉长着一副宽大的龙脸，四只眼睛放射灵光，聪敏睿智，一出生就挥笔在手，做书写之状。及至长大成人，穷究天地万物变化，仰观天穹星斗圆曲的形势，俯察龟壳上结理的花纹、鸟雀羽毛的色彩和山川蜿蜒起伏的情景，在自己的手掌上写写画画，从而发明了文字。

因为悠远，人类的上古时代，大抵皆如此：人神不分，超自然的力量，主宰着天地万物，真正属于人类的创造也涂抹了浓厚的神话色彩——谁能相信，汉字的创造者仓颉竟然是一个长着龙脸四眼的怪物？所以，又有了后人附会神话传说的历史演绎。

相传，仓颉是黄帝的大臣，担任史官之职，称为"史皇氏"。既为史官，当记皇朝大小诸事，而自远古沿袭下来的结绳记事方法，实在粗陋，已不堪为用，仓颉向黄帝请示创新记事之法，黄帝遂命仓颉去创造文字。

仓颉创造的汉字，属于最原始的象形文字，还达不到后来汉字"六书"之会意、指事、形声等其他几种造字法的高度，因此，关于仓颉模拟自然万象而创造了文字的记述是正确的。即便如此，汉字的诞生，已成为人类伟大创举。中国古代典籍一系列相关载述和诠释，也颇具深意。

《淮南子·本经篇》写道："仓颉作书而天地栗，鬼夜哭。"东汉末年，与经学大师郑玄皆"大有功于典籍"的学者高诱，作《淮南子注》，对"本经篇"详作释义："仓颉始视鸟迹之文造书契，则诈伪萌生，诈伪萌生则去本趋末，弃耕作之业而务锥刀之利。天知其将饿，故为雨粟。鬼恐为书文所劾，故夜哭。"

意思是，当文字这项非比寻常的创造发明一出现，连上天都被惊动得下起雨点似的粟米，鬼魅被惊骇得在夜晚哀声啼哭。为什么呢？因为担心人们从此以后会舍本趋末，抛弃农耕的大业而去贪图用锥刀刻写文字的小利，弄得将来饿肚子，所以上天预先降点粟米来救济未来的荒灾，也是警告世人的意思。鬼魅则恐怕被这些可怕的文字弹劾，所以在夜晚啼哭。

汉字，对于中国而言，更具有特殊意义。

今天的中国，可以为拥有世界上最古老持久的文明而自豪；文字，俨然是这一古老而持久的文明的见证者、阐释者。如果说，仓颉造字还只是神话传说的产物，到了商代，神秘的汉字终于崭露头角，镌刻在龟甲兽骨上的臻于成熟的象形文字——甲骨文，记载了欧亚大陆所有文明中一个与众不同的文明——商朝文明的真实存在。

它山之石，可以攻玉。斯塔夫里阿诺斯《全球通史》对汉字的认识，可谓独到而深刻：

在商朝废墟中发现的复杂的表意文字，对中国和整个东亚后来的历史极为重要。它是现代汉字的直系祖先；这一点也可以用来说明中国文明的连续性。几千年来，中东人一直不能释读他们祖先的象形文字和楔形文字，而现代中国人却能读懂商朝文字。

中国文明的特点是聚合和连续……中国人在他们整个历史上享有同一种族和同一文化。在古典时期，这种同一性如我们将看到的，得到进一步加强，因为中国人统一了文字，它使操各种极为不同的方言的人能互相交流。

从后来的历史看，中国最重要的改革之一是废弃了早先在诸王国发展起来的写法众多的语言文字，而代之以全中国都能理解的统一文字。这种统一文字由于中国文字所具有的性质，被证明是一种非常有效且持久的统一的黏合剂。这种文字不是以表现一个词的语音成分的若干注音符号为基础，而是由大量的书写符号即汉字所组成，每一个汉字表示一个物体或一个抽象概念。这种方法正同于西方的数字表示法。尽管西方人可以把"5"念成 five、funf、cinf、cinque 或 cinq，但所有西方人都知道符号"5"的意思是什么。汉字这种表意文字的情况也是如此，它们有意义而无固定的发音。它们和数字一样，可以表示概念，但每个读者念的时候却可以根据自己的方言发音。因之，秦朝这种新统一的文字是所有受过教育的中国人都能阅读并理解的，尽管他们所操的方言常常彼此听不懂。基于同一原因，这种文字也是外国人所能理解的，所以，很多日本人、朝鲜人或越南人都能看懂汉字，但不会读汉字。这种文字对中国后来的民族统一，对中国文化对整个东亚的影响来说，其重要性是不难想象的。

追溯中华历史，正如杜甫《李潮八分小篆歌》写道"仓颉鸟迹既茫然，字体变化如浮云"，作为久远的神话传说，仓颉所造文字早已成为世人寻根问源一个念想。

汉字再次以甲骨文的面目现世，已是一千多年后的殷商时代。只可惜，在三千多年的蹉跎岁月里，因为甲骨文的神秘失传，殷商王朝成为中国历史（信史）的空白。

甲骨文，当今世界公认的四大古文字之一，是中国目前所能见到的最古老且成系统的文字。现存安阳殷墟出土的十五万片甲骨卜辞，镌刻其上的卜辞和记事文字，使清末学术界关于夏商王朝"只有传说，没有历史"的"疑古论"化为流云往事。甲骨文已成为研究中国古文字学，特别是研究商代历史最重要、最直接的史料。

1899年，身为清朝国子监祭酒的王懿荣偶然从京城药铺取来的龙骨上发现了甲骨文，使淹埋了三千多年的古老文字才开始重见天日，且被称作是中国近现代第三大考古发现（敦煌石室遗书、周口店猿人遗址、甲骨文），一些文化学者甚至认为"没有甲骨文就没有现代的民族文字，就没有源远流长的中国文化"，但就神秘尘封于历史三千年的甲骨文本身而言，其考古意义大于实际价值，殷商时代的中国并没有因为甲骨文的创造、运用而形成影响广大而深远的殷商文化，因而对中国历史的贡献也是有限的。

今天，因为甲骨文的发现、研究，已经没有人质疑商朝的存在。因此，自殷商王朝伊始，中国历史进入信史时代。作为甲骨文出土之地的殷墟——河南安阳小屯村，亦因此名扬天下。

不过，让世人的目光离开《竹书纪年》《史记·殷本纪》等古籍读本，重新审视殷商这个"失落的文明"王朝，重新评估其文明价值，却有赖于另一项重大考古发现——殷商青铜器。

1939年，安阳武官村。一尊重达八百七十五公斤的青铜器——"司母戊方鼎"（2011年改名为"后母戊鼎"）破土而出。这是当今世上现存最重的青铜器，是商代青铜文化高度发达的标志。世界文明史上有"青铜时代"一说，"司母戊方鼎"的登场，为世界青铜文化史增添了惊世之美！

殷墟出土的青铜器是丰富多彩的，千端仪态、万般形容。以青铜礼器鼎、簋、觚、爵、斝，兵器戈、矛、钺、刀、镞，工具锛、凿、斧、锯、铲，乐器铙、铃、钲等为代表的殷墟青铜器，形制丰富多样，纹饰繁缛神秘，层层叠叠的线条把动物形象加以抽象变化，采用极精细的几何纹和深浅凸凹的浮雕，构成形形色色的图案，布局严谨，庄严凝重，其夸张而神秘的风格蕴含着深厚粗犷的原始张力和艺术魅力，反映了殷商先民特有的宗教情感和审美观念，铸成中国青铜艺术的巅峰，在中国古代文明史上占有重要地位。殷墟在青铜冶铸方面辉煌的成就，使其成为世界古代青铜文明的中心之一。

殷商之后，西周兴起，兽面纹五耳大鼎、大盂鼎、伯各卣、折觥等重器华尊的悠然问世，续写着中国青铜艺术的辉煌篇章。

时代递嬗，历史演进，殷、周两朝各具特征，崭然分明。反映在青铜器上，殷商为巅峰时代，规模、形制皆大于西周，欠缺之处在于，殷商所铸器物虽有款识，但甚少铭文，缺文化内涵，因此造成了后母戊鼎内壁所铸"司母戊"三字中的"司"字歧义（古文字"司""后"相同）——郭沫若认为鼎文应读作"司母戊"三字，现在看起来那是一个错误。后母戊鼎中的"后"字取"皇天后土"之意，表示最高的尊敬。

西周前期著名青铜器——大盂鼎，则不会产生这种错误。大盂鼎的内壁，铸有铭文十九行，共一百九十一字，记述了周王赏赐大盂土地、人民之事，所使用的金文，板书有序，雄浑有力。器物与铭文，珠联璧合，相得益彰——因为连篇铭文的清晰阐述，比起殷商，西周文明借此青铜工艺向前迈进了一大步。这些西周金文、钟鼎文从青铜铭文再沿用到竹帛简牍之上，宛如蓝天下光华熠熠的星辰，构成一幅卷帙琳琅的华夏"礼仪之邦"美丽图景。从此，华夏大地进入文化中国的古典时代（西周、春秋、战国）。

从理论上讲，也正是从这一古典时代肇始，由汉字塑造的中华文化决定了中国的文明程度和对外影响力。

事实也的确如此。

能证明一个民族存在且是否优秀的最直接东西，莫过于它的文化。一旦文化衰落，这个民族存在的价值也将随之贬值，直至形同虚设。

如果说中国初具民族文化代表性的时代起始于西周，相信懂得历史的国人多不会对此持有异议。诞生于歧原，所谓"郁郁文乎"的西周悠悠古风，历经三千年沧海桑田、世事变幻，在神州内外犹能时常领略到它那宏博精微的风韵。

不过，即使有"礼乐征伐自天子出"的制度约束天下，西周还是在其"分茅胙土，封邦建国"的初期就表现出各地分蘖别样的文化差异。

《史记·鲁周公世家》记述了一段发人深省的治国策论：

鲁公伯禽之初受封之鲁，三年而后报政周公。周公曰："何迟也？"伯禽曰："变其俗，革其礼，丧三年然后除之，故迟。"太公亦封于齐，五月而报政周公。周公曰："何疾也？"曰："吾简其君臣礼，从其俗为也。"及后闻伯禽报政迟，乃叹曰："呜呼，鲁后世其北面事齐矣！夫政不简不易，民不有近，平易近民，民必归之。"

这里，司马迁借《史记·鲁周公世家》讲述了一部政治预言式的国别史：

西周初年，周武王的军师姜太公被分封到齐国，仅五个月便从遥遥千里之外的齐国都城营丘返回镐京，向摄政的周公禀报在齐国施政情况。周公好奇地问道："你为何回来得这么快？"姜太公轻松作答："我简化了齐国君臣之间的繁缛礼节，遵从当地民风入乡随俗，很快就理顺了各项政事。"

与此同时，周公辅佐周武王灭商后受封鲁国，因周武王登位一年即病逝，继位的周成王尚且年幼，周公摄政镐京不能前往，遂派其子伯禽赴任鲁国。三年后，伯禽从鲁国都城曲阜回到西周王城镐京，向周公汇报在鲁国施政情况。周公责问道："你为何回来得这么迟？"伯禽如释重负地回答："因为要按我们周朝的礼仪制度变革当地人的习俗、礼节，治丧三年，然后才能除去丧服，所以迟至今日才回到镐京。"

周公听罢，为之叹息："咳，鲁国的后代最终将要臣服于齐国！如果施政者不懂得因地制宜，从简变通，民众就不会亲近他；平易近人，才能使民心归属。"

齐国创立者姜太公与鲁国创立者伯禽泾渭分明的治国之道，遂使齐、鲁两国强弱优劣很快毕现于世。

鲁国传承西周宫廷礼制，礼乐恢宏，文化斐然。下迄春秋时代，周王室衰微，吴国公子季札出使中原列国，观周乐于鲁，鲁襄公特命宫廷乐队演绎各地国风和繁复绝伦的周乐，令季札"叹为观止"。是以鲁国产生孔子这样博学鸿儒冠于古今的圣人，亦绝非偶然。

齐国濒临渤海、黄海，自姜太公建国之日起，就鼎力发展工商业，沿海渔业、盐业致富，很快成为"表东海之滨"富甲天下的大国。进入春秋时代，齐桓公恃国家之富强，依管仲之韬略，"九合诸侯，一匡天下"，以煊赫武功荣膺"春秋五霸"第一人。当时之世，周游列国"累累若丧家之犬"的孔子焉能望其项背？

一个是霸主,一个为圣人,最终的结局如何呢?

既为人也,其必应生命衰亡之理。待齐桓公一病哀逝,齐国内乱接踵,僵卧灵床六十七日,尸虫出户而无人理睬。身后结局悲惨若此,"以力假仁"博取的齐桓霸业、旷世英名何济于世?

再来看孔子。孔子死后,葬于曲阜城北泗水之畔,众弟子皆服丧三年。三年服丧结束时,相聚孔子坟冢前恸哭不已,以寄哀思。有的弟子和鲁国民众百余户留守在孔子坟冢旁安家,形成初具规模的民众居住地——"孔里"。此后,鲁国朝野世世代代形成传统,岁末时在孔子冢奉行祭祀。而众多儒学之士亦汇聚于孔子冢前,举行礼仪、乡饮、大射等讲授活动。孔子的故所居堂被建成孔庙,珍藏着孔子身前的衣冠、古琴、车辆和竹简书册,到西汉年间,犹完好如初。汉高祖刘邦巡幸鲁地,以最隆重的"太牢"大礼祭奠孔子。诸侯卿相但凡来到鲁地任职,也常常要先拜谒孔庙和由孔子坟冢发展而来的"孔林",然后才开始执掌政事。

从孔子辞世的公元前5世纪,至今已逾二千四百多年,中华历史虽内乱兵燹、改朝换代频仍,但孔庙、孔林始终被尊崇为中华民族最重要的文化圣地之一。

圣人已矣,盛事盛名千年不朽,这就是文化的魅力!

儒者,人之所需;仁者,人人之所共处。作为圣人的孔子,"循循然善诱人,博我以文,约我以礼",倡导"一日克己复礼,天下归仁焉",在功利之徒看来,迂腐不堪为用。但这并不表明孔子只有仁慈之心而无匡扶天下之智。

子贡问政。子曰:"足食,足兵,民信之矣。"子贡曰:"必不得已而去,于斯三者何先?"曰:"去兵。"子贡曰:"必不得已而去,于斯二者何先?"曰:"去食。自古皆有死,民无信不立。"(《史记·仲尼弟子列传》)

(比如谈到政治,孔子的学生子贡问怎样治理国政,孔子回答:"充足粮食,充足军备,百姓对政府就有信心了。"

子贡又问:"如果迫于不得已,在粮食、军备和人民的信心三者之中一定要去掉一项,先去掉哪一项?"孔子回答:"去掉军备。"

子贡再问:"如果迫于不得已,在粮食和人民的信心两者之中一定要去掉一项,先去掉哪一项?"孔子回答:"去掉粮食。没有粮食,不过死亡,但自古以来谁都免不了一死。如果人民对政府缺乏信心,国家是站不起来的。")

国家,由人民组成,再充足的国库,再强大的武备,失去了民心,于世何补?如此政论,于取舍之间充满辩证,可谓得政治之精髓。所以,北宋初年宰相赵普说出一句流传甚广的名言:"半部《论语》治天下。"

不仅孔子如此,在其弟子之中,亦不乏掌握辩证睿智、剑胆琴心,而令齐桓公春秋霸业黯然失色的旷世之才。

史称,孔子"有弟子三千,而身通六艺者七十二人"。这其中,才智最杰出的,当属子贡。子贡,复姓端木,名赐,字子贡,卫国人,比孔子小三十一岁。子贡天赋过人,利口巧辞,能言善辩,且聪明绝顶,就连博学多闻、诲人不倦的孔子也常常被他辩驳得无言以对。有一次,孔子问子贡:"你与颜回相比谁更优胜?"子贡回答:"我怎么敢奢望与颜回相比呢?颜回是闻一而知十,而我只能闻一而知二。"这样,既大大地恭维了孔子最得意的弟子颜回,又不失时机地顺便抬高一下自己。如此巧妙对答,让"有意"找茬儿的孔子实在是无话可说了。

当然,在孔子内心深处,还是对颜回欣赏有加。他曾由衷赞叹:"贤哉回也!一箪食,一瓢饮,在陋巷,人不堪其忧,回也不改其乐。"并进一步评价道:"用之则行,舍之则藏,唯与尔有是夫!"

而子贡却不是一个安贫乐道的人,时常做些贱买贵卖的生意。这一行为曾被孔子私下认为是不耻之事,虽然他也讲过"君子爱财,取之有道"这样的格言。

孔子对自己这两大弟子一扬一抑,但现实的结果却是,安贫乐道的颜回二十九岁时就已头发尽白,四十一岁便英年早逝;头脑灵活的子贡却家累千金,时常在鲁国、卫国担任丞相要职,安享一生富贵。

不过,圣人自有其高明之处。知人善任,靠征服人才而征服天下,是孔子及其后来的儒家赢得天下、大行其道的制胜法宝。

且看孔子对旷世奇才子贡的评价、使用。

子贡成为孔子的门下弟子后,问孔子:"我端木赐是怎样的一个人?"孔子回答:"你是宗庙里的珍贵器皿瑚琏,即国宝级的人物。"

(子贡既已受业,问曰:"赐何人也?"孔子曰:"汝器也。"曰:"何器

也?"曰:"瑚琏也。")(《史记·仲尼弟子列传》)

既然是国宝,就应该展示其价值,闪耀光彩,映照世间。

进入公元前5世纪,田氏在齐国崛起。田常想篡夺王位,但对高、国、鲍、晏几家大姓贵族心存忌惮,便挥师伐鲁,以转移国内注意力。在鲁国面临生死存亡之际,孔子对众弟子说:"夫鲁,坟墓所处,父母之国,国危如此,二三子何为莫出?"——也就是说,众弟子中,谁人可以解鲁国危亡之倒悬。

孔门弟子中以好勇著称的子路站出来,但被孔子制止。年轻气盛的子张、子石请战,孔子不听。待子贡请缨而出,孔子当即允许。

一介书生,负志壮行,所擅长者,唯一口之辩,看似与后来的纵横名士苏秦、张仪无二致,一旦"忽悠"诸侯列王得逞,则卿相高位,唾手可得。然而,圣人门下名士又岂是唯利之徒所能攀比?且看子贡如何不辱使命,上演中国古代外交史上精彩一幕。

有西方学者认为,中国古代除了老子《道德经》,再无哲学可谈。此言大谬!子贡首访齐国,即是世界古代史上一堂极具智慧且颇为生动的"辩证法"经典教案。

子贡第一站先赴齐国,拜访权臣田常。

至齐,说田常曰:"君之伐鲁过矣。夫鲁,难伐之国,其城薄以卑,其池狭以浅,其君愚而不仁,大臣伪而无用,其民又恶甲兵之事,此不可以战。君不如伐吴。夫吴,城高以厚,池广以深,甲坚以新,士选以饱,重器精兵尽在其中,又使明大夫守之,此易伐也。(《史记·仲尼弟子列传》)

此言一出,闻者无不觉得子贡其人荒唐。

原本,田常对子贡优礼有加,认为圣人之下必有高士;高士之议,必有高见,持此颠倒常识的愚见,岂非故意愚弄于我,田常"忿然作色曰:'子之所难,人之所易;子之所易,人之所难。而以教常,何也?'"(田常气得变了脸色,愤怒地责问:"'你认为难办的,是别人认为容易的;你认为容易的,恰恰又是别人认为难办的。'你竟然拿这样的话来教导我,是什么用意?")

子贡气定神闲,微微一笑,如其循循善诱之师,启迪开化而言曰:"为政之道,忧患在国内的,要攻打强大的国家;忧患在国外的,要攻打弱小的国家。如今，你的忧患是在国内。据我所知，你三次想要封爵均未成功，是因为齐国大臣之中有不赞成你的人。现在，你想借打败鲁国来扩张齐国的领土，如果战胜了，齐王会为之骄傲，齐国的大臣则会蒙受尊崇，而你的功勋却不会受到表彰。如此一来，你与齐王的交情将会日渐疏远。因为你的伐鲁取胜，造成君王骄心、群臣骄肆，而你又想成就自己的大事业，这就太难了。君王骄心就会无所顾忌，群臣骄肆就会争权夺利。你上与君王心存隔阂，下与群臣交相争斗，在齐国的处境岂不是危险了吗？所以说，你不如去攻打吴国。伐吴不胜，民死于外战，仇雠结于外，朝廷内空，上无强大的群臣与你对抗，下无广大民众对你的责难，到那时，架空国君而控制齐王的，唯有大人你了。"

田常听罢，怒色退去，颔首称善："这是个好主意。然而，我已挥师伐鲁，如果撤军改伐吴国，大臣们会怀疑我另有企图，怎么办？"

子贡早已准备好预案，回应道："你先按兵不动，请派我前往吴国，让吴王起兵救鲁而伐齐，你就趁机移师迎击吴军。"田常认为可行，遂派子贡南下游说吴王夫差。

拯救鲁国的关键，在于劝说田常撤回齐军。子贡以有悖常理的超凡思辨才智，深入浅出的论说，不战而屈人之兵，令一心想取代姜姓齐王的田常（田氏代齐）为之折服，心甘情愿，听任调遣。仅此一步高棋，子贡的使命已成功在望，所谓纲举目张，余下步骤，势如破竹。

"吴王宫里醉西施，青山欲衔半边日。"诗人李白笔下，春秋时代的姑苏城一派奢靡之风。在李白和历代国人看来，曾经西逼楚国迁都、东击越王残国的一时英雄——吴王夫差，那时正躺在功成名就的温床绣榻上，依红偎翠，歌舞升平，早已失去了往日斗志。如果历史的真相如此，子贡的计策也就缺少了重要一环——借吴伐齐，那么，"虽有智慧，不如乘势"，子贡依然壮志难酬。

事实上，作为"春秋五霸"之一阖闾的继承者，夫差再欲称霸的野心一直未泯。令夫差担心的是，倘若他率领吴国军中劲旅，北上中原争霸，与齐、晋列强对决酣战，一旦长存报复之心的越王勾践从背后偷袭，后果将不堪设想。

"还是让我先剿灭越国，再图决战中原，成就霸业吧。"夫差谢绝子贡所提"兴仁义之师，击齐救鲁"的提议。

且看子贡如何再破难题。

子贡没有直接反驳夫差的理智判断，而是以"兜圈子"的巧妙方式，义、利穿插，虚、实结合，搅乱夫差的思维，达到从思想上对其人的掌控。

子贡分析说："越国的力量比不上鲁国，吴国的力量比不上齐国，大王若是放弃攻齐而击越，届时，齐国就已经将鲁国破灭了。况且，大王是以'存亡继绝'作为感召天下的旗号，如果去攻打弱小的越国而畏惧强大的齐国，此非勇敢者的表现。勇敢的人不回避危难，仁义之士不违背盟约，聪明的人不会错过机遇，奉行王道的人不会眼看着某个国家灭绝，以此显示自己的仁义。如今，你若保存越国以向诸侯显示你的仁德，援救鲁国而讨伐齐国，再以威名强势向晋国施压，这样的话，诸侯必定相继前来朝贺、盟约，你的霸业便大功告成了。

感觉到夫差已怦然心动，子贡再添数语，彻底解除他的顾虑："且王必恶越，臣请东见越王，令出兵以从，此实空越，名从诸侯以伐也。"（如果大王真的对越国有所顾忌，请允许我东去见越王，让他出兵相助，名义上是跟随你去讨伐齐国，实际上是使越国国内实力空虚。）

夫差大喜过望，当即派子贡为使者，前往越国，传达吴王意图。利用吴王夫差"假仁义以图霸权"的虚荣心，子贡让夫差懂得什么是"听君一席话，胜读十年书"，乖乖地走上子贡设定的轨道。

在越国，子贡的表现更像是一位伟大的战略家。

老子《道德经》第四十七章，说出一句玄妙高论——"不出户，知天下；不窥牖，见天道。"现实中，即有这样的实例。东汉末年，诸葛亮躬耕于南阳隆中，刘备三顾茅庐屈身求教，年仅二十七岁的白衣秀士诸葛亮以"隆中对"为其指点天下大势，"不出户，而天下已三分"。此后，魏、蜀、吴三国鼎立局面，果然不出诸葛亮当初所料。

在诸葛亮之前，中国历史上不乏这类"不出户，知天下"的智谋之士，诸如夏朝末期的伊尹、商朝末期的姜太公、秦穆公时期的百里奚、秦末汉初的张良。子贡，亦堪称是料知天下"隆中对"的先驱。

面对卧薪尝胆、时刻准备复仇的越王勾践，子贡一语击中其要害：

今者吾说吴王以救鲁伐齐，其志欲之而畏越，曰："待我伐越乃可"。

如此，破越必矣。夫无报人之志而令人疑之，拙也；有报人之志，使人知之，殆也；事未发而先闻，危也。三者举事之大患。（《史记·仲尼弟子列传》）

（现在我正劝说吴王救鲁伐齐，吴王很有志向去这么做，却畏惧越国趁机报仇，便告诉我"等攻伐越国后再说"。若是这样，越国一定会灭亡。没有报复别人的心思，却被别人怀疑，这是最笨拙的事；有报复之心而被别人看破，这是危险的事；事情还未发动就先走漏了风声，这就更加危险了。这三种情况都是举事行动的大忌。）

态度谦卑、亲自驾车到子贡下榻官舍的越王勾践顿时吓出一身冷汗，伏地叩首，诚惶诚恐地恳求对策。子贡以战略家的眼光为其指点迷津：

吴王为人猛暴，群臣不堪；国家敝以数战，士卒弗忍；百姓怨上，大臣内变；子胥以谏死，太宰嚭用事，顺君之过以安其私：是残国之治也。今王诚发士卒佐之以徼其志，重宝以说其心，卑辞以尊其礼，其伐齐必也。彼战不胜，王之福矣。战胜，必以兵临晋，臣请北见晋君，令共攻之，弱吴必矣。其锐兵尽于齐，重甲困于晋，而王制其敝，此灭吴必矣。（《史记·仲尼弟子列传》）

子贡的话，犹如拨云见日，让身陷困厄险境中的勾践看到了希望，心情大悦，一口承诺将倾尽全力遵照子贡谋定的计划行事，并赠送给子贡黄金百镒、宝剑一把、良矛两支。子贡谢绝勾践赠礼，径返吴国，再赴晋国，实施后续计划、步骤……

此番四国之行，子贡以超凡的智识辩才，一路说服齐、吴、越、晋四国之君按照自己预先设计的谋略行事。于是，中国古代外交史上精彩的一幕出现了：子贡一出，存鲁，乱齐，破吴，强晋而霸越，十年之内，春秋后期政治格局为之大变，令齐桓公九合诸侯、一匡天下建立起的春秋霸业黯然失色。

而且，子贡对孔子的贡献也堪称居功至伟。史称孔子"七十子之徒，以赐（子贡）最为饶益，结驷连骑，束帛之币，以聘诸侯，所至国君，无不分庭与抗礼，使孔子直名布扬于天下"。

智谋胆略，功盖齐桓霸业；济世英才，师门光耀天下，这就是文化的威力！

子贡，身份为"士"，即古代的知识分子，当今老百姓所说的能识文断字的文化人。按照国内史学界通常的表述，"士"是上古时代掌刑狱之官，在商、西周、春秋时代属于贵族阶层，多为卿大夫的家臣。因为古代学在官府，只有"士"以上的贵胄子弟才能享受教育之福利，拥有文化知识，故"士"又成了有一定知识和技能之人的称呼，春秋末年逐渐成为统治阶级中知识分子的统称。

春秋、战国是"名士"辈出的时代，有著书立说之学士，为知己者死之勇士，娴于阴阳历算之方士，出谋划策之策士。弹剑作歌的冯谖，身佩六国相印的苏秦，图穷匕首见的荆轲，皆一时闻达的天下名士。而"百家争鸣"局面的呈现，更让老子、孔子、墨子、孟子、荀子、孙子、李悝、吴起、商鞅、慎到、申不害、韩非子、公孙龙、鬼谷子、张仪、鲁仲连这些百家代表人物成为闪耀中华历史天空的群星。

遗憾的是，历史常识告诉我们，子贡不在"百家争鸣"名人榜之列；庆幸的是，"名落孙山"的遭遇，丝毫不能遮掩隽杰之士子贡沛然独出的耀世光芒。

《荀子·大略》有曰："子赣（子贡）、季路，故鄙人也，被文学，服礼义，为天下列士。"以此可知，子贡出身低贱（卫国商人之家），二十五岁时师从孔子，"受业身通"，跻身孔门十哲，而跃身天下名士之列，弘扬儒学，"使孔子直名布扬于天下"，且被尊奉为"中华儒商始祖""儒商文化创始人"。

"国朝盛文章，子昂始高蹈。"如果说，唐诗的兴盛，有赖于陈子昂一阕《登幽州台歌》拉开盛唐恢宏气象的大幕，也可以说，在光耀孔门儒学的同时，是子贡让"士"在华夏大地破土而出，成为中国封建时代最具创造力、影响力的阶层。"雄州雾列，俊彩星驰。"在"士"所骋才耕耘的神州文化沃土，碧梧琼林，百鸟朝凤；人文荟萃，百家争鸣，遂有"锦绣中华"美誉以名世。

中国知识界有"文韬"一说，若论其中杰出代表，子贡即其人焉。与"文韬"相对应的一词是"武略"，多彰显于战功卓著之武人。当然，盖因中国为一文化大国之故，精英人物亦多出于知识阶层，文韬武略兼备的出将入相之人不在少数，曹操即其人焉。

在我看来，古今文韬武略、智勇兼备的第一人，非东汉班超莫属。

班超，出生于史学世家，其父班彪、其兄班固以修撰《史记后传》、《汉书》闻名。此外，班超还有一个在中国文学史上占据一席之地的胞妹——班婕妤。这位汉成帝宫廷的人杰才女，在名伶赵飞燕姐妹入宫后失宠，自请落户长信宫，侍奉太后，作《自悼赋》《长信秋词》以抚慰自己的伤感。

班婕妤的传世之作是《团扇诗》：

新裂齐纨素，皎洁如霜雪。裁为合欢扇，团团似明月。出入君怀袖，动摇微风发。常恐秋节至，凉飙夺炎热。弃捐箧笥中，恩情中道绝。

这首《团扇诗》，读来哀伤萦怀，幽怨绵绵，托物言情，寻绎无尽，魅力所及，下启唐代诗人王昌龄的七言乐府《长信怨》(奉帚平明金殿开，暂将团扇共徘徊。玉颜不及寒鸦色，犹带昭阳日影来)，可见班婕妤才情之超逸。

班超似乎没有这般隽杰秀雅的文思才情。

四十岁之前的班超，大抵只能算是一介落拓文人，为官府抄书，曾任管理宫廷藏书的兰台令史。就是这样一位原本将要寂然湮没于茫茫人海的书生，最终却以迥然不同于其父、其兄、其妹的智勇双全的济世之才，扬名塞外，建功封侯，彪炳中华历史。

略通文史掌故的人，有谁不知道"投笔从戎"的故事？

"大丈夫无他志略，犹当效傅介子、张骞立功异域，以取封侯，安能久居笔砚间乎？"班超，一位于案牍劳形的文弱书生，何来此等气贯长虹的勇气？

这，应该归究于汉王朝国势强盛的底蕴、"男儿本自重横行"的世风，否则，像积弱积怯的南北两宋王朝，也只能出现一位孤吟"当年万里觅封侯……心在天山，身老沧州"的陆放翁，而无法出现一个"立功异域，以取封侯"的班定远。

今天，作为古代中国英雄人物代表的班超，又能带给我们怎样的启示？

志存高远，临危不惧；勇于建树，以智取胜……这些褒奖之词，加在班超身上均不为过。而在我看来，班超那颗勇敢的心带给我们的最大启示，还在于他对待战争的态度、运用作战的艺术。

中国儒家思想以伦理道德见长,但在军事理论上亦时见经典之论:"夫兵,利器也,圣人不得已而用之",这与兵家箴言"上兵伐谋"可谓异曲同工,再进一步引申为具体作战艺术,则为"不战而屈人之兵,善之善者也"。在"杀人一千,自伤八百"的冷兵器时代,中国先哲对战争与战役的认识确已升华到了点石成金的艺术境界。

班超达到了这一"出神入化"的境界。

公元73年,班超率部众三十六人以"不入虎穴,焉得虎子"的智慧和勇气一举剿灭匈奴使者,收服鄯善王。汉明帝"壮超节",下诏:"吏如班超,何故不遣?"于是,班超以军司马身份再赴西域。临行前,车骑都尉窦固提议为班超增加随从兵力,班超谢绝道:"愿将本所从三十余人足已。如有不虞,多益为累。"

仅靠这区区三十部众,从公元73年至102年,三十年间,在玉门关和阳关以西、葱岭以东的数百万平方公里辽阔瀚海绿洲、山河陌野,班超以其智勇双全、纵横捭阖的雄才大略辗转折冲异域他乡,力挽"匈奴独擅西域,寇盗河西(走廊)"的不利局面,使西域五十余国臣服东汉王朝,可谓以一己之力,胜百万雄师!

何谓大智大勇,班超即其人焉。

铅刀贵一割，梦想奈何骋良图

公元3世纪，西晋（武帝）太康年间，随着魏、蜀、吴三国消失，战乱兵燹如风流云散。天下承平已久，京都洛阳城多年波澜不惊。某日，一则重要消息在京城上流社会传播开来：本朝文坛名士、司空张华对一位无名之辈所撰《三都赋》大加欣赏，赞为"班、张之流也。使读之者尽而有余，久而更新"（这是班固、张衡之流的人物。此赋能使诵读的人感觉文已尽而意有余，历久而弥新）。

此前，京城豪门贵族之人已耳闻另一誉满朝野的名士皇甫谧为《三都赋》作序，经学洽博、才章美茂的中书著作郎张载、中书郎刘逵为《三都赋》作注，今又有司空张华不吝延誉，必是瑰玮奇文无疑，再若无求无知，岂不落伍于风雅士流，贻笑士林？"于是豪贵之家竞相传写，洛阳为之纸贵。"（《晋书·文苑·左思传》）

这便是成语"洛阳纸贵"的由来。

"洛阳纸贵"的造就者，是西晋寒士左思。左思，字太冲，祖先为齐国公族，有左右公子，因以为姓，累世以儒学立业。左思的父亲左雍起于小吏，因才能出众被擢授殿中侍御史，对照魏晋"九品中正制"而论，只能归为寒门。以此之故，在"上品无寒门，下品无世族"的魏晋时代，左思构思十年，著成《三都赋》，"自以其作不谢班、张"（自认为他的赋作不逊于班固、张衡），起初却不被社会认可。

此间，还演化出戏剧性一幕：东吴被西晋剿灭，江东望族名士，以《文赋》为国人略知的陆机，不甘于偏居江南，冷落人生，振策陟崇丘，北阙谒通达。在洛阳，陆机投靠司马氏政权之初，欲写就《三都赋》以振声誉，却听闻左思已在埋头创作此赋，拍手大笑之，寄信给其弟陆云，嘲笑道："这里有一个粗俗鄙陋的北方人，也想作《三都赋》，等他写出来了，只能拿那些纸去盖酒坛子罢了。"

陆机绝没有想到，左思创作的《三都赋》"傅辞会义，抑多精致，非夫研核者不能练其旨，非夫博物者不能统其异""辞义瑰玮，良可贵也"。如此震古烁今之作，自负"才高八斗""的陆机只有叹服的份了——"及思赋出，机绝叹伏，以为不能加也，遂辍笔焉。"

《三都赋》引起轰动，京城洛阳为之纸贵，左思一时名声大噪，得以跻身"二十四友"文学集团之列，加之其妹左芬入宫为妃，一朝骤荣，本以为富贵期至不是梦想，大展宏图指日可待。未曾料想，在论品授官的九品中正制面前，出身寒门的左思没有任何"仕进"机会；所设宏图，所怀梦想，注定是一个泡影、一场空梦，到头来只落得个为贾谧主讲《汉书》的闲差。

据《晋书·文苑·左思传》记述，左思"貌寝，口讷"（相貌丑陋，口齿笨拙），必定不像"二十四友"之首的美貌男子潘安那样招人喜欢，故而成名之前"不好交游，惟以闲居为事"，如今名声大震，且有"辞藻壮丽"之能耐，而不见用于朝廷公室之上，孤愤之心可想而知。

"业深覃思，尽锐于《三都》，拔萃于《咏史》。"刘勰《文心雕龙》中的这段评述，描绘了左思以《三都赋》博得盛名之后的事业轨迹——"发言为诗者，咏其志也。"比《三都赋》更具现实意义，创新一体、垂式千秋的《咏史》八首，心声激越，气干虹霓，遂成千古绝唱。

弱冠弄柔翰，卓荦观群书。著论准过秦，作赋拟子虚。边城苦鸣镝，羽檄飞京都。虽非甲胄士，畴昔览穰苴。长啸激清风，志若无东吴。铅刀贵一割，梦想骋良图。左眄澄江湘，右盼定羌胡。功成不受爵，长揖归田庐。（《咏史》其一）

作为开篇之诗，"铅刀贵一割，梦想骋良图"，总揽《咏史》八首核心思想，道出了封建时代"弱冠弄柔翰，卓荦观群书"的天下寒士心存高远、希冀一用的平生之志。

"铅刀贵一割"典出《东观汉记》。东汉章帝建初三年（公元87年），班超上疏请兵说："臣乘圣汉威神，出万死之志，冀立铅刀一割之用。"铅刀其钝，不堪大用，班超以此借喻本人才能低拙而希望一用，自是谦词。

成语"投笔从戎"亦是如此。但凡读过中国历史的国人，有谁不知道这样一则典故：班超"尝辍业投笔叹曰：'大丈夫无他志略，犹当效傅介

子、张骞立功异域，以取封侯，安能久事笔砚间乎！'左右皆笑之。超曰：'小子安知壮士志哉？'"（范晔《后汉书·班超传》）

班超是幸运的。负"立功异域"之壮志，得"铅刀一割"之际遇，一介书生"投笔从戎"，大展宏图于万里之外。

有士如此，何吝其赞。东汉永元七年（公元95年），汉和帝旌表班超立不世出之功，特下诏曰：

往者匈奴独擅西域，寇盗河西，永平之末，城门昼闭……先帝重元元之命，惮兵役之兴，故使军司马班超安集于于阗之西。超遂逾葱岭，迄县度；出入二十二年，莫不宾从。改立其王，而绥其人。不动中国，不烦戎士；得远夷之和，同异俗之心……其封班超为定远侯，邑千户。（范晔《后汉书·班超传》）

班超与左思一样，同出于寒门。班超之父班彪，曾任徐县县令；左思之父左雍，曾任殿中侍御史，官位比班彪还要高几级；班超之妹班婕妤，左思之妹左芬，亦皆入宫为妃。出身何其相似，班超"铅刀一割"，建功封侯；同样怀抱"铅刀一割之用"，左思却没有班超那么幸运。"谧诛，退居宜春里，专意典籍。及张方纵暴都邑，举家适冀州。数岁，以疾终。"（贾谧在"八王之乱"中被诛杀，左思退居宜春里，闭门不出，研习典籍。待到张方恣肆暴虐，祸害京城洛阳，左思举家搬迁到冀州。几年后，左思因病而逝世。）

"世胄蹑高位，英俊沉下僚""冯公岂不伟，白首不见招""振衣千仞岗，濯足万里流"……

今天，诵读左思《咏史》八首的诗句，我的心情是沉重、复杂的——不仅仅因为见智能之士遭受弃置，发出"不得其平则鸣"的同情，而是面对历史带给历史人物的错位陷入深层的思考：是什么造成了班超、左思这两位有志之士如此不同的人生结局？

一个直接的原因，是时代的不同造成了人生结局的不同。

孔子曰："士不可以不弘毅，任重而道远。"士，中国古代知识分子，这是一个特殊的社会群体，天降大任，精英粹集，或名利驱使，或胸怀济世，智识在握，岂容小觑？

话虽如此，这个特殊群体却存在一个致命的弱点——命运并不掌握在自己手里。

中国古代的人才培养、选举制度起始于西周。西周选士的方式，大致分为三等：

乡里选士。地方选士一年举行一次，第三年则举行大考。《周礼·地官司徒》："三年则大比，考其德行道艺，而兴贤能者。"

诸侯贡士。"诸侯岁献贡士于天子。"一般是大国三人，次国二人，小国一人。天子通过射试进行考核。"行同而能耦，别之以射，然后爵之。"

学校贡士。国学选士与大学考试制度直接相关。《礼记·学记》："九年知类通达，强立而不反，谓之大成。"大学考试合格者，为"造士"向王宫申报，选其中俊秀的升送司马，最后由司马负责审选、试用、任命，颁发官禄。

西周的选士制度，具有鲜明的阶级性和等级性，育士与举士相衔接，举士与举官为一途；士族以上贵胄子弟，尽享育举之便利，仕途之天成；等而下之的庶民大众，无缘庠学教育之列，复何谈"仕进"为官，功名利禄之属？

公元前771年，骊山之上，一个"周幽王烽火戏诸侯"的荒唐故事，引发西周王朝猝然落幕。周平王迁都洛邑，新的王朝惊悸西来，周天子大纛下的王室日渐衰微，而诸侯列国、世卿宗族兴亡跌宕，贵族阶层专享的选举制度从此退出历史舞台，华夏大地进入一个各类流派人才极其活跃的春秋、战国时代。

这是一个绵延五百多年的中国"人才黄金时代"。得士者昌，失士则亡；私门授徒，公门养士；俊彩星驰，学派缤纷，蔚为大观。"百家争鸣"之盛况，空前绝后。

春秋时代，列国纷争，征战不休，公侯卿大夫为扩大影响，巩固地位，设法招徕士众，以张声势，以谋权利，"良禽择木而栖"成天下风气。公室衰微，孔子首开民间教育先河，私学遂兴，"学而优则仕"成华夏政风。

进入七雄争霸的战国时代，兼并战争愈加惨烈，一城之得失，一役之胜负，往往关乎国家之荣辱存亡，而这其中，人才又起着关键作用。于是乎，游说之士应运而生，朝秦暮楚，纵横捭阖，功名利禄，一夕可得，天下靡然风从。

士行天下之时局，使地处西鄙的秦国成为最大的受益者。"夫物不产于秦，可宝者多；士不产于秦，而愿忠者众。"（李斯《谏逐客令》）秦孝公得一商鞅，"内立法度，务耕织，修守战之具，外连横而斗诸侯。于是秦人拱手而取西河之外。"秦昭襄王得一范雎，"强公室，杜私门"，远交近攻，"蚕食诸侯，使秦成帝业"。

西秦一强独大，山东六国虽号称列强，然而面对强秦攻势，任何单一诸侯国均独木难支，在多数情况下，"合纵"以抗"连横"，自是山东六国必然选择。"合纵"之成，在于聚合各方力量；聚合之成，在于收拢各路人才，"养士"之法，遂成为山东六国收拢人才的便捷、通行之道。

当此之时，齐有孟尝，赵有平原，楚有春申，魏有信陵。此四君者，皆明智而忠信，宽厚而爱人，尊贤而重士，约从离衡，兼韩、魏、燕、楚、齐、赵、宋、卫、中山之众。于是六国之士，有宁越、徐尚、苏秦、杜赫之属为之谋，齐明、周最、陈轸、召滑、楼缓、翟景、苏厉、乐毅之徒通其意，吴起、孙膑、带佗、倪良、王廖、田忌、廉颇、赵奢之伦制其兵。尝以十倍之地，百万之众，叩关而攻秦。

贾谊《过秦论》中洋洋洒洒的概述，为后世呈现了一幅战国时代人才潮涌的恢廓场面。

六国合纵以击秦，百万之众，看似声势浩大，实则为乌合之众。"秦人开关延敌，九国之师，逡巡而不敢进。秦无亡矢遗镞之费，而天下诸侯已困矣。"苏秦身佩六国相印，全力倡导的合纵态势，就这样"从散约败，争割地以赂秦"而土崩瓦解。

千载以后，北宋政治家王安石在总结历史教训时，以一篇《读孟尝君传》，对山东六国人才战略之得失痛下针砭：

世皆称孟尝君能得士，士以故归之，而卒赖其力以脱于虎豹之秦。嗟乎！孟尝君特鸡鸣狗盗之雄耳，岂足以言得士！不然，擅齐之强，得一士焉，宜可以南面而制秦，尚何取鸡鸣狗盗之力哉？夫鸡鸣狗盗之出于门，此士之所以不至也。

孟尝君，其出于齐国王室，与赵国平原君、楚国春申君、魏国信陵君并列为战国四大公子，以善养士闻名天下，门下食客数千，其中不乏王安石所指且为世人病诉的"鸡鸣狗盗"之徒。

读史十记

《史记·孟尝君列传》算得上司马迁所撰人物特写的出色篇章。细细品读之下，不难看出，同操"铅刀一割"心旌的司马迁，对这位善于养士的王公贵族倾注了一定的好感与启思，使之成为古代中国"尊重人才"的典范人物。

孟尝君，姓田名文，其父田婴是齐威王的少子，齐宣王庶弟，做了十一年的齐国丞相，受封于薛县。孟尝君继承其父爵位后，拿出自己的家产，在薛县招揽了许多来自各国的宾客及各类犯罪逃亡的人。

细致、真诚待士，是孟尝君博得"善养士"美誉的成功所在。

孟尝君接待客人，与之交谈的时候，屏风后面总有侍者在那里记录，记下他们的谈话内容，以及这些客人家有何人、住在何处。每当客人告辞不久，孟尝君就派人到了客人家里去慰问，馈赠物品。一次，孟尝君在夜晚招待客人吃饭，其中某人背着火光在黑影里吃，一个客人怀疑自己吃的东西与其他人不一样，忿然推碗而去。孟尝君当即站起来，端着手里的碗让他看所食之物是否相同，这位客人看了之后，顿觉惭愧，立刻拔剑自杀了。此事一传开，士人前来投靠孟尝君的更多了，而孟尝君则不分好歹，一律好好对待。这些人谁都认为孟尝君对自己特别好。

后来，孟尝君被齐湣王派往秦国，身陷被杀险境，幸赖随行两位擅长"鸡鸣狗盗"之技的食客潜入秦宫偷出狐白裘，夜半临函谷关扮作鸡鸣，才侥幸逃出关外。人的本领不在大小，关键在于能否发挥作用。司马迁不惜笔墨，对两位不知姓名、身怀末技的细微之人的"历史贡献"详作描述，其着眼点正在于此。

始孟尝君列此二人于宾客，宾客尽羞之，及孟尝君有秦难，卒此二人拔之。自是之后，客皆服。（《史记·孟尝君列传》）

（当初孟尝君收留这两个鸡鸣狗盗的客人时，其他宾客都觉得和他们在一起是一种耻辱，直到孟尝君这次在秦国遇到了危险，全靠这两个人脱离了险境。从此以后，宾客们才都对他们服气了。）

同样是孟尝君"养士"，比起"鸡鸣狗盗"，更为驰名的是"弹剑作歌"和"狡兔三窟"典故，也更富于人生智慧。

在古代中国，如果说"达则兼济天下"是知识精英的最高政治理想，那么，"穷则独善其身"也不失为一种明哲保身的人生智慧。《论语·公冶长》即阐发了孔子对待政治和人生的真知灼见:"子谓南容,'邦有道,不废;邦无道,免于刑戮。以其兄女妻之。'"

(孔子评价弟子南宫子容,"这个人在国家政治清明的时候,不会被荒废,能够做官,发挥作用;在国家政治黑暗的时候,也能够洁身自保而不被刑罚杀戮。"于是把哥哥的女儿嫁给了他。)

《战国策·齐策四》叙述的"弹剑作歌"和"狡兔三窟"典故,堪称是对孔子这一政治和人生智慧的具体、生动的实践。

齐人有冯谖者,贫乏不能自存,使人属孟尝君,愿寄食门下。孟尝君曰:"客何好?"曰:"客无好也。"曰:"客何能?"曰:"客无能也。"孟尝君笑而受之,曰:"诺。"左右以君贱之也,食以草具。

居有顷,倚柱弹其剑,歌曰:"长铗归来乎!食无鱼。"左右以告。孟尝君曰:"食之,比门下之客。"居有顷,复弹其铗,歌曰:"长铗归来乎!出无车。"左右皆笑之,以告。孟尝君曰:"为之驾,比门下之车客。"于是,乘其车,揭其剑,过其友曰:"孟尝君客我。"后有顷,复弹其剑铗,歌曰:"长铗归来乎!无以为家。"左右皆恶之,以为贪而不知足。孟尝君问:"冯公有亲乎?"对曰:"有老母。"孟尝君使人给其食用,无使乏。于是,冯谖不复歌。

(齐国有一寒士叫冯谖,家境贫穷,无以维持生计,托人请求孟尝君,愿意投靠其门下做食客,孟尝君问:"客人有什么爱好?"所托之人答:"没有什么爱好。"孟尝君又问:"客人有什么本事?"再答:"没有什么本事。"孟尝君笑了笑,答应收留他,说:"好吧。"孟尝君左右亲近之人以为孟尝君看不起冯谖,便给他粗劣的饭菜。

(过了不久,冯谖倚靠着柱子,弹剑作歌:"长剑回去吧,食无鱼。"左右管事的人告知孟尝君。孟尝君说:"给他吃鱼,按照门下食客的待遇。"过了不久,冯缓又弹剑作歌:"长剑归去吧,出无车。"左右的人都讥笑他,把这一情况告知孟尝君,孟尝君二话不说,嘱咐道:"给他车马,按照有车食客的待遇。"于是,冯谖乘上车,举起宝剑,去拜会朋友,得意地夸耀:"孟尝君尊我为上客。"又过了不久,冯谖再次弹着他的剑,唱道:"长剑归去吧,无以养活家人。"左右的人为之厌恶,认为冯谖是一个贪得无厌的人。孟尝君听出冯谖的弦外之音,询问:"冯先生有亲属吗?"左右的人对

中国创造:科举制的诞生

259

答:"家有老母。"孟尝君便派人供应他家的吃用,不使他缺少什么。于是,冯谖不再弹剑作歌。)

不再弹剑作歌,不见得不思作为。面对孟尝君的再三礼遇,冯谖默默等了一年,终于等来报恩机会。与李白在《行路难》中"弹剑作歌奏苦声,曳裾王门不称情"的长叹息以掩泪不同,"铅刀一割之用"的冯谖从此大展奇智雄谋,解人之危,创己之功。

孟尝君问门下诸客:"谁习计会,能为文收责于薛乎?"冯谖署曰:"能。"孟尝君怪之,曰:"此谁也?"左右曰:"乃歌夫'长铗归来'者也。"孟尝君笑曰:"客果有能也,吾负之,未尝见也。"请而见之,谢曰:"文倦于事,愦于忧,而性忄耎愚,沉于国家之事,开罪于先生。先生不羞,乃有意欲为收责于薛乎?"冯谖曰:"愿之。"于是,约车治装载,券契而行。辞曰:"责毕收,以何市而反?"孟尝君曰:"视吾家所寡有者。"驱而之薛,使吏召诸民当偿者,悉来合券。券遍合,起,矫命以责赐诸民,因烧其券,民称万岁。

长驱到齐,晨而求见。孟尝君怪其疾也,衣冠而见之,曰:"责毕收乎?来何疾也!"曰:"收毕矣。""以何市而反?"冯谖曰:"君云'视吾家所寡有者'。臣窃计,君宫中积珍宝,狗马实外厩,美人充下陈。君家所寡有者以义耳!窃以为君市义。"孟尝君曰:"市义奈何?"曰:"今君有区区之薛,不拊爱子其民,因而贾利之。臣窃矫君命,以责赐诸民,因烧其券,民称万岁。乃臣所以为君市义也。"孟尝君不说,曰:"诺,先生休矣!"

后期年,齐王谓孟尝君曰:"寡人不敢以先王之臣为臣。"孟尝君就国于薛。未至百里,民扶老携幼,迎君道中。孟尝君顾谓冯谖:"先生所为文市义者,乃今日见之。"冯谖曰:"狡兔有三窟,仅得免其死耳。今君有一窟,未得高枕而卧也。请为君复凿二窟。"

孟尝君予车五十乘,金五百斤,西游于梁,谓惠王曰:齐放其大臣孟尝君于诸侯,诸侯先迎之者富而兵强。"于是,梁王虚上位,以故相为上将军;遣使者,黄金千斤、车百乘,往聘孟尝君。冯谖先驱,诫孟尝君曰:"千金,重币也;百乘,显使也。齐其闻之矣。"梁使三反,孟尝君固辞不往也。

齐王闻之,君臣恐惧,遣太傅赍黄金千斤,文车二驷,服剑一,封书谢孟尝君曰:"寡人不祥,被于宗庙之祟,沉于谄谀之臣,开罪于君,寡人不足为也,愿君顾先王之宗庙,姑反国统万人乎!"冯谖诫孟尝君曰:"愿请先王之祭器,立宗庙于薛。"庙成,还报孟尝君曰:"三窟已就,君姑高枕为乐矣。"

孟尝君为相数十年,无纤介之祸者,冯谖之计也。(《战国策·齐策四》)

一介寒士冯谖的人生际遇,得益于春秋、战国"公门养士"的风行。人无贵贱,唯才是用;人主求贤,士子奋志;野无隐玉之悲,市无遗珠之憾。齐鲁之国,乃文化昌明之地,天下之士所以向往,譬如鱼跃龙门、鹰扬凤翔,高素质的人才一夕闻达,便如鱼得水,翔翥云天,功成名就,圆梦人生。

邹忌,则是另一类人才成功的范例。

说到邹忌,读者并不陌生。一篇收入中学语文教科书的《邹忌讽齐王纳谏》,让这位战国时代的齐国美男子享有了广泛的知名度。

《邹忌讽齐王纳谏》以"文以载道"见长。寓教于理的题材,虽为人津津乐道,而在我看来,作为历史名人的邹忌,其最精彩、最值得称道的故事,应该是他出道之初"以琴道谏齐王"的历史片段,由此体现了中国知识分子进入仕途必须具备的素质、修养——这就是孔子倡导的"兴于诗,立于礼,成于乐"(《论语·泰伯》)。亦由此,在"礼仪之邦"文明薪火传承的齐鲁大地,邹忌以一位琴师身份入仕,逾三月而执掌相印,国之所需,才为世出,绝非"君王恩宠"那么简单。这是中华文明史上一堂生动、深刻的寓教于乐的政治课。

邹忌以善于弹琴求见齐威王,威王见琴师觐见,很是高兴,就让他留在王宫右边的住室。过了一会儿,齐威王自己弹琴,邹忌推门就进来夸赞:"您的琴弹得好极了!"齐威王顿时不高兴,推开琴握剑责问:"你只看到了我弹琴的样子,并没有认真品味我的琴声,凭什么说我弹得好呢?"邹忌侃侃而言道:"您的琴声,大弦音色浑穆温和,如同国君宽和的气度;小弦音质高亢清越,如同宰相的精明干练;手指持弦时紧而有力,放弦时手指舒缓有度,如同国家的政令有张有弛。琴声和谐而悠扬,大弦小弦配合美妙,曲折婉转互不干扰,犹如一年四季周而复始。我就是凭这些知道您琴弹得好。"齐威王不禁也夸奖起邹忌来:"你很善于谈论音乐。"

邹忌进而言之："岂止是谈论音乐，治理国家和安抚民众的道理也尽在其中啊！"齐威王一听这弦外之音，又突然不高兴了，反问道："如果谈论音乐方面的声调音律，确实没有人能比得上先生你的。如果谈到治理国家、安抚民众，这与音乐又有什么关系呢？"邹忌解释说："大弦音色浑穆温和，如同国君宽和的气度；小弦音质高亢清越，如同宰相的精明干练；手指持弦时紧而有力，放弦时手指舒缓有度，如同国家的政令有张有弛。琴声和谐而悠扬，大弦小弦配合美妙，曲折婉转互不干扰，犹如一年四季周而复始。循环往复演奏而不混乱，显示国家政治昌明；琴声流畅而前后贯通，显示国家局势转危为安。所以说，懂得使琴声音律协调，也就能懂得治理国家的道理。治理国家和安抚民众，没有一条不像协调音乐的道理。"齐威王大为赞叹："说得好！"

修身，齐家，然后可以言治国、平天下。依靠自身修为、才智而赢得齐威王信任的邹忌一旦担当"领导核心"角色，随即以一场"邹氏风格"的政治彩排——《邹忌讽齐王纳谏》亮相历史舞台：

于是入朝见威王，曰："臣诚知不如徐公美。臣之妻私臣，臣之妾畏臣，臣之客欲有求于臣，皆以美于徐公。今齐地方千里，百二十城，宫妇左右莫不私王，朝廷之臣莫不畏王，四境之内莫不有求于王：由此观之，王之蔽甚矣。"

王曰："善。"乃下令："群臣吏民，能面刺寡人之过者，受上赏；上书谏寡人者，受中赏；能谤讥于市朝，闻寡人之耳者，受下赏。"令初下，群臣进谏，门庭若市；数月之后，时时而间进；期年之后，虽欲言，无可进者。

燕、赵、韩、魏闻之，皆朝于齐，此所谓战胜于朝廷。

国内大治，诸侯畏服，齐威王慨然有曰："成寡人之志者，邹忌也。"随即，将下邳分封给邹忌，晋爵为成侯。

战国初期，魏文侯任用李悝变法，使魏国成为超越各诸侯的第一强国。其后魏、赵两国交恶，魏惠王出兵包围邯郸，赵成侯向齐国求救。以孙膑为军师，田忌统帅齐军"围魏救赵"，在桂陵大败魏军。经此一役，齐国取代魏国，成为最强大的诸侯国，齐威王得以号令天下。十二年后，田忌、田婴、孙膑再次率齐军攻魏而救韩、赵，在马陵大败魏军，杀死魏军统帅庞涓，俘虏魏国太子申。韩、赵、魏三国君主都通过田婴赴齐国的博望，朝见、会盟于齐宣王。经威王、宣王两代齐君励精图治，外克劲敌，盟约诸侯，田氏代姜后的齐国，再现齐桓公时代的春秋霸业。

霸业既成，夫复何求？

西汉经学家刘向编著的《说苑·尊贤》中，阐发了一条人才格言："人君之欲平治天下而垂荣名者，必尊贤而下士……致远道者托于乘，欲霸王者托于贤。"造就了战国霸业之后的齐宣王，即其人焉。

宣王喜文学游说之士，自如邹衍、淳于髡、田骈、接子、慎到、环渊之徒七十六人，皆次列第为上大夫，不治而议论，是以稷下学士复盛，且数百千人。"

《史记·田敬仲完世家》中辑录的这段文字，虽然只有寥寥数十言，却托举出了东方文明的一座历史文化高峰——稷下学宫。

稷下，齐国国都城门，位于临淄（今山东淄博市）稷门附近。稷下学宫，又称为稷下之学，始建于齐桓公田午（公元前374年－公元前357年在位）时期。"齐桓公（田午）立稷下之宫，设大夫之号，招致贤人尊崇之"（徐干《中论·亡国》）。其时，田氏取代姜齐未久，新生政权尚有待巩固，经纶济世之才匮乏。田午秉承齐国历来尊贤纳士的传统，在稷门附近建起了巍峨的学宫，设大夫之尊号，以招揽天下贤士，此为稷下学宫初创阶段。到了齐威王、宣王时代，齐国强盛一时，稷下学宫达于鼎盛。

从淳于髡以下这些人，都受到齐王的赏赐，享受着大夫的级别、待遇。齐王还专门为他们开辟了一条宽阔豪华的通衢大街，高门大屋夹道林立，让这些人感到无比的尊崇。齐王这样做的目的，就是为了给其他诸侯国看，借此表明齐国最能招纳天下贤士。

尊享上大夫之禄，开第康庄之衢，高门大屋……《史记·孟子荀卿列传》所述齐威王、齐宣王时代的稷下学宫，令后来天下寒士极口称颂，无比羡慕，心生向往而嗟叹生逢异代不同时。

其实，令后世称颂、羡慕的不仅仅是一登稷下学宫之门，则声誉十倍，功名利禄，旦夕可得——这里，还是一个自由开放的政治舞台，一片涵养丰沛的思想沃土，一方百花竞妍的文化乐园。中国历史上最为瞩目的人文现象——"百家争鸣"，风云际会于齐都稷下，将先秦时代华夏民族创造的文明熔冶一炉，萃聚一堂，大放异彩。

"凡诸子百家，……蜂出并作，各引一端，崇其所善，以此驰说，联合诸侯。"（《汉书·艺文志》）——这里，战国时代各阶级、阶层、政治力量的学者或思想家——儒、墨、道、法、阴阳、名、纵横、杂、兵……举凡百家，都企图按照本阶级（层）或本集团的利益和要求，上穷天文，下究人间，著书立说，广收门徒，高谈阔论，互相辩难，由此奠定了中国封建时代文化的基础，对中华文明的塑成产生了深刻而持久的影响。

作为"百家争鸣"的集萃之地，稷下学宫历经齐桓公田午、齐威王、齐宣王、齐湣王、齐襄王、齐王建的六朝兴衰跌宕，绵延存世一个半世纪之久，与大致处于同一时期的雅典学院、吕克昂学园遥相辉映，缔造了人类东西方文明并峙的文化奇观。

"百家争鸣"俨然是中国古代史上一部最著名的"文化大戏"，高蹈于这一舞台上的各类人物及其思想至今星光熠熠，成为中华历史航线上一个个恒久的坐标，成为中华民族汲取不尽的文明智慧。

当然，作为历史的研读者，我们所关注的也不仅仅是高深的思想、美妙的文化，世态的变化、历史的走向，亦主导着我们的兴趣、考验着我们的鉴识。

西方有句谚语"世上没有免费的午餐"。历代齐王推举稷下学宫，推崇稷下之学，必有其所图。当代学者认为，齐国执政者不惜财力物力创办稷下学宫，实行各种优惠政策，招揽天下有识之士，根本目的就是为了利用天下贤士的谋略智慧，为其完成富国强兵、争雄天下的政治目标服务。

具体而言，齐王向稷下学者咨询国事、天下事，使得稷下学者发挥了智囊团的作用，稷下学宫也因此成为一个政治咨询中心。淳于髡以隐语谏齐威王，使之戒"长夜之饮"，从消极享乐中振作起来，励志图强，躬亲国政，又以"微言"启发齐相邹忌，敦促其变法革新。齐宣王还曾多次与孟子讨论政事，探求统一天下的途径。稷下学者进言，齐王纳言，是稷下学宫作为政治咨询中心的一大特色。

稷下学者参政、议政，对齐王期望的富国强兵确也有所裨益，所谓"诸侯畏服，国内大治"也非虚言。但是，如果一味地强调稷下学宫对齐国的重要性，一味地夸大稷下学者对齐国实现富国强兵的实效，则与历史的真相不符。

比如，冯梦龙、蔡元放所著《东周列国志》第八十九回叙述：

宣王自恃其强，耽于酒色，筑雪宫于城内，以备宴乐……又听信文学游说之士，于稷门立左右讲室，聚游客数千人……日事议论，不修实政。……钟离春曰：……大王内耽女色，外荒国政，忠谏之士，拒而不纳……且王欢等阿谀取容，蔽贤窃位，邹衍等迂谈阔论，虚而无实……筑宫筑囿，台榭陂池，殚竭民力，虚耗国赋……大王四失，危如累卵，而偷目前之安，不顾异日之患。

……宣王叹曰："使无钟离氏之言，寡人不得闻其过也！"……于是，宣王招贤下士，疏远嬖佞，散遣稷下游说之徒，以田婴为相，以邹人孟轲为上宾，齐国大治。

事实上，本出于沽名钓誉，"览天下诸侯宾客，言齐能致天下贤士"的齐王，不可能因为一妇人（钟离春）极谏，便遣散稷下游说之徒，恰恰"不治而议论""迂谈阔论""虚而无实"的政治氛围，成就了"百家争鸣"的盛况。

至于"以邹人孟轲为上宾，齐国大治"，更为谬谈。

对倡导"以德行仁者王"的孟子，齐宣王虽表示敬仰，并且许诺在都城中赐一所宅子给孟子，用一万钟谷粟供养他的学生，使齐国的官吏和民众都尊重效法（"欲中国而授孟子室，养弟子以万钟，使诸大夫国人皆有所矜式"《孟子·公孙丑下》），现实却是齐宣王更欣赏"以力假仁者霸"的"霸道"，并且重用田忌、孙膑之流贵胄兵家，大兴齐师，击败魏国，畏服诸侯，再造齐国的霸业，又何尝顾及孟子"以力服人者，非心服也"的忠告？结果，以"王道"济世的孟子只能失望离去。

千里见王，是予所欲也，不遇故去，岂予所欲哉？予不得已也。……王如用予，则岂徒齐民安，天下之民举安。

（不远千里来见齐王，是我的希望；不相和谐而离去，哪里是我所希望的呢？我只是不得已罢了。……齐王如果用我，不但能安定齐国民众，还能安抚天下大众。）

在稷下学宫，襟怀天下、以安邦济世为期许的还有先秦最后一位大儒——荀子。

荀子德高望重，时人尊称为"卿"，是齐襄王时代最为显赫的学者，三次担任稷下学宫的"祭酒"（学宫之长）。荀子立足儒家，从人性论、认识论、政治理论、天人关系等诸方面对稷下学术进行了吸取和修正，从而将诸子学说推向高潮，成为战国诸子学说的总结者，其中对后世最有影响的就是他的"礼法结合"的政治思想。

荀子与孟子同为战国时代儒者宗师，所不同的是，荀子既主张"王道"，但也不反对"霸道"，对时政大势似乎比孟子看得更为明白。《荀子·王霸》有曰："故用国者，义立而王，信立而霸，权谋立而亡。三者，明主之所谨择也，仁人之所务白也。"（治理国家的人，把道义确立了就能称王天下，把信用确立了就能称霸诸侯，而搞起了权术谋略就会灭亡。这三种情况，英明的君主是要谨慎选择的，讲究仁德的人也一定要弄明白。）

名声卓著，明晰时政大势，有系统的"礼法结合"政治思想可供施政，身在学术乐土、自由王国的荀子却在政治上难有作为，甚至因为一句谗言，被迫离开齐国，投奔楚国春申君门下，做了个区区不彰的兰陵县令，期间还曾赴秦、赵两国游说，终不得见重用，复归兰陵。及春申君被害，荀子罢官，数岁而辞世。

生于春秋、战国时代的知识分子是幸运的，也是悲哀的，天下纷争，文韬武略、纵横捭阖之士，大得用武之地。商鞅袭李悝之法家衣钵，入秦变法图强，大施才具，称雄天下；李斯"从荀卿学帝王之术"，始皇倚为股肱，一统天下。而孟子、荀子学问冠于当世、弟子遍于天下，已身却不得立功以扬名，究其何因？除了法家之道对富国强兵更见实效，儒家仁义之道显得学识迂阔、爽于实用之外，秦孝公以下历代秦王对国家法制建设以一贯之的坚持，是商鞅、李斯之流大得其用、大获成功的关键所在。反观韩、魏、燕、赵、楚、齐六国，君王好恶，因人兴废；朝令夕改，鲜克有终，逐一为秦所灭。

由此看来，倘若齐宣王实施孟子倡导的"王道"——"以德服人，中心悦而诚服"，将稷下学宫人才荟萃、百家争鸣的盛况转化为"学而优则仕"的制度建设，且像历代秦王那样一以贯之地推行下去，则未必不会出现孟子所期许的"以齐国来统一天下，易如反掌"的历史结局。如此一来，是否会诞生一个齐国以"百家争鸣"统一中国的模式？

作为阐释韩、魏、燕、赵、楚、齐六国被秦国所灭的经典文章，唐宋八大家之一苏洵所撰《六国论》鞭辟入里的分析发人深省：

齐人未尝赂秦，终继五国迁灭，何哉？与嬴而不助五国也。五国既丧，齐亦不免矣。燕赵之君，始有远略，能守其土，义不赂秦。是故燕虽小国而后亡，斯用兵之效也。至丹以荆卿为计，始速祸焉。赵尝五战于秦，二败而三胜。后秦击赵者再，李牧连却之。洎牧以谗诛，邯郸为郡，惜其用武而不终也。且燕赵处秦革灭殆尽之际，可谓智力孤危，战败而亡，诚不得已。向使三国各爱其地，齐人勿附于秦，刺客不行，良将犹在，则胜负之数，存亡之理，当与秦相较，或未易量。

呜呼！以赂秦之地封天下之谋臣，以事秦之心礼天下之奇才，并力西向，则吾恐秦人食之不得下咽也。

我们还可以设想，假如当初魏惠王弃庞涓而用孙膑；长平之战，赵国坚持用老将廉颇而不用"纸上谈兵"的赵括；齐宣王、齐湣王不去攻燕灭宋，成为对抗秦国的奥援；楚怀王不去贪商于六百里之地，恪守楚齐联盟……山东六国再"以赂秦之地封天下之谋臣，以事秦之心礼天下之奇才"，以此改写的中国历史，又将怎样发展至今？

历史不会倒转。接下来的历史我们看到，统一中国后的秦始皇、李斯所实施的暴行——"焚书坑儒"，是对春秋、战国"俊彩星驰，学派缤纷"历史潮流、历史文明的一种反动。这一逆历史潮流而动的结局，使声威煊赫的大秦帝国在"焚书坑儒"的哀歌声中迅速灰飞烟灭。

这时，历史的船舵又从李斯那里转回到他的老师荀子手中——"……国者，巨用之则大……先义而后利，安不恤亲疏，不恤贵贱，唯诚能之求，夫是谓巨用之。"（《荀子·王霸》）

（国家，大治就会强大……先考虑道义而后考虑财利，用人不分亲疏，不分贵贱，只寻求真正有才能的人，这就是大治的国家。）

大乱之后必有大治。走过秦末纷乱、楚汉相争、汉室草创的历史，接下来我们又将看到，因为一项人才纲领——"尊儒尚法"制度的创建，中国封建社会迎来第一个鼎盛期——汉武帝时代。

读史十记

学而优则仕：中华政治文明的最初尝试

"学而优则仕"一词典出《论语·子张》："子夏曰：'仕而优则学，学而优则仕。'"

今天，我们常说："知识改变命运。"比照春秋时代的语境，亦即那时的人们常说的"学而优则仕"。用今天的话来讲，一旦掌握了知识，就可以踏上仕途，去做官了。

子夏，"孔门十哲"之一，才思敏捷，以文学见长，做过战国之初大展雄风的魏文侯的国师，"学而优则仕"出自这样一位孔子得意门生之口，殊非偶然，亦更能体现孔子教育思想的精华与成效。

在我看来，圣人孔子的伟大贡献，切实彰显于两个方面：

其一，孔子晚年归鲁，整理、修订先代文献，"删诗书，定礼乐，赞周易，修春秋"，对再造中华文明有继往开来之功。

其二，中华私立教育的奠基人。"孔子以诗书礼乐教，弟子盖三千焉，身通六艺者七十有二人。如颜浊邹之徒，颇授业者甚众。"正是孔子开创的"有教无类"私立教育，冲破西周王朝规制的贵族教育壁障，先秦的普罗大众继而获得受教育的机会，通过学习"六艺"——礼、乐、射、御、书、数，有能力参与国家管理，使"知识改变命运"成为可能。

孔子本人也成为他一手缔造的"学而优则仕"的最大受益者，漂泊在外十四年，有赖弟子冉求入鲁为官，最终得以返回祖国，安享晚年。

这是孔子人生中极富喜剧色彩的一幕。

鲁哀公三年（公元前492年），被迫辞鲁而周游列国的孔子已在外漂泊五年，年届六十，滞留在陈国，"苟有用我者，期月而已，三年有成"（假如有哪个国君用我治理国家，保证一年初见成效，三年大见成效）的期许，依然渺无希望。

这年秋天，利好的时机突然从故乡来临，鲁国执政者季康子派使者召冉求回国。孔子敏锐地感觉到母国的形势正朝着有利于自己的方向转变，他告诉冉求："鲁国召你回去，一定不会小用你，必将会大用你的。"

这一天，失意在外、白发蓬首的孔子显得很乐观，面对萧瑟秋风，颇有些自得地长吟感叹："回去吧，回去吧！我家乡的那些学生轻狂，他们下笔成文，斐然成章，我已不知道该怎么引导他们了。"

孔子乐观得有些过早了。在现实中，信奉"君子坦荡荡，小人常戚戚"的孔子其实并不谙于官场尔虞我诈之道，当然也就不知道该怎样引导他那些"斐然成章"的学生如何做官了。

冉求既去，弹指一挥，时逾八年，佳讯杳无，孔子大抵未改流落于陈、蔡之间，"累累若丧家之犬"的窘困境地。直到鲁哀公十一年（公元前484年），冉求为季孙氏统帅军队，在鲁国的朗亭打败入侵齐军，季康子接受了冉求的建议，派公华、公宾、公林几位大人持尊贵礼物前往卫国迎接，六十八岁高龄的孔子才结束了十四年坎坷困顿的漂泊生涯，回到故乡鲁国。

垂暮之年，老有所归，自谓"六十耳顺，七十从心所欲，不逾矩"的孔子，已无心再涉仕途。他著书立说，潜修学问，韦编三绝，未曾设想生前拜访过七十多个国君，没有一位重用他，而身后儒学竟开华夏仕途新境。

自孔子卒后，七十子之徒散游诸侯，大者为师傅卿相，小者友教士大夫，或隐而不见。故子路居卫，子张居陈，澹台子羽居楚，子夏居河西，子贡终于齐。如田子方、段干木、吴起、禽滑釐之属，皆受业于子夏之伦，为王者师。是时独魏文侯好学。后天下并争于战国，儒术既绌焉，然齐鲁之间，学者独不废也。于威、宣之际，孟子、荀卿之列，咸尊夫子之业而润色之，以显学于当世。（《史记·儒林列传》）

（自孔子辞世后，他的众多高徒弟子分散游离到了各个诸侯国，官位高者做到了王侯的太师太傅和国家的卿相，官位低者也成了士大夫的良师益友，还有一些隐遁于世不为人知者。当时，子路在卫国为官，子张在陈国，澹台子羽在楚国，子夏在魏国河西，子贡最终逝于齐国。诸如田子方、段干木、吴起、禽滑釐这些人，都是在子夏等人的门下接受教育，而后才当了王者之师的。那时，只有魏文侯爱好儒学。后来，战国纷乱兼并天下，因此擅长守成的儒家不被重视，然而在齐、鲁一带，儒家学说一枝独秀，被人们传习不断。在齐威王、齐宣王时代，孟子、荀卿等著名人物，皆遵循孔子的学术思想而进一步发扬光大,从而使自己的学问著称于世。)

在中国历史上,司马迁这段不足两百字的表述非常重要,它使得中国古代政治史上的重要环节——官制,从西周贵族选士制到汉代察举制的脉络一览明晰。更为重要的是,"天下并争于战国,儒术既绌焉,然齐鲁之间,学者独不废",遂使中华先秦文明不以战国纷乱、秦朝暴政而退废,文明一脉延续下来,在海晏河清的承平治世,再因为汉武帝"表章《六经》,焕焉可述",为汉民族的形成奠定了最坚实的文化基础。

继短暂的秦朝之后,中国历史进入一个强大的封建王朝——汉朝。公元前140年,汉武帝"亲策问",拉开了缔造汉家盛世的时代大幕。

《诗经·大雅·荡》有曰:"殷鉴不远,在夏后之世。"指出夏朝的灭亡,就是殷商的前车之鉴。以此类推,秦朝的灭亡,亦是汉朝的前车之鉴。汉初几位皇帝深谙这一历史教训,废除前秦苛政峻法,重视贤德教化之功。公元前205年,刘邦在关中一带选举"有修行,能帅众为善者"为乡三老,又推及里县三老,"与县令、丞、尉以事相教"。公元前178年,汉文帝诏令"举贤良方正能直言极谏之士",这种诏举多从现任官吏中选拔。

在汉高祖、文帝、景帝执政的基础上,汉武帝加以发展,形成一套适应其"兴造功业"需要的治国之策,核心是"举贤良,明教化"和"尊儒尚法"。

公元前140年,汉武帝下诏:"古之立教,乡里以齿,朝廷以爵,挟世导民,莫善于德。"他认为在乡间尊敬年长者与在朝廷尊敬爵位高者,同是自古以来不能违背的规矩,能够这样严格遵守封建等级秩序,就是有道德。

公元前139年,汉武帝采纳丞相卫绾建议,对所推举贤良,若是陈述申不害、商鞅、韩非、苏秦、张仪的言论,淆乱国政者,一律罢去,并任命雅好儒术的窦婴为丞相、田蚡为太尉,提拔王臧(汉武帝当太子时的少傅,西汉名儒鲁申公的学生)为郎中令,主持宫内诸事,又任命赵绾(鲁申公另一学生)为御史大夫。爱好黄老学说的窦太后大为不满,仗势反攻,以"请不向太皇太后奏事"的罪责,将赵绾、王臧下狱,迫二人自杀,再逼汉武帝将窦婴、田蚡免职。但是,尊儒的趋势已无法阻挡。公元前135年,窦太后去世,武帝当即任命田蚡为丞相,大批征召儒生入仕。

公元前135年元月,汉武帝"初令郡国举孝廉各一人。"五月,下诏举贤良曰："贤良明于古今王事之体，受策察问，咸以书对，著之于篇，朕亲览焉"，由此确立了郡国岁举贤良的制度。

这一次，董仲舒和公孙弘都以治《春秋》被举荐。董仲舒在对策中提出"使诸列侯二千石，各择其吏民贤者，岁贡各二人"主张，包括岁贡和定员，对象有吏有民，在制度上比文帝时更为完备。岁举人才，统称为"贤良"或"贤者"，实际上包括才能之士和从封建道德伦理衡量应该表彰的人，荐举时若侧重于某一方面，则又称为举茂材、孝廉等。所以马端临记述："后遂令州郡举茂材、孝廉，皆自仲舒发之。"

公元前134年，汉武帝采纳董仲舒的建议，"罢黜百家，独尊儒术"，确立儒学主导地位，不但官吏的选拔以儒学为标准，儒学成为进身之途，士子争相奔赴，而且儒学成为统治社会意识形态的绝对权威，影响深入到社会各个角落。

察举人才制度初行之时，郡国举荐不力。公元前128年，汉武帝下诏严加督责："朕夙兴夜寐，嘉与宇内之士臻于斯路。故旅耆老，复孝敬，选豪俊，讲文学，稽参政事，祈进民心，深诏执事，兴廉举孝，庶几成风，绍休圣绪。……且进贤受上赏，蔽贤蒙显戮，古之道也。其与中二千石、礼官、博士议不举者罪。"经过朝臣商议，规定了严厉的处罚办法："不举孝，不举诏，当以不敬论。不察廉，不胜任也，当免。"

汉武帝还将"明教化"与"举贤良"密切结合起来。公元前128年，汉武帝下诏：

夫本仁祖义，褒德禄贤，劝善刑暴，五帝三王所由昌也。朕夙兴夜寐，嘉与宇内之士臻于斯路。故旅耆老，复孝敬，选豪俊，讲文学，稽参政事，祈进民心，深诏执事，兴廉举孝，庶几成风，绍休圣绪。……二千石官长纪纲人伦，将何以佐朕烛幽隐，劝元元，厉蒸庶，崇乡党之训哉？（《史记·孝武本纪》）

公元前124年，汉武帝又下诏云："详延天下方闻之士，咸荐诸朝。其令礼官劝学，讲议洽闻，举遗兴礼，以为天下先。太常其议予博士弟子，崇乡党之化，以厉贤材焉。"按照封建纲常伦理为标准举荐出人才，这些人既能为王朝效力，又可成为乡里的表率，使更多的人效法他们，达到"劝元元，厉蒸庶，崇乡党之训"之目的，所以具有"以为天下先"的意义。

兴太学和郡国学，也是武帝"明教化"一项重要内容。公元前124年，汉武帝在都城长安建立太学，设五经博士，置博士弟子五十人，以博士为教授全国各郡，还可保荐学生到博士处受业，待遇与博士弟子等同。这些学生一年考试一次，考上、中两等者，可当郎中官或补文学掌故，下等者黜令退学，又遴选熟通经学者做地方官府的卒史。

文翁，汉景帝时蜀郡太守，"见蜀地僻远有蛮夷风"，便选送各地人才到长安学习中原先进文化，并修建学宫，招收当地子弟授以教育，蜀地大为开化，学风可与齐鲁媲美。八百年后，盛唐诗人王维一首《送梓州李使君》"文翁翻教授，不敢倚前贤"，让一代代后人记住了这位蜀国教育先驱。

以"本仁祖义，褒德禄贤"达到"明教化"的汉武帝，不可能不关注到文翁这位仁人前贤，于是大力推广他在蜀郡的做法，"令天下郡国，皆立学校官"。

这样，从汉武帝肇始，西汉王朝从皇帝、丞相、博士到地方官皆以讲求经学为荣，彝伦攸叙，封建等级和伦理秩序的思想，日渐成为社会主流意识。

在这一系列重大举措中，各类突出人才的涌现和任用，是造成汉武帝时代西汉王朝鼎盛局面的重要原因所在。

据《汉书》记载，公元前140年至公元前106年，朝廷大规模征召人才即有六次。除了全国性的征召荐举之外，对于所遇到的有茂材异等者，汉武帝也常予以奖拔任用。纵观中国历史，《诗经》所言"济济多士"，当以汉武帝时代为最盛：

（当时，汉朝兴起已达六十多年，天下太平，国库充实，但四方的蛮夷尚未服从，国家的制度尚多缺失。皇上希望得到更多的文武之才，因而努力搜求。开始，以安车蒲轮迎来了枚乘，见到主父偃的上书又衷心赞叹。在这样的感召下，在朝的群臣都众心归依，在野的奇才异士也纷纷出现。卜式是以一个放牧者的身份前来应试的，桑弘羊是从商人中间被提拔起来的，卫青从一群奴仆之间脱颖而出，金日磾是从俘虏营里被解放出来，这些不就相当于古代盛传的傅说、宁戚那种人吗！西汉的人才之多，应推武帝时最为兴盛。以讲论儒学著称的，有公孙弘、董仲舒、兒宽；以品行厚道闻名的，有石建、石庆；以正直敢言著称的，有汲黯、卜式；以推贤进士著称的，有韩安国、郑当时；以制订法令闻名的，有赵禹、张汤；以文章写作闻名的，有司马迁、司马相如；以诙谐滑稽著称的，有东方朔、枚皋；以上书应对著称的，有严助、朱买臣；以天文历法著称的，有唐都、洛下闳；擅长音律谱曲的有李延年；擅长经济运算的有桑弘羊；以奉命出使闻名的，有张骞、苏武；以出兵作战闻名的，有卫青、霍去病；受遗诏以辅佐幼主的，有霍光、金日䃅，其他种种，就多得没法再说了。因此，这个时代所创建的奇功伟业，所制订的各种制度章程，也远为后代所无法企及。）

在中国历史上，谈及封建王朝，惟有汉、唐两大王朝可以比肩，号称"汉唐盛世"。既为盛世，必有盛世气象。概览古今史册典籍、诗词歌赋，愚以为，王勃《滕王阁序》所谓"雄州雾列，俊才星驰"名句，不但气势恢宏、气象万千，而且赋予一个强大王朝所拥有的壮美山河一派人间正道英气勃发的精神气象。这样的王朝承平、盛世之时代，绝不会发出清末龚自珍式的绝望呐喊——"九州生气恃风雷，万马齐喑究可哀。我劝天公重抖擞，不拘一格降人才。"

龚公诚可悲哉！上天不可能为人间降下人才——人为万物之灵，人才自在其中，但凡英明之人主，所能做出的最令天下人欢欣鼓舞的决策、诏令，莫过于"不拘一格选用人才"。故而，所谓"汉唐盛世"，其实也是不拘一格之选、用人才的盛世——在制度设定的框架之下，公平、公正、不拘一格选用国家需要的各类人才，还有什么力量能挡得住一个万马齐鸣、生机勃勃的盛世欣然降临人间？

两汉的察举制，就曾推进这样一个"盛世"的到来，影响绵长久远。

据史料记载，汉代选士始于汉高祖十一年（公元前196年）。汉文帝二年（公元前178年），下诏"举贤良方正直言极谏者"。公元前134年，汉武帝接受董仲舒的建议，令郡国岁举"孝廉"各一人，察举正式成为一种制度。公元前107年，汉武帝又令诸州岁各举"秀才"一人，察举制初步健全。察举的科目，分两大类：常科与特科。常科，主要是孝廉科，此外还有秀才、明经等科目。特科，由皇帝临时决定，其中最主要的科目，也是最制度化的科目，是贤良方正。

赵翼《廿二史劄记》卷五中的"召用不论资格"，可以被视为是对汉代

> 察举制"不拘一格选用人才"有说服力的考证：
>
> 汉制察举孝廉、茂才等归尚书及光禄勋，选用者多循资格，其有德隆望重由朝廷召用者，则布衣便可践台辅之位。如陈寔官仅太丘长，家居后，朝廷每三公缺，议者多归之。太尉杨赐、司徒陈耽，每以寔未登大位而身先之，常以自愧。郑康成绩学著名，公车征为大司农，给安车一乘，所过长吏送迎。荀爽有盛名，董卓秉政，征之，初拜平原相，途次又拜光禄勋，视事三日策拜司空。自布衣至三公，凡九十五日。

今天看来，作为一项考察人才、任用官吏的制度——汉代的察举制，相对于春秋、战国时代私门授徒、公门养士的社会风气，虽然缺少了一些灵活性，但也减少了其中的随意性，而以制度确定人才教育、任用的规程，无疑是一个划时代的历史进步。

察举各科设置之初，颇能体现选贤任能的原则，选拔出不少济世之才，促进了讲习儒经（汉代经学）的社会风气和教育（太学、私学）的发展。"遗子黄金满籯，不如教子一经。"这句流行于汉代的教育格言，也印证了相对公平的察举制让诞生于春秋、战国时代的"学而优则仕"观念更加深入人心。

今天，我们常说："十年树木，百年树人。"历经百年，制度选人，教育树人，相同抑或不同的王朝、国家在政治、精神面貌上的差异，是显而易见的。西汉、东汉开国人物背景的差异，即从一个侧面见证了中华文明的时代进步，这就是赵翼《廿二史劄记》所说的从"汉初布衣将相之局"到"东汉功臣多近儒"的演变：

> 西汉开国功臣，多出于亡命无赖，至东汉中兴，则诸将帅皆有儒者气象，亦一时风会不同也。光武少时往长安，受《尚书》，通大义。及为帝，每朝罢数引公卿郎将讲论经理。故樊准谓帝虽东征西战，犹投戈讲艺，息马论道。是帝本好学问，非同汉高之儒冠置溺也。
>
> 而诸将之应运而兴者，亦皆多近于儒。如邓禹年十三能诵《诗》，受业长安，早与光武同游学，相亲附。其后佐定天下，有子十三人，使各守一艺，修整闺门，教养子孙，皆可为后世法。寇恂性好学，守颍川时修学校，教生徒，聘能为《左氏春秋》者，亲受学焉。冯异好读书，通《左氏春秋》《孙子兵法》……是光武诸功臣大半多习儒术，与光武意气相孚合。

东汉王朝的历史虽然长达一百九十六年，但与西汉王朝二百一十四年跌宕起伏、精彩纷呈的历史相比，除却光武中兴、击溃匈奴，实在是无多亮点。值得一提的，唯有"党锢之祸"中以李膺、范滂、陈蕃为代表的士大夫誓死对抗宦官黑暗势力的铮铮骨气，在先秦时代儒家倡导的"士不可不弘毅，任重而道远"的基础上，锻造出一种中国知识分子特有的更为宏博的强健精神、崇高境界"天下兴亡，匹夫有责"，虽然这句话的成文定型还要跨越一千七百多年的漫长岁月，最终由梁启超在《饮冰室合集》中概括顾炎武《日知录》的观点而后成。

也就是从东汉后期开始，中国知识分子作为一个相对独立的阶层，进入自觉时代。这正是"学而优则仕"在古代中国得以大行其道的最丰厚的土壤，也是中华民族在扭曲、失落的时期文明薪火不熄、理性之光长存的根源所在。不然，你就无法解释为什么中华民族经历了那么多的艰难险阻、曲折痛苦，依然能走出黑暗，走出深渊，重举民族复兴的旗帜，屹立于世界民族之林。

再回到东汉后期。

"党锢之祸"，可以说是继秦始皇"焚书坑儒"之后中国古代知识分子遭罹的一场空前灾难。这是汉桓帝、汉灵帝在位时期，与前朝"文景之治"称谓相反，被史家称作"桓灵之乱"。这一时期，在气焰甚嚣尘上的宦官面前，延续六百多年的"学而优则仕"之路被断绝。

"党锢之祸"与明代"东林党案"，并列为中国古代文明史上最黑暗的时期之一。自公元166年起，"党锢之祸"前后历经两次，以公元168年太傅陈蕃被杀，公元169年李膺、范滂在内众多清流士子惨死于酷刑之下，黑恶势力宦官对封建士大夫的完胜而告终，阉竖弹冠相庆，朝野内外有气节的官员几乎被一网打尽。

至此，东汉王朝气数将尽。随之将亡的，还有不可一世的宦官阶层——仅过了二十年，公元189年，宦官张让等人杀大将军何进，虎贲中郎将袁绍引兵入宫，将宦官两千余人诛戮殆尽。

令宦官意想不到的还有，他们意欲一网打尽的朝野士大夫，竟然因为一个出于宦官世系的人，再次脱颖群伦，文明薪火重放光芒。这个人就是中国历史上最早擎起"唯才是举"大旗的曹操。

"唯才是举",可以说是曹操对"党锢之祸"的拨乱反正。而作为一个对中国历史有着重大贡献的人物,背负"白脸奸臣"千载骂名的曹操,也需要中国历史,特别是中国民间对他给予拨乱反正的评鉴。

据《三国志·魏书·武帝纪》记载:曹操,沛国谯人(今安徽亳州),字孟德,系出名门,为西汉相国曹参之后裔。其父曹嵩,乃汉桓帝时期大宦官曹腾的养子,出生不详,世人"莫能审其生出本末",官至太尉。曹操是曹嵩的长子,"少机警,有权数,而任侠放荡,不治行业,故世人未之奇也。惟梁国桥玄、南阳何颙异焉。玄谓太祖曰:'天下将乱,非命世之才不能济也,能安之者,其在君乎!'"这是正史引述时人对曹操济世安邦之才的最初评价。

更为国人所熟知的评说,则见于《世语》。该书记载曹操曾询问当世著名的人物评论家许劭(字子将):"我是怎样一个人?"许劭不应。曹操非要他回答,许劭一言概之:"你是治世之能臣,乱世之奸雄。"谶言一语,曹操大笑受之,从此背负"奸雄"之世代口传的骂名。

上述评说,有助于我们对曹操这一历史人物性格的感知。相比之下,我更看重孙盛《异同杂语》以史实论曹操的评说:

太祖尝私入中常侍张让室,让觉之;乃舞手戟於庭,逾垣而出。才武绝人,莫之能害。博览群书,特好兵法,抄集诸家兵法,名曰接要,又注孙武十三篇,皆传于世。

以此可见,身材并不高大威猛的曹操身手不凡,武略非常,于"汉纪失权柄"的乱世成为一代枭雄,亦绝非偶然。至于曹操何以能划除群雄,匡扶汉室,统一北方,除却超凡的武功武略,还有什么过人之处?拨开历史的迷雾,辨清世俗的趣味,我们可以看到,是智慧、眼界、襟怀的组合,成就了曹操一代伟人的历史勋业。

作为角逐北方的两大雄主,曹操与袁绍的一次对话,颇能说明在相同的历史机遇面前,政治人物何以成败得失结局不同的原因所在:

初,绍与公共起兵,绍问公曰:"若事不辑,则方面何所可据?"公曰:"足下意以为何如?"绍曰:"吾南据河,北阻燕、代,兼戎狄之众,南向以争天下,庶可以济乎?"公曰:"吾任天下之智力,以道御之,无所不可。"傅子曰:太祖又云:"汤、武之王,岂同土哉?若以险固为资,则不能应机

而变化也。"(《三国志·魏武帝本纪》)

以此观之，曹操深谙赢取天下之道：不以山河险固为凭峙，得天下人智力之相助。这正是曹操比实力大于自己的劲敌袁绍的高明之处，也是他最终能打败袁绍，统一北方的关键所在。这又与孟子一段名言——"域民不以封疆之界，固国不以山谿之险，威天下不以兵革之利。得道多助，失道寡助。寡助之至，亲戚畔之；多助之至，天下顺之。以天下之所顺，攻天下之所畔；故君子有不战，战必胜矣"相契合。

现实之中，曹操所谓"吾任天下之智力，以道御之"也绝非是一句应付袁绍的虚妄之言。汉献帝中平六年（公元189年），曹操起义兵讨伐董卓，躬擐甲胄，百战功成，居丞相之高位，享魏王之尊爵，慨然有曰："我起义兵诛暴乱，于今已十九年，所征必克，岂是我一人之功？乃是仰仗诸位贤能士大夫的力量。天下虽然还未悉数平定，我当要与贤士大夫共平定之。如果专飨其功劳，我于心何安！定功行封，势在必行。"随即，大封功臣二十余人，皆为列侯，其他人亦论功行赏，按等级受封。

建安十五年（公元210年），以"任天下之智力"为期许的曹操下达了人才召令："今天下尚未定，此特求贤之急时也。……唯才是举，吾得而用之。"

与战国时代公室养士多有沽名钓誉之嫌不同，曹操高调宣扬的"唯才是举"，更见实际成效。史称曹操"知人善察，难眩以伪，拔于禁、乐进于行陈之间，取张辽、徐晃於亡虏之内，皆佐命立功，列为名将；其余拔出细微，登为牧守者，不可胜数。"（《三国志·魏书·武帝纪》）

"月明星稀，乌鹊南飞。绕树三匝，何枝可依？"——可依者，曹孟德之所树"唯才是举"大旗是也！

历史学家认为，在古代社会，封建王朝的主要支柱是功臣、贵族、官僚。为了换取这一阶层的全力支持，除了经济方面的优遇，西汉王朝在政治方面也赋予其不少特权，如其子弟可以"父兄任"出仕，公卿以"武力功臣"为之，形成"以列侯为丞相"的惯例等。可是，由于历史条件和文化素质的限制，这些功臣、贵族、官僚家族在政治上同样不能稳定地延续下去。子孙或者骄奢淫逸，"多陷法禁"，丢掉官爵；或者能力很差，在职"备员而已"。

有鉴于此，雄才大略的汉武帝"在全国范围内，主要按德、才标准，从'布衣'，包括富裕农民和中小地主出身的人士中，选拔人才，实行经由'乡举里选'的察举制度。从此，整个两汉，公卿大臣，郡国守相，基本由此产生。在这段历史时期里，不是某些显赫家族、天生贵胄把持朝政，而是力图把大权交给有德、才的贤士掌管，用沈约的话，这种局面便叫作'以智役愚'。"（白寿彝总主编《中国通史》第五卷）

创造伟业的君王，必定是能够创造历史的人们的领导者。在这一点上，曹操与汉武帝有殊途同归之誉。

英雄所见略同，伟业垂传历史。一系列正能量的释放，铸成一个丹青有誉的"正面"曹操。《三国志·魏志·武帝纪》评曰：

汉末，天下大乱，雄豪并起，而袁绍虎视四州，强盛莫敌。太祖运筹演谋，鞭挞宇内，揽申、商之法术，该韩、白之奇策，官方授材，各因其器，矫情任算，不念旧恶，终能总御皇机，克成洪业者，惟其明略最优也。抑可谓非常之人，超世之杰矣。

"能臣"也好，"奸雄"也好，"超世之杰"也好，皆为他人之论。

在我看来，综览曹操一生，"创造大业，文武并施，御军三十余年，手不舍书，昼则讲武策，夜则思经传，登高必赋，及造新诗，被之管弦，皆成乐章"，最值得称赞的是他在《短歌行》里表现出的一个政治家的伟大襟怀：

山不厌高，海不厌深。周公吐哺，天下归心。

如此，在"白骨露于野，千里无鸡鸣"的汉末乱世，因为曹操的高歌援引，诞生了中华文明史上第一个"洪波涌起"的文学流派——建安文学；因为曹操的猛志激励，诞生了中国历史上激荡人心的史诗——魏、蜀、吴三国鼎立的英雄时代。

"滚滚长江东逝水，浪花淘尽英雄。"让后人感慨沉思的是，俊彩星驰、英雄辈出的时代总是不能长久。更何况身为一个历史的审读者，又岂能在明代学者杨慎"古今多少事，都付笑谈中"的自我解脱中驻足不前？

俯察历史，我们看到，在三国鼎立之前，作为甄拔人才的制度保障的察举制，随着时间的推移，弊端日渐显现。由于察举的特点是以主管官员（地方长官和中央各部长官）推荐为前提，若要引起主要官员的注意，"声望"必须很重要。于是，士人或弄虚作假，或攀附权贵，贿赂请托。长此以往，世风日下，察举不实。以名望取人，致使沽名钓誉之风盛行。世家权门把持选举，选非其人，所谓"察举"，实际上沦为结党营私的工具。由于荐举的权力多出于地方，使得地方官吏网罗党羽，培植私人势力。汉武帝时期"遗子黄金满籯，不如教子一经"的尚学世风、智能之士闻达于朝野的昂扬政风，一变而为"举秀才，不知书。察孝廉，父别居。寒素清白浊如泥，高第良将怯如鸡"的衰朽颓风，一个强大王朝的衰败亦随之而来，不可逆转，以汉末涌现的三国英雄——曹操、刘备、孙坚父子取而代之，遂成历史发展的必然结局。

"察举制"其始为治国之大纲，缘于制度缺陷，日渐变异，弊端丛生；"唯才是举"，不遇明主，无以施用，人治而已，非治国之长策。即便如此，其催生、塑成的治世、人文业绩已堪可彪炳历史。

然而一项让历史倒退的政治制度的出台，致使处于上升、放大时期的中华文明坠入夜幕，光彩失色。这就是自曹魏时始行用的九品中正制。

读史十记

科举制：冲破三百年历史阴霾，再现中华文明之光

那么，对曹操以"唯才是举"赢得千载美名的定国安邦之策，身为其爱子的曹丕为什么要倒行逆施，落得个千年骂名呢？

这还得从曹丕所处的社会环境和他的个性说起。

建安二十一年（公元216年），曹操被汉献帝晋封为魏王，因其长兄曹昂战死于讨伐张绣的宛城之役，列第二子的曹丕得立为王储。公元220年，曹操死于洛阳，曹丕取汉献帝而代之，是为魏文帝，自此拉开魏、蜀、吴三国鼎立大幕。

俗话说：虎父无犬子。在继承其父亲曹操的遗志之前，曹丕俨然也是个优秀人才。据《三国志·魏志·文帝纪》记述，曹丕"年八岁，能属文。有逸才，遂博贯古今经传诸子百家之书。善骑射，好击剑。举茂才，不行"。

而在垂传历史的名篇《典论·自叙》中，曹丕也颇为自诩、自负地写道：

夫文武之道，各随时而用。生于中平之季，长于戎旅之间，是以少好弓马，于今不衰。逐禽辄十里，驰射常百步，日多体健，心每不厌。

上雅好诗书文籍，虽在军旅，手不释卷……余是以少诵《诗》《论》，及长而备历五经、四部、《史》、《汉》、诸子百家之言，靡不毕览。

阅读上述史志、篇章，给后人留下的第一印象是，曹丕文武双全，由他继承曹操奠定的统一北方基础，定能广大基业，继而再造一统中华万世之功。然而，随后的历史却证明，曹丕在政治和军事两个方面均属于低能儿。

先看军事。曹丕逼迫汉献帝禅位，自立为帝，一时踌躇满志，睥睨西南、东南之隅的蜀、吴"二逆"，视如风卷残云，手到擒来。岂料这位"新科皇帝"三次亲自统帅数十万大军征伐东吴、蜀汉，皆大败而归，从此不

敢复言统一之志。

再看政治。有论者以为，延康元年，曹操逝去，曹丕继位为丞相，果断采纳陈群的建议，推行九品中正制，获得士族支持，成功解决了曹操至死不能当皇帝的头疼问题；大权独揽，机要之权渐移于中书省；定令妇人不得预政，群臣不得奏事太后，外戚之家不得当辅政之任。通过这一系列措施，进一步导致魏国统治被士族垄断，表现出曹丕在政治上的卓越才能。

乍一泛读，似觉此论说言之有理，深入一推敲，则见其浅显、荒谬。

曹操一生最大的忌讳是怕别人骂他为窃国"汉贼"，故其《让县自明本志令》郑重声称："身为宰相，人臣之贵已极，意望已过矣……设使国家无有孤，不知当几人称帝几人称王。"这正是曹操"枭雄"角色的过人之智。

"定令妇人不得预政"，并不能显示曹丕有何英明远见。试想，以两汉高祖、武帝、光武帝这样的明主在上，岂有"牝鸡司晨"妇人干政的道理？

"机要之权渐移于中书省"，借秘书监、中书省以集权，乾纲独断，还要看当朝皇帝当真有驾驭群臣、明于决断的能力。事实证明，身为曹魏开国皇帝，曹丕在掌控朝政、玩弄权术方面远逊于"乱世之奸雄，治世之能臣"的曹操，甚至比蜀汉昭烈帝刘备、吴大帝孙权也逊色许多，惟其能者，同室操戈而已。"对宗室颇多猜忌，同姓王公甚难自处。他们名义上是王公，实际上毫无权力，甚至连人身自由都没有，形同囚犯。"（白寿彝总主编《中国通史》第五卷）

对宗族冷酷无比，意在严防这些与他一样有着帝室血脉的人篡权上位，是多数封建帝王的通病，这还好理解，但曹丕的重大失误在于——这位生于伟人之后的贵胄帝王，在选择统治阶层的时候，将曹操不问英雄出处的"唯才是举"完全抛在脑后，所认同、倚重的是同属一个"圈子"的权贵势力。以此想见，"九品中正制"的推出，可谓是一场绵延数百年的政坛"贵族游戏"。对始作俑者曹丕来说，权力授予坐享其成、堕落成性的天下世族，譬如覆水难收，空持帝王权杖，还能有什么作为？所以，白寿彝主编的《中国通史》鲜明地指出曹丕为政之弊——

九品中正制的实施和王公封国的实际待遇，反映了曹丕统治下的政局之狭隘、猜忌的情调，已失去了曹操时期的相当开朗的色彩。

曹丕在位七年，只活了四十岁，在当时也属于短命之人。关于他的一生，无多少出彩之处，倒是有一段充满迷信色彩的"侧记"，引起了我的关注。

建安二十二年（公元217年），曹操晋封为魏王。其时，有位名叫高元昌的人善于看相，曹丕"乃呼问之，对曰：'其贵乃不可言。'问：'寿几何？'元昌曰：'其寿，至四十当有小苦，过是无忧也。'后无几而立为王太子，至年四十而薨"。

除了政治建树外，曹丕还是建安文学的领袖。

魏文帝黄初六年（公元225年），曹丕回故乡药都亳州。是年深秋，作为诗人的曹丕轻吟"秋风萧瑟天气凉，草木摇落露为霜。群雁辞归鹄南翔，念君客游多思肠"诗句，独自夜访乡间。一轮明月高悬，清辉映照乡野，但见一妇人坐于月下，孤守空房。曹丕上前询问，得知她长夜难眠，正思念从军在外的丈夫。曹丕感怀至深，泪下沾巾，再续歌吟："明月皎皎照我床，星汉西流夜未央。牵牛织女遥相望，尔独何辜限河梁？"（《燕歌行》）

据说，这一年从秋到冬，曹丕每每生出农女们思夫怀人的感伤，有时竟深夜独自流泪以至天亮。

公元226年正月，曹丕决定辞别故乡返归许昌。然而，就在启程的前一天，忽报许昌城南门无故自崩，曹丕不禁长叹："天下征伐苦矣，以至农女城门！"数月后，"黄初七年五月，文帝驾崩，简葬于首阳陵"。

作为诗人的曹丕，是值得世人缅怀的。《文心雕龙》赞曰"魏文之才，洋洋清绮"，可谓至评。

许多年前，当我还是一位莘莘学子的时候，曾读过曹丕一首《杂诗》："慢慢秋夜长，烈烈北风凉。辗转不能寐，披衣起彷徨。彷徨忽已久，白露沾我裳。俯视清水波，仰看明月光。天汉回西流，三五正纵横。草虫鸣何悲，孤雁独南翔。郁郁多悲思，绵绵思故乡。愿飞安得翼，欲济河无梁。向风长叹息，断绝我中肠。"其情思幽婉、一咏三叹，从此铭刻于心，至今难忘。及至读其传世名篇《典论·论文》，又深感曹丕不愧为文章大手笔，当与其弟曹植《洛神赋》共不朽。

在中国文学史上，曹氏父子（曹操、曹丕、曹植）三人皆以诗文彪炳千秋，"星汉灿烂，若出其里"，如此耀世之荣誉，惟有北宋苏氏父子（苏洵、苏轼、苏辙）三人堪与媲美。然而曹操文武全才，古今一人而已；曹丕、曹植，虽文章诗赋天才炳焕，成就不让其父，定国安邦的才智，则远逊之，不堪大用。

少年曹植，"任性而行，不自雕励"，有负曹操之所深望。中年曹植，"骨气奇高，词彩华茂"，虽人生顿踬，报效国家之赤心尤炽。在《与杨德祖书》中，曹植抒发豪言壮志，以彰平生政治情怀："吾虽德薄，位为藩侯，犹戮力上国，流惠下民，建永世之业，流金石之功，岂徒以翰墨为勋绩，辞赋为君子哉！"但观其一生，除却"捐躯赴国难，视死忽如归"的慷慨之词，未见一纸经纶济世之策，书生本色，政治低能，而又欲望权重，与其兄曹丕并无二致。以此观之，生下文彩飞扬二子，实是政治家曹操的悲哀。

悲哀，在曹操死后当即毕现。曹丕甫一上位，毫无政治远见，不知"为政之要，在于得人"，听从老臣陈群的建议，推出"九品中正制"（也称"九品官人法"）。这一太阿倒置的政治变革制度，其受益者是散布天下的世族豪门，而最大的赢家则是出自世家名门、包藏篡心的司马懿。

在雄才大略的曹操时代，善于伪装、玩弄伎俩的司马懿并未得志，终曹操之世，位不过军司马（大将军属官，秩千石）。曹丕称帝，司马懿逐渐得势，黄初五年（公元224年）已升至尚书仆射、抚军大将军，位列三公。曹丕死时，司马懿与陈群、曹真同为受遗诏辅政大臣。待魏明帝死时，身为太尉的司马懿再受遗诏，与大将军曹爽并辅少主，随后演进成"司马代曹"之势。一世英明的曹操如地下有灵，不知作何感想？

自古雄才多磨难，从来纨绔少伟男。

曹操，是孟子所谓"天降大任"的非常人物，数临死地，百战功成，知世事之艰难，人才得之不易。所以，建安十九年（公元214年），曹操下达举才令，特别强调：

夫有行之士未必能进取，进取之士未必能有行也。陈平岂笃行，苏秦岂守信邪？而陈平定汉业，苏秦济弱燕。由此言之，士有偏短，庸可废乎？有司明此义，官无废业矣。（《三国志·魏志·武帝纪》）

曹操既是一个理想主义者，长歌"周公吐哺，天下归心"；也是一个实用主义者，厉行"唯才是举"，古今但凡如曹公二者兼备者，多成就大事业。

且看曹丕。身为曹操之子，自建安初年（公元196年）随父征宛城，张绣反，长兄曹昂遇害，时年十岁的曹丕乘马得脱，从此再无险难，食膏梁而衣锦绣，乐雅集而吟诗赋，年方三十四，践帝位而享独尊，人间富贵，得来容易，何虑天下士子艰苦之心、百姓稻粱之谋？此时的曹丕，所虑者惟与曹家皆为富贵之人所拥戴，确保皇室世家豪门长久也。

用今天的话来讲，已是权贵阶层代表人物的魏文帝曹丕，心无"兼济天下"之志，面对自东汉以来世族豪门形成不可抗拒的社会势力，不思扭转，顺势同流，借助他们以巩固曹家政权，世族豪门也借助九品中正制度发展世家大族的势力，实现共赢。

魏文帝黄初元年（公元220年），曹丕采纳陈群建议，确立九品中正制，于各州郡设中正，分别以本地人在中央任官员者充任，负责察访、品评本州郡的士人，写出评语，称为品和状。品是等第，依据士人家世高低，定为上上、上中、上下、中上、中中、中下、下上、下中、下下九个品级；状是关于士人德行、才能的评语。品和状写毕，由中正司徒逐级上报吏部尚书，作为朝廷选官的依据。自此，以专职举士的中正官和吏部尚书负责的选官制度，取代了原有的由各级地方行政长官荐举官吏的制度。

按照《通典·选举典》诠释：九品中正制，"初因后汉建安中，天下兴兵，衣冠士族，多离于本土，欲征源流，遽难委悉。魏氏革命，州郡县俱置大小中正，各以本处人任诸府公卿及台省部吏、有德充才盛者为之，区别人物，定为九品"。

看得出，这是一个由各级官僚、世袭家族垄断的完全人治的等级制度，由此导致一个"世胄蹑高位，英俊沉下僚"（左思《咏史》）的时代降临华夏大地。

自古及今，国人对"九品中正制"这样一个"另类"制度多有剖析、反思。清代史学大家赵翼在《廿二史劄记》卷八《九品中正》章节指出：

中正所品高下，全以意为轻重，故段灼疏言：九品访人，惟问中正，据上品者非公侯之子孙，即当途之昆弟。刘毅亦疏言：高下任意，荣辱在手，用心百态，求者万端。此九品之流弊见诸于章疏者，真可谓"上品无寒门，下品无世族"，高门华阀有世及之荣，庶姓寒人无寸进之路，选举之弊，至此而极。然魏、晋及南北朝三四百年，莫有能改之者。

赵翼所提到的刘毅，是在西晋司马炎时代担任司隶校尉的刘毅，以"臧否人物""针砭时弊"闻名朝野。历史上，刘毅是最早抨击"九品中正制"的知名人士，曾大胆向晋武帝司马炎提出"罢中正，除九品，弃魏氏之弊法，立一代之美制。"司马炎闻奏，"优诏代之"，却未采纳。

刘毅上疏，列举了九品中正制"三难""八损"几大弊端：

三难：人物难知；爱憎难防；情伪难明。八损：大士族通过中正官，操纵选士，控制视图，造成"操人主之威，夺天朝之势"，严重削弱了君主的集权统治；由中正官一人主持选举，难免弊端百生；中正官不公正，往往在选人上首尾倒错；国家给予中正官以选人重任，却没有必要的监督和防弊措施；中正官所做的品评，不是偏听偏信，就是爱憎夺其平；九品中正制下，尽职尽责的官吏位于低品，无功无绩的反而居高位；中正官品评人才，以品、状两方面取人，以亲疏远近为品评依据。"以品取人，或非才能之所长；以状取人，则为本品之所限"；中正官对士人的品评，不陈清其善恶，以致"进者无功以表劝，退者无恶以成惩。惩劝不明，天下焉得不解德行而锐人事"。

在封建时代，权贵当道，人才阻滞，是最大的社会不公。今天，我们已不可能像刘毅那样亲身感受九品中正制造成"上品无寒门，下品无世族"的弊端与危害，但刘毅所列举"三难""八损"实际状况，却屡见于后世。以"洛阳纸贵"名震天下的左思，命运即如此。在左思之后，"文甚遒丽"的鲍照更是深受其害。

鲍照，南北朝之刘宋王朝时代人，与谢灵运、颜延之并称"元嘉三大家"，其成就居"三大家"之首，诗圣杜甫有"清新庾开府，俊逸鲍参军"传世之誉。

在中华五千年文明史上，"江山代有才人出"是光彩耀目的社会现象，这些承上启下的津梁式的人物，我称之为"文明薪火的传承者"。鲍照即其人焉。

据《南史》所述，鲍照出身寒微，地位卑下，却天资卓越，作乐府古诗，文采遒丽。天禀异能，而生于"世胄蹑高位，英俊沉下僚"的黑暗时代，如左思之类前贤，"自非攀龙客，何为欻来游？被褐出阊阖，高步追许由"，在命运不济的哀叹声中，隐逸以终老。性格刚毅的鲍照则不同，他选

中国创造：科举制的诞生

择了向命运抗争。

起初，鲍照以布衣身份干谒临川王刘义庆，碰壁于峨峨高门。鲍照不甘沉沦，又恃才精进，向这位权贵大人献诗以自荐。刘义庆读之，叹为奇才，拔擢鲍照为临川国侍郎，隆遇恩深。

鲍照以"英才异士，遂蕴智能"自负，跻身官宦仕途，从此命运似乎向他打开了成功之门。接下来的经历，却让鲍照大失所望。身为一介寒门布衣时，鲍照可以向讽劝他的人勃然发怒，一旦侍从君王，不得不收敛锋芒，"鄙言累句"以示拙逊，人言其才尽，方能保全"文学弄臣"的虚职低位。

想当初，一朝骋才进阶，作《飞蛾赋》，"本轻死以邀得，虽糜烂其何伤？岂学山南之文豹，避云雾而云藏"，彼时的鲍照，雄姿英朗，何其壮哉！继而斯文扫地，何其悲也！悲从中来，鲍照复归诗人本色，出之以千古绝唱。

泻水置平地，各自东西南北流。人生亦有命，安能行叹复坐愁！酌酒以自宽，举杯断绝歌路难。心非木石岂无感，吞声踯躅不敢言。（《拟行路难》其四）

对案不能食，拔剑击柱长叹息。丈夫生世会几时，安能蹀躞垂羽翼？弃置罢官去，还家自休息。朝出与亲辞，暮还在亲侧。弄儿床前戏，看妇机中织。自古圣贤尽贫贱，何况我辈孤且直。（《拟行路难》其六）

蹀躞垂翼，有志难伸；孤苦耿介，沉沦下僚——"才秀人微，故取湮当代"（钟嵘《诗品》卷中），是对诗才冠于刘宋王朝的鲍照的真实评述。如此独善其身也就罢了，偏偏鲍照不肯认命，虽然弃置还家，但得仕途机遇，辄不辨险难，负志往就，在临海王刘子顼的前军参军任上，卷入叛衅，为乱兵所杀，不得善其终，又何其悲哉！

系出寒门，而有心仕途，以期"投躯报明主，身死为国殇"，作为政治人物的鲍照是悲哀的。天纵之才，诗彰乐府，下启唐人挥七古；赋得芜城，九州赖此绎悲文，作为诗人辞赋家的鲍照是不朽的。

元嘉十六年（公元439年）秋，临川王刘义庆出镇江州（九江）刺史，引鲍照为佐吏。是年秋天，鲍照从建康（今南京）赴九江，崇山阻隔，寒雨连江，备尝艰辛，行至安徽大雷岸，伫立乙尖山顶，遥望远在大雷郡望江县（今安庆一带）的妹妹鲍令晖，写就名篇《登大雷岸与妹书》。

明朝文学家张溥编纂《汉魏六朝百三家集》，其《鲍参军集》条，对鲍照的文学成就给予甚高评赞：

鲍文最有名者，《芜城赋》《河清颂》及《登大雷书》。《南齐·文学传》所谓'发唱惊挺，持调险急，雕藻淫艳，倾炫心魂'。殆指是邪。

下迄清代，桐城派领袖人物姚鼐在《古文辞类纂》卷七十，亦对鲍照极言赞誉：

驱迈苍凉之气，惊心动魄之词，皆赋家之绝境也。

江山留胜迹，我辈复登临。传说，鲍照曾在匡山乙尖读书，面对巍巍庐山、滔滔江水，文思泉涌，下笔如有神助。历代世人皆声言匡山乙尖山顶有一鲍照读书台。康熙年间，清代翰林学士金德嘉为之题诗一首：

山鸡啼彻九天闻，万仞芙蓉五色云。台下青青书带草，至今人识鲍参军。

身为九品中正制下黑暗统治的不幸者，鲍照活了五十四岁（公元412年－466年），这在古代已不属于短命，但因兵乱身死，依然可称为壮岁早逝。只是作为一名杰出的诗人、辞赋家载誉丹青，英名遂垂传不朽，这恰恰印证了曹丕《典论·论文》的论调——"不假良史之才，不托飞驰之势，而声名自传于后"。发生在鲍照身上的命运与声誉如此大的反差，岂不是对九品中正制的始作俑者——以"文气"标榜士林的曹丕的极大讽刺？

严重的社会不公，带来寒门的不幸、文人的沉沦，与之相对应的是门阀士族阶层的生活奢靡，而在生产治事方面却一无所知。出身琅琊士族，从南梁投奔北齐的文学家颜之推对此认识深刻。他在《颜氏家训·涉务篇》写道：

梁世大夫皆尚褒衣博带，大冠高履，出则车舆，入则持侍，郊郭之内，无乘马者……及侯景之乱，肤脆骨柔，不堪行步；体羸气弱，不耐寒暑；坐死仓卒者，往往而然……江南朝士，因晋中兴而渡江，本为羁旅，至今八九世，未有力田，悉资奉禄而食耳。假令有者，皆信童仆为之，未尝目观起一拨土，耘一株苗，不知几月当下，几月当收，安识世间余务乎？故治官则不了，营家则不辨，皆悠闲之过也。

在世族门阀把持国家权力的九品中正制下，两晋南朝一个常态化的社会现象，是由仇恨导致频发的动乱、内讧乃至战争。正是在世族门阀极盛的东晋时代，两位系出高门望族之外的功勋战将，颠覆了一百多年腐朽统治的司马氏政权。

刘牢之，东晋北府兵将领，出身武将世家，祖父刘羲曾任西晋雁门太守，父亲刘建担任征虏将军。谢玄做广陵太守时，征召江淮弟子和北方流民组建一支新军。在对抗北方前秦入侵的战斗中，这支新军战无不胜，被东晋军民称为"北府兵"。紫黑脸膛，络腮胡须，形象威武的刘牢之颇得谢玄赏识，将他提拔为参军，帅前锋部队冲锋陷阵。淝水之战，刘牢之率五千晋军大败五万秦军，取得洛涧大捷，因战功卓著，被封为龙骧将军，赐爵武冈县男，食邑五百户。

公元396年，东晋孝武帝死于后宫谋杀，朝廷大权落入琅琊王司马道子手中。司马道子嗜酒如命，不理朝政，尚书左仆射王国宝和堂弟王绪把握朝政，恣意妄为。青、兖二州刺史王恭与荆州刺史殷仲堪合谋出兵"清君侧"，司马道子被逼斩杀乱政的"二王"，王恭见好即收，罢兵而归。

刘牢之率领的北府兵是王恭的主力部队，而出生于高门世族的王恭却认为刘牢之门第低下，很是瞧不起，只把他当作一般武将对待，刘牢之深以为耻，不满之心形于颜色，司马道子趁机策反，刘牢之率部反叛，王恭被杀。文人如左思、鲍照，对世族门阀"吞声踯躅不敢言"，但遇到刘牢之这样骁勇的军人，旦夕可起兵剪灭之。虽然刘牢之因"一人三反"，众叛亲离，最终被桓玄所逼，死于自绝，但对世族门阀的仇恨，已然播种在社会下层组成的北府兵心底，等待着生于贫寒之家的领袖人物带领他们翻身做主人。所以，后来刘牢之的部下刘裕击败桓玄，重新安葬了刘牢之，恢复他的官爵，即是寒门反抗豪门赢得胜利的最直接表现。而当起于兵卒的刘裕一路征战，击破世族门阀织构的特权壁垒，登基称帝，改国号为宋，开启南朝历史，才让那些视天下如自家庭院的贵胄豪门想起五百多年前秦末农民起义领袖陈胜说过的一句话——"王侯将相宁有种乎"。

刘裕建立的刘宋王朝，不仅仅是取代东晋司马氏王朝的一般意义上的改朝换代，更是对"为政之要，唯在得人"的理性回归，一些有军功、有吏事之能的人才崭露头角，发挥着寄生在门阀制度荫庇下腐朽衰败的高门世族不能胜任的作用。

进入南朝后期，梁武帝萧衍任用一批低级士族进入中枢机构，其着眼点在于这些人的儒学修养、文化素质和统治经验已超越原来"扶不起的阿斗"的高级士族，必须依赖他们巩固统治。因此，梁武帝"虽然没有像宋、齐君主那样信用寒人掌机要，但其政策精神从一开始可以说就在鼓励寒微人士和寒人提高儒学修养、文化素质，并把达到标准的吸收入各级政权。"（白寿彝总主编《中国通史》第五卷）

据《隋书·百官志上》载述：天监四年（公元505年），梁武帝置五经博士各一人，开馆招生。"旧国子学生，限以贵贱，帝欲招来后进，五馆生皆引寒门俊才，不限人数。"这一政策颇具汉武帝以儒学为标准选用人才的风范。

《梁书·武帝纪》载述：天监八年下诏：凡五馆生，"其有能通一经，始末无倦者，策实之后，选可量加叙录。虽复牛监羊肆，寒品后门，并随才试吏，勿有遗隔"。这一诏告，俨如曹操"唯才是举，吾得而用之"人才令的再现。

九品中正制滥觞于曹魏政权，而极盛于国力孱弱的东晋南朝前期，要完全废除世袭门阀制的余孽，还要等待以强大的北朝为基础的隋唐王朝统一中国之后。

这一时期，在北方，五胡十六国兴亡倏忽，乱象明灭。鲜卑拓跋氏一统塞上中原，建立北魏政权，其后孝文帝迁都洛阳，推行汉化，并借鉴东晋和南朝的文化制度，用诏令形式在北方推广。

然而，南北差异分明，结果亦大相径庭。北朝政权中，占主导地位的贵族在重视官位、权势的同时，还十分看重武略军功、吏事之才，东晋南朝崇尚的重文轻武、重学识轻吏事之风，无法在北朝广泛流行。

《资治通鉴》一四九卷记述了一个很生动的实例：北魏孝明帝时，旧世族清河张彝的二子仲瑀上封事，"求铨削选格，排抑武人，不使豫清品"，招致鲜卑羽林、虎贲近千人冲至张家诟骂、捶辱，张彝及长子均被打死。事后，当权的胡太后竟不敢深究，还作了妥协，"因令武官得依资入选"，即根据军功入清官之选。

应该看到，孝文帝实行改革，推行汉化，以儒家为核心的汉文化已逐渐成为北方民族的主导思想。出身陇西贵族，其父李冲为孝文帝宰相的李琰之，虽然每与人言，必曰吾家世将种，犹有关西武人风气，但以儒学立业，对经史百家无所不览。

儒学北渐，遂使北朝通过考试用人、取士成为可能。

鲜卑，一个早已消匿的民族，曾在两汉、西晋王朝之后推进了古代中国的统一大业。鲜卑族以尚武著称。在古代，北方草原民族的尚武与骑射密不可分，而衡量一个人的骑射本领的高低，最好的办法是通过比赛、考试决定。想来，鲜卑贵族对此之道十分习惯，故而将其推行于用人、取士，亦是自然而然。将北方少数民族习惯于比赛、考试的风气，与两汉以来察举之法相结合，遂使南方汉族保留的儒家文明的种子在北国大地率先诞生了科举取士的萌芽。

在民族问题上，马克思说了一条经典论断："野蛮的征服者总是被那些他们所征服的民族的较高文明所征服。"（《马克思恩格斯选集》第二卷）这条论断用在隋唐科举制的诞生上，则需要做具体的诠释。事实上，正是南方较高文明的汉文化与北方相对野蛮但已汲取、消化了部分汉文化的少数民族文化的融合，才诞生了中华文明独创的中国古代"干部人事制度"——科举制。

继北魏半壁山河的政权之后，一个在北朝少数民族政权基础上由汉族重新缔造的统一王朝——隋朝，虽然仅存在了短暂的三十七年（公元581年－618年），却似统一六国的秦朝，以其颇多开创之建树，占据中国古代史上的重要篇章。

历史，是客观的真实存在；评价历史，则因人而异，盖因所持观点不同。在评述历史人物时，虽然我们可以就人物的阶级属性做多重解释，但不可否认，潜藏在人类心底里的深层意识，往往回归于人性的本身，这就是对强者的服从、崇拜，由此，导致"英雄史观"长盛不衰。

帝王君主，因其高踞人类社会组织的塔尖，俯视、统御芸芸众生，毫无疑问地成为人类社会关注的重点。编纂、撰述历史，自然也绕不开对这些"特殊人物"的关注、评定。

刊发于1946年的毛泽东诗词名篇《沁园春·雪》："惜秦皇汉武，略输文采；唐宗宋祖，稍逊风骚；一代天骄，成吉思汗，只识弯弓射大雕"——雄词瑰论，卓绝古今。

然而，坦率地说，同样是重新统一中国的英雄人物，而且都以接受"禅让"方式登基称帝，宋太祖赵匡胤对历史的作用或贡献，其实比隋文帝杨坚逊色。

历史上的隋文帝，确乎属于雄才大略的帝王。自公元581年践履帝业，平南陈，一统江山；集权中央，设三省六部制，改地方州郡县三级制为郡县二级制；改革府兵制，颁发均田令；制定开皇律，重铸五铢钱；开凿广通渠，创建长安大兴城，遣使通商西域、出访东南亚真腊、赤土诸国，大隋王朝影响力远播九州之外。可以说，没有隋文帝创下的统一、繁荣基业，就没有日后强盛的大唐帝国。

在这一系列革故鼎新、震古烁今的创举之中，科举制的推出正是隋朝对中华文明的伟大贡献之一。

中央集权，是新生的隋朝历经数百年分裂、分权局势之后亟待解决的头等大事。面对由曹丕开启"立中正，定九品，高下任意，荣辱在手，操人主之威福，夺天朝之权势"欺世乱象，隋文帝施以霹雳手，一击摧之。

新王朝创立之初，隋文帝即下令"罢中正""罢州郡之辟，废乡里之举"，正式废除了世族豪门所操纵的九品中正制，将选拔人才的权力收归朝廷。对此，《通典·选举典》特加以评述："隋氏罢中正，选举不本乡曲，故里闾无豪族，井邑无衣冠，人不土著，萃处京畿。"如此一来，隋朝不仅从制度上彻底铲除了世族豪门借以把持选举权的根据，进而一举解决了"政令不出中央"的困境。

开皇十八年（公元598年），隋文帝下诏"京官五品以上及总管、刺史，并以志行修谨、清平干济二科举人"，即开设秀才、明经二科考试取士制度。

继之，大业三年（公元607年），隋炀帝开设十科举人：孝悌有闻、德行敦厚、节义可称、操履清洁、强毅正直、执宪不挠、学业优敏、文才秀美、才堪将略和膂力骁壮，其中，文才秀美科便是历史上赫赫有名的"进士科"。进士科的设立，标志着科举制的正式诞生。

也许有人心存疑问：九品中正制的确是历史的倒退，造成极大的社会不公平，废除亦是历史的必然，但此前的察举制则不同，汉武帝正是依靠察举制"举贤良，明教化""尊儒尚法"，将大汉帝国推向鼎盛，这说明察举制不也是一项很好的"干部人事制度"吗？科举制与察举制有何不同，为什么非要取而代之?

"大唐贡士之法,多循隋制。"杜佑《通典》的论述让我们从创立科举制的隋朝一步跨越到了唐朝。发生在唐德宗时代的一则科举笑话,直观地揭示了科举制与察举制的本质差异。

据《因话录·角部》记载,"德宗搜访怀才抱器不求闻达者。有人于昭应县逢一书生,奔驰入京,问求何事,答云:'将应不求闻达科。'此科亦岂可应耶?"原来,唐德宗的本意是要搜寻那些有才能却不求晋身仕途的人,这位老兄却误以为是皇帝专设"不求闻达科"招考士人,疾奔京城应试。

由此可见,科举制是允许一般的读书人自由入京应试投考的。而从这一笑话亦能看出,察举制与科举制的最大不同在于荐举行为是被动性的还是主动性的。也就是说,察举制属于他人荐举的选举制度,而科举制则属于自荐性质的选举制度。一个是他荐,一个是自荐,一字之差,对于社会的公平、正义,竟有霄壤之别。

吕思勉撰著的《隋唐五代史》,对选举制的历史变迁又多了几分认识。吕思勉先生在《选举上》章节写道:

前代选举之权,操之郡县,士有可举之材,而郡县不之及,士固无如之何,今则可以怀牒自列于州县。夫苟怀牒自列,州县即不得不试之;试之,即不得不于其中举出若干人。是就一人言之,怀才者不必获信,而合凡自列者而言之,则终必有若干人获举;而为州县所私而不能应试者,州县亦无从私之,是遏选举者之徇私,而俾怀才者克自致也。此选举法一大变也。

吕思勉为民国年间史学大家,文章著述,半文言半白话,当代人读之多有些费解,但并不妨碍读者理解其大概要旨。用今天的话来说,两汉魏晋南北朝时期,读书的士子们先要获得地方官员和把持乡邑的世族豪门的推荐,才有资格考试,所以,选才荐举的权力掌握在地方官员及世族豪门的手里。而在隋唐实行科举制之后,读书的士子们可以自己带着一种名叫"牒"的身份证明材料直接去报名,参加考试,即"今之取人,令投牒自举"(《旧唐书·杨绾传》)。于是,每逢朝廷下令选人之际,士子们纷纷投牒自举,时人称为"觅举",蔚然成隋唐时代社会一大盛况。

"觅举"一词,今天已不复存在,但其历史贡献不可磨灭。当代学者傅璇琮在《唐代科举与文学》一书中指出，隋唐科举制"之所以在历史上表现一定的进步性，'觅举'是一大标志。'觅举'就是打破门第的限制，打破地方豪强对人才的控制和压抑"。

更令人称道的是，唐朝还从礼制、法制两个方面确保天下普通的读书人（士子）自举的通畅。对于自举之士，地方官员非但不能压制，还要以礼相待，备酒席音乐，邀长者前辈，欢送他们进京应考，"长吏以乡饮酒礼，会属僚，设宾主，陈俎豆，备管弦，牲用少牢，歌《鹿鸣》之诗，因与耆老叙长少焉。"（《新唐书·选举志上》）否则，"才堪利用，蔽而不举者，一人徒（刑）一年，二人加一等，罪止徒三年。"可见，唐朝对压制人才的处罚相当严厉。

接下来，我们就触及到了察举制、九品中正制与科举制的核心问题——由谁来决定天下人才的仕途任用。

"察举制"与"九品中正制"，两个不同的名词，从表面上看差异明显，其实质却一脉相承，均为人治的产物——人才的选择、举荐完全被地方官员和势力阶层所掌控。所不同的只是两汉时代的察举制还未划分社会等级，大体以才德、声望诸条件选拔人才，魏晋南北朝时期的九品中正制则严格确立了不同的社会等级，以此选择、评定人才，二者最终都报皇帝和中央机构批复、授官。如此，人才的任用，表面上看似乎要通过朝廷并呈报皇帝，实质上却掌握在地方官员和势力阶层手中，所选举人才都是"自己人"，因而国家权力被削夺，地方势力自成格局，吏治腐败不可逆转。

再看隋唐时代的变化。

自隋文帝废除九品中正制，此后对大小官员的任命一律由吏部具体负责，统一管理，"大小之官，悉由吏部，纤介之迹，皆属考功。"（《隋书》卷七五）。如此一来，朝廷需要掌握大量的预备官员，以供选择任用。那么，大量的预备官员又将如何甄别、选拔？这就势必要改革以往的选举办法，创立新的选官制度，将朝廷所需要的各种人才源源不断地输送到预备官员的储备库，在这样的形势下，以考试不同科目为前提的科举制应运而生。

随后，便是历代王朝对科举制从形式到内容的设计、设置、运行，直到一千三百多年后寿终正寝。

读史十记

再造科举：文明之光的普照与延续

公元16世纪，意大利传教士利玛窦不远万里来到中国。其时，中国正处在大明王朝晚期，不复有隋唐盛世的蓬勃、恢宏气象，但科举制下领先于世界的社会治理结构还是给这位"洋大人"留下了深刻印象。他在日记中写道：中国"全国都是由知识阶层，即一般称为儒生的人来治理的，井然有序地管理着整个国家"。

受到利玛窦等来华传教士的影响，在18世纪的欧洲，法国启蒙思想家孟德斯鸠、伏尔泰、狄德罗也对中国科举制大加赞扬，认为这一制度防止了权力的世袭化，保证了知识阶层的合法对流。法国重农学派代表人物奎纳更是主张在西方效仿推行中国的文官考试制度。

在近代西学东渐之前，因为中华文明的东学西渐，1791年，法国率先在欧洲实行了文官考试。1853年，大英帝国效仿法国，在英联邦国家推广文官考试。对此，1896年出版的美国传教士丁韪良所著《中国环行记》，对"欧洲学生"的成果做出了界定：

当今在英国、法国和美国正在取得进展的文官考试制度，是从中国的经验中借鉴而来的。

最终，《英国大百科全书》给予权威定论：

我们所知道的最早的考试制度，是中国所采取的选举制度。

留洋归来的中国民主主义革命先驱孙中山先生感慨："现在各国的考试制度，差不多都是学习英国的。穷流溯源，英国的考试制度，原来是从我们中国学过去的。"

在此，我们也不妨下一定论：中国独创的科举制，属于领先于世界的文明制度。辨清了这一历史真相，在探索具有中国特色的政治文明制度建设时，我们将不再妄自菲薄，而是充满自信。

1905年，在实施了一千三百多年后，科举制被行将覆没的大清王朝废除。这是中华民族发展史上一个重大的历史事件。在我看来，这一历史事件的影响力，仅次于结束了中国两千多年封建王朝统治的1911年"辛亥革命"。

"结构精巧的科举制，既是考试制度和学位制度，又是文官制度。这种'学而优则仕'的精英选拔机制，为天下人开辟了一个平等竞争、向上流动的社会通道。"（引自《中外教育简史》）因为这些凝结着文明与文化养分的新鲜血液通过科举制的绵绵注入，参政，施政，一个民族和国家的文明与文化才得以延续、弘扬。

美国学者威尔·杜兰特所著《世界文明史》在谈到中国的科举制时指出：

科举制有许多优点。在这个制度之下，没有操纵的提名，没有伪君子卑鄙的争夺，没有两党可耻的争霸，没有混乱或腐化的选举，没有仅凭巧言而能登入仕途的现象。在最善的本意之下，它是民主的，因为它给人争取领导和职位的机会是平等的……在这个制度之下，全国上下一心往着学习的道路上走，而所产生的英雄和模范多是有识之士，而非土豪劣绅。一个国家在社会上和政治上，由有哲学和人文科学涵养的人来治理，实在是令人羡慕的。当这个制度以及由这个制度而带起的整个文化被无情的进化和历史破坏推翻时，这实在是一个最大的不幸。

当然，历史上的科举制并非完美。如果说科举制有什么缺陷的话，应该是它的考试内容而非制度本身——古代中国社会各阶层长期滋长的"重文轻理"观念，导致科举考试内容与社会生产力发展水平逐渐脱节；起自明朝的"八股"取士，严重桎梏了思想与文化的创造力；知识阶层与统治阶层合流，削弱了知识分子最具自身价值的独立意识和批判精神，并在很大程度上沦为封建统治的附庸……

其实，早在北宋中期，王安石就看到了科举制"以诗赋取士"的弊端。宋神宗熙宁三年，即公元1070年，朝廷任命韩绛、王安石并为同中书门下平章事（宰相），王珪为参知政事（副宰相），三人为庆历元年（公元1041年）同榜进士，闻此喜讯，王安石欣然作《题中书壁》一诗：

夜开金钥诏词臣，对御抽毫草帝纶。须信朝家重儒术，一时同榜用三人。

身为"词臣",擅长"儒术",而能成为朝廷重臣,似乎可以认为,这样的科举考试最能得到全天下士子的欢心。

然而,仅仅过了一年,公元1071年二月,王安石就宣布废除科举考试中的明经科,进士科考试罢诗赋、贴经、墨义,在《诗》《书》《易》《周礼》《礼记》中选治一经,兼治《论语》《孟子》,考试内容主要是这些经书的大义和时务策,强调选取具有实际才能和从政本领的人才。以后数年,王安石还相继设立了武学、律学、医学,以培养多方面的实用人才。

遗憾的是,王安石的变法以失败告终,上述将科举考试内容与现实社会发展需要相结合的改革实践,也附之东流。

到了1898年,在清末光绪朝的"戊戌变法"中,以康有为、梁启超为首的资产阶级维新派,借助光绪皇帝颁布变法维新诏令,推出"废八股,改试策论"的改革举措,可以说是从考试内容到评判标准对科举制的健康回归的开始。

然而,由于"戊戌变法"其兴也勃,其亡也忽,百日夭折。中国文化精英最后一次拯救科举制的机会,随"戊戌六君子"喋血刑场而失去。作为"戊戌变法"仅存的硕果——京师大学堂,在以近现代西式教学的形式延续科举制对国人教育效能的同时,却完全丧失了与"学而优则仕"对接的政治制度保障。从此,在中国这样一个最看重官职权位的社会里,以文化精英为代表的知识分子从整体上被排斥出一国权力的官场之外,政治地位一落千丈,屈居社会末流(老九)。这恐怕是那些与时俱进的"戊戌变法"君子、"五四运动"精英们绝没有想到的身世悲哀。

古代历史，巅峰时代——

永远的大唐

　　城阙辅三秦，风烟望五津。与君离别意，同是宦游人。海内存知己，天涯若比邻。无为在歧路，儿女共沾巾。

　　　　　　　　　——王勃《杜少府之任蜀州》

　　无疑，中国的文化是世界最进步的。当时，它是世界上最强大、最开明、最进步、统治最好的一个帝国。它是人类有史以来最光辉灿烂的一个时代。
　　　　　　——英国亚瑟·威利《大英百科全书》

读史十记

上篇：读半部唐史，可知中国古代封建王朝之兴衰

我们常说，中华民族拥有五千年文明史。五千年文明史，如果从西周王朝算起，封建时代占去近三分之二的历史。在这三千多年封建时代，一个个兴亡交替的封建王朝，像岁月长河里的一个个坐标，连缀起一部波澜壮阔的中国古代历史。

说到中国古代历史，则绕不开一个个封建王朝的话题。而说到中国古代封建王朝，则言必称唐朝。

唐朝，这是一个将中国封建社会推向鼎盛、将中华文明推向高峰的王朝，已然成为中华民族强大、文明的代名词——但凡谈及"唐朝"或曰"大唐帝国"，中华后人每每心生自豪之感。而且，以权威著称的《大英百科全书》，亦不吝其赞：

无疑，中国的唐朝，是世界上最强大、最文明的时代。

《大英百科全书》关于唐朝的论点，缘于亚瑟·韦利对东方文明在西方社会普及的杰出贡献。

值得我们思考的是，亚瑟·韦利终生从事汉学研究，但从未踏上中国大地。20世纪40年代，著名作家萧乾访问英国时，曾问亚瑟·韦利为何不去看看中国，他心驰神往地遥望东方，回答："我想在心目中永远保持中国唐代的形象。"

在20世纪40年代，东西方文明的交流并不像今天这样畅通，亚瑟·韦利的回答也只是代表着他个人的观点。唐朝，对于那个时代的西方人来说，无疑是十分陌生而遥远的。就像是中国人说到唐朝，西方人说到古希腊文明，则是另一番情景。罗素在《西方哲学史》中指出：

对全世界的历史学家来说，重要之点并不在于希腊城邦之间的繁琐的战争，也不在于党派权势的卑鄙争夺，而在于当这些简短的插曲结束之后，人类所保存下来的记忆——这正像是我们对于阿尔卑斯山一幅辉煌日出景

象的回忆，而山居者们却是搏斗过了一场风雪交加的日子那样。这些回忆逐渐消失的时候，便在人们的心目里留下来了某些晨光熹微里照耀的分外明媚的峰峦景色，并且始终保持着一种知识，那就是乌云的背后仍然保存着光辉，而且随时可以显现出来。

那么，西方人保存下来的对古希腊的记忆是什么呢？西方社会对古希腊又作出了怎样的评价呢？对此，菲利普·李·拉尔夫所著《世界文明史》给予了明确答复：

在古代世界的所有民族中，其文化最鲜明地反映西方社会精神的范例是希腊人。这些民族中没有一个如此强烈地专注于自由，如此坚定地信仰人类成就的崇高。希腊人将人类赞颂为宇宙中最了不起的创造物，他们拒不屈从于祭司或暴君的指令。他们的态度基本是世俗的和理性主义的。他们高扬自由探索的精神，使知识高于信仰。主要是由于这些原因，他们的文化发展到古代世界所注定要达到的最高阶段。

回到中国。我们的知识界是否已跨越了西方学者关于"中国的唐朝，是世界上最强大、最文明的时代"的浮泛之论，对唐朝这样一个国人为之自豪的中华古代王朝给予了高度概括的精准评价？

在黄仁宇的《中国大历史》自序里，黄仁宇先生阐释说："我觉得我们应当广泛地利用归纳法将现有的史料高度地压缩，先构成一个简明而前后连贯的纲领，和西欧史与美国史有了互相比较的幅度与层次，才谈得上进一步的研究。"这一观点与我的历史研究与写作思维不谋而合，故而很快将这部《中国大历史》通读了一遍。

在《中国大历史》第十章《第二帝国（唐朝）：已有突破，但未竟事功》中，黄仁宇先生写道：

唐初以均田、租庸调等制，奠定根基，又以无比的自信包容异族文化，熔铸出多彩多姿的大唐风采。

7世纪的初唐，是中国专制时代历史上最为灿烂辉煌的一页。当帝国对外威信蒸蒸日上之际，其内部组织，按照当时的标准来看，也近于至善，是以自信心也日积月深。

从经济、制度入手，剖析、概论古代社会特征，其合理性在于研究的基础坚实而深厚，多有不移之论，从而经得起时间的检验。此为当今畅销历史书作家多有欠缺之能，而黄仁宇先生却有胜出之处。

更值得关注的是，黄仁宇先生在简要地叙述了初唐的繁荣壮盛之后，旋即道出自己的一家之言：唐朝，是中国最具世界主义色彩的朝代。

在我看来，举凡唐朝的政治开明、制度成熟、经济昌盛、文化繁荣、国力强大，自古迄今，国人之论已无所不及，多言实属置喙，唯其"世界主义色彩"一提法，超越前贤，最具时代气质，亦能引起世人共鸣，从而使当今国人更易于理解唐朝何以将中国古代文明推向了巅峰。

从《大英百科全书》关于"中国的唐朝，是世界上最强大、最文明的时代"的权威定论，到黄仁宇《中国大历史》关于"多彩多姿的大唐风采""7世纪的初唐，是中国专制时代历史上最为灿烂辉煌的一页"的立论，无不说明人类历史上一个曾经强大、文明、辉煌的大唐王朝的真实存在。

走出两汉王朝的猎猎雄风，让我们来到了峰峦绝俗、清荣峻茂的昭陵，在"昭陵六骏"御风奔乘的飞扬神采中，走进把中国古代文明推上鼎盛的大唐帝国。

公元618年，唐朝建立。这是一个经历了东汉覆亡、三国割据、西晋短暂统一、南北朝分裂、强大的隋王朝昙花一现之后，驱散笼罩在中华大地上四百年战争频仍、政局纷乱的迷雾，再造乾坤、海晏河清的大一统王朝。大唐王朝于公元618年创立，公元907年消亡，前后延祚二百八十九年，期间共经历了二十一位皇帝。其中，最著名的皇帝有三位：唐太宗李世民、武周皇帝武则天、唐玄宗李隆基。此三位皇帝统御天下的时间（包括唐高宗李治、唐中宗李显、唐睿宗李旦）跨度近一百三十年（公元627年－755年），几乎占唐朝一半的历史，而正是这半部唐史，见证了大唐帝国的兴盛与中衰。如果我们认可《大英百科全书》关于"中国的唐朝，是世界上最强大、最文明的时代"的结论，那么，再套用北宋初年宰相赵普的说法："半部论语治天下"，也可以说，读懂了这半部唐史，便可大体知晓中国封建王朝之兴衰。

让我们先从唐太宗李世民说起。

唐太宗：英雄开创历史，文治千古标高

在以"太宗"为庙号的历代帝王中，唐太宗李世民的名气是最大的一个，甚至具有唯一性和排他性——说到"太宗"，国人第一个想到的必定是唐太宗。

唐太宗李世民是唐高祖李渊的二子，隋开皇十八年（公元 599 年）十二月戊午，生于武功之别馆，天生即异于常人：

时有二龙戏于馆门之外，三日而去。高祖之临岐州，太宗时年四岁。有书生自言善相，谒高祖曰："公贵人也，且有贵子"，见太宗，曰："龙凤之姿，天日之表，年将二十，必能济世安民矣。"高祖惧其言泄，将杀之，忽失所在，因采"济世安民"之义以为名焉。（《旧唐书·太宗本纪》）

《旧唐书》成书于五代后晋的动乱时代，编撰较为粗疏，但与《新唐书》相比，保存了大量原始历史资料，故而北宋司马光在编纂《资治通鉴》"唐纪"部分时，充分采用了《旧唐书》史料。以此之故，写到唐朝，我亦参阅了《旧唐书》的纪传部分，但对其中缪传之处应有辨识，比如"太宗本纪"提到"二龙戏于馆门之外"，则不足以采信。至于术士看相之论，则是仁者见仁智者见智之事，神奇与否，看取后来发展。这样，我们对唐太宗李世民便会有一个比较准确的认识。

在《旧唐书·太宗本纪》开篇段落，就对这位未来的帝王作了最初的评价："太宗幼聪睿，玄鉴深远，临机果断，不拘小节，时人莫能测也。"这样的评价是符合历史事实的。不过，在唐太宗未及弱冠之年的经历中，他的表现则是虽有智慧，却更以"临机果断"、勇冠三军的将帅之才取胜。

李世民第一次亮相于历史舞台，是在隋大业十一年（公元 615 年）。是年，隋炀帝游狩塞上雁门（今山西代县），猝遭突厥始毕可汗十万铁骑围困。情急之下，隋炀帝从围阵中以木系诏书，投汾水而下，募兵赴援。

李世民年仅十六岁，受募从屯卫将军云定兴之命前往救援。驰抵军营，少年李世民向云定兴建议："必赍旗鼓以设疑兵。且始毕可汗举国之师，敢围天子，必以国家仓卒无援。我张军容，令数十里幡旗相续，夜则钲鼓相应，虏必谓救兵云集，望尘而遁矣。不然，彼众我寡，悉军来战，必不能支矣。"云定兴认为有理，依其计而行。如此大张声势地进军到崞县，突厥侦骑见状，疾奔始毕可汗大帐报告："隋朝救援大军已到。"始毕可汗闻讯，慌忙解围，逃遁漠北。

大业十三年（公元617年），李世民十八岁，其父唐公李渊调任太原留守。时有高阳地方贼寇头目魏刀儿，自号历山飞，领着一帮悍匪贼众来攻打太原，李渊率军出城迎击，深入贼阵，反被围困。李世民"以轻骑突围而进，射之，所向皆披靡，拔高祖于万众之中。适会步兵至，高祖与太宗又奋击，大破之。"当其时，身为贵胄公子的李世民，以绝不逊色于飞将军李广、三国关（羽）、张（飞）之勇的武略，拉开了英雄开创大唐帝国的历史大幕。

在成为唐朝第二位皇帝——唐太宗之前，李世民即以"秦王"著称。单就个人英雄气概而言，这位少年秦王就已十分了得。昭陵六骏，天下骐骥也，北周王朝贵族出身的李世民却御风乘奔如履平地，身佩长矢大羽之箭，百步之外而能"射洞门阖"，加上谋士如林、战将如云，以弱冠之年鼓动其父李渊晋阳起兵，每临劲敌，则身先士卒，冲锋陷阵，纵横驰驱，北蓦刘武周，西平薛举，东擒窦建德、王世充，横扫刘黑闼，逐一荡平天下群雄，烽燧散去，大唐帝国"磅礴而出"如日东升。这一年，李世民不过十九岁。

我曾经耳闻一种逡巡于正统史学之外的悖论：唐太宗李世民的家族拥有胡人血统，是世居陇西郡的汉化胡人，他的祖母是北周鲜卑大将独孤信的女儿，母亲窦氏也是鲜卑人。北方少数民族向来以体魄强健、生性剽悍而著称，李世民承袭这一禀赋，骁勇惯战，势不可挡，遂能横扫天下，继而缔造出了空前强盛的大唐帝国。

倘若如此，就战争而言，国人似乎可以得出这样一个结论：南方人打不过北方人，汉族人打不过少数民族。

乍一听闻这番论调，似乎颇有几番道理。在中国历史上，信手拈出那些为人熟知的历史事件，便可以佐证上述言论。

比如，除了项羽、刘邦及朱元璋是从南向北征战，继而统一中国之外，其余的南北王朝对峙，均以北方对南方的征服战争胜利而告终。

再比如，隋、唐王朝之前，由纯粹的汉族人建立的王朝除了秦、汉两朝堪称声威远扬以外，其余的朝代，或是退避长城以内一河（黄河）一江（长江）传统领域以自守；或是偏安江南，耽于奢靡，怯于外战。强大的隋、唐帝国雄风消匿，承袭其衣钵的宋、明两朝未能恢复盛唐版图。惊憷于北方"名王宵猎，骑火一川明"的骁勇豪壮，一副"霜禽欲下先偷眼"的怯怯心理，夫何敢轻言外战？纵然有李纲、岳飞、于谦、袁崇焕之辈挽狂澜于既倒，匡复社稷于一旦的英雄人物，犹不能幸免于两宋、大明王朝被北方少数民族征服而覆亡的厄运。所以，一些性情落拓之人曾口出放诞无忌之言：倘若没有蒙古族、满族入主中原，建立了国势威名盛极一时的元帝国、大清帝国，按照宋、明王朝的政治格局、畛域划分，现在的中华版图将为之缩小许多。

我们应该承认这样一种事实：崛起于草泽山野，以尚勇为习俗，剽悍威猛，饮马长城、铁骑横行的北方民族，对世居城邑村落，以耕耘为主业、诗书为乐事的汉民族的冲击力往往是难以抵御的。

然而，这并不说明在激烈的对抗战中汉民族或南方的军事力量无法取得胜利。东晋淝水之战、南宋郾城之役、民国初期的北伐战争，诸多彪炳史册的经典战役，足以说明性格相对温和、行为相对文雅的南方群体同样勇于陷阵，胜任力战，赢得一系列战役、战争的辉煌胜利。

如果体魄的强弱不是决定战役、战争胜负和王朝盛衰的前提条件，那么，大唐帝国何以强大无比，令遐迩宾服，而此后的中原大宋、大明王朝又何其衰也？

首先是勇气——不惧力战、战而胜之的勇气！

且看作为秦王和唐太宗的李世民，如何以其举世无双的智勇胆略，成为古今帝王中的"第一英雄人物"。

唐高祖李渊武德年间，突厥颉利、突利可汗率领数十万骑兵入寇关中，兵锋逼近豳州之时，联营百里，气势汹汹，杀气腾腾。颉利本人则率一万铁骑列阵五陇坡待战，气焰极其嚣张。骤见此状，与秦王李世民一同领兵前来御敌的四弟齐王李元吉为之胆寒，劝阻二哥"勿宜轻出与争"，李世民毫无惧色，慷慨语之："你若不敢，我当独往。"随即，帅麾下百名骑兵直驰颉利可汗阵前，义正词严地斥责颉利不守信用，有负和约，再出以大无畏的英雄豪言："我即是秦王李世民，颉利可汗你敢挑战，就出阵与我决斗，若是聚众来战，我也不怕，我手下只有百名骑兵，但足以对付你这万人大军。"颉利可汗骄横之气受挫，且词穷理亏，战和难定，召突利可汗商议。突利可汗劝谕："秦王擅长领军，能征惯战，一旦开战，我们未必能取胜，不如与他讲和为好。"颉利可汗已心生怯意，遂派遣突利可汗与部将阿史那思摩前往唐军阵营，请求和亲。李世民宽仁为怀，坦诚相待，突利可汗深为感激，愿与秦王义结金兰，为异姓兄弟，订立盟约侯，欢颜而去。

贞观元年（公元627年），唐太宗李世民初登帝位，颉利可汗率十万骑兵大举南下，直逼渭水河畔，屯兵便桥之北，伺机进攻大唐王朝京都长安。警报传来，唐太宗速令禁军将帅召集长安守军出城拒敌，然后亲披戎装，躬擐甲胄，与高士廉、房玄龄等六骑出玄武门，策马先行，直抵渭水阵前。

当此之际，唐朝、突厥两位雄主隔渭水相峙，唐太宗君臣仅六骑人马，对颉利可汗十万戎兵，犹气势夺人，凛然不可侵犯。颉利可汗惊疑未定，猛听得唐太宗一声震斥："颉利可汗，朕前度与你在幽州定约，你曾发下盟誓，誓不再犯，嗣后却屡次负约入寇，朕正待兴师问罪，你竟又引兵来犯，难道真的要来送死吗？"继而，唐军主力陆续抵达渭水，军容整肃，旌旗蔽野，"颉利见军容既盛，又知思力就拘，由是大惧，遂请和，诏许焉。即日还宫。乙酉，又幸便桥，与颉利刑白马设盟，突厥引退。九月丙戌，颉利献马三千匹、羊万口，帝不受，令颉利归所掠中国户口"（《旧唐书·太宗本纪》）。

在这场巅峰对决中，唐太宗不战而屈人之兵，大唐王朝取得决定性胜利，不可一世的突厥汗国被迫再次订立盟约，狼狈退去。此间，唐太宗一骑独出，策马跃上渭水便桥，鞭指颉利，约其桥上单独会谈，杀白马为牺牲，歃血而盟定，二十七岁的大唐天子李世民挥斥历史风云，英姿飒爽，威震天下，为中华历史之仅见，庶几与西方帝王级"战神"恺撒、亚历山大并列人类古代历史而英名不朽。

渭水便桥却敌归来，大臣萧瑀不解其中进退奥妙，向唐太宗请教："起初，还没有与突厥议和，诸位将领争相请缨出战，唯独陛下不许，臣等颇为疑惑，继而突厥大军自行撤退，究竟陛下有何神机妙算，如已所料？"

唐太宗坦然解释说："朕察看突厥军队人数虽多，实为乌合之众，君臣上下，唯利是图，可以分散瓦解。当他们提请讲和之时，颉利可汗独自在渭水西边，突厥达官贵人纷纷来拜谒朕。这时，朕若引诱他们赴宴，乘醉将其捆绑，发兵袭击突厥大军，必定势如破竹，摧枯拉朽，再派遣长孙无忌、李靖设伏兵于豳州，截住他们的退路，这样前后夹击，管教颉利可汗全军覆亡，片甲不回。不过，朕初登帝位，国家尚未安稳，百姓尚未富足，一旦与突厥开战，双方结怨增多，即令突厥一时不敢犯边，日后也会报怨入寇，如此一来，为患就日甚一日了。朕所以息兵戈，赠金帛，意在满足其欲，养其娇气，不复设防，俟其起衅，骄兵必败，一举灭之。"

萧瑀为之拜服，感叹道："陛下胜算，非愚臣所能及也！"

当然，作为"马上得天下"的旷代英主，唐太宗更懂得"国虽大，忘战必危"的辩证规律。《旧唐书·太宗本纪》一段细节叙述，有益于读者加深对唐太宗这位古代帝王何以能将唐朝推向强大的认识：

丁未，引诸卫骑兵统将等习射于显德殿庭，谓将军已下曰："自古突厥与中国更有盛衰。若轩辕善用五兵，即能北逐獯鬻；周宣驱驰方、召，亦能制胜太原。至汉、晋之君，逮于隋代，不使兵士素习干戈，突厥来侵，莫能抗御，致遗中国生民涂炭于寇手。我今不使汝等穿池筑苑，造诸淫费，农民恣令逸乐，兵士唯习弓马，庶使汝斗战，亦望汝前无横敌。"于是，每日引数百人于殿前教射，帝亲自临试，射中者随赏弓刀、布帛。朝臣多有谏者，曰："先王制法，有以兵刃至御所者刑之，所以防微杜渐，备不虞也。今引矢卒之人，弯弧纵矢于轩陛之侧，陛下亲在其间，正恐祸出非意，非所以为社稷计也。"上不纳。

自是后，士卒皆为精锐。

内练精兵，外修战备，未逾四年，唐太宗对萧瑀所说的突厥"骄兵必败，一举灭之"之预言得以验证。

自渭水便桥"白马之盟"后，突厥所控漠北大地连年遭受霜雪灾害，牲畜大量死亡，颉利可汗依然对各部属"纵欲逞暴，诛忠良，匿奸佞"，导致众叛亲离，国力转衰。征伐突厥时机业已成熟。贞观三年（公元629年）冬，唐太宗调遣兵部尚书李靖、并州都督李勣等将兵十余万人，由李靖统帅，分道北上，挺进突厥腹地。逾年，定襄道行军总管李靖大破突厥，获隋皇后萧氏及炀帝之孙正道，送至京师。此后，李靖又大破突厥于阴山，颉利可汗率轻骑逃窜。三月，大同道行军副总管张宝相生擒颉利可汗，押解献俘于京师，唐朝对突厥的战争赢得了决定性胜利。

这是一场值得庆祝的文明社会对野蛮势力的胜利。否则，在中华大地，历史或将重演五胡十六国的丛生乱象。

《资治通鉴》卷一百九十三，其中关于太宗贞观四年的史述，为我们再现了正义得以弘扬、文明焕彩世间的历史一幕：

突厥颉利可汗至长安。夏，四月，戊戌，上（太宗李世民）御顺天楼，盛陈文物，引见颉利，数之曰："汝藉父兄之业，纵淫虐以取亡，罪一也。数与我盟而背之，二也。恃强好战，暴骨如莽，三也。蹂我稼穑，掠我子女，四也。我宥汝罪，存汝社稷，而迁延不来，五也。然自便桥以来，不复大入为寇，以是得不死耳。"颉利哭谢而退。诏馆于太仆，厚廪食之。

上皇（李渊）闻擒颉利，叹曰："汉高祖困白登，不能报；今我子能灭突厥，吾托付得人，复何忧哉！"上皇召上与贵臣十余人及诸王、妃、主置酒凌烟阁，酒酣，上皇自弹琵琶，上起舞，公卿迭起为寿，逮夜而罢。

随着颉利可汗被俘，北方各少数民族部落纷纷遣使归附。贞观四年（公元630年），归顺大唐帝国的四夷君长从各自属地络绎来到长安城，朝拜唐太宗，奉表尊其为"天可汗"，即天下各族的共同君主。唐太宗推心置腹地问他们："我已是大唐的天子，难道还要当你们的君主（可汗）吗？"这些少数民族的君长跪拜于殿下，山呼"万岁"，恳求唐太宗答应。唐太宗开怀接纳。从此，唐太宗成为大唐帝国周边各部族首领公认的皇帝，发往各族的敕令文书，均盖上"天可汗"玉玺。

打败西突厥，生擒颉利可汗，听从御史大夫温彦博的劝谏，贞观年间，唐太宗摒弃"非我族类，其心必异"偏见，以孔子"有教无类"之说为指导，对各少数民族实行"授以生业，教以礼仪"的宽大政策，大唐声威所及，遐迩服膺。

"是时远方诸国来朝贡者甚众，服装诡异，中书侍郎颜师古请图写以示后，作《王会图》，从之。"（《资治通鉴》卷一百九十三，唐纪九）

可见，正像西装今日风行天下，在唐代，唐装成了大唐帝国周边东西方诸国的标准着装,中华先进文明主导的移风易俗影响力彰显于此。

值得关注的还有,在民族政策方面,唐太宗大量启用了突厥和其他少数民族贵族为官,朝中武将,五品以上的突厥武官就有一百多人,几乎占同级军官总数的一半,享有与汉族官员和将领相同的待遇。一度与唐朝兵戎相见的颉利可汗,数年后被擒获押解长安,面见唐太宗时,受到礼遇,官至右卫大将军,死后葬礼大为风光,爵位由其儿子继承。终贞观之世,这些突厥将领为唐朝边疆稳定起了相当大的作用。

贞观二十三年(公元649年),在含风殿,五十三岁的唐太宗李世民英年而逝。得知唐太宗驾崩的消息,各族在唐朝为官的贵族和朝贡使者悲恸难抑,纷纷剪去自己的头发,甚至采取划破面孔、割去耳朵的过激行为,表达对唐太宗的哀思之情。阿史那社尔等少数民族将领也从驻地赶回长安,请求杀身殉葬,这些现象在历代封建帝王中绝无仅有。

对唐太宗,国外史学家也给予了相当的关注和充分肯定。

威尔·杜兰特编纂的《世界文明史》,荣获美国普利策奖。在《东方的遗产》"光荣的唐朝"部分,杜兰特写道:

中国之所以能够再迈进一个伟大的时代,部分是由于与匈奴血统的混合,部分是由于佛教的传入而引起精神上的刺激,再一部分是由于中国最伟大的帝王之一太宗的贤明。

在他25岁时,他的父亲唐高祖让位给他。他一开始就使用他的铁腕儿,杀掉企图夺取他王位的兄弟;继之,他运用他的军事天才,把入侵的突厥击退,收回汉朝以后失去的领土。突然,他对东征西讨厌倦了,于是领兵回国都长安,修治内政。他再三研究儒家"四书五经",并下令印行"四书五经",颁行天下。他说:"以铜为镜可以正衣冠,以古为镜可以知兴替。"他拒绝奢侈的生活,把3000宫女遣走。当大臣们建议他用严刑峻法来压制罪犯时,他告诉他们:"朕当去奢省费,轻徭薄赋,选用廉吏,使民衣食有余,则自不为盗。"

有一天,他去视察长安的监狱,当他知道有290位犯人被判处死刑时,他下令放他们出去耕田,他是仅凭着他们承诺还要再回来而把他们放出去的。结果每一个人都又回来了,太宗非常高兴,便把他们都释放了。他把长安修得整整齐齐、漂漂亮亮,远自印度和欧洲的游客都慕名而来。印度佛教自此传入中国，许多印度僧侣都来中国传教，而中国的僧侣，如玄奘，也到印度去取经。拜火教和景教，也于是传到了长安。唐太宗一律欢迎他们，给予保护和自由，免于纳税。此时，欧洲正陷入贫穷、知识没落和宗教战争的黑暗时代。他自己仍然保持是一个冲谦的儒学之士，他没有什么教条，也没有什么偏见。一位很杰出的历史学家说："当他的噩耗传出，百姓悲痛欲绝，外国使节甚至自割，把血洒在他的棺木上。"

老子《道德经》第三十三章有曰："知人者智，自知者明。"作为生杀大权集于一身的封建皇帝，唐太宗不但以非凡的英雄胆略、英武形象开创了大唐王朝的煌煌基业，奠定了大唐帝国的强大国力，更为难得的是，虽有一言九鼎之尊，却能秉持"自知者明"，对自己有一个清醒的认识。唐太宗曾总结成功道路：

朕年十八，便为经纶王业，北翦刘武周，西平薛举，东擒窦建德、王世充，二十四而天下定，二十九而居大位，四夷降伏，海内乂安，自谓古来英雄拨乱之主，无见及者，颇有自矜之意。此吾之过也。（《新唐书·太宗本纪》）

惟其如此，唐太宗才能成为中国历史上的"千古一帝"。

由唐太宗开创的"贞观之治"，称不上是中国古代社会最繁荣、鼎盛的时期，与涵养百年而后成的唐玄宗"开元之治"相比，尚处于一个强大王朝的初创时代，但在以帝王家天下的中央集权政治体制为根基的漫漫三千年封建时代，是"贞观之治"将中国封建社会的政治文明推向了顶峰。

史载：贞观年间，"官吏多自清谨。制驭王公、妃主之家，大姓豪猾之伍，皆畏威屏迹，无敢侵欺细人。商旅野次，无复盗贼，囹圄常空，马牛布野，外户不闭。又频致丰稔，米斗三四钱，行旅自京师至于岭表，自山东至于沧海，皆不粮，取给于路。入山东村落，行客经过者，必厚加供待，或发时有赠遗。此皆古昔未有也"。

在今天的史家看来，贞观时期是中国历史上基本没有贪污的治世时代，这也许是唐太宗最值得称道的政绩。那时的中国社会，皇帝率先垂范，官员一心为公，吏佐各安本分，滥用职权和贪污渎职的现象降到了历史上的最低点。尤为可贵的是，李世民并没有用残酷的刑罚来警告、惩戒贪污，而主要是以身示范和制定一套尽可能科学的政治体制来预防贪污。在一个精明自律的统治者面前，官吏贪污的动机很小，贪官污吏也不容易找到藏身之地。防范贪污主要取决于一套科学修明的政治体制，光靠事后的打击只能取效于一时，而不能从根子上铲除贪污赖以滋生的社会土壤。

东方古代社会，封建体制的主要特征是权力高度集中，地方服从中央，中央听命于皇帝。这种体制的成熟，以隋唐时期"三省六部制"的最终成型为标志。

隋初，隋文帝杨坚接受内史崔仲方的建议，设立以尚书、门下、内史三省以及尚书省六部为核心的朝政机构。尚书省负责朝廷日常行政事务，为最高政务机构；门下省负责随侍皇帝，封驳诏奏，对朝廷决策进行评议；内史省负责起草皇帝诏令，但三省职权并不平衡，尚书省是其运转的核心，所谓"朝之众务，总归于台阁，尚书省事无不总。"

创建"三省六部制"，旨在加强中央行政机构运行能力，是封建时代中央集权制趋于成熟、完善的标志之一。在此基础上，唐太宗贞观年间对"三省六部"职权的具体划分，则初步体现了近代西方政治分权原则的特征。

在唐太宗朝代，中央最高行政机构由中书、门下、尚书三省组成，其中，中书省发布命令，门下省审查命令，尚书省与其所辖六部（吏、户、礼、兵、刑、工）执行命令。一个政令的形成，先由诸宰相在设于中书省的政事堂举行会议，形成决议后报皇帝批准，再由中书省以皇帝名义发布诏书。诏书发布之前，必须送门下省审查，门下省认为不合适的，可以拒绝审查通过。诏书缺少副署，依法即不能颁布。只有门下省"副署"后的诏书才成为国家正式法令，交由尚书省执行。这种政治运作方式有些类似于近现代西方一些国家的"三权分立"制，17世纪西方兴起的分权学说，唐太宗早在一千多年前就已运用于中国的政治体制之中，可见贞观时代的中华政治文明程度是何等之高。更值得称赞的是，唐太宗规定自己的诏书也必须由门下省"副署"后才能生效，从而有效地防止了他在心血来潮和心情不佳时作出有损他清誉的不慎重决定。

周水琴主编《细说大唐》历史普及读本"君心若镜"段落，剪取了唐太宗心迹一个片刻：

太宗对黄门侍郎王珪道："国家设置门下、中书两省，意在相互制约。

如果中书省草拟的诏敕有什么闪失，门下省本应加以驳正。人的见解，互有差异，彼此辩论，求取正确，已错从人，有何关系？近来有的因护短饰非，相互怨恨；有的为避免私怨，知错不纠。只顾一个人的情面，不惜造成万民的大祸患，这是亡国之政。隋炀帝时，内外官员一味奉迎阿谀，当时都自以为聪明，祸不及身，待天下大乱，家国两亡。即使有少数侥幸得免，也是受到各种群众的舆论谴责，遗臭万年。望你们大公无私，不要学炀帝朝的官员。"（《贞观政要》卷一）

因为王朝制度建设的健全，更重要的是唐太宗本人以史为鉴，诚心遵守自己钦定的"游戏规则"，其他朝代因"九五之尊"一时心血来潮引发的朝野风波、颠覆性恶果，在贞观时代风息云散，虽有谋篡内斗之人欲潜流，而宫廷政治总体上祥和、清明。是以唐人吴兢在《贞观政要·序》赞誉道：

太宗时，政化良足可观，振古而来，未之有也。至于垂世立教之美，典谟谏奏之词，可以弘阐大猷增崇至道者，爰命不才，倍加甄录，体制大略，咸发成规。

后来，大清乾隆皇帝御览《贞观政要》一书，亦心向往之，赞叹曰："余尝读其书，想其时，未尝不三复而叹，贞观之治盛矣！"

今天，我所关注的重点不是贞观时代制度如何健全、政治如何清明，而是缔造了"贞观之治"历史功业的唐太宗与其他封建帝王有何不同？

我们知道，大唐帝国走向兴盛的基础，是唐太宗李世民在位二十三年的"贞观之治"（公元626年—649年）。此间的李世民，不再以强悍勇健、荡平群雄的"武功"期许——血统、身体条件、武力征服已退居次席，被异域外邦少数民族尊奉为"天可汗"的唐太宗，更像是一位读圣贤书、"文治"斐然的儒学之士。他亲自为玄奘法师撰写了七百八十一字祭文《大唐三藏圣教序》，其中"松风水月，未足比其精华；仙露明珠，讵能方其朗润"的词句，堪比文坛大家。

还是在秦王李世民之时，唐太宗就设置了文学馆，拥趸秦府十八学士，作为自己的智囊团，登基之后，又将文学馆扩大为弘文馆。当代史学大家胡三省评说：

唐太宗以武定祸乱，出入行间，与之俱者，皆西北骁武之士。天下既定，精选弘文馆学生（士），日夕与之议论商榷者，皆东南儒生也。然则欲

守成者，舍儒何以哉！(《资治通鉴》卷一九二)

贞观时代的唐太宗，既通晓"文章千古事，社稷一戎衣"经邦治国之韬略，又在"以史为镜，可以知兴替"鉴识中寻求国运昌盛的真谛。昔日跟随他浴血疆场、战功赫赫的武将尉迟敬德、程咬金等不得不放下粗鲁，折节读书。即便如此，这些曾在战场上显赫一时的英雄人物，最终也必须把历史舞台让给房玄龄、杜如晦、魏徵等一班文臣。

尉迟敬德，秦王府第一猛将，对秦王李世民有救命之恩。在围攻洛阳的战役中，李世民率五百骑兵巡行战地，猝遇王世充带领的数万步骑。王世充的爱将单雄信手持长槊疾奔而来，直刺李世民。李世民拔刀招架，怎奈短不敌长，危急时刻，尉迟敬德跃马赶到，一枪将单雄信挑落马下，掩护李世民杀出了重围。玄武门之变，尉迟敬德再次驰救李世民，箭射手刃齐王李元吉，击退东宫齐王府两军，铁甲铁鍪，长槊在手，确保唐高祖李渊降旨秦王靖乱，立不世之功。所以，李世民登基为帝，品评功臣，以长孙无忌、房玄龄、杜如晦、尉迟敬德四人为最上。前三人均为幕僚文臣，只有尉迟敬德是征战沙场出生入死屡立战功之武将，尉迟敬德对此颇有些愤愤不平之气。

武将的头脑似乎多有些简单，鲁莽行事。贞观六年（公元 632 年）九月，乙酉，唐太宗在自己的出生故宅庆善宫（原武功别馆）宴请朝臣。诗赋朗声，管弦鸣奏，《功成庆善乐》《秦王破阵乐》《九功之舞》轮番上演，场面庄严而热烈，气氛喧阗而雅穆。讵料，大煞风景的一幕却发生了。由于宴席座次按身份高低排列，时任同州刺史的尉迟敬德看到某个自己讨厌的人居然席位排在他之上，当场发作，质问说："你有什么功劳，竟敢坐在我的上位？"任城王李道宗出面劝解，尉迟敬德勃然大怒，挥拳将李道宗一只眼几乎打瞎。

李道宗乃李世民的堂弟，皇室宫宴之上，尉迟敬德如一介武夫，蛮横粗暴，简直就是蔑视皇权。唐太宗大为不悦，当场罢宴，拂袖而去，事后召他来责备说："朕看汉史，曾经奇怪汉高祖身边的功臣少有全身而退的。今天看到你的行为，才明白韩信、彭越被杀，并不是高祖的过错。国家的大事，只在奖赏与处罚，意料之外的恩惠不能够多次得到，你好好自勉，不断地修正错误，否则将来后悔还来得及吗？"尉迟敬德为之感悟，叩首谢罪，从此闭门思过，书伴人生。

与大肆杀戮包括第一功臣徐达在内的明朝开国皇帝朱元璋相比，唐太宗李世民对待尉迟敬德的宽容、教诲，犹如天壤之别。惟其如此，大唐王朝的皇帝李世民才能成为各族共推的"天可汗"，大唐帝国君臣士民才拥有襟怀天下的心胸。在其强盛时期，"九天阊阖开宫殿，万国衣冠拜冕旒"，皇朝声誉威仪煊赫之势至今难以超越；在其消亡两千载的今天，五洲四洋依然吟唱着"海内存知己，天涯若比邻"的壮怀隽永诗句。

在以人治为其实质的古代东方封建社会，大权在握的强势帝王，攸关一个国家、王朝的命运，主导一个时代的特征。这就是吴兢《贞观政要》所说的"社稷安危，国家治乱，在于一人而已。"

为了大唐王朝江山社稷的稳固，唐太宗登基之初，即开启了君臣廷对，"贞观议政"的先河。

贞观二年（公元628年），唐太宗召门下省负责朝廷政事、皇帝言行与诏令记录的起居郎杜正伦，令其秉公行事：

上曰："朕每临朝，欲发一言，未尝不三思，恐为民害，是以不多言。"给事中知起居事杜正伦曰："臣职在记言，陛下之失，臣必书之，岂徒有害于今，亦恐贻讥于后。"上悦，赐帛二百段。（《资治通鉴》卷一百九十三，唐纪九）

贞观四年（公元630年），在与诸位廷臣探讨前朝隋文帝主政得失之时，唐太宗摈斥浅说，议论精湛，深得"以史为鉴"三昧：

太宗问大臣萧瑀："隋文帝是一个怎样的君主？"萧瑀答说："他是一个勤于政务，遵从礼仪，很有自制力的帝王。每次上朝处理政务都要忙到日落西山，五品以上的官吏，都要与他一起坐谈国事，宿卫之士，废寝忘食，他虽然说不上仁义开明，却也算得上是一个励精图治的君王。"太宗说："你只知其一，不知其二。隋文帝虽然性格谨慎周密，但内心并不能明察秋毫。心里不能明察秋毫就容易犯错误，即使小心谨慎却也容易疑心重重。他本来是靠欺骗前朝皇帝的遗孤寡妇，夺取江山登上皇位的，所以总是害怕群臣不服。因此，他不肯相信手下的每个官员，每一件事他都自己判断决定，劳神费力，尽管日理万机，最终却事与愿违，而且事情也不是都处理得合情合理。朝中的大臣虽然知道这点，却不敢指出来。丞相以下的官吏，处理政务都只是敷衍应对。我不能像隋文帝那样治理江山，天下如此之大，事情如此之多，千头万绪又变化多端，我怎能一人定夺？只有将政务交给百官商议，由宰相筹划，事情才会稳当，才可以奏请皇上，颁令天下执行。只靠一个人殚精竭虑是不行的。如果一天处理十件政事，有五件不合理，这已经算是比较好的了，何况还有更差的呢？而日积月累，长此以往，错误必然更多，国家不灭亡才怪呢！为什么不广泛地任用贤良的人才，皇帝在朝廷密切关注政事，严肃法纪，谁还敢胡作非为呢？"于是，唐太宗下令，凡是诏策有失误之处，官吏必须上奏指出，不能只按照圣旨上的意思办事，必须尽到一个做臣子的职责。

当然，在与臣子对话时，唐太宗并不总是这般正襟危坐，不苟言笑。

史称：唐太宗容貌威武严肃，百官中入内觐见的人，看到他往往会紧张得举止失常不知所措。唐太宗察觉这一状况后，每当有人奏事，总是以和颜悦色的模样相对，希望以此缓解君臣之间的拘谨，听其谏诤，知政治教化之得失。

太宗威容俨肃，百僚进见者，皆失其举措。太宗知其若此，每见人奏事，必假颜色，冀闻谏诤，知政教得失。（《贞观政要》卷二）

贞观时代的大唐王朝，深深印刻着唐太宗个人的色彩——宫廷上下，君臣如友，孔子所谓"益者三友：友谅，友直，友多闻"，从箴言演化为现实；"君子和而不同"，君臣砥砺，品藻持论，如切如磋，如鱼得水，翕然和谐。对此，《太平广记》有精彩记述。

《太平广记》是北宋李昉、扈蒙、李穆等人奉宋太宗之命，于太平兴国三年编纂成著的一部类书，取材于汉代至宋初的野史小说、释藏、道经之类杂著，全书500卷，可归为一部宋代之前的小说总集，虽然不能用作史料研究，但唐代以前的许多原始资料靠它保存了下来，可补史乘之缺。

在涉及贞观年代的轶事中，《太平广记》中两段关于唐太宗李世民领袖群伦、臣子衔恩抚躬厥尽其职的载述，堪称是古代封建社会中颇具智识且又感动人心的政治佳话。

贞观六年（公元632年），唐太宗设宴款待群臣，期间对大臣王珪说："卿见识精通，尤善于谈论，自房玄龄等，咸宜品藻，又可自量，与诸子孰贤？"

王珪对答:"孜孜奉国,知无不为,臣不如玄龄。才兼文武,出将入相,臣不如李靖。敷奏详明,出纳惟允,臣不如彦博。抟繁理剧,众务必举,臣不如戴胄。谏诤为心,耻君不及尧舜,臣不如魏徵。至于激浊扬清,嫉恶好善,臣与数子,亦有微长。"

王珪的一席谈论,深得唐太宗赏识,群臣也认为涉及自己的论点精确无误,御殿华筵之上,君臣开颜,同声勖勉,气氛一派祥和。

臣子鉴识不凡,明君者益自卓荦。但凡世人品读《太平广记·知人·唐太宗》篇,无不对集智勇贤能仁爱于一身的唐太宗肃然起敬,始知为君者深受臣民爱戴之由来——

贞观五年(公元631年),皇帝对长孙无忌等人说:"我听说,皇帝英明,大臣就刚直不阿。人难以正确评价自己,诸位公卿大臣说一说我的优点和缺点。"长孙无忌对答:"陛下的文治武功,都超过古今所有的帝王。发号施令,作出各项决策,都非常正确有效。我忙于执行没有闲暇,实在没有看见陛下有什么过失。"唐太宗很是不满,直抒己见:"我想要听到自己的过失,你这是随便奉承讨好。今天我要当面议论大家的优点和缺点,以便今后鉴诫。说者无过,闻者改之。长孙无忌善于运筹计算,反应迅速敏捷,就是古人,也没有能比得上他的人。至于领兵的机要和治国的政策,恐怕不是他的长处。高士廉博古通今,心思敏捷,悟性甚高,遇到困难也不改变自己的立场,为官不结朋党,所缺少的是不能直言进谏。唐俭言辞俊爽凌厉,善于和解人意,酒风干脆利落,直言不讳,辅佐了我三年,却没有说一句议论国家兴亡大事的话。杨师道性情淳朴善良,自然没有过错,但是性格过于怯懦,办不了大事,什么时候都不能指望他尽得力之功。岑文本本性宽道敦厚,擅长文章,引经据典,持论远见,道理晓畅。刘泊性格最坚贞,言语对人多有裨益,虽然态度强硬,但亦能够听取周围人的意见,自补缺点,又怎么会凌驾于他人之上呢?马周处事敏捷,性格坚贞正派。至于识别评价人物的本领,坦率地说,我比你们都强。褚遂良学问稍优,性格也很坚强正直,既忠诚,又很亲近依附于我,就好比飞鸟依人,自然要深加爱护。"

唐太宗对臣下的评骘与关爱,不仅仅停留在口头言语上。贞观年间,唐太宗与隋唐名士虞世南的君臣之交,俨如一出宫廷版"高山流水",而其内涵尤胜于俞伯牙钟子期布衣之交,打破了封建时代宫廷流行"伴君如伴虎"的魔咒。

虞世南,会稽余姚人,初唐四大书家之一,自幼从智永禅师研习书法,"深得山阴(王羲之)真传",博学卓识,贞观初年,被唐太宗引为上宾。唐太宗开设弘文馆,馆中多名士,咸推虞世南为文学之宗,任以记室,与房玄龄对掌文翰。唐太宗曾命虞世南书写《列女传》以装饰屏风,当时无传本,虞世南暗自默写,无一遗失。贞观七年,虞世南累迁为秘书监,唐太宗每到机务空暇之时,便与之谈论古今,共观经史。

虞世南其人看似懦弱,体态瘦削,弱不禁风,但性情耿直节烈,每次论及古先帝王为政得失,必存规讽,多所补益。"及高祖晏驾,太宗执丧过礼,哀容毁悴,久替万机,文武百寮,计无所出,世南每入进谏,太宗甚嘉纳之,益所亲礼。"故而,唐太宗对侍臣感慨言道:"朕因暇日,每与虞世南商榷古今。朕有一言之善,世南未尝不悦;有一言之失,未尝不怅恨。其恳诚若此,朕用嘉焉。群臣皆若世南,天下何忧不治?"

唐高祖去世,唐太宗由于为其父皇操办隆重的丧事而操劳过度,面容憔悴,国事有所耽误,文武百官无计可施。但是无论在哪种情形下,虞世南每次进宫进谏,唐太宗都欣然接受。从此以后,唐太宗对他也就更加亲近和尊重。唐太宗曾经对身边的侍臣说:"我一有空闲就与虞世南商讨古今大事。我一有好的见解,虞世南总是非常高兴,可是一旦我的观点有失偏颇,他就十分担忧。他如此诚恳,我非常欣赏。如果各位大臣都像虞世南那样,我哪里还用得着担心天下治理不好呢?"

"群臣皆若世南,天下何忧不治?"——如此高的评价,出自唐太宗之口,彼一书翰文臣虞世南,何以堪负天下之治?

用今天的话来讲,大唐帝国文臣虞世南是一位德艺双馨的天下楷模,大唐天子李世民则是虞世南此生的"高山流水一知音"。

基于上述判断,在阅读"贞观之治"史料时,我看到了唐太宗以一位"知音"对虞世南入情入理的品评:

有出世之才,遂兼五绝:一曰忠直,二曰德行,三曰博文,四曰词藻,五曰书翰。有一于此,足为名臣,而世南兼之。(《太平广记》)

公元638年,八十高龄的虞世南辞世唐太宗失声痛哭,悲伤不已,为虞世南举办了官丧，赐以皇家东园丧器，并追封他为礼部尚书，谥号文懿。唐太宗在写给魏王李泰的信中说："虞世南对于我，就像我身体的一部分。他提醒、纠正我的遗漏和过失，时刻不曾忘记，实在是当代名臣、人伦道德的榜样。过去，我有一点成绩，他必定加以肯定；我有一点小过失，他必定冒着触犯我的危险毫无保留地进谏。现在他去世了，国中再无这样的人了，这怎能不让我痛惜啊。"随后，唐太宗作了一首诗，凭借古人的事迹抒发感慨："钟子期去世之后，伯牙失去知音，再也没有弹过琴。我的这首诗，又写给谁看呢？"于是，唐太宗让褚遂良把诗拿到虞世南灵帐外诵读并焚烧，可见他哀痛之深切。然后，唐太宗又下令将虞世南和房玄龄、长孙无忌、杜如晦、李靖等二十四位功臣的图像，画在凌烟阁内，作为永久的纪念。

《贞观政要·论任贤》篇，吴兢还为我们讲述了一个唐初"布衣宰相"马周与唐太宗相知相长的生动故事：

马周，博州茌平人也。贞观五年，至京师，舍于中郎将常何之家。时太宗令百官上书言得失，周为何陈便宜二十余事，令奏之，事皆合旨。太宗怪其能，问何，何对曰："此非臣所发意，乃臣家客马周也。"太宗即日召之，未至间，凡四度遣使催促。及谒见，与语甚悦。令直门下省，授监察御史，累除中书舍人。周有机辩，能敷奏，深识事端，故动无不中。太宗尝曰："我于马周，暂时不见，则便思之。"十八年，历迁中书令，兼太子左庶子，周既职兼两宫，处事平允，甚获当时之誉。又以本官摄吏部尚书。太宗尝谓侍臣曰："周见事敏速，性甚慎至。至于论量人物，直道而言，朕比任使之，多称朕意。既写忠诚，亲附于朕，实借此人，共康时政也。"

马周（公元600年—648年），自幼父母早亡，家贫如洗，勤勉好学，为人磊落旷达。贞观五年（公元631年），马周西游长安，路经临潼东北郊的新丰古镇。新丰自古出产美酒，后以王维诗作《少年行》"新丰美酒斗十千，咸阳游侠多少年。相逢意气为君饮，系马高楼垂柳边"扬名世间。马周时为一介寒士，缺少王维这般贵胄少年鲜衣骏骑的骄纵豪气，方一踏进旅店门槛，势利眼的店主人便不屑一顾，忙着招呼一帮客商。马周气定神闲，悠然入座，唤取一斗八升美酒，独斟长饮，名士风度，惊诧四座。马周入长安，客居中郎将常何府邸，代武夫出身不通经史的常何上治国之道奏折，其中所言二十余事皆有的放矢，甚合当朝皇帝唐太宗的求治之思。以唐太宗的超凡才智，自然是辨识无碍，四次派遣使者恭请马周进宫廷议，从此结下君臣莫逆之交。马周的机敏善辩、长于陈奏、处事公平允当的才智得以充分施展，一路屡迁至中书令（宰相），兼吏部尚书（组织部长）等朝廷要职。唐太宗以"鸾凤冲霄，必假羽翼"励志之言，将其比喻为大唐王朝的股肱之臣，昔日寒士马周，一朝名动京华。

贞观二十二年（公元648年），夙夜在公、鞠躬尽瘁的马周病逝于吏部尚书任上。唐太宗悲伤不已，甚至因思念过度而找来方士作法，以求召回马周的魂魄。为君为臣，情谊一至于此，千古罕有。

是以欧阳修编纂《新唐书·马周传》，对唐太宗与马周的君臣之交，特附一赞誉："不胶漆而固，恨相得晚。"

古语云："人非圣贤，孰能无过。"像唐太宗这样杰出的人，也时常会犯一些错误。然而，唐太宗毕竟是一位不世出的明君，真正做到了春秋时期士季所说的"人谁无过，过而能改，善莫大焉。"（《左传·宣公二年》）

《贞观政要》卷二列举了这样一则故事：

贞观十五年（公元641年），太宗派遣使者到西域封立叶护可汗，使者还没有回来，太宗又令人携带大量金帛到西域各国去买马，魏徵劝谏说："现在派遣的使者是以封立可汗为名义的，可汗尚未封立，就到各国去买马。突厥人一定认为我们的目的是买马，而不是专程去封立可汗。这样，可汗虽然被封立了，他也不会对陛下感恩；立不成的话，就会产生很深的怨恨。西域各国听说这件事，也会看不起中国。只要能使西域各国安定，那么各国的好马用不着去买，就会自动送上门来。从前汉文帝时，有人献千里马。文帝说：'我巡幸时每天行进三十里，打仗时每天行进五十里，仪仗走在我的前面，副车跟在我的后面，我单独骑一匹千里马，能走到哪里去呢？'于是给了献马人一些路费，让他回去了。汉光武帝时，有人献千里马和宝剑，光武帝让千里马拉着装载战鼓的车，将宝剑赐给手下的骑士。今天陛下的所作所为，远远超过夏禹、商汤和周文王武王，怎么在这件事情上的见识，却不如汉文帝、汉光武帝呢？魏文帝曾打算买西域的大珍珠，苏则劝谏说：'如果陛下的恩惠遍布四海，这些东西不用追求，自然会到来。能买得到的东西，就不足珍贵了。'陛下纵使不仰慕汉文帝的崇高德行，难道也不畏惧苏则的正直议论吗？"唐太宗听罢，立即下令停止买马。

求谏，纳谏，体现了唐太宗"过而能改"的秉性，正是唐太宗最为世人称道的"贞观政风"。《贞观政要》卷二写道：

贞观元年（公元626年），唐太宗对侍从的大臣们说："正直的君主任用了奸臣，就不可能治理好国家；忠直的臣子侍奉昏庸的君主，也不可能治理好国家。只有正直的君主和忠直的大臣相处共事，如鱼得水，那么天下才可以平安无事。我虽然不算明君，幸亏你们多次匡正补救过失，希望凭借你们直言鲠议，以实现天下太平。"

天子虚心求谏，臣子秉公进谏，君臣推心置腹，拉开"贞观之治"帷幕。

复旦大学精品课程，樊树志所著《国史十六讲》认为："唐朝的第二代皇帝唐太宗李世民，毫无疑问是秦始皇、汉武帝以来最有雄才大略的皇帝，大唐帝国的声望是和他的名字联系在一起的。"

樊树志先生还认为，尤为难能可贵的是，唐太宗"能够虚心听取臣下的反对意见，也就是所谓善于纳谏。他的谋士魏徵是一个敢于不看皇帝脸色而讲真话的大臣，提反对意见无所顾忌。唐太宗与魏徵之间，一个虚怀博纳，从谏如流；一个直言极谏，面折廷诤，形成中国历史上少见的君臣关系和政治风气。这大概就是被史家津津乐道的贞观之治出现的原因吧。"

樊树志先生的观点，大抵源自《资治通鉴》一段史述：

征状貌不逾中人，而有胆略，善回人主意，每犯颜苦谏；或逢上怒甚，征神色不移，上亦为霁威。

而贞观二年（公元628年）发生在唐太宗与魏徵君臣之间的两件逸事，也印证了樊先生的观点：

上尝谒告上冢，还，言与上曰："人言陛下欲幸南山，外皆严装已毕，而竟不行，何也？"上笑曰："初实有此心，畏卿嗔，故中辍耳。"

上尝得佳鹞，自臂之，望见征来，匿怀中，征奏事固久不已，鹞竟死怀中。

国人多知"以史为镜"名言，亦知其出处源于魏徵死后唐太宗一段感慨：

"夫以铜为镜，可以正衣冠；以古为镜，可以知兴替；以人为镜，可以明得失。朕常保此三镜，以防己过。今魏徵殂逝，遂亡一镜矣！"

比照以铜、以史、以人"三镜"自鉴的唐太宗，中国历史上无数帝王有几人能达此境界？所以，在中华五千年文明史上，唯一的唐太宗创下了唯一的"贞观之治"。

历史上的唐太宗，的确值得大书特书，但在有限的篇幅、无限的时空里，我们并不能将一个中华历史绕不开的"唐太宗"阐释得完整无缺。与其殚精竭虑，不若重读历史，在经典中重获真知。这样一来，一部唐人吴兢撰写的政论性史书——《贞观政要》，就有必要重新摆上案头。

《贞观政要》全书十卷，四十篇，从总结唐太宗治国施政经验、告诫唐玄宗的意图出发，将君臣问答、奏疏、方略等材料，按照为君之道、任贤纳谏、君臣鉴戒、教诫太子、道德伦理、正身修德、崇尚儒术、固本宽刑、征伐安边、善始慎终等一系列专题内容归类排列，使这部著作既有史实，又有很强的政论色彩；既是唐太宗"贞观之治"的历史记录，又蕴含着丰富的治国安民的政治观点和成功的施政经验。因此，这部书是对中国史学史上古老记言体裁加以改造更新而创作出来的，是一部独具特色、发人深思的历史著作。

武，勇于开国；文，足以治国。这应该是唐太宗留给后人最值得珍视的政治财富和精神财富。

在此，借用《新唐书·太宗本纪》中的"论赞"作为结语：

甚矣，至治之君不世出也！唐有天下，传世二十，其可称者三君，玄宗、宪宗皆不克其终，盛哉，太宗之烈也！其除隋之乱，比迹汤、武；致治之美，庶几成、康。自古功德兼隆，由汉以来未之有也。

读史十记

武则天：千古唯一女皇，破除大唐王朝历史瓶颈

唐太宗之后的大唐王朝，其精彩看点在于进入千古唯一女皇武则天时代。

在一般人眼里，历史上的武则天，其最大看点也正因为她是千古唯一女皇。当然，吸引国人眼球的，还有这位中国历史上最著名"女强人"演绎的爱恨情仇的故事。

真实的历史果然如此吗？

在我看来，虽然唐太宗以其文治武功独步千载，几无人可以与之相颉颃，但如果没有武则天在政治上一些非常之举，就不会有随之而来的唐玄宗"开元盛世"。

从贞观元年（公元627年）李世民登基，到唐玄宗开元二十一年（公元733年）韩休罢相，在长达一个多世纪的时间里，大唐帝国（包括武则天称帝的"武周"王朝十五年）总体上是从战乱甫定一直攀升到中国封建社会的鼎盛——"开元盛世"。这期间，武则天的个人因素至为关键，甚至可以称之居功至伟。

如何深刻而又准确地评价武则天在历史上的作为和功绩，却是非常有难度的一件事。

在武则天与唐高宗李治合葬墓——乾陵的前端，矗立着极具传奇色彩的"无字碑"。这座高7.53米、宽2.1米、厚1.49米、重量达98.9吨的巨制石碑，由一块完整的黝黑巨石雕凿而成，碑额未题碑名，碑首有浅浮雕八条螭龙，石碑两侧有线刻升龙图，若腾若翔。碑座阳面有线刻的狮马相斗图，栩栩如生。石碑边缘部分还刻有许多花草纹饰，线条精细流畅。再上前细细察看，如此精心巨制的陵碑，其碑面已划满用以镌刻铭文的细线方格，却看不到一字碑文，惟见"无字碑"上历史留驻的满目斑驳与沧桑。

西方有句谚语："女人靠征服男人征服世界。"在中国历史上，武则天是唯一一个"女人靠征服男人征服世界，再靠征服世界征服男人"的人物。

贞观十年（公元636年），长孙皇后病逝，唐太宗下诏选女入宫。出生于官宦之家，时年十四岁，正值豆蔻年华的武则天也在被选之列。临行前，母亲杨氏哭泣作别，武则天却无伤感，反而带着天真、兴奋的心情安慰母亲："女儿此次进宫能够见到当今天子，怎知不是福气，母亲又何必先自悲泣呢？"

按照蔡东藩《唐史演义》描述：

入宫谒见太宗，一些儿不露慌张，盈盈下拜，自陈姓氏，三呼万岁，无不合体。太宗命她起来，举目一瞧，正是芙蓉颜面，豆蔻年华。……太宗略问数语，武氏均应对称旨，最动人的，是一双俏眼，百啭娇喉，任你铁石心肠，也要被她情牵意转……太宗越瞧越爱，便赐她一个芳名，叫作媚娘。视朝以后，便即下诏，册武媚娘为才人。

历史上，武则天第一个想征服的男人是大唐帝国的君王李世民，如果真相如蔡东藩所描述的那样，唐太宗岂不是轻易就被武则天征服了？但事实却是，武则天没有成功。

随后的一则传说，也印证了这一事实。

唐太宗李世民以马上得天下，一生也酷爱骏马。一次，这位大唐天子得到一匹骏马，由于鬃毛很像狮子，所以叫狮子骢。这匹马长得高大威猛，神骏异常，但是性子暴烈，没有人能驯服得了它。唐太宗为此很是着急。

有一天，风和日丽，唐太宗在一群妃嫔拥簇之下来看狮子骢，这中间就有武则天。那时，她方才入宫，被封为才人，尚未引起皇帝的格外关注。只见唐太宗围着狮子骢转了一圈，不由得叹息："真是一匹好马呀！可惜没人能驯得了。"在场妃嫔们都默不做声，一片寂静。

突然，人群中闪出武才人，高声嚷道："陛下，我能制服它！"唐太宗大吃一惊，但听她款款言道："不过，我需要三样东西：第一，铁鞭；第二，铁锤；第三，匕首。"唐太宗不解地问："这可不是驯马的东西啊，你要这些东西干什么？"武才人这才露出少女的一脸妩媚，笑吟吟地回答："陛下，这匹马如此暴烈，必须用特殊手段。我先用铁鞭抽它，如果它不服，我就用铁锤锤它脑袋，如果它还不服，我就一刀捅了它。"

听了这番话，昔日勇冠三军的唐太宗心里头也顿感一阵惊骇：一个娇弱如花的小姑娘，怎么说起话来这么狠呢！一时半会儿，大唐天子都不知道该说什么好。过了好一会儿，唐太宗终于讷讷地说了一句："你真了不起！"说完之后，就没了下文，既没有对武则天加以晋封，也没有赏赐。可见，武则天在太宗面前的第一次表现是以失败而结束的。终唐太宗之世，这位"武媚娘"位不过才人，忝列嫔妃自是无望，太宗皇帝驾崩前夕，还被迫削发披缁，出家为尼，郊野冷寺，青灯为伴，人生黯淡到了极点。

在这一点上，武则天不如公元前1世纪的埃及女王克里奥帕特拉。这位"埃及艳后"曾以超凡魅力先后征服了古罗马帝国三位最高统治者——庞培、尤利乌斯·恺撒、马可·安东尼，从而将自己掌控下的末代埃及帝国延续了二十多年。直到公元前31年，在阿克兴海战中失败，与安东尼一起自杀身亡。

不过，武则天后来的表现和在历史上的作为，却让以悲剧告终的"埃及艳后"克里奥帕特拉望尘莫及。

继赢得唐太宗第四子、当朝皇帝唐高宗李治的爱心，第二次进入皇宫之后，武则天在随后的一系列征服人的斗争中再未失败过——实际上，除了她为之佩服的唐太宗外，武则天再未遇到比她更强的男人。从初为昭仪，到永徽六年（公元655年）废黜劲敌王皇后、萧淑妃，被册立为皇后，再到麟德元年（公元664年）以谋反罪除掉上官仪等政敌，"自是上（唐高宗）每视事，则后（武则天）垂帘于后，政无大小，皆与闻之。天下大权，悉归于中宫，黜陟、杀生，决于其口，天子拱手而已，中外谓之'二圣'"。天授元年（公元690年），武则天宣布革命，改李唐为武周，自称圣神皇帝，可称一路走来，高奏凯歌。

如果从被册立为皇后之时的公元655年与唐高宗共同执政算起，到公元705年正月宰相张柬之等率领禁军入宫，逼其退位为止，武则天执掌大唐帝国和武周王朝权柄长达五十年，而且是以"善终"离开这个她曾经叱咤风云的世界的。

在对皇朝地位和权力的攫取过程中，武则天采取的是一系列阴毒、残酷的手段。

为了取得皇后的宝座，公元654年，武则天亲手扼死了自己刚生下不久的女儿，嫁祸于王皇后。翌年，王皇后和萧淑妃被废为庶人，囚于别院，唐高宗念及旧情，偶尔前往探视，武则天得知后大怒，派人各打王皇后和萧淑妃一百大杖，又砍去二人手足，投入酒瓮中。数日后，王皇后和萧淑妃死亡，武则天又派人乱刀砍其尸首，可谓凶残至极。后来，武则天屡次梦见二人作祟，披发沥血，阴森恐怖，前来索命，遂迁居东都洛阳，几乎不敢銮驾折返西京长安。

公元686年，武则天命人铸造四座大铜匦，分东、西、南、北四个方向放置在朝堂上，其中西面的铜匦名曰"申冤"，有怨抑者可投书其中。借这个铜匦奖励告密，武则天让酷吏大兴冤狱，剿杀政敌，滥杀无辜，一度使朝野上下人人自危。

武则天无论是在做唐高宗的昭仪，还是做母仪天下的皇后，还是做武周王朝的圣神皇帝之时，都表现出毫不心慈手软的人性残酷一面：亲手扼死自己出生不久的女儿，毒死自己的大儿子李弘，逼死二儿子李贤（章怀太子），残杀十七岁的亲孙女永泰郡主……

公元688年，唐宗室诸王听说太后武则天图谋杀尽诸王，密谋约定同时起兵，不料事机泄露，越王李贞在豫州、琅琊王李冲在博州提前起兵，因其他诸王未曾响应而失败。武则天遂大开杀戮，"先诛唐宗室贵戚数百人，次及大臣数百家，其刺史、郎将以下，不可胜数"。而她所重用的酷吏更为残暴，竞相以酷刑、杀戮为荣，其中周兴、索元礼各杀数千人，来俊臣诛杀上千户人家。朝野上下畏此数人，甚于虎狼，人人自危，相见莫敢交言，道路以目；众大臣每临上朝，就与家人诀别说："今日一去，不知还能不能再见面了。"

如此这般残酷的折腾，大唐王朝竟然没有出现大乱，而且垦田与户口大幅度增加；大唐帝国的军队东征西讨，北伐南剿，出师多捷，国势日趋强盛。这又是为什么？

应该说，虽然是一女流之辈，但武则天治理国家的才干堪称巾帼不让须眉。

唐太宗李世民的文治武功卓绝一世，可惜他的继承者四皇子李治却差强人意，资质中庸不说，还患有"风病"，不能理朝政。这就给"通文史，多权谋"的武则天提供了摄政治国的机会，"百司奏事，时时令后决之。"

而且，武则天处事大都能令唐高宗满意。

上元元年（公元674年），武则天被尊为天后，提出"建言十二事"，作为她的施政纲领，其中前五条均为提倡农业、减免赋役、与民休养生息的内容，颇有"贞观之治"遗风。为推广先进的农业生产经验和技术，武则天还延请当朝著名农学家编纂农书《兆人本业记》颁行全国，作为务农的依据。

在军事战略上，武则天也尽显远谋韬略。

唐太宗李世民继位后不久，便开始了统一西域的进程。从公元630年唐军攻灭东突厥，到公元640年剿灭叛唐的高昌麴氏王朝，再到公元648年打败西突厥汗国，镇压西突厥贵族阿史那贺鲁的叛乱，大唐帝国完成了统一西域的历史任务。

而到了唐高宗初年，面对西域突厥贵族的叛乱和吐蕃攻掠西域，唐王朝曾一度放弃安西四镇（龟兹、于阗、疏勒、碎叶），结果吐蕃占据西域南部后，调转兵锋直指唐朝河西地区。公元692年，武威军总管王孝杰打败吐蕃，拟把安西都护府迁回龟兹，重建四镇，遭到一代名相狄仁杰反对。狄仁杰直言，远距离经营西域是劳师伤民，耗费国库，不如放弃西域。

武则天认为，在唐朝与吐蕃对峙的形势下，守长安必守河西走廊，守河西走廊必守安西四镇，因而支持王孝杰的主张。

后来的历史也证明，唐朝丧失西域后，河西走廊处于吐蕃直接攻击之下，京城长安也沦为前线，一闻吐蕃进攻，京城就人心惶恐不安。明末清初的地理学家顾祖禹在总结历史教训时说："欲保秦陇，必固河西；欲固河西，必斥西域。"

可以说，西域失守，则中原危矣，而中国自古又有"得中原者得天下"一说，亦可见其中蕴义的深远。

也可以说，正是有了西域的稳定，"大漠无兵阻，穷边有客游"，才有了西域与中原地区玉帛互通，遐荒漠野，不以为险阻，熙然绥然，近悦远来，大唐帝国俨然一派抚有四方天下大同的坦荡风姿。

为政之要，唯在得人。

综观武则天执掌权柄五十年间，虽然刑罚严峻，但她在勇于纳谏、改革弊政、严惩贪吏方面并不逊色于唐太宗，而不拘一格拔擢贤才，亦堪与其媲美。郭震作《古剑篇》，"非直结交游侠子，亦曾亲近英雄人。何言中路遭弃捐，零落飘沦古狱边。虽复沉埋无所用，犹能夜夜气冲天"，诗意慷慨激昂，"则天览而佳之，令写数十本，遍赐学士李峤、阎朝隐等"（张说《郭公行状》），并将他从梓州通泉县尉接连拔擢为凉州都督，使郭震屡建边功，名垂青史。司马光著《资治通鉴》，以颇为赞许的笔触写道：

太后（武则天）虽滥以禄位收天下人心，然不称职者，寻亦黜之，或加刑诛。挟刑赏之柄以驾驭天下，政由己出，明察善断，故当时英贤亦竞为之用。

如果武则天只是做了上述事情，那么，作为中国历史上唯一的女皇，她的功过是非、历史地位，也就一目了然了。

但是，武则天对中国历史的影响并不止于这些。

在我看来，武则天的最大贡献，是她在自觉与不自觉中以"武则天独有的手段和方式"，着力破解中国古代历史上一大政治难题，那就是——

权力阶层对政治资源的垄断和利益集团对社会公平的危害。

作为东方文明的轴心，古代中国社会自有其特征。

在世界文明发展史中，中国古代社会占据了相当重要的历史地位。而中国古代社会一个显著的特征是封建制度漫长。从国家制度的层面理解，所谓"封建"，就是封邦建国，授民授疆土。

武则天就曾经是封建门阀政治的直接受害者。

唐朝初年，以王、谢为首的东晋南朝门阀士族已基本销声匿迹，而以北方的崔、卢、李、郑为首的山东士族、以西魏、北周时代八柱国为首的关陇士族，则保持着相当的政治势力和社会地位，其中，隋、唐皇室均出自关陇集团。

作为唐朝开国皇帝，李渊对自己的家世出身非常自豪，曾对大臣裴寂如此炫耀："我李氏昔在陇西，富有龟玉，降及祖祢，姻娅帝王，及举义兵，四海云集，才涉数月，升为天子。至如前代帝王，多起微贱，劬劳行阵，下不聊生。公复世胄名家，岂若萧何、曹参起刀笔吏也？"

唐德宗时期曾经编纂《国朝政事》《唐会要》的苏冕评说得更为细致、具体：

创业君臣，俱是贵族，三代以后，无如我唐。高祖，八柱国唐公之孙，周明懿、隋元真二皇后外戚,娶周太师窦毅女,毅则周太祖之婿也。宰相萧瑀、陈叔达,梁、陈帝王之子;裴矩、宇文士及,齐、隋驸马都尉;窦威、杨仁恭、封德彝、窦抗,并前朝师保之裔,其将相裴寂、唐俭、长孙顺德、屈突通、刘政会、窦轨、窦琮、柴绍、殷开山、李靖等,并是贵胄子弟。比汉祖、萧、曹、韩、彭门第,岂有等级以计言乎?

贞观年间,唐太宗修《氏族志》,以调整门阀士族内部的社会地位。尽管他主张"不须论数世以前,止取今日官爵高下作等级",但是,在贞观时代先后任宰相的二十八人中,有十七人出身士族阶层,可见士族势力仍占明显优势。

武则天,原籍山西文水,其祖先在北朝魏、齐和隋朝做过中下级军官。武则天的父亲武士彟凭借积累的家财经营木材致富,从而有资本结交权贵。隋末,唐公李渊赴并州管理军队屯田事务,经常住宿在武士彟家中。后李渊赴任太原留守,委命武士彟为府中掌管兵甲的铠曹参军。李渊、李世民父子起兵太原,又任命他为大将军府铠曹参军。大唐王朝建立之后,武士彟经过多次升迁,官授工部尚书,进封应国公,后又调任利州(今四川广元)、荆州(今湖北江陵)都督,贵为三品以上的高官。按照武士彟的官阶爵位来说,他已经属于新生的高级士族阶层了。所以,在册立武则天为皇后的诏令中,唐高宗特加赞誉:"武氏门著勋庸,地华缨黻"。

然而,那些世袭的门阀士族却不认这个账。在他们眼里,武士彟这类由皇朝钦赐的新士族依然是门第卑下的庶族。因此,当唐高宗决定废黜王皇后,另立武则天为皇后,当即遭到关陇士族和山东士族代表人物长孙无忌、褚遂良的极力反对:"皇后名家,先帝为陛下所娶。""必欲易皇后,伏请妙选天下令族,何必武氏?"

"初唐四杰"之一的骆宾王在《代徐敬业传檄天下文》中称:"伪临朝武氏者,人非温顺,地实寒微",也是沿袭了长孙无忌、褚遂良这些士族阶层人物的说法。

流俗所害,既压复起。生于唐初显宦新贵之家的武则天,对这些旧门阀士族当然是恨之入骨。一旦册立皇后成功,武则天立即着手诛杀、贬斥长孙无忌、褚遂良、柳奭、裴炎、韩瑗、来济等众多士族高官。

唐高宗死后,武则天废黜其子唐中宗为庐陵王,提拔、宠信武氏亲戚诸王，引起李唐宗室众心怨愤，人人自危。在镇压了徐敬业的扬州起兵后，武则天知道唐宗室、大臣对自己积怨甚深，其心不服，欲以大肆诛杀加以威慑。

公元686年，武则天设"申冤"铜匦，让酷吏大兴冤狱，剿杀政敌，滥杀无辜。公元688年，武则天借越王李贞、琅琊王李冲起兵之机，任用酷吏索元礼、来俊臣、周兴等人，以告密、罗织方式诛杀唐宗室贵戚数百人、大臣数百家，刺史、郎将以下官吏不可胜数，地位显要的关陇士族受此沉重打击，从此在唐朝政坛失去往日的强势，一蹶不振。

一大批士族高官、刺史、郎将被诛杀、贬斥，造成大唐帝国统治的组织阶层不小的权力真空。如何弥补这些权力真空，成了考验武则天政治智慧的关键。

是任人惟亲，惟我所用，卖官鬻爵，中饱私囊？还是以国家社稷为重，拔擢人望贤才、治世能臣、隽杰廉吏？两种选择，两条出路，前者，吏治必然黑暗，滋生腐败蛀虫，内乱丛生，国运危亡；后者，吏治归于清明，乱象可以平治，人间正道，国运昌盛。

武则天在总体上选择了后者。

制举、策问，大周皇帝武则天掀起一场承前启后、规模宏阔的官吏人才大选。据《大唐新语》记载："则天初革命，大搜遗逸四方之士，应制者向万人，则天御雒阳城南门，亲自临试。"成绩优异者，不拘资格，破格录用，委以要职。

武则天还下敕令："内外文武九品以上及百姓咸令自举"，即允许官吏、百姓自己推荐自己，以免荐举有所遗漏。

武则天进一步发展了以州县保举（乡贡、贡举）为主的科举制度，不仅科目增加，录取人数也大为增加。唐太宗在位二十三年，录取进士为二百零五人，犹自鸣得意"天下英雄入吾彀中"，而武则天执政的五十年，共录取进士一千余人。如此，武则天岂不是更能赢得天下读书人之心？

还有令天下士子欣喜欲狂的事。武则天首创了殿试制度，天授元年（公元690年），"太后策贡士于洛阳殿，贡士殿试自此始。"

还有令大唐帝国将士也倍感鼓舞的事。长安二年（公元702年），七十九岁高龄的武则天以一颗不老雄心，首设武举，扩大帝国选拔将才的通道。

将大唐帝国挽救出"安史之乱"泥淖的名将郭子仪，就是"自武举异等出"。

如此大规模选官，难免有"不惜爵位以笼络四方豪杰自为助"和"滥以禄位收天下人心"之嫌，甚至荒唐到以卖烧饼为业的文盲侯思止竟做了朝散大夫、侍御史，被人视为"素无行"的奸诈无赖之徒王弘义也做了殿中侍御史。但是，利弊权衡，武则天更懂得"九域之广，岂一人之强化，必贮人才，共成羽翼"的道理，而且以她的政治智慧和权术稳定地控制了帝国政局。

是故，中唐时期杰出的政治家陆贽评说："（太后）课责既严，进退皆速，不肖旋黜，才能骤升，当代谓知人之明，累朝赖多士之助。"

一方面通过残酷无情的手段打击占据权力阶层重要位置的元老贵族和门阀士族，一方面通过正规的（科举）制度和非正规的（制举、策问、自举）途径大力拔擢庶族士人，甚至是庶民百姓，武则天执政时期，虽然迭用酷吏，屡起冤狱，但社会政治的总体形势是臣子衔恩，将士用命，百姓拥戴，朝野内外"英贤亦竞为之用"。当时的大唐王朝和武周王朝，上承贞观之治，下启开元盛世，成为一个威名赫赫的强大帝国。

在武则天的时代，一系列创新社会发展的举措与制度的诞生、施行，辅之以新修订的《姓氏录》面世，"皇朝得五品者皆升士流"，在中国大地流行数百年的士族门阀制度，终于没落了。

以我的认识，中国历史上始终存在着一个导致历代封建王朝自己无法摆脱的走向衰落、覆亡的顽症，那就是——

伴随着一个王朝的建立，社会的稳定，催生经济的发展、物质的繁荣，那些王公贵戚、建国功臣、世袭勋阀、社会新锐，往往成为最大的受益者；由他们构造的权力垄断、利益集团，成了实现社会权益公平、财富分配合理的最大的障碍，而他们并不会出于国家利益、社会公心主动放弃对政治权力的垄断、对社会财富的支配。由此，导致社会矛盾日趋激化，社会危机日益加剧，一个王朝也就走到了历史的尽头。

武则天是一个例外。在属于她的时代，这位"千古唯一女皇"用近乎残暴的铁血手段解决了这个顽症。

和平年代的帝国政界被撕开一片权力的真空，一大批社会中下层人士和低层民众有了填补权力真空的历史机遇。亦因此,那些王公贵戚、建国功臣、世袭勋阀、社会新锐对政治权力和社会财富的垄断地位被打破,社会阶层对立、矛盾激化的局面趋于缓和,从而保障了大唐帝国较为平稳地度过了初唐近百年和平发展期,为盛唐时期的到来奠定了坚实的政治、经济基础。所以,一旦有唐玄宗李隆基这样(前期)励精图治的君主出现,大唐帝国的繁荣、鼎盛,其实已是一种必然的结果。

历史发展的规律告诉我们:公平和正义,乃是人类文明可持续发展的基础。只是,武则天为了给自己赢得社会地位的公平与正义,为了确保自身的安全,为了一步步攀爬到权力的顶峰,采取的却是一种极端的暴力手段——罗织怨案,大肆镇压,大开杀戮。就这样,武则天在并没有当今世人所说的"政治觉悟"的状态下,较为成功地解决了封建王朝和中国社会发展中一个最大的瓶颈或曰难题:如何实现对权力阶层和利益集团的调整与构成的相对公平化。

需要指出的是,若非采取极端的暴力手段血洗仇雠,铲除政敌、大开杀戮,那么,武则天在中国政治史上就是一个近乎完美的人物了。而且,中国最需要的也正是这样的以和谐社会、平治天下为己任的政治人物。这是武则天的历史功绩,也是她的人生罪过。

在对中国历代帝王的评价中,无疑,武则天是很难给予定论的。

作为史学家的郭沫若,对武则天的评价是"政启开元,宏治贞观"。

而同样作为女性的宋庆龄,对武则天的评价是"封建时代杰出的女政治家"。

作为政治家的毛泽东,对武则天的评价颇有见地。在一次与工作人员孟锦云的谈话中,毛泽东说道:"你觉得武则天不简单,我也觉得她不简单,简直是了不起。封建社会,女人没有地位,女人当皇帝,人们连想也不敢想。我看过一些野史,把她写得荒淫得很,恐怕值得商量。武则天确实是个治国之才,她既有容人之量,又有识人之智,还有用人之术。她提拔过不少人,也杀了不少人。刚刚提拔又杀了的也不少。"

对武则天立"无字碑"之现象,同为历史伟人的毛泽东亦有真知灼见:

武则天有自知之明,她不让别人在她的墓碑上刻字。有人分析其本意是功德无量,书不胜书。事实上,那是武则天认识到,一个人的功过是非,

不应自己吹，还应由后人去评论。（孙宝义编《毛泽东的读书生涯》）

此外，还有人对武则天作如是妙评："每撒下一缕阳光，就投下一片阴影。"如此妙评，确实有几番道理。在我看来，矛盾，伴随着武则天的一生；矛盾，是对武则天难有定论的症结所在。

在武周时代，有两个内容相似而结果迥异的史例，也是这一矛盾的体现。

大足元年（公元701年），武则天的第三个儿子李显之女——十七岁的永泰郡主李仙蕙，因为私下和她的丈夫武延基议论武则天的两位男宠张易之、张昌宗，被武则天毫不留情地杀害了，一起被杀的还有李显的世子李重俊。今天，我们在陕西关中的唐朝皇帝陵区，还能看到这位后来被追封为"公主"的永泰公主墓。此外，还有她的叔叔李贤——当年与她一样风华正茂的章怀太子的陵墓。两位大唐帝国皇室少年在以相似的形式，述说着一段命运无常、悲切凄婉的人间故事。

另外一个武周朝"涉案"人物，则以喜剧方式收场。

晚年的武则天，选众多美少年为奉宸府内供奉。右补阙朱敬则难忍其忿，大胆向武则天劝谏："陛下有内宠张易之、张昌宗已经足够了。我听闻右监门卫长史侯祥等人公开炫耀自己的意图，恬不知耻地要求做奉宸府的内供奉，如此无礼无赖的言行，满朝廷的人都听到了。我的职责在于进谏直言，所以不敢不上奏此事。"武则天听罢，安慰朱敬则说："如果不是你直言相告，我还真的不知此事。"当即赏赐给他彩锦百段。

一为自家事，一为朝廷事，而所持的态度、处理的结果截然相反，从中可以蠡测一代女皇武则天的胸襟气度、内里乾坤：家事为小，一屋不扫，何以扫天下；朝廷为大，满朝不安，何以安天下！

这样考量，我们对武则天的评价就趋于公道、合理了。

2004年春天，我第一次来到洛阳龙门石窟。在这里，我瞻望了世间最美的大佛——卢舍那大佛半浮雕石刻像。

卢舍那佛，梵语"阳光普照、光辉普遍"之意。龙门石窟奉先寺窟内的这一卢舍那大佛雕像，通高17.4米，面部丰满圆润，眉如弯月，嘴角微翘，稍含笑意，显现内心的祥和与安宁；半开半合、微微俯视的双眼恰好与脚下芸芸众生仰视的目光交会，形象庄严雄伟，而又不失睿智慈祥，使观者无不敬仰而忘言。

不难想象，这一卢舍那大佛俨如大唐帝国人们心目中美与智慧的化身，是一个将神性与人性完美结合的典范。而这一典范的创意和推动者，正是武则天。

自从龙门石窟的卢舍那大佛雕像诞生以来，一代代国人都认为，这一世间最美的大佛是以武则天的相貌为版本雕刻而成的。如此说来，真实的女皇武则天的形象，也应该是阳光、美好的——这也表明，武则天的心态，其实也是力求健康而从善的，尽管从公元7世纪60年代开始到公元8世纪初的数十年间，她曾制造了众多极为残酷、恐怖的人世悲剧，造成了中华文明辉煌时期一页令人伤痛的历史。

在记住我们曾经拥有一个繁荣、强大的唐朝的同时，也让我们以从善的心理，记住一个曾经追求卢舍那大佛的阳光、美好、智慧的武则天。然后，再让我们以思辨的头脑，记住一个留待我们用心灵去书写的"无字碑"。

如此，我们才能循着鉴识历史的理性之光，进入唐玄宗李隆基开创的盛唐时期。

读史十记

唐玄宗：霓裳一曲千峰上，舞破中原始下来

之所以要将唐玄宗开创的盛唐时代单独列为一节，是因为，这个曾经处于中国历史最鼎盛时期的大唐帝国，给中华民族带来了深刻的历史教训。

历史不能往复，盛景亦不可重现，但从留存至今的历史资料、文化篇章中，我们依然可以感受到大唐帝国凌跨古今的盛况与神采。

《资治通鉴》记载了公元8世纪上半叶中国社会富强兴盛的境况——

是时中国盛强，自安远门西尽唐境凡万二千里，闾阎相望，桑麻翳野，天下称富庶者无如陇右。翰（哥舒翰，突厥族，盛唐名将，时任陇右节度使）每遣使入奏，常乘白橐驼，日驰五百里。

从极目万里的塞垣边关回眸大唐帝国都城长安，则是另一幅太平盛世的景象——

开元二十三年（公元736年），唐玄宗下令从大明宫经兴庆宫到曲江风景区修筑阁道。这是专为皇家出行、登临游赏架设在半空中的长廊。其时，著名诗人王维陪唐玄宗春日宸游，奉旨作《奉和圣制从蓬莱向兴庆阁道中留春雨中春望之作应制》一诗。诗曰：

"銮舆迥出千门柳，阁道回看上苑花。云里帝城双凤阙，雨中春树万人家。"

何谓气象万千？大唐帝国都城长安是也。

从气象万千的长安城再聚焦大唐帝国的宫廷，有"诗家天子"之誉的王维又以一首《和贾至舍人〈早朝大明宫〉之作》——"九天阊阖开宫殿，万国衣冠拜冕旒"，把鼎盛时期的大唐帝国的威仪一笔带出。

作为这一盛世的缔造者，"开元之治"前二十年的唐玄宗李隆基功莫大焉。

公元705年，年迈病衰的大周皇帝武则天被张柬之等人逼宫退位，唐中宗李显重掌帝印。此举并没有结束大唐王朝皇室内部的宫廷斗争。公元

710年6月,"韦武"集团毒死唐中宗,唐睿宗之子李隆基联合羽林军发动宫廷政变,一举诛灭"韦武"集团。公元713年,已登上皇帝宝座的李隆基率羽林军袭杀太平公主的党羽,将阴谋篡位的太平公主赐死。于是,国运移到了唐玄宗李隆基手中。

开元元年(公元713年),唐玄宗李隆基年方二十八岁,风华正茂。彼时的李隆基,勇略过人,在采取了解除诸王统领禁兵兵权并出任外州刺史,以及抑制功臣权势等措施,稳定皇位,消弭动乱隐患之后,又以卓荦的胆识拔擢一批栋梁之才为宰辅弼臣,助自己治理国事。

在任用姚崇为宰相的过程中,唐玄宗的机警聪明成了天下美谈。

其时,武周、睿宗朝两度出任宰相的姚崇在同州做刺史,唐玄宗想请姚崇三度入朝为相,平定太平公主谋乱的另一功臣张说对此颇为嫉妒,指使殿中监姜皎向唐玄宗建议:"陛下时常为选择河东总管的理想人选而犯难,我现在就推荐一个可以胜任此职的人。"唐玄宗问是谁,姜皎回答:"姚崇文武全才,真是一个理想人选。"唐玄宗当即揭穿姜皎的真实面目:"这是张说的意图,你竟敢当面欺君,罪该当死!"吓得姜皎连连叩头,服气认罪。

人主明察秋毫如此,人臣敢不竭忠效力!

天下之政,非贤不理;天下之业,非贤不成。姚崇三度为相,以历史经验为训,进"十事要说",如不贪求边功,宦官不得参与朝政,外戚不任台省官,拒绝贡献,杜绝营造佛寺道观,允许大臣犯颜直谏,法行自亲近等,为唐玄宗开元初年的施政提供了依据。姚崇也成为"首佐玄宗起中兴业"的著名宰相。

从开元元年到开元二十年(公元713年—732年),唐玄宗所任用的宰相,姚崇尚通,宋璟尚法,张嘉贞尚吏,张说尚文,李元纮、杜暹尚俭,韩休、张九龄尚直,各有所长。

宋璟是与姚崇同朝为官的另一著名宰相。史称:宋璟为相,"务在择人,随材授任,使百官各司其职;刑赏无私,敢犯颜直谏。"

《资治通鉴》有这样的载述:

崇善应变成务,璟善守法持正。二人志操不同,然协心辅佐,使赋役宽平,刑罚清省,百姓富庶。二人每进见,上辄为之起,去则临轩送之。

姚崇、宋璟和唐玄宗三人之间相互信赖、砥砺的关系，让人依稀看到唐太宗贞观年间君臣和睦的清明政局。君臣相睦，政通人和，天下遂能大治。

在《开天传信记》里，唐代文人为我们勾画出一幅"开元盛世"图景：

自开远门（长安城西边北门）西行，亘地万余里，入河湟之赋税。左右藏库，财物山积，不可胜数。四方丰稔，百姓殷富，管户一千余万，米一斗三四文，丁壮之人，不识兵器。路不拾遗，行者不囊粮。其瑞叠应，人情欣欣然。

不过，世间的道理正如《诗经·大雅·荡》所言："靡不有初，鲜克有终"，即人们做事情多有始无终。唐玄宗也不例外。而且，在登基不久的开元二年（公元714年），他的人性弱点就已暴露出来。

唐玄宗是中国帝王中为数不多的精晓音律的人，一当上皇帝，就对雅俗之乐皆归太常寺管理的旧制不满，于是遴选乐工数百人，亲自在梨园教他们演奏法曲，称之为"皇帝梨园弟子"，又教宫女练习。如此这般，意犹未尽，唐玄宗又选择妓女安置在宜春院，并赐配给她们家室。礼部侍郎张廷珪等人上疏劝谏，认为"陛下正值春秋鼎盛之年，应该尊崇五经要术，亲近端庄士人，崇尚朴素，对靡靡之音、爱好游猎的习性高度警惕。"唐玄宗虽然嘉奖了张廷珪等人，但并没有听从他们的劝谏，依然对轻歌漫舞爱恋不舍。

如果说唐太宗李世民以其文韬武略开创出"贞观之治"的封建盛世而名扬青史，唐玄宗李隆基则以他毁誉分明的"开元盛世"与"天宝之乱"留给后人无尽评说。这位被中国音乐史家称之为"音乐皇帝"的唐明皇，在经历了"开元"二十九年励精图治之后，以极娱声色的骄奢淫逸，把强盛的大唐帝国带进衰败的不归路。

史称唐玄宗"洞晓音律，凡是丝竹，必造其妙。若创作曲调，随意即成"。唐代许多著名乐舞如《霓裳羽衣舞》《紫云回》《龙池乐》《凌波仙》《雨霖铃》，均为唐玄宗作曲或改编。《旧唐书·音乐志》记载，唐玄宗"于听政之暇，教太常乐工子弟三百人为丝竹之戏，音响齐发，有一声误，玄宗必觉而正之"。

大唐王朝的宫廷，设置由太常寺管辖的大乐署、鼓吹署和由宫廷管辖的"教坊"等音乐机构，乐工多达数万人，唐玄宗犹嫌不够，"以天下无事，听政之暇于梨园自教法曲，必尽其妙，谓皇帝梨园弟子"。圣人孔子认为音乐有"移风易俗"的社会功效，在唐玄宗时代，表现为从宫廷"仙乐风飘处处闻"到民间"六幺水调家家唱"的社会风气，由此形成中国历史上歌舞音乐的全盛期。

然而，也正是这位才情纵横的"音乐皇帝"，把以美感美育为内质的音乐艺术引入一条极尽人间感观享乐的歧途。

进入天下承平已久的唐玄宗天宝年间，大唐开国时期金戈铁马的壮烈豪情已随和平温柔之风飘散；一百二十人擂鼓健舞的《秦王破阵乐》，在唐明皇的宫廷已改为四人坐堂的演奏。"开元天子万事足，惟惜当时光阴促。三乡驿上望仙山，归作《霓裳羽衣曲》。"诗人刘禹锡的这首绝句，点化出唐玄宗以音乐颐享歌舞升平盛世靡丽的心态。

代表盛唐音乐最高水平的作品是综合器乐、歌唱、舞蹈多段结构的大型歌舞音乐《霓裳羽衣舞》。

《霓裳羽衣舞》共有三十六段，分为散序六段，中序十八段，曲破十二段，选坐部伎子弟三百人操磬、箫、筝、笛等乐器演奏。歌者音韵悠扬旖旎，舞者身披缀绣洁白羽毛的上衣和彩云般的裙裾，美如天界下凡的仙女，又有宫妓佩珠玉璎珞曼舞此曲，曲终珠翠满地可扫。

对《霓裳羽衣舞》这部大型歌舞音乐的美妙绝伦，后世不乏模仿者，然而皆有东施效颦之感。倒是白居易《池上篇》诗序的描述极为生动：

酒酣琴罢，命乐童登中岛亭，合奏《霓裳》散序。声随风飘，或凝或散，悠扬于竹烟波月之间者久之。曲未竟而乐天陶然已醉睡于石上矣……

一介诗人尚且如此，贵为天子侧卧龙榻的唐明皇更是"缓歌曼舞凝丝竹，尽日君王看不足"了。

霓裳一曲千峰上，舞破中原始下来。唐玄宗在亲创《霓裳羽衣舞》这样世间罕见的音乐珍品的同时，自己也沉溺在声色奢靡中，朝纲日驰，祸患渐生。天宝十四载爆发的"安史之乱"使大唐王朝几近颠覆，帝国由盛转衰，起振艰难。

从某种意义上说，也因为唐玄宗这一惫于政事、耽于声色的爱好，导致"天下人皆知安禄山必反，独玄宗不信其反"现象的发生，最终使"安史之乱"的发生成为可能。

开元二十一年（公元733年），是盛唐政坛明暗转折的开始。

这一年，韩休当上宰相。韩休为人峭直，不慕荣名利禄，由他出任宰相，甚合众望。有时，唐玄宗在皇宫中宴乐，又到后苑游猎，偶尔犯了小过错，就问左右的人："韩休知道这件事吗？"话音方一出口，韩休的谏疏已送到了。

为此，唐玄宗曾照着镜子默然不悦。左右的人说："韩休为相，陛下比以前更瘦了，何不把他赶走！"唐玄宗叹息着回答："吾貌虽瘦，天下必肥。韩休常力争，既退，吾寝乃安。吾用韩休，为社稷耳，非为身也。"话虽这样说，但唐玄宗的内心并不舒服，只让韩休做了七个月宰相，就把他赶下台去。

过了三年，开元二十四年（公元736年），唐玄宗想用牛仙客为尚书，宰相张九龄力谏不可。"众人皆诺诺，不如一士之谔谔"，唐玄宗却对张九龄勃然大怒，斥责道："事情都由你说了算吗（事皆由卿耶）？"随后，罢免了张九龄的宰相之职。

"江南有丹橘，经冬犹绿林。岂伊地气暖，自有岁寒心。可以荐嘉宾，奈何阻重深。"张九龄的这首《感遇》诗，道出了作为一名清正廉吏的无奈。

随着张九龄这位贤臣的黯然退场，然后是两位蠹虫——政治蠹虫李林甫和军事蠹虫安禄山的粉墨登场。

大唐帝国的鼎盛事业，主要是败坏在这两个人手里。

先看"政治蠹虫"李林甫。

开元二十二年（公元734年），李林甫当上吏部侍郎，阴柔奸佞，多狡猾变数，深交宫廷里的宦官和嫔妃家人，对唐玄宗的动静无所不知。因此，李林甫每次上奏折，常常称心旨意，赢得唐玄宗的喜悦，很快就升迁为礼部尚书、同中书门下三品。在《资治通鉴》里，司马光对李林甫作出这样的评价：

城府深密，人莫窥其际。好以甘言啖人，而阴中伤之，不露辞色。世谓李林甫"口有蜜，腹有剑"。凡为上所厚者，始则亲结之，及位势稍逼，辄以计去之。虽老奸巨猾，无能逃其术。

为了蔽塞皇帝视听，自专大权，李林甫还对谏官进行威吓："今明主在上，群臣将顺之不暇，勿用多言！诸君不见立仗马乎？食三品料，一鸣辄斥去，悔之何及！"

与这样的奸佞之人同朝为官，实在是一件太可怕的事了。

因此，当张九龄被罢免宰相之职后，大小官员都选择了明哲保身、三缄其口，朝堂之上再也无人直言上奏。

晚年的唐玄宗自恃社会平安，认为天下没有可以忧虑的事了，便深居皇宫不出，专以声色自娱，政事全部委托给李林甫。而李林甫做人做事，却完全有悖于唐玄宗让他做宰相的初衷："媚事左右，迎合上意，以固其宠；杜绝言路，掩蔽聪明，以成其奸；妒贤忌能，排抑胜己，以保其位；屡起大狱，诛逐贵臣，以张其势。自皇太子以下，畏之侧足。"

这样的奸臣竟然占据宰相之位长达十九年，终于酿成了天下大乱，而唐玄宗对此始终没有醒悟。

应该看到，占据宰相之位长达十九年的李林甫，不单单有对上谄媚固宠、对下妒贤谋害的本事，仅从对安禄山的鉴识上看，他还是一个绝顶聪明的人，并非没有识人之智。

公元736年，右羽林大将军张守珪派时任平卢讨击使、左骁卫将军的安禄山讨伐北部边境少数民族奚和契丹中的叛乱者。安禄山恃勇轻进，被叛乱者打败，按唐朝军律当斩。张守珪将其押送到京城。宰相张九龄批示："安禄山不应该免死。"唐玄宗怜惜安禄山是个将才，敕令免除他的官职，改做布衣将军。张九龄据理争辩道："安禄山失律丧师，于法不可不诛。而且，我观察他的容貌有反叛之相，不杀必为后患。"唐玄宗根本听不进去，反而说："你不要枉害忠良。"竟然把安禄山赦免了。

再看李林甫的才智。

林甫与禄山语，每揣知其情，先言之，禄山惊服。禄山于公卿皆慢侮之，独惮林甫，每见，虽盛冬，常汗沾衣。林甫乃引与坐于中书厅，抚以温言，自解披袍以覆之。禄山忻荷，言无不尽，谓林甫为十郎。既归范阳，刘骆谷每自长安来，必问："十郎何言？"得美言则喜；或但云"语安大夫，须好检校！"辄反手据床曰："噫嘻，我死矣！"（司马光《资治通鉴》）

如此看来，在大唐帝国政治舞台上，处于一人之下、万人之上的李林甫对安禄山反叛思想完全是洞若观火，了然于心，真的想让安禄山死，也不是多难的事，倘若这一假设成为现实，也就不会发生日后几乎将当时世界上最强大的帝国颠覆的"安史之乱"了。

张九龄成为盛唐一代名相，名垂青史，在于他有一颗为国、为民的公心；比张九龄更聪明的李林甫成为历史一大奸臣，骂名千载，在于他有一颗唯我、唯利的私心。

私心，使李林甫利令智昏，屡出欺君下策，最终养痈为患，祸国殃民。《资治通鉴》第二百一十六卷有一段述论，可谓鞭辟入里：

自唐兴以来，边帅皆用忠厚名臣，不久任，不遥领，不兼统，功名著者往往入为宰相。其四夷之将，虽才略如阿史那社尔、契苾何力，犹不专大将之任，皆以大臣为使以制之。及开元中，天子有吞四夷之志，为边将者十余年不易，始久任矣……李林甫欲杜边帅入相之路，以胡人不知书，乃奏言："文臣为将，怯当矢石，不若用寒畯胡人。胡人则勇决习战，寒族则孤立无党，陛下诚心恩洽其心，彼必能为朝廷尽死。"上悦其言，始用安禄山。至是，诸道节度使尽用胡人，精兵咸戍北边，天下之势偏重，卒使禄山倾覆天下，皆出于林甫专宠固位之谋也。

当政治蠹虫李林甫将坏事做绝，就轮到军事蠹虫安禄山登台亮相了

军事是政治的继续。

一个国力强大、疆域辽阔的帝国，离不开安邦栋梁、靖边良帅。比如，在唐太宗时，就有出将入相的李靖，还有南定维扬、北扫大漠、东克高丽的李勣。

在克敌靖边方面，唐太宗对李勣的评价最为肯綮："隋炀帝不解精选贤良，镇抚边境，惟远筑长城，广屯将士，以备突厥，而情识之惑，一至于此。朕今委任李勣于并州，遂得突厥畏威远遁，塞垣安静，岂不胜数千里长城耶？"

在安禄山主导大唐帝国军事走势之前，唐玄宗也曾拥有像李勣这样镇抚边境、使数千里塞垣安定的"塞上长城"——开元年间最优秀的边关将帅王忠嗣。

这是一位几乎被历史简本和当今国人遗忘了的英雄人物：少年时代，王忠嗣就以勇敢著称，后从戎边关，壮岁旌旗拥万夫，出任朔方、河东节

度使，以持重安边为要务，从朔方（今宁夏灵州）到云中（今山西大同）边陲数千里边境，凡要害之地，全部列置军事城堡。他时常感慨："太平之世的将军，只需安抚并循规地训练士兵而已，不可透支中国的国力以邀取功名。"

王忠嗣有一张雕漆大弓，重一百五十斤，长年贮藏在囊橐中，以示不轻易动用武力。军中日夜思战，王忠嗣派遣许多有智谋的军士暗中打探敌方疏漏，见有胜的把握，然后挥师出击。彼时的大唐边帅王忠嗣，强弓所指，强虏丧胆，是以出师必捷，屡建功勋。

开元时代的大唐帝国，虽然军中勇士如林，战将如云，只有王忠嗣精于克敌制胜的战术，更具深谋远虑的战略。

在朔方、河东两道，每逢边境互市，王忠嗣便遣人到市场去高估马匹价格，各部落胡人听闻这个消息，争相出卖马匹，王忠嗣的军队全部买下。于是，胡人的马匹越来越少，而唐军越来越兵强马壮。王忠嗣后来兼任河西、陇右、朔方、河东节度使，控制大唐帝国万里边疆，天下劲兵重镇皆在他的掌握之中，与吐蕃决战于青海、积石，都取得大捷，接着又征讨吐谷浑的墨离军，俘虏其全军凯旋。

就是这样一位智勇双全的将帅，却被李林甫一招毒计遭到贬谪，最终抑郁而死。

眼见王忠嗣功名日盛，奸相李林甫唯恐他入朝取代自己，颇为嫉恨。安禄山以防御边寇为名，筑雄武城，大量贮藏兵器，并邀请王忠嗣率部协助工役，想借此机会扣留他的军队。王忠嗣先于约定期限前往，不见安禄山而返，随后多次上言安禄山必反。由此，李林甫对王忠嗣更加嫌恨。

天宝六年（公元747年），早已将姚崇"十事要说"所言"不贪求边功"忘到九霄云外的唐玄宗敕令王忠嗣率部攻打吐蕃军事重镇石堡城。王忠嗣上言道："石堡险固，吐蕃举国守之。我军兵临城下，非战死数万人不能攻克。所得不如所亡，不如秣马厉兵，等到吐蕃出城挑衅，然后一举攻克石堡。"

对此，唐玄宗大为不悦。将军董延光主动请缨带兵攻打石堡城，唐玄宗严命王忠嗣分兵助攻。王忠嗣不得已奉诏，却没有满足董延光的所有要求，董延光为之怨恨。

王忠嗣的部下、后来在平定"安史之乱"时大显神威的中兴名将李光弼很不理解。他问王忠嗣："你因为爱护自己士卒的缘故，不想成全董延光'一将功成万骨枯'的战功。然而，攻取石堡是皇帝意思，如果董延光不成功，必定会把罪名推到你身上。你的军库物资十分充实，为何吝惜数万段锦帛而不用来杜绝董延光的谗言呢？"

　　王忠嗣回答："以数万将士的生命为代价去争夺一座城堡，攻占了不足以制胜吐蕃，不攻取也对国家无害，所以我不想做这样的事。今天，就是我受到皇帝的责罚，不过是被贬为金吾、羽林军中的一名宿卫将军，再差一点也不过是被贬到偏远的黔中地区做一名上佐军官，我岂能以数万将士的性命来换取一个高官厚禄的地位！"

　　心地无私的人往往把世道险恶看得太简单了。攻打石堡的战役进展得并不顺利，逾期不克，董延光上书狡辩，说是因为王忠嗣阴挠军计之故。唐玄宗为之震怒。李林甫见有机可乘，马上指使济阳别驾魏林诬告王忠嗣，说他"幼养宫中，与忠王相爱狎"，图谋拥兵以尊奉太子。唐玄宗敕征王忠嗣入朝，委令三司审讯。

　　三司受李林甫唆教，上奏王忠嗣其罪当死。此时，王忠嗣的部下骁将哥舒翰很受唐玄宗信任，急忙入朝向唐玄宗力陈王忠嗣的冤情，并甘愿以自己陇右节度副使的官爵为王忠嗣赎罪。唐玄宗不听，起身走入禁宫。哥舒翰放声痛哭，一步一叩头地跟随其后，哀哀忠悫，泪倾宫廷。唐玄宗这才被感悟，下诏饶王忠嗣一死，贬为汉阳太守。

　　李林甫的阴毒之计，使唐玄宗自毁拱卫大唐帝国万里边疆"塞上长城"。忠诚不渝、屡建功勋的旷代英雄王忠嗣，竟然落得如此悲惨下场，大唐帝国的命运能不堪忧？

　　说完李林甫，再看安禄山。

　　安禄山，本是营州一位杂胡，曾做过互市牙郎，以蛮横骁勇闻名，右羽林大将军张守珪收他为养子。

　　按照今日国人的说法，安禄山的形象实在让人不敢恭维，身躯肥胖，腹垂过膝，自称体重三百斤。这样一位大腹便便的粗人竟然成了范阳、平卢、河东三镇节度使，拥雄兵十余万人，且以"东平郡王"成为大唐帝国将帅中第一个封王的人，在正常人看来，简直是匪夷所思。

按照正常规律，安禄山的升迁显达之路是根本走不通的。然而，这位出身杂胡、从小丧父的安禄山却创造了大唐帝国军界、政界一个奇迹。

从外表看，安禄山一付憨直若痴的模样，其实内心十分狡猾。在唐玄宗面前，他应对机敏，不时地表现出诙谐，以博得主子的开心。

有这么一个故事：

有一次，唐玄宗开玩笑地指着安禄山的肚子问："这个胡人的肚子里有什么，怎么大成这个样子？"

安禄山巧妙对答："其实也没有什么其他东西，只有一颗红心啊！"听到这样机敏称旨的"忠诚之言"，唐玄宗岂能不龙颜大悦？

还有一次，唐玄宗把安禄山引见给太子，安禄山却不行跪拜礼。左右的人引导他跪拜，安禄山拱手站立着说："我是一个胡人，不懂得朝廷礼仪，不知道太子是什么官衔。"

唐玄宗告诉他："这是大唐王朝的储君，在我千秋万岁之后，他将是代替我成为你的皇帝的人。"

安禄山假装明白地说："我很愚笨，以前只知道朝廷之上有陛下一个人，不知道还有储君这样一个人。"迫不得已，然后向太子跪拜。

唐玄宗相信安禄山说的是大实话，就更喜欢这个"诚实"的胡人了。

在获得可以出入皇宫禁区的隆遇之后，安禄山又请求做杨贵妃的干儿子。唐玄宗和杨贵妃并排而坐，安禄山先拜杨贵妃，唐玄宗问这是何故，安禄山对答："胡人的习惯是先母后父。"听此一说，引得唐玄宗哈哈大笑。

这时的唐玄宗，已失去了登基之初明察秋毫的睿智，心中可曾记得孔夫子说过的一句警世格言"巧言令色鲜矣仁"？

安禄山虽然聪明狡猾过人，但作为一名手握重兵的边关将帅，他的军事才能实在不怎么高明。

兵法云："兵不厌诈。"安禄山惯用的"诈"，却是一些见不得人且为人刻骨憎恨的伎俩。为了立功，安禄山诱骗奚、契丹这些少数民族部落的人来赴他设下的酒宴，让他们畅饮莨菪酒，直到酩酊大醉，然后把这数千人悉数坑杀，再将其酋长的头颅装在匣子里献给朝廷，以此邀功请赏。这样的手段安禄山前后使用了四次，他的军功大都是靠这种欺诈手段获取的。

安禄山也有动真刀真枪的时候。

公元751年，安禄山率六万兵马讨伐契丹，以奚族二千骑兵为向导，远征距平卢千里以外的土护真河时，遭遇大雨。安禄山贸然领兵昼夜兼程三百余里，直抵契丹牙帐。此时，雨已下了很久，弓箭、弩机上的筋胶都已松弛，大将何思德对安禄山说："我军虽然人数占优，但远道奔袭而来疲惫不已，实在不堪作战，不如先按兵休整，以观战局，不出三日，契丹军队必定投降。"安禄山大怒，拔刀就想杀了何思德。何思德只好请求效死出战。

由于何思德的相貌与安禄山相似，一到阵前，契丹将士蜂拥而上，将其杀死。顿时，契丹军队勇气大增，两千奚族骑兵乘机反叛，与契丹军队夹击，唐军腹背受敌，伤亡殆尽。混战中，契丹人的乱箭射中了安禄山坐骑的马鞍，但见他的头盔缨簪折断，靴子丢失，与麾下二十多名骑兵狼狈逃窜。此时，夜幕已经降临，契丹人暂时放弃追击，安禄山才得以逃进师州，将失败归罪于左贤王哥解、河东兵马使鱼承仙，不由分说杀了二人。

见此情景，平卢兵马使史思明极为恐惧，逃进山谷躲藏了近二十天，收拢散兵败卒，得到七百人。后来，平卢守将史定方率领两千精兵前来救援，契丹军队撤围而去，安禄山这才得以脱险。

安禄山逃回到平卢大本营，麾下伤亡散尽。正不知如何是好，史思明带着七百士卒来见，安禄山大喜过望，急忙起身，握住史思明的手连声说："我得到你，还发什么愁！"

史思明退出安禄山的大帐后，心怀怨恨地对身边人说："假如我早些时候出来见他，已经与哥解一并被斩杀了。"

后来，在"安史之乱"中，发生了史思明杀掉安禄山的儿子安庆绪，自立为皇帝的一幕闹剧，也就不足为奇了。

对安禄山来说，大败不足惜，只要唐玄宗对己不疑，重振旗鼓，易如反掌。

随后的事态发展也的确如其所料，接任李林甫为宰相的杨国忠不去追究安禄山在军事上的败绩，只知抓住安禄山必反的话题不放。结果，安禄山一句"臣本胡人，陛下宠擢至此，为国忠所疾，臣死无日矣"，就让唐玄宗对他大为怜惜，赏赐巨万，继而更想加封他为宰相。杨国忠赶忙劝谏："禄山虽有军功，目不知书，岂可为宰相！制书若下，恐四夷轻唐。"唐玄宗这才打消了让安禄山做宰相的念头,但仍晋封他为与宰相同为一品官的左仆射,并恩赐他的一个儿子三品官阶,一个儿子四品官阶。

叛唐之前的安禄山,可曾有一件足以旌表天下的军功?这样的莽夫无赖,竟然成了唐玄宗所倚重的军界中流砥柱,岂不是大唐帝国的悲哀?

经过两年重新积蓄力量,安禄山麾下的军事实力逐渐恢复。公元753年,叛唐的前朔方节度副使突厥人阿布思被回纥打败,安禄山诱使阿布思的部落归降自己。由此,安禄山掌握的精兵天下莫及,总兵力达十九万人,占到大唐帝国边防军总数的百分之四十,一旦反叛,对大唐帝国的冲击力可想而知。

而且,这时的大唐帝国,随着府兵、旷骑、健儿等兵制废止、衰落,其军事实力与格局已是外强中干,不堪一战。

公元750年,因屡受云南太守张虔陀的压迫,南诏王阁罗凤被迫叛唐。剑南节度使鲜于仲通率军与阁罗凤在西洱河接战,结果大败,六万士卒战死,鲜于仲通仅自己一人逃了出来。四年后,侍御史李宓率兵七万讨伐南诏,结果是李宓被擒,七万唐兵全军覆没。在这场征伐南诏的战争中,唐军先后死亡二十多万人,竟然对一个小小的南诏无可奈何,更不要说面对安禄山麾下近二十万虎狼之师了。

军中无大将,廖化做先锋。假使智勇双全的王承嗣安在,大唐帝国征伐南诏之师谅不至于如此惨败,也就不会有诗人杜甫《兵车行》里"爷娘妻子走相送,尘埃不见咸阳桥。牵衣顿足拦道哭,哭声直上干云霄"的悲伤倾诉。

历史没有假设。当"政治蠹虫"李林甫(包括杨国忠)、"军事蠹虫"安禄山成为大唐帝国命运的主导人物,这个曾经是如日中天的世界上最鼎盛、强大的帝国,也就开始了它那无可奈何的日落过程,尽管这一过程还延续了一百五十二年,直到公元907年被朱温建立的后梁王朝取代。

对这一历史转捩点,唐玄宗最亲信的宫廷内务总管太监高力士看得十分清楚。

公元754年,也就是"安史之乱"爆发前一年,唐玄宗对高力士说:"我现在已经老了,朝廷的事就交给宰相,边防的事就交给各位将帅,还有什么忧患可言!"

高力士回答:"臣听说大唐数十万将士几次征伐云南都全军覆没,驻防边境的将帅又拥兵太盛,陛下你用什么办法才能制止这种局势?臣恐怕一旦发生祸端,局面将不可收拾,还说什么没有忧患啊!"

唐玄宗语气有些无奈地言道:"你不要说了,让我慢慢地想想。"

这一想,就是一年时间,直到"渔阳鼙鼓动地来,惊破霓裳羽衣舞"的前夕,唐玄宗得出的结论还是:"禄山,朕推心待之,必无异志。"

在唐玄宗眼里,"必无异志"的安禄山其实早已有了反叛异心,史称"安禄山专制三道,阴蓄异志,待将十年"。

应该说,贫贱胡人出身的安禄山在大唐帝国算是"混"得极为成功了,高官显贵,荣华一世,恩泽子孙,为什么还会有背叛大唐帝国的异心?

公元754年,亦即"安史之乱"发生的前一年,安禄山上奏朝廷:"臣所部将士讨奚、契丹、(昭武)九姓、同罗等,勋效甚多,乞不拘常格,超资加赏,仍好写告身付臣军授之。"唐玄宗准其所奏,授予安禄山所部兵营将军五百余人,中郎将两千多人。

这样一支驻防北国边疆的十九万大军,虎视眈眈地南下窥视着中原王朝,皇宫内一派歌舞升平的景象还能维持多久?

乱则不已,覆水难收。

"安史之乱"后的大唐王朝,盛极而衰,藩镇割据,朋党之争,宦官专政,一系列乱象如阴霾漫空,挥之不去,不复见往日雄视天下的煊赫气势,唯有一代代文人墨客还在以锦绣诗篇、千古文章,续写着大唐帝国不死的精神、中华文明的辉煌。

下篇：大唐帝国的遗产：巅峰时代的东方文明

半朽临风树，多情立马人。开元一株柳，长庆二年春。

公元822年，唐朝最著名的三大诗人之一的白居易离别京都长安，赴任杭州刺史。临行前，写下这首五言绝句《勤政楼西老柳》。

那时，作为诗人的白乐天想必是伤感的，诗情诗景亦是缠绵的，也可以说诗风是柔弱的——毕竟，盛唐已远，壮岁不再，对衰飒中唐，半朽残柳，任你是诗坛圣手，也道不出盛唐诗人王之涣《登鹳雀楼》"白日依山尽，黄河入海流。欲穷千里目，更上一层楼"这番壮阔豪情。

从唐玄宗开元年间到唐穆宗长庆年间，百年光景，岁月荏苒，大唐帝国由盛转衰，几多沧桑，物是人非，曾是意气风发，以"野火烧不尽，春风吹又生"蜚声大唐诗坛的白居易，岂能不对景难排，黯然神伤？

北国的初春，一如韩愈笔下"天街小雨润如酥，草色遥看近却无"，一派辽阔苍莽。出八百里秦川，南下江淮，春风日暖，草木葳蕤，山媚水柔，一片欣荣美景，诗人的心情亦日渐清朗、怡然。一入江南，风景殊丽，倘徉柳岸西湖，看旖旎春光，对盈盈碧水，诗人的心情亦渐温馨，诗情日趋洋溢，一首《钱塘湖春行》如云岚蔚起、山溪出涧，一页江南如画，人间美丽天堂：

孤山寺北贾亭西，水面初平云脚低。几处早莺争暖树，谁家新燕啄春泥。乱花渐欲迷人眼，浅草才能没马蹄。最爱东湖行不足，绿杨阴里白沙堤。

因为有诗的存在，人生宦游的白居易内心由"阴"转"晴"，重现一个才华横溢、受人敬仰的历史文化名人。

这就是中华文明的菁华——唐诗！

读史十记

大唐王朝气象：龙衔宝盖承朝日，凤吐天香满皇州

万物并作，吾以观复。

有些历史，人们不能忘却；有些历史，人们无法割舍。审视现实，探索未来，品鉴历史，缅怀大唐，重温曾经辉煌的盛世华章，就是一代代中国人不能忘却、无法割舍的梦想。

在一些西方学者看来，唐朝最显著的成就，就是帝国的对外扩张。通过一系列重大的战役，它的疆域甚至超过了汉朝。唐朝在中亚建立了中国的宗主权，控制整个塔里木盆地，并越过帕米尔高原，控制中亚两河流域各国，以及今阿富汗印度河上游地区。当时世界上，只有中东阿拉伯的帝国能与唐朝匹敌。

此外，让他们赞美的还有大唐帝国的都城长安。那是中世纪的世界中心。

一座约100多万人口的大城市，宽阔的大道纵横交错，大道上时常挤满了波斯人、印度人、亚美尼亚人和各种中亚人。他们是作为商人、使节和雇佣军来到中国的。对外国人来说，除蒙古人统治下的元朝这个短暂时期外，唐朝统治下的中国比其他任何时期都更加开放。（斯塔夫里阿诺斯《全球通史》）

基于此，外国学者用平铺直叙的语言描述的事物，到了中国人这里，就好似如蛹化蝶，嬗变为一片诗意的天地：

长安大道连狭斜，青牛白马七香车。玉辇纵横过主第，金鞭络绎向侯家。
龙衔宝盖承朝日，凤吐流苏带晚霞。百尺游丝争绕树，一群娇鸟共啼花。
游蜂戏蝶千门侧，碧树银台万种色。复道交窗作合欢，双阙连甍垂凤翼。
梁家画阁中天起，汉帝金茎云外直。楼前相望不相知，陌上相逢讵相识？
借问吹箫向紫烟，曾经学舞度芳年。得成比目何辞死，愿作鸳鸯不羡仙。
比目鸳鸯真可羡，双去双来君不见？生憎帐额绣孤鸾，好取门帘帖双燕。

双燕双飞绕画梁，罗帷翠被郁金香。片片行云着蝉鬓，纤纤初月上鸦黄。
鸦黄粉白车中出，含娇含态情非一。妖童宝马铁连钱，娼妇盘龙金屈膝。
御史府中乌夜啼，廷尉门前雀欲栖。隐隐朱城临玉道，遥遥翠幰没金堤。
挟弹飞鹰杜陵北，探丸借客渭桥西。俱邀侠客芙蓉剑，共宿娼家桃李蹊。
娼家日暮紫罗裙，清歌一啭口氛氲。北堂夜夜人如月，南陌朝朝骑似云。
南陌北堂连北里，五剧三条控三市。弱柳青槐拂地垂，佳气红尘暗天起。
……

——唐·卢照邻《长安古意》

此诗章，辞彩富艳，气干虹霓；佳句联翩，韵致悠长：君不见，长安大道似天衢，玉辇纵横，车骑如云，日夕驰骛何熙攘；桂殿兰宫，云阁水槛，别馆楼台，雕甍飞檐映仙境；游侠剑客，将军公卿，纷至街市炫娼家；风柳戏蝶，燕歌赵舞，意气骄纵竞靡丽……这就是地上已不复存在、纸上永远不朽的大唐帝京——长安！

《长安古意》，是"初唐四杰"之一卢照邻的传世名作，全长六十八句，以光鲜逾昔的笔调描绘出大唐京城长安风貌，所谓"一变而精华浏亮，抑扬起伏，悉谐宫商；开阖转换，咸中肯綮"，非一般艳俗宫体诗可比，被胡应麟绝口称赞为"七言长体，极于此矣！"（《诗薮·内编》）诗人亦凭借此诗而声名传世。

卢照邻大约生活在唐太宗至武则天时代（约公元636年—695年），《长安古意》一诗所描绘的，应是唐高宗永徽年间至武则天称帝的大周年间帝京长安盛况。然而，这并不是大唐王朝的极盛期。熟读历史的人皆知，唐玄宗先天二年（公元713年），七月，武则天之女太平公主阴谋篡逆，英武有为的青年皇帝李隆基尽杀其党羽，赐死太平公主，结束武周以来频发的宫廷政变，十二月改元"开元"。自此，大唐政权趋于稳定，进入延续二十八年（公元713年—741年）富强繁荣的开元盛世时代。其时，"海内富实，米斗之价钱十三，青、齐间才三钱。绢一匹，钱二百。道路列肆，具酒食以待行人。店有驿驴，行千里不持尺兵"（《新唐书·食货志》）。

如此繁荣的景象，留给世人的印象是极深刻的。是故，诗人杜甫以一首短诗——《忆昔》，描绘了一个全盛时期的大唐："忆昔开元全盛日，小邑犹藏万家室。稻米流脂粟米白，公私仓廪俱丰实。"

经济的繁荣，可以促进精神文明的辉煌、文化的灿烂，尽管一些国家建设工程或许与奢华、腐化有关，而其中精粹的文化却永驻人间。

开元二十三年（公元736年），唐朝宫廷从大明宫经兴庆宫到曲江风景区筑起阁道，即架设在半空中的长廊，供皇家出行登临游赏。写到这里，当今国人一定会联想到杜牧《阿房宫赋》名句——"长桥卧波，未云何龙。复道行空，不霁何虹"，岂不知，在星河灿烂的盛唐诗坛，绝不缺少大手笔的诗作。蘅塘退士编著《唐诗三百首》，为我们保留了一首抒写盛世大唐风华绝代的诗篇——王维《奉和圣制从蓬莱向兴庆阁道中留春雨中春望之作应制》：

渭水自萦秦塞曲，黄山旧绕汉宫斜。銮舆迥出千门柳，阁道回看上苑花。云里帝城双凤阙，雨中春树万人家。为乘阳气行时令，不是宸游玩物华。

这本是一首应制诗，仅从长而拗口的诗题便可看出作者的无奈，但诗作本身却异常的瑰丽清新，尤其是中间两联，既富丽堂皇，又生机盎然，俨然一幅大唐帝都长安的壮丽绚美画卷，令人心驰神往，难忘久矣。

王维所作这首"春雨中春望之作应制诗"，是唐代诗人讴歌大唐王朝壮丽气象的代表性诗篇。以《唐诗别裁集》在中国诗歌评论史上占有一席之地的清代学者沈德潜，曾如是评说："唐时以七言应制，限以声律，而又得失谀美之念，先存于中，迎合君上意旨。宜其言难工，王维《奉和圣制雨中春望》之外，杰作寥寥略可观。"

精彩纷呈的大唐诗坛不会就此止步。

唐肃宗乾元元年（公元758年），春末，大唐帝国政治中心——大明宫宣政殿，晨曦微露，曙色渐明，早朝尚待光景，一幕宫廷诗歌盛宴优雅展开。

此前，鼎盛的大唐帝国突遭一场劫难——公元755年，"安史之乱"爆发，东都洛阳、西京长安相继沦陷，唐玄宗仓皇入蜀避难，太子李亨即位灵武（今属宁夏），是为唐肃宗，皇朝危在旦夕。

唐肃宗至德二年（公元757年），形势大为转机。是年九月，广平王李俶率朔方、安西、回纥、南蛮、大食（阿拉伯帝国）之兵二十万收复了长安。十月，唐肃宗御驾回京，入居大明宫。十二月，唐玄宗龙驭返归长安。

翌年正月，唐玄宗、肃宗父子互进尊号，唐玄宗从此退居兴庆宫。二月，唐肃宗在大明宫宣政殿改元乾元，大赦天下。

在唐朝国力强盛之时，威名四海，众多外国使节纷至沓来，入朝觐见，转危为安的唐肃宗执政时期依然延续此盛况。据《旧唐书·肃宗本纪》记载，乾元元年，"五月壬申朔，回纥、黑衣大食各遣使朝贡，至阁门争长，诏其使各从左右门入……六月辛丑朔，吐火罗、康国遣使朝贡……秋七月辛未朔，吐火罗叶护乌利多并九国首领来朝。"

乾元元年，唐肃宗李亨开始独掌朝纲，朝中各项制度礼仪均在恢复之中。作为皇朝政治中心的大明宫宣政殿，自然成为天下人瞩目的崇高神圣之地。

按《旧唐书·地理志》注释："京师，东内曰大明宫……正门曰丹凤，正殿曰含元，含元之后曰宣政。宣政左右，有中书、门下二省，弘文、史二馆。"公元758年春，众位廷臣在大明宫宣政殿前等待上朝的闲暇时分，中书舍人贾至陡升雅兴，挥毫写就《早朝大明宫呈两省僚友》一诗，传阅诸位同僚，期在激赏。

中书舍人一职，官级不高，正五品上，也就相当于今天的地州厅官，但因司掌中央枢机，地位重要。《新唐书·百官志二》述要："中书舍人六人，掌侍进奏。参议表章。凡诏旨制敕、玺书册命，皆起草进画。"故此，贾至诗作一出，酬和甚众，杜甫、岑参二位以诗名颖然出众者，其和诗亦特立于同僚之上。贾至、杜甫、岑参三人诗作如下：

贾至《早朝大明宫呈两省僚友》：

银烛朝天紫陌长，禁城春色晓苍苍。千条弱柳垂青琐，百啭流莺满建章。剑佩声随玉墀步，衣冠身惹御炉香。共沐恩波凤池里，朝朝染翰侍君王。

杜甫《奉和贾至舍人早朝大明宫》：

五夜漏声催晓箭，九重春色醉仙桃。旌旗日暖龙蛇动，宫殿风微燕雀高。朝罢香烟携满袖，诗成珠玉在挥毫。欲知世掌丝纶美，池上于今有凤毛。

岑参《奉和中书贾至舍人早朝大明宫》：

鸡鸣紫陌曙光寒，莺啭皇州春色阑。金阙晓钟开万户，玉阶仙仗拥千官。花迎剑佩星初落,柳拂旌旗露未干。独有凤凰池上客,阳春一曲和皆难。

对于中国诗歌艺术,国人总结了一条颇有见地的规律:"古诗难学而易工,现代诗易学而难工",说的是学写古代诗词很难,需要具备广博坚实的古典文化功底,一旦奠定了这样的基础,掌握其要领,即可以撰写像模像样的古体诗了,而现代诗则反之。

贾至身为中书舍人,参议表章,起草皇帝的诏书、敕令,公文写作想必了得,至于诗歌创作,恐非其擅长,《早朝大明宫呈两省僚友》一诗前四句描述风景,还算清丽华美,后四句却词意浅薄,平平之作,不入诗家。

杜甫,号为"诗圣",名声大著于中华历史,但那时的杜甫地位并不显赫,甚至与同僚相比还显得相当"寒碜"。

的确,杜甫的出身并不显贵,家族里第一位名人是其祖父杜审言,以诗名见诸于初唐历史。唐高宗咸亨元年(公元670年),杜审言进士及第,此后一直仕途失意,宦游近二十年,仍在晋陵(今江苏常州)江阴县做县丞之类(副处级)小官。

杜甫则更惨,只通过了县试贡举,连个进士也考不上。三十五岁那年,杜甫来到长安,虽然自诩"读书破万卷,下笔如有神……致君尧舜上,再使风俗淳"(杜甫《奉赠韦左丞丈二十二韵》),却困守长安八九年而毫无起色,后向唐玄宗奉上三大礼赋——《朝献太清宫赋》、《朝享太庙赋》、《有事南郊赋》,以彰示学问,也只落得个"待制集贤院,命宰相试文章"之结局。杜甫心中的委屈可想而知,写出"朱门酒肉臭,路有冻死骨"这样的悲愤诗句,也是感情的自然流露。四十四岁那年,杜甫终于跻身仕途,得到河西尉这样一个科级小官,可能是嫌官太小,不肯赴任,后改作帅府参军。不久,遭逢"安史之乱",杜甫陷入贼手,押解长安,因其官小,未被囚禁,遂乘机逃脱,投奔在凤翔的唐肃宗旗下,长安收复后终于得到了从八品上"左拾遗"这样一个朝廷命官。于是,杜甫与贾至大人班朝同列,得以对诗酬和,故其诗有讨好之嫌,且无皇朝华贵富丽之气象,最终落得个"独老杜为滞顿无色。富贵题出语自关福相,于此可占诸人终身穷达,又不当以诗论者"的评语(胡震亨《唐音戊签》)。

再来看岑参。

岑参家世可谓显赫，曾祖父是大名鼎鼎的岑文本，在贞观朝官拜中书令，与长孙无忌等并为宰相，其子岑长倩、孙岑羲亦相继拜相。对此，岑参在《感旧赋序》开篇中颇有些自命不凡："参，相门子。五岁读书，十岁属文，十五隐于嵩阳，二十献书阙下。尝自谓曰：云霄自致，青紫俯拾。"

于是乎，岑参涉世之初以青年俊彦、贵胄公子，踌躇满志，以为功名利禄俯仰可得，不意此后竟然蹉跎十秋而无进阶，天宝三载（公元744年），年届三十岁，始得进士及第，授官右内率府兵曹参军，官阶正九品下，大失所望，未肯就任。天宝八载（公元749年），安西四镇节度使高仙芝入朝，表荐岑参为右威卫录事参军，充节度使幕掌书记，一介书生之岑参投笔从戎，赴万里外西北边塞。天宝十三载（公元754年），岑参作为安西北庭节度使封常清的制官，第二次出塞，至德二年（公元757年）经杜甫等人荐举，以右补阙之职（从七品上）回京。

在西域，岑参的诗才得以充分挥洒，一系列雄健清俊的边塞诗为他赢得了盛誉，其中《白雪歌送武判官归京》诗中名句"忽如一夜春风来，千树万树梨花开"，为众多国人知晓。

还是在20世纪80年代书籍匮乏时期，一本《历代诗人咏四川》诗集让我认识并记住了岑参——因为他的《奉和杜相公发益昌》"相国临戎别帝京，拥旄持节远横行。朝登剑阁云随马，夜渡巴江雨洗兵。山花万朵迎征盖，川柳千条拂去旌。暂到蜀城应计日，须知明主待持衡"，诗风清新俊雅、历历如画，当即征服了少年学子，从此铭刻于心。

后来，我在《唐诗三百首》中读到岑参《奉和中书贾至舍人早朝大明宫》，其中诗句"花迎剑佩星初落，柳拂旌旗露未干"，油然而生似曾相识的亲切之感，所以，对沈德潜评骘此诗"嘉州明秀"、吴汝纶《唐宋诗举要》评论此诗"庄雅浓丽"，悉为认可。

其时，久负盛名的诗人王维亦在同列，睹此风雅场景，自然不甘居于人后，俯仰吟诵之间，一首《和贾舍人早朝大明宫之作》如日初升，云蒸霞蔚；玉宇晨晖，皇天浩荡，其磅礴气势，力压群僚。

绛帻鸡人报晓筹，尚衣方进翠云裘。九天阊阖开宫殿，万国衣冠拜冕旒。日色才临仙掌动，香烟欲傍衮龙浮。朝罢须裁五色诏，佩声归到凤池头。

这就是大唐帝国宫廷政治生活的精彩篇章：王维"乾元中，迁太子中庶子、中书舍人，官舍人时，同贾至、岑参、杜甫等并两省僚友，唱和甚盛。"（陈铁民《王维集校注》）

西方社会有"桂冠诗人"一词，其说之一是每逢皇家王室典礼之际，文坛名流献诗一首以示庆贺，此为英王室授予诗人无上荣誉。在中国大唐时代，王维扮演的角色俨然就是帝国宫廷的"桂冠诗人"，开元二十三年所作"奉和雨中春望"应制诗，即为他载誉大唐帝国"桂冠诗人"的典范之作。

自唐玄宗开元二十三年，下迄唐肃宗乾元元年，时逾二十二年（公元736年至758年），此间突遭"安史之乱"，大唐帝国由盛转危，诗人王维亦不复有"宦游两都，凡诸王驸马豪右贵势之门，无不拂席迎之"（《旧唐书·王维传》）的骄矜意气，历经劫波，迫于伪职，免于罪责，花甲风烛老者，经年孤诣参禅，一旦班朝同列，冲膺诗兴一发而不可阻遏。于是，一幕宫廷早朝前的诗友酬和，化为大唐帝国宫廷、文坛一场不朽盛事，继之引发奕代无尽评说。

《唐诗选胜直解》赞叹王维诗作"应制诗庄重典雅，斯为绝唱。"而沈德潜《唐诗别裁》的评说"'早朝'唱和诗右丞正大，嘉州明秀，有鲁卫之目。贾作平平。杜作无'朝'之正位，不存可也"，已成普遍公认之论。

学者以为，王维有"天下文宗"之誉，生逢盛世，长期居于盛唐诗歌中心，娴于宫廷权贵之交游、唱和，对朝廷生活深有体会，故其诗能从大处着眼，俯瞰全局，艺术地刻画万国使臣入唐朝圣的盛况，而且洋溢其中大气磅礴的民族自豪感、自信心，是贾至、杜甫、岑参等人诗作所未能呈现，这也是后人评价王维诗作大气富贵的一个重要原因。现在故宫养心殿上，仍悬挂着由清朝大臣恭楷书写的这首诗，足见其魅力之恒久。

一首七言律诗，于今传颂天下闻，遂为大唐帝国再造盛世气象。

唐诗的繁荣，是中华文明史上最为光彩夺目的篇章之一。在一定意义上，所谓"梦回千年的盛世华章"，亦彰显于此。

如果说，唐诗的繁荣是一种历史现象，那么，是什么成就了这一文明的辉煌？

是文明的回归、文化的传承与重塑。

贞观二年（公元628年），国内已然宴安，而突厥外患未靖，以英武之姿登基的大唐天子李世民即已表达出对儒家圣君、思想的倾心认可。

上曰："梁武帝君臣惟谈苦空，侯景之乱，百官不能乘马。元帝为周师所困，犹讲老子，百官戎服以听。此深足为戒。朕所好者，唯尧、舜、周、孔之道，以为如鸟有翼，如鱼有水，失之则死，不可暂无耳。"（《资治通鉴》卷一百九十二）

注重培养人才，发展科举，是唐太宗钦定的两项基本国策。

唐太宗认为："近代（指南北朝以来）君臣治国多劣于前古"，原因就是由于大臣们不读书，"无学业"，"不能识前言往行"（吴兢《贞观政要》），因此力纠重武轻文之北朝时弊，提倡用人以德、学识为本。

贞观时代，中央最高教育机构为国子监，其下设置六学：国子学、太学、四门学、律学、书学、算学，学生名曰生徒，教师为博士、助教。其中，国子学收录文武官三品以上子孙、二品以上曾孙；太学收录五品以上子孙、从三品以上曾孙；四门学收录下级官员及庶人子弟。唐太宗还时常御驾亲临国子学、太学视察。在他的督导下，京城长安增筑校舍一千二百间，增加生员至三千二百六十人。高丽、百济、新罗、高昌、吐蕃诸邦也纷纷派遣子弟留学长安国子学，"鼓箧而升讲筵者，八千余人，济济洋洋焉。国学之盛，古昔未之有也"（《旧唐书·儒学传》）。据称，西区大小学习巷云集了多达十万人的外国留学生。大唐帝国京都长安由此成为中外教育中心和文化传播基地。

也是在唐朝，科举考试中的进士科脱颖于诸科之上，朝野之士向风慕义，"一登龙门，则声誉十倍。"唐初，进士科沿袭隋朝"时务策"考试内容，唐太宗加考以经书或史书内容拟出的对策，唐高宗时又加考《老子》及其他"杂文"题，形成"三场考试"。

隋朝以前，有一种由皇帝临时下诏以选举"非常之才"的办法，称之为"制举"。隋文帝开皇二年正月，诏举贤良；开皇十八年七月，"诏京官五品以上，总管、刺史，以志行修谨、清平干济二科举人。"

唐代制科考试不固定，根据政治时事的需要和皇帝个人的兴趣而随时下诏举行，以示广泛地收揽各种人才。制科考试的科目经常变换出新，《新唐书·选举志上》总结"列为定科者，如贤良方正、直言极谏、博通坟典达于教化、军谋宏远堪任将率、详明政术可以理人之类，其名最著。"制科地位、待遇均较高，皇上是名义上的考官，已为官宦者，意欲作"天子门生"，仍可应考，一旦考中，马上授予官职，不像常科及第者还要过吏部一关，考试合格才能授予官职，但在社会名望上，制科还是不及进士科。

由于应制科试的人多应试过进士科，具有较扎实的基础知识，故只举行策问一场，以考察考生的政治见解，其间虽也加试诗赋，但不占主导地位。所以，唐代制科以试策文为主。

武则天当政时期，改革制举，首创殿试，为"天子门生"搭建一步登天之梯。

殿试期间，武则天一连数天驾临洛成殿，亲自测试贡举人，"试之日或在殿廷，天子亲临观之。"考试前，由皇帝赐食，"天子门生"倍感荣耀。诗人元稹以生花妙笔写之，引无数考生心生向往："延英引对碧衣郎，江砚宣毫各别床。天子下帘亲考试，宫人手里过茶汤。"

此外，武则天还敕令将吏部复试者的名字糊掉而实行暗考，开启"糊名"先河，促成唐朝科举文章考试进一步发展。史称"太后君临天下二十余年，当时公卿百辟，无不以文章达，因循遐久，寝以成风"（《通典·选举黄》）。

到了唐玄宗开元时代，科举兼考诗赋，诗赋进而成为最主要的考试内容，进士科亦成为唐朝最重要的考试科目。史载，以诗赋作为命题的考试起始于唐玄宗开元元年，后来成为定制。清朝学者徐松《登科记考》载述："按杂文两首，谓箴、铭、论、表之类，开元间始赋居其一，或以诗居其一，亦有全用诗赋者，非定制也。杂文之专用诗赋，当在天宝之间。"当时，进士科三场考试，第一场就是考试诗赋，不合格者后两场免考。由于实行以诗赋取士的考试方式，普天下读书人潜心钻研诗赋，科举考试中涌现出众多名诗名句，祖咏的《终南山望余雪》"终南阴岭秀，积雪浮云端。林表明霁色，城中增暮寒"，钱起的"曲终人不见，江上数峰清"，即是其中隽永的名句。

历经唐太宗、唐高宗、武则天三代帝王倡导、创制，再经唐玄宗"开元之治"开启中华文化新境界，唐诗进入繁荣时代，蔚为世间大观。

有盛世，必有盛事。在大唐帝国盛世之期，"登龙门"、曲江宴、探花宴，成为天下读书人欢欣鼓舞的文化盛事。

在中国古代，国人曾总结出人生四大喜事：久旱逢甘霖，他乡遇故知，洞房花烛夜，金榜题名时。一望便知，这项人生总结缘于科举兴起的唐朝。如果说"久旱逢甘霖，他乡遇故知"连带个人意愿成分，"洞房花烛夜"属个人幸福，与他人无多关联，那么，"金榜题名时"则关乎天下读书人命运，而与世风、国运共久远，因此成为朝野上下共关注的天下大喜事，继而成为相对自由开放的唐宋时代一大文化盛事、社会现象。亦因此，用今天的话来讲，"金榜题名"成为天下读书人的人生奋斗目标。唐人笔记小说《封氏闻见记》言道：广大士人弟子无不"酷嗜进士名"，以为"俊秀皆举进士"。此话虽出自小说稗史，却与历史事实相符。

于是，人类文明在中华大地上呈现出缤纷异彩之景象。

黄河天险，鲤鱼跃龙门的自然现象，演进为洋洋大观的社会现象：唐朝的人们将榜上题名、高中科举者美其名曰"登龙门"。金榜题名之日，"百千万里尽传名"，进士及第者大展诗才，与天下人分享功成名就之喜悦。典型者如诗人孟郊，五十及第，一改昔日人生龌龊，"春风得意马蹄疾，一日看尽长安花"，诗人成名，诗传天下。

还有更为细致刻画的描述。

譬如新晋进士赵匡的《及第谣》："水国寒消春日长，燕莺催促花枝忙。风吹金榜落凡世，三十三人名字香。遥望龙墀新得意，九天敕下多狂醉。骅骝一百三十蹄，踏破蓬莱五云地。物经千载出尘埃，从此便为天下瑞。"

南国寒消，春日争长。进士及第喜讯传来，气候和花鸟也随之变化了，莺歌燕舞，花之绽放。皇恩浩荡，金榜题名，中第士子的名字也变芳香四溢了。皇帝在举行礼仪之地的龙墀远远瞩望，心情好不得意，圣旨一降，众进士举觞畅饮而大醉。进士骑上骅骝骏马，一路轻风伴君踏入蓬莱五云地，出人头地似神仙，从此便为人上人。

还有更为精彩的皇朝庆典。

科举放榜之后，接下来是曲江盛宴。在长安东南的曲江亭，及第进士们欢宴一堂，吟诗作赋，皇家教坊乐队在一旁演奏助兴，箫鼓鸣筝，琵琶起舞，气氛喧阗。当朝皇帝也登上曲江南岸紫云楼垂帘观看盛宴。宴会已毕，众进士乘兴游大慈恩寺雁塔题名，以示荣耀（《唐摭言》）。诗人白居易当年登第之时年方二十七岁，众进士中年纪最小，故其在雁塔下题名作诗云"慈恩塔下题名处，十七人中最少年"，传为坊间佳话。

盛大的皇朝庆典之后，还有新进士们自创的精彩节目——"杏花宴"，主要内容是寻芳探花，亦称"探花宴"，最能使新科进士扬眉吐气，出尽风头。所谓"探花"，即在同一榜进士中选两位年少貌美者，称作"两街探花使"，也叫"探花郎"，让两人骑着马遍游长安城内外名园，摘取名花。这项活动令新及第进士显得风光十足，荣誉心大为满足，每每赋以歌咏为证。

翁承赞，唐昭宗乾宁二年（公元895年）进士，被选为探花使，作《擢探花使三首》，其一曰："洪崖差遣探花来，检点芳丛饮数杯。深紫浓香三百朵，明朝为我一时开。"

时值晚唐，大唐气势衰飒，而科举盛况依旧，翁承赞以一新晋进士探花赋诗"深紫浓香三百朵，明朝为我一时开"，口气之大，颇有当年大周皇帝武则天敕令洛阳牡丹"花须连夜发，莫待晓风吹"的架势，以此想见科举文化力量的强大。

唐武宗会昌六年（公元846年），唐朝三大诗人中的最后一位白居易去世，葬于洛阳香山，享年七十五岁。

白居易是幸运的。自从他十六岁那年写出《赋得古原草送别》，初入京城，即以"野火烧不尽，春风吹又生"诗句赢得声誉。二十七岁进士及第，一路宦游一路波折，期间以知制诰、中书舍人、杭州刺史、苏州刺史等进退朝野，最终以太子少傅、刑部尚书（司法部长）致仕，亦可谓仕途、人生的显达与荣归，这在灿若星河的唐代诗人中实属鲜见。更重要的是，白居易在世之时，他的诗歌已被广泛传诵，"禁省、观寺、邮堠、墙壁之上无不书，王公妾妇、牛童马走之口无不道，至于缮写模勒，卖于市井，或持之以交酒茗者，处处皆是。其甚者，有至于盗窃名姓，苟求自售。"（元稹《白氏长庆集序》）。这样的诗人，他的生命结束之日，亦是他的不朽的开始。

为白居易赢得人生不朽的，首推被誉为"古今第一长歌"的七言古诗——《长恨歌》，此诗名气之大，古今为之敬慕、倾心。

在民间，有沈德潜《唐诗别裁集》轶闻为证："时有一妓夸于人曰：'我能诵白学士《长恨歌》，岂与他妓等哉！'诗之见重于时如此。"

在学界，有赵翼《瓯北诗话》綦切赞美："香山诗名最著，及身已风行海内，李摘仙后一人而已……盖其得名在《长恨》一篇。其事本易传，以易传之事，为绝妙之词，有声有情，可歌可泣，文人学士既叹为不可及，妇人女子亦喜闻而乐诵之。是以不胫而走，传遍天下。又有《琵琶行》一首助之，此即无全集，而二诗忆自不朽。"

在朝廷，有唐宣宗御诗延誉，且寄相思：

缀玉联珠六十年，谁教冥路作神仙。浮云不亲名居易，造化无为字乐天。童子解吟长恨曲，胡儿能唱琵琶篇。文章已满行人耳，一度思卿一怆然。（唐宣宗李忱《吊白居易》）

读史十记

大唐帝国的精神气度：襟怀舒旷达，报国取龙庭

　　初唐、盛唐之时大唐帝国给后世留下的印象是深刻的——深刻，不仅仅是它的疆域的广阔、国力的强大、京城的繁华；深刻，还来自它在中国历史上绝代难再的轩昂气度与旷达胸襟，以及由此带来的兼收并蓄、缤纷绚烂。

　　一个国家、一个王朝的基础与特征，不外乎由物质、精神两部分组成。从唐太宗李世民缔造"贞观之治"，到唐玄宗李隆基开创"开元盛世"，百年间，大唐帝国的物质基础已极其坚实。对于中国历史上每一个经历长期稳定的封建王朝来说，物质的充实总是相似的，而大唐帝国的精神风貌却千载独步。

　　今天的人们，对于千年以前的大唐帝国的认识，多来自于各种书籍。正史有新、旧《唐书》，《资治通鉴》；古典小说有《说唐》《隋唐演义》……林林总总，如星海银河，难穷其际涯，开卷有识，俯思慨然。

　　在我看来，直接和间接反映唐代社会各个层面的书籍虽然很多，但最能展现大唐帝国精神风貌的，是流传至今的四万八千多首唐诗。当然，对于一般读者来说，没有必要通读以搜罗毕尽为能事的《全唐诗》，一部流传天下最广的诗集——《唐诗三百首》和几本常见的唐诗选编，足以淋漓尽致地映现大唐帝国的精神风貌。

　　说到唐诗，国人一定会想到"初唐四杰"之一王勃的《送杜少府之任蜀州》。"海内存知己，天涯若比邻"，这阕千古名句，留给后人的不单单是引发心灵共鸣的视通千载、心骛八极，行走天下，广结四海之人而为友，心胸旷达，何患得失于一时，方不负大唐帝国抚有四海的威名、盛誉。

　　正像西方社会经常说到的一句民谚："条条大道通罗马。"此一民谚看

上去很朴实，却形象地反映出古罗马帝国曾是世界中心的事实。

我们知道，在大唐帝国成为7世纪至8世纪世界中心之前，古罗马帝国也曾是世界中心。2世纪，古罗马帝国皇帝中"五圣君"之一的马库斯·奥雷利乌斯·安托尼努斯在其著作《沉思录》里的一句名言，最好地阐释了创造世界中心的帝国君民必须具备的先决心理：

只就我是安托尼努斯而言，我的城市和故乡是罗马，但就我是人而言，我的城市和故土是世界。

同样，因为大唐帝国君民具备了"海内存知己，天涯若比邻"的心理，其帝都长安亦成为世界的中心。

诵读唐诗，带给世人最大的感触，是大唐帝国朝野内外胸襟天下的雄健精神和恢弘气度。而且，这种精神和气度是全方位的：

在政治上，有"九天阊阖开宫阙，万国衣冠拜冕旒"，其宏伟壮观、威仪天下的煌煌气象，古往今来为大唐帝国所仅见。

在军事上，有"野幕敞琼筵，羌戎贺劳旋。醉和金甲舞，雷鼓动山川"，其挥斥风云、气吞山河的威武气势堪称冠盖古今。

在外交上，有"受命辞云陛，倾城送使臣。始觉儒风远，殊方礼乐新"，其泱泱大国使于四方的盛典礼仪不逊于物质发达的当代。

在文化交流上，有"上国随缘住，来途若梦行。浮天沧海远，去世法舟轻"；"大漠无兵阻，穷边有客游"，其沧海漠野不以为险阻，熙然绥然，近悦远来，俨然一派抚有四方、天下大同的绝世风采。

……

在当今交通、信息往来便捷的时代，人们如欲自由无羁面对天地时空亦是幻想，而生活在大唐帝国鼎盛时代的士民，却早已从心理上超越了时空概念的拘束。

"海上生明月，天涯共此时"；"长风几万里，吹度玉门关"——唐朝之所以堪称"大唐"，首先在于其朝野臣民心理上的胸襟天下、旷达无边。这种心理状态作用于人生，则呈现为大唐帝国民众普遍持有的积极进取、通达乐观的人生态度——

面对贬官迁谪，同僚之间相互劝勉："嗟君此别意如何，驻马衔杯问谪

居。圣代即今多雨露，暂时分手莫踟蹰。"（高适《送李少府贬峡中王少府贬长沙》）

面对落第才子，挚友之间道以诤言："圣代无隐者，英灵尽来归。遂令东山客，不得顾采薇。吾谋适不用，勿谓知音稀。"（王维《送綦毋潜落第还乡》）

面对分手离别，主客之间潇洒自然："李白乘舟将欲行，忽闻岸上踏歌声。桃花流水三千尺，不及汪伦送我情。"（李白《赠汪伦》）

积极进取、通达乐观和胸襟天下的人生态度，又演进、升华为大唐帝国军人重征战、轻生死的勇毅与浪漫风气："男儿本自重横行，天子非常赐颜色"；"醉卧沙场君莫笑，古来征战几人回"——由此，为走向鼎盛的大唐帝国赢得了一百多年"大漠无兵阻，穷边有客游"的承平大局。

流传至今的"郭震献诗"故事，颇能说明大唐帝国朝野上下的价值取向。

郭震少有大志，曾作《古剑篇》托物言志。武则天召见他时，览此诗，大为赞赏，令人誊写数十本，遍赐近臣拜读。从诗歌艺术的角度评定，郭震这首《古剑篇》在佳作联翩的唐代诗坛实在难以"出人头地"，为什么竟得到武则天大为赞赏？原因很简单，诗中透射的不甘沉沦、渴望建功立业的英雄气概，正是大唐帝国奋发强盛的内在动力。

唐代妇女崇尚丰腴健美的身体，其实是一个强盛王朝的健康心理作用下的一种健康标志。一个身心健康、胸襟旷达、气度恢弘，且又充满奋发昂扬精神的民族，必定是一个伟大的民族。盛唐时期风行天下的边塞诗，即见证了大唐帝国何以强大的精神力量：

"忘身辞凤阙，报国取龙庭。岂学书生辈，窗间老一经。"（王维《送赵都督赴代州得青字》）

"十年守章句，万事空寥落。北上登蓟门，茫茫见沙漠。倚剑对风尘，慨然思卫霍。（高适《淇上酬薛三据兼寄郭少府微》）

"何幸一书生，忽蒙国士知。侧身佐戎幕，敛衽事边陲。自逐定远侯，亦着短后衣。近来能走马，不弱并州儿。"（岑参《北庭西郊候封大夫受降回军献上》）

"莺啼燕语报新年，马邑龙堆路几千？家住层城邻汉苑，心随明月到胡

天。机中锦字论长恨,楼上花枝笑独眠。为问元戎窦车骑,何时返旆勒燕然?"(皇甫冉《春思》)

人言"汉唐雄风",读唐代边塞诗,可知大汉、大唐帝国之民族精神一脉相承。一个民族的凝成,一个国家的强大,正彰显于此。

曾经的文明辉煌：寻求真理，哪怕远在中国

从今日国人的世俗角度看，大唐王朝是一幕宫廷大戏，于是便有了一系列大唐版"皇帝的新装"，如电影《武则天之通天帝国》、电视连续剧《大明宫词》……

就唐诗而言，说到大唐宫廷朝政之外的内容、活动，人们首先联想到的或许是杜甫《丽人行》、白居易《长恨歌》。但前者刻画的是一班皇亲国戚京郊春游的奢华、骄纵，而与文明、艺术无关，后者虽然艺术地演绎了唐宫一段浪漫悱恻的帝妃爱情故事，却多止于二人世界宫闱禁事，也谈不上宫廷文明生态、艺术氛围，有的只是"一入侯门深似海""朱门沉沉按歌舞"的禁闭、神秘。

当然，我们也不必失望，毕竟唐诗是博大精深的，从浅显爱好递进为深层次阅读，中华文明的魅力次第映现，一首与白居易《长恨歌》并称的"长庆体"七言歌行——元稹《连昌宫词》，带给品读者大唐宫廷艺术的广博、繁盛与精妙：

夜半月高弦索鸣，贺老琵琶定场屋。力士传呼觅念奴，念奴潜伴诸郎宿。

须臾觅得又连催，特敕街中许然烛。春娇满眼睡红绡，掠削云鬟旋装束。

飞上九天歌一声，二十五郎吹管逐。逡巡大遍凉州彻，色色龟兹轰录续。

李谟擫笛傍宫墙，偷得新翻数般曲……

唐代音乐艺术是发达的，表现在唐诗里，诞生了许多名诗佳作，像李颀的《听董大弹胡笳弄兼寄语房给事》、韩愈的《听颖师弹琴》、白居易的《琵琶行》、李贺的《李凭箜篌引》等，皆为千古传诵之绝唱。就《连昌宫词》对音乐艺术的表现而言，自然不能与这些佳作媲美，甚至与《长恨歌》

并称也是牵强的，但它却是描写大唐宫廷艺术活动不多的诗篇之一，尽管某些场景带有唐宋传奇小说的演绎成分。

唐宪宗元和年间，白居易与元稹多有唱和之作，并称"元白"，成为诗坛佳话。白居易作"古今第一长歌"七言古诗《长恨歌》，古今传颂，元稹也以同一题材五言绝句《行宫》："寥落古行宫，宫花寂寞红。白头宫女在，闲坐说玄宗。"此诗入选《唐诗三百首》，成唐诗经典之作。

别看元稹这首《行宫》诗仅寥寥二十言，却赢得行家高度赞誉："《长恨歌》一百二十句，读者不厌其长；《行宫》才四句，读者不觉其短。"

这就是中国的艺术！

古代的中华文明深深吸引着世界的目光。伊斯兰教创始人穆罕默德曾经说一句影响甚广的箴言："寻求真理，哪怕远在中国。"唐诗，是中华文明的重要组成部分；唐诗的重要性，不仅表现在它的思想性、史诗性，借此让后人领略了一个气象万千的大唐，更在于它的不可复制性——准确地说是它独特的艺术魅力，令后世难以超越——唐朝以后，不复有唐诗。

这样，我们就必须面对一个值得深思的问题：什么是唐诗的魅力？——这其实也是在拷问今天的国人：什么是中华文明的魅力？

唐诗，浩如烟海，影响深远。惟其如此，历代国人研究亦广、亦深，披览群书，每有忻然会意。即便如此，阅读威尔·杜兰特《世界文明史·东方的遗产》还是给我带了别样的启发。威尔·杜兰特先生写道：

我们感到中国的文化在明皇的时代里，已经是老态龙钟了。此时的诗人，就像一般的东方的艺术家，喜欢重复老题，喜欢把他们的艺术才能发挥到毫无瑕疵的地步。但什么也比不上诗，它那优美的表现、温柔而适度的感情以及那朴实而简洁的诗句里面包含了最深邃的思想。我们知道在唐朝诗风最鼎盛，几乎每一个中国的年轻人都会写诗，而每一位读过书的人无不会朗朗诵诗。假如上面所说不错，那么我们对于这个问题——为什么几乎每一位有教养的中国人，既是一位艺术家，也是一位哲学家？也就很容易找到答案，李白和杜甫即是其中之一呀！

要了解中国诗，只看李白是不够的。因而必须好好地沉浸在许多的诗人中，去了解他们各自独特的诗法。中国诗有某些微妙的味道，我们西方人实在不容易翻译出来。我们从来没看到一个字，即一个单音节会有什么生动，竟能表示无尽的意义。……我们捉不到那种韵律，这是古代诗人所留下来的格律；我们听不懂那些抑扬顿挫的音调……一首优美的中国古诗，就像是一座精美的山楂花瓶。对我们西方人来说，它只不过是一种带点矫揉造作的"自由"或"想象"的诗，我们外国人只能一知半解，无法完全领会，实在是心有余而力不足。

理想的诗是带有韵味，而意境无穷。因为诗的本质是画，而中国文字的本质是形象，因此，用文字表现出的中国语，即自然地流露出诗意。而在画中更可以表现出诗情，规避了不可言喻的抽象。由于抽象，再加上那种文化，中国的文字富有一种微妙启示而神秘的魔力。因此，在相同的形式下，中国的诗融合了启示性和简洁性。而透过它所描述的画，企图揭示某种看不见的、更深一层的东西。中国的诗，不是讨论，而是暗示；是含蓄，而不是明言。只有东方人才能够体会出诗中的真意。……就像中国人的风范和艺术一样，中国的诗是在平静和简洁中含有无限的优雅。

作为一名西方学者，威尔·杜兰特先生对中华文明的精华——唐诗能有如此体察精微、入情入理的见解，确也令人敬佩。其实，任何一位接受中华文化熏陶的人，都会面对唐诗无法抗拒的魅力而心悦诚服。

古来汉人为吾师。

唐宪宗元和十年（公元815年），回鹘诗人坎曼尔用汉字撰写《忆学字》一诗，其中写道："古来汉人为吾师，为人学字不倦疲。吾祖学字十余载，吾父学字十二载，今吾学之十三载。李杜诗坛吾欣赏，鏊今皆通习为之。"因为对"古来汉人为吾师"心悦诚服的认同，历史留下了一句名言，记住了一位回鹘诗人坎曼尔。

说到唐诗，不能不提到李白。这位"天上谪仙人"也是唐朝数以万千的诗人中名气最大的，诗酒人生，浪漫无羁，笑傲宫廷，飘然江湖，挥笔扬声，便是一个锦绣大唐。年华逝水，贫病交迫，其命休矣，而不改风流潇洒、日月襟怀。

木兰之枻沙棠舟，玉箫金琯做两头。美酒樽中置千斛，载妓随波任去留。

仙人有待乘黄鹤，海客无心随白鸥。屈平词赋悬日月，楚王台榭空山丘。

兴酣落笔摇五岳，诗成啸傲凌沧洲。功名富贵若长在，汉水亦应西北流。（李白《江上吟》）

这样的李白，非"诗仙"何以谓之？

"李杜诗坛吾欣赏。"正如坎曼尔所言，我们当然不能忘记"诗圣"杜甫。

对中国文化有深入研究的亚瑟·威利曾说："研究中国文学的外国学者，比较喜欢把李白捧为中国最伟大的诗人，但中国人则认为杜甫高于李白。"此论虽是一家之言，但也道出了外国人和中国人对两位伟大诗人的不同看法。

与李白的浪漫相比，杜甫是精致的，"寻章摘句老雕虫，语不惊人死不休"。亦因此，格律诗在杜甫手中真正做到了"何意百炼钢，化为绕指柔"。杜甫所作诸多七律诗中，《登高》最为论者称道，胡应麟《诗薮》认为此诗"通章章法、句法、字法，前无昔人，后无来学，此当为古今七律第一。"其诗曰：

风急天高猿啸哀，渚清沙白鸟飞回。无边落木萧萧下，不尽长江滚滚来。

万里悲秋常作客，百年多病独登台。艰难苦恨繁霜鬓，潦倒新停浊酒杯。

也有人认为，杜甫的七律组诗《秋兴八首》《咏怀古迹五首》更精彩，当属唐诗压卷之作。此论亦不无道理，但在我看来，杜甫"处江湖之远"描述乡情村景的诗作更为清新自然，温暖人心，比如《水槛潜心二首》（其一）：

去郭轩楹敞，无村眺望赊。澄江平少岸，幽树晚多花。

细雨鱼儿出，微风燕子斜。城中十万户，此地两三家。

此诗展现风景平旷悠远，了无半点雕琢迹象，野逸冲淡，得自然之真境界，是本色的杜甫对本色的王维（《和贾舍人早朝大明宫之作》）的一种反胜。另如《曲江对酒》（其二）亦具同工异曲之妙：

朝回日日典春衣，每日江头尽醉归。酒债寻常行处有，人生七十古来稀。

穿花蛱蝶深深见，点水蜻蜓款款飞。传语风光共流转，暂时相赏莫相违。

唐诗从陈子昂和"初唐四杰"门径大开,到盛唐李白、杜甫时代达于极盛,但说到对外影响力,还得让位于中唐时代的白居易。

诸多文化史料表明,白居易的诗名远播西域和朝鲜、日本,在海外流传最广。当时有朝鲜商人搜求白居易的诗集,带回去卖给该国宰相,一集值百金。白居易的诗歌在日本影响最大,他是日本最喜欢的唐代诗人,日本古典小说中经常可以见到引用他的诗文,可以说在日本人的心中白居易才是中国唐代诗歌的风云人物。日本僧人惠萼在苏州南禅寺抄得一部白居易诗集带回国,后陆续有日本人模仿这一做法抄写白诗带回国,至今日本保存有宋、元时期三种白居易诗集抄本各一卷,被视为国宝。

日本人为什么如此尊崇白居易的诗?德川时代学者室鸠巢的解释是:

适有白居易的诗,平和通俗,且合于倭歌之风,平易通顺,为唐诗上等,故只学《长庆集》之风流行。(吉川幸次郎《中国诗史》)

对此,赵翼《瓯北诗话》给予更专业的诠释:

元、白尚坦易,务言人所共欲言";"坦易者多触景生情,因事起意,眼前景、口头语,自能沁人心脾,耐人咀嚼。

当然,平易并非简易,而是包涵"大道至简"的哲理。是以赵翼又说:"其笔快如并剪,锐如昆刀,无不达之隐,无稍晦之词;工夫又锻炼至洁,看是平易,其实精纯。"

白居易一生创作丰富,他曾将自己在五十岁之前所写一千三百多首诗编辑为四类:讽喻、闲适、伤感、杂律。杂律诗在白居易诗作中数量最多,其中包括一些耐人寻味的抒情写景小诗,如《赋得古原草送别》《钱塘湖春行》《暮江吟》等。《问刘十九》:"绿蚁新醅酒,红泥小火炉。晚来天欲雪,能饮一杯无",以白描手法,寥寥几笔,生意盎然,历历如画,素来脍炙人口,日本人喜欢的白居易诗歌也多属此类清新隽永之作。

唐诗对日本的影响一直延续至今。

1968年1月,荣获诺贝尔文学奖的日本作家川端康成在瑞典皇家科学院做了《我在美丽的日本》获奖演说。出乎国人料想,川端康成并没有按日本人的惯性思维长谈日本列岛如何风景如画,民族如何勤劳,文明如何久远、美妙,而是长篇漫谈了一个诗意与禅意的日本。

川端康成的演讲，以一首俳句开场：

　　　　　　　　春花秋月杜鹃夏，

　　　　　　　　冬雪皑皑寒意加。

这是道元禅师（1200—1252）的一首和歌，题名《本来面目》。

　　　　　　　　冬月拨云相伴随，

　　　　　　　　更怜风雪侵月身。

这是明惠上人（1173—1232）作的一首和歌。当别人索书时，我曾书录这两首诗相赠。

明惠在这首和歌里面还详细地写了一段可说是叙述这首和歌的故事的长序，以阐明诗的意境。

元仁元年（1224）十二月十二日晚，天阴月暗，我进花宫殿坐禅，及至夜半，禅毕，我自峰房回至下房，月亮从云缝间露出，月光洒满雪地。山谷里传来阵阵狼嗥，但因有月亮陪伴，我丝毫不觉害怕。我进下房，后复出，月亮又躲进云中。等到听见夜半钟声，重登峰房时，月亮又拨云而出，送我上路。当我来到峰顶，步入禅堂时，月亮又躲入云中，似要隐藏到对面山峰后，莫非月亮有意暗中与我做伴？

在这首诗的后面，他继续写道：

　　　　　　　　步入峰顶禅堂时，

　　　　　　　　但见月儿斜隐山头。

　　　　　　　　山头月落我随前，

　　　　　　　　夜夜愿陪尔共眠。

明惠当时是在禅堂过夜，还是黎明前又折回禅堂，已经弄不清了，但他又接着写道：

禅毕偶尔睁眼，但见残月余辉映入窗前。我在暗处观赏，心境清澈，仿佛与月光浑然相融。

　　　　　　　　心境无边光灿灿，

　　　　　　　　明月疑我是蟾光。

既有人将西行称为"樱花诗人"，那么自然也有人把明惠叫作"月亮诗人"了。

　　　　　　　　明明皎皎明明皎，

　　　　　　　　皎皎明明月儿明。

这首仅以感叹声堆砌起来的"和歌",连同那三首,从夜半到拂晓吟咏的"冬月",其特色就是:"虽咏歌,实际不以为是歌"(西行的话),这首诗是坦率、纯真、忠实地向月亮倾吐衷肠的三十一个字韵,与其说他是所谓"以月为伴",莫如说他是"与月相亲",亲密到把看月的我变为月,被我看的月变为我,而没入大自然之中,同大自然融为一体。所以残月才会把黎明前坐在昏暗的禅堂里思索参禅的我那种"清澈心境"的光,误认为是月亮本身的光了。

……

正像川端康成文学作品的一贯风格,这篇演讲亦以唯美见长,悠悠的意韵,淡淡的幽雅,阐释着日本文化的古典美。

值得注意的是,川端康成在诺贝尔文学奖颁奖这一重要时刻,提到了日本文化与中国的渊源关系——面壁九年的中国禅宗始祖达摩大师,以此之故,将川端康成《我在美丽的日本》演讲中引用的日本禅诗,与唐诗中的山水禅意诗作比较,即能从一个方面厘清中华文明与东亚文明的辩证关系。

比如,同样是写禅堂(房),盛唐诗人常建的《破山寺后禅院》"曲径通幽处,禅房花木深。山光悦鸟性,潭影空人心。万籁此俱寂,惟闻钟磬音",神来之笔,了无凡尘,古往今来读者无不拜服。清代大学者纪晓岚评说此诗:"兴象深微,笔笔超妙,此为神来之候。自然二字尚不足以尽之。"再看川端康成所引13世纪日本惠明上人的禅诗"步入峰顶禅堂时,但见月儿斜隐山头。山头月落我随前,夜夜愿陪尔共眠",清浅止水,平白如话,较之常建的诗,艺术境界弗及远矣。

"明月诗人"之谓,在唐朝从张若虚《春江花月夜》,到李白《月下独酌》,清词丽句、名篇佳作,满目珠玉,灿若星河,非浅止于"皎皎明明月儿明"叠字技巧之境地。至于盛唐、中唐诗人刘长卿《送灵澈》"苍苍竹林寺,杳杳钟声晚。荷笠带斜阳,青山独归远",无边光景,天籁之音,虽与自然共久远。

还有韦应物的《秋夜寄丘二十二员外》诗:"怀君属秋夜,散步咏凉天。山空松子落,幽人应未眠。"不著一"月"字,而明月之清辉已然掩映"山头月落我随前,夜夜愿陪尔共眠"之形迹,彼一后者何足道哉!

在禅宗之后，川端康成说到了日本著名高僧一休的道歌："若问心灵为何物，恰如墨画松涛声"，认为"这首歌，也可以说是洋溢着东洋画的精神。东洋画的空间、空白、省笔也许就是一休所说的墨画的心境吧。这正是'能画一枝风有声'（金冬心）"。金冬心，即"扬州八怪"之一的金农，以"漆书"独步书坛，其"墨竹图"十分精彩，为世人叹赏。川端康成在此标注中国清代书画圣手金农，亦是对日本书画文化源自中国的认可。

说到川端康成推崇的禅宗与水墨画相结合的"东洋画精神"，则不能不将话题重新聚焦在王维身上。

作为盛唐著名诗人，王维不但为我们留下了四百多首精彩、精妙的诗作，还以诗书画结合的艺术成就，为中华文明增添光彩。

王维（公元699年—759年），字摩诘，号摩诘居士，取自佛教《维摩诘经》，又号"诗佛"，盛唐著名诗人、画家，北宋文豪苏轼曾给予"味摩诘之诗，诗中有画；观摩诘之画，画中有诗"传世之论。所绘《伏生受经图》，现藏于日本大阪市立美术馆。

王维创造了水墨山水画派，兼擅人物、宗教人物、花竹，而尤精于山水画，《唐朝名画录》评价王维"风致标格特出……画《辋川图》山谷郁盘，云水飞动，意出尘外，怪生笔端。"《旧唐书·王维传》对其有"山水平远，云峰石色，绝迹天机，非绘者之所及"称颂，其代表作有《伏生受经图》《辋川图》《雪溪图》等。明代董其昌提出"文人画"一词，首推王维为始祖，被尊为"南宗画之祖"。

青少年时代的王维即显名于帝京长安。史称其九岁知属诗，十九岁所作七言乐府《桃源行》已成唐诗传世名篇，赴京兆试，得关中第一名，二十一岁举进士，调大乐丞，弟弟王缙为侍御史，兄弟二人年纪轻轻共列朝堂，时人为之景仰。"维以诗名盛于开元、天宝间。昆仲宦游二都，凡诸王驸马豪右贵势之门，无不拂席迎之，宁王、薛王待之如师友。"更有神奇故事："人有得《奏乐图》，不知其名，维视之曰：'《霓裳》第三叠第一拍也。'好事者集乐工按之，一无差，咸服其精思。"（《旧唐书·王维传》）

才华卓荦，少年得志，其人生却异于常人。王维的家庭中有十分浓厚的佛禅氛围。他的母亲曾拜在禅宗北宗领袖神秀的大弟子照禅师门下，长年潜心修佛。在母亲的熏陶下，王维二十来岁即受教于名僧。"维弟兄俱奉佛，居常蔬食，不茹荤血，晚年长斋，不衣文彩。得宋之问蓝田别墅，在辋口；辋水周于舍下，别涨竹洲花坞，与道友裴迪浮舟往来，弹琴赋诗，啸咏终日。尝聚其田园所为诗，号《辋川集》。在京师日饭十数名僧，以玄谈为乐。斋中无所有，唯茶铛、药臼、经案、绳床而已。退朝之后，焚香独坐，以禅诵为事。妻亡不再娶，三十年孤居一室，屏绝尘累。"（《旧唐书·王维传》）所以，王维后期的诗歌，老庄与禅理并呈，闲淡清幽，逸态旷远——

"中岁颇好道，晚家南山陲。兴来每独往，胜事空自知。行到水穷处，坐看云起时。偶然值林叟，谈笑无还期。"（《终南别业》）

此诗神完韵悠，寻绎无尽，大得后世叹赏。俞陛云《诗境浅说》的析述，有助于我们对此诗的理解：

行至水穷，若已到尽头，而又看云起，见妙境之无穷。可悟处世事变之无穷，求学之义理亦无穷。此二句有一片化机之妙。

更能对川端康成"东洋画的空间、空白、省笔，也许就是一休所说的墨画的心境"之说作出艺术的认祖归宗，是王维的另一首五言绝句《山中》："荆溪白石出，天寒红叶稀。山路元无雨，空翠湿人衣。"这首诗也是中国山水画家最钟爱的题诗，但能达此天人合一自然意境者，古今能有几人？

其实，王维这类隽永短诗，也是对威尔·杜兰特在《世界文明史·东方的遗产》中所持述论的最好印证：

中国的文字富有一种微妙启示而神秘的魔力。因此，在相同的形式下，中国的诗融合了启示性和简洁性。而透过它所描述的画，企图揭示某种看不见的、更深一层的东西。……只有东方人才能够体会出诗中的真意。……就像中国人的风范和艺术一样，中国的诗是在平静和简洁中含有无限的优雅。

亦因此，仅从文字和文化的角度上说，中国对日本是有文明原创和文明高度的优势的，这也是中外学者认定中华文明是东亚"轴心文明"缔造者、主导者的原因所在。今天我们面对的问题只是：如何保持并发扬这种中华原创文明的优势？

《旧唐书·王维传》结束段落，留下一段颇有深意的题外君臣对话：

代宗时，缙为宰相。代宗好文，常谓缙曰："卿之伯氏，天宝中诗名冠代，朕尝于诸王座闻其乐章。今有多少文集，卿可进来。"缙曰："臣兄开元中诗百千余篇，天宝事后，十不存一。比于中外亲故间相与编缀，都得四百余篇。"翌日上之，帝优诏褒赏。

因为爱好、尊重、珍视，数万首灿若星河的唐诗流传至今。

如果说两汉时期的中华民族尚处在民族国家初创的政治与文化的磨合时期，精神尤其是意志的磨砺阶段，表现为一种雄浑、豪丽、粗犷、坚韧的气概，那么，进入唐代，则呈现为政治与文化上的江海融汇，精神境界上的峰壑辉映，展现了一派雄伟、瑰丽、博大、精深的风貌。

每读中国历史，深叹自唐以下各王朝遗憾多多：五代十国的纷繁乱世；两宋外侮国耻的怯懦；蒙元帝国的强不足恃；朱明王朝的残忍屠戮、内耗不休；大清王朝的自满狭隘，直至丧权辱国。难道盛唐之后中华鼎盛之世难再？

作为一个曾经造就了中世纪人类历史上最强大、文明王朝的中华后人，倘若我们的心中犹存民族复兴的伟大梦想，那么，我们首先必须具备的，是大汉王朝时代雄浑朴拙、刚强遒劲的民族精神，是大唐时代博大精深、襟怀天下的恢弘气度。

宋史

(下)

读 史 十 记

（下）

冯 政 著

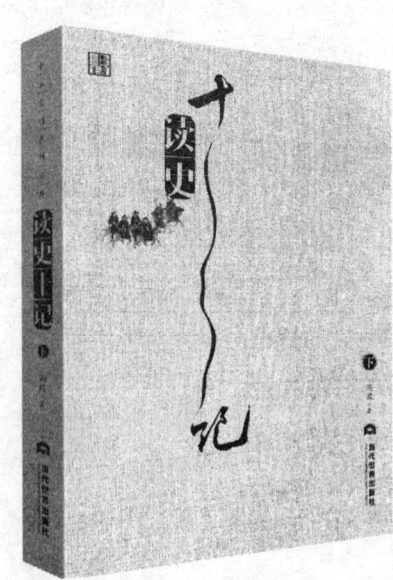

下卷

在那世人向往、惋惜的时代——

风雅两宋：古代社会，生态极致

　　华夏民族之文化，历数千载之演进，造极于赵宋之世。
　　　　　　　　——陈寅恪《邓广铭〈宋史职官志考正〉序》

　　酬佳节，须酩酊，莫相违。人生如寄，何事辛苦怨斜晖。无尽今来古往，多少春花秋月，那更有危机。
　　　　　　　　　　　　　　——朱熹《水调歌头》

两宋王朝，三百年历史咏叹调

历史往往呈现一些惊人相似的现象。

东汉末年，乱世纷扰，一代鸿儒蔡邕的女儿蔡文姬自匈奴归汉，追忆往昔，写下传世名篇《悲愤诗》：

汉纪失权柄，董卓乱天常，志欲图篡弑，先害诸贤良。逼迫迁旧邦，拥主以自强……

大唐王朝末期的现象，也大抵如此。

自黄巢起兵，"冲天香阵透长安"，大唐王朝分崩离析，到907年朱温篡唐，自立为帝，建国号"梁"，中国历史进入"五代十国"时期。在北方，军阀混战，王朝更替，民不聊生，直至960年，赵匡胤导演"陈桥之变"，黄袍加身，大宋王朝再造统一之势，灭南唐，收吴越，镇蛮荆，定后蜀，平北汉，华夏大半河山复归于天水一朝。北、南两宋延祚三百一十九年，超过大唐王朝二百八十九年的历史期，且经济繁荣，文化昌盛，为当时世界之冠，后世遂有"唐宋"并称。

现代宋史专家邓广铭给出的评价，具有相当的影响力：

宋代是我国封建社会发展的最高阶段，两宋期内的物质文明和精神文明所达到的高度，在整个封建社会时期之内，可以说是空前绝后。（《邓广铭全集》）

然而，邓广铭先生的观点虽有高度，却在一定程度上有失偏颇，若通读两宋王朝三百余年历史，读者往往会产生悲喜两重天的矛盾心理。

了解历史真相的方法之一，在于求索的深入、阅读的广博、辩证的思维、论据的谨严。在我看来，樊树志先生的《国史十六讲》第九讲《宋朝》开篇论述是客观而公正的：

在传统史学家笔下，宋朝是屡屡遭受非议、评价不高的时代。比如说，它积贫积弱，在与骑马民族契丹、女真、蒙古的较量中，总是处于下风，屡战屡败。阅读这一段历史，总有一种难以言说的压抑感。其实宋朝有它辉煌的一面，它处在中国历史从中世纪向近世转变的转折点，也就是学者们常说的唐宋之际的社会变革时期，无论在经济、科技、文化各个领域，它都是繁荣与创新的黄金时代。

樊树志先生的这种提法，显然受到了西方史学思潮的影响。美国历史学家墨菲所著《亚洲史》第七章，就以"中国的黄金时代"为题，对宋朝进行了精彩论述：

在很多方面，宋朝是中国历史上最令人激动的时代。

这是一个前所未有的发展、创新和文化繁盛的时期，完全称得上是当时世界上最大、生产力最高和最发达的国家。

在宋朝，作为中华帝国重要制度之一的科举制达到了它的顶峰。得到选拔的官员中，有三分之一或更多的官员来自平民家庭。如此高的社会地位升迁比例，对于任何前近代甚至近代社会来讲，都是惊人的。

从很多方面来看，宋朝算得上一个政治清平、繁荣和创造的黄金时代。

就"以史为鉴"而言，我们首先应该关注：是什么导致了一个与大唐帝国不同的两宋王朝？又是什么让懂得历史的人对这样一个矛盾交织的两宋王朝赞誉多于诋毁？开阔而深刻的阅读、思考，让我找到"成一家之言"的答案。

风雅两宋：古代社会，生态极致

赵宋开局：英雄气短，王朝气长

大宋王朝的开创者，是后人论史时常将其与唐太宗李世民齐名的赵匡胤。

赵匡胤生于927年，涿郡（今河北涿州）一户官宦将帅世家，其高祖赵朓在唐朝历任永清、文安、幽都令。赵朓生子赵珽，在唐末积功升任御史中丞。赵珽生子赵敬，历任营、蓟、涿三州的刺史。赵敬生子赵弘殷，即赵匡胤的父亲，后周显德年间积功升官到检校司徒、天水县男，以侍卫马军副都指挥使掌管禁军，追封太尉。据史料记述，赵匡胤年逾二十，已是"容貌雄伟，器度豁如，识者知其非常人"。

非常之人，必有非常之事。年轻时的赵匡胤专喜骑马，复好射箭，驰驱角射，众人多不能赢，骑射本领比一般人高明许多。

北汉乾祐元年（948年），赵弘殷出征凤翔，战败王景，升为都指挥使。时年二十二岁的赵匡胤为之激起一腔壮志豪情，决心不靠父母，凭借自己的实力闯天下，遂孤身西行，寻找机遇。某日，赵匡胤借住襄阳一座寺庙中，一位擅长看相的老僧看了他的面相，说道："我把我的财物全都送给你当路费，你向北走一定会有奇遇。"

赵匡胤遵从这位长者的叮嘱，向北而行，从此一路高歌猛进，勇不可挡。重要的是，年轻的孤胆英雄赵匡胤跟对了人。

渡过汉水，顺流而上，赵匡胤望见后汉枢密使郭威驻军大营，遂投奔这位未来的后周开国皇帝帐下，从普通士兵做起，三年后补为禁军近卫班直，任东西班行首。953年，郭威养子柴荣任京都开封府尹，赵匡胤改任开封府马直军使。

954年，柴荣即帝位为后周世宗，在三月的高平之战中，赵匡胤率部大败北汉军，班师回京升任殿前都虞侯，领严州刺史，十月，又升任永州防御使，成为中高级将领。第二年，赵匡胤随周世宗进军淮南，在涡口

(今安徽怀远东)、清流关(今安徽滁州西北)大败南唐军。清流关一役,南唐节度使皇甫晖、姚凤领兵号称十五万人被阻隔在清流关,赵匡胤奋勇攻关,皇甫晖等败走。赵匡胤追击到城下,皇甫晖壮胆说道:"我们各为其主,希望双方摆开军列一决胜负。"赵匡胤朗声一笑,答应了他。皇甫晖整队出城,赵匡胤抱着马脖子直冲上前,一刀砍下了皇甫晖的脑袋,又擒获了姚凤,其勇猛不逊于温酒斩华雄的关羽。后周军威大振,随即攻占滁州,招降天长,再败南唐军于六合。十月,战功赫赫的赵匡胤升任殿前都指挥使(相当于禁军卫戍司令),领匡(定)国军节度使。

彼时,赵匡胤年仅三十岁,只用了八九年世间,即由无名小卒连升为高级将领,并获得了武官中最高的节度使衔,襄阳寺庙的老僧所言"奇遇"则一语成谶。

后周显德四年(957年)春,赵匡胤随周世宗出征寿春,连续攻下数个营垒,占领寿州,班师还朝,被封为义成军节度使,检校太保,仍任殿前都指挥使。入冬,赵匡胤率军队前锋再随周世宗出征濠州、泗州。南唐军在十八里滩构筑营垒,周世宗正商议要用骆驼将部队渡过河去,赵匡胤已一马当先,勇敢横渡,他手下的骑兵也奋勇泅渡,突破十八里滩的营垒,并乘胜攻下泗州,然后顺淮河东下,晚上追击到山阳,俘获南唐节度使陈承昭,占领楚州,在銮江口、瓜步接连大败南唐军队,平定淮南。南唐被迫求和,割江北属地给后周。此次淮南战役,赵匡胤战功第一,以功勋移领忠武军节度使。

959年,后周世宗北伐攻辽,赵匡胤率军首先进抵瓦桥关(今河北雄县西南),辽守军归降,莫州(今河北任丘)、瀛洲(今河北河间)守将相继投降。五月,周世宗因病班师回京。六月,赵匡胤升任禁军最高长官——殿前都检点。数日后周世宗病逝,改变历史的机遇降临到了赵匡胤面前。

这里所说"改变历史的机遇",指的是周世宗三十九岁便英年早逝,长子柴宗训年仅七岁,孤儿寡母,主少国疑,加上"检点做天子"的神符,引发了新任殿前都检点赵匡胤取后周而代之的野心。

"检点做天子"神符,是后周递嬗赵宋之际的一大奇案。

后周世宗显德元年(954年),李重进升任侍卫亲军都指挥使,成为禁军的最高统帅。"高平之战"后，周世宗改组禁军，殿前司所属禁军成为精锐。显德三年（956年），周世宗将殿前都指挥使张永德提升为新设置的殿前都点检，从而加剧了李重进、张永德两大派系的矛盾。显德六年（959年）三月，周世宗北伐辽国，"帝（世宗）之北征也，凡供军之物，皆令自京递送行在。一日，忽于地中得一木，长二三尺，如人之揭物者，其上卦全题云'点检做'，观者莫测何物也"（《旧五代史·世宗纪》）。宋史专家邓广铭推测，这是李重进派系为了陷害张永德而作，意思是殿前都点检张永德想做皇帝。是年六月，病重的周世宗又认为张永德缺乏主见，遂将其罢免，以资历、名望较低的赵匡胤为殿前都点检。在这场"鹬蚌相争"的派系角逐中，置身其外的赵匡胤渔翁得利，成为最大赢家。

五代各帝王中，周世宗柴荣以"神武雄略，乃一代之英主"著称，在位五年半，戎马倥偬，文治彪炳，为结束军阀割据开创统一新局面奠定了基础，是史家公认的五代时期最杰出的政治家。然而，在重用赵匡胤的问题上，雄才大略的柴荣却因此葬送了江山。

从表面上看，柴荣病逝那年，三十三岁的赵匡胤资历、声望确实较低，靠着自己的英勇作战和周世宗的超级拔擢，荣升军中精锐的禁军统帅，本应对后周皇室感激涕零，感恩戴德。殊不知，在以实力说话的五代军阀混战格局下，军界英雄、军中统帅的赵匡胤早已羽翼丰满，只待机遇来临，即可取旧王朝而代之。

柴荣有所不知，军阵、战场之外的赵匡胤并不是只晓得"力战"的一介武夫，在义气为重、拉帮结派上亦是高手。

白寿彝总主编《中国通史·五代辽宋夏金时期》有如下阐述：

五代之时，军中的军官常有结义兄弟之类的组织，互相结缘，培植帮派势力。赵匡胤从军不久，结成军中"义社兄弟"组织，即所谓"十兄弟"：赵匡胤、杨光义、石守信、李继勋、王审琦、刘庆义、刘守忠、刘廷让、韩重斌、王政忠。从《宋史》有纪有传的赵匡胤、石守信、李继勋、王审琦、刘廷让、韩重斌六人看，他们都在后汉时投充于郭威部下，当时的地位大体相当，属于低级军官，结为"义社兄弟"是此时或后周广顺初，也可能并不是以赵匡胤为首。经过十年军旅生涯，到后周末期，赵匡胤晋升最快，官职最高，成为"义社兄弟"首领。石守信继赵匡胤任殿前都指挥使,王审琦任殿前都虞侯,韩重斌则是殿前司骑兵主力控鹤军都指挥使,李继勋掌管侍卫亲军司,刘廷让任殿前司铁骑右厢都指挥使;史实不详的杨光义、刘庆义、刘守忠、王政忠四人当亦是禁军中级以上军官。这些人是赵匡胤兵变的基本力量。加上赵匡胤的父亲在禁军侍卫亲军司从低级军官至高级军官任职长达30年之久,其部属、友好甚多,也是赵匡胤兵变可以借助或利用的力量。

用今天话来说:"枪杆子里面出政权。"具备改朝换代条件的赵匡胤,所需要的只是一个改变历史的机遇而已。

赵匡胤并没有被动等待,而是主动创造了一个历史机遇。

后周显德七年(960年)正月初一,赵匡胤指使人谎报军情,称北汉勾结契丹入侵镇州、定州。接到边防急报,后周王朝宰相范质、王溥和枢密使魏仁浦未加核实,急派赵匡胤率殿前司军北上御敌。中国历史上著名的兵变事件——"陈桥兵变"随即上演。

命(赵匡胤)出师御之,次陈桥驿。夜五鼓,军士集驿门,宣言策点检(赵匡胤)为天子,或止之,众不听。迟明,逼寝所,太宗(赵匡义)入白,太祖(赵匡胤)起。诸校露刃列于庭,曰:"诸军无主,愿策太尉(对高级将领尊称)为天子。"未及对,有以黄衣加太祖身,众皆罗拜呼万岁,即被太祖乘马。太祖揽辔谓诸将曰:"我有号令,尔能从乎?"皆下马曰:"唯命。"太祖曰:"太后、主上,吾皆北面事之,汝辈不得惊犯;大臣皆我比肩,不得侵凌;朝廷府库、士庶之家,不得侵掠。用令有重赏,违即孥戮汝。"诸将皆载拜,肃队以入。副都指挥使韩通谋御之,王彦升遽杀通于其第。太祖进登明德门,令甲士归营,乃退居公署。有顷,诸将拥宰相范质等至,太祖见之,呜咽流涕曰:"违负天地,今至于此!"质等未及对,列校罗彦瑰按剑厉声谓质等曰:"我辈无主,今日须得天子。"质等相顾,计无从出,乃降阶列拜。召文武百僚,至晡,班定。翰林承旨陶谷出周恭帝禅位制书于袖中,宣徽使引太祖就庭,北面拜受已,乃被太祖升崇元殿,服衮冕,即皇帝位。迁恭帝及符后于西宫,易其帝号曰郑王,而尊符后为周太后。(《宋史》卷一《太祖纪一》)

至此,从前那个身先士卒、战无不胜的马背英雄赵匡胤,成了一位欺负妇幼的篡位者,虽然"黄袍加身"成功,蹑履帝位尊荣无比,内心却是虚伪、不安的。

针对赵匡胤脱下黄袍，指使部下将宰相范质、王溥等后周大臣押至殿前司公署，直面这些辅弼老臣的重大历史转捩时刻，中国古代私家著述中卷帙最多的断代编年史——南宋李焘所著《续资治通鉴长编》，留下意味深长的一笔：

（赵匡胤）呜咽流涕曰：吾受世宗厚恩，为六军所迫，一旦至此，惭负天地，将若之何？

按照史书上的描述，赵匡胤长得方面大耳，紫红色脸膛，身材魁梧，一副力能扛鼎的盖世英雄模样。想当年，后周与北汉军队在高平鏖战，周世宗柴荣亲冒矢石临阵督战，陷入重重包围之中，关键时刻，赵匡胤在阵前大声疾呼："主公危殆至此，我们怎能不奋力杀敌？"随即"麾同列驰马冲其锋，汉兵大溃"。

当此之际，职位不过马直军使的中级军官赵匡胤何等剽悍、英武，方能领"殿前都虞候"军衔而成为后周王朝第一英雄。如今这样一副英雄气短、"呜咽流涕"的虚伪模样，不知当时世人作何感想？继之猜想：即将诞生的新王朝又将是怎样一副模样？

台湾学者陈文德所著《北宋帝国危机生存》中《用心良苦的不流血政变》章节指出：

1688年，为了对抗专制的詹姆斯二世，英国国会特将其女儿及其夫婿威廉亲王请回英国，继承大统。威廉及玛丽带领的军队在英格兰登陆，几乎没有遇到任何抵抗便进入伦敦。由于这是一次没有流血的革命，因此英国的史学家非常推崇，特别称之为"光荣革命"。

而满脑子忠君爱国的中国史学家，一提起陈桥兵变，总是颇有微词，认为赵匡胤这种逼迫孤儿寡母的行为颇不光荣，并以之为赵匡胤一生功业的重大污点。然而从经营学立场看，赵匡胤用心良苦设计的陈桥兵变，与传统史学家的见解是大异其趣的。

从日后的统治行为来看，赵匡胤是个讲感情又富有宽容心的政治领袖。他或许时而过分的热情及积极，但以他节俭朴实的生活看来，绝非野心勃勃的自私自利之辈。他有理想、有自信，治己严、待人宽，也非常努力用心于国事，关心民间困苦。陈桥兵变的良苦用心，值得我们给予肯定的评价。

宋太祖建隆元年（960 年），三十四岁的赵匡胤成为大宋王朝开国皇帝，摆在这位武人出身的新皇帝面前的最大难题，是如何结束自"安史之乱"以来二百余年的乱世。

在中国绘画史上，明代画家刘俊所作《雪夜访普图》不算有名，一般的美术史图册也鲜有刊载，但这幅画作表现的内容却在中国政治史上非同一般。

这是在北宋初年一个大雪纷飞的冬夜，银装素裹的汴京城，灯火阑珊，一派静谧。赵普府邸，深宅大院，朱门紧闭，主人正待解衣入寝时，传来一阵清脆的叩门声，家仆开门探视，竟然是当今天子和皇弟晋王赵光义站在雪地里。皇上驾临，岂敢怠慢，赵普急令家厨烫酒烧肉，酒席伺候。身为一国之君，赵匡胤雪夜暗访臣下，当然不是为了"寒夜客来茶当酒，竹炉汤沸火初红"的诗人浪漫，他此行的目的，只为与赵普这位当朝第一谋臣不拘礼节，推心置腹，论衡国是。

赵普气定神闲，从容问道："暮色深沉，风雪其晦，陛下寒夜出行，所来何事？"

赵匡胤一脸愁容深锁，答曰："一榻之外，皆为他人所环伺，吾岂能安睡？以此之故，特来见卿。"

赵普再问："陛下有什么计划、设想？"

赵匡胤试探着说："吾准备先行北伐，讨灭北汉。"

赵普沉默片刻，表示"不可以"，随即阐明自己的意见：北汉国力不强，且处在北面的契丹和西北的西夏之间，可作为大宋王朝与契丹、西夏两强敌之间的缓冲地带，应留在最后收复，是以"何不姑留以俟削平诸国，则弹丸黑志之地将无所逃"。

赵匡胤一笑解颐，自下台阶："吾意正如此，特试卿耳。"

一个从南向北统一华夏的战略就此确立。

雪夜访普，只是宋初君臣国是论衡的开端，开国皇帝赵匡胤还有更大的"心头之患"有待与赵普筹谋而除之。

在下一场更为重要的君臣议事中，赵匡胤与赵普"谋于密室"，探索出一条赵宋王朝特色的解决军阀割据、篡权隐患的长治久安之路。

赵匡胤先发问，直入主题："天下自唐季以来，数十年间，帝王凡易八姓，战斗不息，生灵涂炭，其故何也？吾欲息天下之兵，为国家长久计，其道何如？"

赵普直言不讳，坦然作答："此非他故，方镇太重、君弱臣强而已。今所以治之，亦无他奇巧，惟稍夺其权，制其钱谷，收其精兵，则天下自安矣。"（《续资治通鉴长编》卷二）

据说，骤然一听赵普大胆言论，赵匡胤吓了一大跳，当即推掌制止他再说下去："卿勿复言，吾以喻矣！"

赵匡胤是个聪明人，赵普一席话，为他梳理出一条解决自唐朝中期以来封建王朝军政格局纷乱如麻的思路。

宋太祖建隆二年（961年）春，赵匡胤相继解除"义社兄弟"之外的侍卫马步军都指挥使韩令坤、殿前都点检慕容延钊的兵权，充任没有实权的节度使。仅仅过了数月，进入炎夏七月，赵匡胤不动声色地对拥戴他黄袍加身的"义社兄弟"动脑筋，于是一幕酒局被写进了中国古代历史：

乾德初，帝因晚朝与守信等饮酒，酒酣，帝曰："我非尔曹不及此，然吾为天子，殊不若为节度使之乐，吾终夕未尝安枕而卧。"守信等顿首曰："今天命已定，谁复敢有异心，陛下何为出言耶？"帝曰："人孰不欲富贵，一旦有以黄袍加汝之身，虽欲不为，其可得乎。"……帝曰："人生驹过隙尔，不如多积金、市田宅以遗子孙，歌儿舞女以终天年，君臣之间无所猜嫌，不亦善乎。"守信谢曰："陛下念及此，所谓生死而骨肉也。"明日，皆称病，乞解兵权，帝从之。（《宋史·石守信传》）

赵宋王朝的"仁慈"向来为后人称道，赵匡胤"杯酒释兵权"的高招被认为是赵宋王朝"重文轻武"的开始，甚至在很多人看来这也是赵宋王朝军事"软弱"的开始。其实，这是一种错误的认识。开国之初，武人出身的英雄赵匡胤，从未缺少依靠军事实力统一中国的勇气。

北宋建立的第三年（963年），赵匡胤拉开了结束五代十国纷乱割据的大幕。宋军接连扫平荆、湘、后蜀、南汉、南唐，收降吴越，并于开宝元年（968年）出兵北汉，只因契丹辽军驰援，宋军方退。

开宝九年（976年），赵匡胤认为消灭北汉的时机已成熟，命党进、潘美、杨光义率宋军分道进入北汉境内。宋军一路猛攻至北汉首都晋阳城北，北汉陷入覆亡的困境。就在北宋统一战争的关键时刻，发生了宋初三大疑案之一的"烛影斧声"案（另两大疑案分别是陈桥兵变、金匮之盟）——"在一场突如其来的变故中，时年五十岁的赵匡胤被其弟赵光（匡）义杀害"（白寿彝总主编《中国通史》卷七）。

出师未捷身先死，长使英雄泪满襟。就个人而言，赵匡胤的人生结局，其实与诸葛亮一样悲壮。

当然，我们也必须认识到，与开国之初的大唐帝国相比，赵宋王朝军队战斗力不强，缺少纵横天下的霸气，都是显而易见的。作为开国皇帝和赵宋王朝三百年基本路线的确定者，赵匡胤确也难辞其咎，但不能由此得出结论，说他从主观上就是想要维持一支战斗力不强，不能肩负国防、抗御外侮的王朝大军。

自唐"安史之乱"以后，"方镇太重，君弱臣强"造成的军阀割据，继而为害一方，乃至危害天下的现象，给宋太祖赵匡胤和宰相赵普留下的印象太深刻了，而造成这一祸乱天下两百余年现象的根源，在于掌控一方军政大权的节度使。

"节度使"一词，本意为节制调度，缘起于东汉安帝永初二年（108年），梁慬受命主持西方军事，为诸军节度使。曹魏景元四年（263年），魏军伐蜀，由司马昭指授节度。南北朝时，刺史大都加使持节、持节、都督，辖区既狭，权任亦轻，北周及隋改称总管。唐代节度使源于魏晋，因受职之时，朝廷赐以旌节而得名。贞观以后，内地都督府多被罢黜，但军事活动频繁地区尚存，以统州、县、镇戍。镇戍是常设防御据点，比较分散，兵力单弱，每遇战事，须由朝廷派遣行军总管统率出征或备御。规模较大战役，又设置行军元帅或行军大总管统领诸总管。

唐高宗时期，为了加强防御力量，解决节度使临时征调的困难，屯戍军设置愈来愈多，且日渐制度化，形成有固定驻地和较大兵力的军、镇、守捉，各自置使。行军大总管也逐渐演变为统率诸军、镇、守捉的大军区军事长官，于是，长驻专任的节度使应时出现。节度使作为固定职衔，肇始于唐睿宗景云二年（711年）四月，贺拔延嗣任凉州都督充河西节度。

唐玄宗开元、天宝间，北方逐渐形成平卢、范阳、河东、朔方、陇右、河西、安西四镇、北庭伊西八个节度使区，加上剑南、岭南共为十镇，成为固定军区。节度使集军、民、财三政于一身，又常以一人兼统两至三镇，多者达四镇，威权之重，超过魏晋时期的持节都督，时称节镇，其声势烜赫，威仪达于极盛。《新唐书·百官志四》做了如下描述：

节度使掌总军旅，颛诛杀。初授，具帑持兵仗诣兵部辞见，观察使亦如之。辞日，赐双旌双节。行则建节、树六纛，中官祖送，次一驿则上闻。入境，州县筑节楼，迎以鼓角，衙仗居前，旌幢居中，大将鸣珂，金钲鼓角居后，州县赍印迎于道左。

外重内轻，君弱臣强，节度军镇跋扈，到天宝末年，酿成"安史之乱"。

"安史之乱"平定后，大唐王朝境内遍置节度使，任者多为叛将和平叛战事中崛起的军阀，各统辖一道或数州。军事民政，皆得独立，父死子继，自相世袭，朝廷往往无力征讨，只得承认其地位，史称"藩镇割据"，沿袭至唐亡。

五代十国时期，节度使的权势达于极点，皇帝的拥立与废黜，皆取决于节度使，后梁、后唐、后晋、后汉、后周的开国皇帝，均出自节度使。亦曾任匡（定）国军节度使、义成军节度使、忠武军节度使的赵匡胤，对掌控地方军政大权的节度使威胁皇权的隐患，自然明鉴于心。如何破除两百年来节度使为患的痼疾，遂成为赵匡胤、赵普之间君臣国是论衡的重中之重。于是，便有了上述赵匡胤推掌制止赵普"卿勿复言，吾以喻矣"的一幕政治舞台戏。

杯酒释兵权自然是一步高招妙棋，接下来的步骤依然是"好戏"连台。

随着韩令坤、慕容延钊和"义社兄弟"这些军旅大帅的退出，赵匡胤选拔一批资历较浅、威望不高的人担任禁军将领，分设殿前、马军、步兵三个互不统帅、直接听令于皇帝的都指挥使，并在朝廷设立枢密院，专门负责调动军队。如此一来，三个都指挥使的统兵权与枢密院的调兵权分开，枢密院直接对皇帝负责，军权集中于皇帝之手，最大限度地防止了兵变的可能性。

随后，赵匡胤开始铲除"节度使"这个数百年的痼疾。

乾德元年（963年），由于天雄军节度使"符彦卿久镇大名，专恣不法，属邑颇不治"，赵匡胤遂派奚屿等多人以常参官出任天雄军属县知县，削弱符彦卿的职权,其后周渭赴任知县,"彦卿郊迎,渭揖于马上,就馆,始与彦卿相见,略不降屈"(《续资治通鉴长编》卷四)。昔日声势烜赫、威权盛极的节度使,纡尊降贵到躬身郊迎"七品芝麻官"的地步,可见其称霸一方的大势已去。

最彻底的招数还在后面。

诚如赵普所指出的,"天下自安"的关键,在于对节度使"制其钱谷,收其精兵",因为节度使赖以跋扈的靠山是掌控军队,赖以割据的基础是地方财政权。乾德三年(965年)八月,赵匡胤"令天下长吏择本道兵骁勇者,籍其名送都下,以补禁旅之缺"(《续资治通鉴长编》卷六),也就是将天下精兵编入朝廷禁军,以收节度使的兵权,地方只保留老弱之卒作为厢军、乡兵,从事州、府杂役、治安。对诸道节度使把持的地方财政权,"宋朝艺祖(赵匡胤)开基,惩五季之乱,藩臣擅有财赋,不归王府,自乾德以后,僭伪略平,始置诸道转运使以总利权"(马端临《文献通考》卷六十一),转运使收回节度使的财政权。继而又下令各地财赋除了留下日常经费外,全部运送中央,节度使遂沦落为顺从朝廷的高级地方官,只是厚其俸禄,甚至高于宰相,最终成为武官和宰执的虚誉头衔。进入元代,"节度使"一职被完全废止。

到此为止,赵匡胤不但加强了中央皇权的统治,而且强化了军队的管理和建设,那么,又是什么导致了大宋王朝军队战斗力不强呢?

是赵匡胤接下来出的一步昏招——"更戍法"。

中国有句谚语:"铁打的营盘,流水的兵。"这句话,大抵出自宋朝。与可查的史实相符的是,北宋之初,赵匡胤在"杯酒释兵权"外,又想出一条招数:通过"更戍法"让军队"兵无常帅,帅无常师",就是借换防之名,让士卒军旅不停地变动起来。龚书铎、刘德麟主编《图说天下》以"历史词典"的形式,将该法概括如下:

宋太祖赵匡胤为防范禁军生变、将帅专兵,颁行禁军更戍法。规定禁军自侍卫司龙卫、神卫以下,打乱原来的厢、军体制编制,以指挥为单位,据远近不同,以1—3年为期,轮流出戍各地。于是诸军在营时间少,新旧更迭频繁,士兵相望于道,成为宋朝社会生活一大景观。其形式有屯驻、驻泊和就粮三种。屯驻为正常更戍,大多派往内地州、府,属当地地方长官知州、知府管辖，带有朝廷派驻地方治安部队性质。更戍到边防地区的禁军则属驻泊，具有朝廷派往边境地区的边防军性质。执行屯驻和驻泊任务的禁军，更戍期内，家属不得随行，期满回原驻地。就粮，是临时将禁军及其家属由缺粮地移屯丰粮地，以减轻京师粮食负担，情况改变后回原驻地。更戍法虽规定禁军的驻屯地点限期更调，但将领却不随之更动，使得"兵无常帅，帅无常师"。这样虽革除了兵为将有的弊端，但也大大削弱了宋军的战斗力。更戍法延续到神宗时，历100余年。

美国学者康拉德·希诺考尔和米兰达·布朗所著《中国文明史》，据介绍是一部深受美国大学生欢迎的中国文明读本，在《两宋时期的中国》章节对赵匡胤推行"更戍法"的评述简练而又精到：

宋朝朝廷采用让士兵轮番更换和频繁换将等措施，使得将领们难以发展自己的个人势力，从而成功地控制住了军事将领。从此以后，从军成为一项低贱的职业。"好男不当兵，好铁不打钉"在当时成为一句至理名言。

在后周时代，赵匡胤是军中第一英雄，不惧力战，战则胜之。但他一旦成了大宋开国皇帝之后，就缺少了唐太宗毕生葆有的横扫千军、直捣龙庭的盖世勇气。在我看来，主要原因一则是北宋军队经过赵匡胤不断折腾，已难以凝结成初唐、盛唐时期那样斗志昂扬的精锐之师、钢铁长城；一则是其秉性"儿女情长"仁柔一面，冯梦龙《警世通言》中的"赵太祖千里送京娘"故事，即是很好的例证。

面对北方劲敌契丹，赵匡胤感到没有必胜的把握，于是产生"备价取赎"的想法，向契丹买回燕云十六州。

赵匡胤曾对近臣说："后晋割幽燕以赂契丹，使一方独限外境，朕甚悯之。欲俟斯库所蓄满四五百万，遣使谋于彼，倘肯以地归于我，则以此酬之。不然，我以二十匹绢购一胡人首，彼精兵不过十万，只费我二百万绢，则虏尽矣！"

这一说法，引自今人陈文德所著《北宋帝国危机生存》。但不如当朝人江少虞《宋朝事实类苑》卷一《祖宗圣训·太祖皇帝》记载史实客观、严谨，其述如下：

太祖讨平诸国，收其府藏，贮之别库，曰封桩库，每岁国用之余皆入焉。尝语近臣曰："石晋割幽燕诸郡以归契丹。朕悯八州之民久陷夷虏，俟所蓄满五百万缗，遣使遗北虏赎之山后诸郡，如不我从，则散府财，募战士，以图攻取。"

面对外部强敌，作为开国皇帝的赵匡胤所持这种是战还是和的矛盾心理，其实贯穿了赵宋王朝三百一十九年的历史。这也是赵宋王朝有别于中国古代史上其他中原王朝的鲜明的特征。

对外如此，对内又如何呢？

赵宋取代后周之初，五代十国的局势大致未变，不仅有表示臣附的南唐、吴越、荆南等割据势力，称帝的后蜀、南汉、北汉，还有北方的契丹，西北党项李氏（西夏）、回鹘，西南的大理等少数民族政权，仅在汉族聚居区，就有九国并存。用赵匡胤的话来说，"卧榻之旁，岂容他人酣睡！"尽快消灭这些割据势力和政权，是其肩负的攸关赵宋王朝安危的使命。

割据与统一，是战争与和平的另一种体现。用中国古代文人浪漫的语言来讲，是"天下合久必分，分久必合"。分则战争，合则和平。和平，是人间美好的景象；战争，是人间残酷的悲剧。胜者王侯，败者为寇，人为刀俎，我为鱼肉，悲喜两重天。赵宋王朝铲除割据势力，统一华夏山河（除燕云十六州外）。亡国之君，俯首系颈，咸集汴京，生死悬于大宋新皇赵匡胤一念之间。

对于这些亡国之君，不少当朝大臣主张一杀了之，以绝后患，赵匡胤却心无芥蒂，宽大为怀："他们本拥有千里国土、十万军旅，尚且被我擒住，目前只成了被放逐的孤客，还会有什么作为？"

赵匡胤并非只是说说而已，终其一生，他没有杀掉一个降王、一个功臣。有史家指出，在改朝换代的帝王中能做到这一点的，大概只有东汉光武帝刘秀和宋太祖赵匡胤。

布仁德于他类，推赤心于异己，使一介武人出身的赵匡胤成为青史有誉的一代仁君。《宋史·太祖本纪》记载了宋初两个降王的故事。

吴越国王钱俶来汴京朝拜，自宰相以下大臣皆奏请赵匡胤将钱俶扣留，并乘机夺取他的地盘，赵匡胤均未采纳。送别钱俶归国之时，赵匡胤取来群臣们要求扣留下钱俶的奏章数十卷，封存并作标记送给钱俶，告诫他在回国途中再看。钱俶踏上归国之路，打开一看，发现全都是扣留下自己不让回国的奏章。钱俶既感激涕零而又诚惶诚恐，在出兵协助北宋平定南唐后，马上就向赵匡胤请求献土归顺。

南汉国王刘𬬮是个暴君，从前在自己国内喜欢设下鸩酒来毒杀臣下，归顺宋朝后，一次跟随宋太祖赵匡胤赴宴讲武池。赵匡胤斟酒赐给刘𬬮，刘𬬮怀疑酒中有毒，手捧酒杯哭诉道："臣罪大恶极，既然陛下饶臣不死，我只希望做汴京城的一个平民百姓，来饱览这太平盛世，我实在是不敢喝下这杯酒。"赵匡胤笑着对他说："我以真心诚意待人，怎么会这样做呢？"当即取过刘𬬮的酒自己喝下，另外斟了一杯来赐给他。

君子坦坦荡，小人长戚戚。此话用于赵匡胤和刘𬬮，再贴切不过了。

在对待另外两个降王——后蜀后主孟昶、南唐后主李煜的态度上，更能凸显赵匡胤其人的爱憎分明。

965年正月，北宋大军压境，直取夔州、剑门，后蜀后主孟昶奉表投降，五月抵汴京，受封为秦国公。赵匡胤召见孟昶，御览战利品及贡物，但见孟昶所用一个珠宝镶嵌的溺器，为之惊讶、震怒，"捭而碎之，曰：'汝以七宝饰此，当以何器贮食？所为如是，不亡何待！'"孟昶羞愧难当，六月中旬即一病死去。

而对南唐后主李煜，则是另一番态度。北宋末权臣蔡京之季子蔡绦所著《西清诗话》记载："南唐后主在围城中作临江仙词，未就而城破。"赵匡胤听闻此事，感慨言道："李煜若能以填词的工夫来治理国家，怎么会当我的俘虏呢？"所以，开宝八年（975年），宋与吴越会师围金陵，南唐顽抗不成，金陵城陷，李煜欲进室自焚不得，遂率百官奉表纳降，被押解至汴京，赵匡胤赦免其罪，封为违命侯，让他与小周后一起幽居京城一座深院小楼，续写词章。

检索李煜词集，赫然有《临江仙》一词，虽不能判断即为那阕"围城中作临江仙词"，但却是亡国之前李煜的典型词风。其词曰：

樱桃落尽春归去，蝶翻轻粉双飞。子规啼月小楼西，画帘珠箔，惆怅卷金泥。别巷寂寥人散后，望残烟草低迷。炉香闲袅凤凰儿。空持罗带，回首恨依依。

此词，逸态雍然，闲来雅兴，无非是镂玉雕琼、刻红剪翠，写尽了风流缱绻，道尽了温馨香软，止于"为赋新词强说愁"的人生况味，"花间为皂隶"之作而已。至其"一旦归为臣虏，沈腰潘鬓消磨"，每怀江国，且念嫔妾散落，郁郁不自聊。一曲《浪淘沙》，寄慨之深，成人间绝唱：

帘外雨潺潺，春意阑珊。罗衾不耐五更寒。梦里不知身是客，一晌贪欢。独自莫凭栏，无限江山。别时容易见时难。流水落花春去也，天上人间。

惜乎宋太祖赵匡胤死后，继之者宋太宗赵光义卑鄙下流，为霸占小周后，竟以牵机药将李煜毒死。宋初二帝对待"词中之帝"李煜的不同，亦显见赵匡胤人格的高尚。

不仅对昔日的降王公侯"推赤心于人腹中"，赵匡胤对黎民百姓亦如此。

封建时代，天下黎民，三尺微命，往往有苦难诉，有冤难伸，倘遇当朝皇帝微服私访民间疾苦，惩恶申冤，旦夕可得，这是何等幸事！可惜，现实之中，对黎民百姓来说，这类幸往往如大旱之望云霓、久旱之盼甘霖，期望殷切，却每每只落得个空想而已。是以大清皇帝康熙微服私访，被后世一再美化、渲染；乾隆爷巡幸江南，亦好乔装潜行，却是贵胄雅兴多于访民问苦。举凡古今帝王，真正能做到微服私访一心为了江山社稷、天下百姓，恐怕只有赵匡胤一人而已。据《宋史·太祖本纪》载述：

宋太祖天性孝悌友爱，生活节俭，任其自然，不喜欢做作掩饰。即位之初，经常隐瞒身份换装出行，有人劝谏他注意安危，不可轻易外出。赵匡胤说："帝王的兴起，自有天命，周世宗见到方面大耳的将领们就全都杀掉，我一天到晚在他身边侍候，也没有遇害。"之后，微服出行更频繁了，再有人劝谏，赵匡胤就告诉他们："有承担上天使命的人任由他自己行事，上天是不会禁止他的。"

更有甚者，九重城阙，皇宫禁地，四方瞻望之中央枢机，天子威仪神秘之所在，岂可轻视于人？大宋皇帝赵匡胤却以"天下为公"的超凡胆识，向天下人洞开紫禁宫门、敞开襟怀。

汴京新宫成，御正殿坐，令洞开诸门，谓左右曰："此如我心，少有邪曲，人皆见之。"（《宋史·太祖本纪》）

如此襟怀坦荡，亦可谓古今帝王第一人。

然而，就是这样一位从阴谋篡逆走向光明磊落，堪称封建帝王中的正人君子，竟在一桩至今未解的"烛影斧声"疑案中猝然驾崩，时年方逾五十，壮岁而逝，千古长叹！

"烛影斧声"，特指967年冬日宋太祖赵匡胤猝然驾崩的离奇疑案。自宋初以降，人们对此案的猜测、解析不胜枚举，迄无确论。

从现有的史料看来，宋太祖的确是一位大公无私的、了不起的政治领袖。十几年来，他都把赵光义当作政权的继承人，"尝谓光义龙行虎步，他日必为太平天子"，并培养他的势力，使其拥有足够掌握大局的力量。但是，政治到底是实力的斗争！何况古代皇帝的权力是绝对的，赵匡胤随时有可能修改金匮之盟，对这点赵光义也必心里有数。

从宋太祖的执政性格看来，他是一位责任心重于权力欲的政治领袖，但赵光义的权力欲就比他哥哥大得多了，所以他也一定更积极地在为掌握实际政权而努力着。问题是，在赵匡胤的兄弟们都当完皇帝后，皇权是不是能再回到赵德昭手上？赵匡胤临死前必定仍为这件事困扰着。或许当晚他仍在和赵光义谈判如何处理这件事，以保证赵德昭可以再接皇权。但较富心机、较重权力的赵光义不肯向他哥哥立下公开的誓约。这次争执，可能更加速了赵匡胤的死亡。

如此分析看来，为了得到皇权而又为了自己的子嗣继承皇权的赵光义是害死哥哥赵匡胤的真凶，也就顺理成章了。

对"烛影斧声"的案情推理，自古流传着两个版本：一是赵光义指使内侍王继恩在与赵匡胤宴饮的酒中下毒，致其死亡；二是赵光义持柱斧，以背后偷袭的方式亲手砍杀了赵匡胤。因为此案发生于内廷深宫，案情扑朔迷离，故后代官修史书《宋史·太祖本纪》只记下寥寥一笔："帝崩于万岁殿，年五十。"

斯人已逝，千载谁念旧功绩？虽说今人有"唐宗宋祖，稍逊风骚"词章评说，但就宋太祖赵匡胤的历史功绩而言，其在立功、立德方面，亦可谓不朽之历史人物。

是以元代宰相脱脱领衔官修的《宋史·太祖本纪》赞曰：

五季乱极，宋太祖起介胄之中，践九五之位，原其得国，视晋、汉、周亦岂甚相绝哉？及其发号施令，名藩大将，俯首听命，四方列国，次第削平，此非人力所易致也。建隆以来，释藩镇兵权，绳赃吏重法，以塞浊乱之源。州郡司牧，下至令录、幕职，躬自引对。务农兴学，慎罚薄敛，与世休息，迄于丕平。治定功成，制礼作乐。在位十有七年之间，而三百余载之基，传之子孙，世有典则。遂使三代而降，考论声明文物之治，道德仁义之风，宋于汉、唐，盖无让焉。呜呼，创业垂统之君，规模若是，亦可谓远也已矣！

读史十记

大宋王朝之转捩点：有心的战争，无奈的和平

世上许多男人都有做英雄的情结。

生于五季乱世的赵匡胤是一位"万人敌"的英雄，且天降大任，把握历史性机遇，成为一代开国英主。

作为宋太祖赵匡胤的胞弟，多年以来，赵光义目睹大哥从战争英雄到开国皇帝的非凡人生经历，想必也陡升了几多英雄豪气，于是乎，"慨然有削平天下之志"。当其"既即大位，陈洪进、钱俶相继纳土。未几，取太原，伐契丹，继有交州、西夏之役"。

上述字句，引自元朝宰相脱脱等编纂的《宋史·太宗本纪》，字数不多，却将宋太宗其人的英雄情结和英雄成败不加评骘地进行了总结。

一部宋史，若列举人物，当然以开国皇帝宋太祖赵匡胤为第一，其他人物的排位则有多重标准。就历史的影响力而言，寇准、范仲淹、王安石、苏轼、岳飞、朱熹、文天祥等历史名人跻身前列，世人无多质疑。而在我看来，大宋王朝的第二个皇帝——宋太宗，尤其是一个深刻影响中国历史格局的重要人物。

一代伟人毛泽东读到《宋史·太宗本纪》中"帝沈谋英断，慨然有削平天下之志"一句时，曾写下"但无能"三字评论。而对宋太宗在与契丹人的战争中屡战屡败，毛泽东更是痛下批注：

此人（宋太宗）不知兵，非契丹敌手。尔后屡败，契丹均以诱敌深入、聚而歼之的办法，宋人终不省。

一个"无能"而又"不知兵"的人，是怎样影响了大宋王朝乃至中国的历史？

976年，赵光义即帝位，改名赵炅，是为宋太宗。为证实自己是宋太祖最可信的接班人，宋太宗基本上延续了宋太祖的内外政策。

在对辽国开战之前，这位改年号为"太平兴国"的宋太宗最值得自豪

的事，莫过于在消灭割据势力方面并不逊色于他那开创赵宋王朝基业的大哥赵匡胤。

太平兴国三年（978年），福建的泉、漳割据政权纳土，苏浙的吴越国归地。次年五月，宋军围攻太原，北汉帝刘继元出降，华夏大地最后一个汉族割据政权被消灭。宋太宗信心满满，以为夺取后晋石敬瑭割给辽朝的燕、云十六州，最终完成华夏统一，如风卷残云，倚马可待。六月，宋军乘胜自太原东向进攻辽南京（今北京）。七月初，宋辽两军在高粱河（今北京西直门外）展开大战，在遭遇辽军耶律斜轸、耶律休哥两部的左右夹击之下，宋军大败，全线溃败。宋太宗本人股中两箭，不能乘马，随乱军南逃，直到涿州才坐上一辆驴车，狼狈逃回汴京城。

时隔八载，986年正月，雄州知州贺令图等边将上书奏称，"契丹主少，母后专政，宠幸用事，请乘其衅，以取幽蓟"，也就是说辽圣宗年幼，承天太后（即民间文学作品中著名的"萧太后"）与宠臣韩德让专权，辽国内部不稳，此时伐辽，正是夺回燕、云十六州的大好时机。宋太宗听信之，决意北伐。廷臣有人主张宋太宗再次御驾亲征，宋太宗却对高粱河之战的狼狈逃窜记忆犹新，心存忌惮，遂命曹彬、崔彦进为统帅，率东路军出高阳关，以田重进统帅中路军出飞狐口，以潘美、杨业为西路军统帅，出雁门关，会攻辽南京。三路大军并进，拉开宋辽之间规模最大的一场战役——"雍熙北伐"的大幕。

五月初，辽援军耶律抹只与南京留守耶律休哥会合，随即向从涿州退军于岐沟关的宋东路军发起猛攻，宋军大溃，争相逃遁，东部战场以宋军惨败而告结束。

想当年，勇猛如"战神"的宋太祖赵匡胤何曾畏惧过强敌列寇，犹萌生"石晋割幽燕诸郡以归契丹。朕悯八州之民久陷夷虏，俟所蓄满五百万缗，遣使遗北虏赎之山后诸郡"的念头，其实是基于契丹之辽国军力强大，无战胜之绝对把握，故出于理性思考，欲以钱财换土地与和平。而其弟宋太宗何曾赴戎机而帅旅，临战阵而冲锋，充其量算作一位贵胄权臣而已，之所以与其兄反其道而行之，实在是既不懂"夫兵利器也，圣人不得已而用之"的战争之道，也不懂"上兵伐谋，其下攻城"的兵法之道，徒有虚荣逞强、投机妄为之心而已。这样的御国之君，一旦发动战争，必定屡战屡败，毫无胜算。

话虽如此，高粱河、岐沟关之役，宋太宗两战两败，犹不失华夏大地一国之君，悲惨的却是血洒疆场的大宋帝国将士，而其中最悲壮的则是"杨家将"开创者，民间称作"杨令公"的杨业。

杨业，本名杨重贵，北汉帝刘承钧赐姓刘，改名继业，为后汉名将，领建雄军节度使。太平兴国四年（979年），宋太宗亲征北汉，围太原城，刘继业捍卫城东南，"杀伤宋师无算"。后北汉帝刘继元出降，刘继业犹据城苦战。北汉末帝派亲信前往劝降，刘继业才归顺大宋，复原姓，单名业，被授予左领军卫大将军，领郑州防御使。高粱河一战，杨业以装载饷械的驴车救出宋太宗，又在随后的阻击战中策马抡刀，力斩辽将兀环奴，确保宋太宗帅败军返回汴京，被宋太宗任命为代州知州兼三交驻泊兵马部署。

翌年三月，辽军南犯雁门，杨业率骑兵由小径至雁门北口，向南与大将潘美所部合击辽军，大败之。"有一辽邦节度使驸马侍中萧咄李，自恃骁勇，执着利斧，从帐后出来御敌，凑巧碰着扬令公，两马相交，并成一处，战到十余合，但听杨令公大叱一声，那萧咄李已连头带盔，飞落马下。"（蔡东藩《宋史通俗演义》）雁门大捷，使得杨业名声大震，"契丹畏之，每望业旗即引去"（《续资治通鉴长编》卷二十一）。

雍熙七年（986年），宋军分三路兵马，再次大举攻辽。岐沟关一战，宋东路军大败，宋太宗令潘美、杨业所率西路军退回代州，护送云、朔、寰、应四州民户南迁。在主帅潘美、监军王侁"君侯素号无敌，见敌逗挠岂有他志"的威逼下，杨业被迫率少数兵力出战挥师西攻的耶律斜轸十万大军，只要求潘美在陈家谷口伏兵接应。兵力如此悬殊，战败是必然的，杨业从朔州南三十里狼牙村转战退至陈家谷口，残部仅剩一百多人，却不见一人接应，遂"再率帐下士力战，身被数十创，士卒殆尽，业犹手刃数十百人"（《宋史·杨业传》）。后来，杨业被流矢射中坠马，遂为辽军所俘，其子杨延玉亦战死。杨业在被押赴辽京途中绝食三日而死。

在后人看来，这段记载似乎不够悲壮，于是乎演绎出众多版本"杨家将"精彩故事。在蔡东藩先生笔下，这场抗辽生死战仿佛就发生在昨天，捧卷读之，往事越千年犹历历在目，确乎悲壮至极。

……业乃拼死再战，尚手刃胡兵数十百人，身上也受数十创，反觉得麻木不仁了,不知痛痒。无奈马亦负伤,不能再进,没奈何暂避林中。契丹将耶律希达望见袍影,用强弩射来,正中马腹,马仆地上,业亦随堕。契丹副部署萧挞览纵马抢入,把业捉去。业部下均战死,无一生还。契丹兵拥业至胡原,见道旁有一石碑,上书"李陵碑"三字,业不禁长叹道:"主上待我甚厚,我本思讨贼扦边,上报主恩,今为奸臣所迫,兵败成擒,尚有何面目求活呢!"又大呼道:"宁为杨业死,毋为李陵生。"呼毕,遂向碑上撞将过去,头破脑裂,霎时毕命。(《宋史通俗演义》)

　　这样的情节虚构演绎,固然悲壮感人,却有古今英雄为国捐躯殉节殊途同归之嫌。读多了,真实的人物、真实的历史也变得不真实了,也就难以激起世人一腔热血了。不若下面一段文字来得可靠,启人心智:

　　杨业自北汉时起,与辽朝"角胜三十余年","人号杨无敌",深为辽朝人民敬畏。辽朝人民在杨业死地建庙祭祀。在杨业死后近一百年时,元祐四年(1089年),苏辙奉使辽朝,出古北口(今北京怀柔东北),作《过杨无敌庙》诗:"驰驱本为中原用,尝享能令异域尊",说明杨业是宋、辽两朝人民敬仰的英雄。(白寿彝总主编《中国通史》)

　　一位世间英雄,生于北宋太宗时代是悲哀的。悲哀,是因为战争需要英雄主导战斗、战役的胜负,而生逢不同时代的不同英雄,亦遭受不同的命运。《史记·李将军列传》中,汉文帝一声叹息,"惜乎,子不遇时!如令子当高帝时,万户侯何足道哉",让唐朝诗人为"飞将军"李广鸣不平——"卫青不败由天命,李广无功缘数奇"。但历史的真相却是,在鼓励、崇尚英雄的中国古代,英雄人物的命运更多地取决于自己思维、行动带来的结果,胜也罢,败也罢,无须怨天尤人;在猜忌、防范英雄的宋明时代,英雄人物的命运则正好相反,这才注定了无敌英雄杨业的人生最终只能以悲剧结束。

　　"雍熙北伐"大败,宋军损失了三十万人,辎重无算,周世宗、宋太祖两代人积蓄的国之精锐,一朝丧失殆尽,大宋王朝君臣从此滋生了"恐辽症",将士不敢言勇,对辽战略亦由主动进攻转为被动防御。

　　北国重燃战火,南方再启边衅。

　　980年,宋朝知邕州、太常博士侯仁宝上奏宋太宗,建议趁交趾(越南)丁朝内乱之机南下讨伐,恢复汉唐故疆,统一交趾(越南)。赵光义认为这是一次名垂史册的天赐良机,当即任命侯仁宝为交州陆路水路转运使;任命兰陵团练使孙全兴、漆作使郝守俊、鞍辔库使陈钦祚、左监门将军崔亮为兵马都部署;任命宁州刺史刘澄、军器库副使贾湜、供奉官阁门祗候王僎为兵马都部署,伺机进攻丁朝。太平兴国六年(981年),宋军在白藤江之战中先胜后败,统一交趾(越南)的计划最终成为泡影,交趾(越南)得以保持独立地位。

南北边关未靖,西部也不太平。

党项原属古代羌族中的一支,南北朝时期活动于青海东南部黄河河曲一带。隋末唐初,党项的活动范围逐渐扩大,形成八大部落,其中以拓跋氏最强大,后来建立西夏者即为拓跋氏。贞观九年(635年),党项拓跋氏首领拓跋赤辞迫于压力率部降唐,被封为西戎州都督,赐姓李。唐玄宗时期,拓跋部迫于吐蕃的威胁,从原居地松州(今四川松潘北)向甘肃、陕西北部一带大迁徙,一支迁到夏州(今陕西靖边)的部落,被称为平夏部。唐末,平夏部首领拓跋思恭协助唐廷镇压黄巢起义,被任命为夏州节度使,封爵夏国公,再赐李姓,建夏州为"定难军",统辖夏、绥(今陕西绥德)、银(今陕西榆林东南)、宥(今陕西靖边)、静(今陕西米脂)五州地区,从此开始出现以夏州为中心的党项李氏藩镇割据势力。

北宋建立,党项李氏政权处在宋、辽两大政权夹缝之间。宋军在对西夏党项族的三川口、好水川、定川寨等战役中屡次失败。赵光义以亲信傅潜、王超、柴禹锡、赵镕、张逊、杨守一及弭德超等为禁军统帅,这些人多为庸碌之徒,临阵惧战,致使党项部落实力坐大,1038年,元昊在兴庆府(今宁夏银川)登基称帝,国号大夏,史称西夏。终北宋之世,西部边患纷扰,中原军民疲于应付,西夏成为大宋王朝难以征服的顽敌。

北、南、西三面边陲防线失利,后方蜀地起义不断,自思已无能力开疆拓土,轻启边衅、引火烧身的宋太宗只得放弃"削平天下之志",转为重内虚外。也就是从这时开始,北宋王朝在中国古代历史上树起了"弱国"的形象。诚如宋史研究学者张其凡所言:"宋太宗时期,既是中唐以来乱世的结束期,又是宋代积贫积弱的开始期……太宗集中主要精力防止内部有变,汲汲皇位的保持与传子,对外则甘做弱国,不以为辱了。宋代的积弱之势,由此而愈演愈烈。"

据载，在"烛影斧声"中登上皇位的赵光义（赵炅）后半生活得并不快活，高梁河之战落下的箭伤年年复发，始终无法治愈。997年箭伤第十八次复发时，赵光义辗转病榻，遂于当年三月二十九日驾崩于万岁殿，一直痛苦呻吟至死。

逝者已矣，权且视为解脱，而其对辽战争失败带来的恶果还在延续。

同年，太子赵恒即位，是为宋真宗，改年号咸平。然而，"咸平"不平，从咸平元年开始，辽国连年派兵南下侵袭北宋。宋真宗景德元年（1004年），辽萧太后、辽圣宗耶律隆绪又以收复被后周世宗占领的关南地区为名，出动二十万契丹大军，避实就虚，长驱直入中原澶渊（今河南濮阳附近），北宋王朝面临建朝以来最大的军事危机。烽火照东京，君臣恐不平。参知政事王钦若（金陵人）请宋真宗南逃金陵（今江苏南京），枢密院副使陈尧叟（四川人）劝宋真宗西逃成都。宋真宗犹豫不定，征询宰相寇准。

这是一个标志性的时刻，寇准的出场标志着宋代文人从此走上了历史的前台。

在雷池月先生所著《帝国的仕途：大宋文官的政治与人生》一书中，寇准被定位为"大宋文官中，寇准领头"。雷先生是这样认为的："如果把历史影响之深远、政治际遇之坎坷、作风性格之刚愎等各方面的因素综合起来进行考量，除了他（寇准），别人也很难作第一人之想。"那么，一介文人寇准又是怎样走上历史前台的呢？

寇准（961年－1023年），华州下邽（今陕西渭南）人，少时不修小节，酷爱飞鹰走狗，后经其母严厉督教，折节从学，遂精通《春秋》三传，十九岁举进士，授大理评事，迁归州巴东知县等，初入仕途，即显示干吏之才，有政声。后奉诏论北方边防事务，披肝沥胆，直言利害，深得宋太宗赏识，拔擢为枢密院直学士。

在宋廷，寇准以直言极谏著称。史载，寇准曾因为奏事急切直率，惹得宋太宗大为生气，起身要离开，寇准竟然扯住皇帝的龙袍，让宋太宗再坐下来，继续听他陈述。待事情有了结果，宋太宗才得以退朝。事后，宋太宗感慨地对左右朝臣说："我得到寇准，就像唐太宗得到魏徵一样啊。"

读史十记

淳化五年（994年），宋太宗提升寇准为参知政事，对当时的宰相吕蒙正解释提拔的理由："寇准临事明敏，今再擢用，想益尽心。"

宋太宗寄予厚望，而寇准亦不负所望，临外敌入侵举国进退之大事，一语应对，稳定大局："为陛下画此策者，罪可斩也！今天子神武，将帅和协，车驾亲征，敌当自遁，陛下当率励众心，进前御敌，以卫社稷，奈何欲委弃宗庙，远之楚、蜀邪？且以今日之势，銮舆回辔一步，则四方瓦解，万众云散，虏乘其势，楚、蜀可得至邪？"寇准议论鲜明，鞭辟入里，宋真宗动摇的心绪才稍微安定，不再轻言迁都。

话虽如此，形势依然万分紧张。此前，"时辽师深入，急书一夕五至，寇准不发，饮笑自如。明日，同列入闻，帝大骇，以问准。准曰：'陛下欲了此，不过五日耳。'因请幸澶州。同列惧，欲退，准止之，令候驾起。帝有难色，欲还内，准曰：'陛下一入则臣等不得见，大事去矣！请毋还而行。'帝乃议亲征。"（《续资治通鉴长编》）

是年十一月，宋真宗启行亲征，到了澶州城南，不愿再进，寇准与太尉高琼坚持请宋真宗过河。到了渡河口浮桥处，宋真宗又停了下来。高琼以锤击打驾驭真宗御车的辇夫之背，迫其前行渡河。当宋真宗登上澶州北城门楼，城上飘起黄龙旗，城下宋军大受鼓舞，齐呼万岁，声闻数十里。

十二月，汴京留守雍王元份暴疾，宋真宗乘此借口，赶紧开溜回驾，将前线军事大权悉数交予寇准。

事实证明，宋军非不能战，一旦鼓起勇气，强敌其奈我何！澶渊之城下，宋辽两军相持十余日，辽军不能胜出。此前，辽军统帅萧挞凛出阵督战，被宋军的床子弩机射中身死，辽军士气大跌，宋军却因寇准"号令明肃，士卒喜悦"而士气大振。萧太后见军机不利，只得派遣使者韩杞到澶渊城中，以归还关南之地为条件，要求和谈。宋真宗还算有些气节，当即表态："归还土地是不可能的，如果要求财帛，则可以答应。"

不同于一般的文臣冢宰，当此之际，执掌王朝命运的寇准却极具战略眼光。他向宋真宗分析道："契丹举国来犯，深入中国千余里，即便退兵也须花上十几天。因此，只要我们下令各地坚壁清野，契丹人马饥乏，目前的处境相当恶劣，数十万大军不用战斗也会被饿死。只要坚持些时日，契丹必定不得不投降,到那时我们就可以不战而屈人之兵,甚至可以一举收复燕云十六州。如用臣的策略,可保今后百年间不会再有战争,不然,臣恐四五十年后,契丹势必又发动战争。"

宋真宗,一位生于深宫、长于妇人之手的太平天子,殊非历史上那些大智大勇的强势帝王、英雄人物,哪里有这番胆略?!一想到父皇当年高梁河之战中箭败逃的惨状,更是胆寒,便推诿说:"朕不忍生灵涂炭,不如暂且与之和谈,四五十年还早着呢,到那时安知没有捍卫国家的奇才出现?"遂派曹利用赴契丹军中进行和谈,并交代了谈判的底线:除了领土问题不能谈,财物需索,尺度可以放宽,虽百万银帛亦可。寇准听闻此说,把曹利用召到帐前,厉声交代:"虽有旨许百万,若过三十万,将斩汝!"曹利用唯唯承诺而去,果然以三十万岁币与辽国达成澶渊之盟。宋真宗赵恒手捧盟约,大喜过望,故王师"凯旋","(曹)利用被赏特厚"。

澶渊之盟,拉开了宋辽两国为期百年的和平大幕。

对大宋王朝来说,收回燕云十六州已成不敢想象的奢望;以钱财换和平,不失为一条明哲保国之路。想我大宋王朝还拥有四百多万平方公里锦绣山河,不和你契丹辽国打,我即可以腾出时间、集中精力,建设自己的锦绣家园了。

以此之故,悲哀的不只是生于两宋时代的英雄,还有那些剑胆琴心、壮心报国的文人——譬如近代文人梁启超赞誉的"亘古男儿一放翁"的陆游。

宋辽两国签订"澶渊之盟"一百多年后,进入垂暮之年的南宋诗人陆游,回想自己在宋孝宗乾道八年(1172年)赴任四川宣抚使王炎的幕僚时的凌云壮志,悲吟一阕《诉衷情》:

当年万里觅封侯,匹马戍梁州。关河梦断何处,尘暗旧貂裘。胡未灭,鬓先秋,泪空流。此身虽料,心在天山,身老沧洲。

战争烽烟散去,英雄卸甲老去,更何况舞剑书生、一介文士?到头来,也只能"不念英雄江东老""夜阑卧听风吹雨,铁马冰河入梦来"罢了。

君不见,早在宋真宗年代,大宋王朝的历史舞台已尽是文人登场、文章天下。北宋文坛宗师欧阳修以一阕《朝中措》"送刘仲原出守维扬",道尽了和平年代士大夫官场得意、纵情翰墨的诗酒人生：

平山阑槛倚晴空，山色有无中。手种堂前垂柳，别来几度春风。文章太守，挥毫万字，一饮千钟。行乐直须少年，尊前看取衰翁。

这样的历史情形，只出现于北宋。这也是两宋之所以被后世称为"黄金时代"的最鲜明的时代色彩。

文治千载独步，造就大宋锦绣人文、绚美山河

每一个相对稳定的历史时期，总有其显著的时代特征。

如果我们承认北、南两宋是中国封建社会的"黄金时代"，那么，这一"黄金时代"最显著的时代特征之一，正如柏杨先生《中国人史纲》所极口赞扬的——那是一座"士大夫的乐园"——那里，不仅有"文章太守，挥毫万字，一饮千钟"的欧阳修，还有中国历史上最受国人喜爱的苏轼，即中国民间更为熟知的苏东坡。

台湾学者柏杨在其《中国人史纲》中写道："考试制度到了宋王朝，才开始真正地严格起来。考试及格人士所受到的重视比唐朝更甚，当进士考试及格的那些高级知识分子，结队朝见皇帝、通过街市时，首都汴京（开封）就好像疯狂了一样，万人空巷。"当时便有人感慨："纵使一位大将，于万里外立功灭国而凯旋，所受到的欢迎也不过如此。"

"唐宋八大家"一词在中国享有很高的知名度，此八大家中的二人——苏轼、苏辙两兄弟，就曾享受上述殊誉，以同日金榜题名成为天下美谈，一时轰动京城。

正如柏杨先生所记述的那样，北宋是中国古代科举的极盛期，天下士子生于这样的科举盛世，确为人生最大幸事。当年的蜀中才子苏轼不但有幸生于这一时代，还在宋仁宗嘉祐二年（1057年）参加礼部主持的省试（进士考试）中，幸遇当时的文坛宗师欧阳修担任知贡举（主考官），著名诗人梅尧臣等充当点检试卷官，可谓幸上加幸！于是，中国历史上增添了一页别样精彩的科举文献。

宋初，文坛流行一种艰涩怪僻的文风，被有些文士讥称为"太学体"。欧阳修以唐代古文运动倡导者韩愈的传薪者自励，宋仁宗天圣九年（1031年），在他出任西京留守推官时，即与尹洙、梅尧臣等文坛名士联袂，反对"四六"骈体文的浮艳，倡导明白晓畅的古文和平易质朴的古体诗歌。嘉祐

二年进士考试，身为点检试卷官的梅尧臣首先看到了苏轼的应试文章《刑赏忠厚之至论》，被其"词语甚朴，无所藻饰"的文风所感动，遂将试卷送交主考官欧阳修审定。欧阳修一阅此卷，大为惊叹，以为是天降异人，便想将答卷考生录为头名。但因当时的试卷采用"糊名"制，欧阳修担心此文是他的"门下士"曾巩所为，为了避嫌，遂将此文列置第二。后来揭去"糊名"，得知此文为苏轼所作，欧阳修在《与梅圣俞书》中连声极言赞叹："读轼书，不觉汗出，快哉快哉！老夫当避路，放他出一头地也。可喜可喜！"

这场名垂青史的进士考试，还流传出一则极富启示性的逸闻——欧阳修、苏轼两位北宋文坛一先一后领袖级人物，在科举制的框架下，用创造性的才智告诉世人：什么是真正的人才，如何甄拔真正的人才。

当时，苏轼的应考文章《刑赏忠厚之至论》采用了一个典故：当尧之时，皋陶为士，将杀人，皋陶曰："杀之"，三；尧曰："宥之"，三。故天下畏皋陶执法之坚，而乐尧用刑之宽。金榜题名之后，苏轼去欧阳修处答谢，以博学多闻见知的欧阳修亦不知这一典故出处，遂询问之，坡曰："事在《三国志·孔融传注》。"欧退朝而阅之，无有。他日再问坡，坡云："曹操灭袁绍，以袁熙妻赐其子丕。孔融曰：昔武王伐纣，以妲己赐周公。操惊问何经见，融曰：以今日之事观之，意其如此。尧、皋陶之事，某亦意其如此。"欧退而大惊，曰："此人可谓善读书，善用书，他日文章，必独步天下。"（杨万里《诚斋诗话》）

我是从洪柏昭所著《三苏传》中读到这则逸闻的，当时即留下深刻印象，对洪柏昭先生的观点"欧阳修的论断是对的，虽然编造论据不足为训，但可见苏轼善于读书，善于活用书本。他日后文章波谲云诡，滔滔雄辩，此时已露出了端倪"亦颇为赞许。嘉祐二年（1057年）科考之后苏轼文名渐盛，继之大放异彩，也印证了这一事实。

在我看来，关于苏轼这位诗、词、文、赋出类拔萃，书法、绘画均非同凡响，音乐、医药、养生、炼丹、烹调、酿造、制墨无不通晓，金石、字画、笔砚、古玩一鉴定夺的中国文人之最，其著述已堪称卷帙浩繁、汗牛充栋。虽然如此，我以为此中仍有值得关注的看点。比如：为什么中国古代优秀的文化人苏轼竟然人生命途多舛？"乌台诗案"首涉中国第一例

（著名）文字狱，后遭奸佞之徒一再追逼陷害，且必欲置之死地而后快，直至贬斥到海南儋州，开中国文人放逐之最，落得个"心似已灰之木，身如不系之舟；问如平生功业，黄州、惠州、儋州""小舟从此逝，江海寄余生"的自我悲吟。

倘若有才无德，品行不端，结党营私，遗人以把柄，也就罢了，偏偏苏轼是一位奉行封建士人立世准则——"达则兼济天下，穷则独善其身"的杰出代表：居官为政，处处留下美誉口碑，譬如六拱如波、烟柳映带的西湖苏堤，功效与景观兼善，流芳古今。"乌台诗案"后被贬黄州，乐观旷达依然，"莫听穿林打叶声，何妨吟啸且徐行。竹杖芒鞋轻胜马，谁怕，一蓑烟雨任平生"。才艺无双，却无恃才傲物之骄矜；疏放心计，然后见胸襟磊落系于民生，遂使苏轼成为北宋以降士林、民间广泛拥戴、仰慕的人。

让我们再回到苏轼在世前，体会他与民间百姓的鱼水之情。

1101年，苏轼遇赦北还，乘舟路过江西淦州，当地百姓正在垒石筑桥。听说苏轼要来，三千多百姓纷纷围拢舟前，争睹东坡先生风采，并簇拥着他恳请为新桥题名。苏轼在舟中题写"惠政桥"三字后，众百姓才依依不舍，目送着他缓缓离去。

六月十五日，苏轼乘舟沿运河赴常州。听说苏轼要从运河经过，成千上万的民众聚拢在运河两岸，欢欣爱慕之情景令苏轼激动难抑。

而在此前，苏轼北上途经大庾岭少憩，从附近村店走来的一老翁得知眼前这位休憩者是久仰大名的苏东坡，便深深地一个作揖，说道："有人千方百计迫害你，今日得以北归，也是天佑善人呵！"

村店野翁的真情道白，说出了广大民众对苏轼的心里话。

人善如斯，民心所向，誉满天下，为什么还有人千方百计加以诬陷、迫害他们？

大凡志趣高远者，多不屑于卑俗龌龊伎俩；秉持节操者，多不顾凡俗一己私利。孟子所谓"富贵不能淫，威武不能屈，贫贱不能移"，即为正人君子写照，亦是奸佞小人得逞的最大障碍。而志士的高洁，益显佞人的卑污，不除之，何以后快？君子之疏虞人事，不擅伎俩之所短，恰为小人投机钻营之所长，再借人性趋利之弱点，结党营私，逆施猖狂，"坏人当道"便时时成为社会众议的焦点现象。

正因为将"达则兼济天下,穷则独善其身"视为人生不二信念,才有了苏轼的不以亲故徇其私利,不以成败易其节操;才有了他与变法者王安石、反对变法者司马光两派的冲突,虽历经陷害、贬谪而风范依然,痴心不改。而这,更引发那些奸佞小人将其视作最大的对手和障碍,才有了"乌台诗案",有了远谪岭南、儋州一逐客的苏轼。甚至,在苏轼死后还未下葬时,朝廷就追贬他的官职。随后,奸臣蔡京又将苏轼兄弟、苏门诸人和其他元祐时期的贤良志士三百多人列为"奸党",在全国各地刻立"元祐党人碑",销毁他们的著作、文集,株连他们的家人、子弟不得在京为官,不得在京城及附近居住。可以说,当时之世,没有比忠贞、正直的文化人更可悲的人了。

历览中国历史,对文化人的压制、迫害,并不只是个别现象。

但自唐宋以降,"科举取士"制度出现,堪称为中国文化人开辟了一个阳光普照的新天地。因为对知识的研读和掌握而成为文化代表和社会精英的人,获得了一条上升通道。这其中,固然有以唐太宗李世民为代表的封建帝王"天下英雄入吾彀中"的考虑,但孔子倡导的"学而优则仕"理论从政治制度上得以确立。

从此,中国历史上流传着许多令天子士子欢欣鼓舞的诗词典故。

"金榜题名时"与"洞房花烛夜"并称人生特大喜事。"昔年龌龊不足夸,今日放荡思无涯。春风得意马蹄疾,一日看遍长安花"——孟郊《登科后》一诗,最为形象地刻画出中国古代文人苦尽甘来的形象、心态。

唐宋两朝,是中国科举制度较为健康的时期,诗、赋、策论等应试文体多能体现一个读书人真实的文化水准。但即使在这文化人的"黄金时代",许多才华横溢、名满天下的文化人依然难逃人祸苦海,悲不胜言。

在由唐诗、宋词组成的文学艺术灿烂星空里,有两位异常绚丽的天才之星——李商隐、秦观。翻开任何一本唐诗或宋词选本,均会被两人那绚美隽永的旷世才情所深深折服。

李商隐,唐文宗开成二年(837年)进士,曾入天平军节度使令狐楚幕府,得到令狐楚及其儿子令狐绹的提携。后来,李商隐娶泾原节度使王茂元之女为妻。只因令狐父子属"牛李党争"中的牛党,王茂元属李党,故为商隐被牵扯其中备受压制,虽然他有卓绝一世的诗才,无奈终身潦倒,客死荥阳，年仅四十六岁。

秦观，宋神宗元丰八年（1085年）进士，诗、词、文俱工，尤以词胜，上承晏几道、柳永，下启周邦彦、李清照，获得后代词学家"他人之词，词才也，少游之词，词心也"的至高评价，只因属"苏门四学士"之一，虽然词名堪享一世盛誉，却一再遭受贬谪，远至广东雷州，后被赦准北还，抵广西滕州，中暑，"索水欲饮，水至，笑视之而卒"。人生结局悲情如斯，令人不忍卒视。

为什么在文化昌盛的唐宋两朝，优秀如李商隐、秦观这样的文化天才，竟然遭罹如此悲惨命运？唐太宗曾一语道破天机："文章千古事，社稷一戎衣"——说白了，对一个国家和王朝安危而言，再好的文人也抵不上一个普通士兵。如唐太宗这样开明、英明的皇帝，竟然也说出这等令天下读书人伤心的话，更遑论其他能力不及、胸襟狭促甚至昏聩的皇帝！所以才有了初唐四杰之一杨炯的悲愤感言："宁为百夫长，胜过一书生。"

对此，可能会有人反驳说，事实也并非完全如此，北宋不是出了一个"出将入相"的杰出文人范仲淹吗？随后不是又出了一个中国古代史上伟大的改革家，同时又是"唐宋八大家"之一的文化伟人王安石吗？

这是事实。但我们还知道，范仲淹的"庆历新政"和王安石的"熙宁变法"都以失败告终，这两位历史文化名人的人生结局亦并非以荣耀谢世。

的确，因为科举取士，中国古代文化人的前途为之明朗，地位随之攀升，通过应试有可能在仕途上走得很高、很远，有政治才干或名重一时的杰出者甚至可以接近权力的顶峰。比如，盛唐时期著名诗人张九龄曾官居宰相；边塞诗人高适任刑部侍郎，封渤海县侯；白居易任刑部尚书；北宋初期著名词人晏殊曾长期官居宰相，欧阳修也曾被任命为参知政事……类似的例子不胜枚举，为天下读书人脸上增添了不少光彩。

掀去遮盖在中国文化人身上的锦绣冠服，却不难看出客观的现实真相：中国历史上由饱经诗书、染翰洗礼的文化人组成的社会精英，几乎始终处于权力阶层的陪衬地位，或者已不再是真正意义上的文化人了。一旦发生权力阶层的冲突，首先遭受排斥、打击的对象，往往便是那些秉持正义节操，不愿同流合污的文化人。

综观中国政治史，正直的中国文化人不但在与皇亲国戚、世袭官僚、军阀豪强的抗争之中屡屡杀身成仁，甚至还每每成为中国历史上最丑恶的一股势力——宦官与太监专政的祭品，东汉"党锢之祸"、明末"东林党案"概莫如此。

所以，中国文化人的祖师爷孔子提倡的"温、良、恭、俭、让"风度，在残酷的现实面前往往被碰得头破血流；"达则兼济天下"的政治抱负，多化为终身遗恨，千古犹悲；"穷则独善其身"的修养品格，遂成为人善被欺，于世难存。长此以往，天下人复何敢再效仿历史和现实中文化精英人士那些行高于世间的嘉言懿范，从风而靡，从善若流？

"人心"于是"不古"，"世风"随之"日下"。

然而，正如文化传承之于一个民族绝不可能消失，文化人的榜样作用之于一个国家、社会同样不可替代。而怎样的文化人能成为天下人崇拜的对象、行为的楷模，也往往影响着一个时代的精神风貌、社会风气。

一番长篇感叹之后，让我们再回到苏轼生活的北宋时代。

虽然命途多舛，但其人不死，因此，生活在北宋时代的苏轼还算是幸运的。

让我们回到中国第一起文字狱——"乌台诗案"那一历史时刻。

熙宁四年（1071年），苏轼任太常博士，摄开封府推官，时值王安石执政变法，苏轼持不同政见，上书力言新法之弊，且认为宋神宗"求治太急""听言太广""进人太锐""臣之所欲言者三，愿陛下结人心，厚风俗，存纲纪而已"。

在这篇《上皇帝书》中，苏轼直言不讳地指出：

国家之所以存亡者，在道德之浅深，不在乎强与弱。历数之所以长短者，在风俗之厚薄，不在乎富与贫。臣愿陛下务崇道德而厚风俗，不愿陛下急于有功而贪富强。……近岁朴拙之人愈少，巧进之士益多，唯陛下哀之救之。

从政治学的角度看，此类"以德治国"泛论实属书生之见，现实中难有成效，浪漫文人情怀的苏轼出此"深切"之言，亦可谅解，但出以"巧进"之讥，岂不是公然敌视熙宁变法人士？结果，王安石为之震怒，苏轼被贬官出任杭州通判，后又辗转出任密州、徐州、湖州三地知州，远离朝廷中枢近十年，这对"有笔头千字，胸中万卷，致君尧舜，此事何难"期许的苏轼来说，失落感不言而喻。

失落也就罢了，作为大宋锦绣河山一方执政官也是风光的，加之旷世才华，苏轼在勤于政事之余，闲暇生活堪称有声有色，既能抒发"老夫聊发少年狂，左牵黄，右擎苍，锦帽貂裘，千骑卷平冈……会挽雕弓如满月，西北望，射天狼"（《江城子·密州出猎》）的驰骤豪情，亦能吟咏"水光潋滟晴方好，山色空蒙雨亦奇。欲把西湖比西子，淡妆浓抹总相宜"（《饮湖上初晴后雨》）的缱绻逸情。

然而，一旦涉足政坛，现实却是残酷的，文人本色的苏轼不能忘却"致君尧舜"的理想政见，欺世之徒岂容高洁之士妨碍自己的利禄之途？元丰二年（1079年），苏轼被诬"以作诗讪谤朝政"罪逮捕入御史台狱。有好事者将这起案件的告诉状和供述状编纂成册，题名为《乌台诗案》。"乌台"，是御史台的别称，因这一案件由御史台的言官发起，故被称为"乌台诗案"。

关于这件著名的中国历史上的第一起文字狱，古往今来，研究和著述甚多、详备。《续资治通鉴·卷七十四》有一段记载：

苏轼以诗得罪，后（仁宗的钦圣曹后）违豫（生病）中闻之，谓帝曰："尝忆仁宗以制科得轼兄弟，喜曰：'吾为子孙得两宰相。'今闻轼以作诗系狱，得非仇人中伤乎？捃至于诗，其过微矣（找毛病找到了诗里，太过分了）。"轼由是得免。

由此观之，在"乌台诗案"苏轼生死攸关的问题上，是一个仁慈的女性——宋仁宗的皇后曹氏，起了决定性的作用。

如果我们探究的目光仅仅停留于此，也就说明不了什么问题了——你可以说苏轼之所以不死，存在着偶然性——因为有一个仁慈的皇后曹氏的出现。问题是，据后来的史家考证，大宋王朝三百余年历史，竟然没有一个皇帝（主动）下令杀过一个文人！

倘若我们对陈寅恪先生"华夏民族之文化，历数千载之演进，造极于赵宋之世"的论断还有所记忆；倘若我们也像当代学者许纪霖一样关注"中国何以文明"话题；倘若我们对重塑中华文明抱有深深的期望，就不能不关注大宋王朝的一项基本国策——对待文人的政策。

作为中国历史上一个漫长的封建王朝，大宋王朝统治一开始就是从不稳定的动荡中向前推进的,在外有强敌、内有谋篡的局势下,赵宋皇权充满变数,宋初三大疑案——陈桥兵变、烛影斧声、金匮之盟,迄今难成定论。当然,宋初,一个波澜壮阔的时代,疑案不可能只有三起,有些秘密被历史永久尘封,有些秘闻随后大白于天下。

比宋初三大疑案更为深刻地、长远地影响了大宋王朝三百年历史的,是宋太祖赵匡胤刻意保守的一项皇室机密。据说,开国第三年,赵匡胤曾经秘密刻制了一块大石碑,将其立于太庙寝殿的夹室,平时禁闭极严,用销金黄幔遮蔽,只有皇帝每年祭祀和新皇帝即位时,才能阅读碑上的誓词。

太庙石碑的秘密让北宋臣民一代一代猜测下去,秘密保守了百余年,直到1127年,靖康之变,金兵攻占汴京,兵燹乱局,宫室禁地洞开,汴京臣民们才得以进入太庙,见到传说中的"誓碑",其上刻有三句誓词:

一、柴氏(周世宗)子孙有罪不得加刑,纵然犯谋逆之罪,止于狱中赐自尽,不得于市曹中刑戮,亦不得连坐支属。

二、不得杀士大夫及上书言事人。

三、子孙有渝(违背)此誓者,天必殛(杀)之。(宋叶梦得《避暑漫抄》)

如果说"乌台诗案"的主角苏轼之所以免于一死,是由于太后曹氏起了关键作用,那么,读了赵匡胤立于太庙的"誓碑",我们是否可以得出这样的结论,因为有宋太祖"不得杀士大夫及上书言事人;子孙有渝(违背)此誓者,天必殛(杀)之"御旨和毒誓,才起了决定性的作用,使得宋神宗为之忌惮,颁下免死令,成就了贬斥黄州以后一个文学功绩无比辉煌的"苏东坡"。

自王安石"熙宁变法"起始,拥护变法和反对变法的新、旧两派党争愈演愈烈。崇宁元年(1102年),宋徽宗任命奸臣蔡京为宰相。九月,蔡京在端礼门立起一块"元祐党人碑",将宋哲宗元祐年间(1086年-1094年)当政的旧党官员120人名单刻录其上。在这一长串名单的前面着重说明这些人及其子孙永远不得为官,皇室子女也不得与碑列诸人的后代通婚,已经订婚的也要奉旨退婚。崇宁二年(1103年)二月,宋徽宗接受蔡京建议,诏令元祐党人子弟不准前来京城。四月,降旨毁去司马光等人在景灵宫的画像,在全国范围内收缴、销毁元祐党人的文集……君臣奸佞,对文人的迫害、打击不可谓不严酷，但即使这样，也未对一个文人痛下毒手，杀无赦！想想明代朱元璋、朱棣对文人的杀戮，明末太监对东林党人的残害，清代康雍乾三代圣君大兴"文字狱"，又岂止是风雨如磐暗故园，真正是腥风血雨飘荡中华大地的一幅幅人间惨相。如此比较，大宋王朝对文人的"仁慈"造就了宋代文学的繁荣与辉煌，也就不难理解了。

赵匡胤为什么要立这样一块亘古未有"不得杀士大夫及上书言事人"的誓碑呢？《宋史·太祖本纪》一段举重若轻的载述，有助于我们加深对"华夏民族之文化"何以"造极于赵宋之世"的认识。

963年，赵匡胤改元乾德。

先谕宰相曰："年号须择前代所未有者。"三年，蜀平，蜀宫人入内，帝见其镜背有志"乾德四年铸"者，召窦仪等诘之。仪对曰："此必蜀物，蜀主尝有此号。"乃大喜曰："作相须读书人。"由是大重儒者。（《宋史·太祖本纪》）

历史由必然和偶然两种因素交织而成。一起议定年号的偶然事件，让武人出生的赵匡胤认识到"人之所有，我之所需"——掌握知识的儒家的重要性。

当然，赵匡胤"重儒"之举也是其理性的选择。与大汉、大唐王朝的长治久安局势殊途同归，政治上日渐成熟的大宋开国皇帝赵匡胤懂得了"马背得天下，马下治天下"的道理。他曾对赵普说："五代方镇残虐，人民深受其害，我选派文臣干吏百余人，分治各个大藩，即便他们都是贪官，危害性也抵不上一个武人。文人最多是贪污，而武人一旦作乱，老百姓就要饱受干戈之苦。"

正是从这时开始，建立一个强干弱枝的军政制度和由文人出身的官吏组成的官僚体系，成为三百年两宋王朝的基本国策。

大宋王朝是幸运的，因为有了赵匡胤这样一位具有赎罪意识的宽厚仁慈、从善如流的人作为开国皇帝，继中唐下迄五代纷繁动乱二百年时局之后，赵宋王朝再次将川陕、中原、江南四百多万平方公里大好河山带入太平之世，从而使一个堪与周秦两汉文明比肩的唐宋文明谱写了中华历史辉煌的篇章。

大宋王朝的幸运，还表现在继赵匡胤之后百余年间，赵宋宫廷虽然再没有涌现"伟人"式的皇帝，但也没有出现一位太差劲的人君，直到宋徽宗这位"另类"昏君登上历史舞台，才断送了北宋一百多年和平、繁荣的历史。

"唐宗宋祖"之赵匡胤是一个经得起历史检验的伟人、真君子，继承其帝位的胞弟赵光义却是一个谋命篡位的小人、伪君子。

明人冯琦、陈邦瞻编著《宋史纪事本末》提及一段故事，可以管窥这位人父、人主的德行：

宋太宗病重，诏立秦王赵德昌为皇太子。皇太子回宫途中，百姓皆欢呼雀跃，欢呼"少年天子"，宋太宗听了很不高兴，召见宰相寇准说："人心遽属太子，欲置我何地？"寇准向他道贺说："此社稷之福也。"他转怒为喜请寇准喝酒，"极醉而罢"。

毛泽东读之批注："光义小人之言。"

有趣的是，这一谋逆上位的小人，究其一生，除了不念亲情、不择手段地确保自己的血统继承皇位之外，还真的想成为一个有作为的好皇帝，以留名青史。于是，在统一战争中、在对外战争中表现得比赵匡胤更加积极，虽然最终惨败于辽；在对内延续"文以治国"策略上也表现得比赵匡胤更加积极，甚至可以说取得了引人注目的成就。

北宋，是中国古代科举制的鼎盛时代。而这一鼎盛时代的形成，亦有一个渐行渐兴的过程。在这一过程中，不论出于何种意图，从客观上说，是宋太宗让"科举取士"在华夏大地蔚为大观。

宋初，沿袭五代旧制，虽朝代更易而不废科举。960年，赵宋王朝建立的次月（建隆元年二月）即举行了首次科举考试。宋初录取进士，人无定数，通常每次为十余名，例如乾德四年（966年），录取进士六人，录取"诸科"九人，大致与后周柴世宗时期相当。开宝六年（973年），有下第举子投诉主考官不公，宋太祖遂亲自在讲武殿主持考试，取进士二十六人，诸科一百零一人，共一百二十七人，算是皇恩浩荡了。

再看宋太宗赵光义。

977年，赵光义即位第二年（太平兴国二年），就在正月举行的科举考试中录取进士一百零九人，诸科二百零七人，又录取参加过十五次以上考试而未被录取的进士及诸科一百八十四人，再取考"九经"而不合格所谓老年举子七人，共录取五百零七人。当时，京官总共只有三百多人，以致群臣上奏取人太多，用人太骤。宋太宗在位二十多年，官员猛增至九千人，冗吏十九万人，其数目几倍于唐，而自唐以来的武科，却一直未开。劲敌（契丹）当前，却不培养人才，"不知兵"，还要"将从中御"，开启有宋一代冗官、积弱之源。

凡事皆有两面性。可以说，宋代重文治，礼遇文臣，把文臣的地位提升到武将之上，是从宋太祖赵匡胤开始的；也可以说，正是因为宋太宗赵光义大开科举之门，大行科举取士之风，使得大批文人"学而优则仕"，走上国家的政治舞台。一个文治天下、文风盛行的大宋王朝，就此高标于中国两千年封建历史：

有宋一代，武功不竞，而学术特昌。上承汉、唐，下启明、清，绍述创造，靡所不备。（柳诒徵《中国文化史》）

人类历史上，但凡欣逢（"儒者益于守成"）文治彪炳的时代，其显著特征之一，乃是举全国之力专注于国内建设，经济随之繁荣，文化得以昌盛。见诸于显而易见的成就，则彰显于中心城市的壮观与繁华。

当今国人无论熟悉历史与否，皆知《清明上河图》。此画以全景长卷的壮阔、纤毫入微的细致，一展北宋京城（开封）汴河两岸市井喧阗、风物富丽、商贸繁盛的胜景，千载以下，11世纪－12世纪这座缤纷多彩的世界最大城市，依然令中国为之感叹，令世界为之赞叹！

中国绘画，自"宋人丘壑"映世而趋于成熟。张择端这幅《清明上河图》以写实的手法再现一座城市的风貌，有以绘画补史阙之功绩，艺术价值尚待升华。绘画之外，更能辉映宋代精神风貌、文明高度的，则为国学之精粹、文学之巅峰的宋词。

柳永（987年－1053年），原名柳三变，字耆卿，福建崇安人，北宋前期创新、拓宽词坛格局和内容的著名词人，影响所及，"凡有井水处，即能歌柳词"，慢词长调《八声甘州》《雨铃霖》情致婉约悠长，古今之绝唱。

柳永才情盖世，自诩"才子佳人，自是白衣卿相"，负一鹤冲天之志，从家乡闽东赴中原汴京博取功名，不意连番"折翼"科场，无奈悲吟《鹤冲天》，"忍把浮名，换了浅斟低唱"。人生失意，则牢骚满腹，亦是文人本色，如遇英明之主，可得"牢骚太盛防肠断"之忠告，倘遇庸俗之君，则一生定性，再无翻身可能。名满天下的大宋才子柳永也就因为上述一句牢骚入词，引得宋仁宗大为恼火，第三次参加应试，本已中第，却在发榜之前被这位"仁君"一笔抹杀，并讥嘲曰："且去浅斟低唱，何要浮名！"

时运不济，命途多舛，人生至此，夫复何言？好在柳永这位词坛圣手并非自怨自艾的文人，懂得自谋变通，遂以"奉旨填词柳三变"浮名，浪迹烟花柳巷，青楼楚馆，"拟把疏狂图一醉，对酒当歌，强乐还无味。衣带渐宽终不悔，为伊消得人憔悴"，词彩超迈，歌酒风流以自遣，落寞而终，死后贫乏竟无以为葬，得诸妓凑足殓金，方入土为安，举世不堪其悲。

躬逢盛世，歌功颂德，一般多是初入社会干谒之心急切的读书人所为，或是承蒙皇恩浩荡、荣名利禄显得之士所作。令人意想不到的是，在赞颂北、南两宋两大都会的太平之世锦绣繁华胜景的诗词歌赋中，最著名、也是最杰出之篇章，竟然大多出自人生最无奈的失意文人柳永。

且看柳永描写北宋都城汴京的名篇《破阵乐》：

露花倒影，烟芜蘸碧，灵沼波暖。金柳摇风树树，系彩舫龙舟遥岸。千步虹桥，参差雁齿，直趋水殿。绕金堤、曼衍鱼龙戏，簇娇春罗绮，喧天丝管。霁色荣光，望中似睹，蓬莱清浅。

时见，凤辇宸游，銮觞禊饮，临翠水、开镐宴。两两轻舠飞画楫，竞夺锦标霞烂。罄欢娱，歌鱼藻，徘徊宛转。别有盈盈游女，各委明珠，争收翠羽，相将归远。渐觉云海沈沈，洞天日晚。

这阕《破阵乐》创作于宋仁宗时代，清雅而绮丽的词风，艺术而又生动地摹写了春光明媚时节大宋君臣士庶游赏汴京金明池的盛况，"音律谐婉，语意妥帖，承平气象，形容曲尽"（陈振孙《直斋书录解题》），何啻一幅精工绘制的风俗画卷。

再看北宋时期另一大都会杭州。

北宋时期的杭州（钱塘），规模虽不及汴京开封，繁华富庶则毫不逊色。柳永以一阕《望海潮》，直教天下人为这"人间天堂"竞折腰：

东南形胜，三吴都会，钱塘自古繁华。烟柳画桥，风帘翠幕，参差十万人家。云树绕堤沙。怒涛卷霜雪，天堑无涯。市列珠玑，户盈罗绮，竞豪奢。

重湖叠巘清嘉。有三秋桂子，十里荷花。羌管弄晴，菱歌泛夜，嬉嬉钓叟莲娃。千骑拥高牙。乘醉听箫鼓，吟赏烟霞。异日图将好景，归去凤池夸。

据罗大经《鹤林玉露》记载，这阕《望海潮》是柳永呈献给旧友孙何之作。孙何当时任两浙转运使，坐镇杭州，词中"千骑拥高牙"之句当指孙何。既为呈献之作，虽不免恭维应酬，作夸张之语，但其艺术上的成就则是举世公认的。比如，同为北宋著名词人的李之仪不吝其赞，对柳永这首词极言称颂，以为"铺叙展衍，备足天余，形容盛明，千载如同当日"。

因为有如此非凡卓绝、难以抵御的艺术魅力，竟然给此后偏安于杭州的南宋王朝惹来一次严重的生存危机——据说，金朝皇帝完颜亮听闻这首《望海潮》，被南宋京都杭州"三秋桂子，十里荷花，……嬉嬉钓叟莲娃"之异美所感染，"欣然起投鞭渡江之志"。绍兴三十一年（1161年），完颜亮携六十万大军南侵，兵锋所向，横扫江淮，直抵长江北岸。幸亏书生幕僚虞允文奉命"巡视"江防，督率宋军弱旅赢得了采石之战的大捷，遂使南宋未步北宋后尘，再亡于金人铁蹄之下。

文学与艺术，是文化的两大支柱，各具不尽姿彩、神髓，看似无高低之分，而一旦处于不同的历史环境、年代，文学与艺术的变化、差别而导致的社会文明程度的高低，便显露无遗了。这就是我们常说的文化无优劣之分野，而文明有高低之区别。究其原因，虽然与时代的进步、物质的发达有很大的关系，但更主要的原因还在于社会环境尤其是政治环境之不同，造成了文化进步与后退、繁荣与凋败之不同。我们现在读到的宋代和将要进入的元代，即是很好的例证。

谈及宋词，王国维《人间词话》有一著名观点："一代有一代之文学"。如果说中国文学滥觞于《诗经》，潮起于楚辞、汉魏南北朝诗赋歌行，而澎湃于唐诗，壮阔于宋词，潮落于元曲、明清小说，此一大致的坐标、曲线，相信国人多会认同。问题是，为什么举世公认中华文明的辉煌或曰巅峰时代呈现于唐、宋时期，而非其他朝代？

如果说文学是一种影响力，那么，国力的强大必然会增强文学的影响力——只是，这些先朝已然缔造的文学未必属于今朝，倘若今朝不能创造堪比其辉煌的文学，那么，你虽然继承并可能增强了那些业已存在的文学影响力，但无法拥有这些文学的本身——因为，这些文学及其成就只属于缔造它的那个历史时代，比如唐诗、宋词。这就是唐、宋王朝为中华文明"盛世华章"的辉煌时代，而国力强大的元、明、清三代不能称之为"文明盛世"的原因所在。

一个"文明盛世"的出现，自有其以经济为基础的深刻而广泛的政治、社会成因。比如大唐的强盛、唐诗的繁荣，以及由此铸成的大唐时代文化的灿烂、文明的辉煌，我在《古代历史，巅峰时代——永远的大唐》章节已作较为翔实的论述，而一个国力并不强大的两宋王朝则凭借什么铸成了中华历史上又一个文明高峰？

与大唐帝国"男儿本自重横行，天子非常赐颜色"的英雄主义、"海内存知己，天涯若比邻"的开放襟怀不同，宋代是一个"内敛""内省"的时代。从诞生之初即奠定的崇尚文明的文治思想；在大多数时期，朝廷内外奉行包容并蓄的自由意识；终两宋之世，朝野士林遵循的主流是内外兼修、平治天下的人文精神，成就了一个国力虽弱、外侮不断而文化、文明攀升至中华历史顶峰的两宋文明。

也许，以绘画和文学为例，比较宋、元两朝文化的不同和文明的高下，则更具启示性和说服力。

山水画，是中国传统绘画中最具代表性的画种。台湾故宫博物院原副院长李霖灿编著的《中国美术史稿》，将两宋比喻为山水画的黄金时代和白银时代，而将继之的元朝比喻为山水画的青铜时代。此说虽有新意，然亦是一家之言，试问：北宋山水画的高标人物——李成、郭熙、范宽、米芾，南宋山水画的高标人物——李唐、萧照、马远、夏珪，与元代书画界领袖赵孟頫和"元四大家"黄公望、吴镇、倪瓒、王蒙，同以画作辉映于文化殿堂，何分轩轾！如此，遂有后世"宋人丘壑，元人笔墨"共赏之誉。

文学与绘画不同。

文学，是关乎情感、思想并上升到社会、民族、国家的大事业，而绘画，则基本上是个人以艺术手法对所感受、理解的世界的有限呈现，可以创造极高的艺术成就，但不能像文学那样无限放大它的影响力。这就是哲人所说的"一百个画家，也赶不上一个作家"的道理。

这时，让我们以文学的视角来鉴别宋、元这两个时代文明的高下，可谓顺理成章。

两宋，是以宋词为代表的中国文学成就辉煌的黄金时代，而元朝亦以其特色的文学（戏剧）形式——元曲，闻名于世。然则元曲比之于宋词，无论是其文学艺术的高度还是影响力，均弗及远矣。北南两宋词坛的代表人物——苏轼、辛弃疾，千古吟颂不绝，而元曲的代表人物——关汉卿、王实甫等，不涉及中国文学史、戏剧史，还有几人念及？

是以宋、元两朝绘画艺术可以比肩而立，但文学成就俨如汪洋与溪流之差别，从一个侧面说明了宋、元两朝文化和文明的差距。文学的繁荣，需要有开放、包容意识和制度营造的自由环境。在宋朝，表现为鲜明的文治思想、人文精神，敢讲真话，不怕争鸣，承认文化的地位和力量，所以社会化的文学、个性化的艺术（绘画、瓷器）百态俱荣。在元朝，人分南北，牧骑商贾在上，农耕等而下之，如此野蛮、愚昧、专制并存，还容得你讲真话、闹争鸣？绘事止于自身，室雅人和；元曲止于悲喜，人间常态。尚存，已属铁蹄统治下的幸事，何谈文学、文化之事业与文明社会之气象？

是故，陈寅恪先生"华夏民族之文化，历数千载之演进，造极于赵宋之世"之说，遂成历史绝响。后世元、明、清三朝不复有文学繁荣之形势，自然也谈不上凌跨唐宋文明之气象。两宋时代之于中华文明的创造之功和可贵之处，正彰显于此。

再回到柳永生活的北宋和平年代。

柳永不愧为一代词宗，《望海潮》也确为杰作，赢得范缜极言赞佩："仁宗四十二年太平，镇压翰苑十余载，不能出一语咏歌，巧于耆卿词见之。"有旷代才华，却"人生在世不称意"若此，在文治天下的宋代并不多见。更多的读书人，则如柏杨先生在《中国人史纲》里所形容的那样，凭借自己才华，竞渡科考，博取功名，从而跻身"士大夫的乐园"，享受一世富贵荣光。

风雅无边：黄金时代的宋人

"人诗意地栖居在大地上。"德国古典浪漫派诗人荷尔德林一句人生感言，因20世纪存在主义哲学创始人海德格尔的阐发而在世界上广为流传。

人的第一状态是生存。

自从进入阶级社会（氏族公社后期），有了剩余资产、掌握了生存主动权的人类便成了大地的主宰者，进而创造出了属于人类自己的文明——于是饱暖之余"诗意地栖居在大地上"，包括人类用诗意的眼光看待大地上的万物，进而是诗歌的诞生。

"人诗意地栖居在大地上"，还意味着人类与大地（自然界）"天人合一"的和谐共生。从人类已走过的历史看，这样的"诗意生态"主要体现在人类创造的农业文明时代，用诗意的语言来表述，即"田园牧歌的中世纪"。尽管这一时期大地也充斥着自然灾害、杀伐战争、愚昧黑暗，但是，一旦阴霾散去，和平、丰收的景象重现大地，所谓"田园牧歌的中世纪"，就成了人类历史上最浪漫、最值得回味的文明篇章。

北宋中期（大约从宋真宗至宋哲宗时期）的中国历史，即是这一"人类历史上最浪漫、最值得回味的文明篇章"的生动写照。

闲暇之余，偶尔翻阅清人所集《千家诗》，于常人熟读的唐诗、宋词之外亦多了一些观感。比如王驾的《社日》："鹅湖山下稻粱肥，豚栅鸡栖半掩扉。桑柘影斜春社散，家家扶得醉人归"，虽然只有短短二十八字，清代文学评论大家沈德潜淡淡地给予了一句"传出太平风景"评语，但此诗真切描绘的唐代江南一带（江西铅山县）民间社会"太平有象"的富足祥乐，比起"食货志"之类述论，更展现了太平丰收之年带来的人间幸福、情趣的场景之生动，令人过目难忘。

王驾，河中（今山西永济）人，唐大顺元年（890年）进士及第，官至礼部员外郎，后弃官归隐，与《诗品》作者司空图等诗人友善，诗风亦相似。司空图在《与王驾评诗书》中称赞王驾曰："今王生者，寓居其间，浸渍益久，五言所得，长于思与境偕，乃诗家之所尚者。"

论者以为，同为晚唐诗人，王驾的诗名远远不及李商隐、杜牧，诗作也不多见于各类典籍，《全唐诗》仅存录其诗六首。这首描写春日祭祀土地神活动的《社日》，以淳朴敦厚的诗风，为王驾在浩瀚的唐诗中赢得一席之地。

9世纪的大唐帝国，已处于西风残照、气象衰飒的王朝晚期，江南山川原野尚葆有农耕文明的丰收富足、喜庆祥乐，实属不易。然而，当我读到北宋著名哲学家邵雍一首题材相似的赞美诗《插花吟》，还是看出了唐、宋两朝文人"待遇"的差距：王驾《社日》诗虽浓情怡然动人，但其本人只是一位置身于乡民享乐之外的旁观者，而邵雍《插花吟》诗出自第一人称，真情实感，更令世人羡慕彼一文人邵雍生逢大宋太平年代，幸福指数堪以夸耀古今。

头上花枝照酒卮，酒卮中有好花枝。身经两世太平日，眼见四朝全盛时。

况复筋骸粗康健，那堪时节正芳菲。酒涵花影红光溜，争忍花前不醉归。

邵雍，字尧夫，后谥康节，世人遂称之为康节先生，祖籍范阳（今属河北）。后邵雍随父迁居卫州共城（今属河南），便成了河南人。由于其祖父、父"皆隐德不仕"，邵雍虽然少年时代就自雄其才，慷慨欲树功名，且精通《易学》，创立象数之学，且以《皇极经世》确立其北宋理学大家的学术地位，然自视甚高，三辞不受朝臣举荐为官，实乃一生寒门贫子、白衣秀士。

既无科举功名，而少官俸利禄，又矻矻于学，不治营生，这类少书生、老学究在历史上大多难逃贫病饿死的命运，但邵雍却活出了人生的精彩，因为他生在了崇尚文治思想、学风大盛的文化人的黄金时代——北宋。

四十岁前的邵雍大抵以刻苦读书自励，在师从李之才研习儒家经籍、《河图》、《洛书》及伏羲八卦、六十四卦图像时，据说曾三年不设床榻，昼夜危坐，把一部《周易》抄写下来，贴于四壁，每日诵读，探赜索隐，妙悟神契，多有自得，融儒道为一炉，创立象数之学，被南宋理学大师朱熹称赞为"腹中有这个学，能包括宇宙，终始古今，如何不做得大"。

腹有学问成其大，邵雍亦得遂心愿，迁居有山水之美的洛阳，起初生活艰难，"平居屡空"；后在富弼、司马光等朝廷重臣襄助下，得到一座宅园，有屋三十间，兼得水竹花木之胜景。邵雍喜不自禁，赋诗曰："七千来步平流水，二十余家争出钱。……洞号长生宜有主，窝名安乐岂无权"，从此自号"安乐先生"。

在洛阳，邵雍过着"谈笑有鸿儒，往来无白丁"的优雅贵族生活，与朝野达官要人司马光、富弼、吕公著、程颢、程颐等交游唱和，来往丛密，已然是洛中一位风云人物。《宋史·邵雍传》就此留下一段生动、精彩的记述：

春秋时出游城中，风雨常不出，出则乘小车，一人挽之，惟意所适。士大夫家识其车音，争相迎候，童儒厮养隶皆欢相谓曰：吾家先生至也。

是故，一介文士的邵雍写出了歌颂大宋王朝功德的《插花吟》，也就不足为奇了。

倘若科场秀出，博取功名，在朝为官，这样的文人又是怎样一种状态？以"张三影"驰名词坛、官场的张先，生动地演绎了北宋何以被视为"士大夫的乐园"。

张先（990年—1078年），字子野，乌程（今浙江湖州）人，北宋著名词人，宋仁宗天圣八年（1030年）进士，官至尚书都官郎中，晚年退居湖州、杭州一带，曾与梅尧臣、欧阳修、苏轼等名士交游，擅长作慢词，造语工巧，因三处善用"影"字，遂以"张三影"驰名于世。

北宋前期词人张先，与柳永齐名，柳永擅长慢词长调，张先擅长短词小令。二人都延续南唐、后蜀"花间词派"的题材，多写男欢女爱、相思离别之情景。只是，柳永以坎坷为伴，放荡市井，浪迹青楼，俚俗入词，天下传诵，而半生潦倒，悲夫其人！再看张先，一生富贵，闲适优裕，其词清新深婉、雍容华贵，一派文人贵族风度。试比较张先的佳作《剪牡丹》与柳永的名作《雨霖铃》。

《剪牡丹》：

野绿连空，天青垂水，素色容漾都净。柳径无人，堕絮飞无影。汀洲日落人归，修巾薄袂，撷香拾翠相竞。如解凌波，泊烟渚春暝。

彩绦朱索新整。宿绣屏、画船风定。金凤响双槽，弹出今古幽思谁省。玉盘大小乱珠迸。酒上妆面，花艳眉相并。重听。尽汉妃一曲，江空月静。

《雨霖铃》：

寒蝉凄切，对长亭晚，骤雨初歇。都门帐饮无绪。留恋处，兰舟催发。执手相看泪眼，竟无语凝噎。念去去，千里烟波，暮霭沉沉楚天阔。

多情自古伤离别，更那堪冷落清秋节！今宵酒醒何处？杨柳岸，晓风残月。此去经年，应是良辰好景虚设。便纵有千种风情，更与何人说？

一为宫词丽句，雅人深致；一为词客风骚，感人深长。词彩相异，命运亦大不同：柳永人生，上已略述；北宋士大夫的典型代表——张先之人生，则一言以蔽之，可以用"风雅""快活"来形容。

张先最为世人乐道的一首词是《天仙子》："水调数声持酒听，午醉醒来愁未醒。送春春去几时回？临晚镜，伤流景，往事后期空记省。沙上并禽池上暝。云破月来花弄影。重重帘幕密遮灯，风不定，人初静，明日落红应满径。"词风闲适优雅，情感细腻传神，确为宋词一流艺术水准，其中"云破月来花弄影"是千古传诵之名句。王国维《人间词话》评析："着一'弄'字而境界全出矣。"但张先本人和古来世人更欣赏的是"影"字。"张三影"之盛名，即缘起于此。

据《古今诗话》记载，"有客谓子野曰：'人皆谓公张三中，即心中事、眼中泪、意中人也。'公曰：'何不目之为张三影？'客不晓，公曰：'云破月来花弄影；帘压卷花影；柳径无人，堕絮飞无影，此余平生所得意也。'"《苕溪渔隐丛话》前集卷三十七引《高斋诗话》则说："子野尝有诗云：'浮萍断处见山影'；又长短句云：'云破月来花弄影'；又云：'隔墙送过秋千影'，并脍炙人口，世谓张三影。"两处记载不同，但皆印证了张先善于用"影"字创造优美的词境。

善于用"影"的张先以"影"字创作出众多佳句，使他享誉官场、词坛，而其中广受欢迎、名气最响的还属《天仙子》里的"云破月来花弄影",并为张先添了个"云破月来花弄影郎中"的绰号。一次,以"红杏枝头春意闹"佳句驰名词坛、被时人称作"红杏尚书"的当朝工部尚书宋祁前来拜访,一到张府,便叫门人传话:"尚书欲见'云破月来花弄影郎中',肯乎!"张先在屏风后闻其语,顿生快意,一边笑脸迎出,一边朗声呼唤:"得非'红杏枝头春意闹'尚书耶!"设宴举觞,尽欢而散。一段官场、词坛佳话,千载以下读之,依然想见当年北宋达官文人风流潇洒、倜傥自负的浪漫人生。

词坛佳话还在延续。

张先曾作《一丛花令》,士林广为传唱。其词曰:

伤高怀远几时穷?无物似情浓。离愁正引千丝乱,更东陌、飞絮濛濛。嘶骑渐遥,征尘不断,何处认郎踪!

双鸳池沼水溶溶,南北小桡通。梯横画阁黄昏后,又还是、斜月帘栊。沉恨细思,不如桃杏,犹解嫁春风。

时为北宋文坛领袖、参知政事的欧阳修听人传唱这阕词后,喜爱非常,便想结识词作者张先,但一直没有机会。后张先得知欧阳公心事,登门造访。欧阳修听得门人通报,欣喜过望,顾不上整饬衣装,倒穿拖鞋就急切地奔上前去迎候,口中还念念有词:"啊哈,是'桃杏嫁东风郎中'到了,快请进!快请进!"一段士大夫交往经历,不但为张先再添一个"桃杏嫁东风郎中"美誉绰号,还为世人留下了一则"倒履迎客"的文学佳话。

精彩的故事还在继续。

张先卒于宋神宗元丰元年(1078年),时年八十八岁,在古代稀为高寿。以耄耋之年,依然不减人生风流、名士倜傥,上演苏东坡戏称的"诗人老去莺莺在,公子归来燕燕忙"故事。

据说,张先以都官郎中致仕,寓居杭州,一次与苏东坡游西湖,作诗相赠:"我年八十卿十八,卿是红颜我白发。与卿颠倒本同庚,只隔中间一花甲。"彼时,大名鼎鼎的苏东坡还是苏轼,官拜徐州、湖州地方官,骨子里却是个不拘礼教的性情中人,当即酬和调笑道:"十八新娘八十郎,苍苍白发对红妆。鸳鸯被里成双夜,一树梨花压海棠。"

苏轼酬诗,极其温婉风雅,而尤以"一树梨花压海棠"为世人叹赏。

梨花喻白发的丈夫，海棠喻红颜的少妇，张先在八十岁时娶了一个十八岁的小妾，东坡以此调侃"十八新娘八十郎……一树梨花压海棠"。一个"压"字，道尽无数缠绵细语！有意思的是，白发老翁张先娶了十八岁小妾之后又活了八年，而让人惊讶的是，这位红颜少妇小妾在八年里竟为他生了两男两女。张先一生，共有十子两女，年纪最大的大儿子和年纪最小的小女儿相差六十岁。张先死的时候，这位小妾哭得死去活来，几年之后也郁郁寡欢而终。

张先，位不过郎中，为官不闻有何政绩、作为，而以科举功名、文采彪炳，高蹈士林，优游宦途，倜傥风流，人生如是，可谓极致。

北宋，被视为中国封建社会的"黄金时代"，也就不止张先一个特例。细读宋史，我们还将看到，一些起自寒微，而比张先更为超拔、显达、贵气的士大夫缤纷耀世，如此，才构成了一个北宋特有的"士大夫的乐园"。

宋代科举，兴盛于宋太宗时代。宋太宗太平兴国二年（977年）北宋科考诞生第一位状元——吕蒙正。此君少年时家贫如洗，行乞为生，曾寄宿在一座寺庙里读书，饱受僧人的揶揄、冷落。俗语"饭后钟"，讲的就是少年吕蒙正遭寺中僧人饭后敲钟的戏弄，前去就食却只见残羹剩菜的故事。身受此等羞辱，反而刺激吕蒙正更加勤奋苦读，最终金榜题名，荣登状元，一举成名天下知。

比"饭后钟"更为精彩、感人的故事，见于戏剧中的一出《彩楼记》。相府小姐刘翠屏在汴京城掷绣球招亲，不睬公子王孙、达官贵人，却将绣球抛给了路过招亲搭台的行乞之人吕蒙正，刘相爷颜面尽失，惹起恼怒，将两人赶出家门。行乞士子与金枝玉叶悲戚相挽，流落于街头，栖身于破窑，直到吕蒙正考中状元，刘相爷才与他们父女、翁婿相认。吕蒙正荣登状元，从此平步青云，几年内便升任参知政事。其后，"君子坦荡荡"的名臣吕蒙正在太宗、真宗时三度为相，人生反差之大，令人啧啧称奇。

与"鲤鱼跃龙门"的吕蒙正相比，宋仁宗时代的晏殊，则是浸润在北宋贵族化环境、涵茹着富贵养分而形成的士大夫阶层的典范。

晏殊算得上是北宋词坛的一位天才，尽管成就尚逊于柳永、苏轼、周邦彦、辛弃疾这些词坛顶尖高手。晏殊七岁能文，有"神童"之誉，十五岁赐同进士出身，历任右谏议大夫兼侍读学士，同中书平章事兼枢密使，礼部、刑部尚书，享"太平宰相"美名。此公为政，通达、圆融一大官僚，却不乏奖掖、拔擢后进贤能之政声，北宋中期名臣范仲淹、欧阳修、富弼等多出其门下，可谓善得人也。此公为文，"词语特婉丽"（《四库全书总目》评语），小令温润清丽，品格高雅。《浣溪沙》"一曲新词酒一杯，去年天气旧亭台。夕阳西下几时回？无可奈何花落去，似曾相识燕归来。小园香径独徘徊"，最为文人雅客叹赏。《蝶恋花》"槛菊愁烟兰泣露，罗幕轻寒，燕子双飞去。明月不谙离恨苦，斜光到晓穿朱户。昨夜西风凋碧树，独上高楼，望尽天涯路。欲寄彩笺兼尺素，山长水阔知何处"，因被王国维《人间词话》借喻古今成就大事业、大学问的第一种境界而为世人广为传诵。

当然，若是不从文学角度纯粹关注宋词，我们大可不必在晏殊这位"大官僚词人"身上大废笔墨。在这里，我想说明的是晏殊之词所映现、所代表的一种北宋士大夫特有的精神气质。

我们知道，宋朝开国皇帝赵匡胤以武人身份夺取天下，最为忌惮的是同掌兵权的武人对赵宋皇权的威胁，故而确立"与士大夫治天下"的基本国策。这样，儒家倡导的"学而优则仕"便成为不二之选。优渥文士，裁抑武人，成为北宋政坛风气。

更为重要的是，北宋皇权统治者对"与士大夫治天下"之策说到做到，将王朝初创之时赵匡胤规劝武臣将帅"多积金帛、田宅以遗子孙，歌儿舞女以终天年"的"杯酒释兵权"之法一以贯之，施之于整个北宋官场，"恩逮于百官惟恐其不足"。这样，就产生了李玉珍在《唐宋词人名家名作赏读》中分析的"北宋官场现形记"：

士大夫们多为科举进士出身，具有深厚的文化艺术修养，不仅有经济论策之能，赋诗填词、书法绘画亦无不精通。在优越的物质生活满足之余，他们追求的便是一种高品位的精神享受。

这一分析在晏殊和他的词上得到了很好的验证。

文学之士多有文坛轶事。吴处厚编著《青箱杂记》载述了一段优雅绝伦的北宋士大夫的精神世界：

晏元献公（殊）虽起田里，而文章富贵，出于天然。尝览李庆孙《富贵曲》云："轴装曲谱金书字，树记花名玉篆牌。"公曰："此乃乞儿相，未尝谙富贵者。"故公每吟咏富贵，不言金玉锦绣，而唯说其气象。若"楼台侧畔杨花过，帘幕中间燕子飞"，"梨花院落溶溶月，柳絮池塘淡淡风"之类诗也。故公自此句语人曰："穷儿家有这景致也无？"

晏殊主要生活在宋仁宗时代。彼时，北宋王朝正处于最升平的时代，"太平日久，人物繁阜。垂髫之童，但习鼓舞；班白之老，不识干戈"（孟元老《东京梦华录》）。和平、繁荣、文治的环境，表现在文学创作上，词风温润丽雅、贵气袭人，艺术精雅。由此，宋词日臻完美，铸成了文学艺术的一个巅峰。

现在，该轮到宋词艺术集大成者周邦彦出场了。

周邦彦，字美成，晚年自号"清真居士"，盖出于西晋山涛推举阮咸之誉词："清真寡欲，万物不能移也。"陈振孙编辑《清真集》，作如是评语："邦彦博学多能，尤长于长短句，自度曲，其提举大晟府亦由此。"

周邦彦的确也以自己超凡的才华令朝野心悦诚服。比如他的代表作《兰陵王》（咏柳），长调铺叙，意境绵邈，一婉三叹，如景在画，观之，咏之，难以忘怀：

柳阴直，烟里丝丝弄碧。隋堤上，曾见几番，拂水飘绵送行色。登临望故国，谁识京华倦客？长亭路，年去岁来，应折柔条过千尺。闲寻旧踪迹，又酒趁哀弦，灯照离席。梨花榆火催寒食。愁一箭风快，半篙波暖，回头迢递便数驿，望人在天北。凄恻，恨堆积，渐别浦萦回，津堠岑寂，斜阳冉冉春无极。念月榭携手，露桥闻笛。沉思前事，似梦里，泪暗滴。

周邦彦的《兰陵王》非常著名，传播甚广，作为一首送别之作，在当时即被人赞誉可与唐朝诗人王维的"渭城曲"媲美，直到南宋绍兴初年，都城临安（杭州）"西楼南瓦皆歌之，谓之'渭城三叠'"。

从文从艺之人，有时还真难做到德艺双馨。比如周邦彦，早年人生较为放荡不羁，《宋史》本传说他"疏隽少检，不为州里推重"，后入汴京城，又与歌伎多有往来，包括当时的一代名妓李师师。亦因此，周邦彦这位朝廷官员，难抑性情本色，为自己惹下大麻烦，竟然写了一首与当朝皇帝争风吃醋的《少年游》：

并刀如水，吴盐胜雪，纤手破新橙。锦幄初温，兽香不断，相对坐调笙。低声问：向谁行宿？城上已三更。马滑霜浓，不如休去，直是少人行。

这一北宋词坛著名"花边新闻"，其梗概如张端义《贵耳集》所述："道君（宋徽宗）幸李师师家，偶周邦彦先在焉，知道君至，遂匿于床下。道君自携新橙一颗，云'江南初进来。'遂与师师谑语，邦彦悉闻之，隐括成《少年游》。"后来，这首词流传开来，成士庶调笑的话题，宋徽宗闻之，大怒，罢去周邦彦大晟府正官职。李师师不忘旧情，在宋徽宗面前唱周邦彦之《兰陵王》，为他求情。宋徽宗闻词曲而慨叹，下令恢复了周邦彦的大晟府乐正之职。人生祸福，竟系于一两词曲，用当今的流行语来说，这也算是风雅北宋才有的"奇葩"故事吧。

也可以这样说，正因为有上至天子，下至庶民都积极参与的艺术氛围，才成就了一位人格并不完美而才艺超凡拔俗的词坛大家——周邦彦，遂有陈廷焯《白雨斋词话》扬榷大端："词至美成，乃有大宗。前收苏、秦之终，后开姜、史之始，自有词人来，不得不推为巨擘，后之为词者，亦难出其范围。"

陈廷焯《白雨斋词话》评语提到的"苏、秦、姜、史"，指的是苏轼、秦观、姜夔、史达祖四位北宋、南宋词坛圣人。其中的苏轼，举世知其盛名，其词"一洗绮罗香泽之态，摆脱绸缪宛转之度，使人登高望远，举首高歌。而逸怀浩气，超然乎尘垢之外，于是花间为皂隶，柳氏为舆台矣"（胡寅《酒边词话》）。秦观，婉约派代表词人，其词意高境美，清丽精工，韵致优雅，一往情深，而有"他人之词，词才也。少游词心也。得之于内，不可以传"（冯煦《蒿庵论词》）之殊誉。姜夔，清刚派代表词人，其词善托情于物，清空峭拔，被清初浙西词派奉为圭臬。史达祖，南宋中期词坛圣人，其词善用拟人手法描摹物态，细腻工致，尽态极妍。

从词风上看，宋词大致可分为豪放、婉约两大派别，但与唐诗的波澜壮阔、气象万千相比，它的基色还是唯美的，它的本质不在于表现，而在于抒情——抒情，让身处"黄金时代"的宋人，拥有了一个与唐人同样丰富、精彩、辉煌而且更加精致、雅丽的物质和精神世界。后一点，在宋代词人对"物"的关照中,表现得尤为鲜明,达到了中华汉字所能创造的文学极致境界。从这个意义上讲,宋词是对宋朝这一"黄金时代"最好的解读。

在我看来,宋词所创造的文学极致境界,可以从三首描摹自然物态的杰作中得到最形象的展现。

其一,苏轼《水龙吟·次韵章质夫杨花词》:

似花还似非花,也无人惜从教坠。抛家傍路,思量却是,无情有思。萦损柔肠,困酣娇眼,欲开还闭。梦随风万里,寻郎去处,又还被,莺呼起。不恨此花飞尽,恨西园、落红难缀。晓来雨过,遗踪何在,一池萍碎。春色三分,二分尘土,一分流水。细看来,不是杨花,点点是离人泪。

在太平时代的北宋中期,士大夫之间的诗词酬唱亦是一派风雅的悠闲,甚至有"为赋新词强说愁"的闲愁悒郁况味。惟其如此,情感是细致入微的,精神是温婉纯粹的,以此入词,则遗貌取神,人与自然合一,一段珠联璧合的文字,化为无边的艺术魅力,王国维《人间词话》所说之"境界",即在苏轼《水龙吟·次韵章质夫杨花词》。

其二,史达祖《双双燕·咏燕》:

过春社了,度帘幕中间,去年尘冷。差池欲往,试入旧巢相并。还相雕梁藻井,又软语、商量不定。飘然快拂花梢,翠尾分开红影。芳径,芹泥雨润,爱贴地争飞,竞夸轻俊。红楼归晚,看足柳昏花暝。应自栖香正稳,便忘了、天涯芳信。愁损翠黛双蛾,日日画栏独凭。

在偏安江左的南宋中后期,1164 年的"隆兴和议",再次给南宋王朝带来一段和平岁月。科考不第的落魄文人史达祖在宰相韩侂胄手下为堂吏,专办文案,颇有权势,迎来人生一段腾达岁月。堂吏做派不足道也,难得的是这位"史干吏"不失书生本色,以一阕体物精工、尽态极妍的《双双燕·咏燕》,留住了两宋"黄金时代"一抹风光旖旎的农耕文明气象,《双双燕·咏燕》也成为中国文学史上的咏物绝唱。

其三,张炎《解连环·孤雁》:

楚江空晚,怅离群万里,恍然惊散。自顾影、欲下寒塘,正沙净草枯,水平天远。写不成书,只寄得、相思一点。料因循误了,残毡拥雪,故人心眼。谁怜旅愁荏苒？谩长门夜悄，锦筝弹怨。想伴侣、犹宿芦花，也曾念春前，去程应转。暮雨相呼，怕蓦地、玉关重见。未羞他、双燕归来，画帘半卷。

　　这是在南宋亡国之后，江天寥廓，孤雁悲声，曾为贵胄公子、诗酒自娱的张炎感慨身世，借咏孤雁，寓寄大宋遗民因国破家亡而四散流离的不幸，深刻隐微，情辞凄美，千载以下读之，历历如画，如泣如诉。哀哉大宋锦绣河山失色，黄金时代不再！

　　从北宋到南宋，一个繁荣锦绣的黄金时代，如何走到了历史的尽头？

百代文宗之欧公　朋党雄辩之高论

　　一个长存于世且以"文治"为基本国策的王朝，带给这个世界的必定是一个人文彬蔚、文学繁荣的时代。

　　在唐代，科举取士的盛行，带来了唐诗的繁荣、古文运动的兴起，诞生了散文大家韩愈、柳宗元；在宋代，文治大行于天下，带来宋词的繁荣、古文运动的复兴，诞生了散文大家欧阳修、王安石、苏洵、苏轼、苏辙、曾巩。由此，组成中国文学史上一个光耀千秋的名词——"唐宋八大家"。

　　中国的文学，从唐宋时期趋于成熟。中国的文章，在唐宋时期臻于完善。关于"唐宋八大家"的评定是否科学，历来争议不断。譬如，对曾巩、苏辙的入选，一些人就抱有异议。我们先将这一话题按下不表，来谈谈几位当之无愧的入选者。

　　在我看来，唐、宋这八位散文大家，各擅其能，高蹈文坛，其中又以北宋中叶文坛领袖欧阳修的文章最为精粹。

　　倘若不以年代先后，而以文学成就排定"唐宋八大家"座次，我的观点是苏轼第一、韩愈第二、欧阳修第三，柳宗元第四。

　　在中国出版史上，经常见诸于各种古文选集且世人早已颇为眼熟的欧阳修那几篇著名范文——《醉翁亭记》《秋声赋》《送扬寘序》《泷冈阡表》《梅圣俞诗集序》，堪称是篇篇锦绣，美轮美奂。为什么此公只能排到"唐宋八大家"第三的座次？

　　身为苏轼恩师的欧阳修，在文章上曾有一段盖过门生苏轼的风光时期。《醉翁亭记》甫一面世，欧阳修作文，苏轼作书——"欧文苏字"美谈的背后，说明的是青年苏轼只配给文坛大师欧阳修誊写文字。然而，后来的发展却是苏轼"青出于蓝而胜于蓝"，诗、词、文章均超越了欧阳修。

　　当然，并非欧阳修的文章写得不精彩，而是在我们追随苏轼的旷逸笔风遨游了"赤壁""石钟山""超然台"之后，反观欧阳修的文章，很容易比较出其中稍逊之处。苛求结构严谨，导致行文严整，比不上苏轼的行云流水，文理自然，姿态横生；字斟句酌锤炼极工，题材内容却显单薄，比不上苏轼的汪洋恣肆，秋水野马，不可羁束。

再来看韩愈的文章。按照他的学生皇甫湜评价，韩文"如长江大注，千里一道，冲飙激浪，汗流不滞"。苏轼在《韩文公庙碑记》中甚至给予韩愈"文起八代之衰，道济天下之溺""参天地，关盛衰，浩然而独存"的极言赞誉。虽然史家也对欧阳修的文章予以"挽百川之颓波，息千古之邪说，使斯文之正气，可以羽翼大道，扶持人心"的高度评价，但显然他的文章还不具备韩文那样浩然的气势、文道至臻的境界。

排不上状元、榜眼，位列探花也就罢了，偏偏这位北宋中期文坛领袖还表现出一些让人实在不敢苟同的情操、爱好。比如，他的那首颇受世人称道的《踏莎行》：

候馆梅残，溪桥柳细，草薰风暖摇征辔。离愁渐远渐无穷，迢迢不断如春水。寸寸柔肠，盈盈粉泪，楼高莫近危栏倚。平芜尽处是春山，行人更在春山外。

从这首词中你读到了什么？除却山媚水柔、佳人幽怨，还有一个"马上非英雄，饱暖思风流"的官僚文人而已。

如果说词如其人，现实中欧阳修的行为也在证实着他的心迹。

苏轼在《东坡志林》卷九记载："欧阳文忠公尝语，少时有僧相我耳白于面，名满天下；唇不著齿，无事得谤，其言颇验。"这段"无事得谤"的表白，再加之其他文人记述欧阳修有狎妓生活，曾令我对这位北宋文坛领袖产生了十分厌弃的心理。

同为名声卓著的文人，苏轼对人生爱情的追求却高风亮节、可歌可泣。比如他怀念亡妻的《江城子》：

十年生死两茫茫，不思量，自难忘，千里孤坟，无处话凄凉。纵使相逢应不识，尘满面，鬓如霜。夜来幽梦忽还乡，小轩窗，正梳妆，相顾无言，惟有泪千行。料得年年断肠处，明月夜，短松冈。

遍览欧词，无此挚言。

我对欧阳修的重新认识，并得出"唐宋八大家"中欧阳修的文章最为精粹的结论，缘于一次夜阑人寂之时静心研读比《醉翁亭记》《秋声赋》名

气小得多的《五代史·伶官传序》。为了与读者"奇文共欣赏,文章相与析",全文抄录如下:

呜呼!盛衰之理,虽曰天命,岂非人事哉!原庄宗之所以得天下,与其所以失之者,可以知之矣。

世言晋王之将终也,以三矢赐庄宗,而告之曰:"梁,吾仇也;燕王,吾所立,契丹与吾约为兄弟,而皆背晋以归梁。此三者,吾遗恨也。与尔三矢,尔其无忘乃父之志!"庄宗受而藏之于庙。其后用兵,则遣从事以一少牢告庙,请其矢,盛于锦囊,负而前驱,及凯旋而纳之。

方其系燕父子以组,函梁君臣之首,入于太庙,还矢先王,而告以成功,其意气之盛,可谓壮哉!及仇雠已灭,天下已定,一夫夜呼,乱者四应,仓皇东出,未及见贼,而士卒离散,君臣相顾,不知所归;至于誓天断发,泣下沾襟,何其衰也!岂得之难而失之易欤?抑本其成败之迹而皆自于人欤?

《书》曰:"满招损,谦受益。"忧劳可以兴国,逸豫可以亡身,自然之理也。故方其盛也,举天下之豪杰莫能与争;及其衰也,数十伶人困之,而身死国灭,为天下笑。夫祸患常积于忽微,而智勇多困于所溺,岂独伶人也哉!作《伶官传》。

在此之前,此文我曾浏览过几遍,但以现代人惯常施以的匆匆过眼之道,未免犯浮躁通病。一旦心境归一,观而感之,这篇"奇文"便如荆玉成璧,其价值显现无遗,令人有拍案称绝之叹。

其实,对于《五代史·伶官传序》前人早有公论:"此等文章,千年绝调";"韵致丰神,无一不美。增一字不得,减一字不得,文人妙来无过熟也。读至篇末,为之毛骨悚然,又知其垂戒深矣"。这即是欧阳修文章最为精粹的由来。

笔者在此不仅要对欧阳修有所评价,更因观其文,则想见其人,遂又引申出我对欧阳修人品的界定,对历史盛衰规律的憬悟。

北宋官场、文坛的风气是奢华靡丽、蕴藉风流的。虽然当初因《与高司谏书》仕途稍遇坎坷,后则官运亨通,文人加官僚的欧阳修如若偶染风月艳情,宽泛而论,只能算是随波逐流、白璧微瑕。风花雪月之类的生活小节,对于欧阳修这样誉满朝野的高官名士,大可在诗酒阔谈间一笑了之。

读史十记

即便有理由生活放纵，欧阳修却以蕴涵自省的深刻笔触，在《五代史·伶官传序》中阐发腐化、堕落的政治和生活对于一个王朝、一位君主，乃至普天下臣民的致命危害："逸豫可以亡身""智勇多困于所溺"。建立在如此清醒认识基础上的警世箴言，亦印证它的作者欧阳修是一位超脱了北宋那些凡俗官僚、文人的智者。

元朝一代名臣、宰相脱脱在编纂《宋史·欧阳修传》时，对欧阳修的评述虽然简要，却也入情入理，可以想见这位异族名士对前朝华夏文坛宗师的钦佩：

为文天才自然，丰约中度。其言简而明，信而通，引物连类，折之于至理，以服人心。超然独骛，众莫能及，故天下翕然师尊之。奖引后进，如恐不及，赏识之下，率为闻人。曾巩、王安石、苏洵、洵子轼、辙，布衣屏处，未为人知，修即游其声誉，谓必显于世。

好古嗜学，凡周、汉以降金石遗文、断编残简，一切掇拾，研稽异同，立说于左，的的可表证，谓之《集古录》。奉诏修《唐书》纪、志、表，自撰《五代史记》，法严词约，多取《春秋》遗旨。

似乎言犹未尽，脱脱还引用了苏轼对欧阳修的评论："'论大道似韩愈，论事似陆贽，记事似司马迁，诗赋似李白。'识者以为知言。"

苏轼与欧阳修有科举师门之谊，苏轼对欧阳修赞誉有加，自是其肺腑心声。然而，爱尤深切，则有失公允。论文、论事，欧阳修堪可与韩愈、陆贽比肩；《新唐书》《新五代史》虽文笔精彩，成就却逊于司马迁的《史记》；论及辞赋，"蓄道德而能文章"的欧阳修与"天子呼来不上船"的谪仙人李白，完全就不是一路人。

在这里，我们纠结于对欧阳修的评述，并不是为了说明一个文人对历史的发展、对文明的成就显得多么重要，而是想借此阐明：一个在中国文学史上占据重要地位的文人，是以怎样的作为影响着他的时代，又是以怎样的思想启迪着后世来者？

据《宋史·欧阳修传》载，欧阳修属于"自古雄才多磨难"那一类人：

四岁而孤，母郑，守节自誓，亲诲之学，家贫，至以荻画地学书。幼敏悟过人，读书辄成诵。及冠，嶷然有声。宋兴且百年，而文章体裁，犹仍五季余习。锼刻骈偶，淟涊弗振，士因陋守旧，论卑气弱。苏舜元、舜钦、柳开、穆修辈，咸有意作而张之，而力不足。修游随，得唐韩愈遗稿于废书簏中，读而心慕焉。苦志探赜，至忘寝食，必欲并辔绝驰而追与之并。举进士，试南宫第一，擢甲科，调西京推官。始从尹洙游，为古文，议论当世事，迭相师友，与梅尧臣游，为歌诗相倡和，遂以文章名冠天下。

欧阳修年轻之时，"论事切直，人视之如仇"。宋仁宗景祐元年（1034年），二十七岁的欧阳修入朝为馆阁校勘。翌年，范仲淹以言事被贬，朝中正直之人纷纷设救，司谏高若讷独持当贬之论，欧阳修愤而写了《与高司谏书》，言辞峻切，痛斥其"不复知人间有羞耻事"，由此不被赦免，被贬为夷陵令。

壮岁之时的欧阳修，胸襟浩然，气度非凡，以"文章太守，挥毫万字，一饮千钟"自许，辗转仕途，且行且进，知滁州、扬州、颍州，荣升翰林学士、知贡举、龙图阁学士，权知开封府，拜枢密副使、参知政事。

虽已跻身"达官贵人"之列，犹不改书生本色，《宋史·欧阳修传》称赞他道："与人尽言无所隐。及执政，士大夫有所干请，辄面谕可否，虽台谏官论事，亦必是非诘之，以是怨诽益众"。仕途险恶，切直刚正之士殊难应料，历尽人生宦海风波的欧阳修深谙此理，故屡屡请辞，最终得到朝廷"敕告"恩准，授太子少师，以观文殿学士荣衔致仕，熙宁四年（1071年），病逝于颍州。

还是在滁州太守（知州）任上，欧阳修即以"醉翁"为号，撰文声言"醉翁之意不在酒，在乎山水之间也"的旷远胸襟、达观思想。进入晚年，欧阳修又取雅号"六一居士"，自言：

吾家藏书一万卷，集录三代以来金石遗文一千卷，有琴一张，有棋一局，而常置酒一壶。以吾一翁，老于此五物之间，是岂不为六一乎？（《宋史·欧阳修传》）

如此风雅洒脱，风神散朗，俨然一"人间仙人"。

俗话说：江山易改，本性难移。但综观其一生，正如《宋史·欧阳修传》所评价："天资刚劲，见义勇为，虽机阱在前，触发之不顾。放逐流离，至于再三，志气自若也。"正因为如此，秉持良知、坚持真理的欧阳修在踏上仕途不久，即以前瞻的意识，执笔著论，为大宋王朝，也为后来的政界官场、世俗社会，划化了一条忠奸成败、义利是非的分界线——《朋党论》。

欧阳修撰写的政论雄文《朋党论》，缘起于声誉卓著的一代名臣廉吏范仲淹。

宋仁宗景祐二年（1035年），范仲淹权知开封府，因不满宰相吕夷简擅权营私，便将京官晋升关系绘成《百官图》进殿呈上，并写成《帝王好尚论》《选任贤能论》《近名论》《推委臣下论》四论，口诛笔伐之。吕夷简怒火中烧，觐见宋仁宗，当庭指责范仲淹"越职言事，荐引朋党，离间君臣"。范仲淹被贬出朝，知饶州。朝中年轻官员余靖、尹洙、欧阳修愤而为范仲淹鸣不平。

范仲淹以言事被贬，在京朝臣多方施救，唯独司谏高若讷以为当黜，并诋毁范仲淹的为人。欧阳修为之愤怒，激扬文字，写成《与高司谏书》，"贻书责之，谓其不复知人间有羞耻事。若讷上其书，坐贬夷陵令"。

也就在此前后，欧阳修与尹洙、余靖等青年俊臣皆以忠直敢言，被朝中守旧派"目之曰'党人'。自是，朋党之论起"。

宋仁宗庆历三年（1043年），宰相吕夷简因私自篡改富弼出使辽朝的国书，被迫辞职。宋仁宗更用大臣，由改革派支持的资深大臣杜衍继任宰相，范仲淹任参知政事（副宰相），富弼、韩琦等新锐皆入列重臣。同时，增补谏官，用天下名士，欧阳修被推为其中之首，知（主管）谏院。

犹如江河海洋的潮涨潮落，必然会涌起澎湃激浪，政坛新旧势力的此消彼长，也必然伴随着风云激荡。

宋仁宗为此心中深感疑虑，曾不断与新、旧派主要人士进行会商。这时，在仁宗朝被认为最有学问的官员欧阳修，便向皇帝进献了那篇不朽的政论名作《朋党论》，对当时的党争作了详细分析。

臣闻，朋党之说自古有之。惟人君幸辨其君子、小人耳。大凡君子与君子，以道同而为朋，小人与小人，以利同而为朋，此自然之理也，然臣谓小人无朋，惟君子则有之，其故何邪？

小人所好者，禄利也，所贪者，财货也。当其同利时，暂相党引以为朋者，伪也。及其见利争先，或利尽而交疏，则反相贼害。其虽兄弟亲戚，不能相保，故臣谓小人无朋，其暂为朋者，伪也。

君子则不同，所守者道义，所行者忠信，所惜者名节。以之修身，则道同而相益，以之事国，则心同而共济，终始如一，此君子之朋也。故为君者，但当退小人之伪朋，用君子之真朋，则天下治矣。

上述文字，有识之士读之，无不承认，这是一篇持论见智、鞭辟入里的精彩政论文章，所以传之不朽。

自西周初年周公创制礼乐，华夏文明修成礼仪之邦，中国即为一个崇尚道德的国度。一句治世格言"礼不下庶人，刑不上大夫"（《礼记·曲礼上》），说明的是中国古代官场特有的政治生态：在高于普通民众阶层的统治者阶层，维系其秩序稳定和正常运行的力量，不是法制，而是礼制。当初周公制定这条国家大法很可能兼顾到了人性善、恶两方面因素，以为士大夫以上的社会精英具备了起码的道德水准，其人性已然向善，只需用礼仪加以约束，亦即《荀子·富国篇》的观点"由士以上，则必以礼乐节之"。

经过两千多年演进，到了两宋时代，理学大师朱熹更进一步将"礼不下庶人"阐发为周公"制作礼乐，……而使天下后世修身齐家治国平天下者，皆得以取法焉"。这其实也是对一个理想的士大夫（正人君子）的标准要求——"格物、致知、正心、诚意、修身、齐家、治国、平天下"。这样的士大夫，就是欧阳修所说"以道同而为朋"的君子，舍此，则是"以利同而为朋"的小人。欧阳修《朋党论》的立据，正在于此。

有了上述分析，再来看欧阳修区分小人与君子的标准——小人，好利禄，贪财货；君子，守道义，行忠信，惜名节。写作《朋党论》的目的则是"故为君者，但当退小人之伪朋，用君子之真朋，则天下治矣"。

欧阳修正是一位"守道义，行忠信，惜名节"的君子，才使自己成为丹青有誉的历史名人。

三朝宰相的社稷之臣韩琦，如此评价好友欧阳修："公之进退，远迈前贤。合既不苟，高惟戒颠。"（《韩魏公集·祭欧阳文忠公文》）

欧阳修因反对"青苗法"，被王安石视作政敌，且被斥责为"如此人，在一郡则坏一郡，在朝廷则坏朝廷"。但在欧阳修辞世时，最有深度、最有高度，也是最精彩的祭文，恰恰是王安石撰写的《祭欧阳文忠公文》：

夫事有人力之可致，犹不可期，况乎天理之溟漠，又安可得而推！惟公生有闻于当时，死有传于后世，苟能如此足矣，而亦又何悲！如公器质之深厚，知识之高远，而辅学术之精微，故充于文章，见于议论，豪健俊伟，怪巧瑰琦。其积于中者，浩如江河之停蓄；其发于外者，烂如日月之光辉。其清音幽韵，凄如飘风急雨之骤至；其雄辞闳辩，快如轻车骏马之奔驰。世之学者，无问识与不识，而读其文，则其人可知。

呜呼！自公仕宦四十年，上下往复，感世路之崎岖；虽屯邅困踬，窜斥流离，而终不可掩者，以其公议之是非。既压复起，遂显于世；果敢之气，刚正之节，至晚而不衰。

方仁宗皇帝临朝之末年，顾念后事，谓如公者，可寄以社稷之安危；及夫发谋决策，从容指顾，立定大计，谓千载而一时。功名成就，不居而去，其出处进退，又庶乎英魄灵气，不随异物腐散，而长在乎箕山之侧与颍水之湄。然天下之无贤不肖，且犹为涕泣而歔欷。而况朝士大夫，平昔游从，又予心之所向慕而瞻依！

呜呼！盛衰兴废之理，自古如此，而临风想望，不能忘情者，念公之不可复见而其谁与归！

白寿彝总主编《中国通史》也对欧阳修给予了很高的评价："欧阳修的作风是正派的。为人处世，刚正不阿。为了国计民生，敢于直言极谏，不怕贬官，不避刑戮。骂高若讷，驳吕夷简，其意气之盛，至今令人神往。及遭陷害，力请辩诬，襟怀坦然，难进易退。"

秉持君子的"名节操守"，欧阳修可以为自己赢得青史留名；持论见智、鞭辟入里，欧阳修可以用《朋党论》为皇帝指明何者为君子、何者为小人。无奈的是，他左右不了皇帝的意志，不能确保皇帝重用君子、弃用小人。在他进呈给宋仁宗《朋党论》两年后，庆历五年（1045年），范仲淹、杜衍、韩琦、富弼等相继被罢朝官，外放各地，北宋历史上第一次维新变法——"庆历新政"宣告失败。此时，在外地任河北都转运使的欧阳修闻讯，慨然上疏《论杜衍、范仲淹等罢政事状》：

杜衍、韩琦、范仲淹、富弼，天下皆知其有可用之贤，而不闻其有可罢之罪，自古小人谗害忠贤，其说不远。欲广陷良善，不过指为朋党，欲动摇大臣，必须诬以颛权，其故何也？去一善人，而众善人尚在，则未为小人之利；欲尽去之，则善人少过，难为一一求瑕，唯指以为党，则可一时尽逐，至如自古大臣，已被主知而蒙信任，则难以他事动摇，唯有颛权是上之所恶，必须此说，方可倾之。正士在朝，群邪所忌，谋臣不用，敌国之福也。今此四人一旦罢去，而使群邪相贺于内，四夷相贺于外，臣为朝廷惜之。

将《论杜衍、范仲淹等罢政事状》与《朋党论》并置一读，更可看出欧阳修为使"贤者居其位"以求"天下治"的一片公心。倘若宋仁宗和后来的皇帝皆如欧阳修所愿，"退小人之伪朋，用君子之真朋"，何患天下不治、王朝不长久？

惜哉，在封建人治的专制时代，"选贤与能"只是儒家倡导的一种政治祈愿。圣皇昏君代际尚且无定数，君子小人朋党之争亦岂能休止，是非曲直，殊难定论。一旦小人之利益朋党占了上风，奸佞当道，一个再强大、再繁荣的王朝也会不可避免地走向衰败、覆亡。从这个意义上讲，欧阳修的《朋党论》点明了北宋王朝由盛转衰、九帝而覆亡的症结所在。

文明的沦落：从朋党之争到吏治崩坏

《诗经》云"无党无偏，王道荡荡"，大致上只能视为封建时代一个政治理想。

北宋的朋党之争风潮，起始于欧阳修步入政坛之初，而见诸于范仲淹、吕夷简之间的政坛角逐。

作为一个专注于内、以和平建设为基调的封建王朝，权力的谋取、财富的积累、利益的占据必然导致宫廷的内斗、朝臣的党争。北宋初期三位皇帝宋太祖、宋太宗、宋真宗大抵算得上仁慈，御臣以德，朝臣之间的争斗亦大抵算得上温和，虽然出现了刚直不阿、功高盖世的宰相寇准先后遭佞臣王钦若谗言、丁谓陷害，远贬雷州的悲剧，但更多的时候还是一派君臣和睦、贤能列朝的承平气象，涌现出"太平三宰相"吕蒙正、吕端、王旦和"真圣人"李沆等历史名相。进入北宋中期仁宗朝，宋辽兵燹消弭，中原皇朝日益稳定，经济社会更趋繁荣，杜衍、范仲淹、欧阳修、韩琦、富弼、文彦博等一批俊彦贤达登上政治舞台，光彩耀世，标志着北宋王朝进入全盛时代。这时，两个不同凡响的政治人物的碰撞，拉开了北宋朋党之争的序幕。

话还要从北宋第一位科举状元吕蒙正说起。

吕蒙正考中状元后，终于脱离了贫寒阶层，这位刘相爷的乘龙快婿从此平步青云，几年内就荣升参知政事，其后在宋太宗、真宗朝三度为相，荣名、地位之显赫，一时无人能出其右。值得称道的是，这位乞儿出生的达官贵人丝毫没有显摆、跋扈，始终以君子坦荡荡的为人，秉持正义，恪守良知，借此报效他所在的朝廷、社会。

吕蒙正最为世人称道的是他对人才的举荐。宦海悬帆数十载，吕相公对朝中百官和各方人士之品性、才智了然于心，把一些贤德才俊之人汇成一册，一旦有合适的机遇，随时从中遴选、举荐。

除了戏剧《彩楼记》，吕蒙正还给世间留下了两个美谈故事。

选贤不避其穷。富弼亦是贫寒出身，吕蒙正识人有智，一见富弼，确定他有宰相之器，遂不避其为寒庶之子，让他与自己的儿子一起念书，照顾有加。富弼后来果然不负所望，两度拜相，终成北宋一代名臣。

举官不避其亲。宋真宗大中祥符年间，吕蒙正已退休，居家养病。一天，宋真宗御驾莅临，慰问德高望重的吕蒙正。为表示对这位老臣的皇恩浩荡，宋真宗关切询问："你有哪个儿子可堪大用？"吕蒙正坦诚回答："我的儿子都不堪重用，只有现任颍州推官的侄子吕夷简是个宰相之才。"吕夷简由此为最高当权者所知，其后受到真宗、仁宗两朝皇帝重用，当真成了吕蒙正所期许的宰相。叔侄二人联翩拜相，位极人臣，吕氏家族一洗寒门羞涩，荣忝贵胄之列。吕夷简更是权倾一时，主管中书省二十年，是北宋建朝以来任职最长的宰辅，而且大量拔擢私人党羽，成了世袭贵胄、官僚集团的领袖人物。

就在吕夷简自鸣得意"满朝紫绶悉出其门"之时，他碰到了一个最廉直、刚毅的政坛对手——范仲淹。

范仲淹，对于古往今来的中国人来说均不陌生，尤其是他的名言"先天下之忧而忧，后天下之乐而乐"实在太著名了。

在我看来，生在文治风行、政治清明的北宋前中期，实在是中国历史上读书人靠"知识改变命运"的最幸运的时代。出身寒苦的范仲淹和欧阳修，就是这一时代中最成功的幸运儿。

范仲淹（989年－1052年），字希文，苏州人，两岁丧父，母亲带着蹒跚学步的他改嫁淄州长山（今山东邹平）的朱文翰，为他改姓朱，名说。朱家虽是山东富户，但作为养子的范仲淹境遇不佳，人生清苦，因看不惯朱家兄弟们奢侈浪费，规劝他们生活节俭一些，不料反遭训斥："我们花的是朱家的钱，管你何事？"经此一辱，范仲淹才从旁人口中得知自己的身世，遂发愤自强，离开朱家，赴南京应天府（今河南商丘）书院求学。寄宿书院期间，范仲淹昼夜苦读，生活极其艰苦，"冬月惫甚，以水沃面；食不给，至以糜粥继之，人不能堪，仲淹不苦也"（《宋史·范仲淹传》）。

在应天府书院读书的同窗学友，不乏富家子弟。其中一位同学的父亲得知了范仲淹境况，深为感动，派人送来很多饭菜，但范仲淹始终未尝一口。望着长期忍饥挨饿身体羸弱的范仲淹，同学大为不解，问他为什么不吃？范仲淹回答："我并非不知感激之人，只是我已习惯了清苦生活，如果我享受了这些丰盛的饭菜，以后还能吃得下稀粥吗？"

艰辛岁月，人生磨砺，成就了日后光宗耀祖、前程远大的范仲淹。

宋真宗大中祥符八年（1015年），范仲淹进士及第，出任广德军司理参军。两年后，改任亳州集庆军节度推官，上表恢复姓范。踏上仕途的范仲淹以居官清廉、政绩突出而驰名官场，很快被调回京城任职。1036年，时任权知开封府的范仲淹不满宰相吕夷简擅权营私，将京官晋升情况绘成《百官图》上呈皇帝，与守旧派公开叫板。吕夷简在宋仁宗面前指责其"越职言事，荐引朋党，离间君臣"，范仲淹被罢京官，出为饶州（今江西波阳）知州。欧阳修认为"希文平生刚正，好学通古今，其立朝有本末，天下所共知"，连写《与高司谏书》《朋党论》，声讨吕党，为范仲淹鸣不平。自此，在温情"文治"大纛之下如薄雾萦绕若隐若现的北宋新、旧党派之争，进入对垒交锋的公开博弈阶段。

庆历三年（1043年），新党（改革开明派）赢得上风，宋仁宗任命范仲淹、韩琦为枢密副使，七月，又任命范仲淹为参知政事，以期尽快促成"庆历新政"。九月，范仲淹上《十事疏》，从"明黜陟、抑侥幸、精贡举、择官长、均公田、厚农桑、修武备、减徭役、覃恩信、重命令"十个方面，提出了系统的改革方案。其中，择官长是"庆历新政"的重点，也是新、旧势力关注的焦点。继范仲淹上呈《百官图》后，朋党之争再起波澜，"按察使多所举劾，人心不自安，任子恩薄，磨勘法密，侥幸者不便，于是谤毁浸盛，而朋党之论滋不可解"（《续资治通鉴长编》卷一五〇）。

面对朝臣之间朋党争斗渐趋炽烈，性情敦厚仁慈的宋仁宗殊为忧虑。他诏令范仲淹入宫廷议，是否采取措施，严禁结党营派扰乱朝政。范仲淹直言不讳说出自己的观点：自古以来，物以类聚，人以群分，正派与邪派的人同在朝廷为官，未尝不是各树一个党派，党同伐异，以相对抗，这种现象不用禁，也禁不了。由此可见，范仲淹虽然在秉持正义之时刚毅果敢，但其本性亦是一位严以律己、宽以待人的君子，不忍将政敌赶尽杀绝。

所以，他在"庆历新政"期间遭到守旧派官僚激烈反对，尤其是夏竦施展诡计，仿造富弼的笔迹拟定一份废除皇帝的诏书，欲置富弼、范仲淹等革新派主帅于死地。范仲淹深感政治形势险恶,以西夏边防危机为由,主动请辞参知政事,出任陕西及河东宣抚使。

随后一段插曲,让后人领略了北宋中期两位政治人物的君子风范。

在赴任途中,范仲淹礼节性地拜访了以太尉荣衔任官郑州的前宰相吕夷简。这位前政敌见范仲淹突来造访,大吃一惊,急忙问道:"希文老弟,你为何离开京城?"范仲淹坦诚作答:"西夏边防紧迫,暂时抽身经略陕西、河东两路,等边防稳定,我便再回京城。"吕夷简不愧为政坛元老,点拨说:"你既已离开了,那些反对你的人怎么会让你再回去呢?经略边防,亦可在京城朝中遥控指挥,何必亲自前往,远离朝廷中枢,失去决策权?"范仲淹一听,此话有理,为之敬佩不已。

这段插曲颇能说明北宋前期政坛人物的特征。吕夷简,乃一老谋深算的守旧派元老、领袖,史称他以"儒学起家,位列辅弼。仁宗之世,天下承平,因时制宜,济以宽猛,相臣预有力焉",具备了一名政治家应有的智识、风范,对范仲淹推行新政、改革时弊的愿望内心是认同的,对前来造访的范仲淹给予真心指教。从一定意义上讲,两人之间的矛盾冲突,有君子之争的特征。

这种缘于义利且政见相左而引发的朋党之争,在接下来的王安石、苏轼、司马光等人之间演绎得更加鲜明。

如果说王安石是中国历史上最著名的人物之一,相信世间无人对此持有异议。憎恨王安石的人,可以借苏洵之名,泡制出另一篇《辨奸论》,将他描绘成"衣臣虏之衣,食犬彘之食,囚首丧面而谈诗书",可谓极尽丑化之能事;赞美王安石的人,可以有梁启超先生这等大学者赞美诗一般的称颂:"其德量汪然若千顷之波,其气节岳然若万仞之壁,其学术集九流之粹,其文章起八代之衰,其所设施之事功,适应于时代之要求而救其弊……若乃于三代以下求完人,惟公庶足当之。"而作为一名严谨求实的历史学家,吕思勉先生在《白话本国史》里对王安石的评说,竟也洋溢着抒情的色彩:"王荆公是我国有数的政治家,怕也是世界有数的政治家……这种伟大人物的精神和人格,是不可以不天天'心向往之'的。讲史学的人,总说历史有裨益于修养,我说历史的有裨益于修养,无过于看王荆公这一种人物的传记了。"

从王安石人生事业最高潮的"熙宁变法"算起，往事已越九百年。今天，我们依然可以感受到这位"中国11世纪伟大的改革家"（列宁语）之于中国历史的重要性。青苗法、募役法、均输法、市易法、农田水利法、方田均税法、保甲法、将兵法、保马法、设军器监、整顿教学、改革科举制度，凡此种种，涉及国家稳定、繁荣、强盛、持久的各个领域，于今仍不失其借鉴作用。在我看来，能筹划这样一整套治国、强国方略的人，在中国古代惟王安石一人而已。

其实，作为中国历史上最著名的人物之一，王安石留给历代国人最重要的印象，是一个政治人物，同时还是一位直道君子、才学高人。正如"苏门四学士"之一黄庭坚对王安石的评价："视富贵如浮云，不溺于才利酒色，一世之伟人。"

历史上的王安石，是个心底无私且耿介直诚、敢于作为的人，这就不免使他轻信于人，又极易树敌，并因此严重影响到了他的改革大业。但从王安石的内心看，他又是一位孙中山、鲁迅那样充满民主和博爱意识的人——他没有真正憎恨过任何一个人，可以原谅任何有悔意的罪人，包括由他一手提携又欲置他于死地的奸臣吕惠卿、章惇之流。对曾经是"熙宁变法"对立者的欧阳修、苏轼，他始终胸怀着敬意、爱心。在欧阳修逝世时，王安石以一篇蕴寓深情的《祭欧阳文忠公》悼文，沾盖包括苏轼在内的北宋所有文人，从文章、功业、气节方面给予欧阳修最动人、最崇高的评价。在苏轼横遭"乌台诗案"性命攸关之际，是王安石向宋神宗进了一句"岂有圣世而杀贤士乎？"的忠言，让苏轼被赦成为可能。

1074年，因为反对变法势力的上下阻挠，加之宋神宗态度动摇，爱子王雱遽逝，病体久拖的王安石悲伤不已，再次上书，毅然请求辞相，南下江宁（今江苏南京）养病。

从此，弃政离官的王安石开始全身心地投入到精神世界的探索之中。主政时期的王安石，文章已卓然成大家，奇崛劲健、瘦硬峻峭的文风在中国文坛独树一帜。而这时他的诗词创作，则在心灵回归自然的追求中升华到了至纯至美的境界。

《书湖阳先生壁》（茅檐长扫静无苔，花木成畦手自栽。一水护田将绿绕，两山排闼送青来）一诗写尽田园怡人、绿水环抱、青山送翠的旖旎景致。

《渔家傲》（平岸小桥千嶂抱，柔蓝一水萦花草。茅屋数间窗窈窕，尘不到，时时自有春风扫）一词惟其质如涧溪，品若幽兰，无一点尘浼，方有如此童心笔致。

心中无一点尘浼，使得王安石愈显人性的可贵。在他的居所半山园至钟山、金陵城之间，乡民们经常可以看见这位两度出任宰相的重要人物身穿野服骑着一头毛驴，或手不释卷，或诵读不怠，或坐于松石下休息，或随意走进田野农舍聊天。

从锐意变革的"千门万户曈曈日，总把新桃换旧符"，到淡泊明志的"静爱竹时来野寺，独寻春偶过溪桥"，沿着王安石的心路旅程，我们看到一个以"达则兼济天下，穷则独善其身"为天下楷模的文化人从历史的深邃中清晰地走来。

在这期间，随着苏轼的到来，"唐宋八大家"之中最著名的政治家和最著名的文化人"相逢一笑泯恩仇"，在江南文化粹集之地——六朝古都金陵（时称江宁），为中华文明增添了风雅绚美、君子风范的历史篇章。每每览之，以为"荆公、东坡之会"，其人性修为、文化蕴涵，更胜于名噪历史的东晋"兰亭雅集"、北宋"西园雅集"。

苏轼与王安石之间的矛盾，缘于君子对"和而不同"的坚守。

对政治家的王安石的认识，最佳视角应是从"熙宁变法"前后进行观读。

熙宁二年（1069年）二月，宋神宗任命王安石为右谏议大夫、参知政事。王安石上《辞免参知政事表》，神宗不受，遂再上《除参知政事谢表》表达心声："远斁经国，虽或愧于前修；直道事君，期不隳于素守。"当王安石以辅相身份登上朝堂，神宗直谕："人皆不能知卿，以为卿但知经术，不晓世务。"王安石作答："经术正所以经世务，但后世所谓儒者，大抵皆庸人，故世俗皆以为经术不可施于业务尔。"神宗追问："然则卿所施设以何先？"王安石对答："变风俗，立法度，最方今之所急也。"（《宋史·王安石传》）

"变风俗，立法度"，简短六字，一语中的，抓住了扭转北宋王朝百年以来积弱积贫局面的关键。

应该看到，在熙宁二十多年前的宋仁宗时代，范仲淹推行"庆历新政"，其中"明黜陟、抑侥幸、精贡举、择官长、覃恩信"等，亦旨在扭转沿袭数十年不良政策、风俗。王安石所指"变风俗"，当是对这位模范前辈倡导"新政"的重申。至于"立法度"，从王安石随后推出一系列变法条例来看，这位"王荆公"不愧为一位晓世务、有理论、有政能的杰出改革者。至于"熙宁变法"最终失败，则是由于最高权力的掌控者宋神宗意志不够坚定，没有秦孝公的顽强毅力和雄才大略；变法的倡导、推行者王安石，察人不善，用人不淑，其性格上未若商鞅寡情、苛酷，执法不严，到后来迫于旧势力的压力最终放弃了变法。

再来看苏轼。苏轼以文学上的才华和成就赢得举世赞赏，而究其经历，则大半生起伏、坎坷，多与王安石的变法有关联。

年纪轻轻的苏轼，一考中第，科场得意，自感才华四溢，岂能为"激扬文字"所羁绊？于是乎，一生未改"书生本色"的苏轼，每每从天真的心底涌起政治的冲动，一次又一次被裹进人事是非的漩涡，载沉载浮，不能自辩、自拔。这既是苏轼的人性可爱之处，也是他的人生多难之悲。

苏轼为人的特点之一，是好发议论。表现在政论上，观点幼稚，多显偏颇。在苏轼看来，"天下之所以不大治者，先在于任人，而非法制之罪也"（《策略三》）。以此为出发点，在王安石被任命为参知政事的熙宁二年（1069年），苏轼作《上神宗皇帝书》以阐发自己的道德救国之论：

国家之所以存亡者，在道德之浅深，不在乎强与弱，历数之所以长短者，在风俗之厚薄，不在乎富与贫。道德诚深，风俗诚厚，虽贫且弱，不害于长而存。道德诚浅，风俗诚薄，虽强且富，不救于短而亡。

如此发发空谈、议论也就罢了，偏偏以青年才俊驰誉的苏轼这时还是一个不依不饶的执拗之人。他先是反驳王安石以经义策论取代诗赋的科举考试办法，认为"自唐至今，以诗赋为名臣者，不可胜数，何负于天下，而必欲废之"（《议学校贡举状》），接着发泄对宋神宗重用变法派的不满，"陛下生知之性，天纵文武，不患不明，不患不勤，不患不断，但患求治太急，听言太广，进人太锐"（《宋史·苏轼传》）。如此大胆地揶揄、指责"一言而为天下法"的皇帝，已是过激了。

剑胆琴心，是对真文人的一大美誉。现实中，剑胆琴心的真文人对政治的认识是肤浅的，对形势的变化是迟钝的。苏轼亦如此。并未觉得自己已闯祸的苏轼似乎意犹未尽，继而又作《再上皇帝书》，对"熙宁变法"进行全面攻击："陛下自去岁以来，所行新政，皆不与治同道。立条例司，遣青苗使，敛助役钱，行均输法，四海骚动，行路怨咨……今日之政，小用则小败，大用则大败，若力行而不已，则乱亡随之。"

你看，苏轼在这里所用的语言是否可以称得上刻薄、诅咒？如此一而再、再而三的过激行为，不惹下"乌台诗案"牢狱之灾才怪。即便如此，当时被苏轼视为政敌的王安石还是在皇帝面前说了一句公道话、心里话——"岂有圣世而杀贤士乎？"这就是能置身政治之外的王安石，一个彰显人性光辉的真君子！

在我看来，苏轼的切责和王安石的宽仁都是可以被理解、被包容的。因为，他们都是坚持自己的真君子——苏轼，是对真情、人性的坚持；王安石是对理想、真理的坚持。坚持做真君子，让苏轼、王安石这两个曾经的政敌最终走到了一起。

元丰七年（1084年）三月，历经"乌台诗案"劫难被贬黄州等地的苏轼迎来了人生转机，接到了量移汝州之敕令，六月底途经金陵。王安石自熙宁九年（1076）十月第二次罢相，一直退居金陵，忽闻佳篇迭出、文名更盛的"东坡先生"前来拜会，欣然相迎。

据说，苏东坡舟到金陵时，王安石便服乘驴，到岸边来看他。东坡未戴冠巾即出迎作揖道："轼今日敢以野服见大丞相。"王安石大笑道："礼岂为我辈设哉！"唐代杜牧有诗云"大抵南朝皆旷达，可怜东晋最风流"，此时的苏、王二人，名士风度，超迈六朝。

苏轼的金陵之旅，逗留逾月。此间，苏轼经常与王安石在一起优游闲饮、赋诗酬唱，相处融洽。南宋学者王象之编纂《舆地纪胜》，引用绍兴年间刻本《皇朝类苑》，为北宋两位大文豪的金陵之会留存了一页珍贵资料："元丰中，王荆公在金陵，东坡自黄北迁，日与公游，尽论古昔文字，闲则俱味禅悦，公叹息谓人曰：'不知更几百年方有如此人物！'"

自古文化圈中人流行一句谦邀之辞——"以文会友"，大文豪亦不能免俗。在金陵，苏轼曾酬和了王安石的四首诗，总题名《次荆公韵四绝》。

王安石原作如下：

午阳宽占一方苔，映水前年坐看栽。
红蕊如嫌尘染污，青条飞上别枝开。
酴醾一架最先来，夹水金沙次第栽。
浓绿扶疏云对起，醉红缭乱雪争开。
北山输绿涨横陂，直堑回塘滟滟时。
细数落花因坐久，缓寻芳草得归迟。
故作酴醾架，金沙只漫栽。似矜颜色好，飞度雪前开。

苏轼次韵四首：
青李扶疏禽自来，清真逸少手亲栽。
深红浅紫从争发，雪白鹅黄也斗开。
斫竹穿花破绿苔，小诗端为觅桤栽。
细看造物初无物，春到江南花自开。
骑驴渺渺入荒陂，想见先生未病时。
劝我试求三亩宅，从公已觉十年迟。
甲第非真有，闲花亦偶栽。聊为清净供，却对道人开。

晚年的王安石，舍"唐宋八大家"文论而潜心诗词。"数间茅屋闲临水，窄衫短帽垂杨里。花是去年红，吹开一夜风。梢梢新月偃，午醉醒来晚。何物总关情，黄鹂三两声"（《菩萨蛮》），神来妙笔，逸品珠翠，俯拾即是。王安石的诗歌创作成就尤高，竟至获得"虽作宰相，终为诗人"（《石遗室诗话》卷十七）的评价，更以"七绝圣手"载誉世间，在宋代甚至整个文学史上，都少有人及。上列"细数落花因坐久，缓寻芳草得归迟"二句，精雅绝伦，向为世人叹赏，自然压倒苏轼次韵和诗。因之，王安石夸赞苏轼是"不知更几百年方有如此人物"，但在苏轼的内心，则是对王安石的深长敬佩。

时隔三月，苏轼行旅真州，忆金陵之会，作《与王荆公书》以寄悠悠情思："近者经由，屡获请见，存抚教诲，恩意甚厚。别来切记台候万福。某始欲买田金陵，庶几得陪杖履，老于中山之下。"无奈，当时的苏轼尚为戴罪之身，与王安石一同逍遥林下，只能是临风惆怅的愿景。

这种敬佩，还影响到了苏轼的学生。"苏门四学士"之一黄庭坚对王安石的评价是"视富贵如浮云，不溺于才利酒色，一世之伟人"。

从君子之争到君子之交，苏轼、王安石的往事，均化作为古今流传的人间美谈。

同为君子，王安石与司马光之间的争斗却以后世为之扼腕叹息的悲剧收场。

正如台湾学者陈文德《北宋帝国危机生存》书名所揭示，北宋的朋党之争缘起于这些正直忠臣对王朝面临和陷入的内外危机的担忧。

思想的担忧随之而来的是行动的担当。司马光与王安石为同一时代的历史人物，都曾入主宫廷文苑，官拜翰林学士；都坐到了宰相的高位，一个封爵"荆国公"，一个封爵"温国公"；都以拯济国危、民困为己任，也就是司马光所说的"光与介甫趣向虽殊，大归则同。介甫方欲得位以行其道，泽天下之民；光方欲辞位以行其志，救天下之民，此所谓和而不同者也"（《与介甫第一书》）。

和而不同的两位君子，同怀"泽（救）天下之民"之志，本应戮力同心，结成君子同盟，不幸分属于截然对立的两个派别：王安石是改革派的领袖，司马光是守旧派的领袖。到头来，朋党之间唇枪舌剑、你死我活，非但不能拯济苍生，还让奸佞小人乘隙得势，将正人君子一网打尽。从一定意义上讲，北宋之亡，其始作俑者，朋党之争也。作为权重天下的名臣、饮誉天下的君子，司马光难辞其咎。

陈文德在《北宋帝国危机生存》书中是这样评价司马光的：

司马光出身于陕西的名门望族，也是当地有名的财主。他洁身自爱，不求名利，日常生活更是布衣淡饭，极端朴素。司马光比王安石大两岁，但却在同年逝世，所以他真正当宰相掌权的时间很短，而且大部分时间皆卧病在床，说不上有何政绩。他的成名，当是在野党反对的立场及在历史学上的贡献。

看得出，陈文德先生对司马光的评价并不高。然而，一系列文献资料表明，历史上的司马光属于一个非凡人物。

少年之时的司马光，禀赋天纵之才，举止思维已异于常人。《宋史·司马光传》开篇介绍道：

"司马光，字君实，陕州夏县人也。父池，天章阁待制。光生七岁，凛然如成人，闻讲《左氏春秋》，爱之，退为家人讲，即了其大指。自是手不释书，至不知饥渴寒暑。群儿戏于庭，一儿登瓮，足跌没水中，众皆弃去，光持石击瓮破之，水迸，儿得活。其后京、洛间画以为图。民间流传甚广的"司马光砸缸"的故事，即源于此。

司马光不但从小"手不释书"，而且"书不可不成诵，其所精诵乃终身不忘"，下得如此苦功，终成一位博学多才、见识不凡的智者。

一次，宋神宗与司马光廷议人物，司马光表现出了非凡的洞察力和判断力。

宋神宗："王安石这个人如何？"

司马光："很多人批评王安石为人奸邪，其实是不公平的。不过，王安石倒是个不通人情、个性执拗的人。"

宋神宗："那么，吕惠卿又是怎样的人呢？"

司马光："吕惠卿为人真是奸巧，绝非好人。王安石受到朝野上下如此严厉的批评、责骂，都是吕惠卿造成的。陛下近期一直对他破格提拔，岂不是太忽视社会舆论了？"

宋神宗："吕惠卿颇富机智辩才，而且学识渊博，不正是难得的人才吗？"

司马光："诚如陛下所言，吕惠卿的才智与学识都是一流的，但这个人品行不端、心术不正，希望陛下不要轻易下结论，而要谨慎地观察。"

后来的事态发展果然印证了司马光的判断：对王安石祸害最深重的人，正是这位他一手提拔起来的吕惠卿。

史载，宋神宗病逝之后，王安石陷入郁郁寡欢的状况，"每山行，多恍惚独言若狂者"，手指不停挥写"福建子"（吕惠卿为福建人）三个字，痛恨吕惠卿忘恩负义，造成"熙宁变法"失败。

1067年正月，宋英宗崩逝，宋神宗即位。三月，司马光被授予翰林学士。十月，司马光写成《历代君臣事迹》。宋神宗认为这部书"鉴于往事，有资治道"，特赐名《资治通鉴》，并御笔制《序》，面授司马光，令其有成即呈入御览，又赐予颍州府邸藏书两千四百零二卷，助其编纂这部历史巨著。在此后的十九年里，司马光"研精极虑，穷竭所有，目力不足，继之以夜"（《进通鉴表》），这部编年体巨著完成之日，六十六岁的司马光已是耗尽心血之人，"骸骨癯瘁，目视昏近，齿牙无几，神识衰耗，目前所为，旋踵遗忘"。

宋神宗熙宁三年（1070年），王安石推行变法，司马光坚辞枢密副使，外迁西京洛阳，编纂《资治通鉴》。据《宋史·司马光传》记载，在此期间，司马光在洛阳名气甚大，"凡居洛阳十五年，天下以为真宰相，田夫野老皆号为司马相公，妇人孺子亦知其为君实也。帝崩，赴阙临，卫士望见，皆以手加额曰：'此司马相公也。'所至，民遮道聚观，马至不得行，曰：'公无归洛，留相天子，活百姓。'"两宋王朝三百多年历史，朝臣有如此高的盛誉威望，惟司马光一人而已。

宋哲宗元祐元年（1086年），为相仅八个月的司马光病逝，追赠太师、温国公，谥号"文正"，声誉升至极点。此后，新、旧党争愈演愈烈，撒手人寰的司马光在人间的境遇大起大落。宋徽宗朝代"六贼"之首的蔡京擅政之后，撰写《奸党碑》，司马光的名字赫然列入其中。蔡京还下令各郡国皆依其文刻立石碑，以昭示天下。

这时，发生在长安城的一起小事件，为司马光挽回了极大的面子。一位名叫安民的石匠被指派给石碑刻字，他推辞说："我只是一个愚民百姓，不晓得立碑的意思。但我知道司马相公一直被人们称赞正直，今天却说他是奸邪之人，我实在不忍心刻碑啊。"长安当地官员大怒，欲以谋逆罪将其逮捕。这位石匠哭泣着说："被征劳役我不敢不从，乞求不要将'安民'两个字刻在石碑末尾，我恐怕犯下罪孽被后世责骂。"一位普通人的心里话，让听到的人为之惭愧。时间，让"司马光"声名不朽！

司马光不乏人生智慧、学术智慧、思想智慧，以儒家倡导的"格物、致知、正心、诚意、修身、齐家、治国、平天下"为毕生信奉的准则，勤习之，谨守之，实践之，在"格物、致知、正心、诚意、修身、齐家"六大方面，几近臻于完美。但人不是神，司马光也不可能完美。司马光的弱点在于——"我本书生"。本质上，他是一个典型的传统知识分子，缺乏政治智慧、执政能力，却以"舍我其谁"的书生意气投身于"治国、平天下"的社会"大熔炉"，到头来成了"书生误国"的典型。

从浅层现象来看，能完成大部头的通鉴史著，司马光还是具备相当的政治思想的。现实中，司马光也不乏这方面的表现。

宋神宗登基不久，司马光进呈《初除中丞上殿札子》，阐明自己的政治见解:"修身之要有三,曰仁,曰明,曰武。治国之要有三,曰官人,曰信赏,曰必罚。臣为谏官,即以此六言献之仁宗,其后以献英宗,今以献陛下。平生力学所得,尽在是也。"(白寿彝总主编《中国通史》)

司马光的广博智识也助其在边防事物上取得了一些成就。比如,他反对增加边地义勇的人数,指出此非长久之策,特别是朝廷诏令陕西招募义勇二十万人,用虚张声势的办法使西夏震恐,更不可能收到实效。传闻这番主张至辽、夏,两国君臣对司马光仍颇为尊重,"辽、夏使至,必问光起居"。据说,司马光复出为宰相,辽、夏的国主敕令其边吏:"中国相司马矣,毋轻生事,开边隙。"

接下来,从宋神宗熙宁元年(1068年)王安石推行新法开始,积极投身政坛的司马光与王安石激烈交锋,走向(守旧的)历史反面。

司马光以擅长叙述、精辟评论历史著称。《资治通鉴》亦因为司马光"举撮机要,专取关国家盛衰,系生民休戚,善可为法"的史鉴价值而为世人赞许。遗憾的是,为了坚守"祖宗之法不可变"的信念,司马光竟然罔顾历史事实。

一次,司马光以汉初"萧规曹随"为例,与宋神宗当庭辩论是非利害。

司马光先抛出话题,说道:"曹参不变萧何之法,得守成之道,是以孝惠帝和吕太后之时,天下祥和晏然,人民丰衣足食。"

宋神宗不信,反问:"难道说汉朝的皇帝只需守着萧何之法不变也能治理天下吗?"

司马光点头称是,信誓旦旦地解释:"不只是汉朝,夏、商、周三代皆如此。武王克商时表示'仍返商政,政由旧制'。《书经》上也表示'无作聪明乱旧章'。汉武帝用张汤建议,变动高祖之法,而盗贼半天下。元帝改宣帝之政而汉朝转衰。由此可知,祖宗之法不可变也。"

应该说,除了"元帝改宣帝之政而汉朝转衰"这一条,司马光的其他辩述皆有违历史事实。这种固执己见而罔顾事实的思维方式,使曾经充满智慧的司马光丧失客观理性,步入主观唯心主义的迷途。

熙宁三年(1070年),二月二十六日,王安石的变法运动在大宋王朝全境如火如荼进行。司马光坐卧不安,心急如焚,奋笔疾书,写下了三千多字的《与介甫第一书》,力劝"用心太过,自信太厚"的王安石"迷途知返"。

古代的士大夫阶层，讲究的是礼数，注重的是君子。一如儒家先师圣人孔子所言："文质彬彬，然后君子。"士大夫之间的礼尚往来，即使争执失和，也须温和敦睦——"言念君子，温其如玉"。司马光乃一学识渊博之君子，当然懂得士大夫阶层的规矩，是以《与介甫第一书》读来别具一番温情待人、良苦用心的况味。

春暖，伏惟机政余裕，台候万福。光不材，不足以辱介甫为友，然自接侍以来十有余年，屡尝同僚，亦不可谓之无一日之雅也。向者与介甫议论朝廷事，数相违戾，未知介甫之察不察，然于光，向慕之心未始变移也。

想来，当年王安石展卷读之，上述温雅抒情、如沐春风的文字还是能感染其心的。随后的文字更是让读者感到司马光还是一个扬人之美、讲情讲义的君子：

窃见介甫独负天下大名三十余年，才高而学富，难进而易退，远近之士，识与不识，咸谓介甫不起而已，起则太平可立致，生民咸被其泽矣。天子用此起介甫于不可起之中，引参大政，岂非亦欲望众人之所望于介甫邪？

如果仅止于君子之间的揖让、探讨，或许有助于双方以心平气和的方式解决争议。但是，接下来的司马光仿佛变了一个人，他以孔子所说的"君子喻于义，小人喻于利"为依据，使用不容置疑的训导口气，从制置三司条例司到青苗法、农田水利法、募役法，对"熙宁变法"横加指责——"夫侵官，乱政也，介甫更以为治术而先施之；贷息钱，鄙事也，介甫更以为王政而力行之；徭役，自古皆从民出，介甫更欲敛民钱顾市佣而使之"。如此全面否定，司马光仍意犹未尽，罔顾现实危机，以偏概全，将适才拉开序幕的变法视为造孽之行径——"陵轹州县，骚扰百姓者，于是士大夫不服，农商丧业，谤议沸腾，怨嗟盈路"。如此一来，君子之异议，陡然上升为矛盾冲突。

好在此时的司马光一智尚存，复归理性，从一个侧面说明世道之险恶，以此表明他的所作所为都是为了王安石免于察人有误、贻害于己：

彼谄谀之人，欲依附介甫，因缘改法，以为进身之资，一旦罢局，譬如鱼之失水，此所以挽引介甫，使不得由直道行者也。介甫奈何徇此曹之所欲，而不思国家之大计哉。孔子曰："巧言令色，鲜矣仁。"彼忠信之士，于介甫当路之时，或龃龉可憎，及失势之后，必徐得其力。谄谀之士，于介甫当路之时，诚有顺适之快，一旦失势，必有卖介甫以自售者矣。介甫将何择焉？（司马光《与介甫第一书》）

　　据说，王安石读到这段喻示文字时似有心动，默然无语，最终未做答复。

　　司马光并不死心，熙宁三年（1070年）三月三日，再写《与王介甫第二书》，以变法将造成祸害相劝诫："光所言者，乃在数年之后，常平法既坏，内藏库又空，百姓家家于常赋之外，更增息钱、役钱。又言利者见前人以聚敛得好官，后来者必竞生新意，以朘民之膏泽。日甚一日，民产既竭……当是之时，愿毋罪岁而已。感发而言，重有喋喋，负罪益深。"话说到这个份儿上，再不作答复，必给外人以"心虚"之感。况且，君子之道，"来而不往非礼也"，如王荆公这等耿介直臣、翰林名士，岂能坐视其辱？由此，世间遂诞生一页行文简约、义理精赅的千古名篇——《答司马谏议书》。

　　今天，我们可轻易从语文教科书、古文集萃之类选本阅读到《答司马谏议书》，因阅读者不同，获取的感受亦不尽相同。而这篇值得"奇文共欣赏"之处，一定是辉映其中的志士精神：

　　受命于人主，议法度而修之于朝廷，以授之于有司，不为侵官；举先王之政，以兴利除弊，不为生事；为天下理财，不为征利；辟邪说，难壬人，不为拒谏。人习于苟且非一日，士大夫多以不恤国事、同俗自媚于众为善，上乃欲变此，而某不量敌之众寡，欲出力助上以抗之。

　　如此，一个林则徐所期许"苟利国家生死以，岂因祸福避趋之"的前辈伟人形象昂然跃于纸上，映耀古今。

　　王安石以《答司马谏议书》敞开心襟，直抒心志，却不能赢得同为君子的司马光一颗"求同存异"之心。在我看来，其时的司马光已失仁人理性、君子风度，其后的《与王介甫第三书》实在不忍卒读。

　　眼看王安石对自己置之不理，司马光竟然呈上《奏弹王安石表》，对昔日仅称"不通人情、个性执拗"的王安石来了个彻底否定，甚至诋毁。

　　安石首倡邪术，欲生乱阶，违法易常，轻革朝典。学非言伪，王制所诛；非曰良臣，是为民贼而又牵合衰世。文饰奸言，徒有嚚夫之辨谈，拒塞争臣之正论，加以朋党鳞集，亲旧星攒，或备近畿，或居重任，窥伺神器，专制福威，人心动摇，天下惊骇。（司马光《奏弹王安石表》）

"这已经超过正常争议的范围了。"——这是白寿彝总主编的《中国通史》特发的少有的史评。

北宋中期两大名士、重臣之间的争议闹到这个地步，确非国家之福。身为"熙宁变法"的总决策者，宋神宗虽然意志不够坚定，摇摆于新、旧两党之间，但对忠君爱国的王安石始终是不离不弃的。元丰八年（1085年），随着三十七岁的年轻皇帝宋神宗一病而逝，王安石与司马光之间的恩怨也走到了尽头。

1086年，年仅十岁的宋哲宗即位，反对新法的宋神宗之母太皇太后高氏垂帘听政。司马光已年届七十一高龄，奉诏入京。彼时，寓居洛阳十五年著成《资治通鉴》的司马光被天下之民寄予厚望。对司马光了解颇深的苏轼好心提醒他"熙宁变法"有可取之处，不应一概废止。司马光一意孤行，斥责道："先皇所立法度自然不会去改动，但王安石、吕惠卿搞的那些变法却是祸国殃民的，为什么不改呢？再说了，现在是太皇太后执政，太皇太后是先皇的母亲，做母亲的改动儿子的主张，有什么不可以的？"

司马光只做了八个月的宰相（尚书左仆射兼门下侍郎）。宋哲宗元祐元年（1086年），司马光再次得疾卧床不起。当时，青苗、免役、将官之法犹在，而与西夏战和之议未决。司马光忿詈曰："此四大祸患未除，吾死不瞑目。"同年九月，司马光病逝。在这之前，如司马光所愿，王安石所立新法尽废。

宋神宗英年早逝，是对蛰居江宁、诗词为友的王安石的重大打击。万分悲痛之际，王安石以"老臣他日泪，湖海想遗衣"寄托哀悼之情。对王安石更沉重的打击，来自司马光的倒行逆施。新法逐一被废，像是一把把尖刀插进王安石心里。曾经"指点江山"的锐意改革者，如今临风惆怅，椎心泣血。当听到免役法也被废止，王安石悲情难抑，失声痛呼："这是我和先帝（神宗）研究两年之久才颁布实施的。免役法没有任何问题，废不得呀！"但这时，已经没有人愿意倾听一位昔日宰相的唠叨了。

宋神宗病逝的第二年，王安石在江宁（今江苏南京）去世，享年六十六岁。

有宋以来最有名的"君子之争",随着司马光、王安石的离世结束了。但是,由两人引发的新、旧党争并没有结束,甚至日趋激烈,且弥散为朝野上下的意气之争。这一形势的逆转,恰在司马光执政八月的关键期。

为政不易。君子之为政,尤为不易。

当年,司马光以"元祐君子"之盛誉执掌北宋朝政。没有人否认司马光是一位真正的君子。此前,锐意改革的宋神宗亦对司马光尊敬有加,曾公开表示:"倘若司马光随时在我左右,至少可以使我少犯错误。"宋神宗原本有意综合新、旧两党意见,以期戮力同心为国家作贡献,但司马光却一点也不领情,多次抗召辞令,以另一种"皓首穷经"方式,把最宝贵的年华、全部的精力投入到《资治通鉴》的编纂之中,书成之日,已是衰朽之翁,何以再为国家作贡献?是以神宗皇帝一针见血地指出:"司马光虽然为人严谨正直,却迂腐不堪忍受。"

"任贤使能",说来容易,古今为政者达此政坛理想能有几人?以王安石的超凡才智,尚且察人不淑,遂误大业,深以为悔,迂腐的学者型官员司马光又何堪一国之重负?事实证明,在北宋由盛转衰的历史关头,继宋神宗之后当政的太皇太后高氏对司马光以王朝命运相托,可谓用人所非,以致误国。

有道是"旁观者清"。在司马光的旧党群中,不乏对其切中要害的批评者。理学大师程颢认为,司马光自比药中人参、甘草,但这两种药,只能治轻病,重病就无能为力了。元老韩琦评价司马光内阁"才偏,规模浅"。苏辙也认为,司马光才智不足,不可为领导人。朱熹在编纂《宋名臣言行录》时,也指责以司马光为首的这群"元祐党人"一味罢黜新法、排斥新党的作风,是不负责任的愚蠢行为。司马光执政不到一年,几乎只加速了朝政的混乱而已。

以此观之,倘若司马光的才智足以披纷纠乱、拯救斯民,谅不至于让北宋末年的党争愈演愈烈,遂使奸佞之徒有机可乘,坏人当道,乱政肆行,二十余年,北宋大好河山猝然而亡。所以,投身政坛的司马光实属一个"书生误国"的典型。这也是陈文德先生对司马光评价不高的依据。

作为两宋文明中最具代表性的写照,宋词在文学性、艺术性方面将中华文明提升至一个新高度的同时，还将一个经济繁荣、文化发达的两宋王朝全方位地展示给了世界，包括极高的人文素养。当然，还有豪放派的登高悲风、壮怀激烈，及其对历史的追思、家国的忧思、济世的情怀。

在江宁，退出北宋政治舞台的王安石创作了一阕《桂枝香·金陵怀古》，当代文学评论家周汝昌为之赞叹"只此一词，已足千古，其笔力之清遒，其境界之朗肃，两宋名家竟无二手，真不可及也！"其词曰：

登临送目，正故国晚秋，天气初肃，千里澄江似练，翠峰如簇。征帆去棹残阳里，背西风酒旗斜矗。彩舟云淡，星河鹭起。图画难足。

念自昔繁华竞逐。叹门外楼头，悲恨相续。千古凭高对此，谩嗟荣辱。但寒烟衰草凝绿。至今商女，时时犹唱，后庭遗曲。

这一代表两宋名家创作顶峰的不朽之作，可以视为北宋黄金时代君子所追求的人文精神、思想注解。

由此，让我们进入两宋王朝的社会领域和思想领域——在这里，中国历史将与商周、秦汉、隋唐的传统定式相脱节，进入一个漫长的矛盾胶葛、王朝巨变的缓行期。

读史十记

王安石变法：中国发展之路的第三次探索

唯物主义认为：世间一切事物皆有规律可循，否则，人类将陷入不可知论的泥淖而不能自拔，人类也就无所谓进化、进步，人类社会也就无所谓发展、文明。

中华文明源远流长，如此漫长的历史，其脉络之延展、形势之变迁，亦必有规律可循。从政治学的视角看，中国历史总体趋势是"天下合久必分，分久必合"。这也是借助通俗文学对中国社会施以最广泛影响的历史规律。

如果仅仅是一句"天下合久必分，分久必合"，便能把握中国历史的规律，倒也是好事——因为，经验告诉我们，一旦掌握了规律，人们就有了改造自然和社会的能力，进而让事物朝着有利于自身的方向发展。对祈愿社会进步、文明的人来说，当然不愿看到"合久必分，分久必合"现象的重复出现——毕竟，国家的分裂意味着动乱、灾难。如果"合久必分，分久必合"是中国历史的发展规律，我们情愿排斥这样的"规律"，我们更愿意将这一肤浅的"规律"看作一种历史现象，从中求索出契合中国历史的真正规律。

那么，我们掌握了中国五千年历史发展的规律了吗？

中华文明是自我创造、兼容并蓄、自成一体的东亚轴心文明，儒家所言"尽广大而致精微，极高明而道中庸"绝非一句虚誉。历代先贤对中华文明的枝干分蘖不辞修远，扬榷大端，探幽索微，每有精准之论。

中华文明的显著特征之一是文学和史学的发达，故而，自古迄今涉猎这两大领域的学者不胜枚举，阐述、概论亦不计其数。在文学领域，近现代学者王国维大得西学中用之精髓，登彼泰山，一览众论。《宋元戏曲史自序》曾对中国文学作了规律性总结："凡一代有一代之文学。楚之骚、汉之赋、六代之骈语、唐之诗、宋之词、元之曲，皆所谓'一代之文学'，而后世莫能继焉者也。"此论一出，举世公认，他议皆废。

那么，什么是中国历史之规律呢？

在我看来，一部上下五千年中国历史，其实就是一部走向文明、形成文明的历史。在此文明进程中，中国经历了三次发展道路的重大选择。

第一次：武王克商，周公制礼乐，"礼仪之邦"诞生。这是一次华夏民族告别野蛮、愚昧走上启蒙、文明的胜利。从此，以农耕文明为特征的社会形态占据了华夏大地主导地位。礼乐制度的建立，礼仪规范的推行，奠定了中华古典文明的基础。正是站立于这一基础之上，华夏民族在先秦时代创造了中华文明的第一高峰。对今天的中国来说，"礼仪之邦"依然是我们最为宝贵的精神财富，也是世界始终尊重中国的前提之一。

第二次：汉王朝建立，从汉高祖起始，在反思、修正大秦帝国"严刑峻法"偏差的历史进程中，雄才大略的汉武帝开创"尊儒尚法"封建制度，确立大一统思想，中华多民族统一国家形成。迄于今日，中国的政治格局、中华民族的社会生态，大致未突破这一历史框架、思维定势。

第三次：北宋中期，范仲淹"庆历新政"试水探路，王安石"熙宁变法"风云激荡神州。在中国封建社会的黄金时代，这场从解决封建王朝积弊、危机入手，在政治、经济、文化、军事各个方面实施自上而下变法的运动，试图将中国带上一条不同于以往的"富国强兵"近代化之路。

中华文明自西周礼仪制度确立之后，历经八百年历史演进，以春秋、战国时代"百家争鸣"为标志，其思想的深度、广度在先秦时期达到人类同一时代的领先地步。这也是华夏民族和中华民族得以凝成的灵魂所在、精神家园。此后千秋历史，秦汉统一王朝规制典章、拓土开疆，魏晋南北朝民族大融合，隋唐及北宋王朝开创封建时代盛世，中国作为一个区域轴心文明的缔造者、引领者，又在政治、经济、文化领域达到人类封建时代所能企及的最高程度。也可以这样说，除了封建专制统治的固有通病之外，中国封建社会在北宋时代已臻于成熟。手工业、商业的兴盛，市民阶层的兴起，预示着一个跨越农耕文明的近代社会——工商业时代的临近。

这一封建社会臻于成熟的时期，也是以农耕文明为基本特征的封建社会矛盾集中凸显的时期。

在中国历史上，有两次著名的变法——"商鞅变法"和"王安石变法"

（后来的清末"戊戌变法"其实只是一场浅尝辄止的"百日维新"而已）。这两次变法，都得到了最高当权者——秦孝公和宋神宗的鼎力支持。这两位大变法时期的领袖，都具有封建"明君"的相同本色，他们不但用心政事，而且刻苦自励。据史料记载，神宗从不游猎饮宴、营造宫殿，忙起来更是夙夜在公、废寝忘食。这两次变法，都成就了策动者、执行者——商鞅和王安石。所不同的，商鞅实质上是一个政客、小人，变法成功了，却死得很惨；王安石是一位政治家、君子，变法虽然失败，却得善其终。

今天看来，王安石的变法虽然失败了，但对中国历史的影响、对中国发展道路选择的现实意义，却比"商鞅变法"重要得多。用历史比较学的眼光看，商鞅只是想把秦国改造成斯巴达那样的苛酷、蛮勇之邦，而王安石则是想把宋朝修整成雅典那样的相对公正、幸福之国。

让我们回到那一风云激荡的时代。

北宋仁宗、英宗、神宗，前后跨度六十二年（1023年－1085年），被后世誉为中国封建社会的黄金时代。想想北宋灭亡后，逃到江南的孟元老在《东京梦华录·自序》中对汴京的追忆，那是怎样一个繁花似锦的锦绣家园：

太平日久，人物繁阜。垂髫之童，但习鼓舞，斑白之老，不识干戈。时节相次，各有观赏：灯宵月夕，雪际花时，乞巧登高，教池游苑。举目则青楼画阁，绣户珠帘。雕车竞驻于天街，宝马争驰于御路，金翠耀目，罗绮飘香。新声巧笑于柳陌花衢，按管调弦于茶坊酒肆。八荒争凑，万国咸通，集四海之珍奇，皆归市易，会寰区之异味，悉在庖厨。花光满路，何限春游，箫鼓喧空，几家夜宴？伎巧则惊人耳目，侈奢则长人精神。

这样一个黄金时代、锦绣家园的北宋，怎么可能蒙受"靖康之耻"，沦丧于一个关外半开化的少数族群（女真金人）的铁蹄之下？

是中原王朝无法应对、化解由农业文明衍生的日益深重的社会矛盾和危机，最终导致王朝的崩溃或覆亡。强大的两汉、隋唐王朝，概莫如此；创造了封建社会黄金时代的北宋王朝亦如此，且表现得更为典型。

北宋经济发达的副作用是造成贫富悬殊的加剧，引发了大地主和佃户奴婢间的对立，也产生了以放高利贷剥削人民的官户及形势户。这些副作用，终于造成了仁宗庆历年间新旧派的政治斗争。（陈文德《北宋帝国危机

生存》）

待到神宗即位之时，北宋危机就不仅仅见诸于经济矛盾、权力斗争层面了，"五十多年来国家在契丹及西夏的武力威胁下，以金钱换取表面的和平，但国内的臣民却无丝毫忧患意识，反而利用长期的太平盛世，建立特权阶级，造成严重的贫富悬殊；浮华淫靡的繁荣，掩盖了暮气沉沉的民心。这种种积习，神宗一一看在眼里。"（陈文德《北宋帝国危机生存》）

二十岁的年轻皇帝宋神宗赵顼看到积习危机，"思除历世之弊，务振非常之功"，完成他爷爷宋仁宗的未竟之志，让失败的"庆历新政"转化为成功的"熙宁变法"。

原本，宋神宗对推动"庆历新政"的韩琦、富弼等元老重臣寄予厚望，想借助他们的威望和经验尽快实现富国强兵之目标。讵料，这些曾经的新派锐意人物已演变为因循守旧的暮气官僚。于是，被司马光恭维"独负天下大名三十余年，才高而学富，……不起而已，起则太平可立致，生民咸被其泽"的王安石，成了"熙宁变法"的主角。按照白寿彝总主编《中国通史》中的说法，熙宁二年二月（1069年），宋神宗任命王安石为参知政事，揭开了一场为期十年的变法图治、富国强兵的序幕。

从此，整个宋史绕不开王安石，中国历史绕不开"王安石变法"。

从除弊变法、创新制度方面看，王安石无疑是主导"熙宁变法"最理想的人选。陈文德先生所下结论："王安石的思想完全出于忠君爱民，以当时的环境而言，他的变法也是绝对合理、绝对必需的。无论成败，他都是一个有眼光、有理想、有操守的伟大政治人物"，也是公允、确当的。然而，历史上的王安石却以"熙宁变法"背负了千年恶评。作为"二十四史"之一的官修史书，《宋史·王安石传》结语部分这样写道：

论曰：朱熹尝论安石"以文章节行高一世，而尤以道德经济为己任。被遇神宗，致位宰相，世方仰其有为，庶几复见二帝三王之盛。而安石乃汲汲以财利兵革为先务，引用凶邪，排摈忠直，躁迫强戾，使天下之人，嚣然丧其乐生之心。卒之群奸嗣虐，流毒四海，至于崇宁、宣和之际，而祸乱极矣"。此天下之公言也。昔神宗欲命相，问韩琦曰："安石何如？"对曰："安石为翰林学士则有余，处辅弼之地则不可。"神宗不听，遂相安石。呜呼！此虽宋氏之不幸，亦安石之不幸也。

如果真的如《宋史》所言，王安石就是贻害天下、致使北宋王朝覆亡的元凶了，而真正导致北宋王朝灭顶之劫难的宋徽宗和蔡京之流，倒是可以甩掉其"昏君""奸臣"的千古骂名了。

让我们暂且放下历史人物评骘不表，先以溯本清源、辨析事实的态度，对"王安石变法"做一针对性的探究。

对于研究、认识熙宁变法的是非功过，下列两段文字非常重要：

二年二月，拜参知政事。上谓曰："人皆不能知卿，以为卿但知经术，不晓世务。"安石对曰："经术正所以经世务，但后世所谓儒者，大抵皆庸人，故世俗皆以为经术不可施于世务尔。"上问："然而卿所施设以何先？"安石曰："变风俗，立法度，最方今之所急也。"上以为然。于是设置三司条例司，命与知枢密院事陈升之同领。安石令其党吕惠卿任其事。而农田水利、青苗、均输、保甲、免役、市易、保马、方田诸役相继并兴，号为新法，遣提举官四十余辈颁行天下。

青苗法者，以常平籴本作青苗钱，散与人户，令出息二分，春散秋敛。均输法者，以发运之职改为均输，假以钱货，凡上供之物，皆得徙贵就贱，用近易远，预知在京仓库所当办者，得以便宜蓄买。保甲之法，籍乡村之民，二丁取一，十家为保，保丁皆授以弓弩，教之战阵。免役之法，据家赀高下，各令出钱雇人充役，下至单丁、女户、本来无役者，亦一概输钱，谓之助役钱。市易之法，听人赊贷县官财货，以田宅或金帛为抵当，出息十分之二，过期不输，息外每月更加罚钱百分之二。保马之法，凡五路义保愿养马者，户一匹，以监牧见马给之，或官与其直使自市，岁一阅其肥瘠，死病者补偿。方田之法，以东西南北各千步，当四十一顷六十六亩一百六十步为一方，岁以九月，令、佐分地计量，验地土肥瘠，定其色号，分为五等，以地之等均定税数。又有免行钱者，约京师百物诸行利入厚薄，皆令纳钱，与免行户祗应。自是四方争言农田水利，古陂废堰，悉务兴复。又令民封状增价以买坊场，又增茶盐之额，又设措置河北籴便司，广积粮谷于临流州县，以备馈运。由是赋敛愈重，而天下骚然矣。（《宋史·王安石传》）

两段叙事简练而又如实记录的文字，让读者对"王安石变法"的概况有了认知。这样的事例，是一代代赓续不断的官修史书对国人了解祖国历史的突出贡献。遗憾的是，这类官修史书也存在明显的纰漏——主观与客观分离，事实往往与结果、结论不符。比如，当你通读了上述所列的史料，直观感觉应该是王安石实施的变法举措对国家、社会、经济的运行和发展皆合情、合理、合法，怎么就得出一个"由是赋敛愈重，而天下骚然"的结论呢？

阅读中国古代史书，普通读者往往陷入叙事的汪洋之中随波漂浮，无法辨清历史的真相和航向，更难认知历史发展的规律。所以，古代的历史经由科学洗礼的当代历史研究者阐述，更具"鉴古知今"的历史价值。

作为对上述《宋史·王安石传》两段文字的释读，陈文德先生的观点是明晰的：

王安石变法的整体规划是逻辑井然的。他的目的在于重建国家财政；先以青苗法把农民自高利贷的束缚中救出来；再由募役法向富民收免役钱，以支付贫民的工资，改善农民生活，缩小贫富差距；以市易法消除商人垄断，以充实国家财力，减轻人民负担；以保马法改民兵合一制，解散无用的佣兵；对经济情况改善后的农民，在农闲间施以军训，提升他们保乡卫国的责任感；保马法使战马平日可用在耕作上，战时再转耕马为战马。

以现代经济学观点看，"王安石变法"推行的青苗法、方田均税法、均输法、市易法、免役法等一系列农业、财税等方面政策，类似于计划经济与市场经济相结合的国家治理模式，这也是当今世界大多数国家实施且亦证明是较为成功的国民经济运行方式。在一千年前的封建时代，中国即已开创领先世界的近现代国家发展之路，所谓"伟大的政治人物、改革家"的称号，王安石当之无愧。

以变法实现"富国强兵"之目的看，宋神宗的热切期望，至少在农田水利法、方田均税法、保甲法的实施中初见成效。

据史料记载：农田水利法一经实施，"诸路凡得废田一万七百九十三处，三十六万一千一百七十八顷有奇。"熙宁五年（1072年）八月，王安石公布方田均税法，先行清丈田亩，追查土地真正主人，再按照田亩定税。此后，仅在中原地区，被丈量出来的土地就达二四八万四千多顷，占过去税收的一半以上。可惜，这个政策不但没有越过长江，就连淮河也未曾渡过。如果真能在北宋全境推行此法，不知将增加国家多少税收，"积贫"的局面怎能不改变？"富国"的目标岂能不实现？

北宋一朝，与国家经济"积贫"相伴的，是军事国防的"积弱"。王安石借"将兵法"改革军制，转变北宋自开创期便采用的"兵无常将，将无常师"策略，发挥将帅的直接统治能力及指挥作战能力。同时，停止以往素质低劣的佣兵制，以"保甲法"补充兵员不足。农村中以保、大保、都保三级为单位，各保均设有保长。农民平日从事生产，农闲期间进行军事训练，战时编成军队。"保甲法"首先在开封府推行，渐次推行于京东、京西、河北、河东、陕西五路，再行于江南，总共编制了七百万保丁的民兵部队，在宋神宗熙宁、元丰年间，对维持地方秩序和国防起到了很大的帮助作用。

大宋王朝掌握着七百万亦兵亦民的国防大军，军民团结如一人，试看天下谁能敌？即使不做收复汉唐故土战略攻势，至少可以保持"永久中立国"地位。以七百万兵丁、领先时代的攻防装备和火器，抵御兵力和军备远逊于中原王朝的辽、西夏、金、蒙古少数民族入侵者，岂有连战皆败、王朝最终覆灭之理？如果是这样的话，中国历史和世界历史都将为之改写；唐、宋时代创造了领先世界的中华文明，必将以"尽广大而致精微，极高明而道中庸"的精神与文化特色，为人类文明进程开创更为广阔、和谐的新天地。

然而，这些都是假设！随着"熙宁变法"的失败，新法条例被逐一废止，王安石心中"千门万户曈曈日，总把新桃换旧符"的希望之梦彻底破灭，一个让中国走出农业文明发展瓶颈的历史机遇就此丧失。"逆水行舟，不进则退"，在随后近两百年的时间里，随着金兵践踏汴京，大宋王朝苟且半壁江山；元兵追剿崖山，中原王朝第一次全境沦陷，以汉文化为主体的中华文明上升之势戛然而止，从巅峰时代滑向漫漫七百年的下行期，最终跌入文明停滞的半殖民地半封建的低谷。

今天，我们可以归纳出很多"王安石变法"失败的原因，比如，居于最高统治地位的皇帝宋神宗意志不够坚定、态度摇摆；主导变法的王安石失之察人，致使吕惠卿之流的奸佞小人破坏了变法大业。而在我看来，最主要的原因还在于北宋这样一个文治盛行的王朝有太多的仁慈、软弱，不具备商鞅变法之时秦国执政君臣的刚强、刚猛，甚至是残忍、残酷，无法在法制框架下锻造出一个虎狼之国、一支虎狼之师。再看黄金时代的北宋，皇恩浩荡之下，是"生于忧患"的缺失、"死于安乐"的风行。在这样一个皇权与法制宽松的享乐主义大环境中，如果主导国家形势的当权阶层和既得利益集团看重的是自我利益的得与失，又岂能把王朝和民族的命运放在心上？

陈文德先生也阐述了两方面原因：

其一，市易法。这是比均输法更直接限制商人借垄断以攫取暴利的一种方法。熙宁五年（1072年），名士魏继宗上书朝廷，认为开封物价波动全是大商人的操纵，这种现象如不禁绝，小商人将消失，小市民也必不得聊生。因此，他主张设立专门机构，帮助守法商人，平抑物价。王安石认为此议甚佳，乃制定市易法，并在开封成立"市易处"。

市易处相当于国营商业合作社，其中的职员遴选笃实守法的小商人。商贩资金不足，可用抵押品向政府申请借贷，外地商人的滞销品也可以委托市易处以合理价格代销。这一法规对官商勾结的传统官僚制市场打击极大，因此引发权贵阶层全力反对。王安石第一次下野，即与市易法的实施有很大的关系。

其二，免役法。北宋自太宗以来实施的税制中，以劳役征集的"差役法"不但影响农时，更使中小地主常为运输的差役而破产，这也是农村疲敝的主要原因。因此，王安石全力倡行免役法，对有财力者收取免役钱，雇用工役、支付工资，也使贫困者得到就业的机会。这一做法遭到有财力的官宦、豪强之家大力反对，最终被保守派废止。王安石对这一特权阶级压迫平民的做法悲愤不已，不久便忧愤辞世。

"熙宁变法"的失败，既是王安石的不幸，也是宋朝的不幸，更是中国的不幸。倘若不是这样的结局，大宋王朝不但可能摆脱日益深重的社会危机和民族危机，还可以为后世树立起国家治理和发展的新模式。

随后的历史一再证明，自"王安石变法"之后，权贵阶层和既得利益集团对社会财富贪得无厌的侵占、吞食，造成社会严重不公、贫富悬殊，成了中国历代王朝无法有效破解的最大难题。一个个王朝、政权的覆灭和更替，其中最根本的原因，皆出于此。

作为一名襟怀济世救民理想的伟大政治家，王安石对变法的态度不可谓不坚定,"天变不足惧,人言不足恤,祖宗之法不足守"之政论的出世,不可谓不振聋发聩,甚至以杏花作诗"纵被春风吹作雪,绝胜南陌碾作尘",表达其"虽九死其未悔"的决心,却依然不能扭转变法失败的厄运。在这一过程中,轰轰烈烈的政治经济改革运动逐渐让位于另外一种独具中国文化特色的探索之路——通过国人"格物、致知、正心、诚意、修身、齐家"的自身努力,实现"治国、平天下"的政治理想。这就是宋明理学的诞生。

新儒学：从精神到思想对中国发展之路的再探索

思想，是一个民族的灵魂。有什么样的指导思想，就有什么样的民族生存状态。西周礼乐思想指导下的"礼仪之邦"，使我们的祖先走出人类最初的野蛮、愚昧状态，创立了先秦时代近八百年"礼乐征伐自天子出"的王朝等级组织体系和国家治理模式。汉武帝确立"尊儒尚法"统治思想，标志着中国封建时代国家治理模式的成熟；汉、唐帝国的兴盛与强大，都是这一软、硬实力相结合的产物。

那么，大宋王朝奉行怎样的治国之道？

北宋法治实践随"熙宁变法"的失败而失败。南宋一百四十余年，总体上政治黑暗，历史有名的奸人秦桧、贾似道、史弥远之流相继粉墨登场，内忧外患相伴始终，王朝存活已属不易，更何况"西湖歌舞几时休""直把杭州作汴州"奢靡享乐之风一直占据了统治阶层的主流意识，又岂是陆游、辛弃疾、文天祥、陈亮这几位爱国文人、士大夫所能扭转乾坤？所谓"垂意律令"，只是有道德修为的士大夫自相"慎独"而已。与明朝后期不同的是，这一时期民族意识的觉醒、爱国思想的激励，竟使得风雨飘摇的南宋朝廷偏安江左一百多年，在耗尽了华夏民族精力之后，最终，残军剩民泪洒崖山，大宋王朝偃旗息鼓。

人类社会发展到今天，治理（统治）国家（民族、部族）无非采取三种形式：以德（包括宗教）治国；依法治国；德、法二者结合治国。以德治国，看似松散宽容，其成功必须以强大的思想影响力来维系。依法治国，看似严酷无情，其成功必须以强大的精神意志力（建功立业之心）来维系。人类已走过的实践之路证明：最好的国家（民族）治理（统治）形式，乃是德治与法治的结合。

于9世纪建国的北宋，历经周、秦、汉、唐王朝兴衰，对封建时代国家治理形式的认知已趋成熟，故而在德治、法治两方面都做出了积极的尝试。北宋的法治实践与制度建设，是以王朝统一战争、光复汉唐故土的意志力驱动而进行的，经范仲淹、富弼等人推行"庆历新政"短暂尝试，又以"富国强兵"的时代需求，在"王安石变法"时期达到高潮。可惜，这条道路因为攻守战争、新政变法的连续失败，被迫放弃。

"以法治国"之路行不通，剩下的也只有"以德治国"形式了。实际上，大宋王朝一直奉行的也是"以德治国"，即所谓"文治天下"。相对而言，大宋王朝"以德治国"在中国历史上算是相当成功的，包括科举制的兴盛、文化事业的昌盛。

必须看出，大宋王朝确立"以德治国"发展之路，除了开国皇帝赵匡胤胸怀一颗倾慕儒家文化之心，还出于被迫无奈的选择。对外战争连连受挫，带来的是对开拓、进取的信心不足，以致自信心的丧失。两宋王朝三百一十九年，除了对西夏的战争和岳飞收复河山的努力，绝大多数时期都处于被动的防御状态，输绢帛以求苟且自安。在这种"攻守之势易也"的形势逼迫下，指导北宋王朝"文治天下"的思想也被迫转入内敛、内省。

自汉武帝"罢黜百家，独尊儒术"，儒学便占据了中国社会思想的主导地位；"经纶济世"之说的流行，即是对"独尊儒术"成效的肯定。然而，世间一切皆在变化之中，儒学之核心的经学在跨越了佛、道二家挑战之后也进入停滞的危机期，"经学自唐以至宋初，已凌夷衰微矣"（皮锡瑞《经学历史·八经学变古时代》）。而按照冯友兰《中国哲学简史》的说法，彼时的儒学"已经丧失了过去在孟子、荀子、董仲舒时代所拥有的活力，虽然经书文献都照旧存在，注释之典籍比过去更多，但它们既不能满足时代的需要，也引不起人们的兴趣。在道家思想再起和佛教传入中国之后，人们对形而上学的问题和我称之为'超道德'的价值，在当时称为'性命之学'，实际是人的本性和命运的问题，感到更大的兴趣。"

不可否认，从中唐时代韩愈、李翱排斥释、老，以《原道》《复性书》拯济天下儒学之溺，新儒学为之发蒙，再到宋仁宗庆历年间，新儒学和理学（冯友兰将其统称为"更新的儒学"）兴起，形成了周敦颐的濂学、张载的关学、程颢和程颐的洛学、邵雍的象数学等几大流派，新儒学对其后的中国社会和历史产生了重大而深远的影响。

不过，出于对历史现象和规律的兴趣，我所关注的不是钱穆先生那样对哲学的思辨,也不是得出"宋明儒会通佛学来扩大儒家,正如《易传》、《中庸》会通庄老来扩大儒家一般。宋明儒对中国思想史上的贡献,正在这一点"(钱穆《中国思想史》)的结论,而是想探明在中华民族选择发展之路的关键时期——宋、明时代,作为时代思想之主导的理学究竟给我们这个民族带来了什么?

今天,同样基于继承与发展之选择的需要,我们是否对新儒学(程朱理学、陆王心学)的价值有了正确的认识?

让我们从新儒学人物及其思想对历史影响的角度做一探究。

一种新事物、新思想的诞生,在其初期往往呈现一种健康、向上的面目或力量。宋代新儒学及理学的诞生,在一定程度上弥补了两宋王朝"以德治国"而法治建设不足的缺憾。宋代理学家从《礼记·大学》中提炼的箴言——"格物、致知、诚意、正心、修身、齐家、治国、平天下",成为中国特色的人文精神信仰,在一代代理想尚存、良心未泯的知识分子心中树立起一面与中华民族共存的精神大旗。

在我看来,"宋明理学"首先是一种文化现象,创造这一文化现象的主体,就是上述新儒学流派的代表人物。与中国传统的绝大多数知识分子一样,这些新儒学大师也以"治国、平天下"为人生抱负,也在现实中备尝人生抱负无法实现的痛苦挫折。于是,作为对《礼记·大学》中提炼的箴言的修正,"达则兼济天下,穷则独善其身"成为这些思想大师"入世"与"出世"的心态对照——"中国哲学的使命正是要在这种两极对立中寻找它们的综合"(冯友兰《中国哲学简史》)。

入世难,出世则取决于己身。以"穷则独善其身"为准则,宋明新儒学大师向国人言传身教,如何在世间做一个臻于完善的人。

水陆草木之花,可爱者甚蕃。晋陶渊明独爱菊;自李唐来,世人甚爱牡丹;予独爱莲之出淤泥而不染,濯清涟而不妖,中通外直,不蔓不枝,香远益清,亭亭净植,可远观而不可亵玩焉。

这是中国文学史上著名的小品文《爱莲说》,作者是北宋中期新儒学大师周敦颐。

周敦颐(1017年-1073年),字茂叔,号濂溪,道州(今属湖南)人,历任洪州分宁县主簿、郴州桂阳县令、大理寺丞、国子博士通判虔州、广南东路转运判官、虞部郎中提点本路刑狱等，为官清廉，勤于政事，断案公正。潘兴嗣《周茂叔墓志铭》写道：

> 君奉养至廉。所得俸禄，分给宗族，其以待宾客，不知者以为好名，君处之裕如也。……视其家服御之物，止一敝箧，钱不满数百，莫不叹服。此余之亲见也。

作为一名儒学大师，周敦颐以《太极图说》阐发立天、立地、立人之道，成为中国历史上第一个讲宇宙论、世界观的哲学家；以《通书》解构《易经》"大哉乾元，万物资始，诚之源也"之原理，提出通过精神修养成为圣人之方法。基于这两方面的理论贡献，"周敦颐"之名已荣载中国思想史。

周敦颐就像他的《爱莲说》中的莲花一样，以其"出淤泥而不染……可远观而不可亵玩"的高洁品性，塑成一个世人皆效仿的"自尊、自爱、自我完善"的人间样板，这应该是周敦颐对进入历史下行期的中国社会的更大贡献。亦因此，无论国运之如何不济，"自尊、自爱、自我完善"的国人依然可以赢得世界的尊重。

再来看另一位思想大师张载。

战国时代，儒学大师孟子曾发出中国先秦历史的最强音——"五百年必有王者兴，期间必有鸣世者。如欲平治天下，当今之世，舍我其谁"。而到了北宋中期，新儒学大师张载以凌跨古今的气魄，发出更为恢宏、豪迈的宣言——"为天地立心，为生民立命，为往圣继绝学，为万世开太平"，成为中国思想史上第一"牛人"。

在中国思想史上，张载与孟子、周敦颐一样，是我最为敬佩的往圣之人，一生自我砥砺，艰苦卓绝，自强不息，实为人间楷模。其于学术思想，求诸"六经"，施于"周礼"，究乾坤万事之天理，系天下苍生之民瘼，以"气"为说，开"关学"之流派，启儒家形而上学之思维，终成一代思想大师。

张载（1020年—1078年），字子厚，世居大梁（北宋汴京，今开封）。其父张迪在仁宗朝官拜殿中丞，知涪州事。父死，家道清寒，张载随家人迁居凤翔郿县（今属陕西关中地区）横渠镇之南大振谷口。缘于此，张载所立之学术又被称为"横渠之学"，所创之学派亦被称为"关学"。

青年时代的张载关心国事，喜谈兵。范仲淹任陕西经略安抚使，兼知延州，张载上书谒见，呈述《边议》九条。范仲淹"一见知其远器，欲成就之，乃责之曰：儒者自有名教，何事于兵。因劝读《中庸》"（吕大临《横渠先生行状》）。此次谒见受教，影响了张载一生。

延州归来，张载潜心研读《中庸》和释、老之书，再求诸"六经"，而后得道之理。宋仁宗嘉祐元年（1056 年），张载至汴京，在兴国寺与程颢讲论学理终日，蔚为京城一时之盛事。翌年，张载进士及第，任祁州司法参军，又升迁丹州云岩令，签书渭州军事判官公事。期间，兴教育，变风俗，察民情，断狱案，颇有政声。

宋神宗熙宁二年（1069 年），张载入朝任崇文院校书，因不愿趋炎附势，与执政大臣议论不合，请辞回故里横渠镇。此后六年，失去俸禄的张载生活贫困，但他恪守孟子"贫贱不能移"之教诲，"终日危坐一室，左右编简，俯而读，仰而思，有得则识之，或中夜起坐，取烛以书，其志道精思，未始须臾忘也"。在此期间，张载穷万物之理，信心大增，出以中国思想界之最豪迈宣言："为天地立心，为生民立命，为往圣继绝学，为万世开太平。"

精诚所至，道不远人。因为有这样一个意志、精神足以感动天地的张载，弟子纷来，俱列门墙，关学兴盛。熙宁十年（1077 年）春，张载被召，再次入京，知太常礼院，旋即与朝中官员议礼不合，且重病在身，复归关中。十二月，张载抵达临潼，便与世长辞。其人虽声名大著，犹未改一生清苦，逝后棺木还是靠从长安赶来奔丧的门人凑钱购买的，睹者、闻者不胜唏嘘。

令后世不胜感慨的还有，张载一生所期许的"为天地立心，为生民立命，为往圣继绝学，为万世开太平"，到头来也是一场空梦，正如他本人所言："万物皆有理，如不知穷理，如梦过一生。"

如果说张载的学术思想犹有现实之价值，那应该是他在《经学理窟·气质》篇中的观点。张载认为，人人都有"天地之性"，但由于"气质之性"的差异，造成人和人的不同。学习可以改变气质之性，为了成为圣人、君子，应当"穷理尽性""穷神知化"，做到"言有教，动有法，昼有为，宵有得，息有养，瞬有存"（张载《正蒙·有德篇》）。

现代史学大家钱穆在其《中国思想史》一书中，对宋代新儒学的开启者与先秦百家争鸣人物作比较，以为"若说濂溪（周敦颐）是颜渊，康节（邵雍）是庄周，则横渠（张载）却像曾子、墨翟。"此说有一定道理。抛开学术思想不谈，此三位新儒学大师皆可称为人世间的楷模，以其高洁自励的道德修为影响众生，堪称是新儒学第一阶段代表人物。

现实之中，既然治国无方、御敌无术，不能"为万世开太平"，而在思想上开启一条以道德修养立世的心灵之路，算是周敦颐、张载这些新儒学圣贤之人开给盛世难再、危机四伏的中原王朝的一味济世良方。

美国学者德克·布德在其《构成中国文化的主要思想》一书中指出了中国社会与世界各国的差异：

他们（中国人）并不认为宗教思想和宗教活动是生活中的重要部分。……中国文化的精神基础不是宗教（至少不是有组织的宗教），而是伦理（特别是儒家伦理）。……这一切使中国和其他主要文明国家把教会和神职人员看为文明的重要组成部分，有基本的不同。

当然，更了解中国的还是中国人自己。冯友兰先生《中国哲学简史》第一章《中国哲学的精神》，为国人扫清了一条通向古代中国社会的思想路径：

哲学在中国文化中的地位，历来被看为可以和宗教在其他文化中的地位相比拟。……从前在中国，一个人如果受教育，首先就是受哲学方面的启蒙教育。儿童入学，首先要读的就是《论语》《孟子》《大学》《中庸》。这"四书"也是宋以后道学（在西方被称为"新儒学"）认为最重要的文献。孩子刚学认字，通常所用的课本是《三字经》……第一句话"人之初，性本善"，便是孟子哲学的基本思想。

两千多年来，中国社会主体上没有宗教形式的存在，但无论王朝兴衰、国强国弱，在近代之前以儒家思想为意识形态主流的中国，因为孟子、张载这些人性向善、思想成圣的"榜样的力量"，依然有道德的约束，懂得礼义廉耻，这是中国文化和中国文明特有的现象。亦因此，我们这个东方最广大的民族始终保有"中华礼仪之邦"的国际形象。

我认为，在中国历代王朝中，宋朝的历史是最繁杂、最矛盾、最难深究的，不成规律，充满变数，只有新儒学是一特例，显见因循，传承有序，且以广博精深之思维,开辟古代中国唯心主义(形而上学)哲学新天地。惟其如此,无论是中国王朝断代史还是通史,均绕不开两宋新儒学。对旨在泛读、通识历史的人来说,这又是一片"鸢飞唳天,望峰息心"的崇山峻岭,涉猎已是不易,更遑论求解?而且,于我亦然。

在我看来,从程颢、程颐二兄弟开始,新儒学进入第二个发展阶段。对这一阶段性的划分,上述三部著作中,《中国哲学简史》的阐述最为明晰。

冯友兰先生认为,11世纪下半叶,北宋新儒学分成了两个不同的学派,分别以程颢、程颐两兄弟为创始人。弟弟程颐创立了自己的学派,由南宋朱熹集大成,史称"程朱学派"或"理学";哥哥程颢创立了另一学派,由南宋陆象山和明朝王阳明完成,史称"陆王学派"或"心学"。

当然,"洛学"无愧于宋代新儒学中最重要的流派,从中国思想文化史上一幕最动人的成语故事——"程门立雪",已可领略它那超乎寻常的感染力、影响力。

程颢(1032年—1085年),字明道;程颐(1033年—1108年),字伊川。先是哥哥明道先生在洛口讲学,从学者不绝于馆,更有不远千里而至者。"洛实别都,乃士人之区薮。在仕者皆慕化之,从之质疑解惑,闾里大夫皆高仰之,乐从之游;学士皆宗师之,讲道德劝义;行李之往来于洛者,苟知名有识,必造其门,虚而往,实而归,莫不心醉敛衽而诚服。"(《程氏遗书·附录·门人朋友叙述并序》)首开"洛学"之功的程颢去世,门人转师伊川先生门下,张载"关学"不少弟子又转投而来,"洛学"于是大盛,名于天下。

既然有如此大的影响力,开创了"洛学"的明道、伊川究竟为处于内外危机中的北宋带来了什么?

钱穆《中国思想史》对二程兄弟有一简略评述:"大抵明道自己便是一质美的大贤。其弟伊川,则姿性严毅,条理细密,又享高寿,所以其学与兄略有出入。"从现存史料看,"心学"滥觞者的明道先生,确为周敦颐之类人间"质美大贤",一读他的《秋日偶成》"万物静观皆自得,四时佳兴与人同。……富贵不淫贫贱乐,男儿到此是雄豪"诗句,即可知其人。倒是他的弟弟——开新儒学之理学先河的伊川先生,值得特书一笔。

> 读史十记

历史上，程颐也是一位神童式的人物，数岁便能诵《诗》《书》，十七八岁读《论语》，已解其中精义，并上书宋仁宗，希望这位当朝皇帝"以王道为心，以生民为年，黜世俗之论，期非常之功"，结果无任何反应。后来，当朝宰相吕公著举荐程颐，程颐"自以为学不足"，不愿出仕为官，埋头于"考古今，察物情，揆人事，反复研究而思索之"，完成理学经典《伊川易传》，强调"理"是世界的本原，并由此演绎一套理学的理论。

可以说，程颐开创的理学属于客观唯心主义。比如对"理"的认识，程颐和朱熹认为"世上的事物，其所以能存在，必须有一个'理'，而且居于某个'物'之中。如果有一物，就必有一理。但如有一理，可能有，也可能没有与它相对应的物。这个道理，程朱称之为'理'"（冯友兰《中国哲学简史》）。

对宋明理学，要以一分为二的眼光来看待。

从积极的意义上看，是宋明理学对知识、规律的思索助推。程颐强调：须先"格物"然后而"致知"——"格犹穷也，物犹理也。穷其理，然后足以致知"（程颐《遗书》卷二十五）。这是科学昌明的今天"格致"一词仍然流传的重要原因。

从消极的影响上讲，是宋明理学对人的主观能动性的精神扼制。程颐认为"不是天理，便是私欲。人虽有意于为善，亦是非礼。无人欲即皆天理"（程颐《遗书》卷十五）。天理、人欲之辩，是宋儒一大题目。程颐、朱熹"存天理，灭人欲"之论占据了社会意识形态主流，中国历史从此"朝气"不再。

以为"真理"在手，不管自己是否具备政治才能、政治头脑，便要积极入世，实现"治国、平天下"的人生抱负，是相当多的中国传统知识分子的通病。以文章显名的欧阳修尚且坦言"文学止于润身，政事可以及物"，何况是思想哲学之名声大著于天下的"洛学"掌门人，程颐自然不能免俗。

程颐出身官宦世家，祖籍安徽徽县，高祖程羽在宋初官至兵部侍郎，曾祖程希振为尚书虞部员外郎，迁家洛阳，遂为河南人。其父程珦以世家的荫庇为官，历任润州观察使、大理寺丞，知虔州、汉州等，以太中大夫致仕。程颐久辞官场，非不为也，有所俟也。当他确立了"天理又是封建纲常名分等级制度，维护纲常、天理，就可以长治久安"信念之后，干政、治世之心开始变得强烈。

1086年，程颢去世。程颐五十三岁，被授予汝州团练副使，次年入京师，被哲宗皇帝召见，骤得显赫，擢为崇政殿说书，进入宋王朝权力中枢。

在朝中，程颐以"天下国家，必纪纲法度废乱，而后祸患生。圣人既解其难而安平无事矣，是无所往也；则当修复治道，正纪纲，明法度，进复先代明王之治，是来复也，谓反正理也，天下之吉也"（《伊川易传》卷三）作为他的政治见解，却又书生气十足地不断向太皇太后上疏，大谈辅养人主之道，要让年轻的哲宗涵养气质，于宫廷政治颇见其迂腐。程颐抨击朝规、褒贬议论无所顾忌，朝官与他不合者甚多，后更以礼法之见与苏轼为首的蜀党、刘挚等为首的朔党展开无谓之争，被弹劾罢去朝官，差管西京国子监。宋哲宗亲政，不见程颐教诲的"涵养气质"，却在绍述新政的形势下将程颐归为反对新法的"奸党"，绍圣年间押送涪州编管。宋徽宗即位后，程颐境况未改，再徙峡州，俄而复其官职，旋即又褫夺于崇宁年间，人生狼狈不堪，于宋徽宗大观元年（1107年）卒于家中。

程颐死后二十三年，继承其衣钵的朱熹出世。

朱熹（1130年－1200年），字元晦，号晦庵，别号紫阳，徽州婺源人。因长期寄居福建，其学术被称为"闽学"；又因他于建阳考亭精舍讲学，故亦称"考亭之学"。朱熹是中国古代思想史、文化史上一个非常了得的人物，从中西历史比较学的角度看，他类似于古希腊的亚里士多德，以新儒学之"理学的集大成者"，占据中国思想（哲学）界重要地位。

且看钱穆《中国思想史》对朱熹的评论：

南宋朱子出，才始集诸家大成。朱子思想极阔大，又极细密。他想把濂溪、康节、横渠、二程种种异见都包容和会，再上通诸孔孟先秦儒，兼及道、释，而组成一大系统。

再看冯友兰《中国哲学简史》对朱熹的评论：

朱熹在中国学术史上，常被称作朱子。他不仅学问渊博、深思明辨，而且留下了大量著作，仅语录就有一百四十卷之多。程颐开创的理学到朱熹而大成。这个哲学体系的领袖地位虽然曾遭到陆王"心学"和清朝一些学者的挑战，但直到19世纪末、20世纪初，西方学术传入中国之前，程朱理学始终是中国最有影响的哲学学派。

冯友兰《中国哲学简史》有这样一段叙述：

新儒学认为，《论语》《孟子》《大学》《中庸》是儒家最重要的经书，被称为"四书"。朱熹作《四书集注》，成为他的最重要著作。1313年，元仁宗发布诏令，以"四书"为开科取士的标准，并以朱熹所作《四书集注》为解释"四书"的依据。凡指望中举的读书人都必须熟读朱熹的经书注疏，不能背离朱熹的集注，另行解释"四书"。明、清两朝沿袭元制，直到1905年，清政府废科举，举办新式学校，才解除了这套做法。

这段史实，既是历史的一般性公论，但也以此更能说明一个深层问题：朱熹对儒家经学的巨大贡献，如何被历代统治者加以利用，成了束缚中华民族思想的枷锁。

世间任何一种有影响的思想或理论，都有其精义所在。1175年，在朱熹、陆九渊主导辩论的"鹅湖之会"上，"理学""心学"观点针锋相对，歧义泾渭分明。今天，作为具备一定常识和思想的历史阅读者，我们不难辨清其中的孰是孰非，在"真理越辩越明"的启示中探得思想的真谛、事物的规律。

南宋淳熙二年（1175年），信州上饶鹅湖寺（位于今江西铅山县），理学家朱熹寓居之地，中国哲学史上一场著名的思想交锋"鹅湖之会"在此上演。

"鹅湖之会"首开中国古代书院会讲之先河。由理学中的浙东婺学学派代表吕祖谦发出邀集，约请陆九龄、陆九渊兄弟赴鹅湖寺，希望通过讨论争辩，达到朱、陆两派思想的统一，即"欲会归于一，而定其所适从"。据参加"鹅湖之会"的陆派门人朱亨道记载："鹅湖之会，论及教人。元晦之意，欲令人泛观博览，而后归之约。二陆之意，欲先发明人之本心，而后使之博览。朱以陆之教人为太简，陆以朱之教人为支离，此颇不合。"（《陆九渊集》卷三十六）

由此观之，这其实是一场朱熹的客观唯心主义和陆九渊的主观唯心主义的争论。朱、陆鹅湖之会，争辩异见，未得解决，两家分歧公开化。

作为中国哲学"史上思想"辩论的盛事，"鹅湖之会"对当时及后世儒家学术文化的发展产生了重大影响。"朱、陆之辨"成为自南宋而至清朝学人关注的话题,甚至今日学者对之仍有很浓厚的研究兴趣。

当今学者认为,"鹅湖之会"朱陆的分歧表现为所谓"尊德性"还是"道问学"的区别,这看来是个"为学方法"的问题,实际上它涉及朱、陆双方在本体论、心性论和认识论等方面存在的基本的思想差异。

近千年前的一次哲学辩论,众说纷纭,迄无定论。世间已有的经验告诉我们:思想需要深邃,思考需要洞彻,而持论尤须超凡卓识。朱熹、陆九渊两位思想大师分道扬镳,难分轩轾,"心"与"理"各自孤立,遂不能成为"真理"。当然,人间从来不乏真正的智识者,明末清初大思想家黄宗羲对"鹅湖之会"的评析,即可作参考:

考二先生之生平自治,先生之尊德性,何尝不加功于学古笃行;紫阳之道问学,何尝不致力于反身修德,特以示学者之入门各有先后。曰"此其所以异耳"。……二先生同植纲常,同扶名教,同宗孔、孟。即使意见终于不合,亦不过仁者见仁,智者见智,所谓学焉而得其性之所近,原无有背于圣人。矧夫晚年又志同道合乎?(黄宗羲《宋元学案》卷五十八《象山学案》)

在我看来,朱熹所谓"先泛观博览而后归之约",就是先要广泛而充分地调查、学习、研究,然后总结其中的规律、粹取其中的精华;陆九渊所谓"先发明人之本心而后使之博览",就是先要静下心来,端正学习态度,做到"正心、诚意",然后才能进入博观约取的境地。历史上,作为理学家的朱熹是幸运的。

按照白寿彝总主编《中国通史》的评述:朱熹也确实建立了一个宏大的学术体系。"庆元党禁"解除后,朱学地位不断上升。经真德秀、魏了翁的努力,朱子学终于上升到统治的地步。但这并不能说明朱熹的思想至大至刚。现实中,程朱理学有其自身的弱点,没有脱离传注章句的路数,其"正心、诚意"一套说教在南宋社稷面临覆亡时,很难奏效。

历史上,作为从政者的朱熹却是可悲的。

在"学而优则仕"盛行的两宋时代,作为"学而优"杰出代表的朱熹自是不会一辈子"皓首穷经"。而且,他还要按照国家和政府的"理",实现"治国、平天下"这一政治理想。

冯友兰《中国哲学简史》对作为政治思想家的朱熹的解析十分到位:

"按照朱熹的看法，这个政治上的原理就是先前圣王教导和推行的为政之道。这不是由人主观制定的，其中的理是永恒的，无论是否有人教导或推行，它是永恒存在的。"

基于这样的认识，朱熹政治上是极其顽固、守旧的：

常窃以为，亘古亘今，只是一理，顺之者成，逆之者败。……古之圣贤，从本根上便有惟精惟一功夫，所以能执其中，彻头彻尾，无不尽善。（朱熹《答陈同甫书》）

由此，不知与时俱进而尊奉"惟精惟一"先王之道的朱熹，在从政的迂腐上与其理学先师程颐有的一拼。

1163年，南宋孝宗即位之初，朱熹进言三件大事：一是倡导《大学》中的格物致知、正心诚意之学；二是停止与金国议和，遣使索地；三是任用贤能之人，修明政事。朱熹此表现，可被视作一位儒者的忠君爱国之举。宋孝宗嘉其言，再讨教强国之策，朱熹对以"只要'修德业，正朝廷，立纪纲'就会使宋朝强大，金朝胆怯"之论。宋孝宗发觉朱熹所谈太迂阔，不堪重用，遂派他做了个武学博士，去研究武略兵法，让他在国朝危殆之际头脑清爽一些。朱熹却不领皇帝的情，辞官讲学，废十年移山之力，完善本学派思想体系，成了理学的集大成者。

随着名声日隆，宋孝宗淳熙十四年（1187年），朱熹再入仕途，除江南西路提点刑狱公事，后知南康军，修葺白鹿书院，使之成为当时思想界一大重镇。这时的朱熹俨然胸有成竹，愈加"痴心"不改，再次奏事延和殿，认为今朝之"大本"，在正皇帝之心，天下有"急务"者六：辅翼太子，选用大臣，振举纲纪，变化风俗，爱养民力，修明军政。孝宗皇帝不以其愚，翌日授朱熹主管太一宫，兼崇政殿说书，朱熹力辞，改授秘阁修撰。

1195年，宋宁宗即位，授朱熹焕章阁待制、试讲，朱熹的政治生涯攀至高峰。朱熹"得意忘形"，与宰相赵汝愚一起竭力排挤在宋光宗内禅宋宁宗中立下大功的韩侂胄，引发朝臣之间严重争斗。宋宁宗也对朱熹没有新意地议论朝政不再感兴趣，朱熹任职朝廷中枢仅四十六日，即被罢官，凄然离朝。

自古文人卷入党争，注定命途多舛。朱熹的人生结局是悲惨的。离开朝廷不久，朱熹依为党援的赵汝愚败下阵来，被罢黜宰相。宋宁宗庆元二年（1196年），韩侂胄宣布禁止道学（理学），史称"庆元党禁"。十二月，监察御史沈继祖上奏弹劾朱熹，在奏章中称朱熹是十足的伪君子，以"存天理，灭人欲"约束别人，自己却引诱两个尼姑做小妾，而且掘人坟墓，收受贿赂，隐匿朝廷大赦文书，霸占他人产业。这封奏章所列虽然多为捕风捉影之事，但足以搅动天下舆情，朝野为之哗然，一向以"师道尊严"正面形象示人的朱熹颜面扫地。宋宁宗有被"耍弄"之嫌，故而尤为震怒，表示对如此"大奸似忠"之徒绝不姑息。山雨骤至，黑云压城，此前誉满天下的理学大师，何止人生黯淡！更让世人不屑的是，在孟子之后中国最有影响的哲学学派掌门人朱熹，毫无孟子秉持、弘扬的至大至刚"浩然之气"，竟然屈身责己，上书认罪。朱熹这一"亏精神大节以保自体肉身"的行为，换来的是政敌对其进一步的打击、羞辱。庆元三年（1197年），韩侂胄把持的南宋朝廷下令立《伪学逆党籍》，包括朱熹、赵汝愚等五十九人。1200年，一代学术大师朱熹在凄凉中辞世。

在中国思想史、政治史上有着重大影响力的朱熹，其人的形象却是模糊不清的，几乎已被这个世界淡忘，当然也就谈不上可亲可敬了。这对人类社会来说，又是怎样一种矛盾现象？

冯友兰在《中国哲学简史》中阐发了一个观点："根据中国哲学的传统，哲学的功能不是为了增进正面的知识（指对客观事物的信息），而是为了提高人的心灵，超越现实世界，体验高于道德的价值。"按照这一观点，我以为，宋明理学所走的其实是一条把自己引入脱离现实的曲高和寡之路。如此一来，我们又将如何看待"宋明理学"这一由个人心灵修为演绎成国家意识形态的中国现象呢？

参照北宋中期以后中国历史走势，我只能说，对一个民族和国家发展模式的探索而言，宋明理学是失败的。

读史十记

岳飞的精神遗产：正气炳人寰，精忠铸就"民族魂"

宋钦宗靖康元年（1127年），在走过相对和平的一百六十八年和平岁月之后，汴京城被南下金兵攻占，人间繁华锦绣之地，霎时化为残破梦魇。

众多历史资料真实记载了这一被称作"靖康之耻"的空前劫难，迄今读之，犹令无数国人悲愤难抑。也算是不幸中的万幸，因为中国地理的特殊性，一条天堑屏障——横跨中华腹地的万里长江，暂时挡住了北方蛮敌直捣江淮的铁骑雄兵。

杭州，一座依傍钱塘江自然形成的人间天堂，北宋著名词人柳永《望海潮》极尽赞美的繁华大都会，让赵宋王朝唯一涉险南渡的皇嗣康王赵构有了偏安江南的万分满足。尽管此前金兵也曾越过长江，穷追赵构达三年之久，致使这位高宗皇帝一路东逃越州（绍兴）、明州（宁波），南撤定海（镇海）、温州，还曾一度漂泊海上，躲避金兵锋芒。四年后的1131年，"胡马渡江归去"，惊魂甫定的赵构回銮杭州，定都于此，改元绍兴，随即大兴土木，纵情声色，重演北宋的歌舞升平。诗人林升看不下去了，愤然作诗《题西林壁》，从一个侧面敲打南宋王朝统治者醉生梦死的神经。

"国家混乱，有忠臣。"（《道德经》）值此历史裂变的重大时刻，一些更加忠勇悲壮的人物续写着爱国主义的不朽篇章。岳飞，一个"精忠报国"的时代英雄，成为中华民族代表人物。

在中国，向来有"文以治国，武以安邦"之说，是以"文韬""武略"于国于民皆不可偏废。

"文韬""武略"无出其右，其必有可为楷模之人，继而必有可以推崇为世间圣贤圣武之人。于是，"文圣"者，儒家思想的代表人物孔子当之无愧。那么，"武圣"呢？没有"一凤入林，百鸟压声"的孔子式的绝对人物，可资候选的英雄豪杰似乎很多，最终，三国时代英雄人物关羽脱颖而出。

但是，恃勇征战，扬名乱世，本一介武夫的关羽对中华民族有何贡献，竟被尊奉为"武圣""关帝"，令国人厚爱至极？

关羽其人的事迹，正史见于陈寿所著《三国志》。在陈寿笔下，这位被曹操册封为汉寿亭侯的历史人物并无多少超人之处。而在现当代《中国通史》之类严谨史学著作中，像鲁肃、陆逊、邓艾、钟会这样的人物都可以列入三国人物的独立章节，而关羽却没有这个资格。即使是一些千古传诵的中华诗词作品——如"天下英雄，曹刘，生子当如孙仲谋""蓬莱文章建安骨，中间小谢又清发""三顾频烦天下计，两朝开济老臣心""遥想公瑾当年，小乔初嫁了，雄姿英发，羽扇纶巾"……歌颂关羽的作品几乎没有。

在那个英雄豪杰、风流人物辈出的三国时代，关羽不过是一位普通的封侯武将而已（在一场暂时栖身曹操帐下的作战中，关羽因为斩杀了与刘备结盟的袁绍手下河北名将颜良，才被极力笼络他的曹操封为"汉寿亭侯"）。只是到了罗贯中那部影响广泛的章回小说《三国演义》当中，关羽这位面如重枣的美髯公才成了勇冠三军的一等英伟之人：力斩华雄及河朔名将颜良、文丑，"壶酒尚温"的酣畅；帐外守悌，夜读《春秋》的端穆；挂官悬印，"千里走单骑，过五关斩六将"的神奇；情义分明，"捉操放操"的气节；统帅勇略，"水淹七军"的豪壮……每读及此，则让人无不感叹再三：彼关羽者，天下真英雄也！

但是，现实中的关羽绝非这等神勇过人、无私无畏。

温酒斩华雄，语焉不详；挥刀劈颜良、文丑，有乘对手辨识敌友时的偷袭之嫌；过五关斩六将，所杀之将均属无名之辈；刘（备）、关（羽）、张（飞）三英战吕布，也只能勉强打个平手，说明关羽其人真实的武功水平。非但如此，熟读《三国演义》的人均心知肚明，就个人英雄气概而言，关羽骁勇比不上典韦，英勇比不过赵云。至于虽有"水淹七军"的耀世光彩，终见败走麦城的狼狈不堪，最终父子被擒，身首异处，为天下笑，则是关羽为人有失大节的必然结果。

在《三国演义》中，雄才大略，且不乏风流儒雅、精于音律（"曲有误，周郎顾"）的东吴年轻统帅周瑜，被罗贯中描写成一个器量狭小的人。其实，这顶欺世"高帽"应该戴在关羽头上。

诸葛孔明，卧龙也，"不出茅庐，天下已三分"，堪称三国时期最杰出的谋士和辅弼良臣。"得相能开国"——提一弱旅，四下依附于人的刘备最终能开创"蜀汉"基业，诸葛亮居功至伟。

想当初，隐居隆中的诸葛亮尚属一介布衣，不为天下周知，但经谋士徐庶推荐，刘备慧眼识英雄，屈尊三顾茅庐，力邀"卧龙"诸葛亮出山。桃园结义的关羽、张飞兄弟嫉生怨语，颇显不悦，经过刘备一番"孤之有孔明，犹鱼之有水也"开导、劝慰，才勉强容纳诸葛亮待在军中。后来刘备前往东吴迎娶孙权的妹妹，护卫国主的职责重于泰山，作为军师的诸葛亮，派遣随行护卫刘备的是赵云而不是他最亲近的义弟关羽或张飞，正是深知关、张二人器量、风度、智识之逊劣，不足以担当此重托。

赤壁之战，孙、刘联军大败曹操，刘备乘势西进，占据益州，登帝位，建蜀汉，以军功封关羽、张飞、赵云、马超、黄忠为五虎上将。岂料，关羽视马超、黄忠与自己并列为上将为耻辱，大发不满，当庭辱骂。后经诸葛亮以理劝喻，才拯救了这场因关羽的狭隘心理可能导致蜀军内部严重分裂的危险局面。

且不说马超、黄忠二人武艺绝不在关羽之下，仅就关羽的表现，已尽显其人疏于谋略，逞一己匹夫之勇的可恨、可悲。

由此，悲剧最终不可避免地发生在关羽身上。

荆州本隶属东吴，刘备从孙权手中借来暂作栖身之地。刘备击败刘璋，夺取益州，已有容身立足之地，理当将荆州归还给东吴。没想到，守卫荆州的关羽全然一付蛮不讲理的无赖面孔，断然拒绝东吴的合理要求，且对孙权嫁女儿给关羽做儿媳妇的请求还以毫无礼数的羞辱："虎子岂能配犬女"。被刘备倚为"国之栋梁"的关羽，竟以如此粗俗的形象率先践踏了诸葛亮精心谋划的"联吴抗魏，汉室可兴"的策略。

失道寡助，终亡其身。"水掩七军"光环尚未褪去，关羽便已败走麦城，父子双双被擒，惨遭斩首。

倒行逆施，惹祸上身，也就罢了。殃及国家，为祸尤烈。关羽被擒斩首，遂引发向来以隐忍持重著称的刘备丧失理性，为了报此私仇，全然置国家利益和诸葛亮泣泪劝谏于不顾，亲率国中精锐大军远征东吴，结果却落得个在夷陵之战中被东吴大都督陆逊火烧连营七百里、十万蜀军损失殆尽的悲惨下场。逃回白帝城的刘备也因此遗恨作别，一命呜呼。

一个原本人才济济，智勇兼备，可以雄视天下，且极有希望光复大汉基业的蜀汉王朝就这样主死国危、元气大失。虽然有文韬武略集于一身，被世人誉为"智慧"化身的诸葛亮"六出祁山"，亦徒唤奈何。"蜀汉"国祚能苟延残喘数十年已属幸运。而这一"祸国殃民"的始作俑者，正是后世之人推崇备至，奉之以"武圣""关帝"尊号的关羽。

可能有人会辩解说，关羽之所以被后世尊奉为"武圣""关帝"，实在是因为他对故主刘备矢志不渝、万死不辞的忠心——面对权势更大的曹丞相封爵厚禄、骏马相赠的利诱，犹自"身在曹营心在汉"；千里走单骑，只因一场"桃园结义"，宁舍身而取义。此等忠诚信义，真可谓义薄云天，心昭日月。

然而，为了"蜀汉"王朝的私利，就可以置公理于不顾，在国与国的外交上失信于东吴？是故，关羽之诚信，实为得之以狭隘个人之诚信，而失之以有辱国誉之大节。

又听说，关羽之所以为"武圣"，与其籍贯山西有关。夫晋商近数百年来活跃于大江南北，商贸往来，开设钱庄、票号，行走天下，其中成功奥秘，据说惟在恪守同乡名人关羽为人"诚信"之原则。缘于此，"生意兴隆通四海，财源茂盛达三江"的晋商所到之处，无不为关羽筑庙宇以延誉。一处处"关帝庙"遍及神州，"武圣"之名遂彰显于世。

可是，晋商的延誉，"武圣"的表率，带来商界的诚信、国家的富强了吗？厚此薄彼的"关氏诚信"，因为关羽为人做事、人生结局诸多明显的残缺特征，其实根本无助于消弭"无奸不商"的国中世风，匡扶"以信义取天下"的中华美德。

被国人广泛赞誉的还有，关羽在看护兄长刘备的甘、糜二夫人时，因别有用心的曹操只送来一顶帐篷，便守护帐外，夜读《春秋》。关羽此举，被后人视为有儒将之风。但实际上，关羽的举止行为可能只比粗鲁近乎可爱的"猛张飞"稍好一些。而且，阅尽三国历史，除了小说演绎，不见"武圣"关羽为后世留下一星半点可以佐证其人有"儒将之风"的文字篇章。

同为武将，仅就文化素养而言，抗金名将岳飞远出于关羽之上。

熟悉中国历史的人，有谁不知道岳飞那阕令世人激赏的《满江红·怒发冲冠》——"三十功名尘与土,八千里路云和月。莫等闲,白了少年头,空悲切"。如此壮怀人生、珍视生命的佳言警句,岂不令读者对岳飞其人肃然起敬。

就算《满江红·怒发冲冠》如个别学者所言,为后人托名"岳飞"之作,那么,岳飞的《小寒山》依然可以印证他的词学造诣:

昨夜寒蛩不住鸣,惊回千里梦。已三更,起来独自绕阶行,人悄悄,帘外月朦胧。白首为功名,旧山松竹老,阻归程。欲将心事付瑶筝,知音少,弦断有谁听。

月下竹寒,人情冷暖;操弦寄语,知音难觅。作为以"撼山易,撼岳家军难"威震金兵的宋军统帅,一阕《小寒山》,有泪不轻弹;英雄抒幽婉,侠骨断弦声。在挥师北伐的壮怀激烈之外,岳飞还以他那卓荦的清词丽句,让我们感悟到一位可以亲近的英雄人物。

不仅词采情操如此,实际上,同为以战功扬名立世的英雄人物,岳飞实现了对所谓的"武圣"关羽的全面超越。

在中国历史上,以自己姓氏冠名的著名军队有三支:北宋杨继业创立的"杨家将",南宋岳飞创立的"岳家军",明朝戚继光创立的"戚家军"。其中,尤以军纪严明、战无不胜的"岳家军"最为著名。

作为岳家军的灵魂人物,考察岳飞的成长经历正印验了"王侯将相宁有种乎?"这句自先秦传世的格言。

1103年,岳飞出生于河南省汤阴县一个世代务农的家庭。因家境贫寒,青少年时期,岳飞曾在北宋名相韩琦家中当庄客,以耕种为生,力耕劳作之余,喜读《春秋左氏传》和《孙子兵法》,深得中国传统文化和军事思想之熏陶。

不过,对岳飞投身军旅最有益的,似乎还是他的体魄强健、膂力过人,十余岁即能轻易拉开吃力三百斤的劲弓、一千斤的腰弩;射箭,可左右开弓,百步穿杨;枪技,一县无敌,可谓天生一副赳赳将帅身手。

有赖于此,从二十岁以普通士卒入伍,到北宋都城东京汴梁保卫战中率东京留守宗泽调拨的五百骑兵在汜水大败金兵,一举扬名,再到创建岳家军,南下广德,进驻宜兴,驰援常州,在清水亭、牛头山、静安、鄢城、朱仙镇、临颍、颍昌等地,岳飞以其勇不可挡的力量,统率"岳家军"历经二百多场大小战役，十九年间竟无一败绩，以赫赫战功荣登一方统帅之列，官拜枢密副使。

上述战役，均为岳家军创造的以弱胜强的典型战例。郾城之战，各路联军撤离，造成岳家军孤军深入，金兵统帅兀术率数万精锐进逼郾城。岳飞以少击众，大破其精锐之师"拐子马"和"铁浮图"，随后，又在朱仙镇以五百骑兵大败十万金国雄兵。

纵览中华战争史，神勇无比、战无不胜如岳飞者，大概只有西楚霸王项羽可与之媲美。但项羽百战九十九胜，最后垓下一役却以完败终结，"时不利兮骓不逝，虞兮虞兮若奈何"的叹歌，实为英雄垂死的悲哀。而岳飞却是在接连赢得郾城、颍昌、朱仙镇大捷之后，正欲乘胜挥师渡过黄河，直捣金国老巢黄龙府之时，被一日十二道金牌敕令逼迫班师回朝的。"十年之力，废于一旦"的感慨，实为岳飞壮志未酬的悲叹。

岳飞被害后，历代悼念他的诗文不绝于世。其中，宋末元初书画大家赵孟頫的《岳鄂王墓》"鄂王墓上草离离，秋日荒凉石兽危。南渡君臣轻社稷，中原父老望旌旗。英雄已死嗟何及，天下中分遂不支。莫向西湖歌此曲，水色山光不胜悲"，被誉为悼念岳飞的传世之作。

这首悼诗直抒胸臆，点睛历史，如景在目，不愧为宋宗室之胄的赵孟頫感触至深的生平得意之作。但"英雄已死嗟何及，天下中分遂不支"一联显然与历史事实不符。从1142年岳飞被害，到1271年陆秀夫背负末帝赵昺崖山投海，南宋王朝还存在了一百二十九年，岂能说"天下中分遂不支"？

事实上，正是因为岳家军对粘罕、兀术统帅的金兵造成军力和士气的沉重摧击，才导致了1141年宋金第二次绍兴和议。虽然翌年岳飞便屈死于风波亭，但元气大伤的金兵此后再无能力对南宋王朝构成致命威胁。相反，倒是后来南宋与忽必烈的蒙古军联手，剿灭了大金国。

到此为止，如果官拜枢密副使的岳飞仅仅以战功赫赫的武将形象走上历史舞台，亦足以赛过同朝另一位中兴名将韩世忠，名垂青史自不言待，还可以效仿匡扶大唐社稷的天下兵马大元帅郭子仪，封（邠阳）王子嗣，颐享天年。

但是，岳飞的千古非凡就在于他不甘于只做一介赳赳武夫，或是什么

"中兴名将"。由刺字肌肤到深彻灵魂的"精忠报国"思想，使他沉浸在"还我河山"的伟大抱负之中。

为了实现"还我河山"的伟大抱负，岳飞对自己的军队实行了铁令严律，"冻死不拆屋，饿死不掳掠"。不惟如此，岳飞还施之以"仁、智、信、勇、严"五者缺一不可的治军之道——仁者无敌，智可胜力，信以归心，勇振士气，严以自威，锻造出一支"撼山易，憾岳家军难"的战无不胜之师。

班师回朝后的岳飞已位列卿相，岳府却无一名侍姬。四川宣抚使吴玠素来佩服岳飞，将一著名美女盛装打扮送给岳飞，岳飞断然不受："主上宵衣旰食，做大将的岂能独自享受安乐？"

在杭州西湖之畔，官宦将帅多建有奢华宅第。宋高宗赵构也想为屡建战功的岳飞在此营造岳府，以示恩宠。岳飞坚辞道："敌未灭，何以家为？"

"山外青山楼外楼，西湖歌舞几时休。暖风熏得游人醉，只把杭州作汴州。"知道杭州的人，多知道林升这首与苏轼《饮湖上初晴后雨》同样驰名的《题西林壁》。那时，与南宋王朝相伴始终的，是西夏、金国强敌虎视于外的国家危亡形势。但是，偏安江南，得一时喘息机会的南宋王朝上下，依然醉心于奢靡享乐之中。

世风如此，天下何以长保太平？

我绝没有想到，这句振聋发聩关乎国家兴盛衰亡的警世箴言——"文官不贪钱，武官不惜死，不患天下不太平"竟然出自岳飞这样一位赳赳武将之口。

纵览中外历史，权杖在手、虎符在握者，有几多人能堪负这一警世箴言？放眼天下人寰，又有几多人能绝无愧色、毫不心虚地坦然面对这一警世箴言？

1142年，秦桧与其党羽以莫须有的罪名将岳飞杀害于狱中。临死前，岳飞在狱案上挥笔写下"天日昭昭，天日昭昭"八个大字，可谓坦荡无私，大义凛然，心昭日月！

如果说中国文人的人生最高境界是"达则兼济天下，穷则独善其身"，那么，对武人而言，则是"富贵不能淫，威武不能屈，贫贱不能移"。比照这一标准，岳飞，堪为中国武将第一人。

而且，战功武略、文采情操、精忠报国、思想境界……一道道非一般人所能企及的光彩粹集于岳飞身上，使岳飞早已超越关羽，堪为世间的群伦楷模，堪负真正的"武圣"英名。

就是这样一位拯社稷于危亡，高风亮节堪称完美的人，为什么会含冤屈死，二十一年后才得以平反昭雪？

有人说，这和岳飞的"愚忠"有关。

此话乍听似有几分道理。岳飞为人，究其一生，"至孝""尽忠"最为突出。

先说"至孝"。岳飞在外是英武统帅，居家是至孝之子。岳飞的母亲姚太夫人长年身患痼疾，每次都由他亲手给母亲喂药。母亲病逝，岳飞水浆不入口三日。所以，岳母刺字"精忠报国"于岳飞背上，至孝的岳飞则将"精忠报国"四字铭刻在心。

由"至孝"递进为"尽忠"。1127年，当岳飞还是东京（今河南开封）留守宗泽的下级军官秉义郎时，就在《南京上高宗书略》中提出"恢复故土，迎还二圣（宋徽宗、宋钦宗）"的倡议。1130年，岳飞驰援常州，六战六捷，又在牛头山大败金兵，一举收复建康（今江苏南京），随后，在转战宜兴途中题写了《五岳祠盟记》，又一次提出"北逾沙漠，喋血虏廷，迎二圣归京阙，取故地上版图，朝廷无虞，主上莫枕，臣之愿也"。

在世人眼里，这是岳飞"愚忠"最直接的证据。试想，赵构在徽、钦二帝被金兵掳掠到五国城（今黑龙江依兰），以徽宗第八子身份幸登皇位，最害怕的就是其父徽宗、其兄钦宗回归，自己皇位难保。岳飞一再提出"迎二圣归京阙"，岂不犯了赵构的大忌？愚忠若此，不杀了你岳飞，一国之尊的赵构怎能安然奠枕？

事实恰恰相反。赵构虽然对徽宗、钦宗父兄二人南归心存顾虑，但对岳飞的"愚忠"则颇显宽慈之胸襟，对其抗金征战也一再支持褒奖。

1133年九月，屡建战功的岳飞受到宋高宗赵构的召见和嘉奖。赵构将一面绣有他亲笔御书"精忠岳飞"的锦旗赐予岳飞。

1134年岳飞率军进行第一次北伐，两个月收复襄阳六郡。不久，岳飞便晋升为清远军节度使。那时，宋徽宗还苟活在五国城，直到1135年屈辱死去。晋升岳飞，表明宋高宗赵构看重的还是卫国御敌大业。

从 1136 年至 1140 年，岳飞又进行了三次北伐，其中在 1140 年取得郾城、临颍、颖昌大捷，从此奠定了宋金两国军力平衡、南北对峙的局面。像北伐这样的国家大事，没有一国之君的敕令，岳飞又岂敢"将在外，君命有所不受"？而此时，宋徽宗已于 1135 年在五国城死去，岳飞的这三次北伐，当然不是为了"迎二圣归京阙"。

外部威胁一旦解除，内部肃清当即展开。先是抗金大将韩世忠、张俊、岳飞被明升暗降解除兵权，后有赵构、秦桧派张俊和岳飞去楚州罗织韩世忠的罪状，以打压抗金派势力，只是由于岳飞的坚决抵制，驰书向韩世忠告知实情，这一陷害阴谋才未得逞。

可以说，直到 1141 年，赵构还不想真正加害于让金兵忌惮的国家栋梁岳飞，秦桧打击抗金将领的矛头，首先是指向韩世忠的。倘若岳飞及时向主和派妥协，服从最高统治者赵构早已既定的"宋金和议"，便不难在枢密副使的显耀地位上保全身家性命。

赵构最终默许秦桧加害岳飞，是因为这位宋高宗绝非胸襟大志重振乾坤之人。不愿冒险，但求偏安江南的心理，使他最害怕的是失去与金国议和的机会。面对岳飞等将领绝不轻言放弃的抗金决心，最终，他只能选择牺牲岳飞。

秦桧不遗余力地杀害岳飞，和他的叛贼、内奸身份有关。兀术在写给秦桧的书信中命令道：你朝夕请求议和，而岳飞时时准备图谋收复黄河以北的失地，"必杀岳飞，而后和可成也"。

《宋史·岳飞传》对岳飞做出这样的诚恳评价："好贤礼士，览经史，雅歌投壶，恂恂若书生。每辞官，必曰：'将士效力，飞何功之有？'然忠奋激烈，议论持正，不挫于人，卒以此得祸。"

正因为岳飞对"还我河山"怀着一腔"忠奋激烈，议论持正，不挫于人"的热血，才招致宋高宗赵构的不安，金帅兀术的惶恐，贼臣秦桧的阴谋，大将张俊的嫉火，奸佞万俟卨的衔恨，必欲置岳飞于死地而后快。所以，岳飞之死，不是死于"愚忠"，而是死于"尽忠"。

"尽忠"的宗旨，尽在"报国"二字。回过头来看岳飞的"迎二圣归京阙"，就是这几个貌似"愚忠"的字，反映出岳飞"尽忠"于国家、天下的公心，而非效忠于一国之君、一个利益集团的私心。

对于亡国之君宋徽宗赵佶，我们不必衍生几多怜悯之心。一个原本拥有万里锦绣河山的北宋，完全是毁于这位昏君之手，尽管他在艺术上显得多才多艺，纤美精雅的"瘦金体"书法和花鸟画作品向来颇得世人称道；尽管他被金兵押禁到偏远的北方之后，一首《在北题壁》"彻夜西风撼破扉，萧条孤馆一灯微。家山回首三千里，目断天南无雁飞"写得悔意缠绵、哀婉动人。

不过，身为皇帝的宋徽宗毕竟是一国之主，"靖康之难"毕竟是一个国家的灾难和耻辱。对宋朝人民来说，只要徽、钦二帝还活着，却没有被解救回国，就是祖国的国耻未被洗雪；只要长江以北辽阔的国土没有被收复，就是祖国的国恨未被消除。

是故，倘若岳飞置1127年"靖康之难"国耻、国恨于不顾，一味地揣测南宋新王朝的主子——宋高宗赵构的意图以示忠心，那么，这样的忠心，就绝非是对国家和民族的"尽忠"，而只能归为奴仆对主子的"私忠"。倘若真是这样的话，岳飞不但无"精忠"可言，更遑论1136年以后志在"报国"的另外三次"收拾旧河山"的北伐！

不谈论"精忠报国"，这样做的唯一好处，就是可保全自己一条性命，从此世间多了一个可有可无的历史过客。而慷慨言"精忠报国"，这样做的结果，就是岳飞三十九岁英年殉国，从此世间有了一位与民族共存的英雄人物。

在杭州西湖岳王庙里，有一阙悲壮的匾联，上书"正气炳人寰，风雨灵旗一抔土"，可谓得岳飞精神、岳庙精髓。

而在我看来，岳庙中写得最好、立意最深刻的匾联，应该是"正邪自古同冰炭，毁誉于今判伪真"。

试想，中华民族历史上重大悲剧为什么一直演绎不断？就是因为每逢"正邪自古同冰炭"的关键时刻，正义之人之事往往得不到社会的支持，正不压邪，惨遭扼杀、剿灭，待到平反昭雪，"毁誉于今判伪真"，已是几十年、上百年甚至逾千年的堪哀往事了。

正义之人之事一次次得不到及时的匡扶、弘扬，长此以往，国民为之意惰、心死。于是，在一个王朝正不压邪的时期，曲意奉承、明哲保身、投机钻营、落井下石，往往大行其道，几成世风。

哀，莫大于心死。对于一个国家、民族而言，最大的悲剧莫过于此。就个人而言，岳飞的遭遇则堪称中华民族历史上最大的悲剧之一。

是以中国如欲恒久稳定，中华如欲长盛不衰，必须要有自己的民族之魂，必须推崇最能代表我们这个民族"仁、义、信、智、勇"精神和灵魂的岳飞。

人类历史的文明圣殿从来都是建立在真实的基石之上的，由此奠定的精神与信仰便有了代代传承的灵魂。岳飞已逝，精神永存！这种不死的精神，正是岳飞以一颗"精忠报国"之心铸就的民族之魂。

说来奇怪，在南宋这样一个奸臣当道、国家经常面临危亡的朝代，却又是一个爱国精神高涨的时代：从中国文学史上大名鼎鼎的陆游、辛弃疾，到驻守川陕力克金兵的吴玠，顺昌大破兀术的刘锜、采石大捷的虞允文，慷慨就义的文天祥，再到崖山之上宁死不屈投海自尽的二十万南宋军民，一曲曲感天动地的爱国主义"正气歌"与南宋王朝相伴始终。

当代美国学者康拉德·希诺考尔、米兰达·布朗在编撰世界历史的过程中，也发觉了这一突出的现象。其所著《中国文明史》（第二版）写道：

南宋政府自身确实存在问题，但直到南宋王朝灭亡（乃至灭亡以后），它一直激励着人们为其奋斗和献身。在抵抗蒙古军入侵的战争中，人们不仅在看到南宋生存的希望渺茫时仍然坚持为国家献出生命，而且即便是在南宋朝廷已经灭亡了之后，仍然有人坚持抵抗。这在中国历史上是一种新的现象，而这种现象就像很多宋代的发明创新一样，为后代树立了榜样。

南宋孝宗乾道三年（1167年），陆游因"交结台谏，鼓唱是非，力说张浚用兵"罪名，被朝廷罢去隆兴府通判，返归越州山阴（今浙江绍兴）故里。浙东越州因不在长江沿岸抗金前线，明山秀水，一派太平富足景象。在秀美山水自愉悦的家乡，时值壮年的陆游（1125年—1210年）欣然提笔，写出一生中最著名的诗篇《游西山村》：

莫道农家腊酒浑，丰年留客足鸡豚。山重水复疑无路，柳暗花明又一村。箫鼓追随春社近，衣冠简朴古风存。从今若许闲乘月，拄杖无时夜叩门。

陆游写下这首传世名诗之际，距南宋王朝覆亡的1279年，尚余百年光景。百年之后，大宋王朝成为一段历史。

从北宋结束唐末、五代乱局的"柳暗花明又一村",到南宋无法御敌、无力自拔的"山重水复疑无路",中国历史上一个黄金时代、一个屈辱时代就这样结束了。

抚卷长思,感慨良多。

在我看来,无论结局如何,"文治天下"三百多年的北、南两宋王朝,都是中国和世界值得缅怀的时代。

中华百年沉浮，宋元历史赓续——

穹庐笼罩下的文明熹光

　　虽然有些非常热心于政治的文人学子们，将推行大道视为其责任，因而在蒙古政府中任职或是对其进行教化；而另外一些人则认为，远离现实政治可以保全道德操守，而学术研究及自我修养要比从政更重要，也更有出息。
——康拉德·希诺考尔米兰达·布朗《中国文明史》

　　远望云山隔秋水，近看古木拥陂陀。居然相对六君子，正直特立无偏颇。

——黄公望题倪瓒画

读史十记

征服随风云飘散，史诗与文明长存

中国有句古话，叫作"文史不分家"。以严谨的态度研读历史，其实是一件很费神、很枯燥的事。故而，放下历史的沉重，俯拾文学的随性，闲适品读之间，亦不乏对历史的意外收获。

如上所言，研读宋史，感慨良多。读宋史，离不开宋词；读宋词，须从唐人小令、五代"花间词"走珠串玉渐次入宋词，方能览一路婉约豪放、缤纷精彩。以放松的心情读"花间词"，必对南唐宰相冯延巳《谒金门》之名句"风乍起，吹皱一池春水"叹赏心会，以为警策。而就词境之高深悠远，南唐中主李璟《摊破浣溪沙》之名句"细雨梦回鸡塞远，小楼吹彻玉笙寒"显然更胜一筹。以此之故，让我记住了一个历史名词——"鸡鹿塞"。

李璟，五代十国分裂之期声威不著的文弱平庸守成之君，一旦为帝王，也有割舍不去潜隐于心底的征服远塞边疆、名垂史册的虚妄之念想，更何况那些实力强大、野心勃勃的霸业雄主、伟大君王？

战争与和平，往往就在人类的欲望和念想中演成人间的悲剧、喜剧。

鸡鹿塞位于内蒙古磴口县沙金苏木哈日戈那山口西侧，是贯通阴山南北的交通要冲，汉代的西北部门户和重要的军事要塞。公元前33年，南匈奴呼韩邪单于再次赴大汉帝国都城长安修好，汉元帝将宫女王昭君嫁给呼韩邪单于为妻，号"宁胡阏氏"。"汉遣长乐卫尉高昌侯董忠、车骑都尉韩昌，将骑万六千，又发边郡士马以千数，送单于出朔方鸡鹿塞。"（《汉书·匈奴传下》）"昭君出塞"与其后的"文成公主入藏"，并称古代中原王朝实施和亲政策的最著名事件。

在诗人笔下，"昭君出塞"是浪漫的、婉伤的——"群山万壑赴荆门，生长明妃尚有村。一去紫台连朔漠，独留青冢向黄昏"（杜甫《咏怀古迹》其三）。作为封建王朝一项外交政策，"和亲"的出发点是善意的，但对于它的实施和成效一直存在较大争议。中唐诗人戎昱《咏史》毫不留情地指出："汉家青史上，计拙是和亲。"晚唐诗人李商隐《寄太原卢司空三十韵》也道出历史残酷的一面："鸡塞谁生事？狼烟不暂停。"然而，作为史诗，这些流露人间真情的故事，带给世人更多的是对历史的美好印象与回忆。这就是人类文明在历史进程中沉淀、升华的结果。

在中国历史上，南北朝也是"乱世"的代名词，狭隘的民族主义者称之为"五胡乱中华"，包容的爱国主义者称之为"民族大融合"。无论如何概括，频繁的内外战争和王朝更替是这一时期的常态化现象。很多人对这一战乱纷扰时期的历史最深刻的印象应该是以北魏边境战事为背景的长篇叙事诗《木兰辞》。

在《木兰辞》中，人类共有的情感是细致的、隽永的——"旦辞爷娘去，暮宿黄河边，不闻爷娘唤女声，但闻黄河流水鸣溅溅。旦辞黄河去，暮至黑山头，不闻爷娘唤女声，但闻燕山胡骑鸣啾啾"，而残酷的战争、激烈的战斗是短促的、飞逝的——"万里赴戎机，关山度若飞。朔气传金柝，寒光照铁衣。将军百战死，壮士十年归"。因为，只有人类共同珍视的精神、创造并由此凝结而成的人类文明，才能成为人类铭记的历史篇章。

当然，在人类从启蒙走向文明的漫长历史进程中，野蛮的征服与文明的征服一直以战争与和平交织、更替的形式演进。当代表文明的一方实力足够强大，地区或世界呈现一派和平景象；当代表野蛮的一方暴行无法制约，地区或世界陷入一片战争乱象。唐、宋、元三大王朝，就是这样一段"野蛮的征服与文明的征服"赓继的历史。

文明时代，需要强大的国家实力相维系。

盛唐之前的大唐王朝，便具备这样的精神和物质实力。请看王维《观猎》一诗："风劲角弓鸣，将军猎渭城。草枯鹰眼疾，雪尽马蹄轻。忽过新丰市，还归细柳营。回看射雕处，千里暮云平。"如此强劲的精神气概、武装力量，再加上东西融汇、缤纷灿烂的文化影响力，一幕由大唐帝国开创的时代文明篇章——"九天阊阖开宫殿，万国衣冠拜冕旒"，辉耀中世纪的人类历史，也就不足为奇了。

同样是著名诗人，南宋陆游一腔壮志凌云的爱国激情远超王维之上，却无法像王维那样以从容、自信的气度为大唐帝国不可战胜的英武气概而喝彩——北宋从未有过一个泱泱大国的雄强气势，金瓯残缺，精神孱弱，不堪外战，只得输银帛以求绥靖；赵宋则是国土减半，实力更加不济，偏安江南已属不易。陆游这位一生颇受主和派排斥的"亘古男儿一放翁"，也只能苦吟一曲《诉衷情》："当年万里觅封侯，匹马戍梁州。关河梦断何处？尘暗旧貂裘。胡未灭，鬓先秋，泪空流。此生谁料？心在天山，身老沧洲。"如此强弱逆势，先受辽、夏两朝军事和经济压迫，再遭金兵践踏中原，终遇人类古代历史上最强悍的蒙古元兵攻坚、追剿，全境沦陷，王朝覆亡，其实也是历史的必然。

一种势力的崛起、强大，必有其内在的助推动力。13世纪初崛起于东亚北部草原的蒙古帝国，何以如狂飙突起，横扫亚欧大陆，在极为短暂的时期极大地改变了人类的历史？

黑格尔，德国哲学家，其传世名著《历史哲学》就北方草原游牧民族之所以对南方农业定居民族屡起侵略、践踏，作出细致、经典的阐述：

高地。我们看见这一类高地在蒙古利亚人所居的中亚细亚：从里海起，这些草原向北蔓延到黑海……当地居民的特色，是家长制的生活，大家族分为个别的家庭。这些家庭殖居的区域，都是寸草不生之地，或者只有短时期的生产；所以居民的财产不在于土地——他们从土地上只能够得到些微的收获——而在于和他们一起漂泊的牛羊。他们在平原上游牧了一个时期，等到草尽水涸，整个部落又走到别处去。他们无忧无虑地丝毫不做冬天的准备。因此，常常要宰掉半数的牲畜。在这些高地上的居民中，没有法律关系的存在，因此，他们当中就显示出了好客和劫掠的两个极端。……蒙古人用马乳做饮料，所以马匹是他们作战的利器，也是他们营养的食品。他们大家长制的生活方式虽然如此，但他们时常集合为大群人马，在任何一种冲动之下，便激发为对外的活动。他们先前虽然倾向和平，可是这时却如洪水一般，泛滥到了文明国土上，一场大乱的结果，只是遍地瓦砾和满目疮痍。这样的骚动，当这些部落由成吉思汗和帖木儿做领袖时，就曾经发生过：他们毁灭了当前的一切，又像一道暴发的山洪那样猛退得无影无踪——绝对没有什么固有的生存原则。（《历史哲学》绪论）

13世纪的这段东亚历史，一系列人类文明史著作，均作出类似的表述：以成吉思汗家族为首的蒙古统治阶级，把掠夺和征服视为最光荣的事业。蒙古高原各部落统一后，富饶的邻国就成为他们继续进行掠夺的目标。

这就是入主中原之前，尚未文明开化的蒙古部落和后来的蒙古帝国野蛮征服东亚大陆的真实历史。

据说，成吉思汗有五百后妃，子嗣自然众多，正宫皇后孛儿帖为其生术赤、察合台、窝阔台、托雷四大嫡子，在蒙古从部落到帝国没有确立建储制的前提下，四大嫡子都有竞争大汗宝座的资格。《元朝秘史》记载，成吉思汗开导为争夺大汗继承权而争吵的儿子们："天下地土宽广，河水众多，你们尽可以各自去扩大营盘，征服邦国。"

在人类历史上，成吉思汗以"世界的征服者"的威名载入史册。

在南宋贵族阶层遗民中，张炎的人生遭遇可谓是大起大落。

张炎（1248年－1320年），字叔夏，号玉田，临安（今浙江杭州）人，六世祖张俊为南渡功臣，封循王。父张枢，精音律，与周密等名士为结社词友。张炎生于贵族之家，自幼尊享人间富贵，锦衣玉食；青年时代为一贵胄公子，鲜衣怒马，任侠仗义。东南名重一时的文章大家戴表元曾作《送张叔夏西游序》，对青年时代的张炎刻画得极为传神："玉田张叔夏与余初相逢钱塘西湖上，翩翩然飘阿锡之衣，乘纤离之马，于是风神散朗，自以为承平故家贵游少年不啻也。"

时过境迁，富贵浮云。南宋亡，张炎家道中衰，"牢落偃蹇"，贫难无以自给，远足北游燕赵之地，意欲谋取官禄而不得。

亟亟南归，愈不遇。犹家钱塘十年。久之，又去，东游山阴、四明、天台间，若少遇者。既又弃之西归。于是余周流授徒，适与相值，问叔夏何以去来道途若是不惮烦耶？叔夏曰：'不然，吾之来，本投所贤，贤者贫；依所知，知者死；虽少有遇而无以宁吾居，吾不得已违之，吾岂乐为此哉？'语竟，意色不能无沮然。少焉饮酣气张，取平生所自为乐府词，自歌之，噫呜宛抑，流丽清畅，不惟高情旷度，不可亵企，而一时听之，亦能令人忘去穷达得丧所在。（戴表元《送张叔夏西游序》）

我不知，作为贵胄公子的张炎是否做到了"富贵不能淫"，但国破家亡之时的张炎以孟子倡言"贫贱不能移"自我砥砺，绝不轻易阿附于人，亦可证实其人"士穷乃见节义"骨气之尚存。

想当年，"叔夏之先世高曾祖父，皆钟鸣鼎食，江湖高才词客姜夔尧章、孙季蕃花翁之徒,往往出入馆谷其门,千金之装,列驷之聘,谈笑得之,不以为异。迨其途穷境变,则亦以望于他人,……今谁知之,而谁暇能念之者!"(戴表元《送张叔夏西游序》)看过戴元表这段真实记述,再读张炎传世名篇《解连环·孤雁》《高阳台·西湖春感》,岂能不令人欷歔、感慨!

明太祖朱元璋洪武初年(1368年),即诏令编纂《元史》,因其仓促成书,缺漏、谬误百出,但是有明一代,官、民修撰元史不绝。据《明史·艺文志》《千顷堂书目》记载,明人著述元史达二三十种,惜乎多半不传,存世者以商辂《续资治通鉴纲目》、陈邦瞻《元史纪事本末》、冯从吾《元儒考略》具一代史著之梗概。入清,元史研究、编著渐成规模,邵远平著成《元史类编》四十二卷;乾嘉考据学派代表人物钱大昕《廿二史考异》、《元史稿》之遗篇《元史艺文志》《元史氏族表》,对元史研究贡献尤为突出。其他如赵翼《廿二史札记》、王鸣盛《十七史商榷》、魏源《元史新编》、洪钧《元史译文证补》、屠寄《蒙兀儿史记》,皆有一定的史学价值。民国初年以降,受西方汉学启迪,学贯中西的王国维、陈垣、陈寅恪等史学大师在蒙元史研究方面更取得卓越成就。

从外在的形式上看,成为全中国统治者的蒙古人沿袭了中原封建王朝的衣钵。

1271年,元世祖忽必烈采纳刘秉忠等汉文臣的建言,以本朝"舆图之广,历古所无",取《易经》"大哉乾元"之义,建国号"大元"。其《建国号诏》曰:"诞膺景命,奄四海以宅尊;必有美名,绍百王而纪统。肇从隆古,匪独我家。"借此表明建国号乃遵循中原"古制"行事。

一个统治着人口成千上万倍于自己族群所采取的最明智的策略,乃是沿袭被征服者易于接受的传统形式,以此最大限度地减少他们的抵触心理,堵塞他们的反抗借口。至于元朝灭亡后北遁漠野的祖廷,长期挑起边衅,蒙古贵族的侵扰几乎与明朝相始终,1449年"土木堡之变"明英宗被俘,更是中原王朝的奇耻大辱。大明王朝重修万里长城,即是对华夏文明传统区域的重新划界。

如果你认同这样的看法,那就大错特错了。这一看法的错误在于对文明的主导力和影响力没有足够的认识。

事实上，经过周秦、汉唐、两宋几大重要历史时期的创造、融汇、升华，"中国"已不再是一个狭义的国家称谓，以封建时代所能企及的高度发达、成熟的华夏文明为轴心，向周边广大区域辐射强大影响力而形成的中华文明，已成为广义上的"中国"代名词。从一定意义上讲，在中华文明强大影响力的广大区域，任何一个地方势力都不可能完全摆脱这种影响力而独立地存在。就蒙元帝国而言，无论是入主中原，还是溃遁漠北，均不能从政治、经济、文化的高度与华夏轴心文明分庭抗礼，只能归属于中华文明之列。

一个颇具说服力的实例是，明穆宗隆庆五年（1571年）二月，宣（州）大（同）总督王崇古上《确议封贡事宜疏》，提出对蒙古鞑靼部封贡、互市的八条建议。在内阁大学士高拱、张居正的支持下，明朝廷封俺达汗为顺义王，其余蒙古诸首领也逐一封职，恢复蒙古与中原经济交往的贡市。俺达封贡之后，北部边疆数千里不用兵革，军民乐业。清代思想家魏源在总结历史经验时，就明朝后期对蒙古"封贡互市"特加赞论：

高拱、张居正、王崇古，张弛驾驭，因势推移，不独明塞息五十年之烽燧，且为本朝开二百年之太平。仁人利溥，民到今受其赐。（魏源《圣武记》卷十二）

在人类古代社会，草原游牧民族对农业民族村落和城邦的侵袭、攻掠，乃是一个世界性的现象。对这一现象，美国学者斯塔夫里阿诺斯所著《全球通史》第八章《古典文明的终结》，做了专题分析。

斯塔夫里阿诺斯认为，3世纪至6世纪是欧亚大陆普遍遭受入侵的时期。与中国情况相似的西罗马帝国在政治、文化和种族方面发生了根本变化。但是，中国北方却没有发生这种变化，这主要是因为这里的中国人在数量上远远超过蛮族侵略者。当时的北方是中国人口最稠密的地区，因此，能够吸收并同化游牧民族而不用经历根本变革。在这几个动乱的世纪里，为了躲避蛮族的劫掠，许多中国人由北方移居南方，所以，不但北方仍是中国的北方，而且南方也已中国化了。因而，北方的部分野蛮化因中国文化的向南扩张而被抵消，从而为中国从北到南提供了一个巨大的纵深。这样，589年，当隋朝重新统一全国时，中国又恢复了正常的历史进程，即同汉代一样独特的中国式的历史进程。

读史十记

历史，是时间的沉积；人类的历史，是过去事物的沉积。人类历史的真相，犹如海上冰山一角，往往隐匿在一些表象的背后和下方，只有全面、深入地探究，才能看清历史背景，让事实浮出水面，让真相大白于天下。

斯塔夫里阿诺斯《全球通史》这段关于北方游牧民族对古代中国影响的分析，表面上看是合理的，却在关键环节上交代不清，甚至犯了原则性的推论错误。

试想，如果"北方却没有发生这种变化，这主要是因为这里的中国人在数量上远远超过蛮族侵略者"观点成立，那么，后来的西欧国家在征服美洲大陆过程中，数量有限的殖民者所面对的土著印第安人何止百倍、千倍，结果却是人数居绝对劣势的欧洲人很快地征服、改变了美洲大陆。

生物的长存，靠的是物种进化；人类的长盛，靠的是文明进步。这才是自然和人类历史发展的规律。

五千年来，中华民族之所以能走进辉煌时代、走过漫漫长夜，曾经被欺侮，从未被征服，至今长盛不衰，靠的是以华夏文明为轴心的中华文明不可替代的凝聚力、创造力、推动力——历史已证明，还将继续证明，中华文明永远是人类最重要、最具影响力的文明之一，只要我们还能跟随时代的进步，在传承中发展这一博大、精深的文明。

当然，斯塔夫里阿诺斯是有很强的历史研究功底的，其后的著述从历史推论回到了历史事实的本身。在《全球通史·元朝蒙古人的统治》章节，他选取了一个实例：

这些蛮族征服者做出的第一个反应是夷平各城市，将新臣民并入传统的蒙古部落社会。但是，他们很快就发现，这是不可能的，还有更有利的选择。一个中国顾问陈述了这种选择：既然你们已经征服天下所有地区，赢得四海所有财富，你们自然可以获得所想要的一切，但是，你们还未将到手的一切组织起来。你们应该向土地和商人征税，从酒、盐、铁以及山区、沼泽地区的产品中获利。这样，你们一年就能得到50万盎司的白银、8万匹丝绸和40万担粮食。你们怎么能说中国人对你们没有用呢？

蒙古人听取了这一劝告，建立了与前中国统治者所建立的基本相同的行政机构。

今天，我们经常使用的哲学用语是"经济基础决定上层建筑"，斯塔夫里阿诺斯所举的实例,也符合这一结论。而在我看来,但凡涉及"文明的更化"这一重大论题,上层建筑往往居于主导地位,并且,由此引出的不同政策,导致一系列事物乃至一个王朝的成败得失。而这其中,人是起决定作用的因素。

《元史·后妃传》也记载了一个颇具说服力的实例:一次,朝臣怯薛官投其所好,向元世祖忽必烈献上草图,奏请在京城近郊割地做牧场,牧养宫中马匹,忽必烈大感快慰,欣然应允。察必皇后认为不妥,想谏阻,又不好驳忽必烈的面子,便故意责备侍立一旁的刘秉忠:"汝汉人聪明者,言则帝听,汝何为不谏?"又眼瞅着忽必烈说道:"我们刚定都这里时割地牧马还说得过去,现在天下已定,郊外的田地各有其主,安居乐业,现在再强行将良田变为牧场,不是太过分了吗?"忽必烈听罢,感觉言之有理,遂取消了割地放牧的计划。

跑马圈地,是草原民族中的野蛮征服者惯常采取的掠夺行径。察必皇后能以农耕民族的视角看待"田有其主,安居乐业"这一关乎社稷长久的王朝大业,忽必烈大帝能像汉家贤明之君那样做到从善如流,岂非中原文明教化之功?

重读众多版本的元史,可以看到,从成吉思汗统帅蒙古大军走出草原对外征服开始,先于蒙古人开化和文明的北方汉族名士——长春真人丘处机、耶律楚材,即成为蒙古大汗礼遇恩重的座上客。待至忽必烈登上历史舞台,继而"临御之始,宜新宏远之规",刘秉忠、赵璧、王文统、张文谦、郝经、姚枢、许衡等众多汉人智能奇才、饱学之士,也跻身蒙元帝国权力中枢与思想智库,成为影响这一历史阶段的风云人物。

1260年,忽必烈在"圣龙起飞之地"开平(元上都,今内蒙古锡林郭勒盟正蓝旗北)登基为蒙古帝国大汗,采用中原王朝传统的年号纪年,宣布建元"中统",即位诏书对此前蒙古帝国有"武功迭兴,文治多缺"之责,以示自己将文治天下。在刘秉忠、许衡的主持下,忽必烈创制了类似于中原王朝的国家机构和职官制度,推行劝农政策,提倡儒学,被史家称为"大兴汉法"。

法因人立,国以人兴。蒙元帝国的强大,主要不在于"铁蹄踏出的强悍",而在于成吉思汗时代、窝阔台时代英雄辈出,忽必烈雄才大略,众多汉族才俊为其所用，从而创建了一个强悍而又强大的蒙元帝国。

李璮之乱发生后，在忽必烈"人分四等"逆历史进步而行的幽暗穹庐笼罩之下，中华文明依然以绘画艺术辉映神采，令世界为之赞叹。

如果说，文天祥是以其忠贞不屈的凛然正气，为大宋王朝的落幕唱响了一曲最后的挽歌，那么，赵孟頫则是以其天才超迈的艺术贡献开启了草原王朝统治下书画新天地。

李霖灿，台湾故宫博物院副院长，在其《中国美术史稿》中写道：

元代是中国山水画的转折点，由于南宋画风的日趋纤巧，所以赵孟頫氏揭櫫"士气"，提倡以书法入画，使山水画有古朴之意。……这项由华丽纤巧而转向笔墨浑厚意境，从写实而转趋写意，从专业的画院接棒，开文人画之先河。而且这一项转变，一直历明代清朝直至如今，形成了中国山水画之正统，影响中国绘画演变之既长且久，实在居于最重要的关键地位，绝不能由于其政治史上的年限短促，而遽然予以轻视。

谈到元代的文化艺术，我们最津津乐道的是"元曲"，知名的有《窦娥冤》《西厢记》《汉秋宫》《墙头马上》之类元曲名剧，以及关汉卿、王实甫、马致远、白朴几位元曲剧作大家。然而，以"宋人丘壑，元人笔墨"极负盛誉的元代绘画，除了近年来因炒作《富春山居图》而名噪一时的黄公望，国人还能列举出几位元代绘画大家？

对于元代绘画和戏剧艺术高下的评价，国外学者的观点可能有些偏颇，但对今日重新审视自己的历史文明的国人来说，不乏扩展思维的启示性：

绘画与舞台艺术不同。舞台艺术对所有的人都可以产生一点共鸣，而具有各种不同背景的人们也都可以参与其中，但绘画是一种更为高雅的艺术形式。尽管后代的文人将元曲斥为是品味低俗，但是元代众多伟大画家的巨大成就，却是受到了所有后代内行人士的高度推崇。（康德拉·希诺考尔、米兰达·布朗《中国文明史》）

曾经，我们对自己的文明产生怀疑，对自己的前途感到迷茫。即使是在中华文明灿烂辉煌的大唐时代也是如此，著名诗人韦应物一阕《调笑令》"胡马，胡马，远放燕支山下。跑沙跑雪独嘶，东望西望路迷。迷路，迷路，边草无穷日暮"即道出了中国古人对世事迷茫的伤感。此即俞陛云《唐五代两宋词选释》中的精彩评论："言胡马东西驰突，终至边草路迷，犹世人营扰一生，其归宿究在何处？"

元朝历史看似时局纷乱、文明程度不高，但其实亦可像俞陛云那样，出以精确之论：比野蛮的征服更长久的是文明的征服。

而在我看来，文明本不需要征服，就像那朝日的辉煌、月光的浪漫，感觉美好，自然而然。

蒙元帝国变奏曲：从济济多士到暴敛天下

说到成吉思汗创立的蒙古帝国和忽必烈建立的元帝国，留给世人最深刻的印象是惨烈的战争。

许多决定历史进程的战争爆发都需要一个导火线。这样的例子不胜枚举。近代史上，最著名的战争导火线是1914年6月发生在塞尔维亚的奥匈帝国皇储斐迪南大公夫妇被刺事件，由此引发了第一次世界大战。

在中世纪的东亚大陆，蒙元帝国摧毁南宋王朝，一统中国。从对人类文明史的影响来看，这绝对称得上是一场重大历史事件。然而，让绝大多数国人意想不到的是，这场灭宋战争的导火线却是一个汉人。

郝经，忽必烈派往南宋和谈的汉族特使，自1260年率蒙古帝国使团进入宋境，被秘密扣留十四年。1274年，怒不可遏的忽必烈大帝正式诏告天下，发兵灭宋；与此同时，遣使赴宋"问执行人之罪"。一名被扣押的汉族特使能成为蒙元帝国消灭南宋王朝的导火线，可见此人之于蒙元帝国的重要性！

但是，从德国军事理论家克劳塞维茨《战争论》的解释——"战争是政治的继续"来看，这一说法也许言过其实了——以和谈特使被扣为由向南宋王朝宣战只是忽必烈发动战争所需要的一个借口罢了。如果真是这样的话，只能说明忽必烈也像历史上其他战争魔王一样，以黩武征战为能事，无须有什么"人性"可言。

如此一来，我们是否还可以这样理解：在对外开战的同时，忽必烈完全没有必要"遣使赴宋'问执行人之罪'"，让一名汉族身份的特使死在汉族人自己建立的王朝的屠刀之下，岂不是加重了蒙元帝国意欲灭亡者——南宋王朝的罪行？

然而，这一次的蒙古人却一改历史上"野蛮征服者"的形象——蒙古帝国大汗忽必烈，竟然扮演起正义之师、文明之师的模样，不但"遣使赴宋'问执行人之罪'",而且对忠贞于他的郝经给予了比西汉皇室对待苏武更加真诚的深厚恩情。白寿彝总主编《中国通史》陈述了这段历史：

> 翌年（1275年）二月，元军进占建康（南京），南宋宰相贾似道震恐，连忙派人礼送郝经归元。至此，郝经已被扣留了十五年之久。在北上赴京途中，郝经不幸染病，忽必烈闻讯特派近侍、太医迎候照拂，及归大都，又厚予赏赉，慰劳有加。但郝经一病不起，于当年七月病故。

忽必烈，一位"只识弯弓射大雕"的"野蛮征服者"的继承者，竟变得文明有数、讲情讲义，岂能不令人肃然起敬？

自然之道，一物之衰也，则一物继之以兴。人间之道亦然。在中华文明的范畴内，如欲对蒙元帝国的兴起、强大做一合理评说，亦应参照南宋历史来读解。

南宋王朝灭亡的标志，是1279年的崖山之战。此役，南宋军队全军覆灭，陆秀夫背负九岁的末帝赵昺蹈海身亡，宋王朝从历史上消亡。

而在我看来，若是以人物来论南宋王朝的消亡，其标志亦可确立在1283年时，文天祥在元大都（今北京）牢狱中慷慨就义。一曲"人生自古谁无死，留取丹心照汗青"悲歌，已然成为两宋王朝最后的绝唱。

由蒙元帝国宰相脱脱主持编纂的《宋史》对文天祥的评价，启发了我对蒙元历史的重新认识。《宋史·文天祥传》结束部分写道：

> 宋至德祐亡矣，文天祥往来兵间，初欲以口舌存之，事既无成，奉两屏王崎岖岭海，以图兴复，兵败身执。我世祖皇帝以天地有容之量，既壮其节，又惜其才，留之数年，如虎兕在柙，百计驯之，终不可得。观其从容伏质，就死如归，是其所欲有甚于生者，可不谓之"仁"哉。宋三百余年，取士之科，莫盛于进士，进士莫盛于伦魁。自天祥死，世之好为高论者，谓科目不足以得伟人，岂其然乎！

在我看来，这段评语透露了两条重要信息。

其一："我世祖皇帝以天地有容之量，既壮其节，又惜其才，留之数年，如虎兕在柙，百计驯之，终不可得。"对一位抗御被俘的敌国大臣，作为征服者的忽必烈大帝为什么如此不忍弃之？

其二："自天祥死，世之好为高论者，谓科目不足以得伟人，岂其然乎！"对一位宁死不屈的敌对汉人，作为征服者的蒙元统治阶层为什么予以

"伟人"的赞誉？

不可否认，文天祥首先是一位"超乎其类，拔乎其众"的英才。《宋史·文天祥传》开篇介绍，即令人印象深刻：

文天祥，字宋瑞，又字履善，吉（州）之吉水人也。体貌丰伟，美皙如玉，秀眉而长目，顾盼烨然。自为童子时，见学官所祠乡先生欧阳修、杨邦乂、胡铨像，皆谥"忠"，即欣然慕之。曰："没不俎豆其间，非夫也。"年二十举进士，对策集英殿。时理宗在位久，政理浸怠，天祥以法天不息为对，其言万余，不为稿，一挥而成。帝亲拔为第一。考官王应麟奏曰："是卷古谊若龟鉴，忠肝如铁石，臣敢为得人贺。"

体貌丰伟，英姿超人，此乃拜天之赐，至于弱冠之年应进士第，"言万余，不为稿，一挥而成"，一举而为"莫盛于伦魁"之状元，则益显其才学非凡。

时值南宋王朝危亡之际，一介书生文天祥，跃然成南宋王朝中流砥柱，却不能力挽狂澜，拯济国家人民，有负天下重托，岂不印证了初唐诗人杨炯《从军行》所言"宁为百夫长，胜作一书生"？

不过，作为书生的文天祥的确称得上是才华横溢、文才飞扬，两首传世名诗——《过零丁洋》和《正气歌》，为他赢得不朽之声誉，而其中的诗句"人生自古谁无死，留取丹青照汗青"，更被人们所熟知，称文天祥是"古今第一忠臣"亦不为过誉。

文学有一定之规。白寿彝总主编《中国通史》对"书生本色"的文状元有一段笔意轻倩、文采蕴藉的评述：

如果文天祥不是身遭亡国之祸，拘囚之苦，使得优游于翰墨之间，则其文章之意度，可以与一般文士学者同风。只是生逢易代之际，于惶恐零丁之中，才产生了慷慨悲歌的作品。

文天祥不仅在文学方面杰出，更有一种与"河岳""日星"共不朽的精神——"时穷节乃见，一一垂丹青"。

宋端宗景炎三年（1278年），文天祥在海丰的五坡岭被元军张弘范部俘获，随后押到朝阳。左右元兵命令文天祥叩拜张弘范，文天祥拒不从命，张弘范以宾客礼节待之。第二年，张弘范帅元军水师围攻崖山，让被挟持到此的文天祥写信招降张世杰。文天祥断然拒绝，反诘道："我不能保卫自己的父母,却教唆别人也背叛自己的父母,这可能吗?"并拿出所作《过零丁洋》诗,以"人生自古谁无死,留取丹心照汗青"的浩然正气,表达自己英勇无畏、舍生取义的决心。张弘范口称"好人好诗",只得作罢。

崖山之战结束,元军置酒席大张庆贺。张弘范再劝文天祥:"国家已亡,你已经尽了忠孝之心,如果你改变对南宋的忠心来效忠于元朝皇上,还给你宰相的官职。"文天祥哀之以泪,对答:"国家灭亡不能拯救,做臣子的死有余辜,怎么还敢如逃脱了杀头之罪而怀有二心呢?"张弘范无奈,派人将文天祥押送到元大都。

其时,元世祖忽必烈对南宋的人才多有需求,南宫属官王积翁进言:"南方的人才,没有比文天祥更出色的了。"忽必烈遂遣王积翁传下优诏谕旨,文天祥说:"国亡,吾只求一死。"王积翁还想联合南宋降官谢昌元等十人,提请释放文天祥为道士。曾任南宋宰相的留梦炎极力阻挠,认为"天祥出,复号召江南,置吾十人于何地!"此议遂废。

文天祥被关押在燕地凡三年,忽必烈知道他始终不肯屈服,召其入朝,问道:"你有什么愿望?"文天祥回答:"我受大宋恩泽,担任宰相,怎能臣事他姓之人呢?只愿赐死就满足了。"忽必烈听罢,还是不忍心杀掉文天祥,令他退下。有人极力建议满足文天祥"杀身成仁"的请求,忽必烈最终听从。1283年,文天祥在元大都被执行死刑。当此之际,忽必烈再起怜心,下诏停止行刑,可惜已晚。

史载,文天祥临刑时非常镇定,对押解的卒吏说:"我的事情完成了。"向南方叩拜而死,终年四十七岁。几天后,他的妻子欧阳氏前去收尸,他的面容犹如活着的时候一样。在他衣带中有一段赞文:"孔子教导成仁,孟子教育取义,只有自己尽了道义,仁德才能实现。我读圣人、贤人的书,所学到的难道是别的东西吗?从今往后,大概对圣人、贤人的教诲没有愧疚了。"

这样顶天立地、可歌可泣的忠毅之士,岂能不赢得包括忽必烈大帝在内的世人为之服膺、尊敬?

文天祥就义之后,南宋度宗年间补太学生王炎午作《望祭文丞相文》,其中写道:"嗟哉文山,山高水深;难回者天,不负者心。……日月韬光,山河改色。生为名臣,没为列星。"纸上文字,铭刻世间,其人不朽,与日月可以争光。

站在历史的角度,从忽必烈对待文天祥的态度,已能看出忽必烈不愧为一个伟大的帝王。反观南宋王朝,有哪一位皇帝胸襟、胆略可以与忽必烈相比拟?仅从这一点,便能分出胜负结局:苟安江南形势日蹙的赵宋王朝,根本不是草原天骄如日中天的蒙元帝国的对手,覆亡只是时间长短而已。

在中国历史上,能称得上"开启一个时代"的帝王并不多见。前者绍述周公(摄政王),继之秦皇、汉武,近看唐宗、宋祖,然后是元世祖忽必烈。就帝国的建设、东西方文明的交流而言,忽必烈超越了他那位"世界征服者"的祖父成吉思汗,开启了中国历史上一个令世人瞩目的"忽必烈时代"。

生逢"忽必烈时代"前期的文韬武略之才是幸运的。彼时的忽必烈,不仅有"以天地有容之量,既壮其节,又惜其才"的胸襟情怀,更有唐太宗那般"天下英雄入吾彀中"的雄心壮志。南宋王朝在秦桧、贾似道、史弥远之流奸臣当道之下,如辛弃疾、陆游等可以与文天祥媲美的英豪奇士只能空叹"不念英雄江左老,用之可以尊中国",而在北方的蒙元帝国忽必烈帐下,汉人智谋之士、知识精英,尽为之用,以《诗经·大雅》"济济多士"之词作类比,也恰如其分。

《元朝名臣事略》十二卷,有一段特别醒目的文字:忽必烈"好访问前朝帝王事迹",慕"唐太宗为秦王时,广延四方文学之士,讲论治道,终致太平",于是屡次遣使到汉地征聘名士。在这些遣使中,以刘秉忠最为有名。

也许是身为僧人,不入儒家主流文化的缘故,后世主政者无人倡导为刘秉忠大张其名。这也并非止于刘秉忠一人。

历史上,以奇异僧道的身世流传世间的名人,前有唐朝的李泌,后有明朝的姚广孝,均堪称旷代奇人奇才,建不世之功,但也没有博取"正经"名分,树立"圣贤""名臣"之正大光明的形象,赖以彪炳史册,垂传世间。

而刘秉忠则不同,正因为此君"当云霾草昧之世,天开地辟,赞成文明之治",蒙元帝国初期的历史为之改写。

作为一名世居辽、金少数民族政权统辖之地的汉人，刘秉忠的身世颇有些复杂。

据史料记载，刘秉忠（1216年－1274年），原名侃，僧名子聪，字仲晦，号藏春，元世祖至元元年（1264年）还俗时改为刘秉忠。先世瑞州（今辽宁绥中西南）人，曾祖仕金为邢州（今河北邢台）节度副使，遂定居邢州。父润，1220年邢州归降蒙古后，木华黎命官守之，许便宜立都元帅府，被推为副都统；寻升都统。武仙乱定，州帅署润为录事，以刘秉忠入质于帅府，时年十三岁。刘秉忠自八岁入学，元帅以其知书，命僚属教之文艺，学业日进，十七岁被辟为邢台节度使府令史。久之，不愿困于为吏，谓丈夫不得志于世间，当求出世间事。1238年初，刘秉忠隐居武安山中，学全真道，不久又入天宁寺为僧，师命掌书记。同年秋，因蝗灾乏食，刘秉忠随师就食云中（今山西大同），遂留居南堂寺，研习天文、阴阳、术数诸书。

1242年，禅宗高僧海云（印简）奉忽必烈之召赴漠北，路过云中，携刘秉忠同行。忽必烈向海云问佛法大意，刘秉忠侍侧，应对称旨，"论天下事如指诸掌"，显示出博学多能，得到这位蒙古王子的赏识。海云法师南还，刘秉忠被留在王府为书记，随时顾问，成为忽必烈最早的汉人谋士，"顾问之际，遂辟用人之路"（张文谦《刘秉忠行状》）。

1246年，刘秉忠得悉父病故，次年春，忽必烈特赠金，遣使送他回乡葬父。刘秉忠此行还负有征聘人才和了解中原政治情况的使命，经他推荐，被忽必烈征聘到王府的就有张文谦、窦默、李德辉等人。这就是《王恂墓志》特别提到的"太保刘公自邢北上，取道中山，为忽必烈搜访一时之俊"。

文明之功，惟在教化施用。1250年，刘秉忠以中原之行所了解的情况向忽必烈呈上万言策，阐明"以马上取天下，不可以马上治"的治国之道。针对蒙古统治中原地区的许多弊端，刘秉忠在万言策中提出了改革措施。

户口逃亡问题。"天下户过百万，自忽都那演（失吉忽秃忽）断事之后，差徭甚大，加以军马调发，使臣烦扰，官吏乞取，民不能当，是以逃窜。宜比旧减半，或三分去一，就见在之民以定差税，招逃者复业，再行定夺"。

官吏问题。"官无定次，清洁者无以迁，污滥者无以降"，可"定百官爵禄仪仗，使家足身贵；有犯于民，设条定罪"；"今百官自行威福，进退生杀惟意之从，宜从禁治。"（张文谦《刘秉忠行状》）

还有课税、刑法、高利贷、纳粮；关西、河南设官抚治，招民垦田；设学校、养贤士、开言路、劝农桑、立朝省等诸多建议，让处于"云霾草昧之世"的蒙古帝国认识到野蛮征服与文明治理的区别。

1260年，忽必烈从亲王登上蒙古帝国大汗宝座。云从龙，风从虎。彼时的刘秉忠犹如"鹰扬凤翔"，大展济世才华。主要有：

第一，辅助忽必烈立法定制。

刘秉忠久居漠北，多年来一直追随忽必烈，谙熟蒙古"祖宗旧典"，于是糅合蒙古制度与中原传统制度，拟定了元朝的新制，举凡设立中书省，改元中统，置十道宣抚司，颁布条画，选用官员，皆发挥了主导作用。

第二，兴建元大都。

幽燕都会，以金朝旧都燕京为风水佳地。中统二年（1261年），元世祖忽必烈在燕京设中书分省，燕京实际上成为蒙古帝国第二都城。开平升为上都之后，燕京也于中统五年（至元元年，1264年）"正名"为中都，但旧城早已破敝不堪。至元三年（1266年），忽必烈敕令刘秉忠主持建造中都新城，以张柔、段天佑同行工部事负责建城工程。刘秉忠选定燕京旧城东北旷地为新城址，因循中原王朝都城宫阙制度作了全面规划，翌年，城垣、宗庙、衙署、坊市相继兴建。至元九年（1272年），按照刘秉忠的建议，忽必烈改中都为大都。

元大都，今日北京城之源头，刘秉忠之擘画、肇基，对中华文明建设的演进，实有开创之功。

第三，稽诸古典，确立朝仪制度。

至元六年（1269年），刘秉忠奉旨与许衡等制定官制、朝仪。在前金故老和许衡、徐世隆（太常卿）指导下，刘秉忠访知礼仪者练习，征召儒生尚文等人稽诸古典，参照唐《开元礼》斟酌损益，合乎时宜，定为新制；搜访乐师，配备音乐，选怯薛士习为执礼员。朝仪既定，忽必烈观礼之后大感快慰。刘秉忠又奏立侍仪司掌之，从至元八年（1270年）天寿节（忽必烈生日）开始举行，此后凡即位、元旦、天寿节，诸王及外国使臣朝见、封册、上尊号、祭祀及群臣朝贺等典礼，一律行朝会仪礼。以前，耶律楚材曾初行朝仪，但不完善，未能改变蒙古旧俗，至此始为定制。是为蒙古朝廷制度一项重要改革。

第四，绍述中原继统，建言国号"大元"。

元世祖至元八年（1271年），刘秉忠等奏请建国号。自成吉思汗建国以来，蒙古帝国一直用"大蒙古国"国号。忽必烈即位大汗之后，帝国统治中心转移到了汉地，随着中原皇朝体制的逐步建立，需要与之相应的国号以示其为"绍百王而继统"的中原新皇朝。忽必烈认为，前代皇朝如秦、汉以兴起之地为名，隋、唐以始封之爵邑为名，皆不足以体现本朝之伟大，遂采纳刘秉忠的建议，取《易经》"大哉乾元"之意，建国号为"大元"。

刘秉忠的一生，所创历史勋绩颇多，以上荦荦大端，似可证实其人"赞成文明之治"的历史评说。

自1242年进入忽必烈王府，二十多年来，刘秉忠一直以僧人身份参与中枢机要，论衡国是。忽必烈远征或两都巡幸，刘秉忠皆随行，与之"情好日密，话必夜阑，如鱼得水，如虎在山"，信任非常，人称"聪书记"，有"辅佐圣天子开文明之治，立太平之基，光守成之业者，实惟太傅刘公为称首"（王磐《刘秉忠神道碑》）之誉。为此，翰林承旨王鹗上疏，谓其"效忠藩邸积有岁年，参帷幄之密谋，定社稷之大计，忠勤劳绩，宜被褒荣"，建议"还其衣冠，崇以显秩"。忽必烈欣然嘉纳，即日命有司备礼册，授为光禄大夫，位太保，参领中书省事，诏命还俗，改名秉忠，聘窦默女为其妻。1274年，刘秉忠卒于上都南屏山庵堂，诏追赠太傅、仪同三司，谥文贞。元成宗时，赠太师，谥文正。元仁宗时，又进封常山王。

一位入仕蒙元帝国的汉人，何以尊享如此荣耀？

才学、智识不凡，是刘秉忠立身之本。史称，刘秉忠兼备释、道、儒之学，"通晓音律，精算数，仰观占候、六壬遁甲、《易经》象数、邵氏《皇极》之书靡不周知"，"时之知数（术数）者，无出刘秉忠"（《元史·李俊民传》）。

在元朝，时人盛传刘秉忠通秘术，行师用兵之际，役使鬼神、多著奇效。蒙古崇拜长生天，"事必称天"，以占卜辨吉凶，"天弃天予，一决于此"。而刘秉忠既精于术数、占卜，又深明治国之术，两者相辅而行，这正是他比其他僧侣和儒士更受蒙古皇帝亲信的重要原因。忽必烈曾说刘秉忠"其天文卜筮之精，朕未尝求于他人也"。

据王磐所撰《刘秉忠神道碑》记载，刘秉忠辞世后，忽必烈嗟悼不已，谓群臣曰："秉忠事朕三十余年，小心缜密，不避险难，事有可否，言无隐情。又其阴阳术数，占事知来，若合符契，惟朕知之，他人莫得与闻也。"

一代雄主忽必烈之于一代奇才刘秉忠，亦印证了司马相如的那句名言："是以有非常之人，然后有非常之事；有非常之事，然后立非常之功。"

如果说，刘秉忠的"阴阳术数，占事知来"本领尚有旁门左道之嫌，那么，姚枢则是一位胸襟六韬、经纶济世的汉儒名臣代表人物。

姚枢，忽必烈时代另外一位重要的汉人谋臣，对刘秉忠也是极言称赞，"学际天人，道冠儒释"，"凿开三室，混为一家"，并将其比为三国诸葛亮、西晋道安、南宋"黑衣宰相"慧琳、北宋象数祖师邵雍。

1251年，忽必烈之兄蒙哥即位蒙古国大汗。为把天下控制在拖雷家族手里，蒙哥将漠南汉地军国庶事全权委托给忽必烈掌管。忽必烈为之兴奋，大宴群下。众人皆忘乎所以，痛饮庆贺，唯独姚枢罢酒不饮，离席将出。忽必烈感到奇怪，遣人止枢，问他："诸臣皆贺，汝独默然，何耶？"姚枢回答："今天下土地之广，人民之殷，财富之阜，有加汉地者乎？军民吾尽有之，天子何为？异时廷臣间之，必悔而见夺，不若惟持兵权，供亿之需取之有司，则势顺理安。"忽必烈听罢，恍然大悟，于是按照姚枢的建议把汉地政务交还蒙哥。从后来的事态发展来看，正是这一韬晦之计解救了权力争斗危机中的忽必烈。

一部蒙古帝国对外征战史，其实也是一部以摧城攻坚、野蛮杀戮著称的历史。惟有忽必烈攻取大理之战，没有屠城，秋毫无犯，是一个绝大的例外。佛家有所谓"放下屠刀，立地成佛"之说，忽必烈不是佛教徒，当然不会听从其训，止于杀戮。那么，是什么让他放下屠刀，转身为仁义之师？是中华传统文明——"取天下以仁义"的教化之功。

1252年，忽必烈实施攻取大理、包抄南宋的战略，姚枢从行。蒙古大军行至曲先脑儿时，忽必烈摆设夜宴。姚枢于席间讲述宋太祖派遣曹彬攻取南唐不杀一人、市不易肆的历史美谈。翌日，出发行军时，忽必烈在马上大声对姚枢说："汝昨夕言曹彬不杀者，吾能为之，吾能为之！"（《牧庵

集》卷十五《姚枢神道碑》)

1253年,蒙古军驻夏六盘山。姚枢受命以王府尚书身份宣抚京兆,与杨惟中、孛兰等人共治关中,"旬月之间,民大和浃,道不拾遗"。入秋,姚枢继续跟随忽必烈由陇西南进,穿过吐蕃东部,攻至大理城下。忽必烈先遣三使入城诏谕。大理守将尽杀蒙古使节。但是,忽必烈攻入大理城后,依然饬令姚枢"尽裂帛为帜,书止杀之令,分号街陌",由是"其民父子完保,军士无一人敢取一钱直者"。

若蒙古帝国皆以这样的方式征服世界,人类文明史将为之改写。

五年之后的1256年,忽必烈遇到一生中的最大危机,幸赖于姚枢"以退为进"的智识韬略,方得化险为夷。否则,缺少了元世祖忽必烈的中国历史将为之改写。

白寿彝总主编《中国通史》第八卷记述了这段历史:

忽必烈在汉地的势力和声望大大提高,蒙古贵族中有人向蒙哥进谗言,称"王府得中土心",王府人员"擅权为奸利事",告发忽必烈。出于对忽必烈的猜忌之心,1256年,蒙哥派出他的亲信、大必阇赤阿兰答儿到关中"钩考"(财政审计)钱谷。阿兰答儿倚仗大汗声威,扬言除史天泽、刘黑马以外,对汉地其他世侯和忽必烈委任的关中及河南官员们都有擅杀之权。忽必烈与蒙哥的矛盾呈现公开对抗的恶化趋势。

关键时刻,姚枢向忽必烈进言:"帝君也,兄也;大王为皇弟,臣也。事难与较,远将受祸,莫若尽王邸妃主自归朝廷,为久居谋,疑将自释。"忽必烈犹豫不决。第二天,姚枢又一次敦劝忽必烈返回漠北,以屈求伸。忽必烈思之再三,断然回答:"从汝、从汝。"

是年,入冬十一月,忽必烈先后两次遣使觐见蒙哥,表达自己归牧于岭北的心迹。得到蒙哥的诏许之后,忽必烈当即驰归帝国首都和林。兄弟相见,忽必烈"立酒尊前,帝酌之;拜退,复坐。及再至,又酌之。三至,帝泫然,上(忽必烈)亦泣下,竟不令有白而止"。于是,蒙哥敕罢钩考。

元世祖中统三年(1262年)春,益都世侯李璮发动兵变。作为儒臣的姚枢从兵韬武略的角度,给忽必烈上了一堂《孙子兵法》课。

早在这一年正月底,当李璮留质于燕京的儿子李彦简从燕京逃走,忽必烈便马上召姚枢问对,让他预测李璮动向。姚枢认为,李璮必发动兵变,其后有三种战略可供选择："使璮乘吾北征之衅,濒海捣燕,闭关居庸,惶骇人心,为上策。与宋连和,负固持久,数扰边,使吾罢于奔救,为中策。如出兵济南,待山东诸侯应援,此成擒耳。"忽必烈追问:"今贼将安出?"姚枢断然对曰:"出下策。"其后事态的发展,证实了姚枢的观察和预见是十分敏锐、准确的。

如此看来,姚枢确有刘邦所言张良"运筹帷帐之中,决胜于千里之外"之能。而对忽必烈来说,有这样的"王佐之才"为己所用,岂能不得天下、安天下?

一介布衣王文统也忽必烈一夕超拔为卿相,气魄之大,足以与历史上赫赫有名的秦皇、汉武比肩而立。

1259年,忽必烈围攻鄂州,宋相贾似道"以木栅环城,一夕而办"。忽必烈大为赞赏,对扈从诸臣说:"吾安得如似道者用之。"刘秉忠与张易当即举荐人选:"山东有王文统,才智士也。今为李璮幕僚。"从此,忽必烈对王文统这位"才智之士"铭记在心。

次年,忽必烈登上大汗宝座,设中书省,总揽内外百司之政,当即将一介幕僚的王文统拔擢为中书平章政事(副宰相),委以"除旧弊,立新政"的重任。王文统不负所望,发挥经略之才,设立十路宣抚司分管各地,颁布一系列条画,以革除赋税、吏治诸方面的积弊;发行中统元宝交钞,并制订了严密的钞法;选用人才,分立中书左三部、右三部,以健全政府机构。元朝初期各项制度的奠定,多有王文统之功。

其时,忽必烈正与阿里不哥进行争位战争,急需得到中原汉地的财政支持。王文统擅长理财,"钱谷大计,虑无遗策",他所推行的改革措施,一定程度上限制了蒙古、色目贵族的任意搜刮,使国家财政收入大增,以此深受忽必烈的信赖。

1262年,李璮叛乱,与之有翁婿关系的王文统,惹来杀身之祸。

王文统伏诛,让极为器重他的忽必烈深为痛惜、失望,他在诏告天下书中说道:"国制有规定,怀二心者必杀。没有想到,地位如此之高的宰相居然会心怀奸邪。平章政事王文统,自底层起用,提升到台司,我对他的信赖不可说不深,对他的待遇不可说不厚,希望他报效朝廷,谁知他竟与李璮是同谋,暗中使子荛通消息。近来得到他的亲笔书信数幅,察觉他的谋反之心已有多年，宜斩首示众，使民众知道其滔天罪恶。朕已于二十三日将反臣王文统及其子荛依法处死。呜呼！负国而谋反，死有余辜，处宰相之位而被处以极刑，一时还不明白，你们大家应该好好体会我的这些用心。"

李璮叛乱，王文统牵连其中被诛，成了蒙元帝国统治政策的转折点。此后，忽必烈对汉人的疑惧、防备心理日渐加深，开始铲除汉人世侯，重用西域少数民族人士，阿合马、卢世荣、桑哥一班"聚敛之徒"粉墨登场，与汉法派互争高下，蒙元帝国的施政方略和政局进入矛盾交织时期。

尽管如此，忽必烈大兴汉法的政策一直延续未休。

许衡（1209年－1281年），字仲平，学者称之鲁斋先生，祖籍怀州河内（今河南沁阳），被誉为朱子之后、在元朝特殊历史条件下承继道统的第一功臣，在促进忽必烈采用汉法、建立中原传统的礼仪制度、传承程朱理学诸方面多有建树。

许衡自少年起，即聪敏勤学、博览群书，立志学以致用，成年后，"凡经传、子史、礼乐、名物、星历、兵刑、食货、水利之类，无所不讲"，与姚枢、窦默等讲程朱理学，"慨然以道为己任"。忽必烈为亲王时，许衡任京兆提学，在关中大兴学校。忽必烈即位大汗之后，许衡任中书省议事、中书左丞，与刘秉忠等"立朝仪""定官制"，筹划立国规模，上书言立国"必行汉法"；创建元初国学，任集贤大学士兼国子祭酒，培育人才，众多弟子皆学有成就；对汉蒙文化交流、程朱理学传播和朱陆合流有较大影响。许衡还教领太史院事，与王恂、郭守敬、杨恭懿等改定历法，撰《授时历经》，新制仪象圭表，为元仁宗推行科举制度和使天灾频生的泰定时期呈现治平的盛世，奠定了良好基础。

13世纪时，华夏民族虽然也一样遭受了亡国劫难，但民族根基既深且广，华夏文明光焰且长，究其因，除了业已成熟的中国传统文明的强大影响力，还有赖于众多的中国传统文化与文明的捍卫者、传承者，包括刘秉忠、张文谦、窦默、许衡这些影响蒙元帝国决策的饱学之士。郝经，就是这些人物中的代表。

郝经生于儒学世家，祖上八世均以习儒授课为业，金末文坛大家元好问即出自郝经祖父郝天挺门下。1232年，河南沦陷，郝经一家北渡黄河，落户保州满城（今河北保定），其父赫思温借铁佛寺南堂招童子开馆授业。郝经幼承庭训，发愤苦读，日诵二千言为课，夜则衣不解带，握管缀录，如是持之以恒，凡五年，继而转攻道德之理、性命之原、经术之本，"上溯洙泗，下迨伊洛诸书，经史子集靡不洞究"，为其一生奠定了坚实的学识基础。

与一般的汉族文人相同的是，郝经对辽、金、蒙元的战乱带给中原社会的巨大破坏极为痛心。不同的是，在郝经看来，蒙古的征服使"金源以来纪纲礼义，文物典章皆已坠没"，"天下之器日益弊而生民日益惫"，但蒙古作为当时寰宇之内最强大的力量君临中原，则是必须承认的现实，反抗是徒劳的。

作为一名儒士，郝经相信，蒙古也是可以像北魏、辽、金那样"附会汉法""致治成化"的。因此，以"羽翼斯文"为终身使命的郝经，寄希望于以儒家的安邦经国之道去影响较为开明的蒙古统治者，借他们之力"挽回元气，春我诸华"，用夏变夷，逐步使乱世走向治世。这便是一种现实与理想相结合的济世救民的思想。

如其所思、所愿，1255年，郝经等来了历史性的机遇。

是年之秋，"好儒术，喜衣冠"的忽必烈遣使召见郝经，郝经并未应诏而至。时隔两月，忽必烈二度遣使召见，郝经为忽必烈的知遇之情而感动，奉诏就道，1256年春，觐见忽必烈于漠南金莲川。

初次晤面，忽必烈"咨以经国安民之道"，郝经以历代圣王贤君"仁民爱物"之义赢得了忽必烈的赏识。随后，郝经又呈上《立国规模二十余条》，让忽必烈立足于长治久安，"以国朝之成法，援唐宋之故典，参辽金之遗制"，正纪纲，立法度，藻饰王化，文致太平，创万世规模，忽必烈皆以为然。彼时，忽必烈还只是一个亲王，未操帝国权柄，他对郝经说道："可行之时，尔自知之。"（《元史·郝经传》）

郝经"用夏变夷"的思想，有了得以实现的希望。

辽金、蒙元两百多年动荡的年代，在北方知识分子身上，逐渐演变出与南方同僚不同的风尚——其为学也，不拘于儒家，战乱未息，穷经无路，谋略、经济之才更为实用，亦更为权贵者重视而遽见成效。刘秉忠、王文统之驰骋才智、荣登丹墀者，皆如此。郝经亦具此等超乎其类、拔乎其萃的才智。

1258年，蒙古大举攻打南宋，蒙哥汗自帅一军亲征，西击川蜀，命忽必烈统帅东道蒙军，进攻江汉荆湖之地。蒙哥汗在川蜀久战无功，进退维谷。郝经闻讯，上书进谏忽必烈，从军事战略上指出蒙哥主攻方向的选择错误，一味攻坚，放弃了蒙古善于野战、出奇制胜的特长，应及时调整战略步骤，"假西师（蒙哥）以为奇而吾（忽必烈）为正"，实行"先荆后淮、先淮后江"作战方略。十多年后，元朝的灭宋之战大体遵循了郝经的这一战略思想。时为亲王的忽必烈不能左右大局，但应知其中之要妙。

应该说，与九死一生而成就了蒙古帝国大业的祖父成吉思汗相比，含着金钥匙出生的忽必烈是幸运的。但是，他的帝王之路却潜藏了危险。此前，忽必烈遭受兄长蒙哥汗猜忌，就差点丧命，幸亏有姚枢随行，力劝之下，才助他最终躲过一劫。

数年之后，在攻宋前线的鄂州（今湖北武昌），相似的一幕又发生了。这一次，拯救忽必烈的命运之人，则是另一个汉人——郝经。

1259年，蒙哥在四川钓鱼城遭到重创，受伤而死。消息传来，忽必烈却毫无政治敏感，非但无意北归争夺大汉之位，还挥师渡江包围了鄂州。讵料，兵临城下百余日而不能攻克，忽必烈已陷入困境，依然举棋不定。当此之际，郝经呈上《班师议》，一针见血地指出了忽必烈孤军深入所处的险境，以及蒙古后方隐伏的夺权内乱危机，力谏忽必烈"断然班师，亟定大计"，夺取蒙古最高权力，稳定帝国人心。

事已至此，理已晓谕，忽必烈仍固执不开窍，直到北方传来幼弟阿不里哥已在括兵欲争夺汗位的急报，才决心勒兵北还，先得汗位，弭平内乱。

经此一遭，忽必烈对郝经只有敬佩的份儿了。

疾驰而归漠北草原，忽必烈如愿在开平登上蒙古帝国大汗宝座。甫一登基，忽必烈即大兴汉法，中统建元，更张制度。郝经在四年之前的建议，大多付诸于行。

新的挑战也随之而来。蒙古人"幼子守灶"的惯例，令阿不里哥对忽必烈登基心有不甘，遂在蒙古旧都的哈拉和林称汗拥众反叛。为避免两线作战，稳定南部边疆，登基之始，忽必烈毫不犹豫地选派郝经为国信使，以翰林侍读学士的身份，配金虎符赴南宋，告知新的大汗已即位，愿与南宋议定和平盟约。

郝经奉旨辞行，忽必烈赐御酒为之饯行，尚不忘再次征询军国大事。郝经临场草成急就章《便宜新政》十六事，其中重点两条：

定都邑。建议将蒙古帝国政治中心从漠北草原的开平（今内蒙古锡林郭勒盟正蓝旗北）南迁至形胜之地的燕京（今北京），以控制全国的局势；

建储君。建议仿照汉制预立储君（太子），以杜绝蒙古旧制在确立皇位继承人问题上一再发生的危机。

当代史学界对郝经《便宜新政》的评价是：

由于郝经的建策大都事关紧要，切合实际，所以此后几年里得以次第施行，对推动忽必烈政权向传统中原封建王朝的转变起了积极作用。（白寿彝总主编《中国通史》）

出使南宋，冠"国信使"显耀之荣名，持大汗御赐之金虎符，一介儒士若骤得风光尊贵，多表现出一种春风得意、沾沾自喜的"小家子"模样。反观当时的郝经，却是一派"以天下为己任，拯救黎民于水火"的深重情怀：

自南北构难，江淮遗黎弱者被俘略，壮者死原野，兵连祸结，斯亦久矣。……吾读书学道三十余年竟无大有益于世，……苟能弭兵靖乱，活百万生灵于锋镝之下，吾学为有用矣。（阎复《静轩集》卷五）

据称，郝经为国使赴南宋议和的消息传出，"仗节即路之日，百姓无不遮马快睹"，表达了人民厌战的强烈愿望。此情此景，更加坚定了郝经"坠仇崇好"不辱和平使命的决心。

心怀美好愿望的人，往往把人世间的事看得过于简单。

是年九月，郝经率使团一行抵达真州（今江苏仪征）后，被宋军困阻而淹留，进退不得，形同囚禁。其中缘由，除了李璮挑起边衅事端引发的误会之外，更重要的是，南宋当朝丞相贾似道为了对上隐瞒他在1259年向忽必烈乞和，私定鄂州城下之盟，却伪报取得了鄂州大捷，故意将北方来使扣押在中途，以掩盖此前向蒙古帝国乞和的真相。

可以说，正是奸臣贾似道的一己私利，毁掉了历史关键时期南宋与蒙古两国之间一次千载难逢的和平机会。

在真州，郝经被严密监管长达十五年，期间严词拒绝宋方一再劝降，笔耕不辍地撰写了《续后汉书》《易春秋外传》《太极演》《原古录》《玉衡贞观》《通鉴书法》等数百卷著作。

风萧萧兮易响，云漠漠而生色。

和平的使者带来的却是战争的开端，这无疑是郝经最不想看到的结局，但历史就是这样残酷。

今天，为了中华民族的共同信仰，我们很有必要重新认识郝经这位湮没于中国历史长河的忠臣义士、和平使者。

一部蒙元帝国的历史，在风云激荡中演进。

元世祖至元十九年（1282年），蒙元帝国朝廷突发一起惊天大案。三月十七日，益都千户王著与高和尚等人合谋，乘皇太子真金随从忽必烈巡狩上都（开平）之机，联络八十多人，假称皇太子回大都（燕京）做佛事，进入京城，在东宫南门呼唤中书平章政事（副宰相）阿合马出来迎驾皇太子。阿合马不知有诈，刚一露面即被王著擒获，当即被其用藏在袖中的大铜锤击中了脑袋，其同党郝祯亦被杀。忽必烈很快就得到消息奏报，速派枢密副使孛罗等人驰奔大都，将谋事者王著、高和尚等诛杀，事先知情的枢密副使张易亦被杀。真金及诸多汉官进言忽必烈，尽述阿合马欺君、贪赃之罪恶。忽必烈大怒，命将阿合马发墓剖棺，戮尸于通玄门外，纵犬啖其肉，其子侄皆伏诛，籍没家属财产，妻四十人、妾四百人分赐他人。当此之际，百官士庶，聚观称快。

至元年间，奸相阿合马以聚敛财物和破坏汉法著称于朝野。阿合马被刺事件影响、牵连之大，足见忽必烈朝廷政治争斗之激烈。

阿合马、卢世荣、桑哥等奸臣相继登上蒙元帝国的政治舞台。坏人当道，看似一段历史插曲，实则是忽必烈对蒙元帝国发展之路作出战略调整的折射。这也就是史家所说的"义利"之争与厉行"汉法"派的受挫，白寿彝总主编《中国通史》对此有一段精准析述：

如果说，在中统、至元前期，汉法的实行，只是填补蒙古旧制无法施行的那些方面的制度空缺，那么在"纲纪粗立，朝廷粗安"之后进一步厉行汉法，其主要内容就变为在观念层次上对控制着国家机器主要部位的蒙古统治者施行"汉化"，以及进一步改革既定体制中的不合理部分了。以忽必烈为首的蒙古统治集团对此并无迫切之感。现在国家的财政问题更吸引着他的注意力，但他与朝廷儒臣之间，恰恰在这个问题上产生了很大的分歧。这种分歧与民族防范的心理以及其他矛盾交织在一起，导致了忽必烈对儒臣和汉人的疏远乃至猜忌排斥。

用"精准"来形容上述历史述评，其实还不够准确。在我看来，这段文字是深刻而又精辟的，它揭示了元代初期的政治特点。

比如，空前强大的蒙元帝国对中国的统治，为什么只有短暂的九十七年？江山稳固两百年的大明王朝，为什么会在明神宗万历后期形势急转直下，未逾半个世纪便在内外纷乱惨败中黯然消亡？一个人数不过百万的后金部族，为什么会成为中国封建时代最后的统治者，而且统治了漫长的二百六十七年？

历史告诉我们：

一个王朝、国家的长治久安，需要与之相适应的制度，并使之臻于完善。

一个追逐利益的民族和王朝，可以享有暂时的财富，而不会拥有远大的前途。

一个王朝、国家的前途命运，需要统治（治理）者及其人民以治国的理想和使命，去创造物质与精神共美好、共强大的可持续发展之路。

1294年，忽必烈在元大都病逝，时年八十岁。

从成吉思汗崛起于漠北草原，蒙古铁骑驰骋万里疆场，横扫欧亚大陆，到忽必烈一统江山，建立蒙元帝国，百年风云历史，旷古英雄时代，随着忽必烈的逝去，这个威名赫赫的英雄时代也随之落幕。

英雄已矣，时代结束，并不意味着英雄时代的影响力随之风吹云散。

中青年时代的忽必烈，以汉家儒士信奉的"治国、平天下"为己任，倾心华夏文明，雄才大略，聚合四方力量，东击西讨，南征北战，成就了一个雄踞东方的蒙元帝国。

中年以后的忽必烈，则因患足疾，经常卧榻办公。此时的忽必烈，英雄迟暮，力不从心，已很少有二三十年前果敢进取的意志，遇事往往迟疑反复。

晚年，他主要凭借政治经验和手腕，使蒙古、色目大臣和汉、南人朝臣之间互为制约，保持平衡，以此维持朝政。

壮岁易逝，壮心难再，"倩何人换取，红巾翠袖，揾英雄泪"！

忽必烈大帝之后，蒙元帝国虽然还留下了史家称许的元成宗"持盈守成"、"惟和"政治、至大"维新"，以及所谓的皇庆延祐年间的"崇文右儒"、至顺年间的"文治"，实则已徒具其表，再无壮观、精彩可言。

回过头来再看李璮之乱，它只是引发蒙元帝国战略转变的一个转折点。从向慕文明开化、修葺朝仪规章、创新行政制度，到以理财为重，攫取世间财富，奴役天下百姓，曾经雄视寰宇、横扫天下的蒙古帝国和承嗣其主体的元帝国，虽然在人类古代历史上演绎了一部空前壮阔的"英雄史诗"，而其自身所选择的却是一条越走越窄的不归路。

对以儒家传统文化为精神支柱的仁人志士来说，生活在蒙元帝国这样一个草原民族统治的时代，直面人分四等——蒙古人、色目人、北人、南人这样一个屈辱与残酷交织的社会生态，内心是纠结的、悲凉的，否则只能是真正意义上的奸流之人。

作为忽必烈最信任的"藩府旧臣"，刘秉忠生前达官显耀，身后倍极哀荣，有元一代，汉人位封三公者，仅此君一人而已。宦海风光，不掩其人清风节操、文才风流。

刘秉忠的一大业余爱好是写诗，史称"秉忠自幼好学，至老不衰，虽位极人臣，而斋居蔬食，终日淡然，不异平昔。自号藏春散人。每以吟咏自适，其诗萧散闲淡，类其为人"（《元史·刘秉忠传》），著有《藏春集》六卷、《藏春词》一卷、《诗集》二十二卷，总计古诗词约六百首，为元代诗人之最。

诗如其人。读刘秉忠的诗，当真如其号"藏春散人"，萧散闲淡，《丁未始还邢台》一诗，悠然见情思神逸之妙：

清明左侧上归鞍，急到邢台六月间。万里春风吹绿鬓，一城和气暖朱颜。昔年林下闲为贵，今日乡中贵是闲。布衲蓝衫人调笑，如何不着锦衣还。

诗言志。政治家的入世身份，决定了刘秉忠的诗风绝不止于闲淡一端。《江边晚望》一诗，雄词瑰调，壮丽画卷，与盛唐豪放诗人可以媲美：

沙白江青返照红，沧波老树动秋风。天光与水浑相似，山面如人了不同。千古周郎余事业，一时曹操漫英雄。东南几许繁华地，长在元戎指画中。

此诗写出了含混阔大之境界和气势，色彩的运用也鲜明而强烈。诗中表现了对蒙古大军声威的赞赏，抒发了统一天下的渴望和信心，可以被视作辅佐之臣刘秉忠对一代雄主忽必烈最初的政治期许。

元朝建立仅四年（1274年），刘秉忠无疾而终，享年五十八岁，与享年八十的忽必烈相比，可谓壮岁早逝。晚年的刘秉忠，位极人臣，尽管享受着一位汉臣所能企及的最高荣耀，但他对蒙元政权的民族狭隘性的认识日渐深刻，曾经的经纶济世、建功立业之豪情，化为深长的无奈，其《藏春集》卷三《遣怀》一诗，道出了他心灵的孤独与凄凉：

世事茫茫今古同，人生无奈落西东。几年羁旅雁声里，千里家乡蝶梦中。梧叶打残秋夜雨，菊花开尽晓晴风。渊明醉卧东篱下，不管明朝酒盏空。

对那些身经唐宋灿烂文明洗礼的华夏子民来说，值此历史非常之期，文明的薪火传承，维系着他们的精神寄托和未来的希望。

草原民族统御下的文化情态

唐宋时代，诗词与绘画高度发达，是中华文明领先于同时期的人类文明的精彩映现。我曾读过两则唐宋文坛、画坛故事，极富启示意义。

李涉，与白居易同时代的中唐诗人，唐文宗大和（827年－835年）时期曾任国子博士，以"李博士"享广泛时誉。其代表诗作《润州听暮角》"江城吹角水茫茫，曲引边声怨思长。惊起暮天沙上雁，海门斜去两三行"，气势苍凉，意境高远，何逊于小李杜、"大历十才子"之流？只因未入"唐诗三百首"等俗世选本，几为世人遗忘。

让李涉之名不致于湮没世间的，是他的一首近似于打油诗风格的即兴之作《井栏砂宿遇夜客》，"暮雨潇潇江上村，绿林豪客夜知闻。他时不用逃名姓，世上如今半是君"。

关于这首诗，《唐诗纪事》有一段饶有趣味的记载："涉尝过九江，至皖口，遇盗，问：'何人？'从者曰：'李博士也。'其豪酋曰：'若是李涉博士，不用剽夺，久闻诗名，愿题一篇足矣。'涉赠一绝云。"据说，绿林豪客们听了李涉的即兴吟成之作，饷以牛酒，尽欢而散。

在古今国人看来，这一趣闻故事，不但生动地反映了唐代诗人在社会上的广泛影响和所受到的普遍尊重，而且可以看出唐诗在社会生活中运用的广泛——可以用来应酬绿林豪客。如果说诗歌的普及是一种社会文明高度发展的体现，那么，唐诗这一中华民族独特的文明形式，就成为中华民族的一种象征，值得国人世代吟颂、传承。

蒙元帝国初期，刘秉忠在政事、俗务之外创作了大量诗词，包括元曲，即是在文明星空黯淡的历史非常时期对中华民族这一文明形式的薪火传承。

再来看另一则故事，见于李霖灿《中国美术史稿》。

李唐，赫赫有名的宋代大画家，在宋徽宗的皇家画院作待诏，地位很高，是北南两宋画苑的栋梁人物。据说，有一次宋徽宗以"竹锁桥边卖酒家"为题，让应试的艺术家们作画，结果李唐以桥畔竹林中斜出一"酒"旗夺得第一，众人皆伏其巧。1124年，李唐作巨轴《万壑松风图》，如今是台北故宫博物院的镇院国宝之一。

在《万壑松风图》画成之后三年，北宋灭亡，举国人士从汴京开封逃往杭州，李唐也携带他的画具逃难，在太行山中遇见了强盗头子萧照。得知是大画家李唐，萧照决心放下抢劫旧业，一心一意地跟着李唐去江南学画，真的是"放下屠刀，立地成佛"。他们到了杭州之后，萧照果然很有成就，成为南宋山水画的名家。现在台北故宫博物院还藏有他的《山腰楼观图》，这幅画是中国山水画在构图方面有大突破的杰作。

李唐、萧照的师徒故事，印证了文明力量的强大，显示了绘画艺术不可抗拒的超凡魅力。

相较于文化特质的民族文字与文学，绘画更易于观赏，成为世人共同欣赏的文明示范。由此，之于世俗社会，绘画在谋生立世的成功方面，比文字、文学来得更为容易。

当年，南宋覆亡之初，贵族世家之子张炎孤身"北游元廷燕赵之地，意欲谋取官"而不可得，赵宋王室之胄赵孟頫，则是被元廷礼聘请往燕京做官的。除了至尊的赵宋皇族身份，赵孟頫娴于书画艺术且成就斐然的特色优势，更能激发文化上原始后进、心理上并不自信的蒙古入主者的崇敬，这反倒令其他方面难有作为的汉族士人在绘画领域有了专心的创作、升华的空间。

李霖灿在其《中国美术史稿》中写道：

元代以有名的铁骑扫荡的战术，于1279年灭了南宋，并且废除了五代两宋的画院制度，遂使中国山水画的演变自然而然地走向另一个方向，那就是文人的气息重了，书法的气味重了，笔墨的趣味重了。

又加上元朝人画山水的基本态度有了改变，不像宋朝人那么追求真山真水，却注意自己的"有笔有墨"，大家所谓的"宋人丘壑"和"元人笔墨"正是指此。换言之，宋朝人爱大自然胜过爱笔墨，而元朝人爱自己的笔墨胜过大自然，这就是元朝画家笔墨趣味特重之所由来。

李霖灿先生的眼光仅看到了一半。天地有大美而不言；一枝一叶总关情，何人面对美妙无可比拟的大自然而不心驰神往？只是，国破山河在，在南宋遗民看来，眼前这真山真水，其实已是残山剩水，准确地说是他人（蒙古统治者）主宰的江山，"旧江山浑似新愁"，教人如何爱得起来？所以，心中的文化山水，成了元代画家内心的最爱。

唐、宋王朝是中国古代文明攀升至巅峰的时代，而又以宋代的文化艺术之繁荣、发达最为世人称道。

在中国历史上，两宋王朝呈现一种独特的文化现象，那就是王朝的一代代最高统治者——皇帝，成为整个社会的文化风尚的领航者。也正是在这样的环境、背景下，宋代书画艺术大放异彩，至今无人敢于轻言超越。

从宋太祖赵匡胤陈桥兵变、黄袍加身肇始，北、南两宋延祚三百一十九年，即位称帝者共计十八人，其中竟有十三位皇帝书史留名。南宋立国之主宋高宗赵构在《翰墨志》中颇为得意地夸耀："一祖八宗（宋太祖和太、真、仁、英、神、哲、徽、钦宗）皆喜翰墨，特书大书，飞白分隶，加赐臣下多矣。"

赵匡胤喜欢书法，见于《铁围山丛谈》，该书称"太祖书札，有类颜字，多带晚唐气息，时时作数行经子语。又间有小诗三四章。皆雄伟豪杰，骇动人耳目，宛见万乘气象"。

论及对中国书法艺术的贡献，宋太宗赵光义可谓居功至伟。淳化三年（992年），宋太宗出秘阁所藏历代法书，命翰林侍读学士王著编次，标明法帖，摹勒在枣木板上，共计十卷，四百二十余帖，钦命曰《淳化阁帖》，被后世誉为诸家法帖之冠。

雍熙北伐，是北宋对外统一战争最大的败笔，但这并不妨碍宋太宗行风雅乐事。雍熙三年（986年），此君以飞白书赐给宰相李昉，声言："朕退朝未曾虚度光阴，读书外留意真、草书，近又学飞白。"米芾《海岳名言》评论宋太宗书法："真造八法，妙入三昧，行书无对，飞白入神。"

宋仁宗赵祯在位长达四十二年。此君对书法的嗜好始终如一，欧阳修《归田录》为之评述："仁宗万几之暇，无所玩好，惟亲翰墨，而飞白尤为神妙。"朝政余暇，雅兴所至，宋仁宗每以飞白书赐左右大臣，还曾为太常礼院"言明堂"书写篆书"明堂"、飞白"明堂之门"两大榜书，一时轰动朝野。

"不徒素练画秋鹰，笔态冲融似永兴（虞世南）。善鉴工书俱第一，宣和天子太多能。"清代王文治撰写的这首赞美诗，在中国美术史上颇有名气，而他在诗中赞美的对象——宣和天子宋徽宗，更具不可替代之盛名。

宋徽宗赵佶，擅文辞，通音律，精鉴别，工书法、山水、人物画，而尤精于花鸟，以精工逼真著称。所作花鸟，画风绮丽，摹刻逼真，点睛多用生漆，高出缣素，莹莹几欲灵动，有天纵之妙。

明代汪珂玉所著《珊瑚网》记载一则画坛轶事：宋徽宗"尝命学人画'孔雀升墩'障屏，大不承旨，复命余子次第呈进，有极尽工力，亦不得用者，乃相与诣阙陈请所谓。旨曰：'凡孔雀升墩，必先左脚，卿等所图，俱先右脚。'验之信然，群工遂服。其格物之精如此。"由此可见宋徽宗的艺术造诣之非凡。

赵构，"靖康之难"后赵宋王朝幸存的唯一皇子，民间流传"九哥泥马渡江"故事的主角，南宋王朝第一位皇帝，原本被天下臣民寄予厚望，以为社稷之福，收复中原、匡复宋室指日可待。不意这位"幸运儿"皇帝苟且偷安，遂使"还我河山"民族复兴的希望终成崖山梦断之悲剧。所以，元人在所修《宋史》中痛下"偷安忍耻，匿怨忘亲，卒不免于后世之诮"的差评。

如此昏聩之君，却是一个出色的书法家、书法理论家。赵构曾自述："顷自束发，即喜揽笔作字，虽屡易典刑，而心所嗜者，固有在矣。凡五十年间，非大利害相仿，未始一日舍笔墨。"（赵构《翰墨志》）其书法，宗"二王"、智永、黄庭坚、米芾，又辅以六朝风骨，自成一家，艺不废人。由他御笔下诏令岳飞班师的手谕，入选中国书法史，作为法帖之墨宝流传于世。

复兴无望，国祚随塞北、中原战事风云飘摇。在"南渡君臣轻社稷，中原父老望旌旗"一阕叹息声中，赵宋皇室迎来了它的家族史上最著名的一位书画大家——赵孟頫。

赵孟頫（1254年－1322年），字子昂，号松雪道人、水精宫道人，宋太祖之子秦王赵德芳十世孙。四世祖崇宪靖王伯圭，宋高宗赐其第于湖州，世居于此，遂为湖州人。1286年，时年三十三岁的赵孟頫应忽必烈江南求贤之邀，赴元大都，入仕为官，三十余年，历任元世祖、成宗、武宗、仁宗、英宗五朝，官至翰林学士承旨、集贤学士、荣禄大夫、知制诰兼修国史,按一品资历,推恩封赠三代。赵孟頫病故后,又被元廷追封为魏国公,谥文敏。南人入仕元朝者,获此"圣眷甚隆"之遇,无人超过赵孟頫。

一位被蒙元帝国列为最低阶层(第四等)的南人,何以获此殊遇?杨载所著《赵公行状》记载的二则故事,似可见一些端倪:

有不悦(赵孟頫)者,闻言公乃赵太祖子孙,上(元仁宗)初若不闻,其人游辞不已,上作色以视之曰:"汝言赵子昂乃赵太祖子孙,岂家世不若汝耶?"其人惶惶趋出。

又有上书称:国史所载,皆兵谋战策,不宜使公与闻。上大怒曰:"赵子昂世祖皇帝所简拔,以为帷幄之臣,朕悯其年老,特优以礼貌,置之于馆阁之间,使之讨论古义,典司述作,传之后世,亦足以增重国家,此属哓哓者何也?非加罪一等,无以戒来者。"于是,谤者始息。

"足以增重国家",道出了元仁宗的心里话,笼络赵孟頫这样一位出生前朝皇室、当朝首屈一指的汉族文人,对元朝当然是非常有利的。

赵孟頫也确具"当朝首屈一指汉族文人"之实。

元仁宗曾将赵孟頫比作唐朝的李白、北宋的苏轼,对侍臣说:"文学之士,世所难求,如唐李太白、宋苏子瞻,姓名彰彰然,常在人耳目。今朕有赵子昂,与古人何异!"还将赵孟頫"超乎常人"之处归纳为七个方面:帝王苗裔、状貌昳丽、博学多闻知、操履纯正、文词高古、书画绝伦、旁通佛老之旨而造诣玄微。可见这位蒙古皇帝对汉人杰出代表赵孟頫敬佩之至!

成语有曰:爱屋及乌。今天看来,元仁宗对赵孟頫的超赞之论带有明显的主观感情色彩。诚如赵翼《咏史》所云:"江山代有才人出,各领风骚数百年"。世上才貌俱佳、品行端方之人杰可谓多矣,以赵孟頫论,他的超常之处似在于身世高贵,为前朝"帝王苗裔",但这也可能是他最大的劣势,被当朝帝王新贵视为威胁,随时有被铲除的隐患。如此看来,真正称得上是赵孟頫"超乎常人"的优势,也只有"书画绝伦"了。这其实才是汉族文人赵孟頫的独门利器,由此征服了蒙元帝国五任皇帝。

单就艺术世界的赵孟頫而言,无论如何赞誉均不为过。李霖灿在其《中国美术史稿》中这样写道:

元代的大画家第一个当说赵孟頫……不但书法超群,而且第一个揭橥以书法入画，摒除院画的织巧卑琐，作画首重有古意。

他是元代画坛的领袖，这种以书法入画的主张遂使元代的绘画不仅书法的气味重而且画上的题跋也一下子多了起来，形成了和两宋迥然不同的面貌，一直延续到今天我们都还在受他的影响。

他不但书法好，在绘画上也是十项全能，人物、花鸟、枯木竹石、畜兽，无所不能，且极精绝。在山水画上造诣极高，有《鹊华秋色图卷》及《洞庭东山图》《重江叠嶂卷》《双松平远卷》等传世，奠定了他在元代画坛的领导地位。

作为艺术门类专家，李霖灿对中国山水画之概念有其独到见解：

中国人以农立国，对土地山川有浓厚的亲切情感，加之魏晋南北朝时，有"山林文学"的鼓吹，所以中国人情有独钟，特别拈出一个山水画的专名，对人类文化做出了一项卓越的贡献。

亦因如此，数百年后，下迄大清帝国康乾盛世之期，赵孟頫的山水佳作《鹊华秋色图》一举征服了自诩为"十全老人"的乾隆皇帝。

《鹊华秋色图》，现藏于台湾故宫博物院。当年，赵孟頫应好友周密之请而创作此画。周密籍贯山东济南，却没有到过故乡，赵孟頫是江南人，却在济南做官，卸任回来对好友盛夸济南山水之形胜，周密便恳请赵孟頫把故乡的景色画出来，相赠。于是便有了这幅杰作。周密曾作《云烟过眼录》，云烟已随过眼风散，名画犹存世间，益显此画之珍贵。

《鹊华秋色图》流传有绪，到了清代乾隆年间传出一段佳话：一次，乾隆皇帝去山东巡狩，当他登上济南城门楼四下一望，顿觉这一带景色似曾相识，继而欣然一笑说道，这不就是赵孟頫的《鹊华秋色图》吗？

乾隆皇帝立刻差人骑马连夜赶到北京紫禁城中，把《鹊华秋色图》取来，看图识济南府近畿山水，竟被他发现赵孟頫所画鹊华二山方位有误，于是借题发挥大做文章，大意是基本方位都没有搞清楚，若打起仗来，那还得了！

中国绘画史上，有"元四大家"美称，确指黄公望、吴镇、倪瓒、王蒙四人，其中黄公望为"元四大家"之首。论绘画艺术，四人各具千秋，实力在伯仲之间，而黄公望以一幅《富春山居图》长卷擅胜千古画坛，名声大著于世间。

黄公望（1269年～1354年），字子久，号一峰、大痴道人、井西老人等。曾做过小吏，因受累入狱，出狱后隐居江湖，入道教全真派。工书法，善诗词、散曲，五十岁以后始摹画山水，师法赵孟頫、董源、巨然、荆浩、关仝、李成等，衰年变法，自成一家。常携带纸笔描绘虞山、三泖、九峰、富春江等地的自然胜景。以书法中的草籀笔法入画，有水墨、浅绛两种面貌，笔墨简远逸迈，风格苍劲高旷，气势雄秀。著《山水诀》，阐述画理、画法及布局、意境等。有《富春山居图》《九峰雪霁图》《丹崖玉树图》《天池石壁图》《溪山雨意图》《剡溪访戴图》《富春大岭图》等传世，其中《富春山居图》最负盛名。

富春江，是一条长一百一十公里的江南水系，在安徽黄山、杭州西湖之间，织成一幅"奇山异水、天下独绝"的自然画卷。元代吴桓赋诗赞曰："天下佳山水，古今推富春。"

富春江北有大岭山，黄公望晚年曾隐居于此。每外出游，随身携带一皮囊，内置画具，见山中胜景，必取具展纸，摹写下来。此前，黄公望曾绘写《富春大岭图》，可视为《富春山居图》润笔之作。

1437年，黄公望进入全景图创作状态。此时，黄公望已是年近八十岁的老人。在该画卷题跋上，黄公望自书：

至正十年，仆归富春山居。无用师偕往。暇日于南楼援笔写成此卷。兴之所至，不绝亹亹布置如许；逐渐填答，阅三四载，未得完备。盖因留在山中而云游在外故尔。今特取回行李中，早晚得暇，当为著笔。无用过虑，有巧取豪夺者，俾先识卷末。庶使知其成就之难也。十年青龙在庚寅歇节前一日，大痴学人书于云间夏氏知止堂。

无疑，《富春山居图》是对自然美景的一大挑战。

"钱塘江尽到桐庐，水碧山青画不如。"唐末五代诗人韦庄对富春江的赞美，让几多画坛高手望而却步。然而，黄公望的画笔却做到了。

《富春山居图》长卷，纵33厘米，横636.9厘米，展卷视之，递见山峰起伏，林峦蜿蜒，平岗连绵，江水如镜，开阔辽远，雄秀苍莽。其所绘数十峰，一峰一状；数百树，一树一态，万端变化，寻绎无尽。

论及《富春山居图》，以揭橥画坛南宗、北宗而为中国文人画精神领袖的董其昌辄为之神往："此卷一观，如诣宝所，虚往实归，自谓一日清福，心脾俱畅。"

古今学者以为，中国山水画产生于晋和南朝末，至唐末五代达到一个高峰。北宋的山水画基本上继承李成、范宽等北方派画风，南宋自始至终流行李成、刘松年、马远、夏圭水墨刚劲派画风。迨至赵孟頫，主张摒弃南宋，仿效北宋，远法晋唐，其绘画全面，风格多变，山水画早期学晋唐，多青绿设色，后期宗法董源、巨然、李成、郭熙，以水墨为主，然无固定面貌。继赵孟頫之后，黄公望彻底改变了南宋后期院画陈陈相因的积习，开创了一代画风。黄公望虽受赵孟頫影响，但他专意于山水画，且更多地着意于董源、巨然，水墨纷披，苍率潇洒，境界高旷，皆超出赵孟頫之上。南宋山水画之变，始于赵孟頫，成于黄公望，遂为百代之师。

古今有诸多《富春山居图》临摹者，以明代画家邹之麟较为著名。非但临之，邹之麟还出以世人皆以为然之论："知者论子久画，书中之右军（王羲之）也，圣矣。至若《富春山居图》，笔端变化鼓舞，又右军之《兰亭》也，圣而神矣。"

不过，现实生活中，这幅绘画界的"兰亭序"却命途多舛。

据李霖灿《中国美术史稿》叙述，在明代，这幅旷世名画传到大收藏家吴洪裕手中，吴氏特别珍惜，把它和唐代智永和尚的千字文视为秘籍二宝。在临死的前一天，他叫儿子吴静庵当着他的面把《千字文》火焚殉葬，他以为这样一来，在阴间也可以拥有这件文字上的珍宝了。

至于他最心爱的《富春山居图》，又将如何处理呢？他叫人在病榻前生起一炉火，然后叫他的儿子拿来此画，当着他的面，把画投入炉火之中去殉葬，这样，他满意了，就瞑目死去。吴静庵很聪明，投进火中去时并不曾打开手卷，一见他父亲闭上了眼睛，也顾不得火烧伤人，立刻把火中的《富春山居图》抢救出来，但是究竟迟了一步，火苗已吞噬了这画卷的一部分，所以到现在打开《富春山居图》的时候，就会看到有距离相等大小相近的火烧痕迹，由大至小的一连串窟窿，即火烧本。

时光流转，倏忽已入清代，在书画赏析成为清宫一大雅好的氛围里，一卷注明赠子明隐君的纸本《山居图》（画界称之为子明卷）送到了乾隆皇帝手中。

虽然此卷只名之曰《山居图》，但乾隆仍大喜过望。他曾认真研究过权威的图书工具书《著录》,知道这可能就是《著录》里记载的赫赫有名的《富春山居图》,因而视若拱璧,便在画卷空白地方,大做文章,以期自己的墨迹与名画共不朽。

1354年,一代艺术巨匠黄公望在常熟逝世,享年八十六岁,葬于虞山西麓。

史称,黄公望少有大志,天资孤高。青年时代的黄公望,虽身处蒙元统治者划定的第四等南人之列,仍希冀投身仕途干一番大事业。然而,元朝选拔官员并不采用科举考试(至元仁宗治政时期,才始正式实行科举,但每次录取不过数十人),而是规定汉人要做官必须从当吏开始。吏为一般办事职员,待到一定年限,视办事能力如何,再决定是否授官。大约在四十岁时,黄公望才得到浙西廉访使徐琰的引荐,担任浙西宪吏,管理田粮,旋任中台察使院掾吏。其上司张闾是个有名的贪官,元仁宗派他署理江南田粮,此人在江南"贪刻用事,富民黠吏,并缘为奸",弄得民不聊生,盗贼四起。元廷将张闾逮捕治罪,黄公望也遭受连累,被捕入狱,不久获释离京南返。罹此劫难,险丧性命,黄公望便绝了仕途之望,回到了故乡常熟,隐居在小山头(今虞山西麓)。

哀,莫大于心死。此后十年,黄公望是彷徨、颓废的。

在李日华《六砚斋笔记》中,正值壮岁的黄公望是这样一副形象——"黄子久终日只在荒山乱石丛木深筱中坐,意态忽忽,人不测其所为。又居泖中通海处,看激流袭浪,风雨骤至,虽水怪悲诧,亦不顾。"

还有郏伦逵《虞山画志》对黄公望的事迹补阙"每月夜、携瓶酒,坐湖桥,独饮清吟。酒罢,投掷水中,桥下殆满"。

从另一个角度看,正是从融身自然、放浪形骸的那时起,黄公望也开始潜心于艺术生涯的探索。经同时代大画家、好友王蒙介绍,黄公望获得了"书画绝伦"的赵孟𫖯亲身指教。一笛晚风,半鬓秋霜,知天命之年,黄公望步入画坛,凭借超凡的艺术功力,梦圆人生不朽的宏大事业。

艺术可以立身谋世,精神则需皈依之所。彼时,蒙元帝国已非如日中天之盛期,在内讧纷争、民族矛盾渐趋激化中,走向日暮途穷。

六旬之后的黄公望,遁迹江湖,受道学精深的金月岩大师指导,与大画家倪瓒参加了新道教,并与张三丰、莫月、冷谦等道友在苏州天德桥开设三教堂传道。他为倪瓒《六君子》题诗"远望云山隔秋水,近看古木拥陂陀,居然相对六君子,正直特立无偏颇",表达了他的民族节气和对元朝统治者的不满态度。

"君子之志于道也,不成章不达。"(《孟子·尽心上》)黄公望取得了非凡的艺术成就,却不能显贵于时代,遁迹江湖,皈依道教,实为不得已的选择。人生无奈,维系于文明传承、开创,这亦是蒙元帝国统治下众多"学而优则仕"无门的汉族士子普遍的社会生态。

那么,入仕蒙元帝国而能显达尊贵者的赵孟頫心态又如何呢?人生关键时期,赵孟頫的几番述论、陈情,可为历史演进、文明承续做一代表性的注解。

元世祖至元十九年(1282年),时任元廷吏部郎中的夹谷之奇举荐赵孟頫为翰林国史院编修官,赵孟頫作《赠别夹谷公》诗"青青蕙兰花,含英在林中。春风不披拂,胡能见有心",委婉表达自己无意仕元的想法。诗,似可虚与应付,但赵孟頫这位"声闻涌溢,达于朝廷"的青年俊彦,岂甘一生沦为林草,孤芳自赏?

时隔四年,忽必烈再次派江南士大夫出身的程钜夫赴江南求贤。程钜夫寻访得二十余人,赵孟頫成为首选。这一次,赵孟頫没有拒绝,决然北上,赶赴元大都。对于赵孟頫态度的转变,张国宏所著《赵孟頫书法艺术》分析得入情入理:

这一年,赵孟頫已经三十三岁,在一个"学而优则仕"的国度里,一个三十多岁文采出众的学子,仍然没有取得功名,内心确实是很痛苦的。与常人不同的是,赵孟頫还面临一个更大的问题,这就是要保持名节还是要实际利益。

对于"要保持名节还是要实际利益"的问题,且看赵孟頫本人如何回答:

士少而学之于家,盖亦欲出而用之于国,使圣贤之沛然及于天下,此学者之初心。然而往往淹留偃蹇,甘心草莱岩穴之间,老死而不悔,岂不畏天命而悲人穷哉!诚退而省吾之所学于时有用耶?无用耶?可行耶?不可行耶?则吾出处之计了然定于胸中矣,非苟为是栖栖也。(赵孟頫《送吴幼青南还序》)

学之于家，用之于国，负志前驱，拯济斯文于云霾草昧之际，如此一位剑胆琴心的赵孟頫，与"天开地辟，赞成文明之治"的刘秉忠何异？亦因如此，在中国历史上，少了一个风雅逍遥的"松雪道人"，多了一个影响深远、成就斐然的赵孟頫。

在我看来，赵孟頫与刘秉忠的相似之处，还在于二人同为君子，"所守者道义，所行者忠信，所惜者名节"（欧阳修《朋党论》），所以，历经显达尊贵之后，在蒙元帝国的非常政治、社会生态下，未失君子之良心、良知。

仕元之后，书画之暇，赵孟頫不忘前朝国粹之宋词，作一阕《浪淘沙》，缅想故国、故园，以抒宦海余生无尽惆怅之心魂：

古今几齐州，华屋山丘。杖藜徐步立芳洲。无主桃花开又落，空使人愁。波上往来舟。万事悠悠。春风曾见昔人游。只有石桥桥下水，依旧东流。

作为著名的书画大家，赵孟頫不以诗词显名，但这阕《浪淘沙》写得着实出彩，与两宋词坛一流名家相比而毫不逊色。

除了以上书画家外，元代词坛也拥有一座"高峰"。

萨都剌（1272年—1375年），元朝著名诗词家。自祖父兰不花起，其家定居雁门（今山西代县），著有《雁门集》《西湖十景词》，作品以写自然景物见长。既为诗词名家，其必有传世之佳作，比如《满江红·金陵怀古》：

六代繁华，春去也，更无消息。空怅望，山川形胜，已非畴昔。王谢堂前双燕子，乌衣巷口曾相识。听夜深、寂寞打孤城，春潮急。

思往事，愁如织。怀故国，空陈迹。但荒烟衰草，乱鸦斜日。玉树歌残秋露冷，胭脂井坏寒螀泣。到如今，只有蒋山青，秦淮碧。

有人说，宋朝以后无宋词。试将萨都剌《满江红·金陵怀古》与王安石《桂枝香·金陵怀古》并置一读，皆可谓"已足千古"。

宋去元来，天下分合未已，而诗画长存、文明永继，此为中华民族之幸！

长城拱卫下的历史围城——

大明王朝：文明的危机

　　明朝是汉族地主阶级建立的最后一个王朝，也是中国历史发展进程的一个重要转折时期。大明帝国将封建帝制文化传统推到了极致，是中国两千年帝王政治的集大成者。其对于中国政治传统、文化传统的影响既深且广。

　　　　　　　　　　——李翠香主编《细说大明大全集》

　　某于此良知之说，从百死千难中得来，不得已与人一口说尽。只恐学者得之容易，把作一种光景玩弄，不实落用功，负此知耳。

　　　　　　　　　　——王阳明《年谱》

读史十记

精神扭曲下的光明与黑暗之角逐

在古代中国，皇帝又被称作天子，即天帝之子，"天赋神权"令其统治天下生民，俨然是国家和王朝的象征。亦因此，理想的"帝王"形象，包括画像，必须呈现"真龙天子"的气度、风貌，用相术学的词语形容，即为"龙凤之姿，天日之表"。这样的评述或许过于抽象，且看史籍中一些具体描述。

在《太平御览》中，秦始皇的形象是"虎口，日角，大目，隆准，长八尺六寸，大七围"。《史记·高祖本纪》对刘邦的载述是"高祖为人，隆准而龙颜，美须髯，左股有七十二黑子"。东汉史学家班彪进而在《王命论》中推衍道：刘邦之兴，"其因有五，第二即体貌奇异"。自此下迄历代开国君主，无不编造奇征异貌，证明自己乃天帝之子。至于《隋书·文帝纪》对杨坚的形象刻画更近于神话，"为人龙额，额上有五柱入顶，目光外射，有文在手曰'王'字，长上短下，沈深严重"，徒令人心生疑窦，确定其与真实不符。

好在有阎立本、吴道子等历代丹青圣手，绘就《历代帝王图》之类图谱，让世人一睹这些人间君王的龙颜相貌。于是，我们得以瞻仰大唐天子李世民的雍容威仪、大宋太祖赵匡胤的威武敦睦……当然，还有朱元璋这位争议不息的大明开国皇帝。

在中国历代皇帝中，朱元璋的身世之奇堪称奇迹，同时，他那惊世骇俗的相貌传奇，亦堪称奇迹。

据《明史·太祖本纪》记载：朱元璋"姿貌雄伟，奇骨贯顶"。应该说，是一副奇特古怪、长相不雅的容貌。

本着为尊者讳，特别是为一位天下至尊的皇帝树碑立传，明末何乔远《名山藏·典谟记·太祖皇帝上》对明太祖朱元璋的形象进行了一番大大的美化——"日章天质，凤目龙姿，声如洪钟，奇骨贯顶"。但是，无法抹去的"奇骨贯顶"四字。加之不可否认、不能掩盖的一脸麻子（黑痣），这样一副尊荣，实在不敢让人恭维。由此，这位明朝的开国皇帝也被公认为是"史上最丑皇帝"。

有资料说明，在现存的中国历代皇帝画像中，惟有朱元璋的面貌呈现两类截然相反的画像，一为端庄之圆脸俊像，一为怪异之长脸丑像。俊像有两幅：一为坐像立轴，绘其盛之时的御容，着龙袍，紫脸膛，黑短须，面庞丰圆，英俊沉稳；一为半身册页，容貌同于立轴，惟长髯皆白，呈老年慈祥之态。丑像有11幅，相貌大同小异：额头、下巴与两颊皆突出，立眉深目，胡须浓密，隆鼻如蒜，拱嘴如猪，脸上大多布满了麻点。

据说，朱元璋画像并非只有宫廷所藏这十三幅。今南京、合肥、凤阳龙兴寺等地亦收藏了为数不少的朱元璋画像，皆为清一色的怪异长脸丑像。

乾纲独断三十余载的明太祖朱元璋，为何有相貌迥异的两幅面孔传世？

陆容（1436年－1494年），太仓人，明宪宗成化二年（1466年）进士，曾授南京主事，迁兵部职方郎中，终为浙江右参政，以其博学卓识著称于世，与张泰、陆釴齐名，时号"娄东三凤"。代表作《菽园杂记》，共十五卷，其中所记明代典制、故事多为《明史》所未详载，可与正史相参证，补史乘之阙，被同时代的内阁大学士王鏊称为明朝记事书第一。《菽园杂记》卷十四，就朱元璋画像的历史掌故有一段委婉巧妙的记述：

明太祖召集画工为自己画像，众画作皆不合皇上意愿。有位画工自恃写生本领超群拔类，描摹得最像，以为皇帝定会心仪而重赏，岂知呈上亦未得满意。后有一位画工揣摩出了皇上的心思，不求形似，而将其御容画得一派慈善而祥和，结果皇上龙颜大悦，诏令依照此画为标准像，颁赐天下诸王。盖因皇上心中已存在意愿，只是其他的画工没智慧能力探知罢了。

还是让我们回到历史研究的本身。

白寿彝总主编《中国通史》第九卷第二章《研究概况》讲道："以研究朱元璋的学术专著而论……最具权威的当推吴晗《朱元璋传》。吴晗为著名的明史专家，三十年代已闻名学界……全书虽只有二十余万言，但分析深刻，而且写得有血有肉，文笔生动流畅，可读性很强……特点是突出明初的阶级关系与阶级斗争，以及他所制定的各项政策对后世的影响。此书在史料运用和学术观点上虽存在一些缺陷，然就对朱元璋一生及其事业的全面评估，可以断言，至今仍无出其右者。"

学术研究的前提是客观、公正，历史研究亦然。遗憾的是，长期以来国内史学界在时代潮流的冲击下，也扮演起一个追逐者的形象，遂使国人对严肃的历史研究产生了信任危机。对明史的研究便走过了这样一条曲折不定的路途：

明史学界在评价朱元璋这位历史人物中，虽然没有尖锐的意见冲突，但在不同的历史时期内，不仅研讨的重点不同，他的身份和地位也时常随着气候的变化而时高时低，脸谱上的油彩不断变换。在（20世纪）50年代，主要是探索他投身反元起义的作用及其政权性质转变的原因。到了60年代中期以后，有文章认为他参加反元起义是以孔孟思想为武器，是一名蜕化变质的农民起义领袖，还有文章认为他是"投降派"。70年代末至80年代初，更多的是批判他坐天下时如何强化君主专制主义中央集权，推行个人独裁统治。80年代中期以后，重点则转移到全面分析他所强调的中央集权的正负面作用，肯定其在明初经济恢复中的积极意义，对其经济政策、整饬吏治、用人之道等亦多持肯定态度，认为他是一位有作为的伟大帝王。（白寿彝总主编《中国通史》第九卷）

以"朱元璋是一位有作为的伟大帝王"为国史研究的结论，也就像大清康熙帝为南京明孝陵手书"治隆唐宋"那样，至少从感情上不被绝大多数的国民所认同，更遑论朱元璋和他的大明王朝与唐宗宋祖、唐宋盛世在精神气度、文化格调上的极大差异。

在我看来，黄仁宇先生所著《中国大历史》观点多有中肯之论。如其出版导读："中国历史典籍浩如烟海，常使初学者不得其门而入，作者倡导'大历史'，主张利用归纳法将现有史料高度压缩，先构成一个简明而前后连贯的纲领，然后在与欧美史比较的基础上加以研究，……视野宏阔，见解独到。"例如《中国大历史》第十四章的题解文字，即见其治史之能：

明朝，居中国历史上一个即将转型的关键时代，先有朱棣（明成祖）派遣郑和下西洋，主动与海外诸邦交流沟通，后有西方传教士东来叩启闭关自守的大门；同时，明朝又是一个极中央集权的朝代，中国历代各朝无出其右者，而明太祖建立的庞大农村集团，又导向往后主政者不得不一次次采取内向、紧缩的政策，以应付从内、从外纷至沓来的问题。这些发生在有明一代错综复杂的历史事件，使明朝历史具备了极纵横曲折的多面性格，致令学史者必须谨慎细致地厘清，才能洞见真相。

厘清明朝的历史，洞见其真相，只能返归于明朝的历史。

如果说，了解一个封建王朝的历史，可以从它的建国人物开篇，那么，也可以说，大明王朝开创者朱元璋留给世间的两幅形象截然相反的画像，从一开始就误导着我们走进一个研读明史的矛盾境地：光明与黑暗交织，正义与邪恶争强，二百七十六年，中华大地，光影变幻，危机难料。当这个矛盾的王朝积重难返，走到了尽头，中国古代历史也走到了大清帝国这一封建时代末期。与此同时，后来居上的欧洲却跨进一个近代历史的新天地。

就中国历史而言，西周、春秋、战国在古典思想上的影响，秦、汉在国家概念上影响，唐、宋在精神和文化上的影响，明、清在政治统治上的影响，给中华民族留下不可磨灭的印迹，并成为一代代国人思维、行为的重要组成部分。惟其如此，我们才能结成一个彼此相识、相依的民族。

大明王朝：文明的危机

大明王朝：从民族到国家、个人，一部被扭曲的历史

哲人说："有比较，才能有鉴别。"有了鉴别，真相才能如水落石出。

按照"明朝是中国专制王朝中最后一个由汉族人建立的朝代"定义，明朝与汉、唐、宋等同属于汉族人建立的专制王朝，但差异是显著的。

与李唐、赵宋王朝开国统治阶层不是世袭贵族、豪门名流便是军事权贵的格局截然不同，甚至与起于乡亭小吏而六国贵族高士风随影从的刘邦建汉形势亦大不同，朱元璋和与其打天下的班底几乎全是一群草莽英雄，这就决定了朱明王朝从一开始便缺少一种胸襟开阔、精神高贵的气度。那么，又是什么造成了这样一种历史在前进而王朝开创者、执政者的社会层次却遽然降低至历史最低点的现象？

在我看来，大明王朝的历史看似纷繁复杂，其实由前后时期的两种社会生态构成：其一，元末明初，蒙元帝国瓦解，蒙古残部逃遁漠北，九十七年统治，留给江淮、中原大地一片精英凋敝、民不聊生的社会生态，在此基础上形成了明初重建的王朝政权和社会阶层；其二，朱元璋登基称帝，建元洪武，统御三十一年，留下的政治、经济、社会、文化诸方面遗产，造成一个有别于汉、唐、宋等汉族中原王朝的皇权高度专制、社会控制严密，在大多数时期，内斗与外患不止、精神乏力与文化压抑的封建末世。

先看明朝前期的社会生态。

李霖灿在《中国美术史稿》中叙述了蒙元帝国入主中国后不久的一则轶闻趣事：

据说，赵孟𫖯授官面圣时光，元世祖（忽必烈）见他气宇非凡，吃了一惊，因为他通相人术，认为赵氏会对他构成帝王的威胁，便叫他摘下帽子来看一下，见到赵孟𫖯是尖头顶，这才放下心了。因为元朝人是以圆头顶为贵相，试看故宫博物院所藏的元代帝后相、蒙古大汗，一个个都是圆颅方趾，这就证明这一传说也有相当的根据。

这段记述，虽然说的是美术门类之中国文化现象，但文化不可能脱离政治而存在。这一发生在蒙元帝国政坛的故事，其实揭露了一个深层的政治图谋和政策取向——绝对不允许已覆亡的赵宋王朝或其他汉人复辟。而在忽必烈看来，杜绝这种可能性的有效办法，是严密防范、压制乃至消除前宋王朝和汉族群体中有地位、有影响力的人物。

今天看来，忽必烈与其后继的蒙古统治者这一图谋，包括将汉人列为第三、第四等级的北人和南人的政策，达到了预期的效果——经过九十七年蒙元帝国统治，在明朝这个"中国专制王朝中最后一个由汉族人建立的朝代"诞生之前，蒙元帝国其实已经从整体上钳制了汉族精英。

这是一段草原民族统治下历时百年的朝野演变史，自南宋王朝消亡之初，如文天祥等有骨气的南宋士大夫，皆宁死不屈，其余显贵名士阿附于元廷之徒，一时受用，实则仰蒙古人之鼻息，终被大浪淘沙撼掉。至于由金入元而功成名就的北方汉人，如丘处机、刘秉忠等，非道士，即僧人，骤贵于新朝，而后嗣亲族未闻有显达于世者。

原本，中原大地尚存一种不容忽视的力量——汉人豪强大族之世侯，有望成长为像南北朝时期北方的那些世袭军事贵族集团，继而再创隋、唐之类的强盛王朝。然而，相似的一幕并没有在中原大地重演。

13世纪初，蒙古建国，出于对金作战和巩固北方统治的考虑，在北方原来金朝统治区设立汉军万户，任命势力较大的汉族地方武装头目为万户，让他们分统诸路。这些汉军万户被称为世侯，在向蒙古统治者履行纳质、贡赋、从征等义务的条件下，可以自治其辖境，统领兵民钱谷，并世袭其职，专制一方。世侯的设置，弥补了蒙古帝国在汉地政治军事力量的不足。但是，世侯挟地自重，对蒙古的长远统治不利，李璮叛乱之后，忽必烈逐渐将世侯制废除。

汉人世侯的武力不足以与蒙古帝国相抗衡，竟至倏忽消亡，但华夏文明的根茎却在姚枢、郝经、许衡这些硕学儒臣的培植下生长不息。书香门第，犹有缨簪之世家，诸如许衡的长子师可，历任河南按察副使、怀孟路总管；四子师敬由御史历任吏部尚书、中书参政、国子祭酒等达官显职。

待至元朝末期，形势已大不同。虽然还有虞集这般"四朝文学名臣"存世，但其弟子苏天爵入仕元廷，出为翰林待制、行省参知政事之时，已成汉族儒士群体中"独木难支"式的人物,其所能发挥的作用,显得非常微薄——"于是中原前辈,凋谢殆尽,天爵独身任一代文献之寄,讨论讲辩,虽老不倦"(《元史·苏天爵传》)。

是故,在蒙元帝国终结之时,不像此前的隋、唐、宋王朝那样,以不同利益集团上层代表人物改朝换代的面目出现,而是帝国内部激烈争斗和天下饥民、流民揭竿而起的双重力量将其瓦解、击溃。

由此,气数将尽的蒙元帝国末日,给了朱元璋这样的草民创造历史的机会。

就出身而言,朱元璋虽然是一个被很多人瞧不起的草根皇帝,但他却像出身高贵的唐宗、宋祖那样,把自己的特点深深刻入历史,由此奠定了一个独具朱家特色而又历史漫长的大明王朝(1368年—1644年)的基业。

什么是朱元璋的特点?或者说,一介草民、丐僧出身的朱元璋,凭什么成为了天下至尊的开国皇帝?成为了皇帝的朱元璋又何以缔造出一个迥然不同于唐、宋两朝气象的大明王朝?

先看中国古代史书的评说。

《明史·太祖本纪》论赞:帝天授智勇,统一方夏,纬开经文,为汉、唐、宋诸君所未及。当其肇造之初,能沉几观变,次第经略,绰有成算……帝之雄才大略,料敌如神,料敌制胜,率类此。故能戡定祸乱,以有天下。

是说虽短略,亦太多溢美之词,然于朱元璋何以赢取天下概括准确,算作对登上皇帝宝座之前的朱元璋做一公论。

在当代,白寿彝总主编《中国通史》对朱元璋的评述,显得客观、平实:

明太祖朱元璋以一介贫民,角逐于群雄之间,最终推翻元朝统治,一统天下,建立明皇朝。明朝建立后,他对官僚机构、军队组织进行改造,集大权于一身。建立特务网,兴党狱,以削除来自统治集团内部的对皇权的威胁。但他在不择手段建立专制统治的同时,采取了一系列减轻人民负担、有利于社会生产的措施,使人民得以安居乐业,这是有利于社会发展的。

再看国外史学界的看法。

美国学者康拉德·希诺考尔和米兰达·布朗认为："明太祖性情狷介，生性多疑，专断独裁。"在他们合著的《中国文明史》中，两位学者不掩其观点锋芒：

明太祖对于孟子思想中反对君主专制的成分深恶痛绝，在将《孟子》列为合法的书籍之前，删除了其中85条（约占全书篇幅的三分之一）。同时，明太祖对于一切可以威胁到自己或怀疑到自己的人，都毫不留情地予以铲除，同时，为了获得情报，他还建立起一个秘密机构，这个机构具有自己的监狱和刑具。而那些惹怒了皇帝的人，会在朝廷中被公开杖责。这种廷杖不仅常常令人痛楚难忍，还会让受杖者感到羞辱难当，更有甚者，有的人在廷杖中会被活活打死。《剑桥中国史》中将1382年至1392年这段时间单独列出，称为"强化监控和恐怖活动的年份"。

我们应该关注这样的重点：是什么造成了朱元璋"性情狷介，生性多疑，专断独裁"的性格？这种性格又给明朝和后来的中国政治、社会造成了什么样的后果？

关于朱元璋性格的形成，从已有的史料和历史研究看，所有的线索和观点都是一致的，即与其贫寒的身世和苦难的经历有直接关系。

他父亲名世珍，乡人都叫他朱五四，一辈子做佃客，生活十分贫困。然而这个日后的帝王——大明天子，居然就出自这个布衣黔首之家。（朱翠香主编《细说大明》）

当然，在辨清正史与戏说区别的前提下，真实的历史也可以写得饶有趣味、引人入胜，譬如司马迁《史记》的人物列传，司马光《资治通鉴》对战争、战役的描写欧阳修所撰《新五代史·伶官传序》等又何其精彩！

朱元璋（1328年－1398年），幼称重八，初名兴宗，字国瑞，祖籍为金陵句容（今属江苏南京）朱家巷，祖上数代都是庄稼汉，因忍受不了官府的苛捐杂税，几度流浪，几经迁徙，直到他父亲这辈才流落到濠州（今安徽凤阳），最终在钟离西乡孤庄村落下了脚。

元顺帝至正三年（1343年），濠州大旱。次年春天，淮河流域发生蝗灾，庄稼被毁，土地荒芜，继而又爆发瘟疫，人畜大批死亡，钟离附近几个村庄变成了鬼蜮之乡，一片"饿殍满地，哀鸿遍野"的人间惨象。

朱家也未能幸免于难。先是六十四岁的佃户老爹朱五四染病不起，撒手人寰。接着是长兄和母亲相继身亡。半个月的光景,家破人亡,深深刺痛了朱元璋的心灵。十五六岁青少年,从此何以谋生?他想起幼时曾许过愿,长大要到皇觉寺当和尚,才感觉生活有了一丝希望,于是入寺剃度为僧,当了一个小行童,干些粗杂活计。但寺庙也并非久留之地,因为旱蝗肆虐,灾情严重,皇觉寺得不到施舍,主持高彬法师只好罢粥散僧,逐一打发寺里的和尚出门云游,自谋生路。

在皇觉寺只待了五十多天,朱元璋也加入托钵流浪的行列,一路乞讨,在外漂泊三年之久,足迹踏遍淮西、豫北大地,饱尝了颠沛流离的艰辛和痛苦。荣为皇帝之后,朱元璋对这段人生经历记忆犹为深刻,感慨撰述,其御文曰:

众各为计,云水漂扬。我何作为?百无所长。依亲自辱,仰天茫茫。既非可倚,侣影相将,突朝烟而急进,暮投古寺以趋跄,仰穹崖崔嵬而倚碧,听猿啼月而凄凉。魂悠悠而觅父母无有,志落魄而佚洋。西风鹤唳,俄淅沥以飞霜。身如蓬逐风不止,心滚滚乎沸汤。(《洪武御制全书·太祖御制文集》卷十六《皇陵碑》)

对此,明史研究者的观点是一致的——投靠郭子兴之前的朱元璋,备尝人间艰辛苦难,全然一副饱经沧桑的模样。艰难困苦的生活既造就了朱元璋勇敢坚毅的性格,也造成了他残忍、猜忌的个性。这段生活经历对于朱元璋以后的所作所为,确有十分重大的影响。

苦海无边,终有尽头。人之一生,总会出现一些改变命运的机会,就看你能否把握。正所谓西方谚语:"上帝为你关上一道门时,必定会为你打开一扇窗。"

从历史发展的节点来看,苦难至极的朱元璋又是一个幸运儿。元朝末年翻天覆地的社会动荡,再次上演"乱世出英雄"的人间大戏。短短两三年光景,朱元璋精准地把握住了改变个人命运的两次机遇,破衣烂衫的托钵僧从此踏上"英雄创造历史"之路,让世俗社会最高的人生目标——当皇帝成为可能。

元顺帝至正十一年(1351年),五月,白莲教首领韩山童、刘福通在颍州(今安徽阜阳)首举反元义旗。八月,彭莹玉、徐寿辉在蕲水(今湖北浠水)响应,起义之声讯传遍全国。次年二月,安徽定远人郭子兴、孙德崖等五人率众在濠州起兵，袭杀州官，占领州城，并接受了颍州"红巾军"刘福通的领导。

那时，朱元璋已返归佛门清净之地皇觉寺。某日，郭子兴部队的小头目汤和托人带信给朱元璋，邀他前来投军。汤和是朱元璋儿时的伙伴，一同放牛、玩耍，现已当了军官吃上粮饷了，这让处在饥寒交迫中的朱元璋十分羡慕。似乎是老天爷存心要成全这位日后的大明天子，恰在这时，皇觉寺被乱兵烧毁，无处寄身的朱元璋只能放下钵盂，投奔郭子兴的红巾军。是年，朱元璋二十五岁，作为普通士兵已不算年轻，但重要的是他选对了人生道路，从此前途为之开阔，一发而不可收。

人生的重大转机亦随之降临。因为作战机智勇敢又稍通文墨，朱元璋被大老粗出身的郭子兴所赏识，从一名普通士卒提升为亲兵九夫长，并把养女马氏（日后的马皇后）许配给他。入伍不久的朱元璋成了元帅郭子兴的"乘龙快婿"，顿时身价百倍，军中对他纷纷以"朱公子"敬称。

身份、地位改变之后，昔日的朱重八开始"漂白"自己，如孔子所说"必先正乎名"，取了一个官名，唤作元璋，字国瑞。此名字，蕴涵"国之礼器，祥瑞所在"，亦可见朱元璋的非凡襟抱。

也就是从这时起，朱元璋将他的统帅之才和精于战略的天赋显露于世。这位骤得显贵的朱公子很懂得武装力量的重要性，先是请求回家乡募兵，得七百子弟兵。郭子兴当即提升朱元璋为镇抚，让他带领这支队伍。一年之后，朱元璋又以军功升任总管。

1354年，入伍三年的朱元璋做出了也许是他一生中最重要的战略选择。这一年的六月，朱元璋放弃了"靠山"岳父郭子兴和在元帅府三年打下的基础，只带领徐达、汤和等二十四位贴身兄弟南下讨伐定远。定远之役，朱元璋一举降服附近地方武装两万多人，实力大增。在后来的《皇陵碑》中，朱元璋不无得意地声称："不逾月而众集，赤帜蔽野而盈冈。"朱元璋将这支数万人的大军悉加整训，然后力克江淮重镇滁州。

至此，草根出身的朱元璋，竟与率领云台二十八将打天下的皇族后裔刘秀有了相似之处，成就一番帝王事业不再是遥不可及的梦想。

1355年，朱元璋率军攻下和州。郭子兴离开内讧不止的孤城濠州，在滁州称滁阳王，命朱元璋总制诸将。三月，郭子兴病逝，刘福通在亳州建

> 立的宋政权任命朱元璋为郭子兴这支部队的左副元帅。不久，担任都元帅和右副元帅的郭子兴两个儿子战死，朱元璋升为大元帅，接管了郭子兴的所有部队。

从一名普通士兵到执掌一方军队的最高统帅，朱元璋只用了四年时间。

此后，进入争雄逐鹿、统一战争状态的朱元璋，其人生经历大抵能用"波澜壮阔，一帆风顺"来形容。

1356年，朱元璋占领元朝在江南的统治中心集庆路（今江苏南京），改名应天府。1360年，于鄱阳湖击败最大的竞争对手陈友谅，俘获张士诚于平江（今江苏苏州），然后制服了浙东的方国珍，平定了福建的陈有定，乘胜攻克广东、广西，实现了除四川、云南之外的整个南部中国的统一。1367年，朱元璋以徐达为征虏大将军、常遇春为副将军，发精兵二十五万，北伐中原，八月，攻克元大都，元顺帝弃城而逃，统治中国达九十九年的元朝宣告灭亡。

1368年正月，四十岁的朱元璋在文武百官的欢呼声中，在应天府登上皇帝的宝座，建国号大明，年号洪武，改应天为南京。

除了上述《明史·太祖本纪》那段"名垂青史"的论赞，白寿彝总主编《中国通史》第九卷，也对荣登帝位的朱元璋极尽赞美：

> 十六年的戎马生涯，朱元璋由一个横笛牛背的牧童、小行僧，开天辟地，成为开国皇帝，实现了他青年时代的一个梦想。

朱元璋起于草根，而能荡平群雄，登基称尊；北驱鞑虏，百战功成，帝业煌煌。人生逆转已极，何等天地造化，已然开创历史，其功勋可与汉、唐王朝比美。然而，大明英烈无数，有几人以功德善终？汉室光复，天下归一，岂闻洪武有"太平盛世"之誉？

说起来，朱元璋确实有料敌制胜的雄才大略，否则，也不可能"戡定祸乱，以有天下"。对历史人物多有精准评骘的毛泽东，也不可能写下这样一条批语："自古能军无出李世民之右者，其次则朱元璋耳。"

马背上得天下，不能马背上治天下。跨下战马，卸去戎装，丹墀御殿之上，蟒袍玉带的朱元璋，又是如何治理天下的呢？

这是我们极其不愿见到的一幕历史政治悲剧：没有唐太宗的政治智慧，君臣得以和衷共济；没有宋太祖的仁厚襟怀，杯酒释兵权。成为皇帝的朱元璋，所能为者，只有大开杀戒，戮尽在他看来对他有威胁的文武臣僚、天下精英。

如此看来，所谓当上皇帝不过是他"实现青年时代的一个梦想"，更准确地说，是在"时势造英雄"的历史大背景下，形势发展将起于微末的他一步步推上皇帝的至尊宝座（犹似魏晋儒士对刘邦的评价"时无英雄，使竖子成名"）。从他在位三十一年的历史态势，可以得出这样的结论：朱元璋所谓的"梦想"（其实也是他最怕失去的"梦魇"），是如何确保朱家王朝对天下的长久统治。

因循这一思路，我们看到，中国历代皇帝中出身最贫寒的朱元璋，将人性残忍、封建专制推向了历史的极端。

读史十记

历史的遗憾：缺少政治智慧的政治残酷

话说，朱元璋立长子朱标为皇太子。这是一位性情仁慈、宽厚的太子，对父皇滥杀功臣的做法颇以为非，认为君臣之间应该和睦相处。朱标曾壮着胆子劝朱元璋，杀人太多，恐怕会伤了和气。朱元璋听后一言不发。第二天，他故意把一根长满刺的荆棘放在地下，叫皇太子拿起，朱标面有难色，朱元璋这才教导他说："你怕刺不敢拿，我把这些刺都给你去掉，再交给你，难道不好吗？现在我杀掉的都是对国家有危险的人，除掉他们，你才能当好这个家。"朱标却说："有什么样的皇帝，就会有什么样的臣民。"朱元璋听了大怒，拎起椅子就朝皇太子扔去，吓得朱标只好赶紧逃走。

按照一个人的正常思维来推理，朱元璋这样做的动机，是为了让他的后代坐稳江山、永操皇权。身为一个封建帝王，这样做本无可厚非，在唯我皇嗣帝业代继的中国古代，你不可能幻想一个封建帝王超越人类历史发展阶段，以儒家倡导的最高政治理想——"天下为公"之心，主动放弃帝制，缔造一个"不独亲其亲，不独子其子"大同世界。为了能使朱家天下稳固，就免不了施行杀戮。问题的症结在于，朱元璋杀掉的真是一些对国家有危险的人吗？

先看被誉为大明"开国功臣第一"的徐达。

徐达（1332年—1385年），字天德，濠州钟离永丰乡人（今安徽凤阳东北）。

世业农。达少有大志，长身高颧，刚毅武勇。太祖之为郭子兴部帅也，达时年二十二，往从之，一见语合。及太祖南略定远，帅二十四人往，达首与焉。寻从破元兵于滁州涧，从取和州，子兴授达镇抚。子兴执孙德崖，德崖军亦执太祖，达挺身诣德崖军请代，太祖乃得归，达亦获免。（《明史·徐达常遇春传》）

这段文字阐述了一个非常重要的历史信息——若没有徐达舍身换取困

境中的"朱公子",待孙德崖与郭子兴两部人马火拼,身陷困境的朱元璋必死无疑。此等"以命换命"之大恩,让朱元璋没齿难忘。

历史上的徐达,不仅是一个义薄云天的壮士,更是智勇双全的栋梁之才,长期担任最高军事统帅,"以智勇之资,负柱石之任","廓江汉,清淮楚,电扫西浙,席卷中原,威声所振,直连塞外"。1368年,朱元璋在应天登基称帝,徐达被封为中书右丞相,兼太子少傅,位列"开国功臣第一"。

对这样一位恩情与勋绩并重的铁杆儿兄弟,朱元璋必定厚待,"每岁春出,冬暮召还,以为常。还辄上将印,赐休沐,宴见欢饮,有布衣兄弟称,而达愈恭慎"。

从至正二十七年(1367年)北伐开始,徐达作为征虏大将军长期征战于关陇、河朔一线,镇守北平逾十数年,但在京城竟然没有一处像样的住所。朱元璋以徐达功劳很大却无定居之所为由,要将自己登基前的吴王府宅赏赐给他,徐达坚辞不肯接受。一日,朱元璋宴请徐达,强行将其灌醉,然后叫人把他抬进吴王府宅入寝。次日,徐达酒醒,见状万分惶恐,连称死罪。朱元璋大为高兴,另外择地给徐达建筑府宅,赐名"大功"。

也许有人会说:"朱元璋,真卑鄙小人也。"倘若真心对待刎颈之交的铁杆儿兄弟,何须出此虚招,真心把吴王旧府奖赏给徐达这位"开国第一功臣""塞上长城",以此感召天下勋臣宿将之忠心,何须大开杀戮以除普天下之"二心"?

明太祖朱元璋洪武十八年(1385年),二月,徐达在南京病逝。这位功勋卓著的一代名将,死后备极哀荣。《明史·徐达常遇春传》的载述,足见朱元璋对徐达已情至意尽:

帝为辍朝,临丧悲恸不已。追封中山王,谥武宁,赠三世皆王爵。赐葬钟山之阴,御制神道碑文。配享太庙,肖像功臣庙,位皆第一。

然而,徐达之死却是明朝初期一大疑案。

长期以来,社会上流传极广的说法是朱元璋赐蒸鹅而害死了徐达。对此,赵翼在《廿二史札记》卷三十一特作反驳:"传闻无稽之谈""其时功臣多不保全,如达、基之令终已属仅事"。以赵翼治史之严谨,此说可被视为定论,但历史的疑窦依然存在,比如《明史》中的这段文字:

洪武十七年（1384年），太阴犯上将，帝心恶之。达在北平病背疽，稍愈，帝遣达长子辉祖赍敕往劳，寻召还。明年二月，病笃，遂卒，年五十四。

而在朱元璋在为徐达撰写的神道碑中，也承认自己曾因所谓"太阴数犯上将"的星象而"恶之"（《国朝献征录》卷五《御制徐公达神道碑》）。

"太阴数犯上将"的星象而"恶之"，史家的解释是，洪武十七年（1384年），星相学家声称"太阴数犯上将"，应在徐达功高震主。朱元璋听罢，顿起疑心，明显地疏远了徐达。

事也凑巧，当年镇守燕京的徐达长出一个致命的背疽（疖子），朱元璋下诏让徐达回南京治病。次年，徐达抵京，经治疗病情好转。朱元璋一时心情高兴，御驾亲往徐达府宅探望。徐达急欲起身跪拜，朱元璋当即制止，并坐在徐达床边，闲谈起来。不经意间，朱元璋猛然发现徐达身边有一部兵书，脸色立刻阴沉下来，一会儿便起身告辞。回到宫里，朱元璋有些心神不宁，怀疑起徐达来，他决心要除掉这个可疑之人，以免后患，于是派人给徐达送去一盘蒸鹅。朱元璋的用意十分明显，生背疽之人最忌吃蒸鹅，会引发死症。徐达吃了蒸鹅，病情果然加重，没多久就死了。（李翠香主编《细说大明》）

"达病疽，甫愈，赐蒸鹅，流涕食之而卒。"（赵翼《廿二史札记》卷三十一）人间悲情如此凄然，益见朱元璋人性之卑劣。

元末明初，朱元璋帐下勇士最勇猛者当属常遇春，"虽古名将，未有过之"。他从1355年春天投奔朱元璋，赢得采石矶渡江战役首功，到1369年夺取元上都开平，暴卒于柳河川，十四年戎马倥偬，效命疆场，战无不胜，屡建奇功。登基后的朱元璋在总结开国之功时感慨说道："计其开拓之功，以十分言之，遇春居其七八。"

常遇春曾自夸："我率十万人便可横行天下"，军中送他一个绰号"常十万"。如此"万人敌"的天下勇士，亦有推崇之人，这就是他帐下的第一勇士——蓝玉。

蓝玉（？—1393年），凤阳定远人，早年史载不详，常遇春妻弟，隶属其帐下，因作战勇敢，所向皆捷。常遇春多次在朱元璋面前夸赞他，使他受到器重，在军中地位不断上升，洪武三年（1370年）被擢为大都督府佥事（协理政务），进入明朝最高军政机构。洪武十一年（1378年），率兵出征甘、青，次年告捷，被封为永昌侯，进入明初新贵公侯之列。

1387年，蓝玉为右副将军，随大将军冯胜征讨盘踞东北的元朝世将纳哈出。蓝玉率轻骑冒大雪奇袭驻守庆州（今内蒙古巴林左旗）的纳哈出部，大获全胜，雄震塞外，纳哈出被迫请降。朱元璋特下敕令，蓝玉行总兵官事，旋即又在军中被拜为大将军，成为明朝战时统兵的最高将领。

洪武二十一年（1388年），为进一步消灭北元残余势力，蓝玉率兵自大宁进至庆州，闻元主脱古思帖木儿在捕鱼儿海（今贝尔湖），抄近路长途兼程奔袭元军大营。此前毫无察觉的元军仓促应战，伤亡惨重，脱古思帖木儿与太子天保奴等数十人侥幸北逃，后被人杀死，北元四分五裂，不久灭亡。蓝玉俘获元主次子地保奴及妃、公主等数万人和大量牲畜，并得其传国玺、宝玉、金银印章等国之重器，凯旋而还，途中又破元军哈喇章大营，再告大捷。朱元璋连闻捷报，兴奋异常，将蓝玉比作卫青、李靖，大加褒奖。蓝玉班师回京，被敕封为凉国公，政治生涯、军事武功达到巅峰。

在中国古代史上，蓝玉有着公认的历史地位。白寿彝总主编《中国通史》对他的评价是："洪武后期的主要将领，多次领兵打击元朝残余势力，为明朝统一中国做出了重要贡献。"

我们常说：金无足赤，人无完人。像蓝玉这类起于勇斗酣战的一介武夫，虽以赫赫军功跻身公卿勋贵之列，但少不经学，壮岁斗勇，养成一身军阀习性，目中无人，飞扬跋扈，亦是必然。而这类功勋卓著的军事强人的人生结局，往往因环境改造、强人裁制而大相径庭。

史载，早在征伐云南梁王胜利之时，蓝玉就私搞盐引（食盐运销专利凭证），派人到云南贩盐，牟取暴利。打败元主脱古思帖木儿之后，他不仅私占掠获大量珍宝、驼马，还将元妃占有，惹得朱元璋大怒："玉无礼如此，岂大将军所为哉！"蓝玉班师东归，入夜至喜峰口，守军未及时开关延纳，蓝玉怒不可遏，竟然纵兵破关而入。朱元璋闻讯，已生切齿之恨，却隐忍不发。这一忍，就是五年。

而在朱元璋隐忍不发的这五年中，蓝玉却自恃有功，益发骄横不自检束，领兵在外，经常擅自升降将校，诏令有所不从，甚至违诏出师。在朱元璋面前，蓝玉举止不恭，语言傲慢，失君臣礼。更为严重的是，蓝玉私蓄庄奴，假子数千人，横行霸道，胡作非为，抢占民田，鱼肉百姓。百姓上告，御史官举劾，蓝玉竟将御史打了逐出。（白寿彝总主编《中国通史》第九卷）

洪武二十六年（1393年），锦衣卫官员告蓝玉与景川侯曹震等谋反，朱元璋突施霹雳手，将蓝玉夷灭三族，坐党论死者一万五千人，史称"蓝狱"。

蓝玉被杀，是明初继胡惟庸案后的又一大案，连称"胡、蓝之狱"。将这两起大案联系一起，只因结果相同罢了，其性质却完全不同——胡惟庸是真心想谋反，而蓝玉的所谓"谋反"，则是欲加之罪，何患无辞。细分"胡狱"与"蓝狱"的区别，可以加深对朱元璋这个特殊的封建帝王的认识。

政治属于上层建筑领域，是意识形态的高级形式和体现。对人类文明、进步而言，政治还是一种理想，是一种造福人类、造福社会和民众的精神与行为的付出。世间被人称道的政治家、统治者，应该是这些要素的综合。当然，人类的现实社会是复杂的、残酷的。一个成功的政治家，还必须具备一定的政治智慧，才能确保自己的政治理想得以实现或部分实现。而这，就是古希腊伟大的思想家柏拉图在《理想国》中对其治国理想的阐发——"使哲学家获得政权，成为政治家，或者政治家奇迹般地成为哲学家，否则人类灾祸总是无法避免的"（柏拉图《书札》第七）。在中国儒家的心目中，理想的政治家（国君）则被表述为"内圣外王"。

当然，从政治家的高度去要求朱元璋这样一个出身卑微的开国皇帝，是有些过分了，也不能寄希望于每一个封建帝王对政治家的崇高理想"虽不能至，而心向往之"，但政治智慧则是每一个有作为的统治者必须具备的。

一个王朝（国家）的统治（治理），首先表现为一种社会秩序，而这一秩序的确立，又取决于统治者对不同人的任用，亦即政治生态。在古代中国，一个王朝（国家）理想的政治生态，正如孟子所言："尊贤使能，俊杰在位，则天下士皆悦，而愿立于其朝矣。"（《孟子·公孙丑章句上》）这也是历史一再演绎的一种现象：但凡是封建时代的治世、盛世，多有一派"济济多士""鹰扬凤翔"的王朝气象。

开创之初,"光复"汉室的大明王朝亦具此等正大气象。

明太祖洪武三年（1370年），徐达受命为征虏大将军，率李文忠、冯胜、邓愈、汤和等分兵两路，自潼关出西安，直取扩廓帖木儿；一路出居庸关，入漠北，追袭元顺帝，迫使元上都开平乞降，元顺帝殁于应昌，元朝残余势力向应昌、定西一线北撤，明朝北疆防御从此趋于稳定。

天下大势既定，十一月，丙寅日，朱元璋亲御奉天殿，大封功臣。但见御炉香袅，集万道之祥光；旭日晨升，启九天之阊阖。重睹汉官仪制，束带峨冠；备聆盛世元音，敲金戛玉。群臣拜舞毕，即由丹陛传下纶音，晋封李善长为韩国公、徐达为魏国公、常茂（常遇春之子）为郑国公、李文忠为晋国公、邓愈为卫国公、冯胜为宋国公；汤和以下皆封侯，共得二十八人，所有分封勋臣宿将，悉赐诰命铁券（保功臣家属永远不受死罪）。这一幕喜气洋洋的宫廷正剧，俨然是赵翼《廿二史札记》所言"汉初布衣将相之局"的再版。

新政权面临的首要问题是人才问题。

自古列朝之仪，分作文臣武将：文以治国，武以安邦。最理想的人选，莫过于"出将入相"的文武全才。遗憾的是，朱元璋分封公侯二十八人，英烈善战者居多，而无一兼备文武者。这也不奇怪，正如我在前文所述："在明朝这个'中国专制王朝中最后一个由汉族人建立的朝代'诞生之前，蒙元帝国其实已经从整体上消灭了汉族群体的社会精英阶层。"结果，文臣之首的丞相一职落在了并非不二人选的李善长头上。

说起来，洪武初年最理想的丞相人选，当属朱元璋的第一谋士刘基。白寿彝总主编《中国通史》是这样说的："刘基以辅佐朱元璋完成帝业，开创明朝而驰名天下。他足智多谋，有卓越的分析判断能力，被世人喻为魏徵、诸葛亮再世，是杰出的政治家、军事家和文学家。"这等栋梁之才，有大功于朱元璋和大明王朝，非但没有成为诸葛亮式的辅弼宰臣，甚至没有进入朱元璋分封的公侯之列，个中原委颇有些蹊跷。擅长演绎历史的蔡东藩先生写道：

洪武三年分封公侯之后，越数日，又封中书右丞汪广洋为忠勤伯、御史中丞刘基为诚意伯。史称明太祖屡次欲以刘基为相，且累拟进爵，刘基再三辞谢，所以刘基功不亚李善长，李善长封公爵，刘基只封伯爵，这是

刘基所自愿,并非明太祖薄待所致。(蔡东藩《明史演义》)

中国民间有句精辟俗语:"一个好汉三个帮。"打下江山的皇帝更是如此。对大明王朝的贡献,就军功而论,首推徐达,然功高震主,不得善终,惟享身后备极哀荣而已;就文韬武略而论,首推刘基。与徐达一样,刘基对朱元璋亦有救命之恩,甚至可以这样说,没有刘基,就没有日后的大明王朝。

刘基(1311年－1375年),字伯温,处州青田(今属浙江)人,出身官僚世家,从小聪颖过人,十七岁拜名儒郑复为师,攻读周敦颐、二程的"濂溪学""洛学",且涉猎广泛,经史子集、天文兵法无所不窥,而尤精于象纬之学。元顺帝元统元年(1333年),二十三岁的刘基考中进士,初露锋芒,为时人器重。其后曾任江西高安县丞、江浙儒学副提举等职,宦途坎坷,三起三落,落魄逃归青田,著《郁离子》十卷十八篇,经画盛世文明,以寓其志:"仆愿与公子讲尧、禹之道,论汤、武之事,宪伊、吕,师周、召,稽考先王之典,商度救时之政;明法度,肆礼乐,以待王者之兴。"(《郁离子·九难》)

年届五十,已知天命,刘基受到"王者之兴"朱元璋的邀请,收起"浙东名士"之身份,辞青田,赴应天,与朱元璋"论经史及咨以时事",并呈上时务十八策,详述灭元兴邦的大计方略。朱元璋大喜过望,相见恨晚,待以上宾礼,"留帷幄,预机密谋议"。

说刘基是"诸葛再世",确也非虚言。

彼时,沿长江一带,西有盘踞安庆之劲敌陈友谅,东有占据苏州之宿敌张士诚,立足应天的朱元璋被夹在中间。陈友谅还派出使者与张士诚相约,东西夹攻,以瓜分朱元璋的领土。形势危殆,情急之下,朱元璋问计刘基,刘基对以寥寥数语,天下大势,指顾之间,已然廓清:张士诚素无大志,是个自守虏,不足与谋。陈友谅地处上游,精兵大舰,无日忘我,是主要威胁,只要集中力量除之,地处下游的张士诚势孤,便可一举平定,然后北向出师中原,扫荡元廷,王业可成也。朱元璋听罢,愁眉顿展,大喜曰:"先生神机妙算,请知无不言。"(《明史·太祖纪》)

鄱阳湖一战,是朱元璋、陈友谅之间的决战,为朱元璋赢得统一战争奠定了基础。

1364年，张士诚大将吕珍偷袭安丰（今安徽寿县南），杀红巾军领袖刘福通，朱元璋不顾刘基劝谏，出兵救安丰，陈友谅乘虚进犯，亲率六十万大军围攻洪都（今江西南昌）。朱元璋颇有悔意地对刘基说："我不该有安丰之行，假若陈友谅乘应天空虚，顺流而下，我进无所成，退无所归，大事去矣！"随后勒兵二十万西上迎敌。

朱元璋与陈友谅决胜于鄱阳湖，一日接战数十回。在一次激战中，炮火密集，刘基眼观战局，催促朱元璋速换座舰，朱元璋方一撤离，此舰即被炮火击碎。双方在湖中混战多日不分胜负，刘基又建议朱元璋移师鄱阳湖口扼制敌军，以金木相克日决胜。随后，陈友谅进退失据，慌乱中被流矢射击而死。

此役，朱元璋督战一线，刘基"千里相从，言从计用，累赞成大功"，"累察乾象，多效谋猷"（《明太祖实录》）。多年过后，追思往事，朱元璋还不无夸赞地对刘基次子刘璟说道："他（刘基）的天文，别人看不懂……鄱阳湖到处厮杀，他都有功。"

刘基，非止于运筹帷幄之谋士，更善为治国论衡之能臣。

明太祖洪武元年（1368年），面对"民困必须苏，用兵不能少"内外形势，刘基取西汉军屯法和唐初府兵制的长处，奏请创立军卫法，即在全国各地设立卫所，常驻军队，士卒平时屯垦，战时从征，调兵任将一律归朝廷掌管，旨在减轻百姓负担，安定地方，增加兵源，集中兵权。这一制度对朱元璋统一疆域、巩固政权，起了积极作用。洪武三年（1370年），刘基任御史中丞，仍兼太史令。当此大明王朝肇基之初，凡诸大典制，均由刘基与李善长、宋濂等稽定。

从表面上看，刘基不得丞相之位，还因为另一位智能之士——李善长，比他先进入朱元璋帐下。这位朱元璋的同乡，读书不多，粗通文墨，但为人有智计，策事多中，被乡里推为祭酒。1353年，朱元璋南下攻打滁阳，李善长到军门求见，以刘邦从平民到皇帝为例，说动朱元璋，遂被留作幕府的掌书记，"下滁阳，为参谋，预机画，主馈饷"，颇受朱元璋信任。次年，郭子仪率万人抵滁阳，统辖朱元璋军队，并欲夺李善长自用，李善长抗命，朱元璋问他："主帅，我父也，安得不去？"李善长不作回答，极力推托，久之，郭子兴不再强求，而朱元璋却对李善长愈加信任了。

读
史
十
记

　　信任，是人事的基础。1364 年，朱元璋自立为吴王，拜李善长为右相国。洪武三年（1370 年）大封功臣，李善长虽然"雍容无所见绩"，朱元璋却说他"比之于萧何，未必过也"，封爵韩国公，授开国辅运推诚守正文臣，特进光禄大夫、左柱国、太师、中书左丞相、参军国事。大将军徐达功勋赫赫，犹位列李善长之下。至于刘基，只为一次大旱祈雨未果，便被朱元璋冷落回乡，大封之时仅被授以三等爵位之诚意伯。

　　洪武四年（1371 年），李善长以疾致仕，朱元璋与刘基论相，先咨询杨宪、汪广洋可否胜任，后又问及胡惟庸如何，刘基忿而作答：为相犹如驾车，恐怕他会把你的车翻掉。"岂料，朱元璋不久便拔擢胡惟庸为丞相。事与愿违，刘基悲叹："使吾言不验，苍生福也。"

　　经过上述分析，我们已能大致把握朱元璋的心理，对白寿彝总主编《中国通史》中朱元璋的一段述论便不会产生歧义：

　　朱元璋"以惟庸为才，宠任之。惟庸亦自励，尝以曲谨当上意，宠遇日盛"。在明初"无一日无过之人"的年代，竟能"独相数岁"，这对胡惟庸来说也是不容易的，说明他颇为朱元璋认可，但这种认可，并非是才干上的认可，而是朱元璋推行高度集权的君主专制统治所需要的认可。本来，从人品、学识、才干上来说，丞相一职，最合适的人选，莫过于刘基。朱元璋也曾对刘基说："吾之相，诚无逾先生。"但这只是说说而已，从明太祖欲将皇权强化到更高的程度来看，刘基显然又是不合适的。

　　弃刘基而用胡惟庸，是登基为帝后的朱元璋在政治上最大的失策，也是他一生所为之最大败笔。

　　胡惟庸，称得上是明朝历史上第一个奸臣。且看奸臣之典型的胡惟庸其人。

　　胡惟庸，定远人。归太祖于和州，授元帅府奏差。寻转宣使，除宁国主簿，进知县，迁吉安通判，擢湖广佥事。吴元年，召为太常少卿，进本寺卿。洪武三年拜中书省参知政事。已，代汪广洋为左丞。六年正月，右丞相广洋左迁广东行省参政，帝难其人，久不置相，惟庸独专省事。七月拜右丞相。久之，进左丞相，复以广洋为右丞相。

　　从《明史·奸臣·胡惟庸》的开篇介绍，我们看不出胡惟庸对朱元璋和大明王朝有什么贡献，哪怕是值得一提的功劳，却在仕途上一路高歌猛进，最终超越为大明王朝创立浴血奋战、智胜谋定的所有功臣宿将，位极人臣，且在明初"无一日无过之人"的年代，从洪武六年（1373年）一人独揽中书省大权，到洪武十三年（1380年）被杀为止，盘踞丞相一职达七年之久，是孰使然？

胡惟庸一生得到两大贵人相助，一是"雍容无所见绩"却最为朱元璋所信任的明朝第一任丞相李善长，一是明太祖朱元璋本人。用今天的话讲，有了位极人臣的丞相和"朕即天下"的皇帝相助，你不想进步都不可能。当然，既然被历史定性为奸臣，其"进步"之道，亦非正大光明。

史称，胡惟庸起家于宁国知县。时值元末乱世，民生凋敝，想来这位父母官必是一中饱私囊的贪官，所以拿得出二百两黄金（不是银两），行贿丞相李善长，从此"朝里有人好做官"。在这位"李贵人"的庇佑下，十余年间，平步青云，由一个七品芝麻官直升一品丞相大员，堪为明初官场奇迹人物。

必须指出，仅以二百两黄金就想长期混迹朝廷、官运亨通，是远远不够的，关键在于胡惟庸找准了李善长的软肋。

洪武三年（1370年），朱元璋大封功臣之际，曾如是评骘李善长："比之于萧何，未必过也！"跟着朱元璋打天下时的李善长，确有"萧何月夜追韩信"之风。那时，朱元璋的实力、影响不断扩大，四方将士前来投效者日益增多，李善长夙夜在公，不辞辛劳，详作考察，建议提拔有功和有才能者，处分不得力者，使将吏人尽其才、各安其事；凡遇武将中有以力相争的，辄"委曲调护"，不致发生矛盾。但是，人总有弱点，表现在李善长身上，是其乡里观念（农民意识）很重，这一1点在战争年代还不明显，到了明皇朝建立以后，他的同乡观念不免有结党之嫌，最后则成了致祸的口实。（白寿彝总主编《中国通史》）

李善长的这一弱点，被他的同乡胡惟庸借以利用、放大。

洪武四年（1371年），朱元璋想任杨宪为丞相，放出话来："杨宪可居为相。"杨宪有些得意地对前丞相加以评价，"数言李善长无大材"。时任中书参知政事的胡惟庸借机向李善长挑拨离间，说："杨宪为相，我等淮人不得为大官矣。"结果，杨宪不但没有接任丞相，不久还被处以极刑。经由李善长这位"贵人"一路护送，胡惟庸清除了阻碍他升至相位的人。

朱元璋，是胡惟庸第二个"贵人"。这位当朝皇帝，既是把他送上"位极人臣"的最大恩人，又是把他送上断头台的刽子手。

有什么样的主子，就有什么样的奴才。明初，朱元璋和胡惟庸臭味相投，上演了一幕奸臣钻营到权力顶峰的政治丑剧：

自杨宪诛，帝以惟庸为才，宠任之。惟庸亦自励，尝以曲谨当上意，宠遇日盛，独相数岁，生杀黜陟，或不奏径行。内外诸司上封事，必先取阅，害己者，辄匿不以闻。四方躁进之徒及功臣武夫失职者，争走其门，馈遗金帛、名马、玩好，不可胜数。大将军徐达深疾其奸，从容言于帝。惟庸遂诱达阍者福寿以图达，为福寿所发。御史中丞刘基亦尝言其短。久之基病，帝遣惟庸挟医视，遂以毒中之。基死，益无所忌。与太师李善长相结，以兄女妻其从子佑。学士吴伯宗劾惟庸，几得危祸。自是，势益炽。其定远旧宅井中，忽生石笋，出水数尺，谀者争引符瑞，又言其祖父三世冢上，皆夜有火光烛天。惟庸益喜自负，有异谋矣。（《明史·奸臣·胡惟庸》）

到了这个份儿上，朱元璋也对自己一手提拔起来的胡惟庸深感后悔了，再不给这位相爷"刹车"，被毁的将是他的命根子——朱明王朝的皇权！

本来，中国古代封建政治体制在唐代已趋成熟，皇权之下，三省六部、州县制度的权力分配和治理结构，已能较为平衡地维系封建政权和社会的日常运转。在这一制度设计中，位极人臣的丞相（宰相）直接对皇帝负责，正所谓"一人之下，万人之上"，总揽国家行政大权，地位、权力尤显重要。早在西汉年间，左丞相陈平面对汉文帝的质疑，以"宰相的职任，上佐天子理阴阳，顺四时，下抚万民，明庶物，外镇四夷诸侯，内使卿大夫各尽职务"对答，成为千古美谈。倘若丞相不称职，所用非人，像当初的汉文帝那样，辞退武人出身的右丞相周勃，专用足智多谋的陈平即可。这也是历代有作为的帝王成功化解君、相之间矛盾的一贯做法。

朱元璋不想效法前朝君王，以他对天下的绝对掌控能力，虽然可以轻而易举地解除胡惟庸的丞相之职，但在朱元璋看来，只有从根本上解除最有可能对皇权造成威胁的相权，才能一劳永逸地确保朱家王朝的江山永固。但是，丞相制度在中国已延续上千年，废除这项老祖宗的法度，必定会招致当朝和后世的骂名。并无多少政治智慧，且已开始不相信任何人（除了皇亲子嗣）的朱元璋，决定以逼胡惟庸谋反之阴狠手段，解决"相权"这一棘手的动摇传统国体的大事。

洪武九年（1376年），朱元璋"改行中书省为承宣布政使司……悉罢行省平章政事左右丞等官，设布政使一员"，又增改了按察使司、都指挥使司，各司对六部和皇帝负责，这样，胡惟庸把持的中书省被釜底抽薪，成了空架子；洪武十一年（1378年），"命奏事毋关白中书省"。这两项非同一般的政治举措，将丞相的实际行政权力几乎削夺殆尽，对胡惟庸来说无疑是危险的信号。其后，胡惟庸的家人殴打关吏被人上奏，朱元璋竟不给一点情面，下令处死这位当朝丞相的家人，大有杀鸡给猴看的意味。无独有偶，刘基的死因也在这时被重新追究，胡惟庸极为恐惧，对自己的同党说："主上草菅勋旧臣，何有我！死等耳，宁先发，毋为人束手寂寂。"自此，被逼上险境的胡惟庸着手预谋，暗中交接吉安侯陆仲亨、平凉侯费聚，让他们在外收集军马，以为外应，与御史陈宁在中书省"阅天下军马籍"，派明州卫指挥使林贤下海勾结日本人，遣元故臣封绩致书北元嗣帝托忽思帖木儿，以称臣为条件请求出兵为外援。

更严重的危机接踵而至。据《明史》记载，胡惟庸的儿子"驰马于市，坠死车下，惟庸杀挽车者，帝怒，命偿其死，惟庸请以金帛给其家，不许"。朱元璋对这一突发事件的处理，显然把胡惟庸逼上了绝境。胡惟庸遂与御史大夫陈宁、中丞涂节密谋起事，暗中通知"四方及武臣从己者"。恰在此时，日本贡使私见胡惟庸，双方商定，日本以舟载精兵千人，伪装进贡，伺机与胡府中力士一起擒住朱元璋。如不能得手，则掠夺一番，一同泛海回日本。

然而，不知为什么，从洪武十一年（1378年）开始预谋，数月过去，胡惟庸一直隐忍不发，而朱元璋却等来了废除丞相的时机。

洪武十二年（1379年）正月，御史中丞涂节因怕事情败露，向朱元璋奏报了胡惟庸的谋逆计划。结果，明初政坛一场相权与皇权之争，演变成了一幕最血腥的杀戮：朱元璋亲自审问，以谋逆罪诛杀了左丞相胡惟庸、御史大夫陈宁，"夷三族，尽诛其僚党"，涂节因为不早告发，"亦弃市"。

从某种角度看，"胡惟庸案"可算是朱元璋间接和直接导演的一场人间浩劫——因为胡惟庸一个人谋逆罪，朱元璋实施大规模杀戮，牵扯被杀者三万余人，株连蔓引，十几年未曾安定下来，直到洪武二十五年（1392年），仍有靖宁侯叶升以胡党伏诛。明初开国功臣封爵之首的李善长，也以"知逆谋不发举，狐疑观望怀两端，大逆不道"之罪行，被朱元璋赐自缢死，诛其妻女弟侄全家七十余人，又岂是绝情、惨烈所能形容！

"胡惟庸案"虽然异常残酷，但其性质大抵未出宫廷政治斗争的范畴，其中的冤与不冤，取决于政治斗争的需要；大致清晰的事件经过与结果，也易于让后人对这一统治时期作出评价。

朱元璋以建立一个高度集权的君主专制社会为目的，而以丞相为首的中书省这一行政权力机构对其妨碍甚大，他不让刘基当丞相，就说明他根本就可以不设丞相，他认为相权可以造成对皇权的制约和威胁，而胡惟庸一案，则提前了朱元璋废相这一变革的时间。通过对胡惟庸由受宠遇到谋逆伏诛过程的了解，可见明初君主政治的黑暗。（李翠香主编《细说大明》）

接下来同样以谋反定罪的"蓝玉案"，案情比"胡惟庸案"简单直白得多，政治意义和历史教训却更为深刻。从政治思想层面细作分析，即可看出有"治隆唐宋"美誉的朱元璋与历史定论的伟大帝王之间犹如峰峦与丘壑的落差。

我们的分析，可以从朱元璋敌视《孟子》展开。

在古代中国，儒家经典之《十三经》主导着全社会的意识形态，包括统治阶层的执政理念。《十三经》中，又以《孟子》一书最具政治理想色彩，与柏拉图《理想国》并称东西方政治学"双璧"。

就是这样一部教诲国君们如何做像商汤、文王那样以"王道""仁政"赢取天下的伟大君王的政治学经典，却因"民为贵，君为轻，社稷次之""君之视臣如土芥，则臣视君如寇仇"（《孟子·离娄章》）等民主、平等观点，被朱元璋视为眼中钉、肉中刺，不但宣布"罢免孟子配享孔庙"，还要将《孟子》从《十三经》中剔除。幸有刑部尚书钱唐的舍命诤谏，钦天监的星象家上奏荧行于惑、天之所怒，朱元璋不得以撤去敕令，但到了洪武二十二年（1389年），又命令删节编纂一个《孟子节文》残篇。

由对《孟子》的敌视导致对中国传统政治理想的漠视，使朱元璋丧失了一个帝王理应秉持的政治智慧。这一点，在上文所述朱元璋对待蓝玉和"蓝玉案"的定性上，已显露无遗。

作为对中国传统政治有着巨大影响力的儒家经典，《孟子》一书没有告诉我们何为政治智慧，但充满正气的政治思想无处不在，所谓政治智慧，即源于此。

从宏观思想上讲，比如在治理国家方面，《孟子·公孙丑章句上》阐释：

孟子曰："仁则荣，不仁则辱。今恶辱而居不仁，是犹恶湿而居下也。如恶之，莫如贵德而尊士。贤者在位，能者在职；国家闲暇，及是时明其政刑，虽大国，必畏之矣。《诗》云：'迨天之未阴雨，彻彼桑土，绸缪牖户。今此下民，或敢侮予？'孔子曰：'为此诗者，其知道乎！能治其国家，谁敢侮之？'"

（孟子说："当政者实行仁政就会荣耀，不行仁政就会招致骂名。现在的当政者厌恶遭受耻辱，却处在不仁的境地，这就如同厌恶潮湿而又呆在低洼之地。如果不想蒙受骂名，最好的办法不如培养自己高尚的品德并尊敬士人，使贤德的人身居高位，使有才能的人担任一定的职务，国家局势稳定，顺着这个时机，修明政治法典。这样，即使是强大的邻国，也不敢冒犯它。《诗经》说：'趁着天晴，剥取桑树根上的皮，修补好窗子和门户。这样，现在的下民谁还敢来欺侮你？'孔子评价说：'作这自诗的人真是明智，懂得世间的道理。推而广之，能够治理好自己的国家，又有谁敢来挑衅、欺侮？'"）

假设朱元璋能以孟子所言为治国理念，使"贤者在位，能者在职"，明其政刑，防患于未然，在所谓的"治隆唐宋"洪武时代，还会发生"胡惟庸案"这样的人间惨案吗？

从具体思维上看，比如在处理社会事务方面，《孟子·梁惠王章句上》阐释：

狗彘食人食而不知检，涂有饿莩而不知发；人死，则曰："非我也，岁也。"是何异于刺人而杀之，曰："非我也，兵也。"亡无罪岁，斯天下之民至焉。

（富贵人家的猪狗吃掉了百姓的粮食，却不加以检查、制止，路途上有人饿死而不开仓放粮，赈济灾民；百姓纷纷死去，竟然说："这不是我的错，是年岁收成不好啊。"这种说法与拿着刀子杀死了人，却说"这不是我杀的，是兵器杀的"又有什么不同呢？统治者不要推脱过错、寻找借口，天下的人民就会投奔而来。）

像蓝玉这样的人，亦堪称顶天立地的男儿。假设朱元璋能以孟子所言，在蓝玉从无敌勇士到军事统帅的成长过程中，变被动为主动，抑恶扬善，晓以利害，使其秉持"至大至刚，以直养而无害，则塞于天地之间"浩然之气，做一个"富贵不能淫，威武不能屈，贫贱不能移"的民族英雄、国家功臣，而不是养痈遗患，何必非要以"不是我想杀他，而是他要谋反"为借口，制造一起恶名昭彰的"蓝玉案"？

自"胡惟庸案"大开杀戒之后，朱元璋似乎变成了一个嗜血的魔王，"胡、蓝之狱"，前后延续十四年，屠戮四万五千多人。二案之外，朱元璋还鞭死亲侄子朱文正，毒死亲外甥李文忠，廖永忠以僭用龙凤不法事赐死，朱亮父子被鞭死，胡美以犯禁死，周德兴以帷薄不修被杀。临死前数年，洪武二十七年（1394年）他杀王弼、谢成、傅友德，洪武二十八年（1395年）杀冯胜。于是，为开创大明王朝浴血奋战的"元功宿将相继尽矣"。

洪武年间，大明英烈几被屠戮殆尽的直接后果是，二百余年，很少诞生像常遇春、蓝玉一样的军功赫赫的威猛战将。朱棣以"靖难之役"夺取皇位，亦属旷代枭雄之类非凡人物，但这位可以与明太祖比肩的明成祖，驱五十万大军，御驾亲征漠北，却不似当年的蓝玉，提一劲旅，追亡逐北，横扫虏庭，到头来，胡未灭，竟至丧命于征途。

朱元璋的大开杀戒，杀掉的是一个民族的血性！

人性的缺失，唐宋文明之光的黯淡

如果仅就历史现象而言，作为皇帝的朱元璋，对中国古代传统政治作出了两大突出"贡献"：一是废除延续一千多年宰相制，极大地强化了以皇帝为核心的中央集权；二是对全社会实施严密监控，将封建专制统治推向了极致。

关于第一点，我们在"胡惟庸案"中已做析述，按我的读史心得，可视为逆人类政治文明进步潮流——政治分权、相互制衡的一种倒退。当皇帝个人的意志、德性绝对支配一个王朝（国家）的去向，巨大的风险、祸端、危机往往因皇帝一人的是与非而发生，此即为明朝政治、经济、社会弊端丛生之由来的渊薮。这一点，也是皇帝独揽天下大权的明朝与皇权统治相对开放、宽容的唐宋王朝的显著不同。

在我看来，明、清两大封建晚期王朝中央集权制的强化，其实并未对中华文明造成深刻的影响，充其量只是让中华民族在国家治理模式上走过了五百多年的弯路，一旦时代不同，历史环境改变，偌大中国必然走上近现代文明之路。

再看第二点，由于废除了宰相，皇权可直接对国家各部门、社会各领域予以监控，掌握社会上的一举一动。如果要用一句话来概括，那就是朱元璋开启的黑暗、卑劣的专制统治，从精神和文化上改变了西周、秦汉、唐宋以来中华民族传统的形象。

让我们继续研读朱元璋统治时期的历史。

白寿彝总主编《中国通史》认为，洪武年代，有一件事对后人影响很大，那就是朱元璋采取特务手段，侦缉臣僚私下的言行。这一方面是由于他处处猜疑多虑的性情所致，更重要的是他出于控制臣僚的目的。

洪武以后各朝继续巩固和完善了特务制度，成为有明一代专制统治的重要武器。

还是在明朝建立之前，朱元璋就开始派遣军中校检执行一些特务活动，"专主察听在京大小衙门官吏不公不法，及风闻之事，无不奏闻。"洪武十五年（1382年），朱元璋把身边负责警卫事务的亲兵都督府的仪鸾卫改为锦衣卫，授以侦察、缉捕、审判、处罚犯罪等特权。这是一个正式的军事特务机构，设指挥、佥事、镇抚、千户、百户，其统率的人员包括将军、力士、校卫等，直接归皇帝管辖。锦衣卫下设镇抚司，设有独立的法庭、监狱，亦即所谓的"诏狱"。朱元璋将重大案件交给锦衣卫处理，由自己亲自掌控，锦衣卫只对皇帝负责。锦衣卫的特殊职责之一，是奉朱元璋的敕令，在朝廷上执行廷杖之刑法，杀鸡给猴看，令百官震恐。洪武一朝，众多大臣惨死杖下。公堂之上，血雨腥风。

据说，在朱元璋统治时期，朝中大臣人人自危，每时每刻都担心飞来横祸。官员们每天早上入朝，会跟家人诀别。倘若晚上平安归来，全家会当作节日庆祝一番。

作为一项黑暗政治手段的始作俑者，洪武后期的朱元璋似乎对正规统治的必要性有所觉醒，遂在处理"胡惟庸案"已近尾声之时，下令焚毁锦衣卫刑具，把犯人移交刑部。洪武二十六年（1393年），"蓝玉案"处理完毕，朱元璋再一次申明，以后刑狱公事不再让锦衣卫插手，所有案件交由朝廷三法司审理。事与愿违，他的儿子朱棣竟然"青出于蓝而胜于蓝"，在"靖难"成功之后，不但重拾这套恐怖政治的衣钵，借锦衣卫镇压建文帝的臣下，还创建一个新的特务组织——东厂，开明代厂卫并行制造恐怖气氛的先河，对明朝政治造成极坏的影响，流毒贻害，与明朝相始终。

居大明庙堂之高，诚可谓险恶环生。那么，处江湖之远又如何呢？

以朱元璋的处心积虑，当然不会疏于对黎民百姓之所聚居环境的警惕与防范。在全国各个府县的关津要冲之地，朱元璋设置了巡检司，由从九品的巡检、副巡检带领差役、弓兵负责把关盘查、缉捕盗贼，盘诘奸伪。

此外，为了更严密地约束天下民众，朱元璋还创建了"里甲"制度，每十户家庭组成一甲，每十甲组成一里，赋予里甲执行检查任务。里甲内的百姓不能随便外出，如果到百里之外，必须事先向地方政府领取路引（通行证），否则擒拿送官。里甲有责任了解所属百姓，对无正当理由外出的要报告官府，违者以连坐处置。

白寿彝总主编《中国通史》第九卷，在《朱元璋专制统治》章节，令人触目惊心地写道：

朱元璋通过这些机构布下了一张监视网络，从城市到乡村，从官僚到百姓，都处于严密的监视和控制之下……朱元璋尝说："譬如人家养了恶犬，则人怕。"这充分暴露了他专制帝王的嘴脸。

生活在这样的专制王朝统治之下，你的感觉是什么呢？

可能只有两个字：可怕！

可怕的统治，导致的必然结果之一是：一旦天下臣民被时刻监视、遭受恐怖，处处失去自由，岂能诞生一个"治隆唐宋"的盛世时代？

有人或许不知，在"光复汉室"的洪武初年，曾出现过一个"驾唐轶宋续高华"的文化复兴迹象。

文化，开时代风气之先；诗歌，则开文化风气之先。犹如"初唐四杰"对大唐文化"不废江河万古流"的开拓之功，明初的文化界也活跃着两位影响广泛的杰出诗人。

袁凯以一首《白燕诗》名垂诗史。

袁凯其人，生卒年不详，字景文，号海叟，松江华亭（今上海市松江区）人，元末为府吏，博学有辩才，议论风发，犹如不可阻遏之风暴，往往使在座的人词穷理屈，难以应对。洪武三年（1370年），袁凯出任监察御史。

明朝初创之年，武臣多恃功骄横，得罪之人日众。袁凯越过职责，慨然上奏曰："诸将习于用兵，恐不知君臣之礼，请于都督府聘请通经学古之士，令诸武臣去都堂听讲，这样才是他们保族保身之道。"此举，颇似西汉初年叔孙通为刘邦定朝仪礼制的况味。朱元璋以为有理，采纳袁凯的建议，令御史台和中书省聘请名士轮流在午门为诸将讲经说礼，收一时之成效，袁凯亦为朱元璋所重视。

然而，与性情豪放、容人之长的刘邦不同，猜忌心极强的朱元璋则是一个极端的利己主义者，从骨子里嫉妒每一个胜过他的人，亦因此无所谓真心实意地尊贤重士，袁凯的倒霉日子很快降临。

某日，朱元璋审判罪犯之后，担心袁凯送皇太子复审时，皇太子会怜悯他们而宽大处理，待其从东宫返回，试探着问道："朕与太子谁处理得对?"袁凯如实回答:"陛下之法正直,太子之心仁慈。"朱元璋听罢,认为袁凯老奸巨猾,两面讨好,遂流露出厌恶之色。江南才子袁凯何等聪明之人,见状惶恐不安,退朝后佯为疯癫,终以病免职回乡。

辞去官职的袁凯回归于诗人本色。

在家乡,袁凯时常背披乌巾,倒骑黑牛,游于九峰山间,有好事者将他的这一道骨仙风绘成图卷,传为士林美谈。而令袁凯名声大著的,是一次在元末明初江南诗坛泰斗杨维桢府中的雅集。有位士子出以其赋《白燕诗》,遍示于人,袁凯微笑不语,另作一篇《白燕诗》,其诗曰:

故国飘零事已非,旧时王谢见应稀。月明汉水初无影,雪满梁园尚未归。柳絮池塘香入梦,梨花庭院冷侵衣。赵家姊妹多相忌,莫向昭阳殿里飞。

杨维桢阅后大惊,对"柳絮池塘香入梦,梨花庭院冷侵衣"一联叹赏不已。从此,袁凯有了一个风雅别称——"袁白燕"。

不幸生逢"无一日无过之人"的朱元璋时代,"袁白燕"逃至金陵乌衣巷,隐逸寻常百姓家,躲过一波波"洪武人祸"劫难,有幸"以寿终"。

比袁凯名气更大的明朝第一诗人高启,却没有那么幸运。

高启,字季迪,长洲(今江苏苏州)人,学识广博,工于诗词,与杨基、张羽、徐贲合称"吴中四杰",清代学者永瑢、纪昀主编《四库全书总目提要》称"启天才高逸,实据明一代诗人之上",有诗集《高太史大全集》《扣舷集》、文集《凫藻集》传世。

名诗人自有名诗作。《梅花》九首之一"琼姿只合在瑶台,谁向江南处处栽。雪满山中高士卧,月明林下美人来。寒依疏影萧萧竹,春掩残香漠漠苔。自去何郎无好咏,东风愁寂几回开",尤显高启之杰出诗才。毛泽东曾用草体书写全诗,在右起处大字题写"高启"二字,并标注"字季迪,明朝最伟大的诗人",以示对高启的钦佩。

与众多热衷于"学而优则仕"的儒者不同,高启之为人,思想以儒家为本,兼受释、道影响,才华横溢,然孤高耿介,颇具魏晋士人风骨,超迈于俗流之上,厌倦朝政,不羡功名利禄。

洪武初年,高启与同县谢徽一起被荐举,征召参与编纂《元史》,朱元璋授高启翰林院国史编修官,又命他教授诸王。洪武三年(1370年),朱元璋召见高、谢二人，提升高启为户部右侍郎（今财政部副部长），徽为吏部郎中（今司长）。高启奏称自己年少，不敢当此重任，谢徽也极力推辞，蒙朱元璋恩准，赐二人白金放还。其后，高启曾赋《题宫女图》一诗："女奴扶醉踏苍苔，明月西园侍宴回。小犬隔花空吠影，夜深宫梦有谁来？"朱元璋认为"小犬隔花空吠影，夜深宫梦有谁来"有讽刺他的意味，甚为不满，但隐藏于心，暂未发作。

高启归苏州，居于青丘，以教书授业为生。苏州知府魏观爱其才，让他迁居州城，旦夕相见，二人相处甚欢，全然不察杀身之祸步步逼近。

开国皇帝朱元璋对这座宿敌张士诚曾经盘踞的江南名城（平江府，后易名苏州）一直耿耿于怀。

当年，朱元璋花了大力气，才攻下苏州，随即下令将其属地富民十四万户强制迁移到安徽临濠。朱元璋在位三十一年，期间苏州知府换了三十次。清代学者朱彝尊考证，"洪武中，苏守三十人"遭"左谪""坐事去""被逮""坐赃黥面""坐法死"者竟有十四人。如此看来，苏州知府一职还真不是什么好差事。

洪武五年（1372年），魏观被任命为苏州知府。

魏观称得上是一位博学而廉正的好官。《明史·魏观传》载：

魏观，湖北蒲圻人。元季隐居蒲山。太祖下武昌，聘授国子助教，再迁浙江按察司佥事。吴元年，迁两淮都转运使。入为起居注。奉命偕吴琳以币帛求遗贤于四方。洪武元年，建大本堂，命侍太子说书及授诸王经。未几，又命偕文原吉、詹同、吴辅、赵寿等分行天下，访求遗才，所举多擢用。三年，转太常卿，考订诸祀典。称旨，改侍读学士，寻迁祭酒。明年坐考祀孔子礼不以时奏，谪知龙南县，旋召为礼部主事。五年，廷臣荐观才，出知苏州府。前守陈宁苛刻，人呼"陈烙铁"。观尽改宁所为，以明教化、正风俗为治。建黉舍。聘周南老、王行、徐用诚，与教授贡颖之定学仪；王彝、高启、张羽订经史；耆民周寿谊、杨茂、林文友行乡饮酒礼。政化大行，课绩为天下最。明年擢四川行省参知政事。未行，以部民乞留，命还任。

据说，魏观这位开国功臣做苏州知府，还大有来头。

苏州名士祝允明《野记》详述：当年，酷吏陈宁被调离，朱元璋曾与贤内助马皇后商量，该派谁去主政苏州。马皇后建议派有贤德时望的老臣魏观，朱元璋欣然应允。赴任前，朱元璋和马皇后特在宫中召见魏观，皇后懿旨赐酒，皇帝亲斟御酒，为魏观践行。一位州知府赴任而享如此高规格的皇家待遇，在中国三千年封建史上亦不多见，足见朱元璋对魏观的信任和重视。魏观亦不辱使命，正风俗，明教化，一年之后，苏州府政通人和，课绩考核名列全国第一。而就在这一片大好的形势下，一起震惊明初朝野的冤案——"魏观案"发生了。

洪武六年（1373年），魏观将府衙修建在张士诚宫殿的遗址上，又"观以其地湫隘，还治旧基。又浚锦帆泾，兴水利"，却被御史张度污为"兴灭王之基，开败国之河"。朱元璋闻之大怒，魏观被斫杀。此前，高启曾为魏观撰写《郡治上梁文》，其中有"龙盘虎踞"等句，亦被朱元璋视为罪证，一并被腰斩于南京，时年仅三十九岁。王彝等众多文化名人亦惨遭杀戮。

"魏观案"后，朱元璋气焰嚣张地向不愿顺从的士人发出了明确的警告："率土之滨，莫非王臣。寰中士夫不为君用，是自外其教者，诛其身而没其家，不为之过。"

假如好官魏观遇到一个好皇帝，量不至于被冤枉致死。

对于才高八斗的高启，其实亦根本无须视为后患而必欲除之。此君不过一性情磊落不羁之文人，其所追求的，不过"琼姿只合在瑶台，谁向江南处处栽"之名节；其所崇尚的，不过"雪满山中高士卧，月明林下美人来"之风雅。如若不必非要掌控此人，而只是为我所用，朱元璋有光复汉室之丰功伟绩，又有高启这等隽杰诗人赞美大明锦绣山河，岂不再现唐宋文明光耀历史之篇章？

事实上，高启这位大明王朝第一诗人确也创作了一首歌颂朱元璋为"圣人起南国"的壮美诗篇《登金陵雨花台望大江》：

大江来从万山中，山势尽与江流东。钟山如龙独西上，欲破巨浪乘长风。江山相雄不相让，形胜争夸天下壮。……前三国，后六朝，草生官阙何萧萧。英雄乘时务割据，几度战血流寒潮。我生幸逢圣人起南国，祸乱初平事休息。从今四海永为家，不用长江限南北。

在古代社会，诗歌最能反映一个民族的真实心声和艺术水准。高启，这位明初最负声望的诗人竟被以腰斩之刑处死，何人还敢表达自己真实的心声？不能自由表达真实的心声，又何来文学的兴起、文化的繁荣、文明的进步？

后代史家认为，明初"魏观案"及高启被腰斩的惨剧，加速了明初士风从自由向保守的转变。而在我看来，更典型、更深刻的事例，则是明朝"开国文臣之首"宋濂与朱元璋之间君臣胶葛的半生遭遇。

余幼时即嗜学。家贫，无从致书以观，每假借于藏书之家，手自笔录，计日以还。天大寒，砚冰坚，手指不可屈伸，弗之怠。录毕，走送之，不敢稍逾约。以是人多以书假余，余因得遍观群书。

宋濂《送东阳马生序》，其文，可以为天下之范文。然而，为众多国人所不知，宋濂其人，亦可称为天下文人之楷模。

历史上的宋濂，是对古人所云"自古雄才多磨难，从来纨绔少伟男"的生动诠释。

宋濂（1310年－1381年），字景濂，号潜溪，浦江（今属浙江）人，明初大儒，以文学见长。从小身体羸弱，但天资聪敏，勤奋好学，六岁已能吟诗赋词，乡人呼之"神童"。其先从大学者刘梦吉研习儒家经书，通"五经"，后又师从著名理学家吴莱，最后拜在文章大家柳贯、黄缙的名下，青出于蓝而胜于蓝，到元顺帝至正初年（1341年），即以文章扬名海内。

因为对"文史不分家"的笃信，我在读史之余，每每移情于古诗词文赋。那些登山临水俯仰天地古今的序文、赋记，往往令人神思怡然之际留有深长记忆，此所以为"唐宋八大家"之流杰作！

当然，精彩的文章不限于"唐宋八大家"。

宋濂奉旨撰写的《阅江楼记》颇有明代开国之气势：

金陵为帝王之州。自六朝迄于南唐，类皆偏据一方，无以应山川之王气。逮我皇帝，定鼎于兹，始足以当之。由是声教所暨，罔间朔南；存神穆清，与天同体。虽一豫一游，亦可为天下后世法。京城之西北有狮子山，自卢龙蜿蜒而来。长江如虹贯，蟠绕其下。上以其地雄胜，诏建楼于巅，与民同游观之乐。遂锡嘉名为"阅江"云。

登览之顷，万象森列，千载之秘，一旦轩露。岂非天造地设，以俟大一统之君，而开千万世之伟观者欤？当风日清美，法驾幸临，升其崇椒，凭阑遥瞩，必悠然而动遐思。

见江汉之朝宗，诸侯之述职，城池之高深，关阨之严固，必曰："此朕沐风栉雨、战胜攻取之所致也。"中夏之广，益思有以保之。

见波涛之浩荡，风帆之上下，番舶接迹而来庭，蛮琛联肩而入贡，必曰："此朕德绥威服，罩及外内之所及也。"四陲之远，益思所以柔之。

见两岸之间、四郊之上，耕人有炙肤皲足之烦，农女有捋桑行馌之勤，必曰："此朕拔诸水火、而登于衽席者也。"万方之民，益思有以安之。

触类而思，不一而足。臣知斯楼之建，皇上所以发舒精神，因物兴感，无不寓其致治之思，奚此阅夫长江而已哉？彼临春、结绮，非弗华矣；齐云、落星，非不高矣。不过乐管弦之淫响，藏燕赵之艳姬。一旋踵间而感慨系之，臣不知其为何说也。虽然，长江发源岷山，委蛇七千余里而始入海，白涌碧翻，六朝之时，往往倚之为天堑；今则南北一家，视为安流，无所事乎战争矣。然则，果谁之力欤？

逢掖之士，有登斯楼而阅斯江者，当思帝德如天，荡荡难名，与神禹疏凿之功同一罔极。忠君报上之心，其有不油然而兴者耶？

臣不敏，奉旨撰记，欲上推宵旰图治之切者，勒诸贞珉。他若留连光景之辞，皆略而不陈，惧亵也。

宋濂的这篇《阅江楼记》自古不乏赞誉之妙评。譬如，清代文人余诚《重订古文释义新编》卷八的评语："波澜壮阔，步骤从容，结构精严，词旨剀切。昔人评云：驾唐轶宋，不愧一代文臣领袖。良不诬也。"清代文人李扶九在《古文笔法百篇》卷七，则对《阅江楼记》作了纲举目张、条分缕析的评述：

明初朝廷大制作，皆出先生之手。阅此一篇，见其本领。……文有三段伟论，前从定鼎一统说人，摹出开创宏规，一也；中就颂扬主德寓讽，卓然大臣风范，二也；末以君恩罔极勉士，自露忠爱之心曲，三也。如此巨制，洵堪继韩续苏。

建楼畿辅，奉旨撰记，计惟有铺张盛治，归美主德……乃不效后世谀美之词，而必作唐虞吁咈之想。卒能抒下情而通讽谕，宜上德而尽忠孝。

在这样的文化背景下看宋濂的人生际遇，则别有一番历史深意。

成名后的宋濂，首先被元朝统治者看重。至正九年（1349年），元廷下令征召宋濂为翰林院编修，宋濂以"亲老"为理由，坚辞不就，隐居于龙门山，且一隐就是十年。

1358年，朱元璋兵克婺州（今浙江金华）。婺州在南宋曾是理学中心，"婺学"大师吕祖谦在此倡导经世致用，到元朝末年，斯风尚存，浙东出了许多著名学者，宋濂即为其中代表人物。朱元璋早闻其鼎鼎大名，经胡大海推荐，马上派使者樊观携书信、重金去龙门山礼聘宋濂。宋濂幡然应召，被授予郡学五经师。翌年三月，再经李善长推荐，宋濂与刘基、章溢、叶琛一道被召至应天，宋濂被任命为江南儒学提举，给太子讲"五经"，寻改任起居注。此为宋濂出山辅政之始。

据白寿彝总主编《中国通史》，从元顺帝至正十八年（1358年）出山，到明太祖洪武十年（1377年）致仕，历十九年，宋濂以其渊博的知识和高尚的品性，赢得朱元璋的尊重和信任，并一直"恒侍左右，备顾问"。

明朝建立后，考虑到国家的长治久安，朱元璋也经常与宋濂一起研讨帝王之学，探究治国的策略。朱元璋曾问宋濂关于治国哪一本书最重要，他举出真德秀的《大学衍义》，朱元璋就命人大书揭示在宫殿的两庑壁上，供自己观览，当诸大臣会集时还命宋濂讲解分析。宋濂就乘此时进言"君人者兼治教之责，率以躬行，则众自化"，倡言人君要以身作则，应用礼义治理民心，用教育引导人民，而不该只用刑罚的办法。

白寿彝总主编《中国通史》第九卷说道：

宋濂所讲的这些道理，都深深地影响着太祖。虽然明初朱元璋对文人的举措反复无常，他的"文字狱"亦发展到令人发指的地步，但也有不少史料可以证明太祖"好儒"的做法，这或许与宋濂的影响不无关系。

俗话说：君子坦荡荡，小人长戚戚。朱元璋本是一小人性格，对所有的人皆怀猜忌之心，而宋濂则是一坦荡君子，对朱元璋知无不言，虽家事，苟有问，亦一一道之。

某日，宋濂和朋友在家中喝酒，朱元璋秘密派人侦察。次日，朱元璋问宋濂："你喝酒了没有？和谁一起喝？用些什么菜肴？"宋濂据实回答，朱元璋很高兴，笑着说："一点都不错，你果然没有骗我。"（由此可见贵为天子的朱元璋依旧一副下贱小人的心理和嘴脸）。宋濂的诚实让朱元璋感到放心，就试探着问他参与朝政。宋濂推辞说："臣无他长，徒以文墨议论待罪翰林足矣!"朱元璋听罢,从此对宋濂更加放心、厚爱。

对君子而言,要想获得上级的重视,光靠诚实是远远不够的,没有小人和奸佞的奉迎、贿赂之能事,唯有以实力、功绩来证明自己。

如上所述,宋濂曾以一篇《阅江楼记》,将朱元璋这位大明王朝开国皇帝极具巧思地美化、扬厉了一番,其中"有登斯楼而阅斯江者,当思帝德如天,荡荡难名,与神禹疏凿之功同一罔极。忠君报上之心,其有不油然而兴者"之赞语,想必让"与神禹疏凿之功"的朱元璋读之心旷神怡,飘飘欲仙。

洪武六年(1373年),宋濂负责编纂《大明日历》。这是一部一百卷的明朝开国史,逐日记载了自朱元璋起兵到洪武六年的历史。书中,宋濂赞誉朱元璋这位明太祖在六个方面超过了前代皇帝,"一曰一统内外;二曰得国之正;三曰治政诰戒,群仰成算;四曰敬天勤民;五曰家法之严;六曰兵政有统"。书成,又在宋濂建议下,仿唐朝《贞观政要》体例,缩编为《皇明宝训》五卷,公开刊行。这一次,又为朱元璋总结六大超越前代的文治武功,且将其比之千古一帝的唐太宗,续"贞观之治"历史美誉于今朝,岂不更令朱元璋大喜过望。

于是乎,朱元璋对宋濂这位知趣的硕儒贤才宠爱有加,每次在便殿朝见,均设座命茶。早晨,则让宋濂陪同进膳;退朝,也反复探讨,直到半夜才散。

宋濂不善饮酒。一次,朱元璋跟宋濂开玩笑,强行让他喝酒,宋濂只喝下三杯酒,就摇摇晃晃了,朱元璋乐得哈哈大笑。然后,朱元璋亲御翰墨,赋《楚辞》一章作为赏赐,并命侍臣咸赋《醉学士歌》,自我夸赞道:"俾后世知朕君臣同乐若此也。"

朱元璋常在朝廷上说:"古人最高等的是圣人,其次是贤人,再次是君子。宋濂事我十九年,未曾讲过一句谎话,未曾批评过一个人的短处,宠辱不惊,始终如一。他不只是个君子,可以说是贤人了。"

洪武十年(1377年),宋濂以老病乞归,朱元璋赐给《御制文集》及绮帛若干,皇太子赠衣三袭。朱元璋对宋濂说:"朕最慎于赍给,嘉卿忠诚可贯金石,故以是赐。"

然而,历史告诉我们,这些恐怕都是朱元璋所做的表面文章。

宋濂在明朝廷尽忠竭诚工作十九年，虽然看似一直受到朱元璋的尊重和信任，但其仕途前景并不理想，最高不过正五品。

洪武二年（1369年），宋濂仅用不到一年时间，就主持修纂《元史》二百一十二卷。因其在整部书的编写中"发凡举例，一仰于濂。濂通练故事，笔其纲领及传记之大者，同列敛手而已。……书成，濂之功居多"，赢得了"太史公"的称誉，被授予翰林学士，正五品官。第二年八月，只因一次失朝之误，这位当朝第一硕儒便被降为正七品的小小编修。过了一年，宋濂被调升为正六品的国子监司业，不久又因奉命考据祭祀孔子的典礼，未能按时上奏，再次被贬为正七品的浙江安远县知县。一年后，调为礼部主事，后改为詹事府赞善大夫，从六品官。又过一年，洪武六年（1373年），升为翰林院侍讲学士，知制诰，从五品官，一直到离开朝廷，官职再未变化。

宋濂从洪武二年的翰林院学士，到洪武六年的翰林院侍讲学士，官阶反而不如刚入官场时高。可见，朱元璋始终是把宋濂玩弄于股掌之间，其内心根本没有将这个元末明初最杰出的文人当回事。

"开国文臣之首"的宋濂尚且如此，更遑论其他文人！

面对朱元璋这样一位奸雄与小人结合体的皇帝老子，宋濂不愧为深得儒家"中庸"精髓的贤人智者。正像《四库全书总目》对其文章的评价"雍容浑穆，如天闲良骥，鱼鱼雅雅，自中节度"，宦海沉浮中的宋濂，对朱元璋的每一举措，都深知其内含的用意，故与其相伴十九年，严以律己，宽以待人，所言所行，惟求谨慎，不做奢望。洪武六年（1373年），宋濂婉言谢绝朱元璋让他参于朝政之邀，可见其有"保身"之明，否则，稍有"越轨"陷构，便是大祸临头。

即便无欲无求、勤勉谨慎若此，朱元璋口中的这位"贤人"，最终还是没有躲过黑暗政治铁幕下的人生劫难。

1377年，六十八岁高龄的宋濂告老还乡，从此他"那每时每刻都绷得很紧的心一下子放松了"，自感可以按自己的意愿生活了。宋濂在青萝山畔盖了一间草屋，布衣蔬食，无异贫士。闭门纂述之暇，宋濂在浦江等地为人家写墓志铭，做些诗文集的序跋、小传之类应酬文字，杖履优游，悠闲自在，得山水渔樵民间俗世之乐，不亦快哉！

不幸的是，朱元璋那颗每时每刻都绷得很紧的警惕之心一直没有放松下来。

宋濂致仕后，朱元璋要求他每年入朝觐见一次。洪武十三年（1380年），宋濂因身体不适，得到朱元璋恩准，可以不来入朝。讵料至期朱元璋忘记了自己的承诺，见宋濂没来拜见，很是不满。已做了十三年皇帝的朱元璋，犹怀小人之心，偷偷派人去侦探，看见宋濂正与乡人一起饮酒作乐。朱元璋得报，盛怒，要下令处死宋濂，太后和皇太子力劝，才暂时放宋濂一马。但朱元璋岂是贤德之君，他只为自己的嗜血本性，绝不会放过任何一位对其不敬者。按照龚书铎、刘德麟主编《图说天下·明》的说法，"暴虐的本性发作起来，只有士人的鲜血才是平息怒气的唯一有效方法，朱元璋必欲除之而后快"。

是故，宋濂不得其死，已成定数。

很快，机会来了，"胡惟庸案"爆发，宋濂之孙宋慎被列为胡党，儿子宋璲亦被牵连，均遭处死。宋濂全家系狱，其本人已定为死罪，正待执行。然而，人间尚存的良心、良知再次挡住了朱元璋举起的屠刀。

《明史·后妃传》，为我们记载了明朝初期宫廷一则人性善良与邪恶并存的史事：

宋濂的孙子宋慎被牵连进"胡惟庸案"，朱元璋逮捕了宋濂，定了死罪。马皇后知道这件事之后，劝说丈夫："乡下人为子弟请个老师，尚且以礼待之，自始至终加以敬重。我们帝王家更应该如此。何况宋濂早已告老还乡，于帝都相隔甚远，必不知情。"朱元璋不听，定要杀宋濂。马皇后心里十分难过，吃饭时既不吃肉喝酒，也不说话。朱元璋感到纳闷，问道："你身体不舒服了吗？"马皇后凄然回答："不是。宋先生要死了，我们没有按照老师的礼节对待他，我只能为他祈祷、修福。"朱元璋听了，心里也有些不好受，第二天便赦免了宋濂的死罪。

死罪可赦，活罪却不能免。

承蒙皇上不杀之恩，宋濂举家被流放到西南遐陬之地的茂州（今四川茂汶羌族自治县）。人生七十古来稀。在千里流放的途中，百姓们眼含悲悯地看到：衣衫褴褛、白发皤然的宋濂，以衰老病疲之躯，步履蹒跚，惨不忍睹。洪武十四年（1381年）五月，宋濂行至夔州（今四川奉节）境内，生命耗尽，终年七十二岁。

遥想当年，饱读诗书的宋濂，于颠沛流离、黯然神伤之中，可曾想起南朝文人江淹的《恨赋》——"自古皆有死，莫不饮恨而吞声"？

当此之际，远在南京金銮殿上的朱元璋，可曾忆起当年他君临臣下对宋濂的夸赞："俾后世知朕君臣同乐若此也"？

按照孟子"人有四端"（恻隐之心、羞恶之心、辞让之心、是非之心）之说，在对待"卿忠诚可贯金石"的宋濂的问题上，朱元璋丧失了最起码的人性！

如果仅从文化现象上看，唐代诗歌、文学之繁荣昌盛，世所公认，其首创之功在陈子昂，唐人曾为之评价"国朝盛文章，子昂始高蹈"。宋代陈振孙著《直斋书录解题》，亦称"子昂诗文，在唐初实首起八代之衰"。就明朝而言，作为"开国文臣之首"的宋濂，亦足以与陈子昂相比肩。

史称，宋濂"德重而不居，位显而弥恭，既司制作之柄，造门求文之士，先后相继"（《国朝列卿记》卷十九）。宋濂的文才盛名广播海内外。在高丽、安南、日本等国，人们甚至出两倍的价钱购买他的文集，可见其影响之大。

还有宋朝。倘若身逢"不得杀士大夫及上书言事人"的赵匡胤时代，大明王朝第一诗人高启，绝不至于惨遭杀戮。

腰斩高启，流贬宋濂，一诗人、一文人之丧，加之屡兴"文字狱"，直杀得名人雅士胆战心惊的文化浩劫，再施之以桎梏天下读书人的"八股文"，让所谓的朱元璋"治隆唐宋"成为一场空梦、一句空话。

还有为整肃吏治，实施"枭首示众、剥皮实草"之刑，让大明王朝落下如鲁迅先生所说"以剥皮始，以剥皮终"的残暴、恶劣之印象。

书不尽言。

浏览、辨析了元末明初半个多世纪的历史，我们对明朝这样一个矛盾交织的封建王朝，应该有了一个大致清晰的认识。

蒙元帝国百余年的统治，从整体上消灭了自周秦以来华夏大地逐渐形成、不断演进的贵族世家、精英阶层，遂使华夏社会文明从唐宋高峰跌入明初低谷。

因为朱元璋政治智慧、仁义道德的缺失，加之人性的残暴，从整体上扼杀了一个民族的血性、摧垮了一个民族的精神、禁锢了一个民族的文化，由此造成的华夏文明的衰变，让此前有着强大影响力的中华文明走向封建末世的衰落。

　　这样的大明王朝，不值得一些戏说者浅薄地渲染、炫耀，而应该引发当今国人更加理性、深刻的思考。

大明王朝的舞台：这片土地，这片土地上的人

写到这里，我们已经触及一个对大明王朝来说最重要的话题：既然朱元璋如此的心胸狭促、人格卑劣、嗜血残暴，造成中国古代史上前所未有的政治黑暗、文明沦丧，为什么朱明王朝的统治还能长达二百七十六年？

在我看来，无论你对朱元璋下怎样的恶评，有一点却是值得肯定的，即成为明太祖的朱元璋，在其年号"洪武"三十一年统治期间，很好地解决了社会最广大阶层——农民的生存问题，以及由此产生的国家经济稳定与发展的问题。

如果说，皇权是朱元璋的命根子，那么，对于封建时代绝大多数平民（农民）来说，土地就是他们的命根子。

对土地的挚爱，让中国人把人类的农业文明推向了极致。

农民出身的明太祖朱元璋，或许对"文明"没有什么概念，然而，世间的一切皆充满辩证。以此推论，世间之人，也没有绝对的一成不变。我们看到，农民出身的明太祖朱元璋，在面对他曾经与之同属一个阶级的农民兄弟时，似乎又与"性善论"的孟子站到了一起。

朱元璋对土地上的农民与构成社会基础的广大农村是非常熟悉的。人生的经历与直觉告诉他：只要农民有地可种，国家就有粮食、财税可收，王朝统治即可长治久安。

大明王朝的历史，起于1368年明太祖朱元璋在应天登基开泰，止于1644年明思宗朱由检在景山自缢身亡，前后二百七十六年，历十六帝，其中并无几位大智大勇、可亲可爱者。在我看来，能以"平治天下"肺腑之言打动天下人心者，还属朱元璋说过的下列两段话。

其一：洪武元年（1368年）正月，各地州县官来朝，朱元璋对他们说："天下甫定，百姓财力都很困乏，像刚学会飞的鸟不可拔它的羽毛，新栽的树不可摇它的根一样，现在必须休养生息，搞好生产。"

其二：朱元璋曾感慨言之：士农工商四民之业，算农民最是辛苦。他们终年勤劳，难得休息，遇到丰收，还可足食，碰上水旱灾害，则全家挨饿。我穿件衣裳吃顿饭，都想到种地织布的劳累。

这些并非只是朱元璋说给天下臣民听的套话。客观地看待朱元璋对历史的贡献，除了驱逐元廷、统一中国、收复汉唐故地之外，另一突出的贡献正在于他将上述心声落实为具体的政策。

史载，朱元璋即位伊始，几近二十年战乱的中华大地，却是遍地荆棘，满目疮痍。特别是山东、河南地区，受战争破坏最重，"多是无人之地"；而河北州县，有的地方"道路皆榛塞，人烟断绝"，有的地方"积骸成丘，居民鲜少"。

为了安定社会，恢复生产，鼓励天下黎民百姓开垦荒地，成为朱元璋统御天下时的一项基本国策。

洪武三年（1370年），朱元璋下令，北方郡县荒芜田地，不限亩数，全部免三年租税。同时还规定，战争中抛荒的田地，被他人耕垦成熟的，就成为耕垦者的产业，如果旧业主复业，只能依丁拨田，这就承认了自耕农开发熟地的产权。此外还规定，洪武二十七年（1394年）以后新垦荒田，不论多少，俱不征税，若地方官有去征税危害百姓的，要依法治罪。

为加速荒地的开发，朱元璋还采取了移民屯种的办法，把农民从人多田少的地方迁移到人少地广之处。凡移民垦田的，都由朝廷给予耕牛、种子和路费，还免去三年赋税，在定额之外多开垦的荒地，永不起科。洪武年间，明廷多次组织太湖流域和山西无地的农民，迁到淮河流域垦荒。

这项基本国策的实施，成效是显著的。

历史告诉我们，中国民间蓄积着巨大的能量，一旦将这些能量激发出来，往往会产生巨大的作用力。但是，这种作用力亦往往因导向的不同，生成迥然相异的结果。正面，可促成国家的富强、社会的进步；反之，则可能是灭顶之灾的破坏。

长久以来，封建社会是一个典型的农业社会，农民构成了中国人口的主体。从一定意义上讲，这个主体的生存状态决定着国家（王朝）的命运。而从农民的本性上讲，这又是一个极其善良、勤劳的庞大群体，在和平的环境下，只要主政者能奖励耕织，使耕者有其田，再待之以轻徭薄赋、与民休息,一个国富民殷的封建时代即可不期而至。汉初之"文景之治",唐初之"贞观之治",均属这种情形。

明初,在充分调动农民积极性、恢复国家经济方面,耕地面积的迅速增加就是一个有力的例证。

明朝官府提供的资料显示,从洪武元年(1368年)下迄洪武十六年(1383年),全国共计垦田二百零五万三千三百一十四顷。元末明初以来田多荒芜的现象为之大变,农村经济面貌焕然一新。(引自白寿彝总主编《中国通史》第九卷)

今天,我们说"水利是农业的命脉"。恰恰在六百多年前的明代,是朱元璋将中国的水利建设首推到了这样的高度。

相关资料显示,朱元璋十分重视水利建设。甫一即位,他就下令,凡是百姓提出有关水利的建议,地方官吏必须及时奏报,对那些不重视水利的官吏,则要加以处罚。洪武年间,明朝廷在各地组织修建了许多大型水利工程,有的投工达数十万人,可灌地数十万顷。另外,各地还修建了许多中小型的水利设施。洪武二十七年(1394年),朱元璋下御旨,特谕工部:凡是陂塘湖堰,可以蓄水泄水防备旱涝的,都必须根据地势加以修治。据统计,截止洪武二十八年(1395年),全国共开凿塘堰四万多处,疏通河流四千多道,修治陂渠堤岸五千多处,成就堪称卓然。

这或许就是宋濂撰写《阅江楼记》时,以"与神禹疏凿之功同一罔极"延誉朱元璋的事实依据吧。

白寿彝总主编《中国通史》,在《明代社会经济发展》篇章对朱元璋大力推行的这一基本国策给予了赞述:

明朝建立后,朝廷颁行了一系列劝奖垦荒的政令,并大规模地开展军屯、民屯和农田水利建设,力图使因遭受长期战乱打击变得凋残不堪的社会经济尽快得到恢复。这些劝农政策受到了显著效果,"中原草莽,人民稀少"的局面迅速得以改观。洪武以后,各种形式的垦荒活动仍不断进行,耕地面积持续增加。洪武二十四年(1391年),全国田地共三百八十七万多顷,到万历三十年(1602年),增至一千一百六十一万顷……相对应的是明朝人口也增加很快。据现代学者估测,万历后期,明代人口总数很可能已达一亿五千万以上。

朱元璋为恢复经济，发展生产而实施了各项政策，其中最大的目的还是解决百姓的吃饭穿衣，他在这方面的关切，同历史上各代皇帝相比，都是较为突出的。

朱元璋以其成功的实践告诉我们：解决了农民与土地的问题，也就解决了中国的根本问题。

那么，又是什么让奠定了长治久安基础的大明王朝逐渐陷入纷至沓来的内忧外患之中而不能自拔，一个庞大的封建帝国最终毁于农民起义和少数族群之手？

撼动明王朝统治基础的宿因在土地问题，概括来讲，可以称为"成亦土地，败亦土地"。

我这样说，并不是将一切问题的根源归咎于土地。土地是中性的，除了肥沃、适宜与贫瘠之别，本身并无是非、好坏之分。由土地衍生的成与败的结果，皆来自活动于无论广袤还是局限的土地上的人们。

明朝的主要问题，即产生于依附在土地及相关领域而活动的统治阶层和利益集团。这就是黄仁宇在《中国大历史》第十四章《明朝：一个内向和非竞争性的国家》开篇辑要中提炼出的主题：

明太祖建立的庞大农村集团，又导向往后主政者不得不一次次采取内向、紧缩的政策，以应付从内、从外纷至沓来的问题。

黄仁宇先生所讲的"庞大农村集团"，其核心是明代的官僚集团。辨清这个特殊的社会群体，也就把握住了大明王朝二百七十六年得与失、成与败的走势。

白寿彝总主编《中国通史》第十五卷，对明朝的政治与社会形态的变迁做了条理清晰的长篇析述：

明代的官僚集团，在建国之初基本上是依附于文臣出身的功臣之下的，像明初的李善长、刘基、宋濂等人，都是官僚集团的领袖人物。……如果说洪武中所发生的著名的"胡惟庸案"和"蓝玉案"主要是针对功勋集团的话，那么"郭桓案""空印案"以及洪武三十年（1397年）的"南北榜案"则主要针对了当时的官僚集团成员，其严酷之程度，解缙在《大庖西封事》中谈道：终洪武一朝"无几时无变之法，无一日无过之人。……祸不止于一身，刑必延乎亲友。"朱元璋这样做的目的之一，虽然是为了防止官员的贪污腐败，其结果则直接打击了整个官僚队伍，造成了"仕不为君用"的政治局面。

在洪武与永乐之间，明朝的士大夫还是经历了一个他们心目中比较美好的建文（朱允炆）时期，那是一个被视为宽仁文治的理想的时代，虽然只有短暂的四年光景，由于燕王朱棣的夺位而被永乐朝所代替，这一为士大夫所乐道的建文之治最终流产。明成祖朱棣对于建文时期遗臣的残酷杀戮，使得明初文官阶层的发展再次受阻，一切都似乎又回到了开国的时代。

明初之官场，实行低薪养廉政策，各级官僚生活清贫。永乐年间，名臣夏原吉任户部尚书，为来京城探亲的弟弟送行，赠送之物不过米二石。

吴宽著《匏翁家藏集》，其中《吴县儒学进士题名记》对曾经担任会试主考官、右春坊大学士解缙生活的描述，代表了当时官员们的普遍经济状况：

在此每月关米七石，其余每石折钞共七千贯。又尝留下三石，粜四石，得钞百余贯。而马料豆每石五十贯，稻草亦甚贵。时时虽有赏赐，随得随用，又作些人情，又置些书，尽是虚花用了。衣服鞋帽饮食之类，所费不赀。

人性和物质上的极端压抑，一遇时机，便会出现强力反弹。永乐十五年—十六年（1417年—1418年），明成祖因病多不临朝视政，一些"扈从之臣，请托贿赂，公行无忌"（谷应泰《明史纪事本末》）。明仁宗即位后，改变永乐后期吏治失控现象，初成文官治国之局面。随后，明宣宗对吏治进一步整顿，完成大明王朝从开国到守成的变化。至此，明朝的官僚士大夫羽翼日渐丰满，在政治和经济上成为主导势力。

明宪宗成化（1465年—1487年）以后，明朝官僚进一步突破体制的约束，开始用放纵、猎奇去弥补物质和精神财富的不足。这时候，他们的那种双重性角色开始暴露无遗，一方面在朝廷和各级官府中充当国家机器的执行者，一方面又在农村乡镇以地主身份成为地方势力的代表，从而构成了明朝最大的社会问题之一——乡官问题。

乡官问题的出现，是对土地、农民、农村三者和谐而奠定的明朝长治久安基础的直接破坏。赵翼《廿二史札记》卷三十四，特辟《明乡官虐民之害》一节，揭示其弊：

前明一代风气，不特地方有司私派横征，民不堪命，而缙绅居乡者，亦多倚势恃强，视细民为弱肉，上下相护，民无所控诉也。

到了这个阶段，明朝政治与社会生态恶化的形势已不可逆转。

彼时的大明王朝，从朝廷到地方，形成了一张张关系的密网，本来分散的官僚个体的权力，通过无处不在的关系网联系到了一起，从而形成一种可以左右朝廷与地方政治的力量。

有人会说：乡官居多数的缙绅阶层的形成，是地方文明的标志。倘若一个王朝（国家）处于政治清明之期，情况也许如此，但在政治黑暗的明朝，这一阶层却成了对国家公权的反噬力量。清人顾公燮所著《消夏闲记摘抄》，以如景在目的白描手法，再现了一个与人类文明进步背道而驰的明朝社会：

明季缙绅，威权赫奕，凡中式者，报录人多持短棍，从门打入厅堂，窗户尽毁，谓之改换门庭。工匠随行，立刻修整，永为主顾。有通谱者，招婿者，投拜门生者，乘其急需，不惜千金之赠，以为长城焉。尤重师生年谊，平昔稍有睚眦，即嘱巡抚访拿，甚至门下之人，遇有司对簿，将刑，豪奴上禀，主人呼唤，立即扶出，有司无可如何。其他细事，虽理曲者，亦可以一帖弭之。出则乘大轿，扇盖引导于前，生员则门斗张油伞前导。婚丧之家，绅矜不与齐民同坐，另构一室，名曰大宾堂，盖徒知尚爵，而不知尚德尚齿矣。

白寿彝总主编《中国通史》对此补充解释说：

这里所谓的尚爵，实际上是尚等级、尚权力。读书人一旦中式，便开始进入官僚行列，也便取得了相应的特权，他的一切也便由此而得来了。到了明朝中后期，各地田连阡陌、奴仆成群的大地主，也都是权势显赫的大官僚，如像严嵩、徐阶、董其昌等，便是其中的代表。

在中国的封建社会中，这些官僚体现了国家权力。按照职权的层级设置，这些大小官僚本身担负着自上而下平衡社会矛盾的作用，然而，他们却又作为地主，利用自身特权成为农村中侵夺田地、破坏社会平衡的势力。这种自身无法克服的矛盾，造成了中国封建社会一次又一次的政治危机与经济危机。

嘉靖八年（1529年），詹事霍韬等上奏，列举了明朝中叶以后田地多被欺隐、见籍纳税者日益减少的严重情况，其中写道：

洪武初年，甫脱战争，人庶鲜少，田野多荒，田额宜少也，及犹垦辟八百万顷。今奕世承平，人渐生聚，田野尽辟，田额宜多也，及失额四百万顷。总国计者，可不究心乎？天下有司，受滑民赃利，为之欺隐额田，蠹国害民，弊无纪极。（《明世宗实录》）

譬如一座大厦，当一半的地基被拆，再不及时补救，整幢建筑将为之倾倒。当全天下的田地竟然一半被隐瞒侵占，且不说农民失去了土地，国家长治久安的基础被动摇，在田赋是国家的财政收入最主要来源（"赋从田出"）的封建社会，对一个王朝的正常运行即已构成致命的危机。

在统治较为稳定的时期，封建王朝应对这类经济与社会危机的办法之一，是实施自上而下的改革。

明神宗万历年间，内阁首辅大学士张居正以强有力的改革姿态，拉开继王安石之后中国历史上又一场著名改革——"万历新政"的大幕。

张居正与商鞅、王安石并称中国封建社会最具盛名的三大改革家，他生前权倾朝野、乾纲独断，在皇朝颓败之际，临危变制，厉行改革，死后却被"断棺戮尸"，累其家人代为受过，抄家、充军、自杀。

这段导语式的文字，摘自龚书铎、刘德麟主编《图说天下·明》，读来有肃然起敬与骇人心目的矛盾交织之感：一则是将张居正与历史上有重大影响力的改革人物商鞅、王安石等归为一列，足见其历史地位之高；二则是因张居正身后的遭遇如此之惨，与商鞅所受车裂之刑一样的酷烈、悲切。人们不禁要问：从商鞅到张居正，中国古代历史的演进已近两千年，为什么对历史造成重大影响的改革人物的悲剧却一再重演？甚至还可以这样设问：改革者多不得其死，这是他们的宿命，还是历史的悖论？

张居正，一位在他活着的时候就极具争议的著名人物，引用白寿彝总主编《中国通史》第九卷中的话"若要用一句话来评价张居正一生的是非，那么，不妨引用他自己的话：'宁有瑕而为玉，毋似玉而为石。'他的确是'有瑕而为玉'者。"

对中国历史有独到见解的黄仁宇先生，也对张居正评价不高，只是认为他"具有智谋，精力充沛，也会使用手段，而且经恒持久"。

《中国大历史》第十四章《张居正与万历皇帝》一篇中，黄仁宇先生如是评说：

张之运动不能算是整体的改革或局部的改革，它不过是重整纪律而严格地奉行节俭。在他的策划下，所有不紧急的支出全部从缓。预算之紧缩及于各部门，所有账目均严格地核查。各地方政府必须强迫达成节余，毫无宽待。所有官员都要将任内税收数额如预定的征足，非如此则不能升迁，即已退休的官员也可能召回追究责任。此时刚值倭寇荡平和俺答和议成功之际，这一套部署使明帝国在10年之内，国库里存积银1250万两。兹后在1592年及1597年明军两次被遣往朝鲜阻挡丰臣秀吉的入侵，作战时双方都犯有战术及战略上的错误，经年胜负未决，只是明军能支持到1598年丰臣秀吉之去世，因此虽无决定性的胜利却已达到成果。造成这结果的一个主要因素，即是支用张居正揽政时代之库存，使军费有了着落。

这就是说，张居正推行的"万历新政"，其实只在经济领域取得了比较明显的成效，使嘉靖以来陷入危机的国家财政得到极大的缓解，国库为之充实，直接保障了对外战争的军费供应。

美国学者康德拉·希诺考尔、米兰达·布朗合著《中国文明史》中也有类似看法。该书写道：

在他（张居正）离开政府时，明朝政府财政状况良好，而这一时期正要进行大规模的军事远征活动，同时，还在1550年至1570年之间屡次抗击蒙古的入侵，而此后，明朝政府也得以保持了充足的武装力量。这一时期明朝政府良好的财政状况，正反映了16世纪时期，中国的经济力量在总体上相当强大。

如果止于认同黄仁宇和美国学者的上述观点，那么，张居正不过是在经济领域卓有成效的改良者而已，根本就称不上是一个改革家。若如此，为什么张居正却又在中国历史上留下了重要的影响力呢？

原因其实很简单。

作为一个存世两百多年的封建王朝，明朝自身即有其重大影响力。按理说，自朱元璋废除丞相制，皇权的专制、独裁已登峰造极，从理论上讲，能对王朝（国家）产生重大影响力的人，惟皇帝一人而已。事实上也的确如此，比如在明太祖朱元璋、明成祖朱棣时代，所有臣僚惟仰皇帝马首是瞻而已。

然而，明朝又是一个"怪异"的封建王朝。黄仁宇在《中国大历史》书中认为，明朝自宣宗以后，多位皇帝不能专注于国事，朝廷主要操在官僚手中，而皇帝则被赋予浓厚的神秘性格，仲裁百官间的争执，强迫性地执行开明专制。当时的士绅官僚，习惯于一切维持原状，而在这种永恒不变的环境中，形成注重内思的宇宙观，使人看来，晚明时期显得停滞而无生气。当王朝危机到来，皇帝无所作为，维持国家正常运行的官僚阶层一个重要人物的出现，就被赋予了"挽狂澜于既倒"的色彩，他的所作所为或许就决定了一个王朝的命运。张居正，即是明朝处于历史转折时期出现的一个最理想、最关键的人物——这样的人物，必然在中国历史上产生重大的影响。

然而，历史告诉我们，张居正自我标榜"宁有瑕而为玉"的人格缺陷，让他有负于这样的历史重托。

我们将会看到，从明初洪武、永乐，历中期仁宣、弘治之治，下迄嘉靖年代，随着刘基、宋濂、方孝孺、夏原吉、于谦、刘大夏这等"磊落光明，有古大臣节概"的隽杰廉介之士相继退去，作为从知识阶层进入官僚阶层的最突出人物——在风云激荡的晚明政治舞台"大有作为"的张居正，与此前历史上背景相同的文人官僚阶层中的那些杰出人物，其实已有了本质的区别。

试看北宋时期欧阳修、王安石、司马光、苏轼之间的"朋党之争"，再看严嵩、徐阶、高拱、张居正之间的互相攻击，中国古代官场在晚明时代这一深刻的政治变化及其对后世的深远影响，对我们阅读明史最具启示与借鉴的意义。

因循上述辨析思路，再来看张居正其人。

张居正（1525年－1582年），字叔大，号太岳，湖广江陵（今属湖北）人。张居正十三岁时，写过一首《题竹》诗"绿遍潇湘外，疏林玉露寒。凤毛丛径节，只上尽头竿"，遂见其少年"颖敏绝伦"，被时人誉为"神童"。

背负"神童"之誉的张居正，还有着近乎神话的人生奇闻。

据说，张居正出生前夕，他的大父东湖公（祖父张镇）曾做一梦，见"大水骤至，流溢庭下。大父大惊，问奴属所以来，奴属口对状，言水自张少保纯地中流出者。是夜会怀葛公（曾祖父张诚）亦梦有月坠水瓮中，流光发色，化为白龟浮水上"。于是，张诚为他的曾孙起了个与所梦之物谐音的名字——"白圭"。

嘉靖十五年（1536年），张居正年仅十一岁，垂髫小儿参加荆州府的童子试。"时大司徒李士翱为郡太守。先一夕梦上帝剖符封识玉玺，令授一童子。明日进所取士庭下，太师名在第一。李公揖太师升阶，目摄童子何如人，果梦中所见者，乃大喜。更太师初名曰：'白圭不足以名子，子他日当为帝者师，余得闻命天皇上帝矣。'"

从此，童子"白圭"不但凤雏扬声，还有了一个取自《孟子》"居天下之广居，立天下之正位"且名震天下、垂传历史的大名——张居正。

有道是：名正则言顺。冠以堂堂正正之名的江陵神童，从此"果正其位"了吗？

应该说，在相当长的阶段，张居正确实是凭借自己超凡的实力而赢取了人生和事业的成功。

嘉靖十六年（1537年），十二岁的张居正参加乡试，湖广巡抚顾璘认为这个神童当大器晚成，建议考官不予录取，以便"老其才"。譬如锥刺囊中，终当脱颖而出，张居正是何等人才，岂甘久居困中。三年后，十五岁的张居正轻易中得举人。

嘉靖二十六年（1547年），二十二岁的张居正会试中第（进士），当选庶吉士，两年后授翰林院编修。翰墨微职，不掩其俊彦，嘉靖三十一年入阁的大臣徐阶对张居正格外器重。然而，此时的张居正崇尚的是个人修为，竟然不领当朝内阁大臣徐阶的情，上书请归，回到江陵老家，隐居乡间，筑三五椽小屋，养一两只瘿鹤，过起了山野农夫的生活，"先后山居者六年，有终焉之志"（《张太岳文集》卷十七《先考观澜公行略》）。只因其父强烈反对，张居正才不得不复出为官。

说起来，张居正出世入世，皆有骏马轻车驰驱之势。《明史·张居正传》对此的论述，堪称熨帖入微，跌宕有致：

居正为人，顾面秀眉目，须长至腹。勇敢任事，豪杰自许。然沉深有城府，莫能测也。严嵩为首辅，忌阶，善阶者皆避匿。居正自如，嵩亦器居正。迁右中允，领国子司业事。与祭酒高拱善，相期以相业。寻还理坊事，迁侍裕邸讲读。王甚贤之，邸中中官亦无不善居正者。而李芳数从问书义，颇及天下事。寻迁右谕德兼侍读，进侍讲学士，领院事。

阶代嵩首辅，倾心委居正。世宗崩，阶草遗诏，引与共谋。寻迁礼部右侍郎兼翰林院学士。月余，与裕邸故讲官陈以勤俱入合，而居正为吏部左侍郎兼东阁大学士。寻充《世宗实录》总裁，进礼部尚书兼武英殿大学士，加少保兼太子太保，去学士五品仅岁余。时徐阶以宿老居首辅，与李春芳皆折节礼士。居正最后入，独引相体，倨见九卿，无所延纳。间出一语辄中肯，人以是严惮之，重于他相。

两段史述，有条不紊，概要浓缩，区区三百余字，牵出大明嘉靖、万历年间四大历史风云人物——严嵩、徐阶、高拱、张居正。这四位科举出身的内阁首辅大臣之间的牵制颉颃、明争暗斗，可视为晚明政坛的缩影，而贯穿其中的波云谲诡、高潮迭起，俨然是中国古代官场一幕典型的政治权力争斗的"大戏"。

研读历史的基本点之一，是不能回避对历史人物的评价。大明王朝中晚期这四位先后登场的历史人物，皆是在中国封建王朝的政治舞台上的重量级人物，行为、事迹不掩自彰，予以评语，亦非难事。即便如此，站在不同的角度，出于不同的思考，重读这段明朝政坛风云激荡的历史，仍有可能获得有价值的历史新解。

比如，严嵩是古今公认的大奸臣，《明史》卷三〇八《严嵩传》称其"无他才略，惟一意媚上，窃权罔利"。而白寿彝总主编《中国通史》则认为：《明史》对严嵩所下的"这个结论概括出相当一部分事实，但不是全部。一方面，严嵩并非一意媚上，他得罪世宗之处也不少；另一方面，他对政事颇多议论，特别是对正德年间的政治有所批评。这两方面都应引起注意"。

这里，我们暂且不对严嵩作展开评论，因为就明朝的总体走势而言，煊赫一时的严嵩其实只是一个可有可无的人物，作为久掌枢机的一大奸臣，他对明朝的危害远远赶不上阉竖大奸魏忠贤。而从宫廷斗争的角度看，严嵩与徐阶之间的分合斗法，以及影响到后来的高拱与张居正之间的明暗较量，则值得一书。

在我看来，严嵩、徐阶、高拱、张居正这四个人，除了高拱较为坦荡、直诚,其余皆是一等的阴谋高手。其中,徐阶对张居正的影响最大。

中国古代官场,流行"能臣"一说,意为有处理政事之能,考绩超乎群僚。徐阶,即其人焉。而且,人常曰"书生误国",但以一介书生入仕的徐阶,独有治国安邦之能。

徐阶,松江华亭人,累世农耕之家,其父徐黼补了个橡吏(衙役),后升为宣平(今属浙江)、宁都(今属江西)县丞(副知县),始有宦迹。作为小"官二代",徐阶则以一飞冲天之势,位及首辅,权重显贵,光耀祖庭。

青少年时代的徐阶,颇得上天眷顾、人间垂爱。史称,徐阶"为人短小白皙,秀眉目,善荣止"。十六岁时,华亭知县聂豹见徐阶聪敏早慧,便"引以同志",向他讲授王阳明的良知之学,还让他时常与王阳明的弟子欧阳德一起切磋学问。得贵人相助,显学荣身,徐阶受到当地"诸贤长者交口称誉",才优名著,闻达于缙绅阶层。嘉靖元年(1522年),徐阶中式应天,次年三月,又以第三名中进士,时年二十一岁。

进士及第之后,徐阶循例拜谒。内阁首辅杨廷和观其年少翩翩,气度不凡,喜爱非常,授翰林编修,参与经筵讲授,预修《大明会典》及掌管祀仪等机务。

在老于世故之前,世间才俊之人,多怀有视正义如己出,拯济天下之壮心。徐阶亦不例外。

嘉靖九年(1530年),明世宗准备罢黜孔子王(文宣王)号,易像为木主。首辅张孚敬迎合皇上旨意,佯装交由臣下讨论。诸大臣心生怯意,唯唯附和,徐阶独持异议,提出黜孔子王号"三不必、五不可"。张孚敬大为不满,诘问:"你这不是叛我吗?"徐阶昂然对答:"叛者生于附者,阶故未尝附,明公何得言叛?"长揖而出(王世贞《大学士徐公阶传》)。明世宗以不奉诏之罪处置徐阶,将他贬谪为福建延平推官。

从参与宫廷机务的青年俊彦,沦为边远万里之外的七品刑狱小官,何啻一场重大的人生挫折,年轻自负的徐阶却坦然面对,引以为荣,与人曰:"宦大小非王臣耶?且盘根错节所以砺我不浅。"语罢,单车就道,南下赴任。

在福建延平,这位二十七岁的司法长官颇有一番作为:平反冤狱,释放久系牢狱的囚徒三百余人；力纠滑吏侵吞钱粮，打击盗贼，更定输银法；针对当地风气不淳的弊端，拆毁淫祠，创办乡社学，并亲自为诸生讲授圣贤之学，广受当地士民欢迎。

然而，事实证明，少年所习良知之学的徐阶，其实是个官僚好苗子，而非王阳明那样的坚毅智勇之士。很快，徐阶就为自己"以狂愚见斥于朝"，被流放到穷乡僻壤，失去更大作为的机会而后悔懊丧。

嘉靖十二年（1533年），参悟世事、锋芒渐隐的徐阶走出闽粤大山，升迁为黄州同知，旋即擢浙江佥事，又三年升江西按察副使，督学政。嘉靖十八年（1539年），皇太子出阁挑选宫僚，徐阶被选为司经局洗马兼翰林院侍讲，得以亲近皇族，进而迎来人生重大转折机遇，荣升为国子监祭酒。嘉靖二十二年（1543年），徐阶出任礼部右侍郎，两年后改吏部右侍郎，时年四十二岁，时人视为"早达"。

嘉靖二十六年（1547年），徐阶受命兼翰林院学士，教习庶吉士。庶吉士官阶不高，然而翰林院却是国家优秀人才荟聚之处，朝廷遴选阁臣的重要场所，徐阶之所任，实为培养国家栋梁和一代储相之要职。且看徐阶这位从"世事洞明"到"人情练达"的达官新贵表现如何。

据白寿彝总主编《中国通史》析述，徐阶在教习翰林庶吉士时，吸收和发展了王阳明心学中"知行并进"的合理主张，以为知之就要行，以有关国计民生的策问为施教的重要内容，为国家培养了一批经世之才，以致出现如张居正这样的名臣。

也就是说，从这时开始，张居正与徐阶有了人生交集。

徐阶的这段仕宦履历，历代史论者多有赞誉："故直发于事业，光明俊伟，非俗儒所可仿佛。"（李贽《续藏书》卷十二《太师徐文贞公》）当代史家亦认为，这正是徐阶不同于一般官宦之处。

而在我看来，问题的症结正在于此。

徐阶的一生，荣名所出，政绩所在，多与教育、铨选有关，其中又以崇奉王阳明的心学，"大推明其学"而著称。实际上，徐阶大推的"知行并进"，只触及了王阳明心学的皮毛而已，至于王阳明心学的核心精神——"致良知"，鲜得其闻。王阳明终成中国历史上的千秋伟人，徐阶不过一"靡不有初，鲜克有终"的官僚政客。

读史十记

称王阳明为"千秋伟人",实乃历史不移之论。我在本书《行者跋涉山水,智者俯瞰历史》篇里写道:

下迄明朝中叶,陆九渊的心学流派涌现出一位文韬武略均堪大用的后继者——王守仁。此公又以"王阳明"三字扬名世间。遍览大明王朝276年历史,兼有文能治国、武能安邦的栋梁之才,惟王阳明一人而已。观其剿灭宁王朱宸濠叛乱一役,几近完美;考其承继陆九渊、吴与弼、陈献章诸家而创阳明心学,渊然深湛。

王阳明一生经历成化、弘治、正德、嘉靖四朝,命途多舛,数度置于死地,只因"文臣用兵制胜,未有如守仁者也",方能转危为安,而终以南赣巡抚、南京兵部尚书、左都御史、新建伯等高官厚爵显名于大明朝野。

不过,上述熠熠生辉的述论都只是一些表象。真正让"王阳明"垂传不朽的,是他的一颗始终不渝"道济天下之溺"的良知之心——"某于此良知之说,从百死千难中得来,不得已与人一口说尽。只恐学者得之容易,把作一种光景玩弄,不实落用功,负此知耳。"(王阳明《年谱》)以此考其一生,历史上的王阳明已然是对成语"艰难困苦,玉汝于成"真实、形象的诠释。

对王阳明生平的概述,虽然我使用了"高官厚爵"一词,但比起徐阶这位"早达"且进勋柱国、太子太傅、太师、武英殿大学士的一品内阁首辅大人,还是差之甚远。

话又说回来,以"能臣"知著的徐阶亦有过人的能耐。其为官,重吏治,荐贤才,通言路,在有明一代顶层官僚中颇为突出。嘉靖四十一年(1562年),徐阶荣登内阁首辅,络绎引荐严讷、李春芳、郭朴乃至以后的高拱、张居正等较贤明或有作为的大臣入阁,这对当时及后一段大明王朝政治上的稳定和发展有很重要的作用。时人称他"老成谋国,自有超世俗之见",不为过誉。

至此,读者可能要问:比王阳明更有条件"拯济天下"的徐阶,为什么没有成为中国历史上的千秋伟人呢?这还要从徐阶自身说起。

还是在嘉靖二十六年(1547年),徐阶受命兼翰林学士,教习庶吉士之时,曾扬弃王阳明的思想与观点,倡导"以躬行为实际,以经济为真铨"——只要能取得成绩、实效,何须奢谈什么良心、良知。这,其实也是古今思想家、政治家与阴谋家、流氓政客的区别所在。

清者自清，浊者自浊。

嘉靖二十八年（1549年），徐阶晋升为礼部尚书，与内阁首辅严嵩产生直接的利益纠葛。时值严嵩权势熏天之际，群臣"畏嵩甚于畏陛下"。徐阶由先前的首辅夏言举荐而擢升，严嵩与夏言争权，置夏言于死地而代之，自然对徐阶十分忌讳。严嵩曾向世宗进谗言，说徐阶"所乏非才，但多二心耳"（王世贞《大学士徐公阶传》）。徐阶自度力所不能敌，遂"屈己事之，凡可以结欢求免者无所不用"，甚至"结姻以固其好"（徐阶将亲孙女嫁给严嵩的孙子），以求安生。

毕竟，徐阶不似孟子所言"威武不能屈"的大丈夫，为求得安身立命，迫不得已而夤缘结亲于奸臣，大节已亏，似可谅解。既然不能洁身自好，一以贯之，屈居人下，待奸臣自毙，亦无不可。"老成谋国，自有超世俗之见"的徐阶却不然，在此后与严嵩的周旋与斗争中，他的表现依然不是一位坦荡君子，而是以阴鸷、奸雄的谋略，等待"覆手为雨"的一刻，给严嵩以致命一击。

嘉靖三十四年（1555年），兵部员外郎杨继盛奏劾严嵩十大罪恶五大奸，被严嵩下锦衣卫狱。杨继盛在上疏中说徐阶"每事依违，不敢持正，不可不谓之负国"。徐阶并不记恨，反而暗中护佑杨继盛，且以"危语动嵩"，使其有所收敛。

嘉靖三十八年（1559年），严嵩这位久掌内阁的首辅大人已年届八十，老态龙钟，办事颠顿，多不称皇上旨意。而徐阶"益勤于应制笔札"，形势于是逆转，明世宗"久而察知阶忠廉，有所咨询，故密以示嵩者皆舍而之阶"，徐阶遂取代了严嵩在世宗心目中的地位。

两年之后，徐阶升次辅，兼太子太师，朝野一片弹劾严嵩父子的声浪，严嵩自感命途危殆，大摆酒筵，邀请徐阶光临严府，家人依次罗拜，希望徐阶予以翼护。一品首辅老臣，八秩耄耋衰翁，作一脸乞怜状，人间悲情，不过如此。而此时的徐阶，一改往日的恭敬谦卑、屈身从命，以倨傲、蔑视的态度未予理睬。

世人谓"此一时，彼一时也"，想当年，严嵩权势正盛之时，"江右士大夫往往号之为父"，徐阶亦敬畏如是。李绍文所撰《云间杂识》，极为深刻、生动地刻画了徐阶为人的屈己媚上的一面：

　　嘉靖三十二年（1553年），倭奴入寇，江南残破。分宜（严嵩）当国妄奏寇平。时徐文贞（阶）为次相，其子仰斋入都，将谒分宜。文贞恐其应答差讹，商议两日夜，始参谒。分宜无所他问，惟讯江南倭寇若何。仰斋答云："势甚猖獗。"分宜不怿。文贞知之，帅仰斋请罪，始释然。

　　这样的事情，换成"知行合一""致良知"的王阳明，岂能做得出来？

　　书归正传。严氏家宴之后，等待首辅大人严嵩的是一幕看似荒诞而实则智慧的政治权力终结之游戏。

　　白寿彝总主编《中国通史》第九卷这样写道：

　　一次道教活动决定了严嵩的命运。世宗召徐阶推荐的方士蓝道行入禁中，常使预卜祸福。一日，严嵩有密札言事，徐阶事先通报蓝道行。蓝道行降神仙语，称："今日有奸臣奏事。"看到严嵩的密札，一生信奉道教、礼拜神仙的世宗对他究竟是忠是奸发生了怀疑。正在一内侍处避雨的御史邹应龙听到这个消息，认为是个好时机，上疏论严嵩父子不法状。结果，严嵩被勒致仕，严世蕃先是发戍，后以通倭罪被杀。

　　严嵩回到江西，尽管他曾为家乡父老做过一些好事，却晚景凄凉，"死时寄食墓舍，不能具棺椁，亦无吊者"。这是在嘉靖四十四年（1565年），终年八十六岁。

　　还有龚书铎、刘德麟主编《图说天下》中的评述：

　　严嵩虽然罪恶多端，但是要扳倒他却是困难重重，多少御史、监察大臣因为弹劾严嵩而遭受报复，轻者断送政治前途，重者丢掉性命。要扳倒严嵩这样的权臣，按常规上书弹劾是不行的，徐阶必须出奇招才能取胜。于是，徐阶利用世宗迷信仙道这一前提设计了向严嵩进攻的方略。徐阶向世宗推荐了来自山东的道士蓝道行，这样就可以通过仙人之口向世宗进言了。

　　这样的机智，是一般的儒臣难以企及的。这样的权谋，才是徐阶"自有超世俗之见"的本色。

　　严嵩倒台，徐阶如愿以偿，取而代之，嘉靖四十一年（1562年）荣登内阁首辅大臣的宝座，直至穆宗隆庆二年（1568年），群臣魁首，风光一时。在此六年间，史称徐阶"重吏治，荐贤才，通言路"，多有政绩，俨然一代贤相。

徐阶虽风光一时，人生结局却也并不怎么美满。徐阶的三个儿子被海瑞判处充军，田产充公，若不是张居正极力维护，说不定也落得跟严嵩一样的下场。

为人处世，精明已极，堪称"官场奇才"的徐阶，为什么最终也落得如此下场？

这又得提及嘉靖、隆庆年间一位有才干的政治家——高拱。

高拱（1513年-1578年），字肃卿，祖籍山西洪洞，先祖为避元末战乱，迁徙至河南新郑。其祖父高魁，成化年间举人，官至工部虞衡司郎中。父亲高尚贤，正德十二年（1517年）进士，官至光禄寺少卿。文官世家，幼承庭训，高拱"五岁善对偶，八岁诵千言"，嘉靖二十年（1541年）进士，选为庶吉士，翌年授予翰林编修，九年考满，升翰林侍读。

上述履历，在"学而优则仕"的科举时代，本不足为奇，但在此后，高拱骤得人生难逢之际遇，便令官场之众臣大为瞩目了。

嘉靖三十一年（1552年），世宗皇子裕王朱载坖（后来的穆宗）开邸受经，高拱被首选入府讲经。一入王府，光阴荏苒，九载春秋，高拱剀切授经，谨慎用事，与裕王建立了深厚的主臣、师生关系。其后，高拱升任太常寺卿，兼管国子监祭酒，裕王"府中事无大小，必令中使往问"，并手书"启发弘多""怀贤""忠贞"等赠赐。

随着裕王的皇嗣地位日渐明朗，高拱的上司、同僚对他刮目相看，门前趋之若鹜。有此强大靠山，高拱的官运一路亨通，嘉靖四十一年（1562年），晋升为礼部左侍郎兼任学士，次年改任吏部左侍郎，执掌詹事府事务。嘉靖四十五年（1566年），高拱由徐阶举荐，以礼部尚书兼文渊阁大学士，跻身内阁大臣之列。

按理说，徐阶对高拱有知遇、拔擢之恩，高拱对这位前辈的首辅老臣应恭敬有加，然而，极具个性的高拱偏偏不这么做。

史载，高拱相貌瑰奇，为人豪爽有才干，又颇为自许，甫一入阁，不知谦卑，急欲展其抱负。徐阶则以阁老恩人自居，且无政治家的胸襟、理想，岂容后进强势，仅为高拱一句直言，徐阶顿生芥蒂，视为陌路之人，日久竟至仇雠。

徐阶、高拱二人结怨，起自嘉靖朝一项荒唐政事。

明朝历史上，明世宗朱厚熜是一位很"奇葩"的皇帝，在位长达四十五年，懈怠朝政，一心痴迷道教方术。1542年，壬寅宫变，这位大明天子差点儿被十几个宫女勒死，此后便深居西苑秘殿不出，二十多年没上过朝。"天颜"大隐，朝政遂由内阁大臣主持。

所谓"向阳花木易为春"，彼时，内阁大臣皆以皇帝召入西苑直庐为荣，内阁事务应付不周。世宗因而降下御旨："阁中政本可轮一人往。"首辅徐阶及阁臣袁炜以不能离开世宗为由，不去内阁值日。高拱对徐阶半开玩笑说："公元老，不才与李（春芳）、郭（朴）两公愿日轮一人，诣阁中习故事。"徐阶以为高拱是在讽刺自己，"怫然不乐"。

不久，吏科给事中胡应嘉上奏弹劾高拱，称"拱辅政初，即以直庐为隘，移家西安门外，夤夜遣归"，"皇上违和，正臣子吁天请代之时，而拱乃为归计，此何心也？"高拱中年无子，亟待后嗣，固有此举。如此小节琐事，他人用心险恶，竟上纲到大逆不道，幸亏世宗病笃，未加深责，但已令高拱望死而胆寒。胡应嘉是徐阶的同乡，这份奏劾又经徐阶拟旨上报世宗，高拱完全有理由怀疑胡应嘉受徐阶指使，亦对徐阶产生了怨恨。

嘉靖四十五年（1566年），擅长"谋于密室"的徐阶干了一件有违政治规则的"老成谋国"大事，让高拱对这位曾经的恩人产生了必欲置之死地的决心。

是年十二月，明世宗薨，徐阶绕开内阁，与自己的门生、刚充当裕王府讲官的张居正密草遗诏。诏下，高拱以自己是新皇帝（裕王即位为穆宗）的股肱之臣，却对遗诏浑然不知，因而与徐阶结怨益深。

穆宗隆庆二年（1568年），徐阶致仕。第二年，受徐阶及拥趸者诋毁，被迫回乡养疾的高拱复起，以大学士兼掌吏部。高拱重为台辅，尽心国事，政绩斐然，在吏治、筹边、行政诸方面多有建树，与蒙古各部封贡互市，绥靖塞北边疆，更可谓建不世之功。隆庆四年（1570年），穆宗以"殚忠远谋，劳绩可嘉"，进高拱为少师兼太子太师、尚书，改兼建极殿大学士，逾年，再进为内阁首辅。

人臣已极，专擅国柄，高拱心中犹有一桩未了夙愿，就是不能放过他认为的那个险恶小人徐阶。

徐阶的故乡华亭，明季为江南富庶的大镇之一，纺织业发达，徐阶子弟徐璠等借势荫官，横行乡里，在苏（州）松（江）一带夺占土地二十四万多亩，并雇用众多织妇，"岁计所积，与市为贾"，霸占市场，置产之多，令人骇异。徐阶致仕后，又在家乡大置产业，还听任子弟横行乡里，激起极大民愤。

隆庆三年（1569年），有明一代最著名的清官海瑞任御史中丞兼应天巡抚，时值吴中饥荒，海瑞乃"劝借富室"，触及当地产业最为庞大的徐府。海瑞逼徐阶退田过半，遣散徐府一大批家奴，使乡民大受鼓舞。高拱乘势"倚海为股，以觊华亭"。

此时的徐阶，已从"老成谋国"的朝廷命官堕落为乡官缙绅阶层的既得利益集团代表。针对海瑞的抑富济贫之举，他表面应允，暗中却玩耍花招，捐款仅"以数千畀之"，退田"以父改子"，又"以一尺之书走长安故人"，买通秉笔太监冯保，重贿吏科给事中戴凤翔，唆使他们参劾海瑞，将海瑞罢官而去。

正像当年徐阶与严嵩斗法的情形，其势已非畴昔，后者注定失败。急先锋海瑞败下，主帅高拱亲临阵前，上疏论罪徐阶：

原任大学士徐阶（放归后），当闭门自惧、怡静自养可也。夫何自废退以来大治产业，黜货将等于内帑，势焰熏灼于天下……故违明旨，（令人）遣往京师，强阻奏词，探听消息，各处打点，广延声誉，迹其行事，亦何其无大体也。（《高文襄公文集·掌铨题稿》卷二六）

应当说，高拱虽心怀报复之意，其词犹不失真切。退位之后，徐阶在自家厅堂贴上"庭训尚存，老去敢忘佩服；国恩未报，归来犹抱惭惶"对联，以彰心旌。比照高拱的这份奏章，可见徐阶其人的虚伪、贪婪。

与擅长权谋的徐阶不同，高拱是一个雷厉风行的实干家，他实施的报复行为也来得更为直接。隆庆五年（1571年），高拱起用与徐阶有小隙的原苏州知府蔡国熙为苏松兵备副使，授意他穷治徐阶及其子弟。蔡国熙治罪徐阶的两子充军，一子革职为民，籍没其田产数万亩。徐阶的子孙们牵扯其衣号泣，狼狈不堪的徐阶哀叹道："吾方逃死，安能相活？"幸有张居正施以援手，徐阶最终逃过了这场生死劫。

徐阶退出了历史舞台，他的得意弟子张居正继之而起，青出于蓝，在大明王朝步入晚期的初始阶段，大施智谋，大张其志，以十年"万历新政"塑造了一个"宁有瑕而为玉"的"张居正时代"。

原本，以张居正的天赋异禀、才华卓荦，加之善于把握历史机遇的能力，他也能像王安石那样，以"伟大改革家"而荣载史册的人物。

与自己的恩师徐阶不同，张居正不但精于"知行并进"，而且胸怀"治国、平天下"政治理想。《张太岳文集》之《太师张文忠公行实》一段文字，虽非真实事迹，但由此可窥一个不类凡人的张居正的真实心迹：

上（神宗）在东宫尝昼寝，梦一美髯大臣在侧，若将有所陈见。上寤，异之。以问内侍，内侍对曰："殿下他日当有太平宰相如其人。"及见太师平台，长身玉立，髭髯修美。上记忆梦中事，语内侍曰："此即梦中所见者乎？"

在我看来，这说明张居正确曾以历史上最著名的帝王师之一姜太公自许，定国安邦，建不朽之世功。

然而，作为徐阶最为赏识的门生，张居正的心胸比其恩师也好不到哪里，而他心术比其恩师却尤过之。

张居正与高拱皆为裕王府旧僚，高拱被徐阶等人逼退回乡养疾，幸赖张居正为了压制另一位阁老赵贞吉，与太监李芳等合谋奏请，高拱才得以复出。始，高、张二人尚能称友善，高拱任首辅，多与同列发生冲突，次辅张居正独退然下之，不与介入。高拱为人，性情率直而少心机，并未察知张居正的不甘屈居人下之心，退而不争，其实只是张居正的一种策略——在动态的形势中谋求取高拱而代之的时机。

张居正首先挑起了矛盾。

隆庆五年（1571年），张居正因为治罪徐阶三个儿子之事讽劝高拱，而高拱的下人传言张居正收受了徐阶三万银子贿赂，高拱不辨真假，当面对张居正加以讥讽。张居正向来以"一切付之于大公"自诩，为之动怒，乃指天为誓，绝不承认。高拱承认误听闲言，二人复言和好，但从此貌合神离，交恶已是不可避免。张居正暗中交结大太监冯保，以为奥援，俟宫中有变，即可赢取主动，而高拱对此浑然不知。

机会很快降临。隆庆六年（1572年）五月，穆宗病危，召首辅高拱、次辅张居正等入禁中。穆宗执高拱手说："以天下累先生。"随后，司礼监授遗诏，有两份御札，一给皇太子，一授高拱，中有"司礼监与阁臣同受顾命"内容。高拱认定此一项为矫诏。未几，穆宗崩，十岁的皇太子朱翊钧即位，是为神宗。冯保依仗太后势力，挟持幼帝。高拱上言五事，请裁诎司礼监的权力，还之内阁，又指使门下言官疏劾冯保。高拱甚至还天真地以为阁僚张居正也会赞同他抑制太监的做法，派人将自己实施的计划通告了张居正。

总体说来，太监是封建社会一种黑暗势力的体现，其对王朝和社会的危害有目共睹，前以汉、唐两朝为著，后尤以明朝为甚。明代宦官组织，有十二监、四司、八局，合称"二十四衙门"，司礼监是二十四衙门的首席衙门和明代全国特务机构最高指挥机关，不仅直接控制内廷、东厂，而且可以左右外廷府院阁部，以及锦衣卫。

明初，朱元璋虽然派太监参与某些经济（茶马贸易、复核关税等）、军事（阅视军队等）活动，但鉴于历代宦寺为祸之教训，一直严格控制太监的人数、职衔、品级，禁止各部门与其公文往来，并铸一"内臣不得干预政事，预者斩"的三尺大铁牌，置于宫门，以示警告。明英宗正统七年（1442年），权倾一时的大太监王振毁掉了明太祖所立这块"大铁牌"，天下人慑其淫威而噤声。自是，明代太监无所忌惮，擅权乱政，王朝纲纪日趋紊乱。

且不论高拱上奏请诎司礼监权力的动机，仅就冯保私下篡改遗诏一事，已构成大辟之罪，倘若张居正秉持一颗公心，与高拱戮力同心，匡扶明太祖所立"内臣不得干预政事"之御律，或许真如高拱所言，为大明王朝再立"不世功"。

殷鉴不远。进入清朝，有鉴于太监干政之祸，顺治十年（1653年），清顺治帝福临下令禁止太监预政，设十三衙门专为"宫禁役使"，不许太监干涉一事；顺治十二年（1655年），下令立十三衙门铁牌，上刻敕谕，严申不许中官（太监）干政之条，凡"窃权纳贿，嘱托内外衙门，交结满汉官员"等事，即行凌迟处死。（《清世祖实录》卷九十二）自顺治之后，历代清帝无逾此规，是以终大清王朝存世二百六十七年，无太监为祸之例。

可悲的是，张居正并非一心为公的社稷之臣，这在他一味偏袒占地多达二十四万亩的徐阶家族时即已显露无遗。而此时，又岂能指望他明辨是非，持正行事？结果，心底较为天真、单纯（其实不适合政治斗争）的高拱，又一次在皇位嬗变之际栽倒在政敌手下。所不同的是，这一次，以内阁首辅之尊的高拱，栽在了徐阶的高足张居正手下。

白寿彝总主编《中国通史》第九卷依据《明史》等史著载述，笔墨春秋，重现明廷这一重要历史时刻：

高拱想与张居正共成此事，使人语张居正曰："当与公共立此不世功。"居正得讯，即密报冯知。冯保游说太后及幼帝前，诬高拱欺太子年幼，欲废之而迎立河南周王，自己得国公爵等等。冯保又买通两宫近侍，复言之，"皇后及贵妃皆愕然"，便决议逐拱。第二天，即召群臣入，宣两宫及帝诏，切责高拱擅权无君，数其罪而逐之，即日归田里。高拱原满以为宣诏必是逐冯保无疑，及诏宣逐已，拱不啻为晴天霹雳，"面色如死灰"，"汗陡下如雨，伏不能起"。张居正从旁掖他起。第二天一早，柴车即路，颇为凄凉地踏上了归程。

这一次与张居正的交锋，高拱政治资本全失，输了个倾家荡产，足见政治角逐之残酷，而益显张居正驾驭宫廷斗争的高深才智。

万历六年（1578年），"角巾野服，恂恂一布衣"的高拱卒于家，终年六十六岁。其时冯保当权，仅以半葬代之。二十多年后，明神宗以"高某担当受降，北虏称臣，功不可泯"，赠太师，谥文襄，算是还了高拱一个清白。

随后十年，从万历元年（1572年）至万历十年（1582年），大明王朝俨然成了张居正的天下。"万历新政"成为中国历史绕不开的一页。

对于张居正执掌朝政十年所取得的成就，后代史家无不给予肯定，否则，也就谈不上"万历新政"，张居正也就不可能以改革家的身份与商鞅、王安石比肩而立。然而，用历史的、文明进步的眼光来看，张居正其人根本不能与商鞅、王安石相提并论——商鞅，缔造了一个强大的大秦帝国；王安石，让后人领略一个伟大改革家的精神与情怀，张居正给这个世界带来什么？仅仅是经济形势的好转、朝廷财政的增加和国库的充盈——这些，又岂能抵消一个万历皇帝的贪婪和浪费？

在我看来，作为一个大权在握的政治人物，张居正的最大问题是在做人上——虽有"治国、平天下"之志，却不能从"修身、齐家"做起，终至身被恶名、身后毁誉，罪及己身、家人。

现在，我们从一个侧面看看张居正的表现。

一直以来，张居正自视清高，虽为士子人臣，却以"帝王师"自许。现实中确也是真正的帝王师的张居正，恰恰在这方面是极其失败的。

高拱被逐，张居正毫无悬念地升为首辅。张居正与冯保商议，尊穆宗皇后为仁圣皇太后，尊宫女出身的神宗生母李氏为慈圣皇太后，取消了称号上的差别。此举赢得了李氏的好感，她把辅佐、教导十岁小皇帝神宗的重任一并委托给了张居正。

历史上的张居正又是如何做"帝王师"的呢？

科举出身的张居正，应该知晓"半部论语治天下"的道理，对儒家经典《论语》的主人公孔子更应该铭记在心。在"君为臣纲"的礼教下，且看孔子的表现："君在，踧踖如也，与与如也。"（国君在场，孔子显得恭敬而心里有所不安，但行走却从容安详）

再看张居正的表现。一次，在经筵日讲时，神宗读《论语》"色如勃也"，将"勃"误读为"背"，张居正立刻声色俱厉道："当读作'勃'。"神宗吓得站了起来，在场的朝臣无不大惊失色。

想来，正是张居正的目中无人，令神宗从心底产生十分憎恨之情。

张居正主导的"万历新政"，前后历时十年。其中，前五年以政治改革为重点，主要措施是万历元年推行的章奏"考成法"，针对官僚作风和和文牍主义，意在"尊主权，课吏职，信赏罚，一号令"。考成法的实施，改变了朱元璋废除宰相制以来明王朝国家机构的运作机制，以内阁监控六科。洪武二十四年（1391年），设"都给事中"六人，分吏户礼兵刑工六科，职谏言、监察，六科监控部院，部院监控地方巡抚按察使，最后使"部权尽归内阁"。作为内阁首辅的张居正，已然成了胡惟庸之后又一位"宰相"，职权所在，天下无不从令。这正是娴于政治游戏的张居正的极高明之处。

"万历新政"后五年，以经济改革为主，解决大明王朝入不敷出、财政拮据。张居正解决这一难题的方针，是捐上益下，即倡导宫中力行节俭，度支慎加算计，则可不加征而扭转国用不足的局面。

"捐上"的关键，在于宫中领袖之皇帝要以身作则。身为"帝王师"的张居正遂对神宗小皇帝循循善诱之。《明神宗实录》卷五七，万历四年

（1576年）十二月庚申，记载了十四岁的神宗与张居正在文华殿一段对话：

神宗举御袍示辅臣，问："此袍何色？"张居正以青对。神宗说："紫也。服久而渝耳。"张居正说："此色既易渝，愿少制。世宗皇帝服不尚华靡，第取其宜久者而用之。每御一袍，非敝甚不更，故其享国久长，未必不由于此。窃闻先帝则不然，服一御则易矣。愿皇上惟以皇祖为法，能节一衣，则民间数十人受其衣者，若轻用一衣，则民即有数十人受其寒者，不可不念也。"神宗深以为然。

这番对话之后仅三年，张居正就以自己的"口惠而实不至"，彻底颠覆了他在少年神宗心目中"一心节俭为国"的正面形象。

万历七年（1579年）三月，张居正回乡为父亲治丧。六月，在明神宗的催促下，这位掌握天下官员命运的首辅大人启程回京。权相好恶，荣辱及身，沿路迎迓送往，比于至尊巡狩。郑仲夔所著《玉尘新谭·偶记》卷四《步辇》，对此做了细致描述：

张（居正）江陵再起时，所过州邑，邮传牙盘上食水陆过百品，江陵犹以为无下箸处。至真定，太守钱普，无锡人，独能为吴馔。江陵甘之，曰："吾行路至此，仅得一饱餐。"此语一闻，诸郡县转相效尤，吴中之善疱者，招募殆尽，皆得重赏以归。普又创步辇供奉，前为重轩，后为寝，以便偃息，旁翼两庑，庑左右各令一童子侍，为挥箑注香，凡用卒三十二人舁之。

而又据沈德符《万历野获编》卷十二《士大夫华整》记载，张居正崇尚奢侈，"衣必鲜美耀目，膏泽脂香，早暮递进"，在官僚士大夫阶层造成很大影响。

想当初，明太祖朱元璋曾感慨言之：士农工商四民之业，数农民最辛苦。他们终年勤劳，难得休息，遇到丰收，还可足食，碰上水旱灾害，则全家挨饿。如此看来，倘若张居正生逢洪武时代，必定遭遇与胡惟庸一样的命运——"杀无赦"。

"自谋不诚则欺心而弃己，与人不诚则丧德而增怨。"理学大师程颐这句警世格言，成了张居正命途归宿的注解。

万历十年（1582年）十二月，御史杨四知列举了张居正欺君蔽主、揽权树党等十四大罪状，上奏皇帝。明神宗即刻传旨，声言张居正恃宠自骄，不思尽忠报国，反而"怙宠行私"，辜负皇恩。万历十一年（1583年），明神宗连下敕令，剥夺张居正生前职位、死后封赠及谥号，与张居正关系密切的官员一一被罢免、斥逐。

张居正生前曾将辽王废为庶人，夺占了辽王府第。此时，辽王次妃站出来，指控张居正设计诬陷，将辽府及其私有财产谋为己有。这一旧事，成了张居正最大的罪证。

同年八月，明神宗下令将张居正的罪行颁示天下：诬陷宗室藩王，侵占王府土地财产，控制言官，蒙蔽皇上，私自废掉辽王，假借丈量土地，扰乱天下，专权乱政，辜负皇恩，于国不忠。

张居正所著《张太岳文集》卷七《辛未会试录序》，标榜自己"宁有瑕而为玉，毋似玉而为石"。其人至此，可谓"玉石俱焚"。

出于不同的认识，或是需要，古今对张居正的评价亦见起伏差异。在当代，白寿彝总主编《中国通史》第九卷《明神宗》章节如是评述：

张居正之所以成为中国古代史上伟大的政治家，是因为他在万历初年置生死于度外，"工于谋国，拙于谋身"，为了富国强兵，进行政治经济改革。他业绩炳然，他的名字也可以是当时"改革"的代名词。对此，国人有定论，明神宗更清楚：如果没有张居正，就没有他的新政，没有那时"太仓粟充盈，可支十年"的繁荣气象。然而，他终归是一个封建帝王。封建帝王共有的思想特征和心理状态，是喜怒无常，翻脸不认人，一切以实用为标准。神宗也是这样一个皇帝。他长大以后，越发感觉到张居正处处揽大权。为了防止今后再发生这种现象，张居正一死，他马上就来了个一百八十度大转弯，于是生前"忠贞不贰"的"元辅张先生"，死后反而变成了"谋国不忠"的"大奸"。

这样的评论，显见对张居正的偏爱，故而失之偏颇。《明史·张居正传》赞语或许更具历史参考价值：

赞曰：徐阶以恭勤结主知，器量深沉。虽任智数，要为不失其正。高拱才略自许，负气凌人。及为冯保所逐，柴车即路。倾轧相寻，有自来已。张居正通识时变，勇于任事。神宗初政，起衰振隳，不可谓非干济才。而威柄之操，几于震主，卒致祸发身后。《书》曰"臣罔以宠利居成功"，可弗戒哉！

但是，万历十年（1582年）后的明神宗，再无张居正之类政治强人掣肘，魁柄独持，乾纲独断，由勤变懒，经年累月宴处深宫，整人、嗜酒、恋色、贪财，在他的手里把明朝推向了绝境。

故此，《明史》卷二一《神宗纪》痛下结论："故论者谓明之亡，实亡于神宗。"

世间万事，皆因人而兴废。将明朝的灭亡归咎于神宗，他人之过，似可解脱，则有失公允。想当初，十岁孩童即位为神宗，其所面对的尖锐问题是"柄臣相轧，门户渐开，而（先）帝未能振肃朝纲，矫除积习"，高拱、张居正这班内阁"顾命大臣"，不是"协力辅佐"，顾及民族的利益、百姓的生死，而是为争夺地位和权力火拼，这对神宗幼小的心灵造成了怎样的伤害、扭曲？而且，终明朝晚期，皇帝换了四位，宫廷内外，门户之见，倾轧之风，又何曾休止？

我们应该清醒地认识到，进入明朝，在不改封建制度的框架内，中国古代社会的创造力从政治、经济、文化诸多方面开始下降，甚至是倒退，这就意味着古代中国已度过了它的辉煌期，进入封建末世的衰落期。人类社会一个普遍现象是，愈是衰落的事物，愈是强化它的控制力。明太祖朱元璋对传统政治架构重新洗牌，将中央集权强化到极致，不出此一格局。既然缺少了推动社会进步、文明的创造力，只能退缩于立朝立国的根本，也是古代中国一切政治、经济、文化的出发点——土地。

在人类文明进化的漫长历史时期，土地是人类最重要的生产资料，由此成为人间最重要的财富，并构成人间最重要的社会关系——统治与被统治，剥削与被剥削。当这两大对立与统一的关系维持在较为合理、平衡的基础之上——用古人的话来讲，是"已欲达而达人"；用今天的话来讲，是双方达到了共赢、共荣。那么，彼时的社会是和谐的、进步的、文明的。而一旦因利益的驱使导致这两大关系失去了平衡，便会引发一系列的从政治到经济、从内政到外患的矛盾，诚如黄仁宇先生所说的"从内、从外纷至沓来的问题"。这些问题体现在统治阶层，即表现为错综复杂的政治斗争。

在我看来，明朝的历史之所以给后人以黑暗之感，正是因为这个根植于农村集团的王朝气度、格局的狭促，由此采取内向、紧缩的政策，在共处一个专制"笼子"里，内部纷争无休无止，从而使一统华夏锦绣山河的大明王朝走到了历史的一个极端：其封建统治，过于专制、残酷；权力角逐,过于阴暗、残忍——朝野上下,皇亲臣吏,为了一己私权、私欲,不讲廉耻,不择手段,完全背离了孔子所言"己所不欲,勿施于人"的人性向善一面。

还是在明朝中叶,王阳明就以近乎"诗人笔下的墨迹像圣徒的鲜血一样圣洁"般的文字,指出了明朝"从内、从外纷至沓来的问题"症结所在:

此心无私欲之蔽,即是天理,不须外面添一分。以此纯乎天理之心,发之事父便是孝,发之事君便是忠,发之交友治民便是信与仁,只在此心去人欲、存天理上用功便是。(王阳明《传习录》)

置从政的理想、做人的良心于不顾,以追逐权力、攫取利益为现世目标,政坛人物皆入政客之列,政治不再崇高,斗争更趋险恶,这是大明王朝(尤其是万历之后)官场与此前历代王朝官场之明显不同。细读严嵩、徐阶、高拱、张居正四人演绎的明朝中后期政坛历史,可以洞悉古代官场的实质:作为一个权力在握、有影响力的政治人物,如果不能做到"心无私欲之蔽",丧失起码的良心、良知,所谓"工于谋国,拙于谋身"之誉评,只能是对历史的误读。

言及于此,又联想到明朝中叶一位不甚有名的能臣刘大夏。

正德元年(1506年),兵部尚书刘大夏加太子太保致仕。大太监刘瑾听信谗言,以为"籍大夏家,可当边费十二三年",遂将这位护国老臣逮拿下狱,随即发配肃州。刘大夏离开京师时,徒步布衣过大明门,叩首而去,然后"雇骡马出都门,观者如堵,所在罢市,父老涕泣,士女携筐进菜食,有焚香密祷,愿大夏生还者"。在戍所,遇有团练,刘大夏以七十三高龄荷戈就伍,并说:"军,固当役也。"(谷应泰《明史纪事本末》)

北宋欧阳修编撰《五代史·冯道传》,其论持之有据,鞭辟入里:"礼义廉耻,国之四维;四维不张,国乃灭亡。善乎管生之能言也!礼、义,治人之大法;廉、耻,立人之大节。盖不廉则无所不取,不耻则无所不为。人而如此,则祸败乱亡,亦无所不至。况为大臣而无所不取,无所不为,则天下其有不乱,国家其有不亡者乎?"

人事有代谢,往来成古今。历史变迁、王朝兴替之规律,大抵如此。

郑和下西洋：告别海洋前的挽歌

说到明朝，还有一个不能不提及的人——明成祖朱棣。

在大明朝二百七十六年历史中，朱棣是作用和影响力仅次于朱元璋的重要人物。"靖难之役"，改变了明朝的历史进程；迁都北京，改变了中国传统政治格局；燕王扫北及五次亲征漠北，彰显一代帝王雄视天下的气概；敕令编纂《永乐大典》大型类书，成就规模空前的文化盛事；派遣郑和六下西洋，开创世界航海史上大规模远洋航行之壮举……凡此种种，皆载入史册，垂传久远。

在我看来，作为明朝少有的雄才大略之帝，朱棣一生，功绩煌煌，颇值得一书。但说到对世界的影响力和对中国历史的启示意义，首推由他主导的郑和下西洋。

人类进入近代社会以前，缘于地理、人文诸多方面的巨大差异，且受交通条件的极大限制，东西方历史发展之轨迹少有交叉、融汇。正因为如此，横贯亚欧大陆的"丝绸之路"才显得弥足珍贵，历史地位非同一般。

然而，就历史影响和意义来说，15世纪东西方世界先后选择的一项形式相同的伟大航海壮举——中国的"郑和下西洋"、西欧的"地理大发现"，或许在人类历史上更值得大书特书。

也可以这样说，自"郑和下西洋"和"地理大发现"之后，以中国为代表的东方，以葡、西和后来的英、法、荷等国为代表的西方，才擘划出了各自的发展轨迹——中国，从此走向闭关、自守，最终衰落；西方，从此走向开放、扩张，渐趋强大。

这，可以被视为西方诸国之所以崛起、古老中华之所以衰落的分水岭。

为什么会产生这一东西方始发行为类似而结果殊异的历史现象？让我们回到"郑和下西洋"这一世人熟识的话题。

六百年前，当华亭晓鹤、松江莼鲈早已天下闻名，而从属其地的"上海"尚不为世人知，想必还是一片临江滨海的滩涂之地。浏河，这座曾用名"刘家港"的江南小镇就已是万贾云集、樯帆蔽日的东方巨埠大港了。而且，随着郑和从这里七下西洋，"刘家港"三个字荣载史册，名扬天下。

浏河，隶属于今江苏省太仓市。据史料记载，太仓，古称娄东，滨海枕江，地处长江入海口岸，春秋、战国、三国时代，吴王、楚春申君及孙权先后在此设置粮仓，因而得名太仓（国君的粮仓）。到了元代，朝廷倡议海运漕粮，疏浚刘家河，此地一时粮船商舶八方云集，番商贾客纷至沓来，太仓和刘家港在短时期内成为一个繁华的海运港口，被誉为"四方第一码头""天下第一港口"。

然而，今日地图上，"刘家港"三个字竟然杳无踪迹！

漫步在浏河镇那些狭长逼仄的巷陌，凭古吊今，人们会问：刘家港为什么衰落了？

让我们先从海洋说起。

从 1405 年至 1433 年，二十八年间，郑和七下西洋，穿越东海、南海、太平洋、印度洋，最远抵达也门、非洲东海岸的肯尼亚。如此伟大的航海远征，诚为人类航海史上空前壮举。

称郑和下西洋为壮举，还在于他率领的大明王朝航海编队的规模。

史载，1405 年，郑和从江苏太仓刘家港初次远赴西洋各国时，率领的官兵、翻译、采办、水手、工匠、医生等多达二万七千八百人，分乘六十二艘大海船。其中，郑和的旗舰——宝船，长四十四丈，宽十八丈，可容纳千人，九面巨型风帆，并配有罗盘针、航海图，"云帆高张，昼夜星驰，涉波狂澜，若履平地"，是当时人类所能建造的最大、最先进的船只。

与郑和率领的大明王朝航海编队浩浩荡荡的阵势相比，由达·迦马、哥伦布等冒险家率领的葡萄牙、西班牙船队规模则要小得多，且晚了八十多年。

而在 1519 年，由麦哲伦统率，得到西班牙国王查理支持的环球航行船队，也仅有五艘帆船、两百八十名水手。将这么小的船队与距当时一百多年前郑和的庞大船队并置海上，国人或许会为之哑然失笑。

用功利主义的眼光来看，麦哲伦环球航行的结局也是无比悲惨的：二百八十名水手大多因坏血病和饥饿而死，麦哲伦本人在与菲律宾土著居民的冲突中被杀。漂流三年后的1522年，只有十八位水手依靠仅剩的一条帆船侥幸返回了西班牙。可以说，这次旨在为西班牙打通从美洲南端到达亚洲的环海航行，是以惨败而告终的。

郑和每次出海时，除了随身携带了中国皇帝写给西洋各国统治者的一封封诏书，其庞大舰船编队满载的，是大量的金银、丝绸、瓷器、铁器和布匹等珍贵物品。那么，郑和每次返航后，给大明王朝带回的又是些什么呢？除了航行沿途换取一些供给明朝皇室消费的奢侈品——宝石、香料、珍珠、象牙等特产外，所到之处多受到热烈欢迎（你有比沿途几乎所有国家、部族均强大的舰船编队，却非但不以强凌弱，还将大明王朝的国之珍品半送半换地施惠于人，岂能不受到一路载歌载舞迎来送往?）。

随后的事实证明，仅有热烈欢迎，并不能襄助大明王朝航海事业和各国友好交往的长期发展；一次次大量珍贵物品的散播，带来的是靡费不赀和大明王朝国库的匮乏，直至"劳民伤财"的"下西洋"活动被迫取消，其结局甚至带有物极必反的征兆——从此，中华民族再没有一次像模像样的航海远征活动。

在欧洲的航海家兼殖民者看来，那些古老的非洲、亚洲、美洲文明与他们无关；黄金、白银、香料毫无疑问为吸引眼球的兴奋点；把母国（或曰宗主国）的旗帜插到足迹所到的土地上，才是航海冒险的终极目的。这些，与郑和七下西洋是为了增进与各国交往和友谊的崇高目的不可同日而语，但结果却是大明王朝从此退出了人类航海的历史舞台，西方的航海事业从此蓬勃兴盛，帆影足迹映现于西方人未知的每一片海疆、领域，由此诞生的地理大发现，成为人类发展史上具有划时代意义的重大突破。从这一点上说，倒是郑和下西洋与西方冒险家的航海大发现不可同日而语。

西方人航海冒险以及接踵铺开的殖民活动给西方带来的好处，在大英帝国得到最佳体现。从海外劫掠的黄金、白银源源不绝注入英伦三岛，为其工业革命奠定了雄厚的资金支撑基础。在打败西班牙无敌舰队、制服海上马车夫荷兰之后，辽阔的海疆、无尽的领地向大英帝国敞开，曾经只能靠圈地运动等岛内征服激化的社会矛盾，开始有了向外疏导的通道。躲避迫害的清教徒开赴北美，监禁的囚犯被流放澳洲……大英帝国的军人、商贾、游民奔走于非洲、印度、北美，由此催生了一个巨人般的儿子——美利坚合众国,一个富庶的孙子——澳大利亚联邦,以及更多的英联邦属地;遍布全球四千多万平方公里的陆地、岛屿上,到处可见"日不落帝国"的"米字旗"迎风飘扬。

今天,当我们望洋兴叹于蓝色大海彼岸的旷阔富庶、异彩诱人时,可曾反思:以地理大发现时代中华明、清帝国远胜于西方诸强的综合国力,为什么拥有广大海外领地、创建海外属国的不是当时领先于世界的中国人,而是相对落后的西方人?

这一切均源自我们这个民族中最广大群体,当然也包括各阶层统治者,对脚下的土地和土地上的家国的迷恋。

曾经有一句传播甚广的解说词,引发了国人对"祖国"更进一步的自豪:"我国有18000公里的海岸线,海域辽阔,海疆富饶。"从秦朝设立桂林、象郡、南海三郡开始,这漫长的海岸便已全部归属于中国,但面对如此辽阔的海域、富饶的海疆,两千多年来,一代代中国人都做了些什么?

所以,发生在明朝初年的郑和七下西洋壮举,置于中国五千年历史长河中,竟显得那样的突兀!

为什么国人在对待海洋的态度上是如此的淡漠?

通常的解释是,这与封建统治者实行闭关锁国的海禁政策息息相关。

君不见,蒙元时代,蒙古人建立的几大帝国横跨亚、欧、非三大洲辽阔领域,帝国之间商旅往来互通有无。元帝国在沿海各港口设立市舶司,与亚非近百个国家保持密切贸易关系,众多波斯人和阿拉伯人驻留中国,形成一个新的民族——回族。

还是在元朝,统一中国后的元世祖忽必烈雄心勃勃,先后两次发数十万雄兵直扑岛国日本。若非一阵骤然而至的"神风"倾覆蒙古大军整个舰队,忽必烈的铁骑或许早已踏平东瀛列岛。

只是到了明中期以后,日本倭寇在中国东南沿海猖獗为患,反清复明势力频繁活跃于近海,登陆滋扰,中央王朝迫不得已实行海禁,闭关锁国,这才隔断了国人通过海路与外界的交往、联系。

由于海路断绝,中国只能延续长期以农业为支柱的经济局面,随之产生了浓厚的土地情结。

土地,在使人肢体勤劳、丰衣足食的同时,却禁锢了人的行动、视野,使思维坠入惰性状态。是故,辛勤耕耘的是农民,思想懒惰的也是农民。源于社会各阶层均与农民有着千丝万缕的联系,在九州大地上遂弥漫着千年挥之不去的固守田园、基业的浓郁雾霭。

大海不同于土地,它能激发人们强烈的征服与创造欲望。近代德国思想家黑格尔亦曾抒发这样的感想:

大海给了我们茫茫无定、浩浩无际和渺渺无限的观念;人类在大海的无限里感到他自己底无限的时候,他们就被激起了勇气,要去超越那有限的一切。大海邀请人类从事征服,从事掠夺,但是同时也鼓励人类追求利润,从事商业。平凡的土地、平凡的平原流域把人类束缚在土地上,把他卷入无穷的依赖性里边,但是大海却挟着人类超越了那些思想和行动的有限的圈子……这种超越土地限制、渡过大海的活动,是亚细亚各国所没有的,就算他们有更多壮丽的政治建筑,就算他们也是以海为界——像中国便是一个例子。在他们看来,还只是陆地的中断;他们和海不发生积极的关系。

黑格尔说错了,永乐和宣德年间的中国大明王朝,就曾诞生了伟大的航海事业和"七下西洋"的历史伟人郑和。对此,当今西方历史学家,美国学者斯塔夫里阿诺斯编著的《全球通史》写道:

15世纪早期明朝航海业的异乎寻常的历史,提供了中国官方对海外活动抱消极态度的最富戏剧性的实例。这些航海其范围惊人,显示了确实证明中国在航海业中居领先地位的技术优势。随之而来的是,皇帝下达的禁止进一步海外探险的命令和官方对这一命令的立即执行。

关于"郑和下西洋",西方学者给予了很多关注和探究。他们认为,郑和下西洋的起讫原因至今仍是个谜。据推测,远航的发起,可能是为了弥补蒙古帝国崩溃所造成的陆上对外贸易的损失,也可能是为了提高帝国朝廷的威望,或是为了寻找皇帝(朱棣)的一位遁世隐居当和尚的前任(建文帝)。另据推测,远航的终止,或是因为耗资过甚,或是由于宫廷宦官和儒家官僚之间历来存在的相互倾轧。无论如何,中国人的撤离给东亚和南亚海域留下了权力真空。于是,日本倭寇骚扰抢劫中国沿海,而穆斯林阿拉伯人又恢复了以往在印度洋上的优势。尽管阿拉伯人善于经商,但他们一盘散沙,缺乏资源,没能像中国人一样建立起强大的海军。因此,1498

年，葡萄牙人绕过非洲，进入印度洋时，没有遇到任何有力的抵抗，就建立起他们的西方海上霸权。

虽然皇帝（明宣宗）下禁海诏书的确切动机无人知晓，但以下事实值得注意：皇帝之所以能颁布禁海令，是因为中国商人缺乏西方商人所拥有的政治权力和社会地位。正是体制结构和向外拓展的动力方面的根本差别，在世界历史的这一重要阶段，使中国的力量转向内部，将全世界海洋留给了西方的冒险事业。

无论学界对"郑和下西洋"的研究有多少种说法，我们要认识这一壮举还需从郑和本人开始。

郑和，本姓马，小字三保，云南昆阳人，1371年生于一个回族伊斯兰教家庭，在明朝初期战争中沦落成奴隶，后被收为内宫太监。因其智勇过人，在燕王朱棣与建文帝争夺皇位之战中屡立殊功，故而深得后来成为永乐皇帝的朱棣信任和重用。

明朝大臣袁忠彻在其所著的《古今鉴识》中，对郑和有一段精彩笔述：

内侍郑和，身长九尺，腰大十围，四岳峻而鼻如法反，此者极贵。眉目分明，耳白过面，齿如编贝，行如虎步，声音洪亮，后以靖难功，授内宫太监。永乐（皇帝）欲通东南夷，上问三保领兵如何，曰："三保姿貌才智，内侍中无以比者，臣察其气色诚可往。"遂令统督以往，所至畏服也。

应该说，姿貌魁伟、才智出众的郑和七下西洋，确也不辱使命：所到之处，颁布大明王朝皇帝诏书，立碑文。服从者，赐给金帛；不服者，则以武力慑服。

在郑和第一次航海途中，南洋旧港豪酋陈祖义称霸海上，劫掠过往商旅，而且欲意谋害郑和，夺取舰船，被郑和力擒，押解回南京，由明成祖下诏，斩首于都市示众。第二次出使西洋，锡兰国王亚烈苦奈儿派军五万人，意欲夺取郑和的宝船。郑和乘其国内兵力空虚，亲自率精兵攻破其都城，一举擒获亚烈苦奈儿及其家眷官属，带回南京。明成祖为向海外诸国彰显大明皇帝圣明，将他放归，另立锡兰新国君。在郑和七下西洋的过程中，类似擒王摧敌、匡扶正义的奇功勋绩屡见不鲜，大明王朝恩威有度，遂使遐迩宾服、近悦远来。

于是，永乐九年（1411年）郑和率船队回南京，随同前来朝贺的有十九国，遂使当时的大明朝廷"万使云集"。永乐二十年（1421年），郑和第六次远航归来，随行的各国贡使总数达一千二百余人，堪称世界外交史上的壮观篇章。至今，在南洋各国，犹可见其人民奉郑和为神，立庙祭祀，香火不绝。

在15、16世纪西方人的航海和扩张中，也不乏像郑和这样的智勇双全者。

1519至1521年，西班牙征服者埃尔南多·科尔特斯率领六百名士兵，降服了拥有一百万人口的墨西哥阿兹特克帝国。1533年，另一位西班牙人弗兰西斯科·皮萨罗仅率一百八十名士兵，就征服了庞大的印加帝国。

与郑和代表明王朝采取恩威有度、令近悦远来的政策不同，西班牙的英雄人物埃尔南多·科尔特斯和弗兰西斯科·皮萨罗看中的，只有海外新大陆的财富。于是，拥有二十万居民的阿兹特克帝国都城——特诺奇蒂特兰的财富被洗劫一空；在古代美洲文明中地域最辽阔、社会组织最紧密的印加帝国，因为西班牙征服者的恫吓、勒索，秘鲁、厄瓜多尔、玻利维亚等国大部分疆域和阿根廷、智利北部这一广大地区印第安人的黄金、白银及其制品被搜刮一空。

与大肆掠夺财富相伴的，是美洲土著居民的锐减，乃至消亡。在西班牙殖民统治的前一百年间，墨西哥人口下降了百分之九十。1492年，伊斯帕尼奥拉岛有土著居民二十五万人，到1548年，只剩下五百人。

有鉴于此，连西方的历史学家也坦诚执笔述论：埃尔南多·科尔特斯和弗兰西斯科·皮萨罗取得胜利，"是由于他们的勇气、狡诈和残酷。在他们之前或之后，从来没有如此少的人面对如此多的人赢得如此广袤的疆域，但也很少有人像他们那样行事如此残酷无情和令人作呕。"

郑和出洋之举没有像西班牙的古萨罗那样给所到之处人民带来痛苦，其中原因除明廷政策之外，也与郑和本人有关。

中国有句古话：有其父必有其子。从郑和的父亲身上，我们也许会看出某些端倪。

郑和之父马哈只，母姓温氏，祖父拜颜，世代居住云南昆阳。马哈只风采凛凛可畏，不肯屈尊枉己，轻易移附于人；人有过错，总是当面斥责，从不隐瞒自己的感情和看法。马哈只本性非常善良，遇到贫困和鳏寡无依靠的人，总是满怀热情地给予周济和保护，再加上为人勤劳敏行、谦恭谨慎，周围的乡亲、族人和绅士无不称赞他是一位可亲可敬的长者。

正因为如此，永乐朝礼部尚书兼左春坊大学士李至刚为马哈只撰写墓志铭时，赋予他很高的评价：

呜呼，观其子（郑和）而公之积累于平日，与义高之训可见矣……身处乎边陲而服礼义之习，分安乎庶民而存惠泽之施，宜其余庆深长，而有子光显于当时也！

这，也许就是郑和七下西洋与西方海外殖民扩张的根本区别。

也因为如此，郑和其人，勇可以擒逆王，智可以存国体，使大明王朝恩威远播。但是，明成祖敕令"出使西洋"的出发点——"疑惠帝亡海外，欲踪迹之，且欲耀兵异域，示中国富强"，决定了郑和最终只能是一个"后无来者"的巅峰式人物。

想想看吧，1433 年，当第六次航海归来期待了九年之后，六十六岁的老人郑和，才得以实现他人生最后一次规模缩减许多的"七下西洋"壮举。此后，念天地之悠悠，观沧海之茫茫，壮举难再，事业难继。那时，郑和怀揣着的，是怎样一种复杂的心情？

作为一名历史学专业背景的文化学者，近几年来，我一直在注意搜集有关郑和下西洋方面的资料。《明史·郑和传》自不待言，但像清初学者谈迁撰著的《国榷》、郑和下西洋时随行翻译马欢所著的《瀛涯胜览》、四度与郑和下西洋的费信所著的《星槎胜览》，特别是孤本《三宝征彝集》，在书店、一般的图书馆，乃至上海书城均难得一见。

有鉴于此，对郑和这样一位国人皆知的伟大历史人物而言，他的真实事迹，国人却知之甚少。所以，中国人自己对"郑和七下西洋是人类历史上的伟大壮举"一说的认知，几乎全都是人云亦云。

当然，对一般的读者来说，如欲了解郑和下西洋这段历史，似乎也没有必要去"啃"《明史·郑和传》《国榷》《瀛涯胜览》之类的原著，像《中国通史》之类的普及读本便可以满足其基本的需求。

而在西方历史著作中，对于西方殖民者的海外征服活动却记述得详实入微。

还是让我们来翻阅一下西方历史学家笔下西班牙人弗兰西斯科·皮萨

罗征服印加帝国那些丝丝入扣的细节吧。

1531年1月,皮萨罗率领一支由三艘船二百八十人组成的远征队出发,开始了对印加帝国的征服。9月,他率领102名步兵、62名骑兵,以及天主教神甫、翻译等随从,翻越安第斯山脉,于11月15日进入印加北部重镇卡哈马卡。

当时,与其兄瓦斯卡尔争夺王位获胜不久的印加国王阿塔瓦尔帕和一支四万人的印加军队正驻扎在卡哈马卡近郊。面对规模如此渺小的西班牙远征队,自恃军队强大的阿塔瓦尔帕竟没有采取任何军事戒备。当天下午,皮萨罗派人去见阿塔瓦尔帕,提出会见请求。阿塔瓦尔帕不假思索欣然答应。

第二天,阿塔瓦尔帕出于诚意,在五千名解除武装的印加士兵陪同下,乘坐着豪华的金质肩舆来到卡哈马卡广场,也即毫不知情地进入了皮萨罗的埋伏圈。

原来,这是皮萨罗精心设计的一场"鸿门宴"。皮萨罗事先做了周密的计划,让全副武装的士兵隐蔽在广场四周,用突然袭击的方式擒住阿塔瓦尔帕,然后挟制整个印加帝国。

在卡哈马卡广场中央,皮萨罗与阿塔瓦尔帕见面。随后,西班牙神甫瓦尔维德走到印加王肩舆前,由先期驯化的印第安人费利皮略作翻译,一面进行说教,一面劝说他皈依天主教,效忠西班牙国王。

听了这番宣教,阿塔瓦尔帕告诉对方:"这里的土地和土地上的一切系我的祖父和父亲所有,并传给了我的哥哥瓦斯卡尔,现在这一切都归我所有了。我只尊重太阳神和我的祖先。"接着,阿塔瓦尔帕问瓦尔维德他宣讲的话是从哪儿来的,瓦尔维德把《圣经》递给印加王。阿塔瓦尔帕翻动几页,随手把《圣经》扔到地上。

见此情形,神甫瓦尔维德气急败坏,示意可以动手了。皮萨罗高喊"圣迪亚哥",发出了行动的信号,埋伏在广场四周武装到牙齿的西班牙骑兵和士兵当即冲出来,挥动枪剑大开杀戒,凶残地屠戮手无寸铁的印加士兵。

一批批印加士兵接连倒地,血溅广场,更多的人还聚拢在阿塔瓦尔帕周围保卫自己的国王。由于印加士兵人数实在太多,皮萨罗见一时无法取胜，便扑上前去，把阿塔瓦尔帕拖下黄金肩舆，生擒活捉。国王被擒，印加士兵顿时乱了方寸，纷纷放弃抵抗，涌向广场出口，从而造成了更为惨重的踩踏伤亡。群龙无首，局势难控，驻守在卡哈马卡郊外三万五千人的印加大军也迅速溃散。

随后，皮萨罗向阿塔瓦尔帕许诺，只要他将长22英尺（约6.6米）、宽17英尺（5米）、高9英尺（约2.7米）的囚室装满黄金，并将另外两间较小的屋子里装满白银，就可以释放他。阿塔瓦尔帕再次听信了皮萨罗的谎言，传令印加帝国全境立即上缴黄金白银。各地的印第安臣民闻令而动，保释阿塔瓦尔帕的黄金白银源源而来，"远远看去仿佛道路上有一条长长的金线"。

当金银如数缴纳完毕，皮萨罗却背弃诺言，以阿塔瓦尔帕谋杀兄长等罪名，判处他死刑。1533年8月29日，阿塔瓦尔帕被处以绞刑。1533年11月，皮萨罗进驻印加帝国首都库斯科。就此，人口六百多万，强大了一个世纪之久的印加帝国，在一百多名西班牙殖民者践踏下土崩瓦解。

悲夫，人类历史的发展，有时尊奉的竟是强盗的逻辑！

而在郑和下西洋四百多年后，在为期一个半世纪的岁月里，中华文明古国面对西方列强和东瀛日本的蚕食鲸吞，可曾有人类公理可言？

作为15世纪上半叶人类伟大的航海壮举，郑和下西洋，勇气，诚可嘉也；友谊，诚可颂也；结局，诚可惜也；而幡然憬悟，犹未晚也。

我们既然已经输掉了中世纪的那场地理大发现的不平等竞争，就没有理由再输掉已经到来的太平洋时代的经济和文化的公平竞争，否则，中华民族的崛起将失去一次最好的、也可能是最后的机会。

东方文明的凤凰涅槃——

紫禁晚照大清帝国

　　二万舆图指掌通，大荒直北是西潆。冰天火地皆尧壤，一发祁连界画中。
　　　　　　　　——王芑孙《西陬牧唱词六十首》

　　九州生气恃风雷，万马齐喑究可哀。我劝天公重抖擞，不拘一格降人才。
　　　　　　　　——龚自珍《乙亥杂诗》

读史十记

夕阳落照下的末世长歌

也许，人类永远无法破解自身的最大奥秘——"我从哪里来，又到哪里去"，那么，我们何不转向现实的关注，去求索自身在人类历史大舞台上扮演的角色、发挥的作用？

自从人类进入阶级社会，国家与民族即成为区分不同群体、疆域的组织形式。如果说，战争与和平是人类永恒的主题，建设国家、捍卫主权便是国人的本分与职责。由此，又引出一个古今常议的话题：我们需要一个怎样的国家？

在古代中国，有老子《道德经》"小国寡民"的定义，有儒家经典《礼记·礼运篇》对"小康社会""大同世界"的描述，有陶渊明笔下人间仙境之世外桃源；在近代西方，有托马斯·莫尔所著《乌托邦》，已然是理想国的代名词。这些美好的愿景、设想，其实已成为人类共同努力的方向之一。而且，从古到今，有些憧憬已成为现实。

然而，时至今日，我们依然不能乐观地认为，人类一定能够建成自己心目中的理想国。换一种说法，人类的未来仍然是一个自身不能充分把握的未知世界；我们的自信，只能来自更加充分地认识自己。认识的基础，即来自历史。

在我看来，当一般性的思维方式不足以解释历史上王朝、国家之类重大话题，从哲学中寻找答案就是一条可行的途径。比如，我们可以遵循哲学的思维解析：已翻过历史一页的明朝与即将面对的清朝，为何大不相同？撇开情感的因素，如何客观评价大清帝国这个不同于以往历史且深刻影响中华民族命运的封建末代王朝？

对大清帝国这个中国历史上最后的封建王朝，国人往往抱以比大明王朝更为复杂和矛盾的心理，由此形成明显对立的历史观点。

历史回溯到19世纪上半叶。

1914年，企图恢复帝制的袁世凯招集了一些前清遗老，筹划成立清史馆，在拟定的申请立馆呈文中极尽谀颂之词：

大清开国以来，文物灿然，治具咸饬……洎乎末叶，孝定景皇后尤能洞观世势，俯察舆情，宣布共和，与民更始，用能成德美文明之治，洵足追唐虞揖让之风，我中华民国追惟让德，于大清皇帝特颁优待条文，崇功报德，无微不至。

当时的统治机构特聘曾任盛京将军、东三省总督的赵尔巽为文史馆总裁，延聘光绪进士前湖北提学使柯劭忞和于式枚、缪荃孙等一百余人为总纂、纂修、协修。随后，于式枚、缪荃孙等六人联名上书《谨拟开馆办法九条》，公然声称："我大清定鼎二百余年，厚泽深仁，休养生息，上无失德之君，下无抗令之臣，固属前代所希有，而武功赫奕，拓土开疆，文教昌明，轶唐绍汉，急宜及时记载，足以信今传后。"

《清史稿》1920年完成初稿，1927年第一次出版。看似"绍述前朝"的史学传统，"成就"了中国历史上最后一个封建王朝的官修史书。

令这些前清遗老意想不到的是，由他们殚精竭智编纂的《清史稿》不但没有忝列"二十四史"之后续，反而遭受当头棒喝——1929年，故宫博物院召集国内部分专家学者审查《清史稿》，给其定下十九条"大逆不道"之错误、罪状：反革命、藐视先烈、不奉民国正朔、例书为谥、称颂遗老、鼓励复辟、反对汉族、为清朝讳……这些专家认为"若任其发行，实为民国之奇耻大辱"，将其列为禁书。

编著一部王朝断代史书，本出于中华文明传统，竟至冰火两重天的境地，原因何在？

白寿彝总主编《中国通史》对其作出了客观的、引导式的分析：

大概自辛亥革命以后，清朝往往被称为"清朝"，清的统治有时被说成是"民族牢狱"，其实并非如此，清的统治是以满族贵族为首的、同时也是各民族上层所共同认可的政权。这是一个在历史上的统一的多民族国家体制的继续。清有民族压迫的一面，有时压迫的很残酷，同时也有增进民族联系、发展民族关系的一面。从历史的长河上看，后者自然是历史的主流，这是很值得注意的。

而我所关注的则是：一个远处关外遐陬之地，人数区区百万的部族，为什么能够轻易地取代华夏亿兆子民之中原王朝（明朝）？

更应该引起国人共同关注的还有：在大多数时期，清朝这个以少数民族身份入主中原的封建王朝，对天下的统御、治理，为什么比此前的明朝更见成效、更为出色？

熟读历史的人知道，对清史进行了开拓性研究且取得重大成就的孟森（1868年－1938年），在北京大学教书时编写的《明清史讲义》，特别肯定了康熙帝削平三藩之乱、统一台湾、收抚外蒙古、亲征葛尔丹的重大功绩，对雍正帝也作了"好名图治、与国有功"的评述。

同样，白寿彝总主编《中国通史》也对清朝给予了肯定的评价：

清和明，都属于封建社会的衰老时期。我们说衰老，不说衰落，不说解体，这是因为衰老还含有一定的生命力，有时在某些方面还可以表现一定程度的坚强。……清处于封建社会末期，但有过康乾盛世。当时的皇家，励精图治，整顿吏治，轻徭薄赋，奖劝农桑，平定叛乱，在政治上是有成绩的。

乾隆五十三年（1788年），苏州人王芑孙"从董尚书出塞，既即次多雨无以自遣，捡架上书得《西域图志》读之。仰见我国家版章之厚，绥来之广，以及山川风气之殊，服物语言之别，奇闻轶事亦往往错见其中，凡汉唐以来所约略而不能晰，佔毕之儒所茫昧而莫能详者。一旦入我版图，登我掌故，于戏盛矣！"（王芑孙《西陬牧唱词》）

一次西北边塞之行，让这位小小的华亭县教谕大为振奋，身为大清帝国子民的自豪感一发于笔端，直将那大清巍巍功德比之于尧舜汉唐——"二万舆图指掌通，大荒直北是西濛。冰天火地皆尧壤，一发祁连界画中"（王芑孙《西陬牧唱词六十首》）。后人读之，无不留下深刻印象。

反观两百多年的大明王朝士林文坛，从未诞生如此激荡着汉唐雄风的壮丽诗篇。

在我们已知的世界里，人是历史的主宰；因为人的不同，一个国家、一个民族在不同历史时期的精神风貌与内外影响也不尽相同，甚至呈现极大差异——明朝与清朝的区别，正源于此。

1644年，在明朝山海关总兵吴三桂开关延引下，清朝大军攻占大明帝都北京，大清王朝遂定鼎于此，统御中华。那时，人类社会已进入世界近代史前夜，沉睡千年的欧洲大陆已经崛起，而中华大地也将进入封建时代最后一个辉煌期——为期一百多年的"康乾盛世"。尽管这一"盛世"更像是封建时代的回光返照（我将其称之为"紫禁晚照"），却也似"为霞尚满天"的黄昏，虽有阴翳相随，依然铸就了中华历史的辉煌。

后世之人看到，因为努尔哈赤、皇太极、多尔衮、康熙、雍正、乾隆一系列雄才大略人物的奕代涌现，在中国历史进入封建末期的下行期，世界的东方依然挺立着一个以中华文明为背景的强大国家（王朝），所谓"武功赫奕，拓土开疆，文教昌明，轶唐绍汉"并非一派谀颂之虚词。

因人兴，亦因人废。两百年后的19世纪中叶，强盛一时的大清帝国辉煌不再。仿佛世事轮回，"总道是千秋万岁"的清朝也坠入困境，英雄湮没。铜铁当道，暮气沉沉，倩何人拯济中国于衰亡？当此之际，书生龚自珍心忧天下，以《乙亥杂诗》抒发一腔振聋发聩的时代呐喊："九州生气恃风雷，万马齐喑究可哀。我劝天公重抖擞，不拘一格降人才。"

大清王朝之转危为安，随着剿灭了太平天国的济世人才——曾国藩、左宗棠、李鸿章的脱颖而出，再借"洋务运动"之兴起，焕发"同治中兴"之生气。此三人，在近代中国濒危之际，曾给中华民族带来了一丝希望。而这三位晚清时代中流砥柱式的人物，亦因其自身所具有的特点——曾国藩的自励机智、左宗棠的忠贞勇毅、李鸿章的圆融世故，对近代以来的中国社会产生了不同的深远影响。

大清王朝历史，兴盛衰亡，波澜壮阔，跌宕起伏。至于如何得清代历史之要领，揭示其中的垂鉴意义，即使对其两百六十八年的历史发展之脉络、细节耳熟能详，亦未必属易事。

当然，历史自有规律可循。

白寿彝总主编《中国通史》第十卷、第十一卷对清朝历史作了两段纲领性的概要说明：

清入关后，吸收前代，特别是元、明两代统治的经验和教训，相对地说是励精图治、与民休息的，也重视学术文化的发扬，因而出现了康熙、乾隆之治。这是清代在历史上的成就。清代在政治上有成就，但也不可估计太高，这毕竟已处在封建社会的衰老阶段。

中国近代的历史，是中国人民置身近代洪炉接受考验的历史，是在军事、政治、经济、文化都遭到失败时期的历史,而从总相上看又是阻碍西方帝国主义东侵的历史。

既得清史之要领,再看在这个王朝历史舞台上发挥重大作用和影响力的人物——从"紫禁晚照"下的康熙、乾隆,到"末世长歌"中的曾国藩、左宗棠、李鸿章,所谓大清王朝的历史垂鉴意义,昭然其中。

康熙：世间凡人，何以炼成伟大帝王

康熙，是清朝最著名的皇帝，也是举世公认的中国古代伟大帝王之一。

我之所以将清朝的历史从康熙帝写起，是因为从某种意义上看，大清王朝的历史其实是从康熙时代展开的。

我并不否认康熙帝之前的清朝历史的重要性。在我看来，后金开国者努尔哈赤、大清国创建者皇太极，以及摄政王多尔衮，皆为世间一等一的英雄；清朝入关后第一位皇帝——顺治帝福临，也起到了承上启下的历史性作用。然而，这几位人物的事迹，亦皆可从先前的历代王朝帝王中看到相似之处。

只有康熙皇帝，是历史上独一无二的。

康熙帝出自帝王之家，历史上这样的出身帝室之胄的人物其实太多，且负"生于深宫之中，长于妇人之手"辱名，不堪托付，难有成就，而康熙却是此类"太子党"中一个最大的例外。

从现存的史料看，在擒下顾命大臣鳌拜之前，十六岁的康熙帝与先前历朝少年天子并无二致，未显现什么超人之处；众多帝王出生前后所呈现的那些非科学所能解释的"神奇现象"，也未附着在这位日后大显神威、大放光彩的伟大帝王身上。

顺治十一年（1654年）三月十八日，在紫禁城景仁宫，清世祖福临的妃子佟佳氏生下一个男孩，他就是爱新觉罗·玄烨，即后来的康熙帝。

顺治十八年（1661年）正月，二十四岁的当朝皇帝福临正值春秋盛年，却突然病逝。此前，福临想让次子福全继位，但孝庄太后不答应，一心要立爱孙玄烨为帝。福临不敢违抗母亲的意见，一时又拿不定主意，就派人征询他的外国老师——德国传教士汤若望的意见。汤若望提出玄烨已经出过天花，再不会被这种恐怖的病症所伤害。这成了让玄烨继位最有说服力的理由。福临不再犹豫，立第三子玄烨为皇太子。经过这番折腾，玄

读史十记

烨才继承帝位，改年号为"康熙"。

康熙帝自谦"并无灵异，亦无非常"，并不是说自己不聪明。

据载，小时候的玄烨也曾显示出与一般孩子的不同。六岁那年，有一次，玄烨与诸兄弟向父亲顺治帝请安。福临想试试儿子们各自的志向，就问他们将来都想干什么。老二福全说："我将来愿当个贤王。"老五常宁才三岁，还不懂父亲的意思。问到玄烨，他朗声答道："待长而效法皇父。"一个六岁的孩子，出语不凡，福临不胜惊讶。不过，孩提时代的玄烨这一表现与历史上一些著名"神童"相比，还是属于寻常凡人之辈，否则，就不会有"福临想让次子福全继位"这一历史记载。

那么，从玄烨到康熙，出身皇室的普通人，又是怎样成为中华历史上的伟大帝王的呢？

这又要从康熙帝的童年说起。

玄烨八岁那年，父皇福临病逝，逾二年，其母佟佳氏亦病故。因此，童年时代的玄烨未在父母膝下得到太多承欢，靠祖母孝庄皇后将他养育成人。

孝庄皇后亦是一位历史伟人，坚毅果敢，巾帼不让须眉，在处理宫廷内外复杂的政务和争斗方面，尽显雄才大略。

史载，孝庄皇后虽然对这位爱孙倾心关怀，慈爱有加，但也处处严以律之，一言一行，均要求玄烨遵照规矩、礼仪，稍有疏忽，即受切责，又时时指点玄烨，授以方略，培养其德智、思想的成熟。如此宽严相济的教诲，使玄烨受益终身，即便平时一人独处，也不敢稍有越轨违背，而契合于宋明理学"慎独"之道。按照康熙帝自己的说法，其在位六十一年，"凡一切起居饮食，自有常度，未尝更改"。

康熙二十六年（1687年），孝庄太皇太后病危，康熙日夜守护在病榻前，未尝有一日懈怠。每念及祖母养育之恩，康熙帝感怀至深。"忆自弱龄，早失怙恃，趋承祖母膝下三十余年，鞠养教诲，以至有成。设无祖母太皇太后，断不能致有今日成立。罔极之恩，毕生难报。"（《清圣祖实录》）何谓人性之善心？见于康熙帝之恒持也。

黄仁宇所著《中国大历史》如是评价：

（康熙）在各项标准上，符合了传统中国所谓内圣外王的尺度，他既仁慈也不乏决断力。他在国内主持大政，也带兵领将驰骋于边疆。他在位六十一年，也正是清朝在中国巩固其统治的时期。

在我看来，持修身之内美，念人情之恩重，秉人性之良善，一如中国民间所言"宅心仁厚"，遂使康熙持正论衡，化育天下，成治隆盛世之君；不鸣则已，一鸣则见诸于绝地反击，成仁者无敌之功。想想那位明太祖朱元璋的德行，以及其后的大明王朝十六位皇帝，可曾有此"内圣"与"外王"兼修兼得之君？

康熙帝一生，建树颇多。如前所述，孟森先生在其《明清史讲义》中特别肯定了康熙帝削平三藩之乱、统一台湾、收抚外蒙古、亲征葛尔丹的重大功绩。而在我看来，康熙执政后的第一次出手——擒拿鳌拜，虽属清宫内政，其历史意义却丝毫不亚于孟森先生列举的康熙生平重大功绩。

先看康熙帝如何对待人生的第一个对手——鳌拜。

鳌拜，满洲镶黄旗人，出生于武将世家，皇太极时代崭露头角。崇德初年（1636年），皇太极第二次征朝鲜，在攻打鸭绿江口外战略要地——皮岛的战役中，鳌拜奋勇渡海，大呼而上，"冒矢石直前搏战"，然后举火为号，引后续部队攻下皮岛。皇太极对鳌拜大加赞赏，赐号"巴图鲁"（勇士），加世袭六次，准再袭十二次。大清定鼎北京，南下川、贵，鳌拜皆摧锋陷阵，屡建功勋。顺治三年（1646年），鳌拜随肃亲王豪格进攻张献忠大西农民军，得知张献忠在西充一带，鳌拜率先头部队前往狙击，两军相遇，"鳌拜等奋击，大破之，斩献忠于阵"。进入顺治朝，鳌拜升为议政大臣，一等侯，加太傅兼太子太傅，终为顾命大臣。

如此看来，鳌拜与中国封建时代"学而优则仕"的官场人士不同，属于以军功入仕的政坛人物的典型。

按照白寿彝总主编《中国通史》说法，顺治十八年（1661年）正月丁巳夜子刻，福临病死于养心殿。从此，无论是清皇朝，还是处于末世的中国封建社会，都开始了一个新的历史时期，鳌拜个人的历史也进入了一个全新的阶段——"鳌拜辅政时期"。

在权力面前，人性的善良每每经不起考验。

鳌拜等四人以先帝托孤之臣身份执掌清国大政，顾命之时，曾共同宣读誓词：

兹者先皇帝不以索尼、苏克萨哈、遏必隆、鳌拜等为庸劣，遗诏寄托，保翊幼主。索尼等誓协忠诚，共生死，辅佐政务。不私亲戚，不计怨仇，不听旁人及兄弟子侄教唆之言，不求无义之富贵，不私往来诸王贝勒等府受其馈遗，不结党羽，不受贿赂，惟以忠心仰报先皇帝大恩。若复各为身谋，有违斯誓，上天亟罚，夺算凶诛。（《清圣祖实录》卷一）

按照顺治帝遗诏"特命内大臣索尼、苏克萨哈、遏必隆、鳌拜为辅臣"，鳌拜在四辅臣中名列最末，但在辅政之初，"索尼老病，鳌拜多专政，与苏克萨哈不相能，遏必隆不能自异"，鳌拜的作用日益增大。康熙六年（1667年），索尼病死。同年七月，苏克萨哈被鳌拜定为不满康熙亲政的大罪而处死籍没，四辅臣中只剩下一个对鳌拜唯马首是瞻的遏必隆。这样一来，在康熙六年（1667年）至康熙八年（1669年），鳌拜的势力达到了顶峰。就连一位法国传教士也看出了大清王朝政治格局的端倪：

在他（康熙帝）十五六岁时，四位摄政王中最有势力的宰相，把持了议政王大臣会议和六部的实权，任意行使康熙皇帝的权威，因此，任何人都没有勇气对他提出疑义。（白晋《康熙帝传》）

大权在握的鳌拜，完全把当初的顾命誓词——"不私亲戚，不计怨仇，不听旁人及兄弟子侄教唆之言，不求无义之富贵，不私往来诸王贝勒等府受其馈遗，不结党羽"抛在了脑后，自己授一等公，加太师不算，其子承袭了二等公，其侄尚大清皇室公主，封为和硕额驸，其利益集团成员班布尔善为大学士，济世为工部尚书。他马迩赛为户部尚书，基本把持了清廷朝政，"一切政事先于私家议定，然后施行，又将部院启奏官员带往私门商酌"，甚至"红本已发科抄，辅政大臣鳌拜取回改批"（钱仪吉《碑传集》卷十一）。堂堂大清帝国之朝廷，已然成了鳌拜私门之朝廷。

更有甚者，鳌拜自恃战功显赫，有大功于本朝，如今大权独揽，未至衰朽，依然身手雄健、威风凛凛，故全然不把康熙这个皇帝小儿放在眼里。

康熙五年（1666年），在鳌拜直接干预下，京畿地区发生了一次较大规模的土地圈换。鳌拜提出，顺治初年，摄政王多尔衮为了自己所部正白旗的利益，把镶黄旗应得的保定等府好地据为己有，而把正白旗的差地换给镶黄旗，要求"呈请更换"。这一要求遭到属正白旗的大学士兼户部尚书苏纳海和直隶总督朱昌祚、巡抚王登联的反对，认为"地土分拨已久，且康熙三年奉有民间地土不许再圈之旨,不便更换"。鳌拜大怒,将三人下刑部议罪,欲置之于死地。年已十三岁的康熙帝见辅臣意见分歧,不做批准。鳌拜专横跋扈,竟然假借皇帝的名义,把苏纳海、朱昌祚、王登联三人处死。

次年,索尼病逝,鳌拜更加无所顾忌,公然以首辅大臣自居,"班行章奏,鳌拜皆列首"。是年七月,十四岁的康熙帝举行亲政大典,鳌拜却不愿归政皇帝。与鳌拜结为亲家的苏克萨哈予以抵制,主张辅臣无权总揽一切,鳌拜专权受阻,竟对苏克萨哈暗动杀机。苏克萨哈已察觉危险,唯恐遭受暗算,遂向康熙帝乞请辞职,允许他去守护先帝陵寝。鳌拜乘机诬陷苏克萨哈心怀不满,不愿归政皇上,以大逆论罪二十四款,拟处苏克萨哈及其长子内大臣查克旦磔刑,余子六人、孙一人、兄弟之子两人处斩,家产籍没,还拟处死其族人。康熙帝认为鳌拜太过分,"坚执不允所请"。鳌拜目无臣礼,"攘臂上前,强奏累日"。鳌拜势大而不能硬顶,康熙帝无奈,仅将苏克萨哈改判绞刑,其余均从鳌拜所议。

鳌拜肆无忌惮的蛮横残暴已到了令人发指的地步,这让康熙帝深为忧愤。更为可气的是,鳌拜还常常在御前呵斥部院大臣,拦截章奏,极大地损害了康熙作为一个皇帝应有的尊严。

康熙八年(1669年)五月,十六岁的少年天子康熙利用"布库(摔跤)游戏"智取鳌拜,结束了这位大清"巴图鲁"的政治生涯。

就这一历史事件的过程而言,康熙帝智擒鳌拜,极富戏剧性。

的确,在这场少年天子与权臣的较量中,令一般读者感兴趣的,正是康熙与鳌拜斗智斗勇的经过。而其中最值得品读的,应该是康熙培养一班少年侍卫,利用"布库游戏"一举拿下鳌拜的戏剧一幕。这样的精彩故事,在中国封建帝王史上并不多见,叹赏之下,定能增长读者的阅历与智慧。《孙子兵法》曰:"兵不厌诈。"宫廷政治斗争,亦多此谋设制胜之道;擅长此道者,亦必为历史风云人物。如果康熙沿着这条权谋之路走下去,想必也能成为中国历史上一位有影响力的帝王。

然而,康熙却选择了一条通向伟大帝王的康衢大道。

如果参照大明王朝两位强势皇帝——明太祖朱元璋和明成祖朱棣的做法,对政敌和战败者大开杀戒,以此威慑天下,巩固皇权,也不失为一条有效的统治之策。彼时，入关不久的清朝政权，比明初的统治者更需要强化皇权、收服天下，然而，因从小深受人性关爱和理性教育，康熙帝心底已种下了文明的种子，就像是北方的松柏、南方的榕楠，当其破土而出，世人看到的必将是一棵雄姿伟丽的参天大树。

对这段历史的正确解读应该是——

随着鳌拜被擒，结束的还应该有这位专横擅权、大逆不道的乱臣的生命。依照鳌拜在受顾命之时宣读的誓词"有违斯誓，上天亟罚，夺算凶诛"，经和硕康亲王杰书等奉敕令审查，列出鳌拜所犯大罪三十条，足以判处其死刑，其子纳穆福也应被处死。这时，已成了阶下囚的鳌拜乞求再见皇上一面，康熙帝恩准。据法国传教士白晋所著《康熙皇帝》所述，鳌拜"请皇上看了搭救清太宗（皇太极）御驾时，在自己身上留下的伤疤"，康熙帝念及他自皇太极以来为朝廷立下的功勋，不忍加诛，遂改死刑为革职拘禁，子免死，同其父一起终身禁锢。不久，鳌拜羞愧而死，康熙帝将其子释放；对跟随鳌拜被列罪十二条的顾命大臣遏必隆亦从宽处理，将死刑改为革职夺爵。一年后，康熙帝降旨，命遏必隆以公爵宿卫内廷。鳌拜集团的骨干人物班布尔善等人及鳌拜弟、侄数人均处死。与此同时，康熙为苏克萨哈平反昭雪，恢复其官职及世袭爵位。

对鳌拜势力如此宽严相济的处理，让世人看到了一个追慕先贤圣君的理想帝王，尽管那时康熙还只是一个十六岁的少年天子，却已具当年唐太宗李世民的眼界、胸怀。

太宗曰：国家大事，惟赏与罚，赏当其劳，无功者自退；罚当其罪，为恶者咸惧。则知赏罚不可轻行也。（吴兢《贞观政要·封建》）

在我看来，智取鳌拜，是康熙登基之后隐忍八年所做的非凡的政治行动，而至为重要的是其战胜敌手时所展现的宽大襟怀。认识到这一点，即可看清康熙帝在平三藩、收台湾、征"罗刹"、抚蒙古等改变历史进程的行动中，何以赢得一系列重大胜利。这也是白寿彝总主编《中国通史》中的观点：

康熙帝解决同鳌拜集团的矛盾，所采取的方针、策略是稳妥而明智的，因而取得了完全的成功……从这一事件中，已经使年轻的康熙帝崭露头角，显示了一个政治家的风度和襟怀。

与明太祖朱元璋一样，康熙帝玄烨这位"真龙天子"也有画像存世，但不是那种经过刻意修饰"龙凤之姿，天日之表"君临天下的标准像。

史料中有一套大清皇帝正面肖像和坐像的图片，其中的努尔哈赤面如紧结黝石，低眉凝思，一副宁死不屈的硬汉形象。官二代的皇太极，已显露相貌端方的富贵之相，只是目光低沉逼视，一副阴鸷果敢、不怒自威的人主模样。而雍正帝，则其面目白皙丰颐，眼光不乏坚毅，然已流露唯我独尊的得意之色。至于长寿皇帝乾隆，虽然目光依然低沉，乾坤恩威运移于心手，却是一副享尽了人间富贵的雍容、淡定与沉着。那么，作为大清帝国最有影响力的帝王，康熙帝呈现在世人面前的又是怎样一副御容呢？

很遗憾，第一次看到康熙的画像，竟让我大感意外——虽然这位名威俱实的天子身着锦绣龙袍、朝珠冠冕，端坐于龙狮拱卫的大清皇帝宝座之上，却是一副忧劳难释的精瘦老汉的模样。贵为天下至尊，何至于此？

也就是在那一瞬间，让我回想起大唐帝国开元年间玄宗李隆基说过的一句话："吾貌虽瘦，天下必肥。"当我细读了有关康熙帝的史料之后，为之慨然：康熙之瘦，实为天下之肥！

《清圣祖实录》卷三〇〇，记载了康熙帝临终遗言，其中一段发自肺腑的心声，读之感人深长：

自御极以来……孜孜汲汲，小心敬慎，夙夜不遑，未尝少懈。数十年来，殚心竭力，有如一日，此岂"劳苦"二字所能该（概）括耶！

在我看来，康熙帝之所以跻身人类历史上少有的伟大帝王之列，其秘诀正在"劳苦"二字。数十年如一日的劳苦，成就了一个从平凡走向非凡的康熙大帝。

古往今来，人间帝王无数，是什么造成了圣王与明君、昏王、暴君的区别？缘由因人而千差万别，但有一点是人类的共性，那就是：一位人间君主，如欲成为一位伟大帝王，其他条件都具备了，还不能缺少一样东西——理想，为天下赢太平、为生民谋幸福的理想。试看古今中外那些称得上伟大帝王的历史人物，概莫如此。反之，破坏天下和平，以驱使、奴役、戕害人民为目的者，则为世间的昏王、暴君。

平治天下的理想，让康熙帝走过了"劳苦"一生。

清康熙元年（1661年），八岁的小小少年玄烨登基为帝。甫一即位，孝庄太皇太后就问他，当了皇帝后有什么念想。康熙回答："惟愿天下乂安，生民乐业，共享太平之福而已。"（《清圣祖实录》卷一）

也许你会认为，这是八岁孩童在模仿大人说话，但"三岁看大，七岁看老"，少年天子康熙已然向胸怀理想的伟大帝王迈开了脚步。

康熙帝的政治生涯，是从学习中国传统文化开始的。

作为一个以少数民族身份入主中原的封建王朝统治者，自顺治帝开始的每一代大清皇帝都必须面对一个同样的重大问题：要想坐稳江山，就要赢得天下绝大多数官吏士绅、黎民百姓的认同，而认同的前提，在于熟悉并掌握他们的情感和精神赖以依托的传统文化——以汉字为基础创造开来的中华文明。

在古代中国社会，对社会精英、知识阶层而言，文化是一种彼此推崇的身份优越的融合；对广大国民、芸芸众生而言，文化是一种彼此认同的朴素、亲切的情感。是故，文化的认同，可以消弭分歧，达成共识，和治天下。

大清王朝统治的成功，首先在于它的统治者懂得这个道理。

顺治帝福临，是清军入关后第一位君临天下的大清皇帝，1643年登基为帝，年仅六岁，至1661年病逝，享年不过二十四岁。就是这样一位生命短暂的帝王，却很有一番作为。按照白寿彝总主编《中国通史》评价，顺治帝"福临是个刻苦学习、励精图治的帝王"。

道忞（木陈忞），清初名僧，极得顺治帝赏识与信任，其所撰《北游集》记载了紫禁城中一位不甘颟顸而"发愤为书"的真实天子。顺治帝曰：

朕极不幸，五岁时先太宗早已晏驾，皇太后生朕一身，又极娇养，无人教训，坐此失学。年至十四，九王（多尔衮）薨，方始亲政。阅读诸臣奏章茫然不解，由是发愤读书。每晨牌至午理军国大事外，即读书至晚，然顽心尚在，多不能记。逮五更起读，天宇空明始能背诵。计前后读书读了九年，曾经呕血。

道忞《北游集》还记载到顺治帝曾在座右书"莫待老来方学道，孤坟尽是少年人"诗句，以警策自励；亲政之后，益自刻苦，博闻强记。

尤为值得关注的是，顺治帝还耽爱诗赋戏曲，每于绝妙词章，叹赏不已。大量的汉文典籍对他影响至深。

顺治帝在执政后期数年，成为了一名虔敬的佛教徒，且剃度欲以出家。这与南朝梁武帝萧衍一样，在中国历代帝王中显得很另类。与热衷于皈依佛门的萧衍不同的是，顺治帝虽然虔诚佛教不能自拔，但他的内心世界仍未跨出世俗传统文化领域，心神御文道以遨游，又在历代帝王中颖然登翘楚之列。

这是一段值得我们玩味的历史：

顺治十四年（1657年），深秋，福临御驾南海子，在太监的怂恿下，入海会寺，见到了临济宗龙池派和尚憨璞聪，与之语，甚觉投契，遂对佛教产生了兴趣。随后，福临召见江南湖州报恩寺名僧玉林琇来京，以禅门师长礼待，自称弟子，并取法名"行痴"，自号"痴道人"。玉林琇求归之后，福临意犹未尽，在憨璞聪的推荐下，又遣使往浙江宁波天童寺召另一名僧木陈忞进京。

这位木陈忞是一非常了得人物，不仅佛学造诣高妙，传统文化功底亦极深厚，他把谈禅谈诗谈艺融为一体，妙趣横生，令福临为之倾倒，一日不见，如隔三秋。

道忞《北游集》记述：在与木陈忞谈论古今词赋时，福临问："词如楚骚，赋如司马相如，皆所谓开天辟地之文。至若宋臣苏轼前后赤壁赋，则又独出机杼，别成一调，尤为精妙。老和尚看这两篇孰优？"

木陈忞坦然作答："非前篇之游神道妙，无由知后篇之寓意深长。前赋即后赋，难置优劣也。"

福临闻之，欣然赞道："老和尚论得极当。"福临当即背诵一遍《前赤壁赋》，再出一语："晋无文章，惟陶潜归去来辞独佳。"（此为转述苏轼之观点）说罢，亦将《归去来辞》背诵一遍，继之，又背诵了《离骚》。

对当时文坛情形，福临也了然于心，很赏识文学家尤侗，"叹其才高不第，屈居下僚，复为上官论斥"，并当面表示要擢升他。

福临还向木陈忞询问文学批评家金圣叹："苏州有个金若采，老和尚可知其人么？"

木陈忞回答："闻有个金圣叹，未知是否？"

福临说："正是其人。他曾批评《西厢》《水浒传》，议论尽有遐思，未免太生穿凿，想是才高而见僻着。"

木陈忞颔首称是，答道："与明朝李贽同一派头耳。"

福临有一大爱好，"万几之余，游戏翰墨，时以奎藻颁赐部院大臣"。这既可视作福临一大雅好，也可视为福临对高雅艺术的自信。

据王世贞《池北偶谈》记述，福临书法、绘画兼修，其书法学钟繇、王羲之、欧阳询、颜真卿，笔势飞动；山水小幅，写林峦向背水石明晦之状，有很高的艺术造诣。福临虚心请教，木陈忞不掩其美："池临晋帖，画仿元人，莫不汲幽造玄，深臻大妙。"

木陈忞在京城逗留八个月，于顺治十七年（1660年）五月告辞南归，福临特书"敬佛"两大字及绘山水、蒲桃画各一幅赐赠。当年，福临两次委派官员专程去探望木陈忞，以示想念。入冬，福临又亲书盛唐诗人岑参一首绝句"洞房昨夜春风起，遥忆美人湘江水。枕上片时春梦中，行尽江南数千里"相赠，思念依恋之情跃然纸上。

文化艺术素养的历练、升华，大有裨益于修明治世之道的施行。尽管南唐后主李煜、宋徽宗赵佶等"艺术大家"演绎了亡国乱象，但此类政治昏君却也历史鲜见。

说起来，福临对中华传统诗词书画艺术的爱好，与雅尚翰墨的明宣宗朱瞻基有几分相似。所不同的是，朱瞻基开辟了明朝历史上少有的"吏称其职，政得其平，纲纪修明，仓庾充羡，闾阎乐业"的"仁宣之治"；而福临则在对中国古典文化的研习中，为清王朝合法性的难题找到了破解之术，那就是尊孔读经，提倡忠孝节义。《清世祖实录》保留了这方面的重要史料，如：

顺治八年（1651年），福临亲政后的第二个月，即派遣官员赴孔子故乡阙里祭祀。翌年九月，顺治帝率王公大臣到太学隆重祭奠孔子，亲行两跪六叩大礼。

顺治十二年（1655年）春，福临又降谕礼部，诏曰："今天下渐定，朕将兴文教，崇经术以开太平，尔部即传谕直省学臣训督士子，凡六经诸史有关于道德经济者，务必研求通贯，明体达用。"

在福临看来，"自古平治天下莫大乎孝"，因此特命大学士冯铨为总裁官，编纂《孝经衍义》。而早在顺治九年（1652年），福临就敕封关羽为"忠义神武关圣大帝"，把对关羽"忠义"的神化推到了极点。福临视尽忠尽节为人生最高的道德准则，表彰李自成攻陷北京城时明朝众臣之"殉君死难"者，赞扬其"幽忠难泯，大节可风"，下令礼部"详访确察死节职名并实迹具奏"，"给谥赐祭"。

福临在位十八年，除了敕封、神话关羽为"忠义神武关圣大帝"，敕令各地建关帝庙，引导天下民众效法关羽"愚忠"于大清皇帝，再就是为"身殉社稷"的明朝崇祯帝朱由检立碑，称赞其"励精图治"，追谥为"庄烈愍皇帝"。白寿彝总主编《中国通史》对此写下精确史评：

顺治帝福临通过全面倡导忠义，树立了清朝是传统道德捍卫者的形象，对消除广大汉族人民对清统治者心理上的隔阂，对缓和民族矛盾，特别是争取、安定汉族地主阶级的人心，产生了积极的作用。

就读书精研而言，康熙帝更胜于其父顺治帝。

爱新觉罗·玄烨五岁发蒙为学，八岁"学庸训诂，询之左右，求得大意而后愉快。日所读者，必使字字成诵，从来不肯自欺。及四字之书既已通贯，乃读尚书，于典谟训诂之中，体会古帝王孜孜求治意。……读大易，观象玩古，实觉义理悦心"。其好学不倦，每每及于深夜。十七八岁时，康熙帝因读书过劳，竟至咯血，仍手不释卷。书读之精诚于此，难怪日后的康熙帝以知识渊博、通古知今而著称天下。《清圣祖实录》对康熙帝"帝王政治、圣贤心学，六经要旨，无不融会贯通"述评，绝非过誉之词。

苦读之余，康熙帝亦不忘"野蛮其体魄"，接受严格的军训，"练就了一身过硬的骑射功夫，至盛年时，能挽弓十五钧，发十三把箭，左右开弓，矢无不中的"，勇武之姿，统三军之帅，难撄其锋，难撼其威！

此为康熙帝"内圣外王"名实之由来。

对现实社会而言，思想界所谓"内圣外王"，其实即是"文以治国，武以安邦"的代名词。而对康熙帝来说，其所谓"内圣外王"之史评，正在于他成功地解决了大清王朝初期所面对的极其复杂、严峻的内忧外患。

史载康熙帝亲政后，"以三藩及河务、漕运为三大事，夙夜廑念，曾书之宫中柱上"（《清圣祖实录》卷一五四）。

平定"三藩之乱"，结束于康熙二十年（1681年），虽然历时八年，但战事止于南国，且大局始终掌控在康熙手中，擘画攻守战略，分化瓦解叛营，重用儒臣汉将，纵横捭阖之间，尽显康熙帝大勇智略。再乘"平吴"

之余烈，于康熙二十二年（1683年）降服郑氏，收复台湾。彼时的康熙帝，年龄不过人生而立之三十岁，却已连创军事上的伟绩，继之远赴关外，"省观"吉林，巡视边疆，远览形胜，与一个从未交手的西来强悍外敌对垒，两次攻克雅克萨城，在康熙二十八年（1689年）迫使沙俄签订《尼布楚条约》，确保东北边疆获得了一百五十多年和平时期。与此同时，康熙帝三次统率大军出塞，平定蒙古准噶尔部噶尔丹的叛乱，捍卫了中国西北领土完整。康熙五十九年（1720年），康熙帝令清军护送达赖七世入藏，大破噶尔丹之侄策妄阿拉布坦的侵藏叛军，一举稳定雪域高原大局，为乾隆朝最终解决西藏问题奠定了基础。如此略览康熙帝一生，其政绩赫赫之帝业，似可追秦皇汉武、唐宗宋祖之伟烈。

康熙帝之伟大，还在于他创造了中国封建时代最后一个盛世。

所谓"盛世"的标志，体现为经济的繁荣、社会的稳定。对照中国这样一个传统的农业大国，农业是其经济繁荣、社会稳定的基础。

如前所述，康熙帝亲政后，"以三藩及河务、漕运为三大事"，其中"河务"亦即水利整治，堪称康熙朝内政的重中之重。

白寿彝总主编《中国通史》第十卷《中古时代·清时期（下）》有这样的叙述：

自顺治以来，为害最大的是黄河、淮河的连年决口。据统计，在康熙帝执政的最初十五年内，黄河决口达六十九次，平均每年决口四点六次。黄、淮每次决口都给中原产粮区和江南苏、松等富庶之区造成惨重的经济损失，直接危及清政府的财政收入，影响到局势的稳定。顺治时，每年为治黄投资百数十万两，役丁夫数万，迄无成效。到康熙十五年，已更换五任河道总督，也无济于事。康熙帝决心治黄，务求"一劳永逸之计"。

康熙十六年，康熙帝选中才能卓著的治河专家安徽巡抚靳辅继任河道总督。在全力平吴叛乱、国家经济相当困难的情况下，康熙帝不为廷臣所左右，全力支持靳辅整治黄河的大修计划，拨给治河经费二百五十余万两，此后每年拨三百余万两。在康熙帝的严督下，靳辅尽心主持河务，历六年之艰辛，使黄河、淮河尽复故道，水患顿消。

"黄河、淮河尽复故道，水患顿消"之奏报传来，让远在紫禁城中的康熙帝顿感无比欣慰，慨叹道："河道关系国计民生，最为紧要。今闻河流得归故道，深为可喜。"

翌年，康熙二十三年（1684年），康熙帝南巡，首次阅视河工。

十月十七日，康熙驻跸山东郯城县红花铺，召见河道总督靳辅，并让他扈从巡视黄河、淮河、运河的水势、灾情及治河工程进展。四天鞍马劳顿之后，康熙帝对靳辅谈了自己的感受和治河意见：

朕向来留心河务，每在宫中细览河防诸书及尔历年所进河图与险工决口诸地名，时加探讨。虽知险工修筑之难，未曾身历河上，其河势之汹涌瀰漫，堤岸之远近高下，不能了然。今详堪地势，相度情形，细察萧家渡、九里冈、崔家镇、徐升坝、七里沟、黄家咀、新庄一带，皆吃紧迎溜之处，甚为危险。所筑长堤与逼水坝，须时加防护。大略运道之患在黄河，御河全凭堤岸，若南北两堤修筑坚固，可免决啮，则河水不致四溃。水不四溃，则浚涤淤沙，沙去河深，堤岸益可无虞。今诸处堤防虽经整理，还宜培茫增卑，随时修筑，以防未然，不可忽也。又如宿迁、桃源、清河上下，旧设减水诸坝，盖欲分杀涨溢，一使堤岸免于冲决，可以束水归漕；一使下流少轻，可无淮弱黄强、清口喷沙之虑。近来凡有决工处所，皆效其意不过暂济目前之急。虽受其益，亦有少损。倘遇河水泛溢，因势横流，安知今日之减水坝不为他年之决口乎？且水流浸灌，多坏民田，朕心不忍。尔当筹划精详，措置得当，使黄河之水顺轨东下。水行沙刷，永无壅决，则减水诸坝皆可不用。运道既免梗塞之患，民生亦无垫溺之忧，庶几一劳永逸，可以告河工之成也。（《康熙起居注》）

在我看来，这是中国历代帝王中对水利工程最细致的分析和最具建设性的指导方略。

十一月十四日，康熙帝南巡归来，将其所作《阅河堤诗》，赠予靳辅。其诗曰"防河纡旰食，六御出深宫。缓辔求民隐，临流叹俗穷。何年乐稼穑，此日是疏通。已著勤劳意，安澜早奏功"，勉励靳辅在已有成就的基础上，再朝大功告成的目标努力。

从康熙二十三年（1684年）至康熙四十六年（1707年），康熙帝二十三年间先后六次亲临黄、淮，视察河工，指导治河方略。对靳辅这位治河功臣，康熙帝给予了高度的信任、支持，使其在十一年的河道总督任内不仅整治了黄、淮，变水害为水利，还疏理了运河，使之畅通无阻，保障了黄、淮之地和运河两岸社会经济的发展。

康熙去世后，官修史书《清圣祖实录》为之追赞曰：

治淮黄，筑六坝，修太行堤，障沁河诸水之下流；疏永定、子牙两河之潴泄，捍民之患，而仁被于泽。……淮黄底定，世赖平成。

治黄淮，兴水利，成为康熙帝对中国古代社会的一项重大贡献。

对一个王朝来说，能否长久坐拥天下，取决于民心向背。

作为攻明、灭明战略的主导者，入关后的大清国摄政王多尔衮并不懂得孟子所言"以德服人者，中心悦而诚服"的道理。顺治二年（1645年），在南京不战而克、南明弘光政权灭亡的形势下，多尔衮向全国发布薙发令，认为只靠武力和压迫就可征服一个数量庞大的华夏民族。岂料此举犹如一根导火索，一下子点燃了各地的抗清烽火。"满洲衣服满洲头，满面威风满面羞。满眼干戈满眼泪。满腔忠愤满腔愁。"（谈迁《枣林杂俎·和集》）直到多尔衮死去，他也没有看到天下太平。

及至顺治帝福临亲政，通过全面倡导忠义，树立清朝是传统道德捍卫者的形象，以消除广大汉族人民对清统治者心理上的隔阂，才相对缓和了激烈对抗的民族矛盾。

作为一名对"圣贤心学，六经要旨，无不融会贯通"的封建统治者，康熙帝深谙孟子所言"以德行仁者王"的道理。实行"仁政"，成为康熙一朝最主要的政治特色。

还记得多年前一部电视剧《雍正王朝》主题歌——"得民心者得天下，看江山由谁来主宰"，被演唱者抒发得荡气回肠，感染力极强。历史上真实的康熙帝，确也靠自己的实际行动赢得了天下民心。

南巡，是自隋炀帝肇始历朝帝王多乐此不疲、扰动天下的美事。身为"朕抚有四海"的太平天子，康熙帝似不能免俗。然而，康熙实乃一代贤帝，即便乘兴南巡，亦"终是圣明天子事"，不比那隋炀、晋灵之类好色登徒、高阳酒徒。

在《康熙起居注》中，康熙二十三年（1684年）的几段见闻实录还原了一个心系天下臣民的康熙大帝：

康熙二十三年，康熙南巡，驻跸苏州，传谕江宁巡抚汤斌：巡行所需之物"皆自内府储备，秋毫不取之民间。恐地方有不肖官员借端妄派，以致扰害穷民,尔其加意严察。如有此等,即指名题参,从重治罪。其沿途供役纤夫及闻朕巡行至此远来聚观百姓,恐离家已遥,不能自归,尔逐一详察,多方区画,令其还家。尔巡抚帅布政使即从此回,料理此等事,不必前送"。

汤斌回奏:"此番皇上巡行,所过地方钱粮尽行蠲免,凡需用诸物并不派取民间,又赏赉沿途穷苦人民,恩恤耆老,百姓莫不欢呼踊跃,引领以望皇上速临。地方各官,臣已行严禁。"

"沿途供役纤夫已给工食。人民愿睹天颜,从远方来者,亦各自备资给,无烦圣虑。皇上巡幸江南等处,实千载奇逢,臣愿送驾渡江始回,令布政使章钦文先还。"

汤斌一再恳奏,康熙帝方允其请。

康熙帝又说:"苏州乡官汪琬原系翰林,为人厚重,学问优通,且居乡安静,不预外事,因此特赐御笔手卷一轴,尔遣人付与。不必令其来见,着即在家谢恩。"(转自白寿彝总主编《中国通史》第十卷第十八章)

一次巡幸出游,于官于民于士,无不从简从惠从实,这样的皇帝不想赢得民心都难。所以,出现"百姓莫不欢呼踊跃,引领以望皇上速临"的社会现象,亦是必然。

当然,如果仅止于一次南巡,"所过地方钱粮尽行蠲免,凡需用诸物并不派取民间,又赏赉沿途穷苦人民,恩恤耆老",仍有借巡游天下笼络人心之嫌。但康熙帝并不是一位善于作秀的统治者。

蠲,《辞海》释义:通"捐",除去、免除的意思。在王庆云所著《熙朝纪政·纪蠲免》中,从小襟怀"天下乂安,生民乐业,共享太平之福"政治理想的康熙帝,把蠲免看成是"古今第一仁政":

每思民为邦本,勤恤为先,政在养民,蠲租为急。

朕宵旰孜孜,勤求民瘼,永为惠下实政,无如除赋蠲租。

……

在我看来,作为一个掌握绝对权力的封建帝王,康熙帝最优秀的品质在于排除一切困难,"言必行,行必果"。

史载,康熙一朝,蠲免的次数之多,范围之广,坚持时间之久,数量之巨,都是在此之前任何一代所无法比拟的。康熙帝在位的六十一年中,凡遇国家庆典、战争，以及他巡幸所经之地，即施行局部的或全国性的蠲免。对灾荒如水、旱、虫、霜雹、地震、火及风所造成的破坏，康熙即据灾情，给予蠲赋，或减征，或赈济，务使灾民存活，做到了无年不蠲免，无地不蠲免。

康熙四十四年（1705年），当朝大学士据统计，自康熙元年（1661年）以来四十四年间，全国所免钱粮总数共九千余万两。至康熙四十九年（1710年），据户部奏，蠲除之数"已逾万万"。

数十年持恒于仁政，一代圣君康熙帝不但赢得了天下民心，还得到了丰厚的回报：民困得到纾解，民力得到培植，国库储积充盈。白寿彝总主编《中国通史》第十卷第五章《康熙帝玄烨》慨然论述：

康熙五十一年二月，康熙帝向全国宣布："滋生人丁，永不加赋。"即以康熙五十年全国人丁数为准，"勿增勿减，永为定额。其后所生人丁，不必征收钱粮，编审时止将增出实数察明，另造清册题报"。康熙帝大胆取消新增人丁的人头税，这是历代所未曾有过的一桩带有根本性的大事。这一宣布，标志着当时的经济已达到高度繁荣的程度！康熙帝的这一重大政策的转变，还预示着解放生产力，促进人口与经济的迅速增长。至康熙帝晚年，全国耕地面积大幅度上升，人口也由数千万骤增至一亿数千万！因此，康熙帝宣布"滋生人丁，永不加赋"，实际上，也就是宣告"盛世"的开始。

这样的封建盛世没有出现在极其重视土地和民生问题的朱元璋"洪武年代"，是发人深思的——在朱元璋的统治之下，我们看到的是一个生产恢复、发展，民生得到改善，但统治严酷的畸形社会，当然也就谈不上什么政治上的清明，而政治清明却是封建盛世的另一个重要标志。

作为"康乾盛世"的开端，历时半个多世纪的康熙王朝，基本做到了统治有序、政治清明，其中一个突出的现象，是清官的涌现。正如白寿彝总主编《中国通史》第十卷第二十章所述：

康熙时期，社会趋于安定，扫除了前代明朝的一些积弊，居官清廉者不断出现。于成龙与张伯行是这一时期最有代表性的著名清官，被人们赞为"江南第一清官""天下廉吏第一"。

清官的出现，与政治清明是相辅相成的。

《论语·公冶长篇》记载了孔子一句政治格言："邦有道，不废；邦无道，免于刑戮。"（国家政治清明，有官可做，不被废弃；国家政治黑暗，也不致被刑罚。）

说到"清官"，名声最著者，非康熙时期的于成龙莫属。中华五千年文明史，若谈到政治文明之清官廉吏，则必绕不开"江南第一清官"于成龙。

于成龙之为清官，其事迹非常感人。

于成龙（1617年—1684年），字北溟，别号于山，山西永宁（今离石县）人。顺治十八年（1661年），进京应明经科，备选，授广西罗城县令，登仕宦之途。是年，于成龙已四十五岁。

罗城位于广西北部，万山沟壑，绵延纵横，土地贫瘠，野兽出没，毒雾瘴疠，四时弥漫；又为瑶、僮（壮）等少数民族杂处之地，语言不通，时起纷争，加之当时的罗城屡遭兵燹，无治乱可守之城郭，被官场视为"出生入死"之绝境。出生富裕乡绅之家的于成龙坦然面对，对亲友们说："君命也，独不闻义不辞险耶？"随后跨上一匹蹇（跛）驴，带上两名童仆，跋涉六千余里重重山水险要，终于来到罗城。但见城无寸墙，满目荒烟，遍地蒿艾，猿啼狼嚎。于成龙顾不上这些，一卸下行装，马上砍伐篱棘，插地为门，在院中积土，当作案几，旁边挖坑做饭，炊具仅一锅一盆而已。第二天晨起，于成龙穿上草鞋就闯入烟瘴山野，翻越悬崖深涧，视察农事，如是坚持七年，罗城全县面貌有了明显改观。这番中国吏治史上鲜有的事迹，见诸于熊赐履《于公成龙墓志铭》。

在这七年中，以明经科入仕途的于成龙，为天下臣民树立了一个如何当好"父母官"的榜样：每天召来吏民"从容问所苦"，宣谕朝廷慰抚之意；召集流亡百姓，保护他们的安居，专力于耕耘，使其不再受战争、盗匪、抢劫之袭扰；屡请上级放宽徭役规定，减轻当地民众负担；兴建一处学宫，开展文化教育，培养当地人才；创建一所"养济院"，救济那些鳏寡孤独的老人和穷人……一项项切实为民的举措，让一个原先残破无生气的罗城开始焕发出生机。

同时代的陈廷敬所撰《清端于公传》，又有更为详细的记述。

于成龙在罗城做县令七年，受到百姓爱戴，亲如家人父子。于成龙的生活十分清苦，仆人忍受不了，有的离去，有的染瘴疠而死。罗城人很同情于成龙,在每次缴纳田赋时,总要留出数文钱放到他的案桌上。开始,于成龙不解,以为是当地少数民族的习惯,就问此为何意?他们回答:"阿耶(爷)不要'火耗',不谋衣食,宁酒亦不买耶?"于成龙非常感动,只留下够买一壶酒的钱,余钱全部退回。

一天,于成龙的家人千里迢迢来看望他,消息传开,罗城人奔走相告:"阿耶人来,好将安家去。"他们以为于成龙家人来此取钱,作生活之用,觉得于成龙一定缺钱,于是便凑了不少钱献上去。于成龙笑着谢绝:"此去我家六千里,单人携资,适为累耳。"让大家都回去。罗城人跪伏地上,感动得痛哭流涕。面对这些并不富裕的善良民众,于成龙也忍不住和他们一起哭了,劝他们说:"可持归,易甘旨奉汝父母,一如我受也。"

康熙六年(1667年),五十二岁的于成龙升任四川合州知府。于成龙赴任离去之日,罗城人倾城出动,都拦在路上,失声呼号:"耶今去,我侪无天矣!"追送数百里后,有个瞎子还一直跟随着。于成龙问他为什么不肯回,瞎子说:"我算计您袋中公费不够一千里赴任途中的花费。我会算卦,有些本事可以沿途挣点钱,以备不足之需。"一席话,说得于成龙心头一热,便把瞎子留了下来。一路上阴雨连绵,一再耽搁路程,本就菲薄的公费果然用尽了,多亏这位瞎子挣了些算命钱,续作路费,才让于成龙完成了赴任。

中国古代社会,但凡大员、品官出场,多有正规仪式、周到安排,鸣锣开道,以示隆重;"肃静""回避",以示威严。至于车马劳顿、迎来送往,亦有非常礼数。在今天的人们看来,于成龙这位"厅官"荣迁之行如此寒碜,也未免太奇葩了。

而在我看来,于成龙的荣迁之行岂止"奇葩"一词所能形容,其操行在中国古代官场也堪称空前绝后。正因为如此,他才赢得了"清官第一"的美誉。不过,是什么成就了"清官第一"的于成龙?

《清史稿·于成龙传》两段史述,为我们解开了答案:

康熙二十年,于成龙进京朝觐,回答皇帝垂问,皇上褒奖他是"清官第一",又说他弹劾赵履谦很恰当,于成龙回答说:"赵履谦有过错却不改正,我不得已才弹劾他。"皇上说:"处理政务应该懂得大体,小聪明不值得提倡。做人贵在始终如一,你可一定要自勉呀!"随后赏赐给他国库银一千两,皇帝自己乘坐的骏马一匹,还做诗表达对他的褒扬和恩宠,并命令户部派官员协助于成龙赈济宣化等地的饥民。不久,他升任江南江西总督。于成龙到了江南,自己衣食住行很简陋,每天只吃糙米和蔬菜。上任几个月后,政令教化使江南民风大为改变。权势之家担心对自己不利,就编造出一些流言蜚语。明珠秉政之时,尤其与之相逆忤。

于成龙历任各种官职从未带过家属,他去世的时候,将军、都统以及幕僚属吏入内检点遗物,竹箱内只有一身丝绸棉袍,床头盐制豆豉和一些日常用具罢了。百姓听到噩耗,罢市,很多人聚在一起痛哭,家里绘制他的画像以祭祀他。皇帝赏赐公祭与安葬的礼遇,谥号为清端。内阁学士锡住勘察海疆回到京城,皇上询问于成龙为官的情况,锡住回奏说他很清廉,只是因为轻信别人,有时候被下属欺骗。皇上说:"于成龙在江南作总督,有人说他改变了朴素之风,等他死后,才知道他始终很廉洁,被百姓称赞。大概因为秉性耿直,那些不肖之徒因私仇以谗言陷害他,才编造出这样的话罢了。当官像于成龙一样的人,能有几个呀?"

"殆因素性耿直,不肖挟仇谗害,造为此言耳。居官如成龙,能有几耶?"——作为一个封建帝王,康熙帝的伟大正在于他统御全局时的客观、公正。

若无政治清明的康熙帝,出淤泥而不染的于成龙,岂能跻身高官之列,不知要被封建官场的"淤泥"湮没几回,更遑论什么"清官第一"美名了。

更能体现康熙帝"平治天下"之公心,还彰显于"天下廉吏第一"张伯行。

张伯行,字孝先,号恕斋,晚号敬庵,清顺治八年(1651年)出生于河南开封府辖属一个名叫仪封的小镇,故时人尊称他为"仪封先生"。张伯行与于成龙齐名,同为康熙朝的著名廉吏。于成龙生活在康熙朝前期,张伯行生活在康熙朝中后期。可以说,他俩的政治活动贯穿了康熙朝六十余年的历史。

张伯行家资富有,七岁入私塾读书,十三岁已通读"四书""五经"。康熙二十四年(1685年),张伯行进京会考,获殿试三甲八十名,赐进士出身,授内阁中书,又改授为皇帝办文、宣谕机关的中书科中书。是年,张伯行三十五岁,所任之职不过一办事员而已。

读史十记

一次偶然的治水经历，让张伯行崭露头角。

张伯行的家乡仪封地处黄河南岸。康熙三十八年（1699年）六月，此地连降暴雨，洪水冲垮仪封城北堤坝，急流咆哮，向城内迅猛袭来。城内民众惊慌失措，乱作一团。关键时刻，正在家中为父丧守制的张伯行挺身而出，督率百姓用布袋装沙填塞决口，避免了一场即将发生的水患惨剧。前来巡视水患的河道总督张鹏翮得知此事，上疏推荐张伯行治理黄河。次年，康熙帝下达谕旨，命张伯行以原衔赴河工之任，督修黄河中游南岸一带水利工程。张伯行苦干三年，功劳显著，升迁为河道总督所在地的山东济宁道台。康熙四十四年（1705年）二月，康熙帝南巡，途经临清，召见张伯行，亲书"布流安泽"榜，对他的治河功绩赞赏有加。次年五月，经康熙帝批准，张伯行出任江苏按察使，从此进入清朝高级官员的行列。

张伯行是康熙帝树立的一个楷模，被誉为"天下第一清官"，而康熙帝也毫不隐瞒他对树立"清官"楷模的良苦用心。

康熙四十六年（1707年），康熙帝再次南巡。三月二十五日，康熙帝驻跸松江府，特召见张伯行。其时，福建巡抚员缺，康熙帝认为张伯行居官甚清，"为人笃实，即在行间，亦非退缩者"，可"著升为福建巡抚"，遂征求大学士和督抚们的意见，皆"推奖无异词"。康熙帝欣然曰："汝等何莫保举，朕保之。将来居官好，天下以朕为明君，若贪赃枉法，天下笑朕不识人。"当即又赐张伯行"廉惠宣猷"榜。（《清史稿》卷二六五《张伯行传》）

张伯行确也不负康熙帝所树"天下第一清官"美名，以"清白"之名闻天下。

还是在张伯行出任江苏按察使之时，有人提醒，按照官场惯例，他要向上司总督、巡抚馈送礼物，约合白银四千两。张伯行愤然拒绝："我为清官，岂能办此！"仅以价值数十钱的蚕绸扇帕等小礼物分赠督抚。这俩人嫌礼物太轻，皆不受。如此一来，坏了官场"游戏规则"的张伯行，作为省官四把手（巡抚、布政使、学政、按察使）的日子肯定不好受了。幸有康熙帝这样一位明君在上，张伯行只做了八个月的按察使，便调离江苏，远走福建，升任巡抚。

康熙四十八年（1709年），张伯行又调回江苏做巡抚。这一回，张伯行和总督一样直接对朝廷负责，况且两江总督和江苏巡抚不在一地办公，前者驻江宁（今南京），后者驻苏州。已是今非昔比的封疆大吏的张伯行，不送不收，操之在我，到任后，即向全省发布一项政令——《禁馈送檄》：

一黍一铢，皆民脂膏。宽一分，民即受一分之赐；要一文，身即受一文之污。虽曰交际之常，于礼不废，试思仪文之具，此物何来？本都院既冰蘖盟心，各司道亦激扬同志；务其苞苴永杜，庶几风化日隆。

此檄文，颇不通俗。如"冰蘖"，即黄蘖，味苦，比喻寒苦的生活或处境；"苞苴"，馈赠的礼物，引申为行贿。文绉绉的书面用语，不若民间版本《禁馈送檄》来得通畅：

话说某日，江苏六合县王知县拿着一幅自画的山水画到张伯行府上，说是敬请指教。张伯行当时未展卷，事后掂量这副颇重的山水画，从画轴里滑出一根金条。张伯行明白了，这是王知县有求于他。张伯行找来这位王知县，夸赞几句其画，然后说："你的画我收下了。礼尚往来，我送你一幅字吧。"王知县很是高兴，表达了还望巡抚大人今后多多提携的愿望之后，接过字幅回去了。一路上，王知县很纳闷：这幅字怎么也颇重啊。回到家里，王知县一掂量这幅字，也从立轴里掂量出一根金条——竟然是物归原主了。再看这幅字，写得十分清白，明白如话：

一丝一粒，我之名节；一厘一毫，民之脂膏。宽一分，民受赐不止一分；取一文，我为人不值一文。谁云交际之事，廉耻实伤；若非不义之财，此物何来？

王知县金条没送出去，反让省内最高长官怀疑其贪，真是弄巧成拙。张伯行的故事从此在朝野传开了。

清官既不负明君信任、期望，明君又岂能让清官蒙冤、失望？

康熙五十年（1711年），"天下第一清官"江苏巡抚张伯行与满族大臣、两江总督噶礼二人互相参奏对方罪行，引发了朝野上下轩然大波。

在清代，地方要员之间互相攻讦是常有的事，总督和巡抚参劾对方也屡见不鲜。但像张伯行与噶礼这般搅动天下的争斗，其情节之曲折迷离，大臣之失体统、事态之严重，影响之恶劣，可以说绝无仅有。

噶礼与张伯行的互参，缘于康熙五十年的辛卯江南科场案。该科正主考是副都御史左必蕃，副主考是翰林学士赵晋。这一年九月九日，榜发，人文荟萃之地的苏州历年录取人数最多，这一科却只有十三人金榜题名。在录取的举人中，素无名望、文理不通的扬州盐商子弟占了不少。一时士论大哗，盛传副主考赵晋与两江总督噶礼互通声气，贿卖举人。读书人抬着财神进入学宫抗议。张伯行上疏奏明此事，正考官左必蕃也把实际情况上报。康熙帝命户部尚书张鹏翮、侍郎赫寿查处，张伯行与噶礼会审。后查得举人吴泌、程光奎暗中贿赂的情况，供词中牵连噶礼收受巨额贿金，张伯行上奏参劾，请求解除噶礼的职务，从严审查。噶礼心中不安，也找出张伯行的所谓七条罪状上奏。

督、抚二人互参奏本，那只有走正规程序了——虽然康熙帝可以行使"乾纲独断"至高权力，且心有明鉴，已断定是非，但还是依大清律例，让此案昭示于天下。康熙下敕令将二人均解职，交部议审核。

从争斗双方的实力看，情形对张伯行极为不利。

噶礼，满族正红旗人，其四世先祖何和礼追随清太祖努尔哈赤东征西讨，娶太祖长女为妻，是正红旗总管、努氏身边五大臣之一。因祖先有功，噶礼幼时即被授予六品吏部主事。蒙古准噶尔部噶尔丹叛乱之时，康熙帝率军亲征，噶礼因押运粮草提前到达军中，深受赞赏，一年连升四级，做到了文臣中最高级别的内阁学士。此后，噶礼又出任山西巡抚、两江总督，官至二品，位高权重，显赫于世。

身为清朝勋贵，噶礼不仅位高权重，还手握对张伯行致命一击的"把柄"。

在噶礼上奏的参本中，列有对清朝统治者最为敏感的话题——反清动向。其时，刚发生了康熙朝著名的文字狱——戴名世《南山集》案，噶礼上奏参本说："《南山集》刻板在苏州印行，张伯行难道不知道吗？进士方苞由于为此书作序而遭连坐，张伯行一向与他交往，却不肯对他治罪。"

噶礼的这一参奏性质非常严重，极其歹毒，若与戴名世《南山集》牵连，有"反清倾向"的张伯行必然死无葬身之地。

大致说来，"因文字贾祸之谓"的文字狱，其实质是对人类文明的一种遏制、反动。

中国古代第一起著名的文字狱，是发生在北宋的针对苏轼的"乌台诗案"。在中国相当长的历史时期，文字狱还不常出现，到了皇权统治严酷的朱元璋时代，才成了动辄得咎、上纲上线的家常便饭。

有清一代，屡兴文字之狱。据不完全统计，从康熙到乾隆，前后一百多年，大小文字案就有九十多起，大部分集中在雍正、乾隆年间，次数之多，处罚之严，为历代罕见。通过迭兴文字狱，清朝统治者企图借助暴力手段，钳制言论，禁锢思想，以扑灭数量占绝对多数的汉族人的反抗意识。

康熙一朝，较大的文字狱，前有庄廷龙"明史案"，时在康熙二年（1662年），九岁的康熙帝尚未亲政，怪不得这位后来的仁君；后有戴名世《南山集》案，发生在康熙五十年（1711年），已是康熙帝统治能力与经验极为成熟的时期。

与清朝其他的文字狱相类似，《南山集》案亦属"欲加之罪"，结果亦堪称酷烈。

翰林院编修戴名世未中进士和担任编修之前，曾搜求散佚文稿、野史，访问前朝遗老，撰著《南山集》。他集中论及南明史事，采用了南明弘光、隆武、永历年号，却未使用清朝年号，而且认为清朝应该从康熙元年算起，因为南明还存在，顺治朝不算正统，遂被左都御史赵申乔以"语多狂悖"告发。最终，清廷以"罔视君亲大义"处斩戴名世，其同族十六岁以上者均被斩杀，并株连作序、刻印、售卖者数百人。由此可见，如康熙帝这样的圣明天子，对待被疑有反清复明的行为、意图的人，也毫不手软，必杀无赦！噶礼深谙此道，故出此险恶之招，认为自己参本一上奏，"反清分子"张伯行则必死无疑。

讵料，此疏上达朝廷，康熙帝将噶礼、张伯行二人皆免职，敕令张鹏翮会同赫寿审明奏报。

张、郝二人审理后奏称：赵晋及所取士子行贿受贿，应按科场舞弊律论罪。方苞是张伯行逮捕送交刑部的，《南山集》刻板在江宁，都免于论罪。张伯行"所奏全虚，应革职"；噶礼"所奏，有实有虚，应留任"。康熙帝不以为然，"切责鹏翮等掩饰"（《清史稿·张伯行》），派户部尚书穆和伦、工部尚书张廷枢再审。这二人觉得此案甚为棘手，遂派人"说和"张伯行，并以噶礼"党众"，弄不好可能会危害身家相劝。张伯行却毫不领情，让他们碰了一个"钉子"：圣明在上，我何惧焉！权衡利害之下，穆和伦、张廷枢选择了冤枉张伯行，再审所奏与前次张鹏翮等人意见相同。

听罢奏报，康熙帝阐明了自己的看法："张伯行任官清正，这是天下所了解的。噶礼才干虽有余，但喜好无事生非，并没有清正的名声，这个意见是非颠倒。"

次日，康熙帝召九卿，亮出自己的底牌："张伯行居官清正廉洁，噶礼的操行我不能相信，如果没有张伯行，那么江南必然受到他的盘剥，大概要达到一半地区。这次二人互相参奏的案子，起初派官去审理，被噶礼阻挠，以致不能得到其中的真实情况；再派官去审理，与前面的意见没有区别。你们应能体会我保全清官的心意，要使正直的人没有什么疑虑和恐惧，那么天下才会出现安定的局面。"

话说到这个份儿上，谁人还敢拂康熙帝"以天下为重"循循善诱之圣心。于是，众臣附和圣意，康熙五十一年（1712年）十月，褫夺噶礼的官位，命张伯行复职。

与朝廷之上官官相护形成鲜明对比的，是士庶百姓的民心所在。

听说张伯行被撤职审查，江苏、福建一带民众纷纷罢市歇业，意气激奋者甚至欲进京为张伯行申辩。当时，张伯行在扬州交印停职待审，民众跪集在公馆门前，手里捧着水果、青菜、豆腐……他们只能拿出这些，以此来激励清廉。"公现任上，止饮江南一杯水。今将去职，无却子民一点心。"遥想当年，此情此景，差可感天动地。感慨万分的张伯行只收下了一块豆腐、一束青菜，以示他不负"天下第一清官"的清白之心、决绝之心。

此后，得知张伯行被官复原职，在京城的数万江南人持香至康熙居所畅春苑谢恩。消息传至江苏、福建，民众又是一番奔走相告"天子圣明，还我天下第一清官"。

以天下为重的公心，让康熙帝赢得了天下民心。

可以这样认为，从康熙开始，清朝的皇帝遂成为天下共主。

康熙六十一年（1722年），十一月七日，爱新觉罗·玄烨在北京畅春园清溪书屋长逝，享年六十九岁，葬景陵，庙号"圣祖"。

自努尔哈赤创立后金政权，清朝历十二帝，惟康熙被尊谥为"仁皇帝"。仁皇帝，可算是对雄才大略、功德显著的康熙帝最贴切的评价。

其实，圣也罢，仁也罢，所有功德的取得全在于孜孜不懈的追求与努力，此为《新五代史·伶官传序》中所说"忧劳可以兴国，逸豫可以亡身"。用康熙帝自己的话来说，即是"为君者勤劬一生，了无休息之日"才能取得的成就。于是，在中国当代史家笔下，便有了一段让人读之肃然起敬的评述：

　　短短几句话，是他（康熙帝）六十一年勤政的写照。从登基之日始，特别是他亲政后，每日"昧爽视事，惟恐有怠政务"。即使有病，"亦勉出听政"，有时半夜来了紧急奏报，必"披衣而起"。每次出巡，不论在何地，也是日日处理政务，他坚持当天的事当天处理完。据白晋亲见，康熙帝"日夜为国操劳"。康熙曾对心腹之臣高士奇表露他的苦衷："朕于政事无论大小，从未草率。每在宫中默坐，即以天下事经营筹划于胸中。"（白寿彝总主编《中国通史》第十卷）

　　在中国古代帝王中，享年六十九岁的康熙帝算得上是长寿的。天假其寿，加之在位长达六十一年，为中国历代皇帝之最，一生勤勉向学，而彰显于仁义礼信、文韬武略，兼之忧劳兴国，巡狩征战，皇极统御，皆"以天下事经营筹划于胸中"，遂能于紫禁晚照之中国古代末期铸成又一封建盛世，此乃大清王朝和天下百姓之福。至于激昂亢奋的一曲《康熙王朝》主题曲——《向天再借五百年》，虽属艺术渲染，天命难违，人间遗憾，但康熙终成与秦皇汉武、唐宗宋祖比肩而立的历史人物，亦可谓不朽。

读史十记

康熙帝之缺憾:"内圣外王"的完结,中华文明的停滞

蒙古人建立的中原王朝——元朝,虽然只存世了九十七年,但比起南北朝和五代十国那些走马灯式的短命王朝还是顽强长命了许多。况且,忽必烈时代的蒙元帝国的统治是强大而稳固的。

再看入主中原的大清王朝,更是存世长达二百六十八年,其强盛之时的国威声势、疆域版图,完全可以与汉、唐王朝相媲美。甚至有学者设想,假如没有西方列强入侵,以大清帝国的综合实力、御世有术,这个推进了东方封建专制传统的清王朝,或许真的能够顺利继续下去。而这一历史事实和思维推衍的前提,正有赖于康熙帝为大清王朝奠定的国家基础和政治遗产。

当然,历史现象背后的演变是复杂的,对历史阶段的评说也每有不同。吕思勉所著《中国通史》评述:"清圣祖(康熙)的为人,颇为聪明,也颇能勤于政治;就世宗(雍正)也还精明。他们是一个新兴的野蛮民族,其骄奢淫佚,比之历年已久的皇室,自然要好些。一切弊政,以明末为鉴,自然也有相当的改良。所以康、雍之世,政治还算清明,财政亦颇有余蓄。到乾隆时,虽然政治业已腐败,社会的元气,亦已暗中凋耗了,然表面上却还维持着一个盛况。"

说到中国古代帝王,在我看来,最符合儒家政治标准——"内圣外王"的,当属康熙帝。

话虽如此,历史的真实和遗憾却是,作为中国历史上少有的伟大帝王,康熙帝并不完美。我们以经常接触到的一个形容太平盛世之象的名词——"海晏河清",来考察康熙的得与失。

康熙帝亲政后,其内政"以三藩及河务、漕运为三大事"。因为康熙帝对"河务"亦即水利整治一以贯之的重视,从真正意义上造就了大清王朝"海晏河清"的太平之象。

俗话说：人非圣贤，孰能无过。英明如康熙这样的封建帝王亦不能免俗。

从康熙二十四年（1685年）起，在修治海口及下河问题上，河道总督靳辅与康熙帝、于成龙等大臣发生严重分歧。在争论最激烈的康熙二十七年（1688年），康熙帝几乎对靳辅予以彻底否定，认为他所主张的筑重堤及屯田，皆属"困民""害民"之举，应行停止。以康熙帝的好学博识、诸事掌控之特征，不排除他深藏"水利乃不朽之功德，惟由朕主导功成"的心理在作怪。君之好恶，臣忖度之。御史陆祖修见机上奏，弹劾靳辅"积恶已盈"，用舜殛杀禹之父鲧的典故来做比喻，暗示应当杀了靳辅。三月，康熙帝召集大学士、学士、九卿、詹事、科、道，总督董讷、巡抚于成龙、原任尚书佛伦、熊一潇等人当面进行讨论。讨论结果，决定给靳辅革职处分，以福建总督王新命代替他为河道总督。

正所谓"清者自清，浊者自浊"。仅过了一年，康熙帝就为自己犯下的错误而懊悔。康熙三十一年（1692年），运河同知陈良谟告发河道总督王新命勒取库银。康熙帝颇为感慨地说："倘河务不得其人，一时漕运有误，关系非轻。"于是，康熙帝重新起用"熟练河务及其未甚老迈"的靳辅为河道总督，认为只有这样才能解除自己"数年之虑"。可惜，世上没有后悔之药，数月之后，靳辅即病逝于任所，终年六十岁。想必当时的康熙帝一定追悔莫及，追赠靳辅为工部尚书。时隔四年，康熙帝又批准江淮民众请求，在黄河岸边为靳辅建祠祭奠。

过了十多年，康熙四十六年（1707年），在一次对吏部官员的谈话中，康熙帝对靳辅的治河作了全面评价：

康熙十四五年间，黄、淮交敝，海口渐淤，河事几于大坏，朕乃特命靳辅为河道总督。靳辅自受事以后，斟酌时宜，相度形势，兴建堤坝，广疏引河，排众议而不挠，竭精勤以自效，于是黄、淮故道次第修复，而漕运大通，其一切经理之法具在，虽嗣后河臣互有损益，而规模措置不能易也。至于创开中河，以避黄河一百八十里波涛之险，因而漕挽安流，商民利济，其有功于运道民生，至远且大。朕每莅河干，遍加咨访，沿淮一路军民感颂靳辅治绩者众口如一，久而不衰。（白寿彝总主编《中国通史》第十卷）

为奖励靳辅的功劳和贡献，康熙帝再一次决定给他加赠太子太保，授骑都尉世职。

知错能改即圣贤。这就是康熙帝终成一代明君的过人之处吧。

此后，对"天下第一廉吏"张伯行的错误决断，则显现了康熙帝的人性弱点。

康熙五十二年（1713年），亦即康熙帝通过公正处理张伯行与噶礼之争而大得天下民心的第二年，张伯行这位康熙帝一心树立的"天下第一廉吏"，竟然躲不过"伴君如伴虎"的宿命，蒙受不白之冤，险遭杀身之祸。

是年，江苏布政使一职缺员，张伯行上疏推荐福建布政使李发甲、台湾道陈（王宾）、前任国子监祭酒余正健，而康熙帝却将湖北按察使牟钦元提拔就任。不久，张伯行弹劾牟钦元把勾结海盗的罪犯张令涛隐藏官署中，请求逮捕治罪。张令涛的哥哥元隆住在上海，造海舱，出入海洋，拥有大量资产，交结豪贵。此前，正赶上刑部下檄文缉查海盗郑尽心余党，崇明水师捕住一条渔船，此船的主人是福建人，却假冒华亭籍，经查验船照，知是元隆代领，张伯行准备一追到底。当时，张令涛在噶礼府内任职，元隆托病逃避逮捕，案子尚未了结却死于家中。噶礼先前弹劾张伯行，曾抓住这件事作为张伯行七条罪状之一。适逢上海县百姓顾协一诉张令涛占据他的房屋，另外还有几处水寨窝藏海贼，声称张令涛现居住在钦元官署中。康熙帝命两江总督赫寿调查审理，赫寿庇护张令涛，以通贼事查无实据而上报。康熙帝又命张鹏翮及副都御史阿锡鼐调查此案，张鹏翮等奏报元隆、张令涛都是良民，请求夺去张伯行的江苏巡抚官职。

康熙帝下令复查，并让张伯行自己陈述事由。张伯行上疏道："元隆通贼，虽然上报已死，然而他财产丰厚，党徒也多，人人可以冒名，处处可以领到执照。张令涛是顾协一首先告发的，如果顾协一举报不实，照例应以诬陷治罪。由于牟钦元庇护，致使此案久悬未决。我作为地方长官，应该在事情刚发生时即加以防止，怎能不追究呢？"对张伯行的自陈，康熙未尽满意，怀疑张伯行弹劾牟钦元是出于其不为自己举荐之人的私心，将张伯行解职。张鹏翮窥视康熙帝的态度变化，便落井下石，再参劾张伯行"以海上有贼，欺君妄奏，监毙良民数人"之罪，拟斩。刑部复议，竟如其拟。

事至于此，康熙帝才恢复了理性，为保全自己维护清官的世誉，免除张伯行之"罪责"，康熙五十四年（1715年）命其来京，十二月，授予总督仓场侍郎，"戴罪效力"，其后又调任户部侍郎，兼管钱法、仓场，会试副考官。

康熙六十一年（1722年），正月，康熙帝赐满汉老臣"千叟宴"。据《张清恪公年谱》载述，在宴会上，康熙帝对张伯行大加表彰：

凡为大臣，当仰体君心，惠爱百姓。如张伯行为巡抚时，凡地方情形，米麦价值，皆不时奏闻，是真能以百姓为心者也。

对待自己所树"天下廉吏第一"的清官亦有重大反复，可见以"内圣"标准来衡量康熙帝，其在心胸上还具相当大的差距。

差距，还表现在康熙帝的眼界上。在中国古代封建统治者中，康熙帝称得上是唯一一位学贯中西的学者型帝王。

明末清初，随着西方宗教人士来华传教，西学东渐，科学的影响力不绝如缕，带给古老中华大地一些新的气息。在南怀仁、徐日升等学者指导下，康熙帝掌握了几何学、静力学、天文学、哲学、医学等西学知识。他还饶有兴趣地学习了西方乐理，学会吹奏西洋乐器。对西方传教士引入的科学仪器，他也热衷于躬亲操作，测量高度、距离。

然而，在其所涉及的知识领域，康熙帝最重视的还是儒学。《清圣祖实录》卷二四五，记录了这位中华帝国最高统治者一段心声：

朕御极五十年，听政之暇，勤览书籍，凡四书、五经、《通鉴》、《性理》等书，俱经研究。每儒臣逐日进讲，朕则先为讲解一过，遇有一句可疑，一字未协之处，亦即与诸臣反复讨论，斯于义理贯通而后已。

博观约取，读必通神。于儒学，康熙帝最推崇的是程朱理学，且深入研究，阐发其微言大义，自成一家之言，成为当朝的理学权威。康熙帝还倾心于"名山事业"，组织编纂《朱子全书》《周易折中》《性理精义》等书，并亲自作序，阐明己见。法国耶稣会传教士白晋在仔细观察了康熙帝的言行之后，认为他长期研究中国古籍，完全领会了儒教的精神，堪称是中国儒教的教祖。

康熙帝推崇理学，且深入研究，做当朝"儒教的教祖"的真实缘由，是他想成为一个程朱理学推崇的"内圣外王"式的世间伟人——格物、致知、正心、诚意、修身、齐家、治国、平天下。

在我看来，康熙帝一生从未放弃对"五百年必有王者兴"的自我期许。正是出于对这一政治抱负的期许，康熙帝毕生襟抱一颗"平治天下"之雄心。于是乎，做一个唐尧虞舜夏禹般的三代圣人，继而以"内圣外王"的形象，实现中华传统政治之最高理想——"平治天下"，便成为康熙帝人生和事业的终极追求。除此之外者，什么科学的普及、社会的进步，何须多虑！

康熙帝这般心理，被一个人揣摩得极其透彻，并借此立身于大清朝廷，从不失帝王荣宠、官场显要。这个人，就是的康熙朝名臣李光地。

康熙十九年（1680年），以"卖友求荣"倍受后世争议的李光地被授以内阁学士兼礼部侍郎。在呈奏的读书笔录序言中，李光地对康熙大加赞颂：

我皇上天挺其姿，神授之识，生知乃复好古，将圣而又多能，其潜思实体，朝讲夕诵，非尧舜之道不陈于前，非天人性命之书不游于意。臣窃谓我皇上非汉唐以后之学，唐虞三代之学也。……自朱子以来我皇上又五百年，应王者之期，躬圣贤之学。天其殆将复起尧舜之运而道与治之统复合乎！（彭绍升《李文贞公事状》，载于《碑传集》卷十三）

自此，从理论上对康熙帝作了与儒家心目中最理想的圣王——尧舜等同之赞颂的李光地，获得了康熙帝的宠信，兼之"谋划多称上意""深见契纳"，一路官运亨通，荣升直隶总督、吏部尚书。康熙四十四年（1705年），康熙帝以李光地"居官甚好，才品俱优"，擢升其为文渊阁大学士，康熙四十八年，再充会试主考官。康熙一朝，汉臣能如此荣耀显贵者，惟李光地一人而已。

康熙五十七年（1718年），李光地病逝。正在热河行宫的康熙帝降谕部臣等说："李光地久在讲幄，简任纶扉，谨慎清勤，始终如一。且学问渊博，研究经籍，讲求象数，虚心请益，知之最真无有如朕者；知朕亦无有过于光地者。倚任方殷，忽闻患病溘逝，朕心深为轸恻。所有应得恤典，该部察例具奏。"（《清史列传》卷十《李光地传》）

康熙帝与李光地的君臣默契反映了他对传统儒家思想的始终坚持。对外来科技，可用白寿彝总主编《中国通史》中一段话来总结：

中国历代统治者包括康熙帝这样杰出的封建帝王在内，从来都把儒学伦理放在第一位，用封建纲常一套思想来巩固统治，至于科学技术在他们看来是无关紧要的，甚至把它视为"淫巧"而加以排斥。康熙帝热心学习各种知识，包括西方科学知识，是他从一个帝王的立场出发，要使自己成为万民景仰的绝对权威，以驾驭群臣和人民，俯首听命。因此，他在这一点上与历代帝王并无根本不同。他把学到的西方新知识，自己垄断起来，没有指示更没有倡导把它推广到生产实践中去，因而西方传入的科学技术并没有给中国的生产发展带来益处。

　　从这个意义上讲，康熙帝既是中国封建时代"内圣外王"的终结者，又是中华文明停滞的主导者。

读史十记

在圆明园废墟上的祈祷

康熙帝之后的历史，不能不提到紫禁城外的大清皇家御苑——圆明园。这个地方，已成为中华民族心中永远的痛。

去圆明园最适宜的时节，应该是黄叶飘零的深秋十月。天空呈现浅浅灰色，有阴云拂拂飘过，随即感觉到一丝丝若有若无的北国凉秋雨意。于是，在这"愁云惨淡万里凝"的氛围中，游人已茫茫然走过公园的林间路径，走到圆明园现存唯一的象征物——远瀛观大水法遗址前，走进一段曾经是世界上最豪华壮观的皇宫御苑的劫后历史。

必须承认，仅就其形式、规模和创造力而言，圆明园堪称是中国古代登峰造极的建筑群落。

1709年，康熙帝第四皇子，即后来的雍正皇帝，开始在他的馆苑扩建一处皇家园林。历经乾隆、嘉庆、道光、咸丰四朝延续一百五十年巧夺天工的大规模营构，圆明园的建设大功告成。于是，在北国风光的燕山脚下，竟然有了秀美南国的庐山瀑布；榆杨萧疏的通惠河畔，竟然有了柳浪闻莺的西湖十景；水波潋滟的人工湖中，竟然有了海上仙山蓬莱、瀛洲、方丈……

在乾隆时代，圆明园已是举目皆奇观的人间仙境了，但其主人乾隆帝意犹未尽，再创海晏堂、远瀛观、大水法、迷宫黄花阵诸多有别于东方的西洋楼景观。在北京城西郊这片面积三百五十万平方米土地上，荟萃中华锦绣河山和中外建筑杰作，被来华洋人称为清廷"夏宫"的圆明园，遂成为名副其实的"万园之园"。

不仅如此，在圆明园内，到处可见宝塔黄金遍珠翠、玉碗盛来琥珀光，更兼有河图洛书、《三坟》《五典》、金匮石室、艺术精品的馆藏。一座座绣闼雕甍、富丽堂皇的殿宇，亦是一处处物质与文化成果交相辉映的博物馆。

这就是历史上的圆明园，一座建筑与艺术珠联璧合、举世叹为观止的人间奇迹!

翻开中华历史卷帙,类似因战争带来的古代都载文明活动不胜枚举。

早在公元前11世纪,方圆十五平方公里、高耸三百米,堪与古巴比伦王国空中花园比肩的鹿台,毁于商纣王自焚的烈火。

"覆压三百余里,隔离天日……五步一楼,十步一阁"的大秦帝国之阿房宫,被项羽一炬燃烧,大火连绵三月不熄,徒留下后世"可怜焦土"一声慨叹。

更为惨烈的,还有7世纪至10世纪世界中心的大唐都城长安,10世纪至12世纪世界上最繁华的北宋都城汴京,"举目则青楼画阁,绣户珠帘,雕车竞驻于天街,宝马争驰于御道……八荒争凑,万国咸通"。只因一场场内乱外侵、兵燹战火,这些中国古代宏伟的建筑、繁华的城市,化作西风残照下的乱岗荒野,化作鲍照《芜城赋》、杜甫《春望》、杜牧《阿房宫赋》、孟元老《东京梦华录》中的历史追忆。

不知从何时起,或许是在初有记忆的童年,一种状似梦幻的意境便时时萦绕着我的身心。经过数十年人生甘苦风雨历程,我开始明白,大凡此种意境,其实是人类所共有的对理想目标、对精神世界的追求。也许是出于对世俗社会的睥睨,繁华的物质世界似乎只是属于那些追逐名利的成功者;也许是出于人类与生俱来对理想色彩的憧憬,无形的精神世界似乎比有形的物质世界更为美好、坚实而可信。

当年,我来到燕京大地,走进了袒露着中华民族一段历史伤痕和耻辱的圆明园。

在这里,让我感到震惊的不是空旷落寞、残垣断壁的园区,而是一句最终引发圆明园毁废的文字——"移天缩地入君怀"。

这句文字出自大清国皇帝乾隆之口。据此,可以诠释圆明园的营建为何在乾隆时期达到了高潮,成为荟萃天下名园的"万园之园"的缘由。

诚如乾隆这位自诩"十全老人"的万岁爷所言,他废尽移山凿海之力修建圆明园的目的,只是为了"移天缩地入君怀"——不出一园而能独享天下美景。

乾隆帝建园目的与其人生经历有一定关系。

从大清帝国的奠基者努尔哈赤,下迄皇太极、顺治、康熙、雍正,这五位帝王的登基、统治，皆历经了人间无数磨难与险恶困境，出生入死，心力交瘁。想想看，他们中间的哪一位不是经过激烈的权力争斗，或得以登极，或真正执掌皇权？努尔哈赤、皇太极、顺治、雍正四人，皆不得寿终正寝。

再来看清高宗爱新觉罗·弘历，即大名鼎鼎的乾隆皇帝。

仿佛上天刻意要安排雍正帝第五皇子弘历继承清帝大统之位，故而天佑其身，假以聪慧。随着其兄弘盼、弘晖、弘昀先后早殇，弘时"性情放纵，行事不谨"，失去雍正的欢心，最受祖父康熙帝喜爱，从而使其父在争夺储位中处于有利地位的弘历，便成为雍正帝心目中理想的储君。

即雍正登基元年（1723年），雍正帝御笔朱批写的弘历的名字，藏于乾清宫"正大光明"匾额之后。如此一来，年仅十三岁的弘历名正言顺地成为密定之储君。随后，雍正帝对爱子储君弘历悉心栽培，特意选派朱轼、徐元梦、张廷玉、嵇曾筠、蔡世远等才学优著的大臣辅导其文史知识、儒家经典，又特命皇室宗臣允禄、允禧教习其弓马骑射和火器使用诸般武艺。不仅如此，雍正帝还让弘历以储君形式代他行使祭天、祭祖之类朝廷隆重礼仪。雍正十一年（1734年），雍正帝册封弘历为宝亲王，让他直接参与处理平定准噶尔叛乱和贵州苗民起义等重要军政事务。

如此一来，封建时代所谓的安邦治国、文韬武略，作为储君的弘历无不遍习、精熟。

弘历，这位后来的乾隆大帝，确也没辜负父皇一片苦心栽培，六十年龙御天下而多能励精图治，勇于进取，知人善任。其为皇帝也，于文，盛世修史，有《四库全书》凌跨前朝；于武，十全武功，平定蒙古准噶尔部、回部，拓疆两万里，结束唐朝末年以来西北、漠北动荡分裂的政局，"金瓶掣签"令西藏严格隶属中央，青海、四川绥靖，云贵少数民族牢固内附，最终奠定了近代中国的辽阔版图，缔造了大清国全盛之势。

文化方面，这位乾隆大帝确也天资超迈，虽然出身满族，但对汉民族的艺术创造从爱慕到痴迷，最终在琴、棋、书、画艺术领域"无所不精"。

在中国绘画史上，所谓"元四大家"——黄公望、吴镇、倪瓒、王蒙，代表着中国古典山水画的一个高峰。而"元四大家"中，又首推大痴道人黄公望。他最著名的一幅山水画《富春山居图》，不但画名煊赫，而且庋藏故事曲折生动,贵为大清国皇帝的乾隆也忝列其中,闹出了中国绘画史上的大笑话。

对中国传统文化的痴迷若此,贻笑大方,但这位乾隆爷也绝非一般的附庸风雅之辈。长期沉浸于博大精深的华夏艺术之海,乾隆逐渐练就了一双甄别艺术品真伪优劣的火眼金睛,其见微知著、披沙沥金的精锐眼光,亦曾令天下人啧啧称奇。

现今之北京北海团城承光殿前玉瓮亭,陈列一件硕大的玉雕——"渎山大玉海"。此乃巨型贮酒器,在中国玉器发展史上,属于里程碑式的艺术杰作。

"渎山大玉海"皇家御制的身份和辗转世间的经历,颇显世间不凡之造化。

1265年,元世祖忽必烈敕令皇家玉工制作"渎山大玉海"。此巨制由一座黑质白章的椭圆形南阳独山玉精雕而成,其玉质斑驳变幻,在俏色处理上继承和发展了中国琢玉工艺"量材取料"和"因材施艺"的传统技巧。玉瓮内部掏空,空腔深55厘米,外壁饰波涛汹涌大海图案,下部以浮雕加阴线勾刻手法表现旋卷的波浪,上部以阴刻曲线勾画漩涡作底纹,周身浮雕表现潜跃于海浪波涛的龙、鹿、猪、马、犀、螺等。浮雕和线刻相结合的艺术制作手法,既粗犷豪放,又细致典雅,动物造型兼具写实气质和浪漫色彩。"渎山大玉海"一出世,当即成为无价之宝,绝世孤品。

有元一代,"渎山大玉海"置于北海琼岛顶上的广寒殿,后历经战火动乱,至清代遗落民间,不知所终。

时移于清中期,风雅皇帝乾隆好游娱四方。一日,这位太平天子携众臣游西华门外真武庙,但见一尊道士储菜用的大石瓮,污渍斑斑,何堪入目。众侍臣皆视若无物,昂然而过,唯有乾隆停下脚步,细细打量,随即龙颜大开:这就是载于史册但失传已久的"渎山大玉海"啊!惊闻乾隆一声赞叹,众侍臣顿生"有眼无珠"之懊悔。乾隆当场表示愿出一千两黄金,将这尊储菜用的大石瓮买下,然后在众道士愕然惊讶的眼光下将其运送到北京北海团城承光殿,亲制御诗三首及序文,令宫廷玉匠精工镌刻于膛内,又先后四次对玉瓮进行修饰,永久珍藏于玉瓮亭。

有道是"千金难买相如赋",更何况这是一件无价之宝的绝世孤品!精于艺术鉴赏的乾隆皇帝书写了中华艺术史上一页传奇篇章。

集上天万千宠爱于一身，占尽向阳花木、近水楼台，加之天禀聪慧勇毅，乾隆皇帝完全有条件成为中国历史上空前绝后的伟大帝王。但是，客观上封建帝制"唯我独尊"的弊端，主观上乾隆皇帝自身的人性弱点，最终未能超越《诗经·大雅·荡》"靡不有初，鲜克有终"的人生宿命之论。

历史随后证明，就个人品行而言，这位缔造了中国封建王朝最后一个盛世的乾隆大帝非但比不上"一代天骄"，而且也谈不上是一位"明主"，充其量不过是一位以天子至尊厥尽物欲的凡夫俗子而已。

乾隆皇帝一大爱好是微服私访，巡幸天下，既为社稷江山，也为风雅艳逸。从乾隆六年（1741年）到嘉庆三年（1798年），近六十年间，乾隆六下江南，四谒祖陵，五游五台山，五十二次巡幸热河避暑山庄；历年不废声势浩大的承德木兰围场例行狩猎；曲阜祭孔，告祭嵩山，则不可胜数。除却游山逛水，乾隆对女乐、珍宝、饮食、宫苑也无所不好其极。

历史上，隋炀帝是以残暴奢靡出名的一代亡国昏君，但你能想到以"文治武功"英名传世的乾隆帝，竟与这位昏君有着惊人的相似之处吗？

史载，乾隆六下江南，大运河沿岸排列无数画舫、彩船，两岸搭满戏台、彩棚。他所乘坐的龙舟及随行船只竟然迤逦百里，多达上千艘，皆由青壮男人和年轻妇女沿途拉纤，称之为"龙须纤"。这是怎样一幅"盛世景象"？

想当年，隋炀帝三次巡幸江都，"乘兴南游不戒严，九重谁省谏书函。春风举国裁宫锦，半做障泥半做帆"（李商隐诗《隋宫》），留下了亡国之罪、历史骂名，而乾隆六下江南，却成为历史佳话、传世美谈。常言道"不以成败论英雄"，但最终的通行标准还得归为"成王败寇"。由此，在伟大人物的盖世光环映照下，那些"平生爱好""生活小节"之类的负面形象，就这样被国人宽容地淡忘了。

当然，被国人淡忘的还有我们的先祖在鉴识历史过程中总结出的一条规律：千里之堤，溃于蚁穴。天下臣民没有普遍的觉悟，帝王手握绝对的权柄，久而久之，先秦孟子倡导的民主思想"民为贵，社稷次之，君为轻"，成为被社会遗忘的稀世之声。两千年间，唐太宗"贞观之治"时期"水能载舟，亦能覆舟"的警世箴言犹如昙花一现，其余年代则尽显封建王权的显著特征，即一代代帝王时常挂在嘴边的"天下者，朕之天下也""国家者，朕之家国也"。

于是，我们看到，作为文治武功均彪炳于世的一代英主，热衷于"极视听之娱"的乾隆皇帝，随心所欲地享尽了人间物质奢华。

享乐，首先来自朝野的趋炎附势。典型的事例之一，是乾隆驾幸扬州之行。

扬州，古称广陵，历史上曾几度兴废。鲍照作《芜城赋》，即是对西晋时期扬州城（古江都）从极盛时"四会五达之庄，廛闬扑地，歌吹沸天"到毁灭时"孤蓬自振，坐地惊沙"怵目骇心的刻画。

唐代，扬州再现绝代风华。"腰缠十万贯，骑鹤下扬州"的矜豪，"春风十里扬州路，卷上珠帘总不如"的婉姿，一首首豪歌艳诗于今犹使人想见扬州当年的繁华靡丽。

雅好文史的风流天子乾隆自然知道这"淮左名都，竹西佳地"，当然要潇洒走一回。如此天下头等大事，扬州城官民岂敢怠慢，街衢巷道铺满锦毡，两边悬挂绸帐，弥望城中一派富丽堂皇。而主事者唯恐讨好不到位，由扬州盐商捐钱开湖堆山，建楼造园，修筑行宫。行宫里的一切器物均无比奢华，就连痰盂都是用银丝镂嵌的。乾隆为之龙颜大悦，当即把这些盐商招来赐宴，每人赏顶戴花翎一级。

巡幸天下，终有车马劳顿之苦，何不坐镇宫寝，安享天下美景逸乐？

皇上有"移天缩地入君怀"之心，朝野上下闻风而动，圆明园的扩建遂成大清国第一建设大事。以当时大清帝国抚有四海的实力，何愁近悦远来共襄"大业"？大兴土木的结果，是乾隆将雍正时期的圆明园二十八景增添到四十景。而后，乾隆意犹未尽，又在其毗邻处另建长春园、绮春园等风景名胜，举目则遍地锦绣，一望则气势恢弘——世界历史上规模最大的皇家园林圆明园遂灿然出世。

于是，乾隆大帝在实现了他名垂青史的精神创造大业——盛世修史，编纂《四库全书》之后，又奠定了在世俗社会看来超越《四库全书》的物质创造大业——盛世修园，兴建天下最赏心悦目、珍奇荟萃的皇宫御苑。

"十全武功"，再加上"盛世修史"和"盛世修园"，标志着乾隆缔造的"大清国全盛之势"最终形成。按说，乾隆皇帝从此便可以颐养天年，大清国从此可以安享政通人和、海晏河清的太平盛世了。

结果却恰恰相反。

上有所好，下必甚焉。乾隆皇帝私欲横流的表率作用，带来的是上行而下效的举国物欲横流。

起初，还有耿介诤臣敢于犯颜直谏："皇上南巡之后，百姓生活甚苦，怨声载道。"却当即遭乾隆厉声斥责，被赶出朝堂，贬官发配西域戍边。

另有大臣婉转劝谏："皇上每到一处巡幸，地方官一味奉承，侵害百姓不浅。"岂料又惹得乾隆龙颜大怒，非要杀了这位大臣。经其他朝臣再三讲情，才"皇恩浩荡"免除一死，罢官遣送回乡。

为了一己私欲，动辄对劝谏者行黜职杀身之罪，便不难理解为什么在乾隆这样一位"伟大帝王"时代出现了中国历史上最大的贪官和珅；便不难理解为什么在吏律严酷的乾隆王朝，竟流行"三年清知府，十万雪花银"的吏风腐败。由此，也不难理解为什么在大清国全盛时期竟然在山东、甘肃、台湾、湖南等地人民起义此起彼伏，四川、陕西、湖北爆发了大规模的持续八年之久的白莲教起义。

是以乾隆虽然缔造了大清国"全盛之势"，但大清王朝却未能规避"盛极而衰、物极必反"的规律。也正是从乾隆末年起，大清王朝走上式微之路。对此，吕思勉先生在《中国通史》中痛陈其弊：

清朝的衰机，可说是起于乾隆之世的。高宗（乾隆）性本奢侈，在位时六次南巡，耗费无艺。中岁后又任用和珅，贪渎为古今所无。官吏都不得不剥民以奉之，上司诛求于下属，下属虐取于人民，于是吏治大坏。清朝历代的皇帝，都是颇能自握魁柄，不肯授权于臣下的。它以异族人入主中原，汉族真有大志的人，本来未必帮它的忙。加以其予智自雄，折辱大臣，摧挫言路，抑压士气，自然愈行孤立了。所以到乾、嘉之间，而局面遂一变。

而在我看来，以"移天缩地入君怀"之私心建起的圆明园，给走向近代的大清王朝或者说是中国带来的更大危害，是统治阶级上层的精神与见识的自闭。

圆明园建成之前的清王朝，秉持着一种昂扬向上锐意进取的朝气，金戈铁马，关山飞度，开疆辟土，绥靖四方，颇有大唐帝国胸襟天下之遗风，由此奠定了中国历代王朝中领土最广袤、民族众多、亿兆归顺的煌煌基业。

自从有了"万园之园"的圆明园,春、夏、秋三季,清廷的大小国事、军机要务均在圆明园处理。不出宫苑,而能尽赏世间美景,享人间极乐,清廷上下皆志得意满,踌躇四望,以为大清王朝即为天下宾服的天朝。坐拥中华万里锦绣江山万世足矣,何须再求助于其他!

　　深受这种由昂扬进取转为骄矜守成心理的影响,18世纪末,中华外交史上演了一幕颇值得后人回味的"肥皂剧"。

　　乾隆五十七年(1792年),大英帝国派出由马戛尔尼伯爵率领的访华外交使团,翌年抵临承德避暑山庄。在觐见乾隆皇帝的礼节上,清廷要求英国使臣按照"天朝礼制"行三跪九叩大礼。彼时,英国已击败西班牙、荷兰,成为世界上最强大的殖民帝国,飞扬跋扈横行于世。所以,马戛尔尼断然拒绝了这一屈居人下的要求。

　　一心沉醉在"万邦来朝"荣耀中的乾隆闻此消息,感到自尊心受到了伤害,便大发雷霆。马戛尔尼担心影响使命,只好妥协一步,同意一条腿跪下觐见乾隆皇帝。

　　一条腿跪下,也算是跪了,乾隆觉得面子上还算过得去,遂开恩准许马戛尔尼一行入朝觐见,以示不与海外蕞尔小国计较的天朝风度。

　　觐见后中外双方的言辞交锋,令世人印象深刻。马戛尔尼向清廷提出建交、开放通商口岸、关税优惠等谈判条件。乾隆以不屑一顾的口气,强调"天朝物产丰盈,无所不有,原不藉外夷货物以通有无",义正辞严对英人的诸般要求一口回绝。

　　咨尔国王,远在重洋,倾心向化。朕披阅表文,词意盹恳,具见尔国王恭顺之诚,深为嘉许。尔国王表内恳请派一尔国之人居住天朝,照管尔国买卖。此则与天朝体制不合,断不可行。其实天朝德威无被,万国来王,种种贵重之物,梯航毕集,无所不有,然从不贵奇巧,并无更需尔国制办物件。又据尔使臣称,欲求相近珠崇山峻岭地方小海岛一处,商人到彼,即在该处停歇,以便收存货物。天朝尺土俱归版籍,疆址森然。即岛屿沙洲,亦必划界分疆,各有专属,此事尤不便准行。(《清实录》)

　　封建皇权专制的最大弊病在于:皇帝个人的品行、智识和能力,决定着一个王朝盛衰安危的走势,决定着一个社会是非曲直的界定。

读史十记

曾国藩：传统文人的完美与悲哀

1793年，马戛尔尼率领大英帝国赴清使团无功而返，宣告了西方列强与中华帝国正常外交的结束。既然和平的渠道不能流通，强权者唯有诉诸武力——未逾半个世纪，1840年，鸦片战争爆发，是为中国近代史之开端。

一个时代的开启，必有开创这个时代或应运这个时代的人物出现。

如果说，在大清王朝前传和前期、中期，主要是帝王统治者开创的历史，那么，进入国难不断、旦夕危亡的近代，保家卫国的中流砥柱者就成了这一时代的主角。

故此，我们看到，当中国封建社会即将步入历史的尽头，曾国藩，一个晚清"中兴名臣"，一个被誉为集中国古代文化精粹"仁、义、理、智、信"于一身的"完人"，一个堪为中国人道德行为楷模的新型文化人出现了。

在一些后人心中，曾国藩是可与孔、孟等历代文化名人平起平坐的历史人物，其著作至今在图书市场中畅销。

岂止是文化名人，古今所有人物类书籍，曾国藩的集传亦排在较多、较显赫的位置。昔日一度被视为反面人物代表的曾国藩，怎么倏然就成了国人追捧的"高、大、全"式的伟人？

一个时代有一个时代提倡的人物楷模，由此影响着一个时代社会风气的形成。

过去的三千余年里，诞生了许多改变中国命运的重大历史事件。这其中，主导这些历史事件发生、发展、完结的一系列人物，亦由此成为一个时代为之看齐的楷模，或被我们冠之以"反面教材"的人物。

在我看来，一旦你深刻认识了"社会精英"代表人物的曾国藩，也就深刻把握了近代以来中国社会发展中一些现象的本质。

曾国藩人生最精彩的一幕，是在1864年，他身为湘军统帅，攻破太平天国首都天京（今南京）城前后。

彼时，曾国藩官衔两江总督，所辖地除江苏、安徽、江西三省外，还节制浙江，指挥着三十多万人的湘军。湖南、湖北、福建，以至广东、广西、四川等地也都在湘军将领控制之下。湘军将领中已有十人官至总督、巡抚。湘军水师游弋于长江上下，控制着整个长江水域。可以说，清王朝的半壁江山都在曾国藩的股掌之中。

昔日骁勇善战的满族八旗铁骑，早已在思想、作风上腐化衰朽，不堪一战；在"满汉一家"怀柔政策下诞生的另一支国防主力——汉族绿营，也已军心涣散，形同虚设。以曾国藩当时的声望、实力，若想颠覆清王朝，取而代之，可谓易如反掌。

当此之际，曾国藩的表现，足可以用"伟大的人格风范"来形容。

在当代史学评论家马道宗著作《圆经》中，对湘军攻破太平天国首都后，曾国藩进入天京的活动有一段精彩记述：

有一天晚上，大约十一点钟左右，曾国藩亲审李秀成后，进入卧室小憩。忽然，湘军的高级将领约有三十余人齐集大厅，请见大帅。中军向曾国藩报后，曾国藩即问："九帅有没有来？"九帅是曾国藩的九弟曾国荃。中军回答说未见九帅。曾国藩当即传令召曾国荃。曾国荃是攻破南京的主将，这天刚好生病，可是主帅召唤，也只好抱病来见。

曾国藩听见曾国荃已到，这才整装步入大厅。众将肃立，曾国藩态度很严肃，令大家就座，也不问众将来意。众将见主帅表情如此，也不敢出声。如此相对片刻，曾国藩乃命巡弁取纸笔，巡弁进以簿纸书，曾国藩命换大红笺，就案挥笔，写了一副对联，掷笔起，一言不发，从容退入后室。众将不知所措，屏息良久，曾国荃乃趋至书案前，见曾国藩写了十四个大字，分为上下两联：

倚天照海花无数，流水高山心自知。

曾国荃读联语时，起初好像很激动，接着有些凛然，最后则是惺然。而围在他身后观读联语的众将，有点头的，有摇头的，有叹息的，有热泪盈眶的，也表情各异。最后，曾国荃用黯然的声调宣布说："大家不要再讲什么了，这件事今后千万不可再提，有任何枝节，我曾九一个担当好了。"

曾国荃和湘军攻灭太平天国，对大清王朝有再造之功，以当时湘军士气之盛，战功之著，如果拥立曾国藩"黄袍加身"，是用不着费多大力气的；而曾国藩仅以十四字联语，就把他们的打算消弭于无形之中。

如果仅从诗歌艺术的视角评判，"倚天照海花无数，流水高山心自知"一句诗，有佛家诗僧之风，入不得历代诗选的绝妙好诗之林。但如果站在思想家的立场来分析，该句有蹈海擎天、万花簇拥的高瞰，有琴心一曲、山高水长的俯思，立意之高，可谓超越凡俗。

直面主帅一念之间可以改朝换代的历史抉择时刻，对数十万湘军和入主中原两百多年的清朝统治者来说，这都是一个令人窒息的风雨如磐之夜，而曾国藩却以一种"运雷霆于掌心，化乌云于清风"的诗人气质和领袖气概，在一高亢、一低回、一激昂、一委婉的淡扫笔墨之间，将一场酝酿在华夏大地的历史风暴轻易化解。

如果历史到此为止，彼时的曾国藩，确也堪负梁启超对他的评价——"立德、立功、立言并三不朽，所成就震古烁今，而莫与齐者"。

1917年8月25日，毛泽东在《致黎锦熙信》中也曾为之感慨："愚于近人，独服曾文正。观其收拾洪杨一役，完满无缺，使以今人易其位，其能如彼之完满乎？"

譬如一场大戏，毛泽东所说的"完满"，其高潮便在曾国藩挥毫写就"倚天照海花无数，流水高山心自知"这表面心如止水、内里惊心动魄的一幕。

然而，仅仅过了十多年，晚年的曾国藩却因一起"天津教案"跌入了悲哀的人生境地。

1870年五月，天津东门外运河边的法国天主教堂里死了三四十个收养的婴儿。与此同时，天津市井盛传不断发生的拐骗幼童事件均系天主教指使，而法国驻天津领事丰大业和他的秘书西蒙竟异常蛮横，拔枪射杀前来维持秩序的天津知县刘杰随从高升，由此引发了大规模冲突。群情激奋的天津市民焚毁了法国驻津领事署和法、英、美等国几所教堂，打死外国传教士和经商者二十多人，中国教民也被打、被杀三四十人。

"天津教案"发生后，法国联合英、美等七国驻华使节向清政府提出抗议，并在天津、烟台一带集结兵舰，法国海军提督甚至扬言要将天津化为焦土。

形势逼人，清廷不敢怠慢，五月二十六日，时任直隶总督的曾国藩在河北保定接到皇上谕旨，命他赴天津处理此案。

六月十日，曾国藩抵达天津。此后的一百零二天，曾国藩陆续逮捕了涉事群众八十多人，处死二十人，充军二十五人，将天津知府张光藻、知县刘杰交刑部问罪，革职充军。同时，清廷支付给法国"赔偿费及抚恤费"共计白银五十多万两。

在钦差大臣曾国藩的软硬兼施下，一场中国民众维护国家主权的"天津教案"，以对内捕杀国民、对外屈辱赔款而终结，国内一时舆论大哗，纷纷谴责曾国藩畏葸辱国，上损国体，下失民心。由曾国藩手书的京城湖广会馆楹联，也被他的湖南同乡愤然撕毁。

事后，曾国藩不免自省，认为此事"措施未尽合宜，内疚神明，外惭清议"，自叹"积年清望，几乎扫地以尽；名已裂矣，亦不复深问耳"。

由"天津教案"处理失当造成的社会压力，使曾国藩悔愧交加，精神悒郁，以致病症加剧，一年后抱恨而终。悲夫！

此前还堪称"完满无缺"的伟人，只因一件在中国近代史上并不罕见的"天津教案"，竟酿成一个先终结其政治，再终结其生命的"滑铁卢"，是人生的偶然，还是历史的必然？

为什么连一个自己都认为"内疚神明，名已裂矣"且抱憾而终的人，还能成为当今国人追捧的对象？

曾国藩成为国人崇拜的对象、行为的楷模，绝非偶然。

从三湘一介寒士进士及第，十岁而九迁，官居二品。金田起义，江淮动荡，麾三湘弟子而扶颠持危；乱靖荐贤，兴洋务，修身心，著书立说，一生几乎成就了古往今来中国文化人的一切功名，而又能处险恶之中身家无恙，颐享天年。崇敬者以为其人"德行功名，震古烁今，完美无缺"。彼曾文正公国藩者，俨然千秋楷模、万世之表。

历史上的曾国藩果真是这样"完美无缺"的人吗？

先说他的"十岁九迁"。

1838年，曾国藩第三次进京参加会试，幸而得中三甲第四十二名进士，后参加朝考，被道光皇帝点为一等第二名，得以进入翰林，当上了清闲无品的庶吉士。

曾国藩在京为官的时间前后共计十二年。此间，按照曾国藩自己的说法，是"每天发奋用功，早起温经，早饭后读二十三史，下半日阅读诗古文"。另据史料记载，曾国藩阅读面很广泛，博览经、史、子、集，涉猎于前明、本朝大儒之书，又取司马迁、班固、杜甫、韩愈、欧阳修、曾巩、王安石之作悉心研读。在"四书五经"之外，他最喜欢读的书是《史记》《汉书》《庄子》《韩文》四种；五、七古诗学杜甫、韩愈，五、七律诗学杜甫、李商隐，古文则学苏轼、黄庭坚。

道光二十二年（1842年），曾国藩充任文渊阁校理，每年二月侍从皇帝入阁，得以读到《四库全书》。所以，后人评价认为，如此广泛的文史学习，为曾国藩后来成为中兴桐城派古文的盟主打下了坚实的基础。

按理，如此博览群书，且年岁已逾四十，曾国藩早就应该像苏轼、王安石那样，以文章闻名天下了。但真实的情况却是，曾国藩书尚未读成，官则越做越大了，不出十年，竟做到了礼部侍郎的位置。这就是曾国藩自己所说的"无何，学未成而官已达。从此与簿书（文书）为缘，素植不讲"。

曾国藩死后，一代怪杰、《湘军志》的作者王闿运送去一副挽联，上书：

平生以霍子孟、张叔大自期，异代不同功，戡定仅传方面略；经书在纪河间阮仪征之上，致身何太早，龙蛇遗憾礼堂书。

这副挽联的大意是说：曾国藩平生以西汉霍光、明朝张居正自期，但因时代不同，功业相差甚远，并没有像霍光、张居正那样位居中枢，统筹全局，仅仅是戡定了东南半壁江山，留下一些用兵方略而已；学术超过了纪晓岚、阮元，但很早就做了大官，最终也没有留下什么著作。

应该说，王闿运对曾国藩的评价颇为中肯。

问题是，在洪秀全发动金田起义之前，不闻在京为官的曾国藩有什么卓然政绩，或是文才辉耀京华的表现，为什么还能连连高升，直至一般的汉族官员难以想象的二品朝廷大员高位？原因就在于他投靠了一位恩师——奸相穆彰阿。

俗话说得好：物以类聚，人以群分。受到穆彰阿这样一位反对林则徐禁烟、抗英的奸臣赏识和提携，曾国藩与之沆瀣一气，臭味相投，且学会其攀附经营之术。但可惜，今天国人所能接触到的史料或文章，几乎尽将曾、穆二人关系涂抹一清。

再来看曾国藩在为其提供久战成名、丹青有誉的戡定"洪杨之乱"中的表现。

在对太平天国的镇压中，曾国藩首开中国历史上"就地正法"先例："在省城设'发审局'。凡团绅送被捕人到局，立即杀死，禁止尸亲呼冤，又禁止向团绅讲理。他竭力提倡团绅捕人，地方官杀人、捕人要多，杀人要快，官杀人'不必拘守常例'，团绅捕人'不必一一报官'。人民更陷入朝不保夕的险境，大家叫他'曾剃头'，形容他杀人像剃头发那样多。他感觉到公论不容，给咸丰皇帝上了一个奏章说：'即臣身得残忍严酷之名，亦不敢辞。'"

虽然曾国藩自我辩解此举是"书生岂解好杀，要以时势所迫，非是则无以锄强暴而安我孱弱之民"，但对同胞的想杀就杀，从而导致湘军杀戮成性，并制造了一起令南京万劫不复的屠城毁灭。

1864年七月十九日，湘军攻陷天京，所干的第一件事就是大屠杀，"三日之内，秦淮河尸首如麻"，全城"尸骸塞路，臭不可闻""沿街死尸十之九皆老者，其幼孩未满二三岁亦所戮以为戏。妇女四十以下一人俱无。老者无不受伤，或十余刀，数十刀，哀号之声达于四远。其乱如此，可为发指"。连曾国藩也认为这是一场浩劫——"自五季以来，生灵涂炭，殆无逾于今日"。

这样的人间暴行，连曾国藩的同乡、湖南人谭嗣同也实在难以容忍，他在《仁学》一书中写道：

湘军以戮民为义，城邑一经湘军之所谓克复，借搜缉捕盗为名，无良莠皆膏之于锋刃，乘势淫房焚掠，无所不止，卷东南数省之精髓，悉数入于湘军，或至逾三四十年，无能恢复其元气，如金陵其尤凋惨者也。

在我的内心深处，对曾国藩一直有挥之不去的阴影。因为谋以达仕，智以存国，术以御众，俨然是天下士子楷模的曾国藩，就可以视对立阵营的千万民众如草芥，心安理得地变成杀戮成性的"曾剃头"？须知，那些投身太平天国运动的普通军民，也是与他同根同族的人啊！

连本应是温文尔雅的知识分子也变得斯文扫地、杀气腾腾，向国民擎举溅血屠刀，对于一个国家、一个民族而言，还有比这更可怕的事吗？

是以有明世者尖锐、深刻地指出，就地正法之制"秦、隋之暴所未有也。不经司法而可以杀人，则刑部为虚设，而民命为草芥。淫刑已逞，残酷已极，彼尚不肯奏改于贼平之日，而谓其不得已之苦衷可以告天地、质鬼神，其谁信之？"

再来看曾国藩在外交上的表现。

剿灭太平天国之后，曾国藩首倡洋务运动，旨在强国体，御外侮。那么，"外侮"如何抵御呢？曾国藩提出对外交涉之纲要"大事苦争，小事放松"，并主张与洋人交际要"恍似有几分痴气"，即所谓的大智若愚。

当李鸿章升任直隶总督，前来向老师讨教外交方略时，曾国藩又以殷殷教诲向这位辅弼大臣和淮军统帅传授经验：与洋人对决时，"不宜衅自我开"。

可以说，由曾国藩一手倡导的"不宜衅自我开"的外交妥协路线，导致中国近代外交、战争史上一次次隐忍、退让，直至连遭败绩，丧权辱国，最终使中华民族丧失尊严。

对内不惜残酷杀戮，对外一味畏缩忍让，曾国藩这两项治国方略，被后世仰慕他的军阀、政客所效仿，腥风血雨四起，风雨如磐压境，流毒贻害中华近百年。

如果说曾国藩确实有什么天禀异常的过人之处的话，可能就是他被后世传为神奇的相面识人术。

曾国藩一生中相过面的最高人物，是慈禧太后。1868年，曾国藩赴乾清宫参与宫廷宴会，位列汉官之首，与满族大学士倭仁东西对坐于同治皇帝御座前。在这次宴会上，他首次见到慈禧太后、同治帝及奕䜣、文祥、宝鋆等军机大臣。后来，曾国藩在其《能静居日记》中对这几位清朝最高统治集团成员作出评论：

两宫（慈安、慈禧太后）才能平常，见面无一要语；皇上冲默，亦无从测之；时局尽在军机三人。奕䜣极聪明而晃荡不能立足；文祥正派而规模狭隘，亦不知求人自辅；宝鋆则不满于人口。朝中有特立之操者尚推倭仁，然才薄识短。余更碌碌，甚可忧耳。

后来的事实证明，曾国藩的评论颇具慧识远见。慈禧只知玩弄权术，而思想、意识却堪称昏聩愚昧；同治皇帝不过是一少不更事小儿，未见其威、其智，弱冠之年便去世了；本来，奕䜣这位皇叔倒是块可以成为国家栋梁的料，总理朝政，提携洋务，颇见几分经邦济世才干，怎奈性情柔滑，少智谋之略、果敢之气，始终被慈禧太后玩弄于掌心，非栋梁之才，何堪重任！

这样一班昏庸者当道，天下当真堪忧。若不是洪秀全亦属愚能之辈，大清帝国的龙旗想必在19世纪中叶就已经易帜。对此，执掌要职，手握重兵，可以匡扶社稷的"中兴名臣"的曾国藩又做了些什么呢？自裁湘军，明哲保身，规避祸端，而国颓主昏，与我何干？有观人智愚之能，而无讨贼之心，彼湘军统帅曾国藩并不像后人评价的那样，是一位"步圣人之大德，居名功于无形，器识宏深"的完美无缺的伟人。

19世纪中叶的曾国藩，已确定了他在大清帝国的中流砥柱地位。清廷延祚，天下所托，系于一身。此时的曾国藩，确也踌躇满志，以张载的那句盖世豪言自诩——"为天地立心，为生民立命，继往圣之绝学，开万世之太平"。

但是，就政治表现而言，曾国藩很有点像春秋时代的季札——就是那位在鲁国以观周乐妙品"风、雅、颂"，令天下叹为观止的吴国公子。

此外，季札还是个高风亮节、见微知著的仁人志士。自其父吴王寿梦临终前想要传王位给他这位四公子算起，季札有三次坐上国王宝座的机遇，但都被他"三以国让"竭力推辞了，季札因此博得世人"慕义无穷"的美誉。

出使鲁国观周乐，聆听郑国之声，季札认为郑国民风细弱，夹在几个强国之间，国家却没有远虑持久的风气，将是先灭亡的国家。耳闻陈国之音，季札认为淫声放荡，无所畏忌，就像国家无主，不能长久……

留下音乐绝评后，季札随即出使中原各国。在齐国，季札向以聪明著称于世的丞相晏婴指点迷津：齐国的政权归属将发生变化，你赶快献出自己的封邑、权力，才可以幸免于难。在郑国，季札会见了贤臣子产，告诫他："郑国的执政者太奢侈，国难将至，执政权力必然转到你子产手中。你执政后，要依据礼制谨慎从事，否则，郑国必将败亡。"在晋国，季札断定晋国政权将由赵、韩、魏三家瓜分。

后来，春秋、战国的时局发展完全证实了季札的推断，季札因此又博得世人"见微而知清浊，闳览博物君子"的美誉。

出使各国能见微知著，但对本国政事却一再逃避，对潜伏危机不置一词。待到公子光（阖闾）刺杀吴王僚，首开吴国篡逆为乱先河，季札却只说了一句"非我生乱"，在吴王僚的墓前恸哭一场，便恭恭敬敬地上朝听候弑君篡逆者的调遣了。

事实证明，靠篡逆登位的吴王阖闾及其儿子夫差，都是只知穷兵黩武，把吴国引向灭亡的窃国之贼。民望所归的季札既不愿以自己的贤能担负稳定国家的重任，又在动乱之时有负国人深望，不敢挺身而出，拨乱反正，"出能观变，入不讨贼"，于祖国贤能何在？"见微知著，闳览博物"，于君子胆略何在？彼季札者，实际上是致使吴国最终覆亡的罪人而已。

以曾国藩的敏锐目光，他也观察到清王朝最高统治者的昏聩无能，以及由此将导致国家和民族前景堪忧、乃至危亡的后果，却首先考虑什么功高震主，祸之将至，忙不迭地裁汰湘军，借几件洋务之举，以申张其起振国弱之志，再辅之以忠于职守，老死在大清王朝两江总督任上，以彰显其忠臣节义之心。至于如何解决治国者的昏聩无能，如何摆脱国运危亡，冒"不成功便成仁"之险，就不是他曾国藩所考虑的了。

中国的文化人自古便有"琴心剑胆"一说。面对"外侮主昏"这样一个最能体现中国文化人"琴心剑胆"的历史机遇，"慕义无穷"的季札和"完美无缺"的曾国藩却一脉相承，"琴心"犹在，"剑胆"失魂。

如此看来，与那些"天下兴亡，匹夫有责"的节烈志士相比，曾国藩谈不上是一位胸有大志的人，更谈不上是一位像林则徐那样"苟利国家生死以，岂因祸福避趋之"的有崇高理想的政治家。

事实上，在后来中华接连蒙受战败国耻，一步步滑向半殖民地深渊的过程中，无论是曾国藩的湘军，还是其师传弟子李鸿章的淮军，基本上未发挥什么拯救国危的作用。唯一的亮点人物左宗棠平定阿古柏叛乱，收复新疆，捍卫了祖国的统一，则更多的是受到了林则徐的爱国思想感召。

倘若1894年孙中山先生在天津上书李鸿章要求变法失败，而后像曾国藩那样默认于现实，就此罢手，不再以拯救中华危亡为己任，游医海外，不知今日中国可否已摆脱内忧外患，重振于世界民族之林？

曾国藩的所作所为，均可归为"非善事善举"之列。所以，尽管他同时还拥有"从不滥用权威,财权在握,绝无半点侵吞自肥,身后萧条,家人清贫如旧"的高风亮节,在京为官和后来戎马倥偬时不忘进德修业,留下一百五十四卷《曾文正公全集》,但后世效仿者多忘记了他的这些优点,而是在攀附钻营、善于权谋、勇于内战、怯于外战、精明狡诈、残忍严酷等方面将曾国藩的人性弱点"发扬光大"。他们所学的,只是作为官僚、军阀的曾国藩之所长。

与曾国藩形成鲜明对比的,是走了一条与曾国藩截然不同的政治和文化之路的王安石。

同曾国藩一样的是,作为著名历史人物,后人也曾对王安石褒贬不一。将前人评说置之一旁,在时光之轮转过一千年后的今天,我们依然可以感受到这位"中国十一世纪伟大的改革家"之于中国历史的重要性。青苗法、募役法、均输法、市易法、农田水利法、方田均税法、保甲法、将兵法、保马法、设军器监、整顿教学、改革科举制度,凡此种种,涉及到国家稳定、繁荣、强盛、持久的各个领域,于今仍不失其借鉴作用。能出此整套治国、强国方略的人,在中国近代以前,无与王安石相比者。

心中无一点尘涴,也使得王安石愈显人性的可爱。在他的居所半山园至钟山、金陵城之间,乡民们经常可以看见这位两度出任宰相的重要人物身穿野服骑着一头毛驴,或手不释卷,或诵读不息,或坐于松石下休息,或随意走进田野农舍聊天。

从锐意变革的"千门万户曈曈日,总把新桃换旧符",到澹泊明志的"静爱竹时来野寺,独寻春偶过溪桥",沿着王安石的心路旅程,我们看到一个封建时代以"达则兼济天下,穷则独善其身"为天下人楷模的文化完人从历史的深邃中清晰地走来。

与曾经反对"熙宁变法"的"苏门四学士"之一黄庭坚对王安石"视富贵如浮云,不溺于才利酒色,一世之伟人"的评价相比,人生后期的王安石向世界呈现的,是一位中国优秀文化人性情可爱的淳美天性。

曾经是叱咤中国历史的政治家,晚年选择了人性的回归,童趣盎然,率性而为,诗情并茂,华章流芳,王安石由此彰显的人性的可爱,赢得了每一位与他近距离接触的人的敬爱,包括曾经与他为政敌的苏轼。

一个人的可爱,正是由于他的天性的真情流露。

由可爱上升到敬爱,一个人便有可能成为后人效仿、学习的楷模,一个社会、时代的风气形成,亦往往有赖于此。

作为当今时代一个引人广泛关注的文化现象,"曾国藩热"的本身,首先应该是一种理性文化的回归。

有一首立意颇为瑰奇的古诗言道:"隋炀不幸为天子,安石可怜作相公。若使二人穷到老,一为名士一文雄。"倘若曾国藩始终在京城为官,以其勤勉之力、学养之厚,且不乏智识卓见,成为19世纪中国一位国人一致褒誉的文化大家,亦属当然。

然而,作为一名政治家、军事家的曾国藩,却因其在政治理想、战略眼光、经邦治国、外交路线上一系列重大缺陷,以致谬种流传,又岂能归入中华民族圣贤之列的所谓"完满之人"?

正史往往对历史人物褒贬定论有导向作用。《清史稿·曾国藩传》有一段为他"树碑"的文字:

国藩为人威重,美须髯,目三角有棱。每对客,注视移时不语,见者悚然,退则记其优劣,无或爽者。天性好文,治之终身不厌,有家法而不囿于一师。其论学兼综汉、宋,以谓先王治世之道,经纬万端,一贯之以礼。惜秦蕙田五礼通考阙食货,乃辑补盐课、海运、钱法、河堤为六卷;又慨古礼残阙无军礼,军礼要自有专篇,如戚敬元所纪者。论者谓国藩所订营制、营规,其于军礼庶几近之。晚年颇以清静化民,俸入悉以养士。老儒宿学,群归依之。尤知人,善任使,所成就荐拔者,不可胜数。一见辄品目其材,悉当。时举先世耕读之训,教诫其家。遇将卒僚吏若子弟然,故虽严惮之,而乐为之用。居江南久,功德最盛。

同治十三年,薨于位,年六十二。百姓巷哭,绘像祀之。事闻,震悼,辍朝三日。赠太傅,谥文正,祀京师昭忠、贤良祠,各省建立专祠。

且不论《清史稿》编纂者裁汰了多少对曾国藩不利的史实资料,站在封建传统政治和道德的立场上,这样的历史评价与述论是客观的,且合乎一定之情理。

还是让曾国藩这样一个颇具争议的历史人物回到本属于他的历史中去吧。如此,当我们置身于历史长河,才能看清可以参照的航标。

左宗棠：中流砥柱的卫国者

中国近代的历史，离不开三位风云人物——曾国藩、左宗棠、李鸿章。

作为晚清"中兴名臣"和洋务运动的领袖之一，左宗棠是反观曾国藩、李鸿章的一面镜子。

在我看来，就对中华民族的历史贡献而言，大名鼎鼎、影响深重的曾国藩，其实不足为道。与曾国藩相比，名气、影响皆逊之的左宗棠，则显得尤为重要。甚至可以这样说：没有左宗棠的中华民族历史是残缺的。

上述立论的基础，在于左宗棠收复新疆对维护中华（祖国）统一的重要意义。

新疆，地处亚欧大陆之中亚腹地。中亚，向来为世界之战略要地。第一次世界大战前夕，英国地缘政治学家麦金德在其"陆权论"中提出一个著名理论：谁想要控制世界，就要控制亚欧大陆；谁想要控制亚欧大陆，就要控制中亚。此论点，对当代世界政治产生了深远影响。

历史上的新疆大地，以贯通东西方文明的"丝绸之路"而著称，其地处"亚心"的方位，控中亚而引华夏，重要性不言而喻。对这一重要性最准确、深刻的认识，即来自左宗棠一段警世箴言：

盖祖宗朝削平准部，兼定回部，开新疆、立军府之所贻也。是故重新疆者，所以保蒙古；保蒙古者，所以卫京师。西北臂指相联，形势完整，自无隙可乘。若新疆不固，则蒙部不安，匪特陕、甘、山西各边时虞侵轶，防不胜防，即直北关山，亦将无宴眠之日。（左宗棠《遵旨统筹全局折》）

想当年，舆榇出关的左宗棠"提戎敌忾效前驱，马蹄蹴破天山雪"，西征大军收复新疆的场景何其壮观！是以19世纪下半叶的中国，因为有中流砥柱的民族英雄左宗棠，占中国六分之一国土的新疆才得以重回祖国的怀抱。

生于远隔西部边关万里之湖南的左宗棠，为什么对中华民族的战略定势有如此精辟的认识,且于民族危难之际犹如擎天一柱,扶颠持危,立不朽之世功?

让我们从中国西部广袤之地的新疆说起。

新疆,古称西域,泛指玉门关、阳关以西、葱岭(帕米尔高原)以东的广袤地区。

让我们撷取一些历史章节,在时光倒转的人类星空下,缅想、沉思一个战争与和平交织的西域之于中华历史的重要性。

公元前138年、公元前119年,张骞两次持节使西域,通大宛,联乌孙部落以断匈奴右臂。两汉四百余年,西域多在中原王朝掌控之下,丝绸之路长期贯通,大放异彩,遂使中国、印度、波斯、希腊、罗马等先前被迢迢万里征途隔绝的东西方文明古国,感知到了不同区域的国家、部族创造的人类文明的伟大和美好。

两汉之后,中原板荡,胡骑侵凌,西域诸邦得失无常,守望中原逾四百年。

进入7世纪,大唐帝国英风远播。唐太宗李世民继位不久,开始了缔造统一西域的历史。"青海长云雪暗天,古城遥望玉门关。黄沙百战穿金甲,不破楼兰终不还。"从630年唐军攻灭东突厥,到640年翦灭叛唐的高昌麴氏王朝,再到648年打败西突厥汗国,镇压西突厥贵族阿史那贺鲁的叛乱,唐朝完成了统一西域的历史伟业。

后来的历史也证明,一旦大唐帝国丢失西域,河西走廊处于吐蕃的直接攻击之下,帝都长安遂沦为前线,一闻吐蕃进攻,京城辄人心惶恐。可以说,一旦西域失守,则中原危殆,而中国自古又有"得中原者得天下"一说,亦可见其中涵义之深远。

有鉴于此,明末清初地理学家顾祖禹在《读史方舆纪要》中如是总结历史教训:"欲保秦陇,必固河西;欲固河西,必斥西域。"

五代、两宋,无暇、无力西顾;蒙元、朱明王朝时代,欧亚大陆形势、格局巨变,西域得失无常,"城头变换大王旗",守望中原,又逾数百年。

再看清代新疆建省之前的西域。

15世纪前后,土耳其奥斯曼帝国崛起,攻陷东罗马帝国都城拜占庭,由西域昆仑山北道、天山南道两条连接亚欧大陆的"丝绸之路"被迫中断。

其后，一条"草原丝绸之路"，即西出伊州（哈密）、西州（吐鲁番），进入伊犁河谷、金山阿勒泰，再经中亚腹地抵达欧洲东中西部的"丝绸之路"北道，肩负起了联通欧亚大陆桥的新使命。从地理位置上看，西域作为东西方交通枢纽，其北疆的重要性开始占据主导地位。

与此同时，随着中原宋、明两大王朝军事实力的孱弱不济，无力争锋，草原民族开始占据中国北部、西部辽阔陆域。西辽、蒙元相继称雄金山之麓、伊犁河谷，继而角逐东疆、南疆，西域地方政治之决定力、影响力的重心，亦转入北疆。

延及清代，再造统一之大势。面对割据西域的噶尔丹、策旺阿拉布坦、阿睦尔撒纳、大小和卓相继叛乱。自 1690 年至 1759 年，康熙、乾隆两位皇帝御驾亲征，天戈万里下风霆，上述叛乱被一一剿平。海晏河清，广袤西域一统中华。烽燧硝烟散尽处，无边草色入天青。

自此，西域始称"西域新疆"或"新疆"，以其有"故土新归"之意。

山河一统，功德巍巍。大清王朝乘势归化，将西北边疆之山川地理和四界所至载入《西域图志》《大清一统舆图》等官方图籍，确立中华版图，昭示中外。

当此之际，苏州文人王芑孙为之欣然赋诗："二万舆图指掌通，大荒直北是西濛。冰天火地皆尧壤，一发祁连界画中。"

"康乾盛世"之后一百余年，西域虽多次遭罹张格尔等叛乱分子侵扰，但稳定一直是历史发展的主流。

清代乾隆帝平定准噶尔叛乱部落之后，基于历史沿革形势变化，在伊犁河谷之惠远城设立伊犁将军府，统辖西域全境。

这种以北疆伊犁统御西域全境之策，其合理之处，在 19 世纪 70 年代得到印证——面对侵占南疆、东疆和北疆乌鲁木齐、玛纳斯一带的阿古柏匪徒，晚清国之栋梁的左宗棠提出收复新疆的卓识远见：论地理形势，新疆之北疆可以控制南疆，而南疆却控制不了北疆，并制定"先北后南，缓进速战"的战略决策，从而成功收复了除伊犁之外的新疆全境。继之，通过中俄谈判，被沙俄占据的伊犁重归祖国怀抱。

但是，此时的清王朝，已非"康乾盛世"之时的大清帝国了。此前，在沙俄武装东进的步步紧逼下，1864 年，清廷被迫与沙俄签订不平等条约

《中俄勘分西北界约记》，1869年和1870年又订立《中俄科布多界志》《中俄乌里雅苏台界约》及《塔尔巴哈台界约》三个边界子约，丧失了伊犁河谷以西四十四万平方公里的中国领土。

这样，在中华西部边疆，曾经以铁蹄铮铮踏遍万里河山的大清帝国已完全处于守势，伊犁将军府所在的惠远城就处在了抵御沙俄的前沿边境，而将掌控西域全境的重心让位于乌鲁木齐。1884年，新疆建省，定首府于乌鲁木齐，即是对这一改变了的地缘政治的现实确认。

至此，新疆地理版图与政治格局大体确立，延续至今。

随着中国近代历史拉开帷幕，沙俄东进侵略的脚步踏入我国西北疆域，其蚕食鲸吞日复一日。1865年，中亚浩罕国阿古柏匪徒侵入新疆，占领了天山南部塔里木盆地整个地区和天山北部的迪化（今乌鲁木齐）、玛纳斯两地。1871年，沙俄军队乘机以武力侵占伊犁宁远城（今伊宁市），西域大地沦丧殆尽。

再看中国东南沿海地区，西方列强和新兴日本的侵略亦日盛一日。西北、东南同时告急，清廷之上遂发生李鸿章与左宗棠两派的海防、塞防之争。

其时，担任京辅大员的直隶总督李鸿章认为，乾隆年间统一新疆是"徒收（西域）数千里之旷地，而增千百年之漏卮，已不为值"，而且新疆已被俄、英势力围困，"即勉图恢复，将来断不能久守"，何况"论中国目前力量，实不及专顾西域"。因此，他强调只能重视海防。（孙占元《左宗棠评传》）

同治十三年（1874年）十一月初二，李鸿章"奏为钦奉谕旨，详细筹议海防紧要应办事宜，恭摺密陈"，即引发广泛关注的《筹议海防折》。在这篇迄今仍为不少国人赞许的著名奏折中，李鸿章详细阐述了自己的国防战略思维：

查布国（普鲁士）防海新论有云："凡与滨海各国战争者，若将本国所有兵船径往守住敌国各海口，不容其船出入，则为防守本国海岸之上策。其次莫如自守，如沿海数千里，敌船处处可到，若处处设防，以全力散布于甚大之地面，兵分力单，一处受创，全局失势，故必聚积精锐只保护紧要数处，即可固守"等语，所论极为精切。中国兵船甚少，岂能往堵敌国海口，上策固办不到。欲求自守，亦非易言。自奉天至广东，沿海袤延万里，口岸林立，若必处处宿以重兵，所费浩繁，力既不给，势必大溃。唯有分别缓急，择尤为紧要之处，如直隶之大沽北塘山海关一带，系京畿门户，是为最要；江苏吴淞至江阴一带，系长江门户，是为次要。盖京畿为天下根本，长江为财赋奥区，但能守此最要次要地方，其余各省海口边境略为布置，即有挫失，於大局尚无甚碍。

……

欲图振作，必统天下全局，通盘合筹，而后定计。……曾国藩前有暂弃关外专清关内之议，殆老成谋国之见。今虽命将出师，兵力饷力万不能逮。可否密谕西路各统帅，但严守现有边界，且屯且耕，不必急图进取。一面招抚伊犁乌鲁木齐喀什噶尔等回酋，准其自为部落，如云贵粤蜀之苗瑶土司……。两存之则两利。俄英既免各怀兼并，中国亦不至屡烦兵力，似为经久之道。……海疆不防，则腹心之大患愈棘：孰重孰轻，必有能辨之者。此议果定，则已经出塞及尚未出塞各军，似须略加覆灭，可撤则撤，可停则停。其停撤之饷，即匀作海防之饷。否则只此财力，既备东南万里之海疆，又备西北万里之饷运，有不困穷颠蹶者哉！

不可否认，一百多年前，时值中华民族危难之际，大清王朝倚为股肱之臣的李鸿章上奏的这篇"国防策"，对今天的中国还具借鉴和启示意义。这也是该篇《筹议海防折》屡被后人援引的缘由。

不过，与李鸿章《筹议海防折》相比，左宗棠所奏《遵旨统筹全局折》立足于古今历史、地理，其论有实有据，显然高出一筹，可以"高瞻远瞩"喻之：

立国有疆，古今通义。……顾祖禹于地理学最称淹贯，其论方舆形势，视列朝建都之地为重轻。我朝定鼎燕都，蒙部环卫北方，百数十年无烽燧之警，不特前代所谓九边皆成腹地，即由科布多、乌里雅苏台以达张家口，亦皆分屯列戍，斥堠遥通，而后畿甸宴然。盖祖宗朝削平准部，兼定回部，开新疆、立军府之所贻也。是故重新疆者，所以保蒙古；保蒙古者，所以卫京师，西北臂指相联，形势完整，自无隙可乘；若新疆不固，则蒙古不安，非仅陕甘、山西各边，时虞侵轶，防不胜防，即西北关山，亦将无宴安之日。

所谓"奇文共欣赏,疑文相与析",而当"奇文、名篇"升华至思想的高度,我们便可获得对历史发展之规律性的认识。孙占元所著《左宗棠评传》第六章《收复新疆与开发西北》,即代表中国当代史学界主流观点:

> 从李鸿章、左宗棠的见解来看,就塞防与海防的关系而言,李鸿章单纯强调海防是片面的,主张放弃新疆亦是错误的。左宗棠能够从中华民族的全局利益着想,……他坚持用兵新疆是从维护国家领土主权的角度考虑的,其"海防与塞防并重"主张的提出,无疑丰富了国家总体防御的战略思想。在晚清的海防与塞防之议中,左宗棠的主张是正确的。

光绪元年(1875年)三月十八日,清廷发布"上谕",称左宗棠筹办海防、塞防之奏疏"所见甚是",任命陕甘总督左宗棠为钦差大臣,督办新疆军务,授予关外用兵、粮饷转运等各项权力。时任两江总督刘坤一致函左宗棠,称其"任天下之至重,处天下之至难"。(刘坤一《复左宗棠》)

天欲坠,赖以柱其间。左宗棠的"壮士长歌,不复以出塞为苦,老怀益壮",让危难之中的中华民族看到了希望。

在晚清"同光中兴"四大名臣(曾国藩、左宗棠、李鸿章、张之洞)中,止步于举人的科场失意者左宗棠,可谓"天降奇才"。《清史稿·左宗棠传》写道:

> 左宗棠,字季高,湖南湘阴人。父观澜,廪生,有学行。宗棠,道光十二年举人,三试礼部不第,遂绝意仕进,究心舆地、兵法。喜为壮语惊众,名在公卿间。尝以诸葛亮自比,人目其狂也。胡林翼亟称之,谓横览九州,更无才出其右者。年且四十,顾谓所亲曰:"非梦卜夐求,殆无幸矣!"

> 咸丰初,广西盗起,张亮基巡抚湖南,礼辟不就。林翼敦劝之,乃出。叙守长沙功,由知县擢同知直隶州。亮基移抚山东,宗棠归隐梓木洞。骆秉章至湖南,复以计劫之出佐军幕,倚之如左右手。僚属白事,辄问:"季高先生云何?"由是忌者日众,谤议四起,而名日闻。同里郭嵩焘官编修,一日,文宗(咸丰帝)召问:"若识举人左宗棠乎?何久不出也?年几何矣?过此精力已衰,汝可为书谕吾意,当及时出为吾办贼。"林翼闻而喜曰:"梦卜夐求时至矣!"

应该看到,年届四十,且仅中举人,在"高士名流"夤缘攀升的科举官场，一介寒士左宗棠其实没有什么优势可言。之所以能"咸鱼翻身"，惟以其具备了由思想衍生的济世之高才。

道光九年（1829年），十七岁的左宗棠在书铺里购得清初历史地理学家顾祖禹所著《读史方舆纪要》，"潜心玩索，喜其所载山川险要，战守机宜，了如指掌"，其后又买到清初思想家顾炎武的《天下郡国利病书》和乾隆朝名臣齐召南的《水道提纲》，认真研究，"于可见之施行者，另编存录之"。

左宗棠对经世致用之学的追求，引起了许多沉醉于八股时文的士人的非议和嘲讽。后来，左宗棠对其子追述这一情形时，心犹不能平服："士人但知有举业，见吾好此等书，莫不窃笑，以为无所用之。"

道光十年（1830年），左宗棠拜访了因丁忧居长沙的贺长龄。那时的左宗棠，不过是一名连生员资格还未取得的十八岁青年，而贺长龄则早已是进士出身、官至江苏布政使的地方要员。贺长龄放下身段，与晚辈左宗棠交谈，深为其少年博学而感染，面对这个"颇好读书，苦贫乏无买书资"的青年人，欣然允诺出借家中所藏图书。左宗棠"每向取书册，贺长龄必亲自梯楼取书，数数登降，不以为烦"。左宗棠还书时，贺长龄"必问其所得，相互考订，无稍倦厌"。

作为嘉、道两朝名臣，贺长龄对左宗棠抱有很大的期望，勉励其"天下方有乏才之叹，幸无苟且小就，自限其成"。如此倾心关怀，让左宗棠感奋不已，学识大有长进。

翌年，左宗棠就读于长沙城南书院，主持书院的山长乃贺长龄之弟贺熙龄。贺熙龄亦是一代名臣，曾任湖北学政，他掌教城南书院，"以立志穷经为有体有用之学"，反对乾、嘉学派重在考据、崇尚空疏的学风，提倡经世致用。

在那个龚自珍苦吟"万马齐喑究可哀"的沉闷年代，左宗棠"从贺侍御师游"十年，深受其讲求实行的思想影响，而贺熙龄亦对左宗棠给予了很高的评价："左子季高，少从余游，观其卓然能自立，叩其学则确然有所得，察其进退言论，则循循然有规矩，而不敢有所放轶也。余已心异之。"（贺熙龄《寒香馆文钞》卷一）

惟楚有才，于斯为盛。三湘之地，向来以人才济济著称，左宗棠的同窗好友、后来的湘军悍将胡林翼则在《启程晴峰制军》中对左宗棠推崇备至："左孝廉品高学博，性至廉洁……其体察人情，通晓治体，当为近日楚才第一。"

尽管如此，现实却是残酷的。左宗棠在城南书院的生活十分艰苦。当其父左观澜因病去世，左宗棠失去了生活依靠，只能"赖书院膏火之资以佐食"。苦难人生，使左宗棠养成百折不挠之坚强意志——"自十余岁孤露食贫以来，至今从未尝向人说一穷字，不值为此区区挠吾素节"。（左宗棠《与郭意诚》）

道光二十九年（1849年），冬日，左宗棠在长沙湘江舟中拜访了因病卸任云贵总督的林则徐。此次会面，可谓意义深远。两位中国近代史上的非凡人物于"江中宴谈达曙"，神驰南北，纵论古今，探讨东南海防和西北塞防，为日后左宗棠创办福州船政局和收复新疆奠定了思想基础。

二十年后，天降大任，左宗棠壮志得酬。

光绪五年（1879年），出使俄国的盛京将军崇厚擅自行事，在克里米亚半岛与俄国签订了丧权辱国的《中俄伊犁条约》。消息传回国内，舆论大哗，清廷先将崇厚革职，交刑部治罪，于次年正月派驻英、法公使曾纪泽兼任俄国公使，赴俄谈判改定条约，又令左宗棠做好军事收复伊犁准备。在中华形势危急下的屈辱近代，历史因为左宗棠而改写。

诏遣全权大臣崇厚使俄。俄以通商、分界、偿款三端相要。崇厚遽定约，为朝士所纠，议久不决。宗棠奏曰："自俄踞伊犁，蚕食不已，新疆乃有日蹙百里之势。今崇厚又议畀俄陬尔果斯河及帖克斯河，是划伊犁西南之地归俄也。武事不竞之秋，有割地求和者矣。兹一矢未加，遽捐要地，此界务之不可许者也。俄商志在贸易，其政府即广设领事，欲藉通商深入腹地，此商务之不可许者也。臣维俄人包藏祸心，妄忖吾国或厌用兵，遂以全权之使臣牵制疆臣。为今之计，当先之以议论，委婉而用机，次决之以战阵，坚忍而求胜。臣虽衰慵无似，敢不勉旃。"上壮其言，嘉许之，崇厚得罪去，命曾纪泽使俄，更前约。……六年四月，宗棠舆榇发肃州，五月，抵哈密。明年正月，和议成，交还伊犁，防海军皆罢。（《清史稿·左宗棠传》）

左宗棠以年近七旬坐镇肃州（今甘肃酒泉），指挥麾下八万湘军弟子连战皆捷，1871年1月，光复除伊犁以外的新疆全境，继之以"苟利社稷，死生以之"大无畏精神，舆榇出关，威震外寇，再经曾纪泽远赴俄境，据理力争。1881年，"天马的故乡"伊犁复归中华神州。

1884年11月17日，清廷接受左宗棠提议，批准新疆建省。继元代在新疆设立行政区划之后，新疆再次与中原地区行政区划统一。

有这样一首七言古诗，值得每一位胸襟爱国之心的中国人铭记："大将筹边尚未还，湖湘弟子满天山。新栽杨柳三千里，引得春风度玉关。"

作为与曾国藩、李鸿章齐名的晚清重臣，左宗棠与其二人多有不同、不合。然而，曾国藩亦承认："国幸有左宗棠也！"

其实，在晚清的政治舞台上更有影响力的曾国藩、李鸿章，缺少的正是左宗棠秉持的勇于担当的爱国主义精神。

还是在1877年，坐镇肃州，指挥刘锦棠所帅西征大军收复除伊犁以外新疆全境的胜利之际，心潮澎湃的左宗棠曾向友人刘典坦陈心迹：

新疆用兵，全以关陇为根本，同心断金，乃收其利。前折所陈数千里一气卷舒，虽但指新疆而言，其实则自关陇至酒泉，自沪鄂以至关陇，何独不然？如琴瑟然，手与弦调，心与手调，乃能成声，此理易晓。周秦汉唐之衰，皆先捐西北，而并不能固其东南。……吾辈数书痴，一意孤行，独肩艰巨，始愿亦何曾及。此而幸能致之者，无忌嫉之心，无私利之见，苟利社稷，死生以之耳！（《左文襄公全集·答刘克庵》）

直到1880年，非法占据伊犁近十年的沙俄仍在抵赖，拒不交出此城。六十八岁高龄的左宗棠胸襟"壮士长歌，不复以出塞为苦，老怀益壮"豪情，亲率大军，西出嘉峪关，6月18日，进驻哈密，随后，部署三路进兵的武力收复伊犁计划。然而，时逾月余，风云突变。8月11日，清廷一纸"现在时事孔亟，俄人意在启衅，正需老于兵事之大臣以备朝廷之顾问"急令，将左宗棠调回北京。

一场徐徐拉开帷幕的统一战争，在左老英雄的一声叹息中戛然而止。

孔子曰："有文事者，必有武备。"武备废弛，和谈之文事，安得可期？是以在此背景下签订的《中俄伊犁条约》，注定是一个丧权辱国的不平等条约。

上述过程，如今已属普及之历史常识，本无须提及，但深藏其中的一个令左宗棠绝没有想到的细节（当然也为当今绝大多数国人所不知的情节），却是败坏了左宗棠千秋伟绩的关键因素。而这其中的关键人物，正是与他同属"国之栋梁"的李鸿章。

在中俄和谈之际，曾以镇压太平军而闻名的"洋枪队"头目英国人戈登，再受清廷之邀，调停中俄伊犁交涉。戈登因与李鸿章有私交，遂以说客的身份赴天津。

在面见这位手握实权的直隶总督大人时，戈登威胁道："如果你要作战，就当把北京的近郊焚毁，把政府档案和皇帝都从北京迁到中心地带去，并且准备作战五年。"本来就不主张收复新疆且对崇厚签订条约给予支持的李鸿章非常恐慌，他立即将"戈登赠言"进呈清政府，内称："中国一日以北京为建都之地，则一日不可与外国开衅，因都城距海口太近，洋兵易于长驱直入，无能阻挡，此为孤注险著。"果然，清廷发生了动摇。（孙占元《左宗棠传》）

于是乎，塞外江南之伊犁复归祖国，而继《中俄勘分西北界约记》之后七万多平方公里的西域疆土，再弃中华而离去。

这样的情形，极易让人联想到南宋初年岳飞抗金与秦桧卖国的历史一幕。

这样的历史细节，便是我上面所说的左宗棠是反观李鸿章之流的一面镜子。

对左宗棠这样一位大智大勇、无私无畏的历史人物，史学界存在争议的《清史稿》作出了不容置疑的公正评价：

宗棠事功著矣，其志行忠介，亦有过人。廉不言贫，勤不言劳。待将士以诚信相感。善于治民，每克一地，招徕抚绥，众至如归。论者谓宗棠有霸才，而治民则以王道行之，信哉。

中华传统文明的魅力与复活

自古迄今，抛开人为歪曲的意图，总体说来，世人对历史的评论是公正的。

比如，《清史稿》对曾国藩、左宗棠、李鸿章三人的评价，即遵循这一历史规律：关于品性无瑕的曾国藩、左宗棠之评说，略无一声谴责之词，而对被利益驱使的李鸿章，却不做"笔下留情"之掩饰：

论曰：中兴名臣，与兵事相终始，其勋业往往为武功所掩。鸿章既平大难，独主国事数十年，内政外交，常以一身当其冲，国家倚为重轻，名满全球，中外震仰，近世所未有也。生平以天下为己任，忍辱负重，庶不愧社稷之臣；惟才气自喜，好以利禄驱众，志节之士多不乐为用，缓急莫恃，卒致败误。疑谤之起，抑岂无因哉？（《清史稿·李鸿章传》）

需要说明的是，对李鸿章这样一位在中国近代史上发挥重要作用的历史人物，上述评论过于简略，此人身上折射出的太多的矛盾现象，足以让一代代国人无休止地辨识、争执下去。在此，我所关注的是：在中华民族处于危难之际的近代，被清廷"倚为轻重"的李鸿章所代表的那些中国人，向这个世界展示了怎样一种形象？

这需要一种广阔而深入的国际视野。

在古代，中国始终是人类历史上政治制度完备、经济文化发达的超一流大国。那么，近代以来的中华民族，为什么从五千年文明之巅跌落到了必须重新攀登文明高峰的境地？

清光绪二十一年（1896年），因签订中日《马关条约》失去直隶总督兼北洋大臣要职，留京"入阁闲居"的李鸿章，意外听闻"天降福音"，被清廷委任为特命头等钦差大臣，出使欧美各国。

这一年的5月26日，是俄国沙皇尼古拉二世举行加冕大典的隆重日子。李鸿章此行主要目的，一是代表清廷前往俄国致贺，二是顺便出访德、法、英、美等西方列国。

彼时的李鸿章,年迈七旬,垂垂老矣,加之连蒙国耻,时运不济,对出访结果本无多少信心。在北京东便门车站,他对前来饯行的同僚袒露心迹:"予此次乃舆榇而行,万里长途,七旬老物,归时能否相见,实不可知。"

令李鸿章大感意外的是,此次清政府首次派出的历史上最高级别的外交代表团,竟然成了近代中国在国外受到的最高规格、最隆重礼遇的外交壮行。

1896年3月28日,李鸿章乘坐法国邮轮从上海吴淞口出发,历经一个多月海上航行,抵达苏伊士运河北岸塞得港。沙皇尼古拉二世派来的乌斯托姆斯基亲王已在此迎候,并陪同李鸿章换乘"俄罗斯"号舰艇驶向黑海之滨的奥得萨军港。

在奥得萨军港,俄国陆军元帅和文武百官早已伫立迎驾,从港口到行馆无数彩旗猎猎飘扬。中俄两国国旗引导迎宾队伍,乐队一路高奏亚、欧音乐,场面极其宏大。其后,李鸿章乘专列前往俄国新都彼得堡,再乘沙皇特遣皇室御用马车下榻客馆。四天后,俄国沙皇和皇后在行宫降座接见了李鸿章。

沙皇尼古拉二世加冕大典结束后,六月中旬,李鸿章进入德国境内。李鸿章享受到德国上下空前的礼遇:入住德皇宫内行馆,在历代普鲁士国王举行大礼的宫殿觐见德皇;在德皇和皇后亲自陪同下检阅德军操练,接受德皇授予的镶有钻石的"红鹰大十字头等宝星"勋章。德国著名的"铁血宰相"俾斯麦主动邀请李鸿章来自己的府邸一叙。

在荷兰,皇太妃授予李鸿章"金狮大十字宝星"勋章,并在海滨皇宫举行盛大宴会,款待李鸿章一行。

在比利时,国王为李鸿章举行盛大的宫廷宴会,并破除西方各国宴会上不许吸烟的习惯,用上等香烟款待李鸿章。在比利时国王特许下,该国一家枪炮公司赠送给李鸿章一门上等新炮。比利时国王还特地派一名武官护送此炮远抵中国。

在法国,为迎接李鸿章的来访,车站里树立起一座高大的中国式牌楼,中间飘扬着大清龙旗。在两排法国步骑兵护送下,李鸿章乘坐法国总统专车下榻行馆。

7月14日是法国国庆日。上午9时，法国总统福尔在爱丽舍宫接见李鸿章。下午，法国举行阅兵式，特邀李鸿章前往观摩。是日晚，巴黎城焰火缤纷，在法国政要陪同下，李鸿章乘坐小轮船在塞纳河上畅游至深夜。

在英国，由英国海军司令、海岸水兵司令陪同，李鸿章前往朴茨茅斯阿斯本宫觐见维多利亚女王，水兵林立、百官毕至的隆重礼仪，胜过德、法两国。英国女王还授予李鸿章"维多利亚头等大十字宝星"勋章，这在英国外交史上前所未有。

八月初，李鸿章一行抵达美国纽约港，炮台鸣十九响礼炮，经过美国大西洋海军驻地，海军又鸣二十一响礼炮。李鸿章上岸时，美军列队擎枪行礼，当地万人空巷，数万群众手持中美两国国旗夹道欢迎。李鸿章抵达美国首都华盛顿，正在休假的克利夫兰总统赶回白宫，予以热情接待。当晚，汇聚华盛顿的美国前驻华公使、总领事、各级官员及商人共同举办盛大宴会，款待李鸿章一行。

在加拿大多伦多、温哥华，李鸿章均得到当地政府最高礼遇的接待。

在为期六个多月的外交出访过程中，李鸿章本人在各国获得广泛赞誉。以德国为例。李鸿章向德皇三揖致敬，呈递国书之后，德皇答谢道："朕今奉迎大清国头等特使、大才能、大名望、大才臣，中怀欣悦，匪言可喻。"

李鸿章前往俾斯麦的府邸拜访，俾斯麦早早地就站立门庭迎候，见面时第一句问候语颇为谦卑："啊，大国位尊望重之名臣，何幸而辱临敝地哉！"

客观地评价，作为多年主持大清国洋务的总理衙门大臣，李鸿章在欧美诸国赢得了一些声望。但是，若认为德皇和俾斯麦的当面奉承多少有几分邦交礼遇的恭维之嫌，那么，真实的情况又如何呢？在欧美列强面前，那时的清王朝早已失去昔日泱泱中华四方宾服的神采威仪：两次鸦片战争惨败于英法联军；中法马尾海战，南洋水师全军覆没；中日甲午战争，李鸿章手中的王牌、亚洲最强大海军——北洋水师，惨遭灭顶之灾，日军从朝鲜半岛一路摧城拔塞，横扫辽东，直逼京畿，大清帝国何其孱弱！

从《南京条约》《北京条约》《中法新约》《台湾专条》再到《马关条

约》，一系列丧权辱国的不平等条约，使古老中华颜面尽失，逐步陷入半殖民地半封建的深渊。

既然清王朝已衰落到几乎任人宰割的地步，欧美列强为什么还要对其派出的外交使团如此高度重视、礼遇有加呢？

应该说，1896年中国外交使团出访欧美列国所收获的形式上的成功，一定程度上与李鸿章个人有关。

从外观上看，李鸿章奉命出使欧美诸国时的形象很是"奇异"：身穿官袍、马褂，留着长指甲、长辫子，随行肩舆一具彰明其忠心国事的精美棺材。所到之处，竟引发西人普遍的好奇心，争相瞻仰这位东方大国权臣的异样风采。然而，李鸿章还因为他自身的魅力，令一些欧美人士尊敬、钦佩有加。

可以说，身为外交特使的李鸿章，在行为、神采上展现的东方"礼仪之邦"素养深厚的文化内涵，才是令欧美人士敬重的原因所在。

长期以来，李鸿章在国人心目中的形象，无非是剿杀太平天国和捻军的刽子手；结党营私、倾轧异己的洋务派主帅、政客；置国土沦丧、国人抗御外侮于不顾的大卖国贼；签订中国近代史上一系列丧权辱国条约的集大成者。岂不知，李鸿章也还是曾经寒窗苦读、术业有专攻，然后"学而优则仕"的中国传统读书人的代表。

1823年，李鸿章出生在安徽合肥一个官僚地主家庭，其父李文安于1838年进士及第，历任刑部主事、郎中。童子发蒙，李鸿章随其父度过六年家学庭训岁月。1844年，李鸿章参加乡试中举。翌年，二十二岁的李鸿章首次赴京城参加会试，结果名落孙山。

那时，与李文安为同科进士的曾国藩在翰林院任侍讲学士。李文安乃命儿子投靠曾国藩门下，研习义理经世之学。在师从曾国藩的两年中，李鸿章益自励志发奋，刻苦攻读，遂于1847年参加会试中二甲第十三名进士，被钦点为翰林，授翰林院庶吉士。1850年，李鸿章以其优异业绩被授予翰林院编修。

经过二十二年寒窗苦读，李鸿章已是一位深受中国传统文化洗礼的饱学之士。

作为饱学之士的李鸿章，在国人眼里又是怎样一副形象？马道宗所著

《圆经》一书前言中的论述，可引以为参考：

在与朝廷的清朝权贵的关系中，他（李鸿章）以办事干练、老成持重而深受倚重；在与前辈师长的关系中，他以谦卑自律、知书达礼而深得好评；在与平辈同僚的关系中，他以推诚相见、善解人意而颇得信任；在与下级僚属的关系中，他以礼贤下士、敢于承担而深受爱戴；在与洋人的关系中，他也常常以手段灵活、气概凝重而颇获好感。

从一定意义上讲，以东方文化为深厚底蕴的李鸿章，俨然已成了东方大国领袖级的象征；与其说西方列国出于对李鸿章个人的敬重而对中国外交代表团礼遇有加，毋宁说是出于对中国文化的景仰与尊敬。

在西方人眼里，东方国度是充满神秘感的，东方文化是极具魅力的。

随着西方列强的炮舰从南到北蹂躏中国沿海，横冲大江内河，古老中华帝国被迫打开国门，西方人发现，他们在马可·波罗、利玛窦等人的描述中看到、听到的神奇东方，这一次真真切切地向他们敞开了大门。

在这里，自成一体的礼制、博大精深的文化，构成了中华"礼仪之邦"蕴涵的深醇、神韵的悠久、姿彩的缤纷。

正是因为中国在东方具备了超强的影响力和内聚力，所以，即使1894年甲午战争中国军队遭罹了惨败，西方列强依然认为这是一个东方最大国家偶然的一次军事失败。所以，时隔两年，1896年李鸿章率代表团出访欧美八国，西方列强依然将中国视为唯一可以代表东方的国家，由此给予了最高规格的外交礼遇。

只是到了1904年，爆发于辽东半岛和日本海的日俄战争，以日本在海上重创俄罗斯远东舰队，在陆地击退旅顺要塞俄军，证实自己完全有能力跻身世界强国之列，日本才最终取代了中国，成为东方唯一的政治、经济、军事强国。

这时，被慈禧太后倚为"辑和中外，老成谋国"的李鸿章，已撒手人寰三年了。

在19世纪下半叶的晚清朝廷，李鸿章扮演着中流砥柱的角色。风云变幻的时代，给李鸿章提供了多次挽狂澜于既倒的历史契机，也使他成为中国近代史上最著名的人物之一。遗憾的是，正如毛泽东对李鸿章的评价"舟大而水浅"，这位大名鼎鼎的"李中堂"虽然才智过人，却缺少雄才大略；学识广博，却缺少卓荦精湛；自诩以天下为己任，却缺少廉洁奉公之心；在列强面前自视甚高，却缺少雄起抗御之胆略，徒有"东方俾斯麦"之虚名，最终辜负了社会各界寄予他起振中华国运之厚望。

在《李鸿章全集·遗集》中，有这样一段文字：

盖中国所尚者，道为重；而西人所精者，器为多。然道之中，未尝无器；器之至者，亦通乎道。欲求驭外之术，惟有力图自治。修明前圣制度，勿使有名无实。而于外人所长，亦勿设藩篱以自隘。斯乃道器兼备，不难合四海为一家。盖中国人民之众，物产之丰，才力聪明，礼仪纲常之盛，甲于地球诸国。既为天地精灵所聚，则诸国之络绎而来合者，亦理之固然。

在李鸿章看来，既然中国是天地精华粹集之地，以中国人口之众多，物产之丰富，智慧之发达，礼仪纲常之昌盛，超过地球上其他任何国家，那么，世界各国络绎往来宾服中国，四海合为一家，也是自然之理。中国唯一欠缺的，只是西方人所持有的"器"，亦即先进的器械。

上述观点并非李鸿章的独创见解。早在第一次鸦片战争前后，林则徐、魏源等第一批睁开眼睛看世界的中国人就已阐发了"师夷之长技以制夷"的言论。二十多年后，将"师夷之长技以制夷"由言论变为现实的，则是以李鸿章为主将的洋务派。

因循"中国欲自强，则莫如学习外国利器；欲学习外国利器，则莫如觅制器之器"的思想，从19世纪60年代筹办洋务运动开始，李鸿章先后创建了江南制造总局、天津机器局、轮船招商局、开平矿务局。

最终，在19世纪80年代，经李鸿章一手谋划、运作，大清帝国拥有了规模居世界第八、亚洲第一的北洋水师；从天津水师学堂、天津武备学堂走出的一批批军中新锐，俨然已胜任挥劲旅于沙场、御夷寇于海疆的历史角色。

然而，残酷的现实却是：既然手中已握有了"师夷之长技以制夷"之利器，为何在与东西方列强一次次较量中，大清帝国仍然一败涂地？对此，执掌晚清军事、外交权柄近三十年的李鸿章多次给予了解释、建言。

1880年，在给名士湘绮的一封信中，李鸿章就对兴办洋务的宗旨进行了概括：

处今时势，外须和戎，内须变法。若守旧不变，日以削弱，和一国又增一敌矣。今各国一变再变，而蒸蒸日上，独中土以守法为兢兢，即败亡国绝而不悔。

1895年，甲午战争结束，作为《马关条约》中方签字大臣，李鸿章对大清帝国战败的原因再做深入检讨：

臣伏查近数十年内，每有一次构衅，必多一次吃亏。今和议已成，大局少定，仍望我朝廷坚持定见，外修和好，内图富强，或可渐有转机。譬诸多病之人，擅自医调，犹恐或伤元气，若再好勇斗狠，必有性命之忧矣。

仔细阅读上述两段文字，不难看出，这位被慈禧太后视为"老成谋国"的中枢大臣，在看待国内问题上确有一定卓识远见。其中，"外须和戎，内须变法"的提法，竟成为19世纪后期大清国的基本国策，成了那一时代国人经常挂在嘴边、极具影响力的口号。

在我看来，李鸿章的见解颇具东方人的心机智慧。"和戎"与"变法"互相作用，缺其一，则内外失衡，形势转危；二者俱，则相辅相成，时局为安。

可惜，如此高明又切中时弊的外交和治国良策，并不见匡复国运于指日，却因接连败北而失色。

先来看"外须和戎"。

19世纪60年代至80年代，西方列强的注意力主要集中在法、德（普鲁士）两国的矛盾上，从而使中国获得了近代史上二十多年难得的和平年代。但是，这并不是清廷奉行"外须和戎"的结果，一旦法兰西帝国从普法战争失败的硝烟中站起，1885年的中法战争便不可回避地逼向中国。

而且，即使西方列强对华无战事，"明治维新"后崛起的日本国也从翼翼小心的伺机挑衅，渐次演进到明火执仗的侵华战争，这又岂是大清国一相情愿的"外须和戎"所能化解。

在我看来，以寻求和平的"外须和戎"为基本国策并没有错，问题的关键在于一个国家和民族对待外敌侵略的态度。

翻开中国近代史，从最初两次鸦片战争时的大清皇威震怒，万里海疆举国军民抗御外敌入侵，到后来朝野主流势力唯恐妥协、媾和不成，竟致在八国联军围攻面前除了"拳匪"民众挺身抵挡，一国军队竟游离、观望于京畿之外，不敢言救驾、开战！

至此，昔日"九天阊阖开宫阙，万国衣冠拜冕旒"的泱泱中华、天朝大国，已沦落到任人欺凌的屈辱、悲惨地步，在世界民族之林哪里还有什么尊严可言？若不是左宗棠舆榇出关，平定叛乱，收复新疆，力保中国西陲边塞不失；七旬老将冯子材奋不顾身，气盖山河，一举赢得镇南关大捷，始有中国南疆安宁，中国近代抵御外敌入侵的战争几乎是败局，今日陕甘以西的广域漠野、彩云之南的沃土崇山，是否还依偎在中华母亲的怀抱之中？

当外敌侵略来临，最需要的是全民族的奋起反抗、忠贞不渝，这是最终赢得战争胜利的根本；最要命的是决策上的放弃抵抗、一味求和，这是酿成溃败恶果、局势不可收拾的根源。左宗棠、刘锦棠懂得这个道理，冯子材、刘永福懂得这个道理，才有了清朝末年两次难得的战争胜利。慈禧太后、恭亲王奕䜣不懂得这个道理，李鸿章不懂得这个道理，才最终导致中华民族沦入半殖民地的深渊。所以，输掉一次战斗，输掉一场战争，其实并不可怕，可怕的是输掉了一个国家的士气，输掉了一个民族的尊严。从这个意义上讲，八国联军入侵中国和《辛丑条约》签订前后的中国，是中华民族五千年文明史上最黑暗、最耻辱的时期。

勇气、尊严，既是一个民族的崇高精神的形象体现，也是一个民族的优秀文化的闪光再现。

强盛之时四方宾服的中国，我们在此暂且不表，再来看与清王朝后期内忧外患的时局相似的两宋时代。

不论是苏轼骋怀"会挽雕弓如满月，西北望，射天狼""江山如画，一时多少豪杰"，还是辛弃疾长吟"金戈铁马，气吞万里如虎"陆游慨叹"不念英雄江左老，用之可以尊中国"，今天，但凡捧读这些宋词豪放派的作品，国人无不产生心灵的共鸣：这是一个勇气犹在、永不屈服的民族！

如果说"乃使蒙恬北筑长城而守藩篱，却匈奴七百余里，胡人不敢南下而牧马，士不敢弯弓而抱怨"的秦朝和一千五百年后的明朝共同构筑了物质的中国万里长城，那么，也可以这样说：以苏轼、辛弃疾为代表的宋词豪放派和唐代的边塞诗血脉相连，共同缔造了一座文化的中国万里长城。

如果说李鸿章和清廷妥协派"外须和戎"最终导致的是一个国家斗志的涣散、一个民族尊严的丧失，那么，晚清时代的中华民族，还是历史上那个曾经创造了灿烂辉煌的五千年文明的伟大民族吗？面对曾经长期笼罩在中华文明巨大光环之下的亚洲各国家、各民族，我们还能发挥东方轴心文明影响力的星际效应吗？

我们还能为"外须和戎"这种"一时的明智选择"抚掌称许吗？

"外须和戎"不成，似乎还有"内须变法"可救。

1898年，借手无实权的傀儡皇帝——光绪皇帝之手，"戊戌变法"如狂飙突起，给在黑暗中苦苦挣扎的中国带来了一线希望的曙光。

只可惜，大清帝国一百零三天的"百日维新"便以"戊戌六君子"喋血京师的悲剧收场。这场效仿日本"明治维新"的中华图强之梦，最终成了一场泡影。

那么，与时俱进的"戊戌变法"为什么惨遭扼杀？其失败深层的根源又是什么？

"以慈禧太后为首的保守派实力过于强大，而维新派弱小且易妥协。"此为国内史学界对"戊戌变法"失败根本原因的普遍定论。

这个定论当然没有错。问题是，一场对于国家、民族、民众的整体利益和发展皆为"幸甚"的变法维新，为什么还遭到了众多人的反对？难道非要看到自己的祖国一直跌落到半殖民地深渊的谷底，国人才会高兴吗？为什么长期落后于中国的日本能够藉"明治维新"一举突起，难道日本国内就不存在保守的反对派吗？

这样一分析，似乎连当时中国的保守派自己也心有不甘。"戊戌变法"失败之后，仅过数年，一场由慈禧太后"恩准"的清末"预备立宪"运动在喧声鼎沸中拉开帷幕，众多国人似乎又看到了拯救中华民族的希望。然而，无情的事实再一次让广大国人吞下了失望的苦果，事先被描绘得像"英国君主立宪制"一样美好的大清国"预备立宪"，最终又以"南柯一梦"之结局收场。如此一来，当清王朝失去了最后一次领导中华民族复兴的机会，它的气数也就走到了历史的尽头。

今天，对这场发生在古老中华大地上第一次试图改变中华"国体"的变法革新，大多数国民早已漠然无知了。但是，对每一位关心中国前途命运的人来说，都不应该忘却这段意义深刻的历史。

如果说，发生在一百多年前的这场清末"预备立宪"之所以失败，是因为以慈禧太后为首的清朝王公贵族不愿意放弃统治中华的实权,是一个人数上占劣势的特权群体的狭隘民族观使然,那么,我们可曾反思:统治中华已达二百六十多年的清朝贵族,为什么没有与以汉族为主体的中华其他民族达成从政治到经济再到文化认同上的融合一体?不具备这样的基础,当然就谈不上实行令各民族为之信服的"君主立宪制"了。

"君主立宪制"行不通,进入20世纪现代历史门槛的中国最终只有一条路可以走了,这就是以武力推翻的方式建立一个以民主共和为目标的新政权。

然而,问题又来了。传统的、导致中国逐渐落后的众多问题尚未解决,仅靠一场推翻清王朝的"辛亥革命",就能将中国带上民族复兴、民主共和的之路?

今天,重新审视19世纪末和20世纪初这段风云激荡的中华历史,可以让我们引起一系列新的思考——

以屡败屡战、逆境挺拔、勇猛精进的意志赢得平定太平天国运动的曾国藩,负天下人期盼振兴中华之名望,为什么一遇洋人则踯躅不前,彼嚣张,我则隐忍;名曰诚心,实则畏葸,最终落了个在"天津教案"后自叹毁掉一世英名的结局?

还有两位系统地接受过中国传统文化教育的晚清"中兴名臣"左宗棠和李鸿章,为什么就不能捐弃前嫌,共筑中华"海防"与"塞防"并重的近代长城?

在清王朝的统治已陷入"忽喇喇似大厦倾"的绝境时,难道只有"驱逐鞑虏"才能"振兴中华"?一个国家内部的民族和解,为什么一定要以诉诸武力的方式加以解决?

历史上那个曾经以强大的创造力、汇聚力影响东方的中华文明,是否已成恒星渐老,力量衰变?

当然不是。

重读历史,我们最需要反思的是:一个民族,从古到今一路走来,靠什么才能有别于其他民族,在当今世界占有自己的一席之地?

中华历史发展的轨迹告诉我们,当那个鼓瑟吹笙、文质彬彬的东方"礼仪之邦"业已不复存在,蔚为文化奇观的唐诗、宋词已成往事烟云,取而代之的是我们用程朱理学、八股条文给自己的头颈套上了思想的枷锁，用闭关锁国、无尽内耗给自己的双脚铐上了行动的铁链——从那时开始，中华文明的魅力才逐渐失去昔日如恒星璀璨的光华。

军队被打败了，要塞被攻克了，京都被占领了，我们还有世界公认和仰慕的伟大文化的存在。不是说"野蛮的征服总是被先进的文明（文化）所同化"吗？而文化一旦迷失、丢弃了，我们还有什么能让世界信服？

进而言之，我们还能靠什么重振中华的精神、实现民族的复兴？

只有文化——传统的、现代的和即将创造的中华文化。这其中，传统文化是一个民族存在的基础。没有传统文化的基础，一切再辉煌的现代、当代创造，都只是经不起时间考验的暂时概念。从这个意义上讲，今天的中国人需要时时掂量、审视，中华民族的优秀传统文化在我们手中还剩下多少？

据说，日本人对中国历史上两个人物最为敬佩：一个是曾令亚欧大陆战栗的一代天骄成吉思汗，一个是近代海派金石书画大师吴昌硕。前者，集中地体现了中华民族的精神勇敢之魂；后者，则彰显了中国古代书画艺术精华的文化创造之魂。

当然，从更广阔的范围来看，最能让全世界为之信服、敬佩的中国人，恐怕是中国儒家文化的开创者孔子。

在一千多年的历史时期，孔子和他倡导的儒学曾是中华文化的灵魂，今天，属于我们这个正在和平崛起的中华民族的灵魂又是什么呢？

美国作家约翰·托兰在其专著《日本帝国的衰亡》结尾处写下这样一段文字：

在战后几个月，有个满脸皱纹的老樵夫，在麦克阿瑟的新总部第一大厦前停下来。他背上背着一大捆柴火。他先向麦克阿瑟的军旗深深一鞠躬，转过身来又朝广场另一边的皇宫也深深一鞠躬。旁观的美国人既觉得有趣又不理解是什么意思，好像他就是不可思议的东方人的矛盾的生动体现。但是，看到他的日本人却理解他。他毫无保留地承认今天的"将军"的暂时权力，同时也尊敬大街另一侧所永恒存在的。

这是对一个东方民族灵魂深处的文化心理最传神的写照。

与我们读到的所有封建王朝一样，百年后的今天，一个前后矛盾交织的大清王朝亦化作历史与记忆的篇章,我们所阅读的中国古代历史,亦就此画上了句号。

虽说我们已放下历史的卷帙,但人类前行的脚步却没有停止。

历史仍在延续。

在《世界文明史·东方的遗产》中,美国学者威尔·杜兰特对历久不衰的中华文明作了历史与未来的阐发:

外来武力的胜利,或外国经济的专制,将无法长久地压迫这个资源和活力如此丰盛的国家。在这只雄狮尚未耗尽其元气以前,侵略者将会先行耗尽其金钱和耐力。在一个世纪之间,中国将会吸收并同化它的征服者,将会学会所有现代工业的技术;道路和交通将使全国统一,经济和节俭将带给它富裕,一个强有力的政府将带给它秩序与和平。每一个混乱只是一种暂时的现象。最后,混乱消失,……旧有的障碍都将被一扫而空,继之而来的是欣欣向荣的自由,革命像是死亡和流行病的化身,它清除垃圾,革除毒瘤,当有许多事注定要死亡时,它才会来。中国在以前死过好多次,好多次它都又复兴起来。

对一般读者而言,走进历史很艰难,走出历史很容易,但无论如何,我们还要回归现实,面向未来。只是,无论读史能否使人明智,我们都不应忘记一条人类共同遵循的规律——让历史告诉未来。

后　　记

知之非艰，行之惟艰。

我们对历史最初的认识，大抵来自现实中的历史遗存，或是书本中的历史著述。

现实中的历史遗存，多会给我们留下深刻的印象。

比如，古埃及文明创造的金字塔、中华文明创造的万里长城。在列举世界七大奇迹之时，古希腊人将胡夫法老（希腊人称之为"齐阿普斯"）的金字塔放在第一位。而中国的万里长城，则以其历史悠久、大气磅礴，记入了人类史册。

对以阅读和创作擘分其特质的文人来说，上述文字大抵属于"每有会意，斐然成章"的精神遗存的总结。世人如欲对这些精神遗存再做深入理解，进而深有感触，方法之一是再进一步，走进人类已有的历史著述。

比如，面对人类最古老的文明创造之一的金字塔，我们可以引申发问：什么是埃及文明？埃及文明给世人带来了怎样的印象？

菲利普·李·拉尔夫等著《世界文明史》第三章《埃及文明》，以抒情散文的笔法，描绘、阐发了古埃及文明永恒的魅力：

蜂拥进入博物馆参观著名的埃及艺术宝藏的大群大群的现代人，仍然被这一人类历史上最古老、最令人神往的文明之一的魅力所吸引。埃及文明几乎与公元前第四千纪兴起于美索不达米亚的文明同样古老，与后者形成了非常引人的对比：较之美索不达米亚的动荡和紧张，埃及文明以稳定和宁静为特征。埃及人不仅在其古代历史的很长时期里享受和平，而且现存埃及雕刻和绘画中的人物看上去往往在微笑着，就像夏天度假时那样在阳光下怡然自得。

只讲埃及对后世思想或历史的影响，无法对埃及人的成就作出最充分的估价。倒不如说，埃及人的生活方式、思想、雕刻、绘画和建筑模式就其自己起见是迷人的。为了其中一些东西，我们希望自己能够回到远古时代，一睹捏菲尔提提的芳容，聆听图特国王的祭祀们吟唱超时间的颂歌，或者在金字塔缓缓上升之际荡舟百合花盛开的尼罗河。在历史之旭日刚刚露出天际之时，埃及文明就已如日中天。对这一文明怀有一种敬畏的心情，是可以理解的。

由此，菲利普·李·拉尔夫对古埃及文明得出一个结论：

从今日的观点看，相对未受扰乱的埃及文明仍值得尊重。显然，古代埃及人找到了一种与自然和谐、彼此之间合作的方法，使自己能够和平、自给自足地生存绵延数千年之久。

对同样古老的中华文明，我们可曾有如此具体、形象、清晰的认识？可曾有如此轻松、清新、优美的文字表述？

《尚书·说命中》有曰："非知之艰，行之惟艰。"这即是人世间一种普遍现象——懂得道理并不难，实际做起来就难了。

后来，偶读孟德斯鸠《论法的精神》，感慨良多。在我看来，孟德斯鸠先生在这部法兰西民族不朽之作的序言中阐发的心得，是对中华经典《尚书》所言"非知之艰，行之惟艰"的具体诠释。

这部著作，我多次提笔，又多次搁笔。我曾无数次扔掉草稿，让它们随风飘去，我每天都觉得慈父之手垂落下去，尽管我主观上并无意图，实际上却在追求我的目标，我既不懂得规则，也不知道什么是例外。我找到了真理，却又丢失了。然而，当我一旦发现了我的原则，我所追寻的一切便一股脑儿向我涌来。在二十年间，我眼看着我的这部著作萌生、成长、成熟和完成。

孟德斯鸠是自信，二十年不懈努力，如愿得其所得：

这部著作如果能够获得一些成功，我认为主题的宏伟是主要原因。不过，我并不认为自己毫无才具。当我看到法国、英国和德国的伟人们在我之前撰写的那些著作时，我满怀敬仰之情。但是，我毫不气馁，我与科勒莱乔一样，也要说"我也是画家"。

再后来，读国学经典，我又见识了一位东方励志"人物"——孟子。此君言道：

后记

孔子登东山而小鲁,登泰山而小天下,故观于海者难为水,游于圣人之门者难为言。观水有术,必观其澜。日月有明,荣光必照焉。流水之为物也,不盈科不行;君子之志于道也,不成章不达。(《孟子·尽心上》)

是说也,君子立志行道,没有一定的成就,就不能显贵。当然,理想是美好的,但对绝大多数人来说,终其一生,孟子之所期许,只能是一种奢望。

有感于昔日的匆匆、浅显,在《历史的背影》基础上,经数年精心结撰,《读史十记》始告终结。诚然,我对此书亦不敢寄予奢望,唯愿了却先前之夙愿——让读到它的人获得一些鉴古而知今的真知、良知。

人之所以能活下去,是因为只要一息尚存,仍心怀希望。对历史、现实、未来,人们抱有同样的心理。

1935年,美国学者威尔·杜兰特完成《世界文明史》,对中国作出这样的评价:

这个有着3000年历史的国家,在好几次的兴衰后,今天在整体和精神上表现出巨大的活力,我们发现这是个最有创造的时期。世界上没有一个民族能像中国人那样的精力充沛,那样的聪慧,那样的能适应环境,那样的能抵抗疾病,那样的能忍受灾难和痛苦,那样的在历史的重压下能沉静忍耐和等待复原。这个拥有如此物质、劳力和精神的资源的国家,加上现代化的设备,我们很难料想出她可能产生的文明是什么样的文明,很可能将会比美国更富有,很可能将会与古代的中国一样,在繁华和艺术的生活方面居于领导世界的地位。

套用一句俗语:我们正处在一个伟大的变革的时代;唯愿以我们的努力,不辜负这个充满机遇与挑战的时代。